U0922437

中国民政统计年鉴

（中国社会服务统计资料）

CHINA CIVIL AFFAIRS' STATISTICAL YEARBOOK

(Statistics of China Social Services)

2012

中华人民共和国民政部　编

Compiled By

Ministry of Civil Affairs of the People's Republic of China

中国统计出版社

China Statistics Press

(京)新登字041号

图书在版编目（CIP）数据

中国民政统计年鉴：中国社会服务统计资料.2012/中华人民共和国民政部编.
-- 北京 ：中国统计出版社, 2012.8
ISBN 978-7-5037-6599-5

I.①中… II.①中… III.①民政事务－统计资料－中国－2012－年鉴 IV.①D632-66

中国版本图书馆CIP数据核字（2012）第167163号

中国民政统计年鉴–2012（中国社会服务统计资料）

作　　者/ 中华人民共和国民政部
责任编辑/ 郭　栋　　李　冲
E-mail: yearbook@gj.stats.cn
Address: No.57 Yuetan Nanjie,Sanlihe,Beijing 100826
封面设计/ 杰　夫
出版发行/ 中国统计出版社
通信地址/ 北京市西城区月坛南街57号　　邮政编码/100826
办公地址/ 北京市丰台区西三环南路甲6号
电　　话/ (010)63376907(邮购)　　(010)(68783172)(书店)
印　　刷/ 河北天普润印刷厂
经　　销/ 新华书店
开　　本/ 880×1230mm　　1/16
字　　数/ 1442千字
印　　张/ 46.75
版　　别/ 2012年8月第1版
版　　次/ 2012年8月第1次印刷
书　　号/ ISBN　978-7-5037-6599-5/D · 284
定　　价/ 280.00元

本书附同版本CD-ROM一张，光盘内容以书面文字为准。
中国统计版图书，如有印装错误，本社发行部负责调换。

《中国民政统计年鉴－2012》

（中国社会服务统计资料）

编委会和编辑出版人员

编者说明

《中国民政统计年鉴－2012》(中国社会服务统计资料)是一部全面反映2011年中国社会服务发展的资料性年刊。2011年度社会服务统计资料是根据各省、自治区、直辖市以及计划单列市民政厅（局）报送的社会服务业统计年报及有关部门的报表编制而成。本书内容由五个部分组成：第一部分是专文，主要包括社会服务统计公报和有关统计工作情况的通报等文件；第二部分是主要数据图表；第三部分是综合统计资料；第四部分是历年统计资料；第五部分是地区统计资料。本书对民政系统的干部职工，各级政府的有关部门，从事社会服务研究和教学的人员，以及社会各界了解和研究社会服务发展状况，提高政府管理和决策水平，具有重要的参考价值。

本书中涉及到的全国性统计数据均不包括香港特别行政区、澳门特别行政区和台湾省；表格中“--”符号表示数据不足本表最小计量单位；“空格”符号表示该项统计数据为零；“#”表示其中主要项。

本书凝聚了全国民政系统广大计财工作者和有关部门统计人员的辛勤汗水和工作成果，在本书的编辑出版过程中，得到了各级领导和统计战线同仁们的热情支持和帮助。在此，向所有关心和支持该书出版发行的领导和同志表示衷心的谢意。

目 录

第一部分：专文

第二部分：主要数据图表

一、综合

二、社会工作

三、成员组织和其他社会服务

第三部分：综合统计资料

一、综合

二、社会工作

三、成员组织和其他社会服务

第四部分：历年统计资料

一、综合

二、社会工作

三、成员组织和其他社会服务

第五部分：地区统计资料

一、综合

行政区划

国家行政机构

社会服务业基本情况

社会服务业预算单位财务数据

二、社会工作

提供住宿的社会工作活动

不提供住宿的社会工作活动

为生活困难群众提供的救助服务

为灾民提供的救灾服务

为弱势群体筹集资金的活动

为军队提供的优待抚恤服务

为全体居民提供的社会服务

自然灾害情况

其他

三、成员组织和其他社会服务

成员组织

其他社会服务

CONTENTS

Part One: Feature Articles

Part Two: Key Data Figures

I. Synthesis

II. Social Work

III. Member Organization and Other Social Services

Part Three: Comprehensive Statistics

I. Synthesis

II. Social Work

III. Member Organization and Other social services

Part Four: Historical Statistics

I. Synthesis

II. Social Work

III. Member Organization and Other Social Services

Part Five: Region Based Statistics

I. Synthesis

II. Social Work

III. Member Organization and Other social services

01

专 文

民政部关于印发
《2011年社会服务发展统计公报》的通知

民发［2012]105号

各省、自治区、直辖市民政厅（局），计划单列市民政局，新疆生产建设兵团民政局：

现将《2011年社会服务发展统计公报》印发给你们。

二〇一二年六月十九日

2011年社会服务发展统计公报

2011年社会服务工作全面贯彻党的十七大和十七届五中、六中全会及中央经济工作会议精神，以邓小平理论和“三个代表”重要思想为指导，以科学发展为主题，紧紧围绕保障和改善民生、加强和创新社会管理，落实力度大、创新亮点多、实际效果好，增进了人民群众共享改革发展成果。

一、综合

截至2011年底，全国共有省级行政区划单位34个（其中直辖市4个，省23个，自治区5个，特别行政区2个），地级行政区划单位332个（其中地级市284个，地区15个，自治州30个，盟3个），县级行政区划单位2853个（其中市辖区857个，县级市369个，县1456个，自治县117个，旗49个，自治旗3个，特区1个，林区1个），乡级行政区划单位40466个（其中区公所2个，镇19683个，乡12395个，苏木106个，民族乡1085个，民族苏木1个，街道7194个）。

2011年，共联合检查省界13条，联检省界13646公里、界桩236颗，2条省界签订了平安边界创建协议。编制完成了28条省级行政区域界线详图集，形成图集6800册、电子光盘2800套。

图1 乡镇、街道变化情况

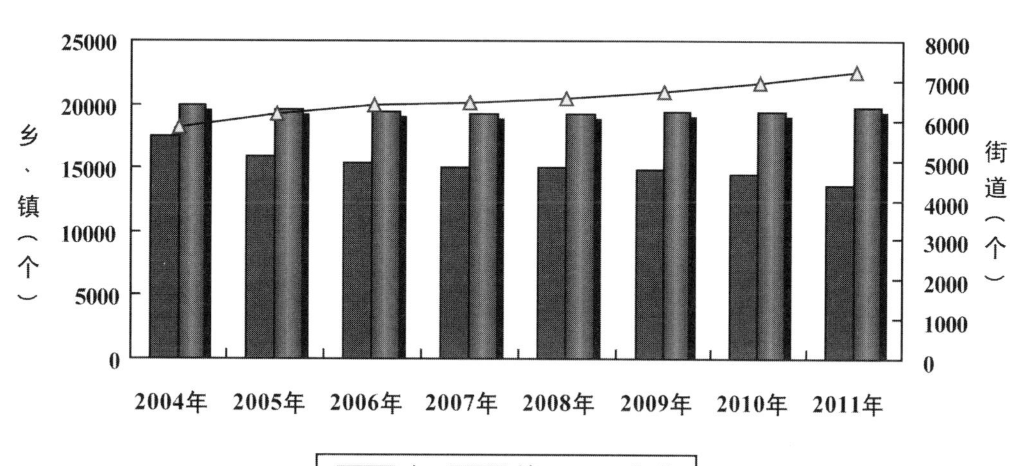

表1 乡镇、街道变化情况

单位：个

指标	2004年	2005年	2006年	2007年	2008年	2009年	2010年	2011年
乡	17534	15951	15306	15120	15067	14848	14571	13587
镇	19892	19522	19369	19249	19234	19322	19410	19683
街道	5829	6152	6355	6434	6524	6686	6923	7194

注： 图1和表1中乡包含民族乡、苏木、民族苏木。

截至2011年底，全国共有社会服务业机构129.8万个，比上年增长2.3%，职工总数1129.8万人，固定资产总值为6989.8亿元，比上年增加6.1%。社会服务业增加值2459.8亿元，比上年增长22.1%，占第三产业的比重1.2%。截至2011年底，全国通过社会工作师考试的13421人，通过助理社会工作师考试的40755人。

全国社会服务事业费支出3229.1亿元，比上年增长19.7%，占国家财政支出比重为3%，与上年持平。中央财政共向各地转移支付社会服务事业费1808亿元，比上年增长34.7%，占社会服务事业费比重56%，比上年增加了6.2个百分点。社会服务事业基本建设施工项目4533个，全年完成投资总额218.5亿元，比上年增长19.4%。

图2 社会服务业基本情况

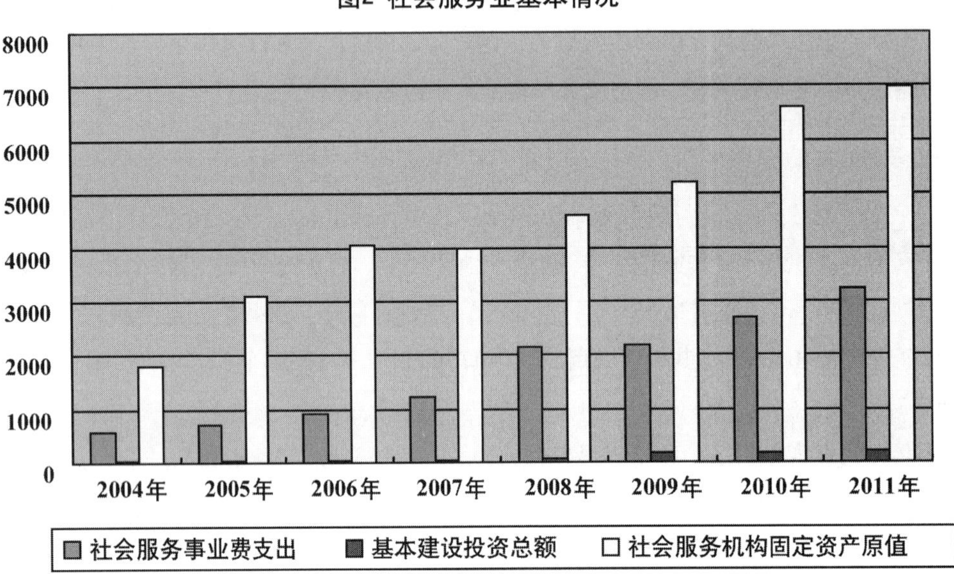

表2 社会服务业基本情况

单位：亿元

指标	2004年	2005年	2006年	2007年	2008年	2009年	2010年	2011年
社会服务事业费支出	577.4	718.4	915.4	1215.5	2146.5	2181.9	2697.5	3229.1
基本建设投资总额	29.2	31.6	33.5	47.7	66.6	157	183	218.5
社会服务机构固定资产原值	1818.4	3097.8	4066.7	3973	4592.8	5198	6589.3	6989.8

二、社会服务

（一）提供住宿的社会服务

截至2011年底，全国各类提供住宿的社会服务机构4.6万个，其中登记注册为事业单位机构0.9万个；床位396.4万张，比上年增长13.4%；每千人口平均拥有社会服务机构床位2.94张，比上年增长12.6%；收养293.4

万人，比上年增长5.5%。

图3 社会服务机构床位数

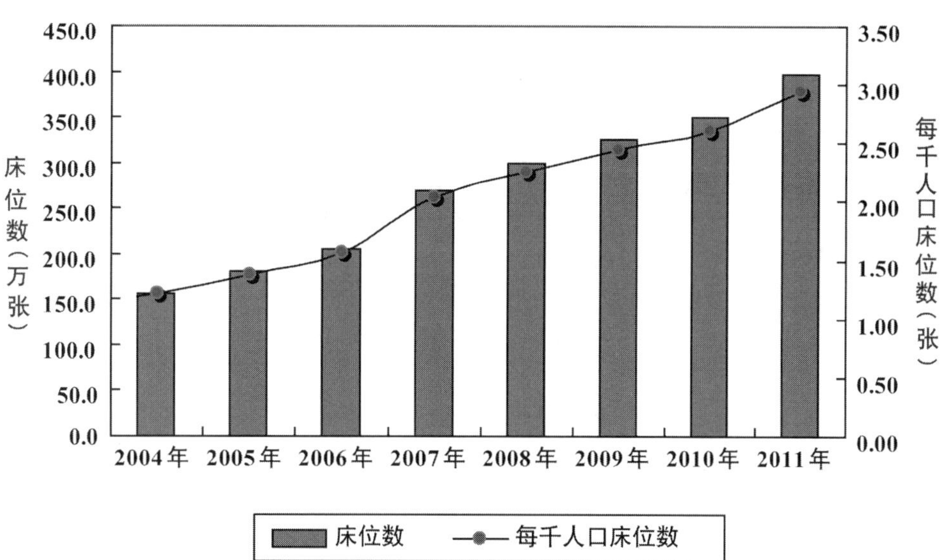

表3 社会服务机构床位数

单位：万张、张

指标	2004年	2005年	2006年	2007年	2008年	2009年	2010年	2011年
床位数	157.2	180.7	204.5	269.6	300.3	326.5	349.6	396.4
每千人口床位数	1.21	1.38	1.56	2.04	2.26	2.45	2.61	2.94

1.养老服务机构。全国各类养老服务机构40868个，比上年增加964个，拥有床位353.2万张，比上年增长11.7%（每千名老年人拥有养老床位19.1张，比上年增长7.3%），年末收养老年人260.3万人，比上年增长5.4%。

2.智障与精神疾病服务机构。全国民政部门管理的智障与精神疾病服务机构共有251个。其中社会福利医院（精神病院）155个，床位数4万张，年末收养各类人员3.5万人；复退军人精神病院96个，床位数2.5万张，年末收养各类人员2万人，比上年增长5.3%。

3.儿童福利和儿童救助机构。全国共有儿童福利机构397个，比上年增加62个，床位6.0万张，比上年增长20.0%。全国有流浪儿童救助保护中心241个，床位0.8万张。全年救助生活无着流浪乞讨未成年人17.9万人次。

4.生活无着人员救助服务机构。全国共有生活无着人员救助管理单位1788个，床位7.9万张，其中救助管理站1547个，床位7.1万张。全年救助城市生活无着的流浪乞讨人员241.0万人次，其中在站救助220.5万人次，不在站救助20.5万人次。

5.军队休养、军队供养机构。全国共有军休军供机构2287个。其中军休管理单位1960个，可提供休养户数16.0万户；军供站327个，床位3.8万张。

（二）不提供住宿的社会服务

1.老龄服务。2011年，全国60岁及以上老年人口18499万人，占总人口的13.7%，其中65岁及以上人口

12288万人，占总人口的9.1%。截至2011年底，全国共有老龄事业单位2503个，老年法律援助中心19407个，老年维权协调组织8.4万个，老年学校48116个、在校学习人员603.2万人，各类老年活动室41.3万个，全年接待来信来访45.8万次。

图4 60岁以上老年人口占全国总人口比重

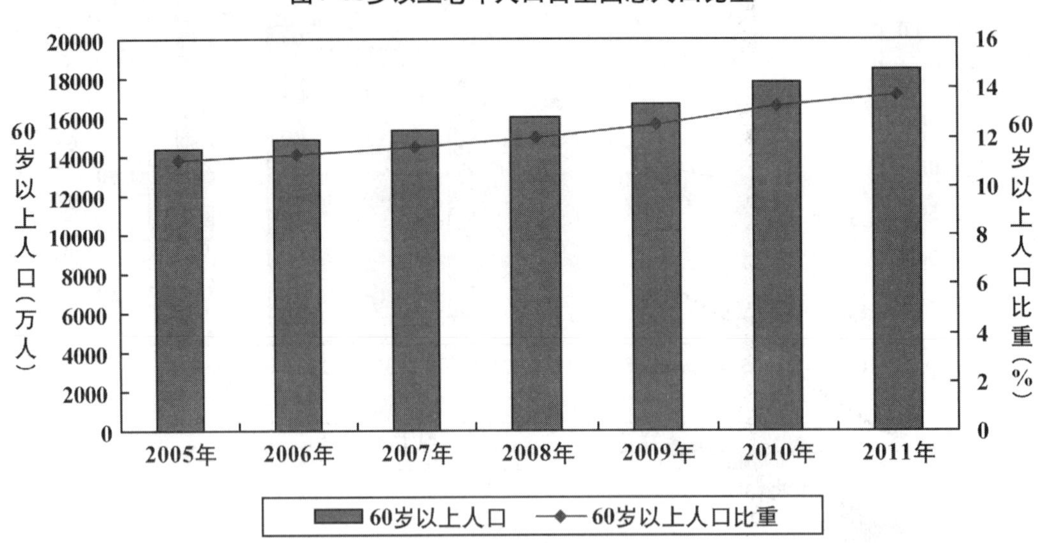

表4 60岁以上老年人口占全国总人口比重

单位：万人、%

指标	2005年	2006年	2007年	2008年	2009年	2010年	2011年
60岁以上人口	14408	14901	15340	15989	16714	17765	18499
60岁以上人口比重	11.03	11.30	11.60	12.00	12.50	13.26	13.70

2.儿童福利。会同财政部下达25.2亿元中央财政专项资金补助各地发放孤儿基本生活费。截至2011年底，全国共有孤儿50.9万人，其中各类社会福利机构收养儿童10.8万人，社会散居孤儿40.1万人。2011年全国办理家庭收养登记31424件，其中：中国公民收养登记27579件，外国人收养登记3845件。

图5 家庭儿童收养

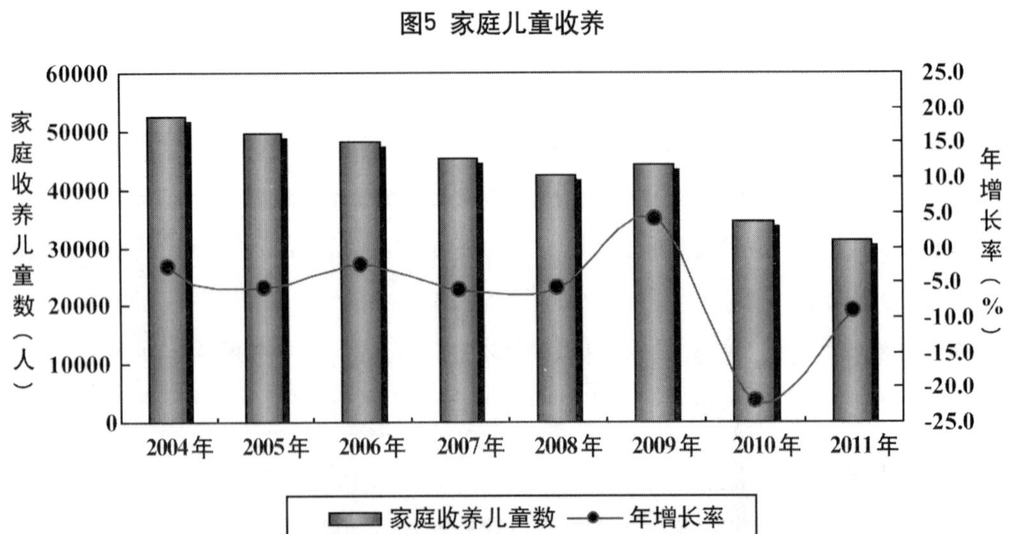

表5 家庭儿童收养

单位：人、%

指标	2004年	2005年	2006年	2007年	2008年	2009年	2010年	2011年
家庭收养儿童数	52603	49506	48178	45192	42550	44260	34529	31424
年增长率	−2.9	−5.9	−2.7	−6.2	−5.8	4.0	−22.0	−9.0

3.福利企业。截至2011年底，全国共有社会福利企业21507个，比上年减少719个；社会福利业增加值为738.0亿元，比上年增长24.7%，占第三产业的比重0.36%；吸纳残疾职工62.8万人就业；实现利润140.1亿元，比上年下降7.1%；年末固定资产1818.1亿元,比上年增长10.4%。

图6 社会福利企业中的残疾职工

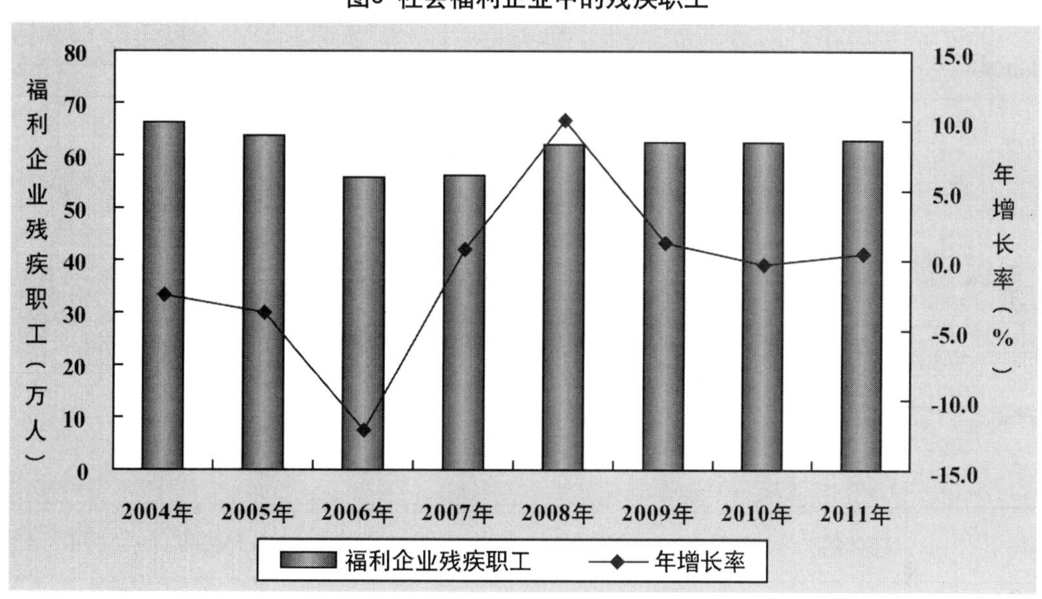

表6 社会福利企业中的残疾职工

单位：万人、%

指标	2004年	2005年	2006年	2007年	2008年	2009年	2010年	2011年
福利企业残疾职工	66.2	63.7	55.9	56.3	61.9	62.7	62.5	62.8
年增长率	−2.5	−3.8	−12.2	0.7	9.9	1.3	−0.3	0.5

4.社会救助。

城市低保。2011年底，全国共有城市低保对象1145.7万户、2276.8万人。全年各级财政共支出城市低保资金659.9亿元，比上年增长25.8%，其中中央财政补助资金502.0亿元，占总支出的76.1%。2011年全国城市低保平均标准287.6元/人、月，比上年增长14.5%；全国城市低保月人均补助水平240.3元（含一次性生活补贴），比上年提高27.1%。

城市“三无”救济。2011年城市“三无”救济19.3万人，比去年增长30.9%。

农村低保。2011年底，全国有农村低保对象2672.8万户、5305.7万人，比上年同期增加91.7万人，增长了1.8%。全年各级财政共支出农村低保资金667.7亿元，比上年增长50.0%，其中中央补助资金502.6亿元，占总支出的75.3%。2011年全国农村低保平均标准143.2元/人、月，比上年提高26.2元，增长22.4%；全国农村低保月人均补助水平106.1元（含一次性生活补贴），比上年提高43.4%。

农村五保。截至2011年底，全国有农村五保供养对象530.2万户，551万人，分别比上年下降0.95%和0.71%。全年各级财政共支出农村五保供养资金121.7亿元，比上年增长24.1%。其中：农村五保集中供养184.5万人，集中供养年平均标准为3399.7元/人，比上年增长15.2%；农村五保分散供养366.5万人，分散供养年平均标准为2470.5元/人，比上年增长17.5%。

图7 社会救助情况

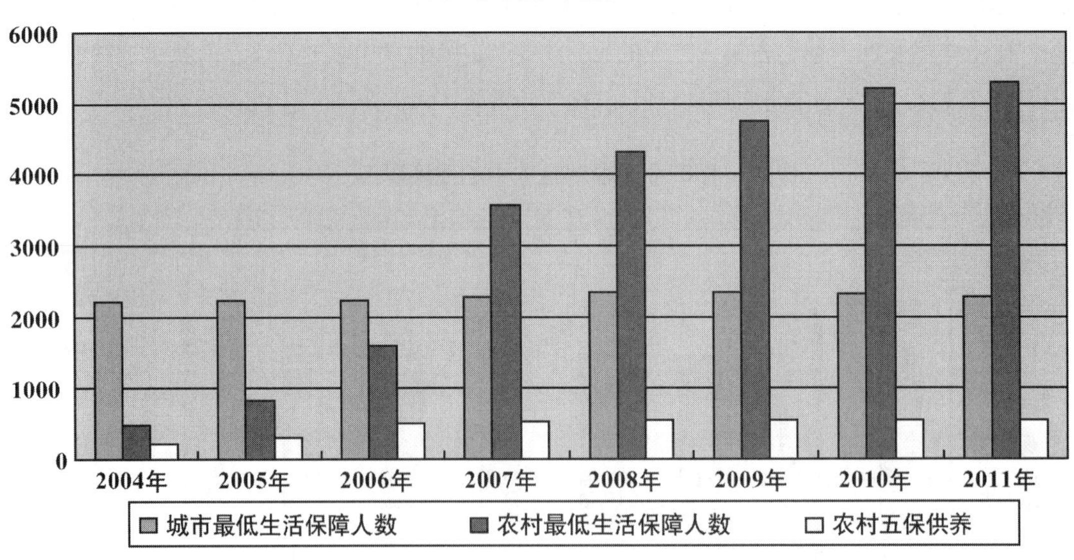

表7 社会救助情况

单位：万人

指标	2004年	2005年	2006年	2007年	2008年	2009年	2010年	2011年
城市最低生活保障人数	2205	2234.2	2240.1	2272.1	2334.8	2345.6	2310.5	2276.8
农村最低生活保障人数	488.0	825.0	1593.1	3566.3	4305.5	4760.0	5214.0	5305.7
农村五保供养	228.7	300.0	503.3	531.3	548.6	553.4	556.3	551.0

农村传统救济。2011年农村传统救济68.7万人，比去年增长15.6%。

医疗救助。2011年全年累计救助城市居民2222万人次，其中：民政部门资助参加城镇居民基本医疗保险1549.8万人次，人均救助水平67.9元；民政部门直接救助城市居民672.2万人次，人均医疗救助水平793.6元。全年各级财政共支出城市医疗救助资金67.6亿元，比上年增长36.6%。

2011年全年累计救助贫困农村居民6297.1万人次，其中：民政部门资助参加新型农村合作医疗4825.3万人次，人均资助参合水平45.6元；民政部门直接救助农村居民1471.8万人次，人均救助水平635.8元。全年各级财政共支出农村医疗救助资金120.0亿元，比上年增长43.7%。

临时救助。2011年临时救助城市居民290.1万人次、农村居民596.8万人次。

5.防灾减灾。2011年全国各类自然灾害共造成4.3亿人（次）不同程度受灾，因灾死亡失踪1126人，紧急转移安置939.4万人次；农作物受灾面积3247.1万公顷，其中绝收面积289.2万公顷；倒塌房屋93.5万间，损坏房屋331.1万间；因灾直接经济损失3096.4亿元。国家减灾委、民政部启动救灾应急响应33次，下拨救灾资金86.4亿元，调拨救灾帐篷7万顶、棉衣被83万件（床）。全国共救助受灾群众7500多万人次，帮助重建倒塌民房99.4万间。

图8 因灾死亡（含失踪）人口

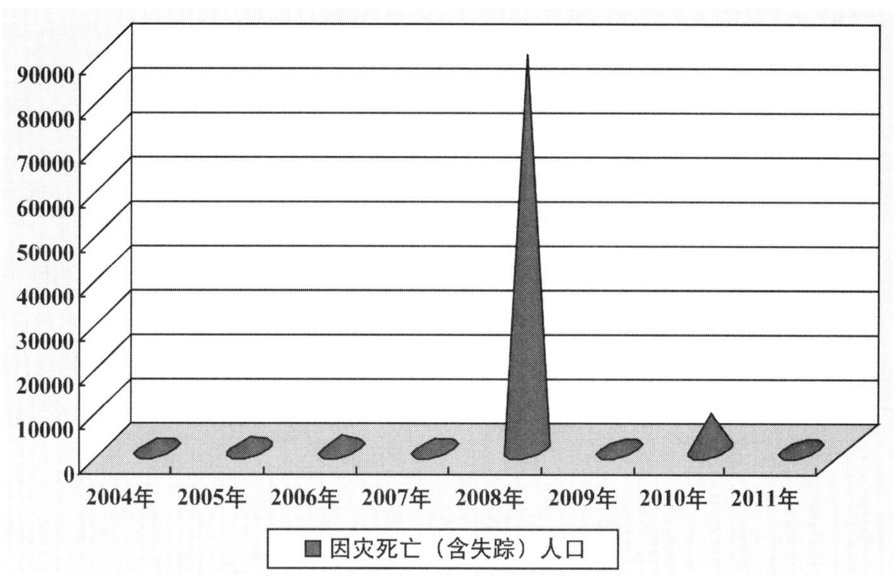

表8 因灾死亡（含失踪）人口

单位：人

指标	2004年	2005年	2006年	2007年	2008年	2009年	2010年	2011年
因灾死亡（含失踪）人口	2250	2475	3186	2325	88928	1528	7844	1126

注：2011年因灾死亡（含失踪）人口包含森林火灾死亡人口。

6.慈善事业。

慈善捐赠。截至2011年底，全国共建立经常性社会捐助工作站、点和慈善超市3.4万个（其中：慈善超市8802个）。全年各地直接接收社会捐赠款物495.0亿元，其中：民政部门直接接收社会各界捐款96.6亿元，捐赠物资折款4.8亿元，各类社会组织接收捐款393.6亿元。全年各地接收捐赠衣被2918.5万件，其中：棉衣被1647.1万件。间接接收其他部门转入的社会捐款3.8亿元，衣被588.4万件，其中：棉衣被410.2万件，捐赠物资折款2714.3万元。全年有1459.7万人（次）困难群众受益。全年有950.2万人次在社会服务领域提供了9272.6万小时的志愿服务。

图9 接收社会捐款和衣被

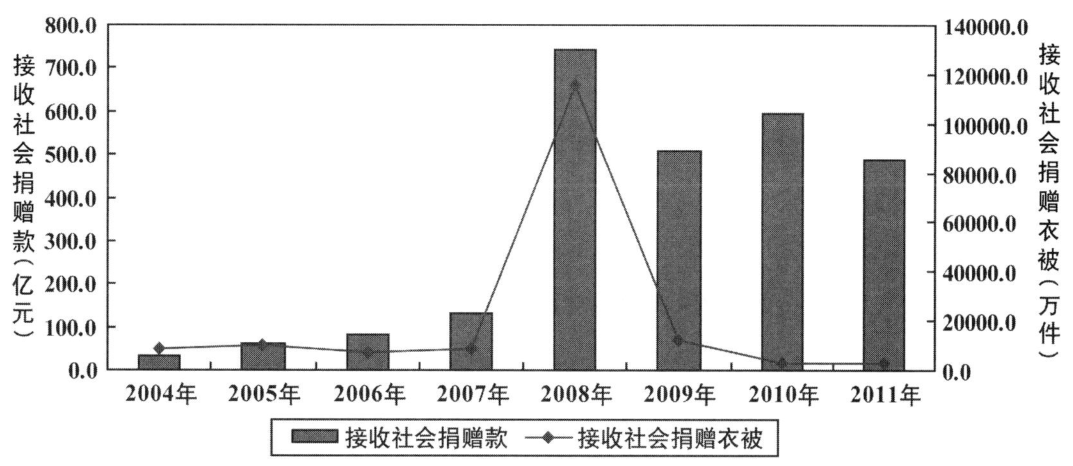

表9 接收社会捐款和衣被

单位：亿元、万件

指标	2004年	2005年	2006年	2007年	2008年	2009年	2010年	2011年
接收社会捐赠款	34.0	60.3	83.1	132.8	744.5	507.2	596.8	490.1
接收社会捐赠衣被	8957.2	10355.0	7123.6	8756.8	115816.3	12476.6	2750.2	2918.5

福利彩票。2011年中国福利彩票年销售1278.0亿元，比上年增加310.0亿元，同比增长32.0%。全年筹集福彩公益金388.7亿元，比上年增长30.8%。全年民政系统共支出彩票公益金127.9亿元，比上年增加6.7亿元；其中：资助用于抚恤4.8亿元，退役安置0.4亿元，社会福利61.4亿元，城市最低生活保障0.9亿元，其他城市社会救济2.7亿元，自然灾害0.8亿元，农村最低生活保障1.4亿元，其他农村社会救济2.4亿元，医疗救助16.3亿元。

图10 福利彩票

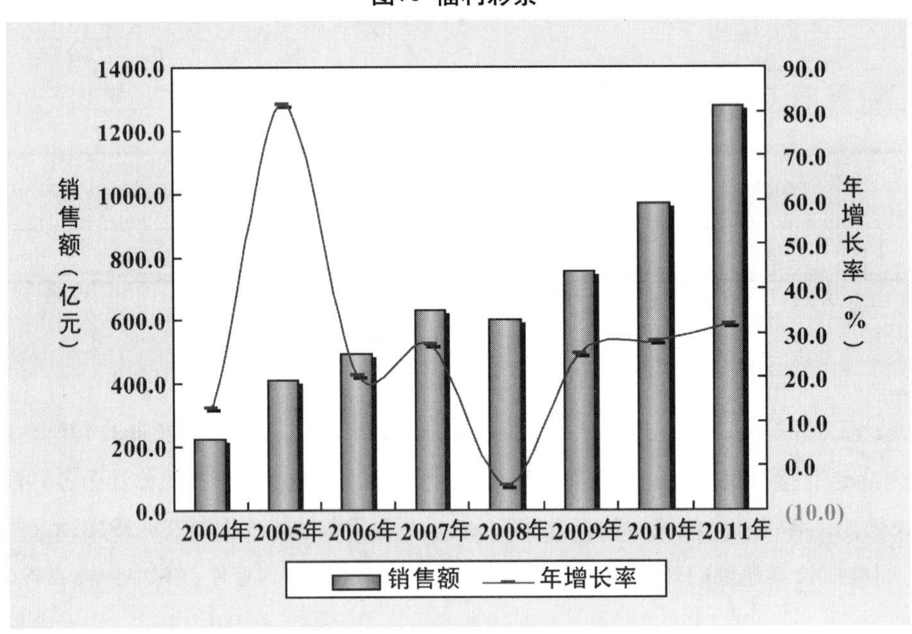

表10 福利彩票

单位：亿元、%

指标	2004年	2005年	2006年	2007年	2008年	2009年	2010年	2011年
销售额	226.4	411.2	495.7	631.6	604.0	756.0	968.0	1278.0
年增长率	13.1	81.6	20.5	27.4	−4.4	25.2	28.0	32.0

7.优抚安置。截至2011年底，国家抚恤、补助各类重点优抚对象852.5万人，比上年增长36.4%。其中：伤残人员85.9万人，带病回乡退伍军人132.2万人，在乡复员军人158.7万人，60岁以上农村籍退伍军人237.4万人，在乡退伍红军老战士911人，在乡西路军红军老战士190人，红军失散人员29208人；烈士遗属28.6万人，因公牺牲、病故军人遗属13.6万人。

图11 国家抚恤、补助优抚对象

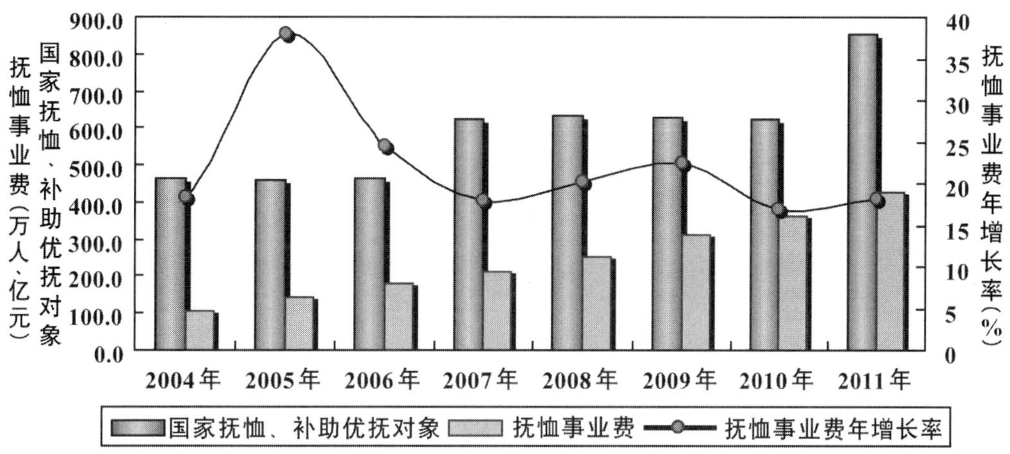

表11 国家抚恤、补助优抚对象

单位：万人、亿元、%

指标	2004年	2005年	2006年	2007年	2008年	2009年	2010年	2011年
国家抚恤、补助优抚对象	462.0	460.3	462.6	622.4	633.2	630.7	625	852.5
抚恤事业费	104.1	143.6	178.8	210.8	253.6	310.3	362.7	428.3
抚恤事业费年增长率	18.4	37.9	24.5	17.9	20.3	22.4	16.9	18.1

2011年各级政府共批准烈士233人。2011年底，全国共有烈士纪念设施管理单位1227个；烈士纪念设施9900处，其中纪念馆（陈列馆）1143个，零散烈士纪念设施50699处。

全年共接收安置退役士兵、复员干部39.1万人，比上年减少1.1%；其中退伍义务兵32.5万人（其中：城镇义务兵17.7万人），转业、复员士官6.5万人，复员干部646人。全年共接收军队离退休干部（含退休士官）、无军籍退休退职职工14530人，比上年增长8.0%。全国有军休管理机构1960个，年末职工1.9万人；军供站（含军转站）327个，年末职工0.6万人。

8.社区服务。截至2011年底，全国共有各类社区服务机构16.0万个，社区服务机构覆盖率23.6%；其中：社区服务中心14391个，比上年增加1671个，社区服务站56156个，比上年增加11919个，其他社区服务机构9.0万个，比上年减少0.6万个。城镇便民、利民服务网点45.3万个。社区志愿服务组织15.9万个。社区共吸纳从业人员108.9万人。

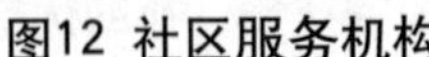

图12 社区服务机构

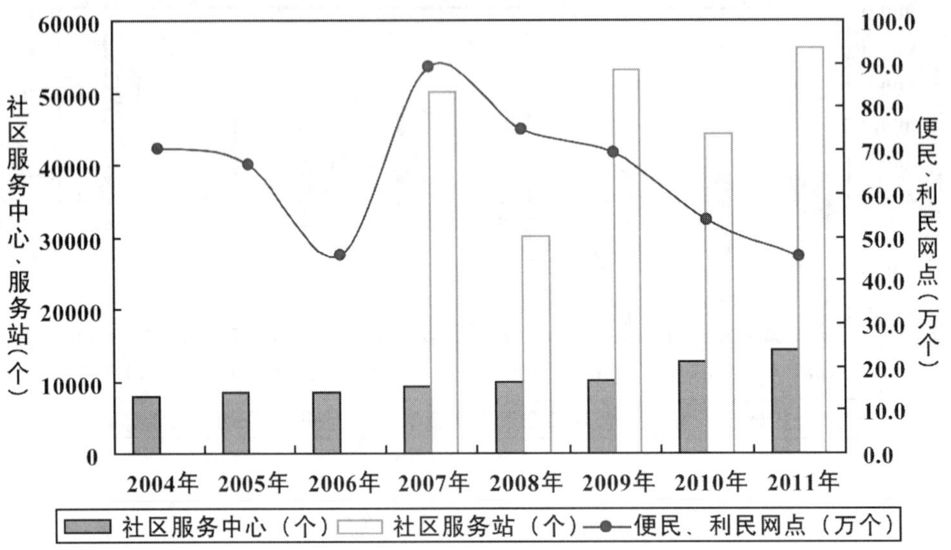

表12 社区服务机构

单位：万个、个

指标	2004年	2005年	2006年	2007年	2008年	2009年	2010年	2011年
社区服务机构	20.6	20.3	12.5	12.9	13.5	14.7	15.3	16.0
社区服务中心	7804	8479	8565	9319	9873	10003	12720	14391
社区服务站				50116	30021	53170	44237	56156
便民、利民网点	70.4	66.5	45.8	89.3	74.9	69.3	53.9	45.3

三、成员组织和其他社会服务

（一）成员组织

1.社会组织。截至2011年底，全国共有社会组织46.2万个，比上年增长3.7%；吸纳社会各类人员就业599.3万人，比上年下降3.1%；形成固定资产1885.0亿元，比上年增长1.1%；社会组织增加值为660.0亿元，比上年增长24.2%，占第三产业增加值比重为0.32%；接收社会捐赠393.6亿元；全年共执法检查社会组织1917起，其中取缔非法社会组织21起，行政处罚1896起。

全国共有社会团体25.5万个，比上年增长4.0%。其中：工商服务业类24894个，科技研究类19126个，教育类12491个，卫生类10776个，社会服务类33987个，文化类22472个，体育类13534个，生态环境类6999个，法律类3148个，宗教类4650个，农业及农村发展类52105个，职业及从业组织类17648个，国际及其他涉外组织类519个，其他32620个。全年共执法检查社会团体890起，其中取缔非法社会团体12起，行政处罚878起。

全国共有民办非企业单位20.4万个，比上年增长3.1%。其中：科技服务类10956个，生态环境类846个，教育类104894个，卫生类21573个，社会服务类31750个，文化类8827个，体育类7700个，商务服务类6897个，宗教类169个，国际及其他涉外组织类36个，其他10740个。全年共执法检查民办非企业1016起，其中取缔非法民办非企业9起，行政处罚1007起。

全国共有基金会2614个，比上年增加414个，增长18.8%，其中：公募基金会1218个，非公募基金会1370个，境外基金代表机构26个。民政部登记的基金会183个。公募基金会和非公募基金会共接收社会各界捐赠219.7亿元。全年共行政处罚基金会11起。

图13 社会组织

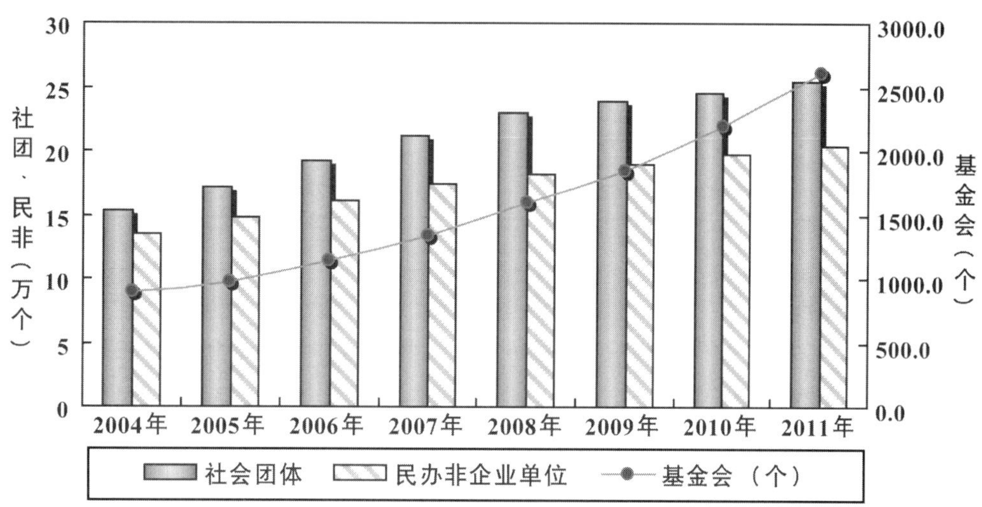

表13 社会组织

单位：万个、个

指标	2004年	2005年	2006年	2007年	2008年	2009年	2010年	2011年
社会团体	15.3	17.1	19.2	21.2	23	23.9	24.5	25.5
民办非企业单位	13.5	14.8	16.1	17.4	18.2	19	19.8	20.4
基金会	892	975	1144	1340	1597	1843	2200	2614

2.自治组织。2011年底，基层群众自治组织共计67.9万个，其中：村委会59.0万个，降低0.8%，村民小组476.4万个，村委会成员231.9万人，比上年减少1.5万人；居委会89480个，增长了2.8%，居民小组134.0万个，比上年增加3.3万个，居委会成员45.4万人，比上年增长3.4%。全年共有35.8万个村（居）委会完成选举，参与选举的村（居）民登记数为4.5亿人，参与投票人数为3.6亿人。

图14 自治组织

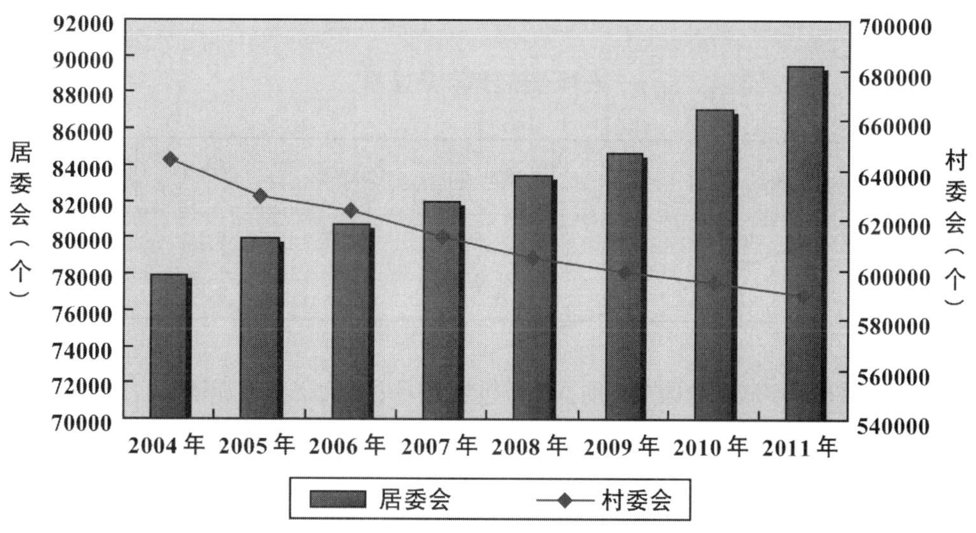

表14 自治组织

单位：个

指标	2004年	2005年	2006年	2007年	2008年	2009年	2010年	2011年
居委会	77884	79947	80717	82006	83413	84689	87057	89480
村委会	644166	629079	623669	612709	604285	599078	594658	589653

（二）其他社会服务

1.婚姻服务。2011年全国共有婚姻登记机关9690个，共依法办理结婚登记1302.4万对，比上年增长4.9%。其中：内地居民登记结婚1297.5万对，涉外及华侨、港澳台居民登记结婚4.9万对。粗结婚率为9.7‰，比上年上升0.4个千分点。2011年20−24岁办理结婚登记的公民占结婚总人口比重最多，占36.6%。

2011年共依法办理离婚手续的有287.4万对，增长7.3%，粗离婚率为2.13‰,比上年增加0.13个千分点。其中：民政部门登记离婚220.7万对，法院办理离婚66.7万对。

图15 结婚率和离婚率

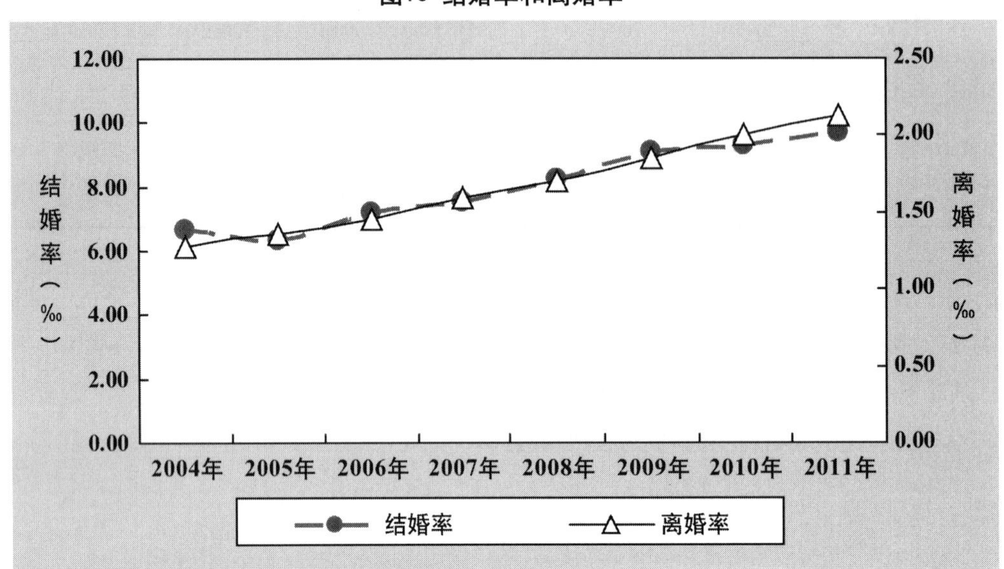

表15 结婚率和离婚率

单位：‰

指标	2004年	2005年	2006年	2007年	2008年	2009年	2010年	2011年
结婚率	6.65	6.30	7.19	7.50	8.27	9.10	9.30	9.67
离婚率	1.28	1.37	1.46	1.59	1.71	1.85	2.00	2.13

2.殡葬服务。截至2011年底，全国共有殡葬服务机构4103个，比上年增加152个，其中殡仪馆1745个，殡葬管理机构952个。民政部门管理的公墓1406个，比上年增加98个。殡仪服务机构职工共有7.5万人，其中殡仪馆职工4.5万人。火化炉5209台，火化遗体468.1万具。火化率48.8%，比上年降低0.2个百分点。

图16 火化遗体情况

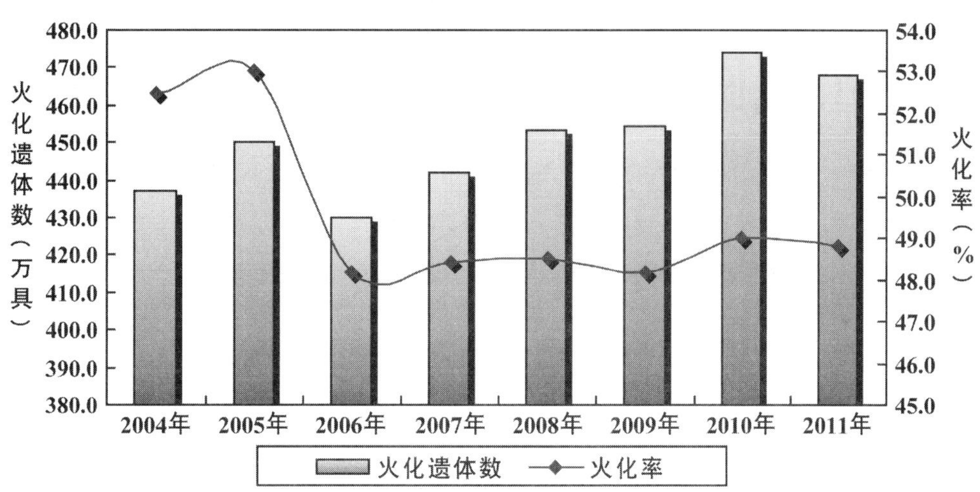

表16 火化遗体情况

单位：万具、%

指标	2004年	2005年	2006年	2007年	2008年	2009年	2010年	2011年
火化遗体数	436.9	450.2	430.2	442.1	453.4	454.2	474.1	468.1
火化率	52.5	53.0	48.2	48.4	48.5	48.2	49.0	48.8

民政部关于表彰2011年度全国民政统计工作先进单位的通报

民函〔2012〕70 号

各省、自治区、直辖市民政厅（局），计划单列市民政局，新疆生产建设兵团民政局：

2011年全国民政规划财务部门深入贯彻科学发展观，不断增强创新意识，紧紧围绕民政中心工作和重点工作部署，科学有效组织统计工作，统计数据质量和统计信息化水平得到了较大提升，为科学编制“十二五”民政各项规划打下了坚实基础，推动了民政事业健康持续发展。

为鼓励各地民政统计工作再上新台阶，根据2011年民政事业统计、财务、基建报表和统计台账的报送情况，民政部决定对民政统计工作先进单位进行通报表扬。

2012年是民政“十二五”各项规划实施的关键一年，各级民政部门在保障和改善民生、加强和创新管理方面的工作任务将更加繁重，民政统计工作也将面临新的挑战。希望各级民政部门高度重视统计工作，切实加强基层统计基础和能力建设，不断提高统计数据质量和民政统计公信力，加快实现民政统计由部门统计向行业统计的转变，为推动全国民政统计工作不断进步，服务民政事业科学发展发挥更加重要的作用。

二〇一二年三月九日

2011年全国民政统计工作先进单位名单

特等奖（12名）：

北京市民政局规财处
天津市民政局规财处
黑龙江省民政厅规财处
山东省民政厅规财处
湖北省民政厅规财处
湖南省民政厅规财处
上海市民政局规财处
浙江省民政厅规财处
重庆市民政局规财处
江苏省民政厅规财处
河南省民政厅规财处
四川省民政厅规财处

一等奖（11名）：

江西省民政厅规财处
贵州省民政厅规财处
吉林省民政厅规财处
甘肃省民政厅规财处
安徽省民政厅规财处
陕西省民政厅规财处
新疆维吾尔自治区民政厅规财处
云南省民政厅规财处
福建省民政厅规财处
广东省民政厅规财处
海南省民政厅规财处

二等奖：（9名）

宁夏回族自治区民政厅规财处
青海省民政厅规财处
内蒙古自治区民政厅规财处
广西壮族自治区民政厅规财处
河北省民政厅规财处
山西省民政厅规财处
辽宁省民政厅规财处
西藏自治区民政厅规财处
新疆生产建设兵团民政局办公室

02

主要数据图表

图1-1 市、区、县

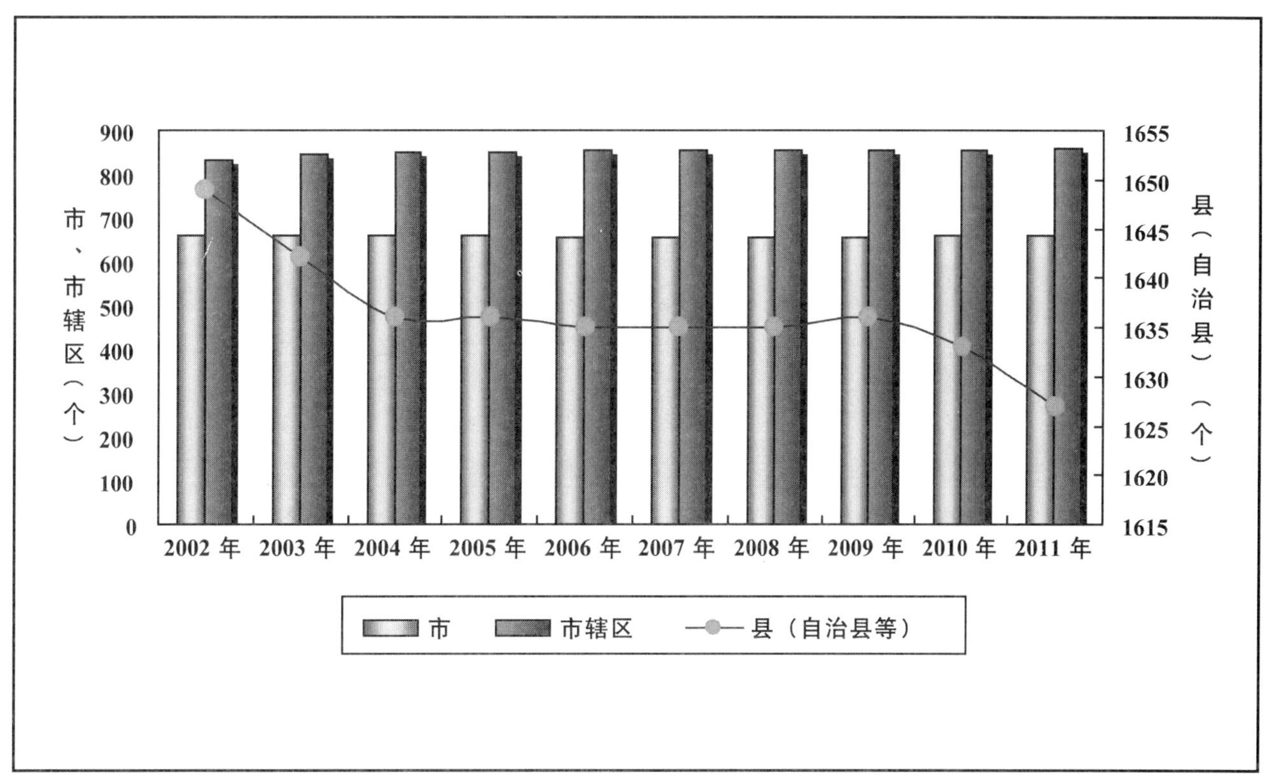

单位：个

指　标	2002年	2003年	2004年	2005年	2006年	2007年	2008年	2009年	2010年	2011年
市	660	660	661	661	656	655	655	654	657	657
市辖区	830	845	852	852	856	856	856	855	853	857
县（自治县等）	1649	1642	1636	1636	1635	1635	1635	1636	1633	1627

注：市含直辖市、地级市及县级市。

图1-2　乡镇与街道

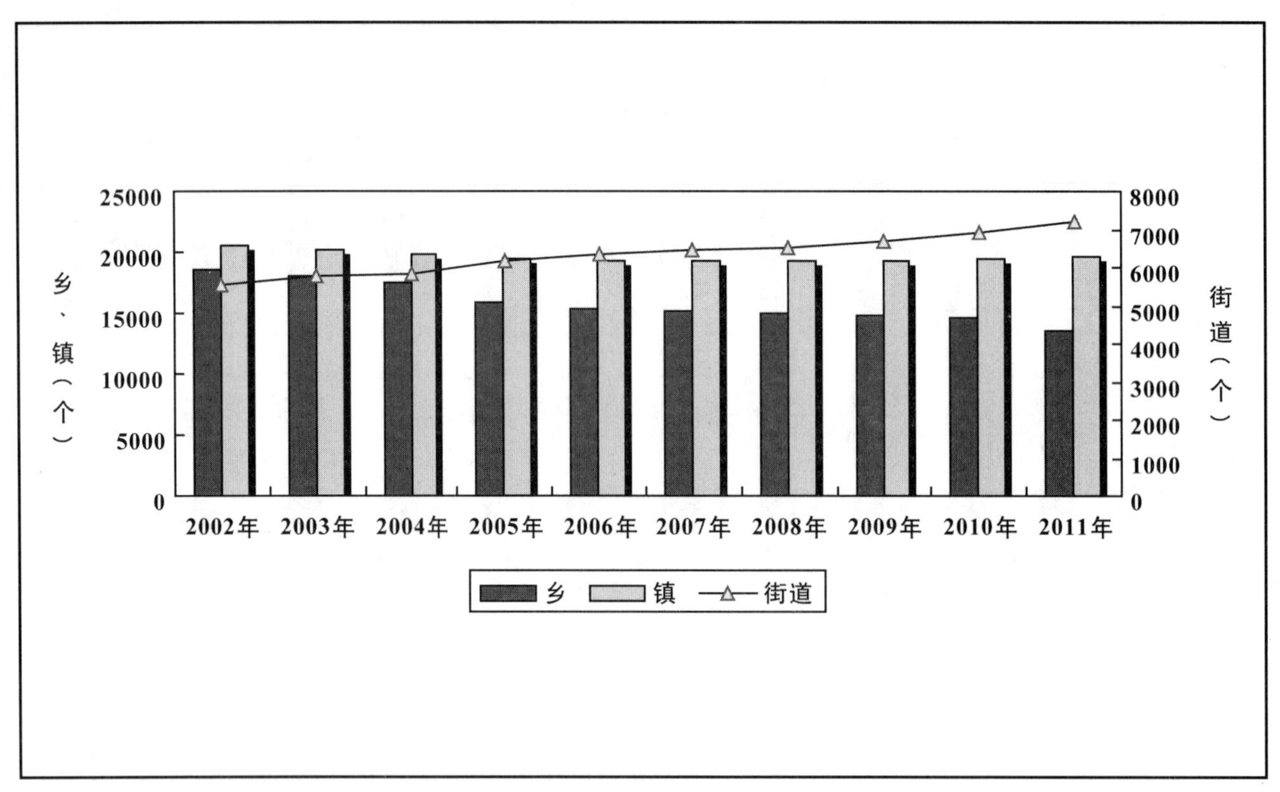

单位：个

指　标	2002年	2003年	2004年	2005年	2006年	2007年	2008年	2009年	2010年	2011年
乡	18640	18064	17534	15951	15306	15120	15067	14848	14571	13587
镇	20600	20226	19892	19522	19369	19249	19234	19322	19410	19683
街道	5516	5751	5829	6152	6355	6434	6524	6686	6923	7194

图1-3　60岁以上老年人口占全国总人口比重

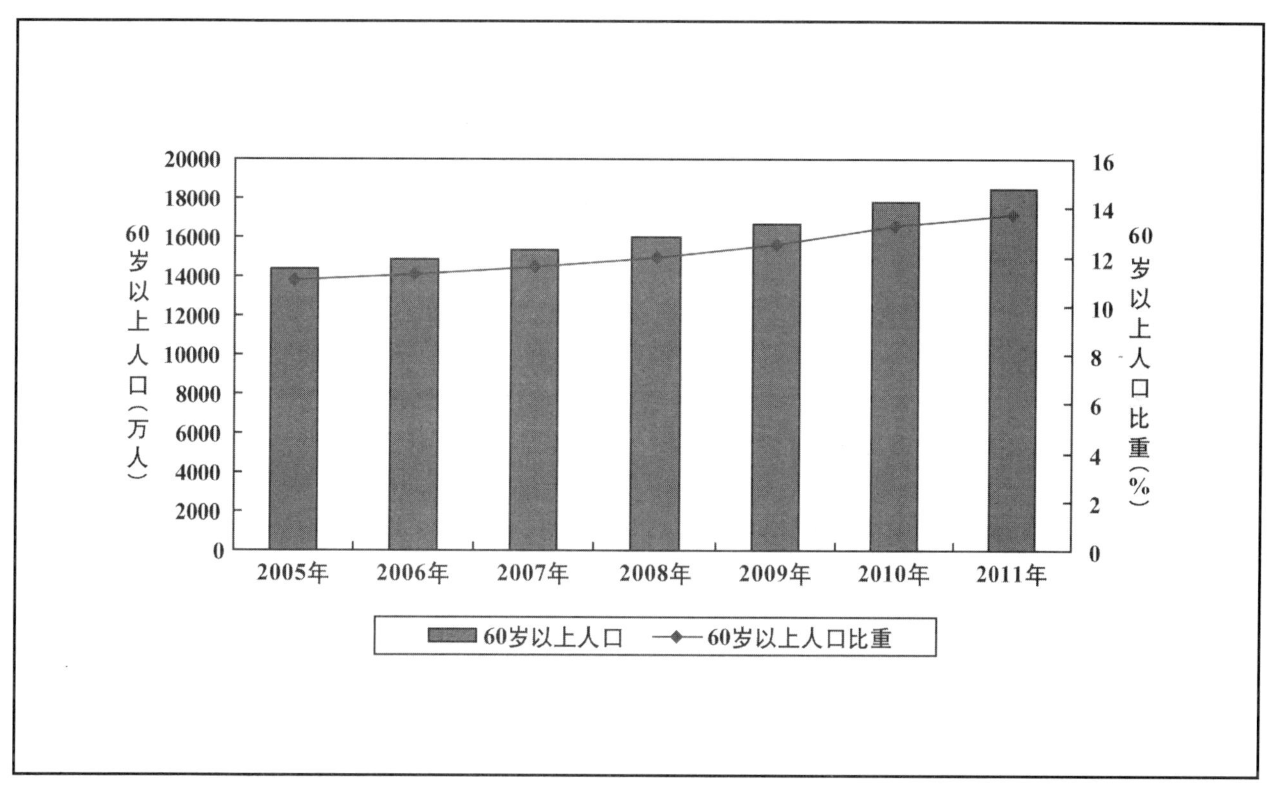

单位：万人、%

指　标	2005年	2006年	2007年	2008年	2009年	2010年	2011年
60岁以上人口	14408	14901	15340	15989	16714	17765	18499
60岁以上人口比重	11.03	11.3	11.6	12	12.5	13.26	13.7

注：本表数据来源于国家统计局。

图1-4　人口年龄结构

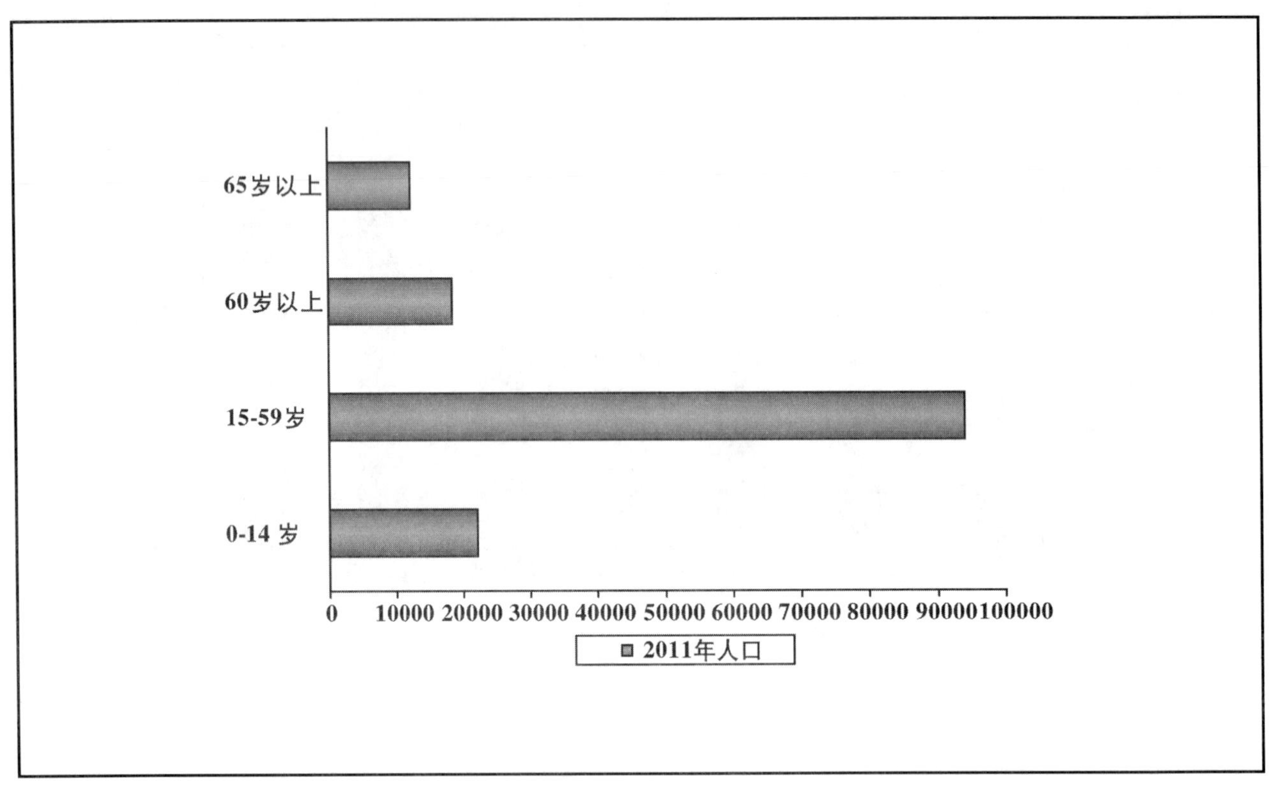

单位：万人、%

年　龄	0−14岁	15−59岁	60岁以上	65岁以上
2011年人口	22164	94072	18499	12288
比重	16.5	69.8	13.7	9.1
比2010年增减百分点	-0.1	-0.6	0.44	0.23

图1–5 社会服务机构和职工

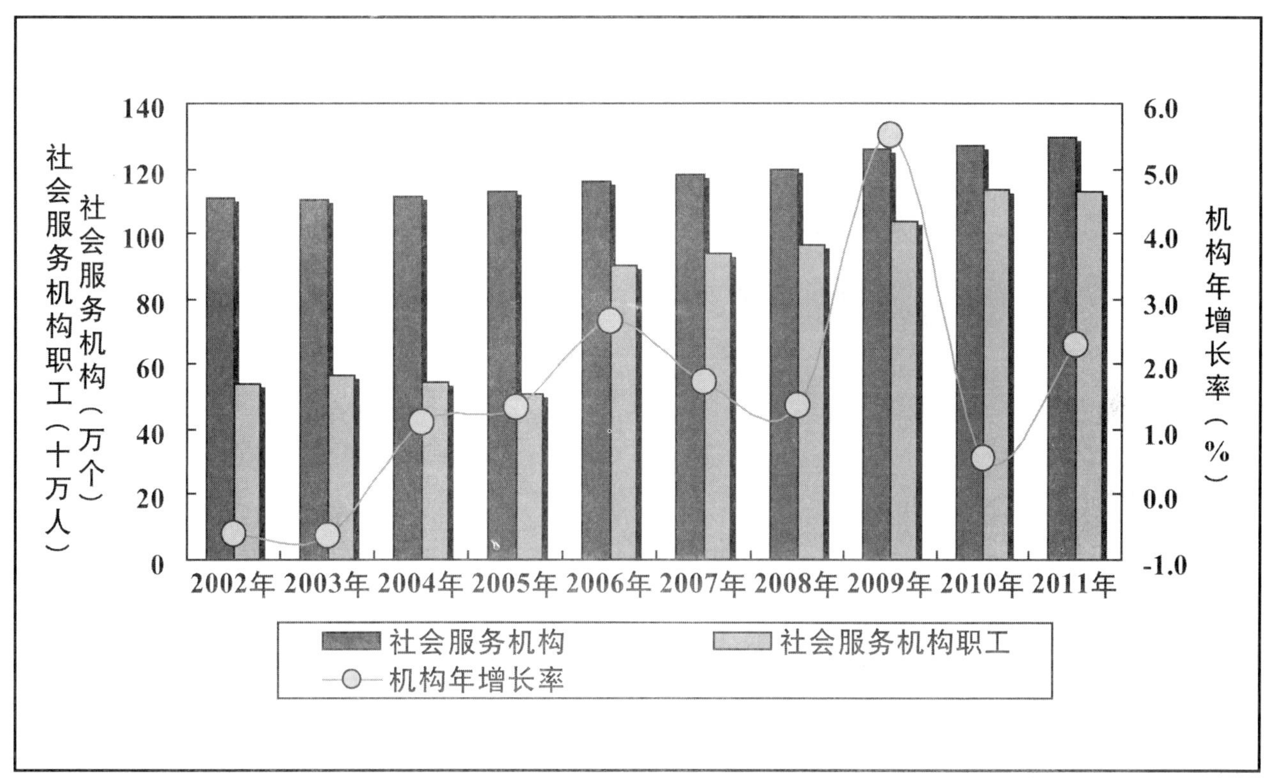

单位：万个、%、十万人

指　标	2002年	2003年	2004年	2005年	2006年	2007年	2008年	2009年	2010年	2011年
社会服务机构	111	110.3	111.5	113	116	118	119.6	126.2	126.9	129.8
社会服务机构职工	53.7	56.3	54.4	50.9	90.4	93.8	96.7	103.8	113.8	113.0
机构年增长率	-0.6	-0.6	1.1	1.3	2.7	1.7	1.4	5.5	0.6	2.3

图1-6　主要社会服务对象占全国总人口比重

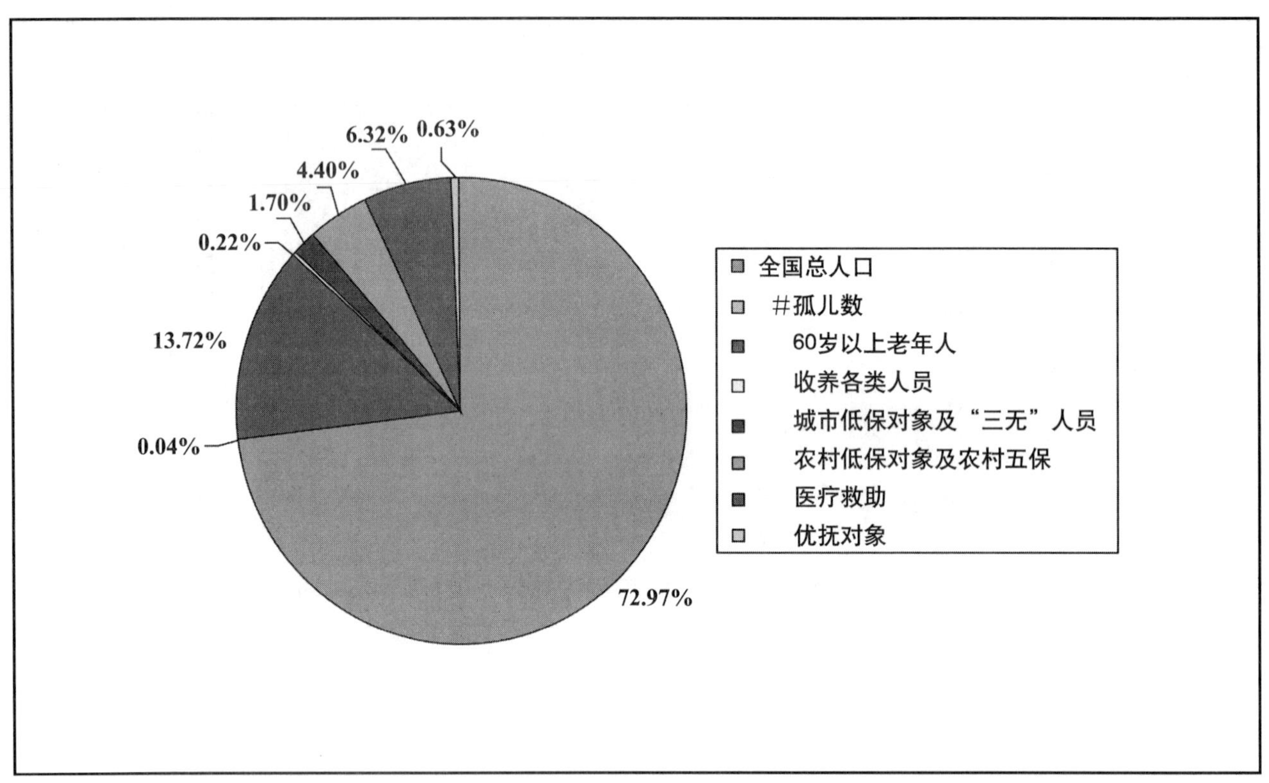

单位：万人、%

指　标	2011年	比　重
全国总人口	134735	100.0
社会服务对象	36436.4	27.04
#60岁以上老年人	18499	13.73
孤儿数	50.9	0.04
收养各类人员	293.4	0.22
城市低保对象及"三无"人员	2296.1	1.70
农村低保对象及农村五保	5925.4	4.40
医疗救助	8519.1	6.32
优抚对象	852.5	0.63

注：各类社会服务对象有重叠。

图1-7　社会服务机构增加值占服务业增加值比重

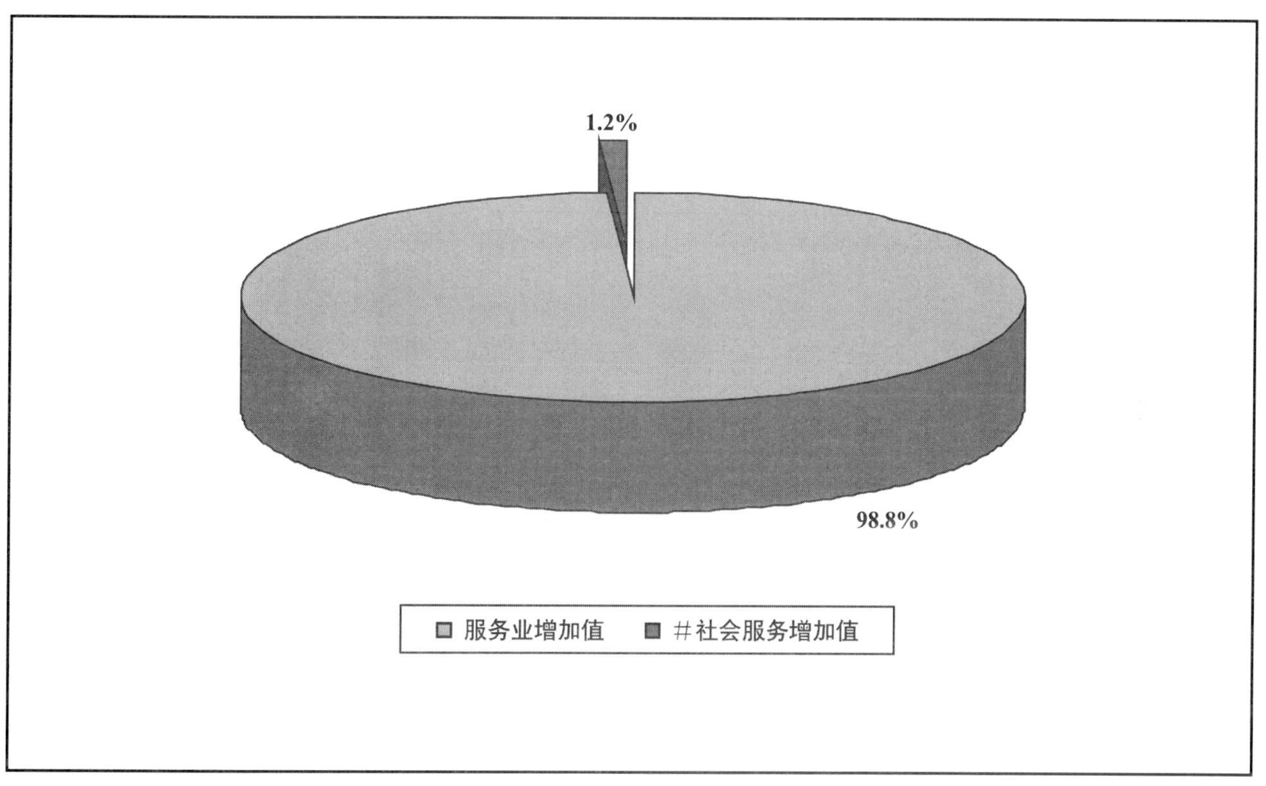

单位：亿元、%

指　标	产　值	比　重
服务业增加值	203260.0	100
#社会服务增加值	2459.8	1.2

图1-8 社会服务业固定资产原值

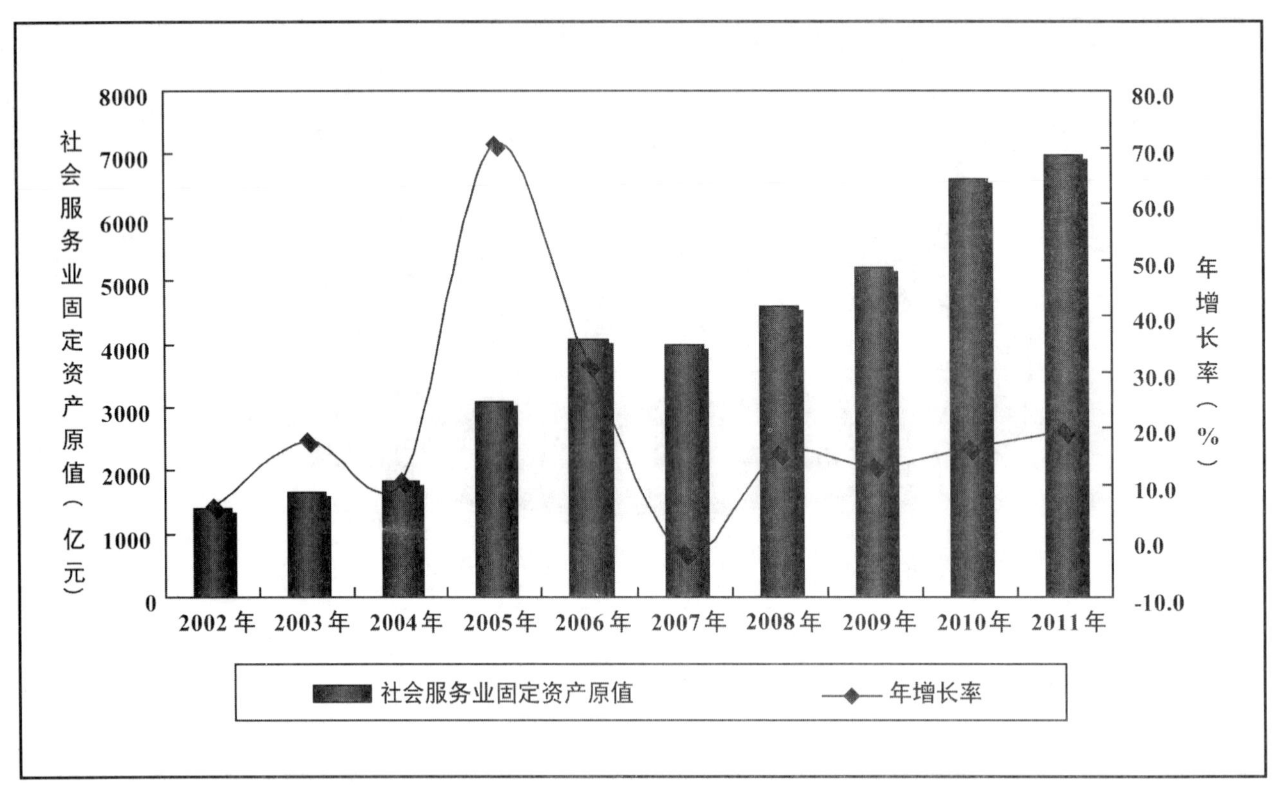

单位：亿元、%

指　标	2002年	2003年	2004年	2005年	2006年	2007年	2008年	2009年	2010年	2011年
社会服务业固定资产原值	1394.9	1644.3	1818.4	3097.8	4066.7	3973	4592.8	5198	6589.3	6989.8
年增长率	5.9	17.9	10.6	70.4	31.3	-2.3	15.6	13.2	16.6	19.4

图1-9　社会服务领域基本建设投资

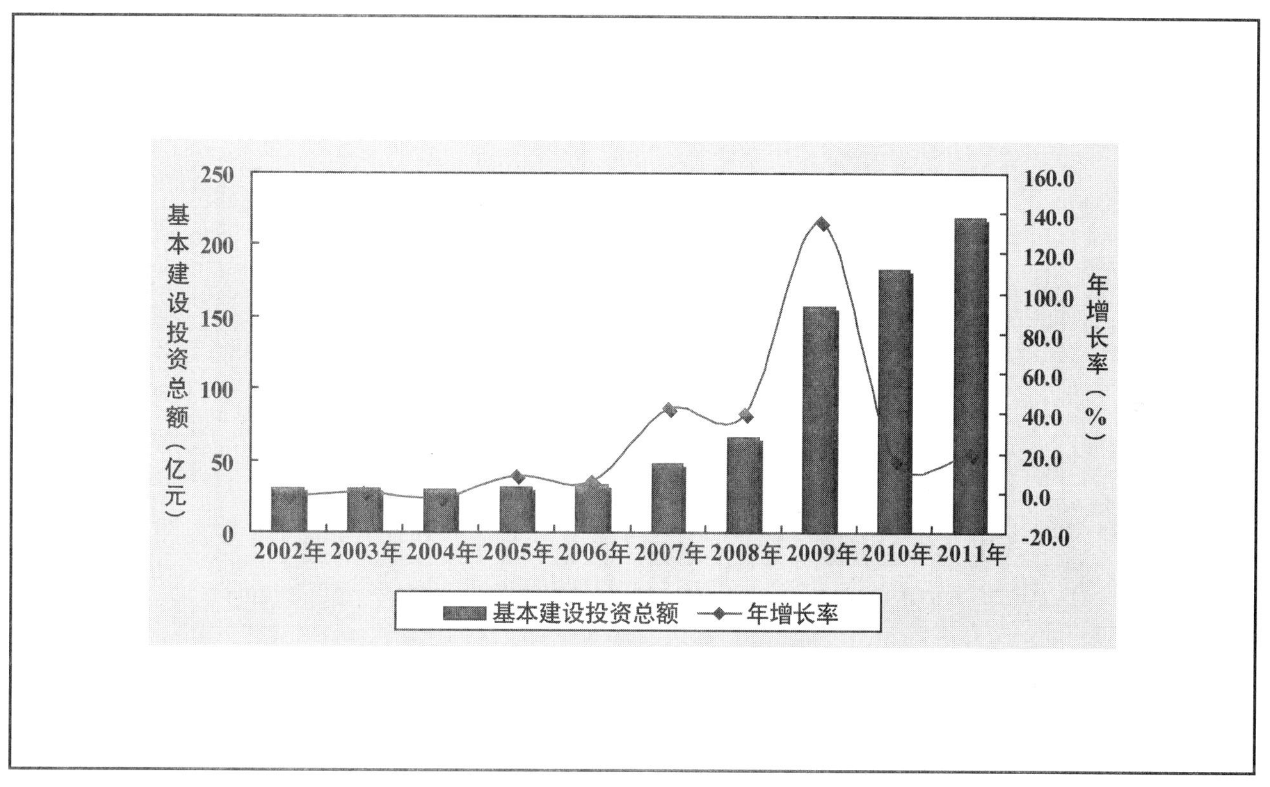

单位：亿元、%

指　标	2002年	2003年	2004年	2005年	2006年	2007年	2008年	2009年	2010年	2011年
基本建设投资总额	30.1	30	29.2	31.6	33.5	47.7	66.6	157	183	218.5
年增长率	-2.3	-0.3	-2.7	8.2	6.0	42.4	39.6	135.7	16.6	19.4

图1-10　社会服务事业费支出

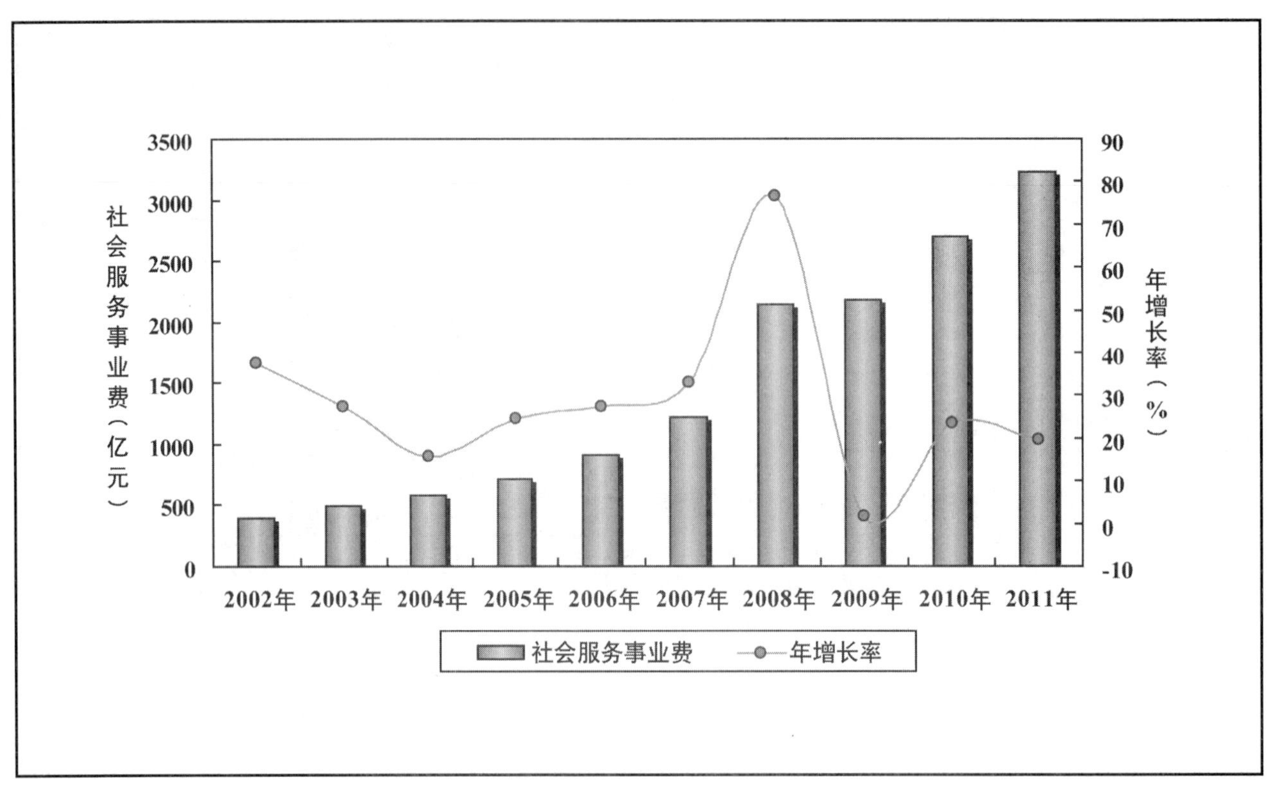

单位：亿元、%

指　标	2002年	2003年	2004年	2005年	2006年	2007年	2008年	2009年	2010年	2011年
社会服务事业费	392.3	498.9	577.4	718.4	915.4	1215.5	2146.5	2181.9	2697.5	3229.1
年增长率	37.6	27.2	15.7	24.4	27.4	32.8	76.6	1.6	23.6	19.7

图1-11　社会服务事业费支出占国家财政支出的比重

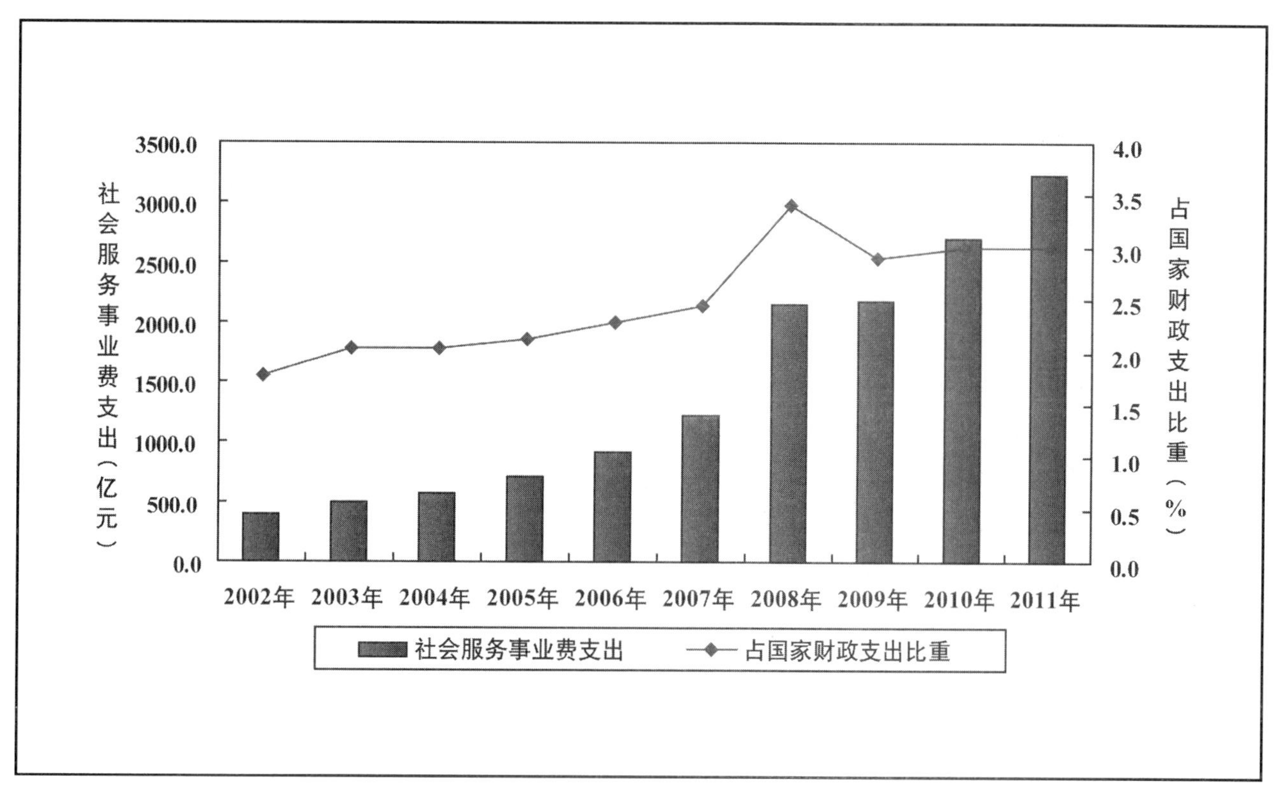

单位：亿元、%

指　标	2002年	2003年	2004年	2005年	2006年	2007年	2008年	2009年	2010年	2011年
社会服务事业费支出	392.3	498.9	577.4	718.4	915.4	1215.5	2146.5	2181.9	2697.5	3229.1
占国家财政支出比重	1.8	2.0	2.0	2.1	2.3	2.5	3.4	2.9	3.0	3.0

图1-12　社会服务事业费按用项支出比重

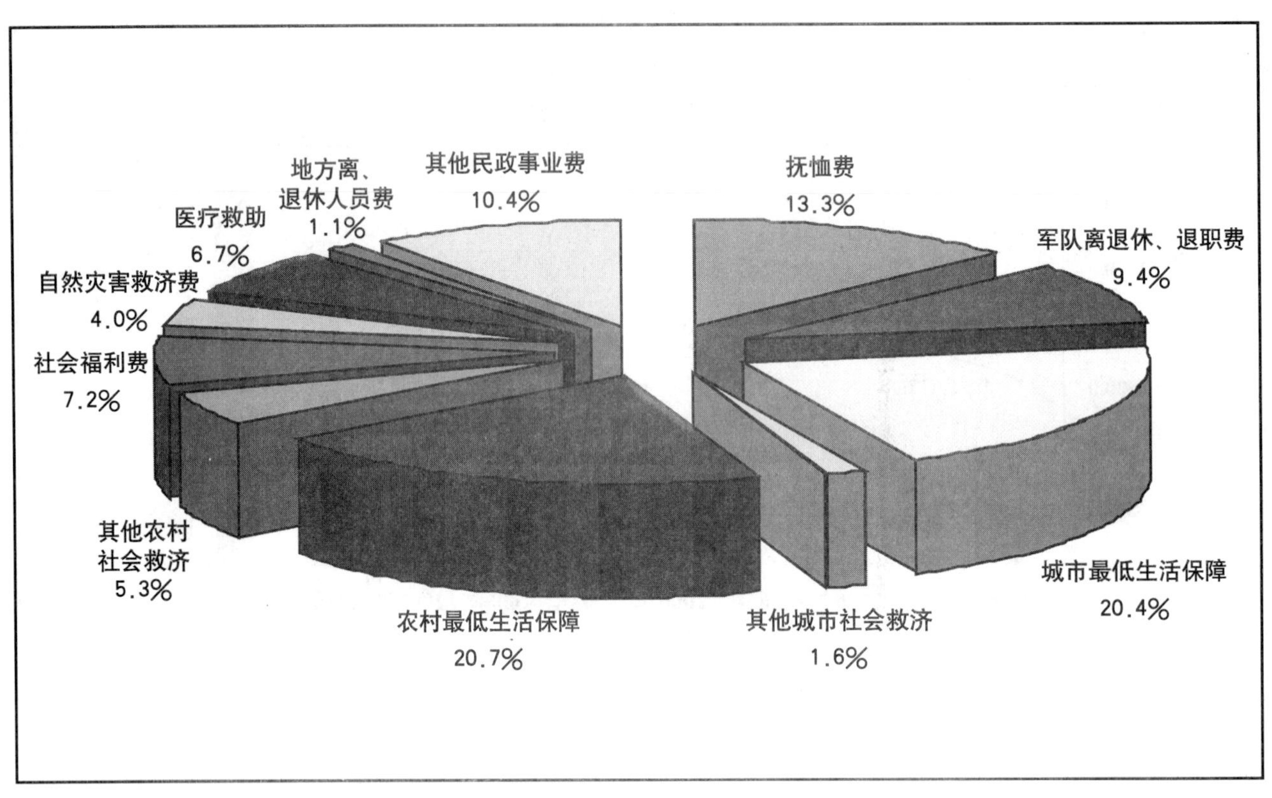

单位：亿元、%

指　标	社会服务事业费总支出	抚恤费	军队离退休、退职费	城市最低生活保障	其他城市社会救济	农村最低生活保障	其他农村社会救济	社会福利费	自然灾害救济费	医疗救助	地方离、退休人员费	其他民政事业费
金　额	3229.1	428.3	302.3	659.9	51.1	667.7	171.3	232.2	128.7	216.3	35.3	336
比　重	100.0	13.3	9.4	20.4	1.6	20.7	5.3	7.2	4.0	6.7	1.1	10.4

图1-13　中央转移支付社会服务事业费

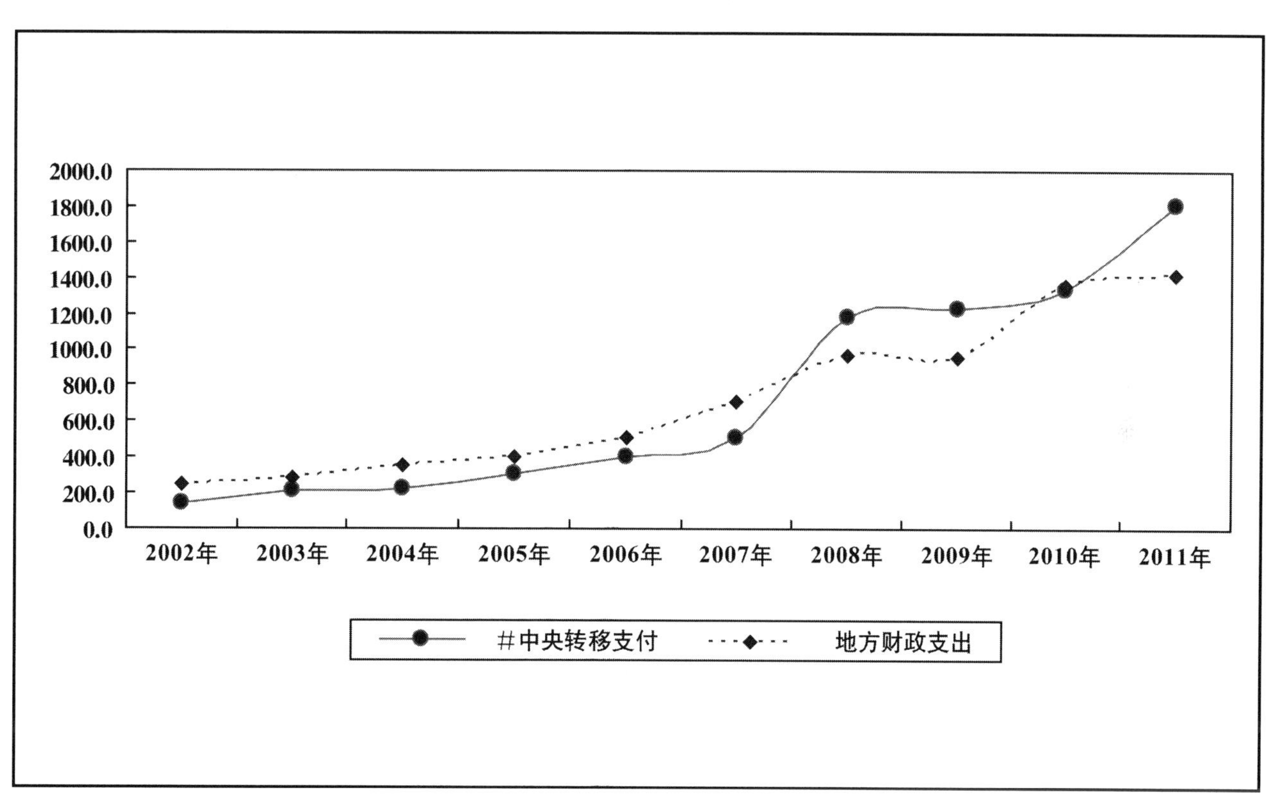

单位：亿元、%

指　标	2002年	2003年	2004年	2005年	2006年	2007年	2008年	2009年	2010年	2011年
社会服务事业费支出	392.3	498.9	577.4	718.4	915.4	1215.5	2146.5	2181.9	2697.5	3229.1
#中央转移支付	138.4	211.8	223.8	310.3	404.0	504.4	1181.1	1227.0	1342.4	1808.0
地方财政支出	253.9	287.1	353.6	408.1	511.4	711.1	965.4	954.9	1355.1	1421.1
中央支付所占比重	35.3	42.5	38.8	43.2	44.1	42.6	55.0	56.2	49.8	56.0

图1-14　中央投入的基本建设经费占全国预算内基本建设经费比重

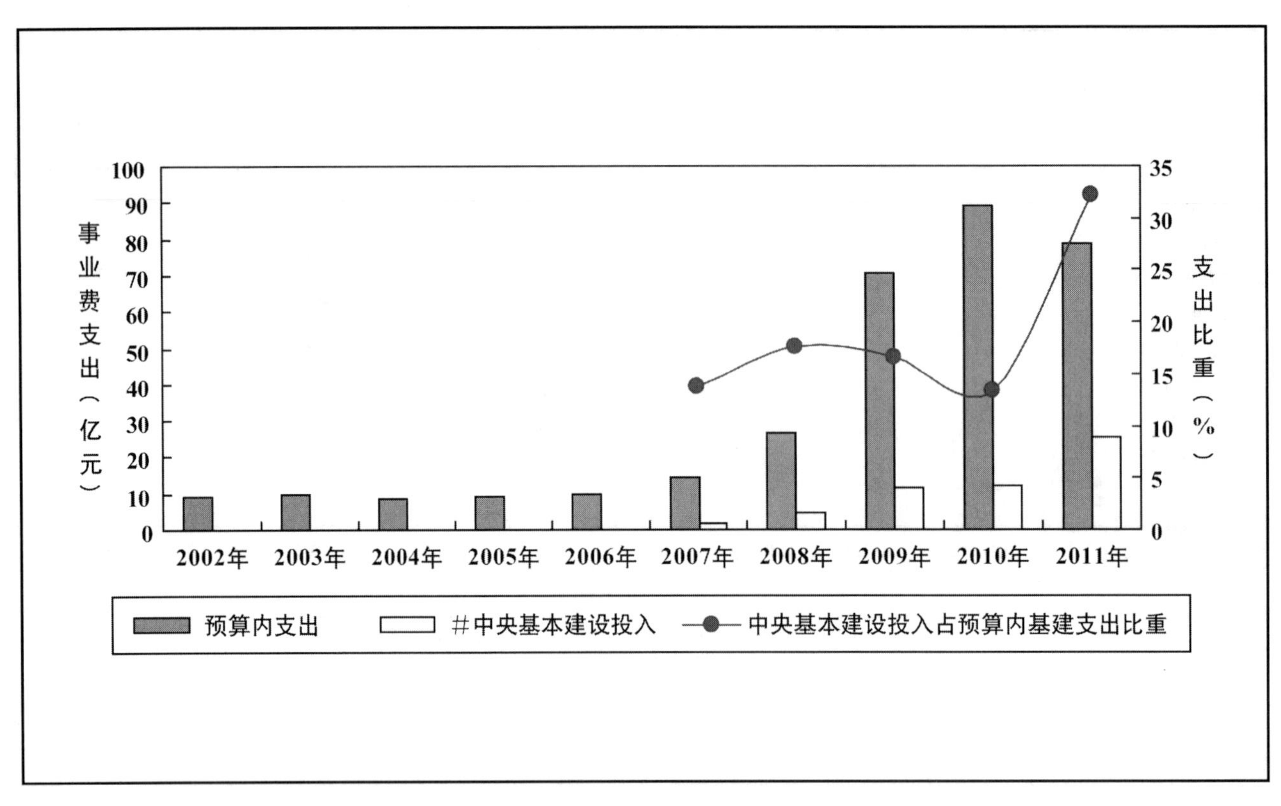

单位：亿元、%

指　标	2002年	2003年	2004年	2005年	2006年	2007年	2008年	2009年	2010年	2011年
预算内支出	9.5	9.9	8.9	9.1	9.9	14.5	26.6	70.6	89.1	78.5
#中央基本建设投入						2.0	4.7	11.7	12.0	25.3
中央基本建设投入占预算内基建支出比重						13.8	17.7	16.6	13.4	32.2

图2-1　社会服务机构床位数

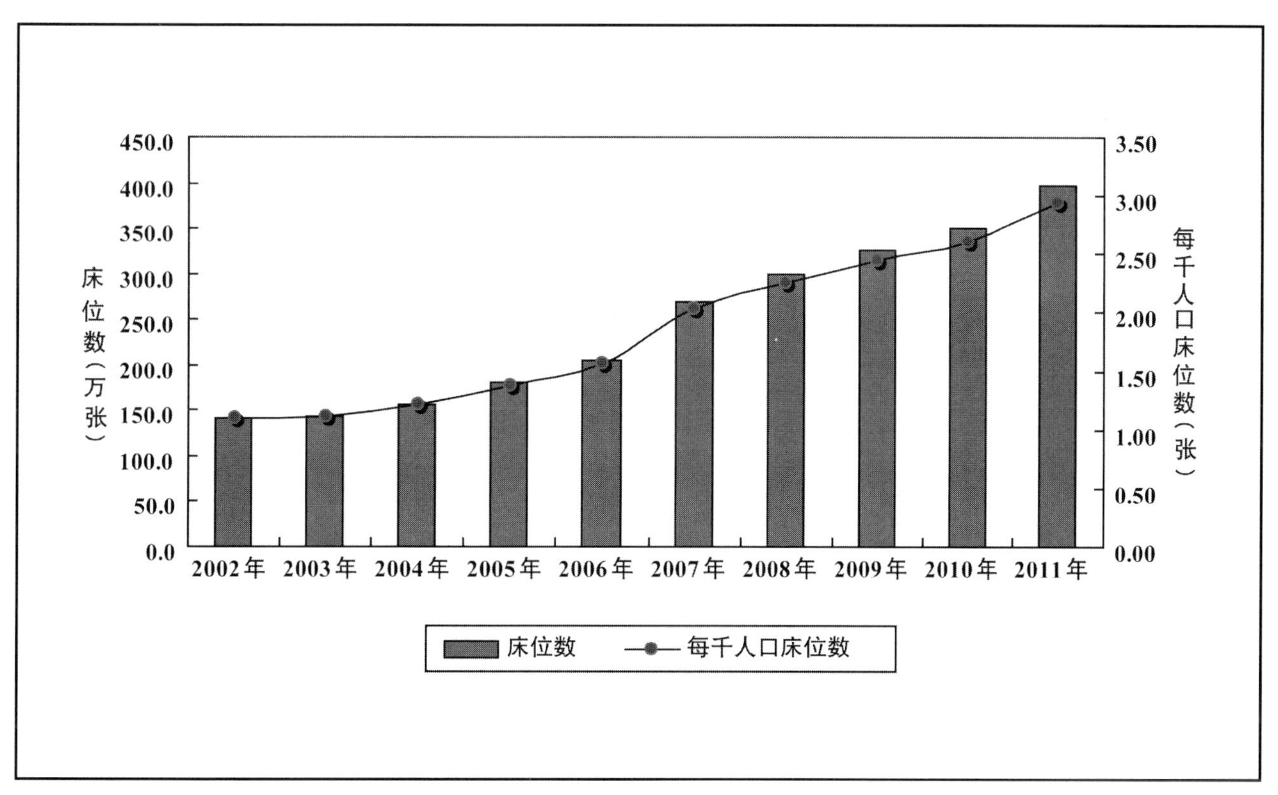

单位：万张、张

指　标	2002年	2003年	2004年	2005年	2006年	2007年	2008年	2009年	2010年	2011年
床位数	141.5	142.9	157.2	180.7	204.5	269.6	300.3	326.5	349.6	396.4
每千人口床位数	1.10	1.11	1.21	1.38	1.56	2.04	2.26	2.45	2.61	2.94

图2-2　养老服务机构床位数

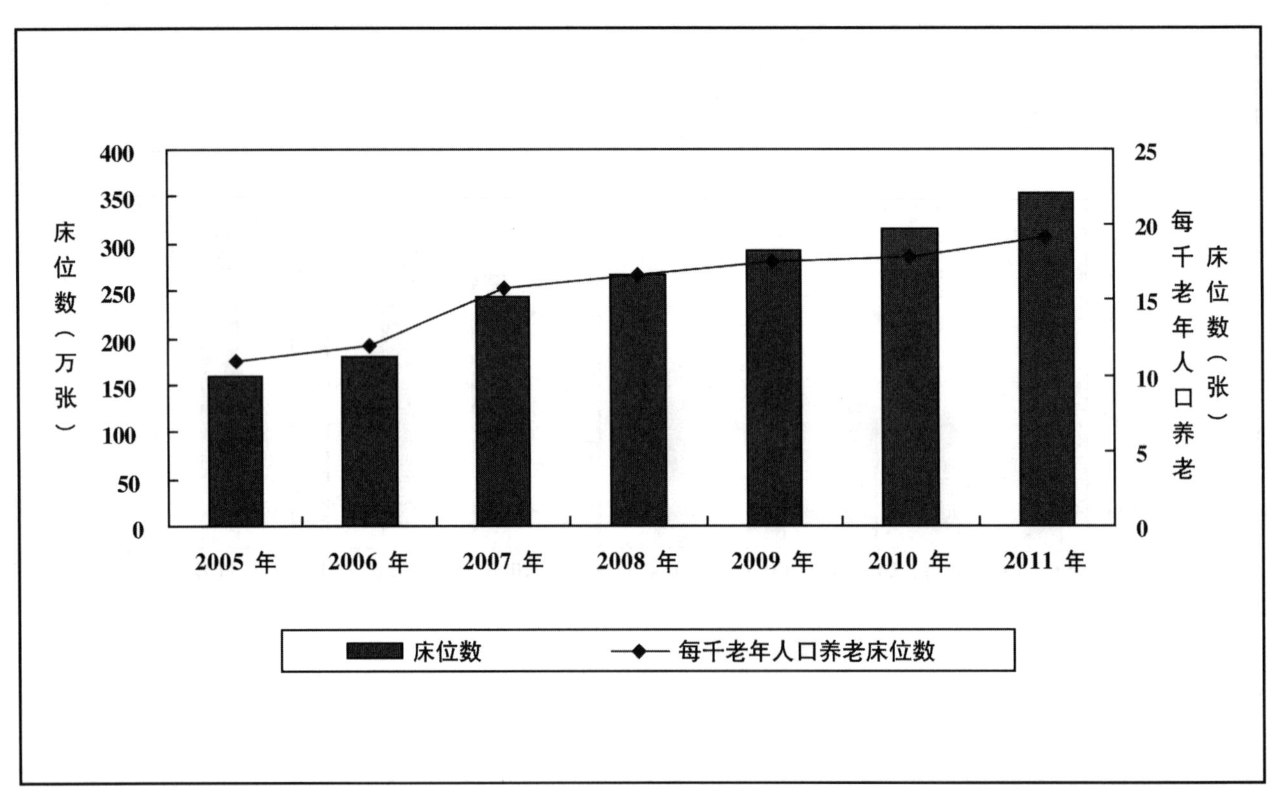

单位：万张、%、张

指　标	2005年	2006年	2007年	2008年	2009年	2010年	2011年
床位数	158.1	179.6	242.9	267.4	293.5	316.1	353.1
增长率	13.5	13.6	35.2	10.1	9.8	7.7	11.7
每千老年人口养老床位数	10.97	12.05	15.83	16.72	17.56	17.79	19.09

图2-3　农村养老服务机构

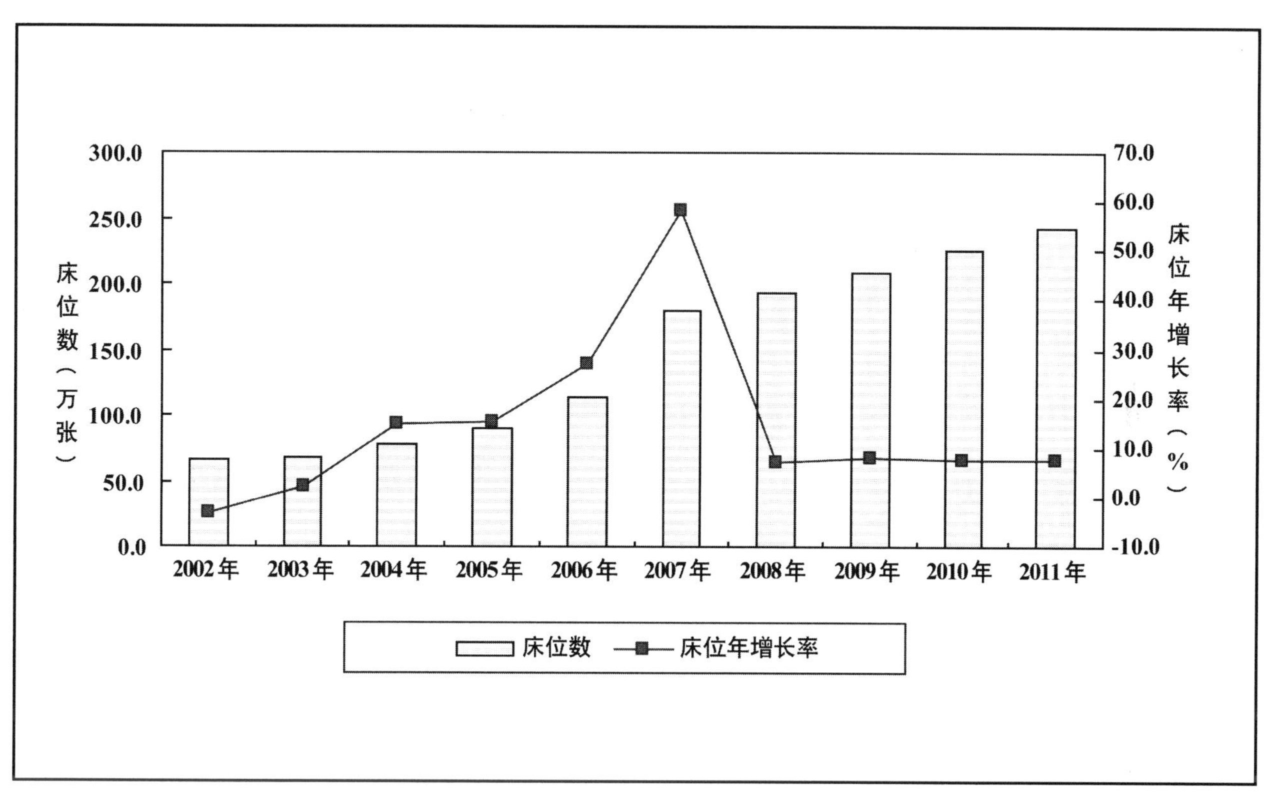

单位：万个、万张、%

指　标	2002年	2003年	2004年	2005年	2006年	2007年	2008年	2009年	2010年	2011年
单位数	2.6	2.4	2.6	3.0	3.1	3.5	3.0	3.1	3.1	3.2
床位数	66.2	67.6	77.5	89.5	113.6	179.8	193.1	208.8	224.9	242.1
床位年增长率	-3.2	2.1	14.6	15.5	26.9	58.3	7.4	8.2	7.7	7.6

图2-4　家庭儿童收养

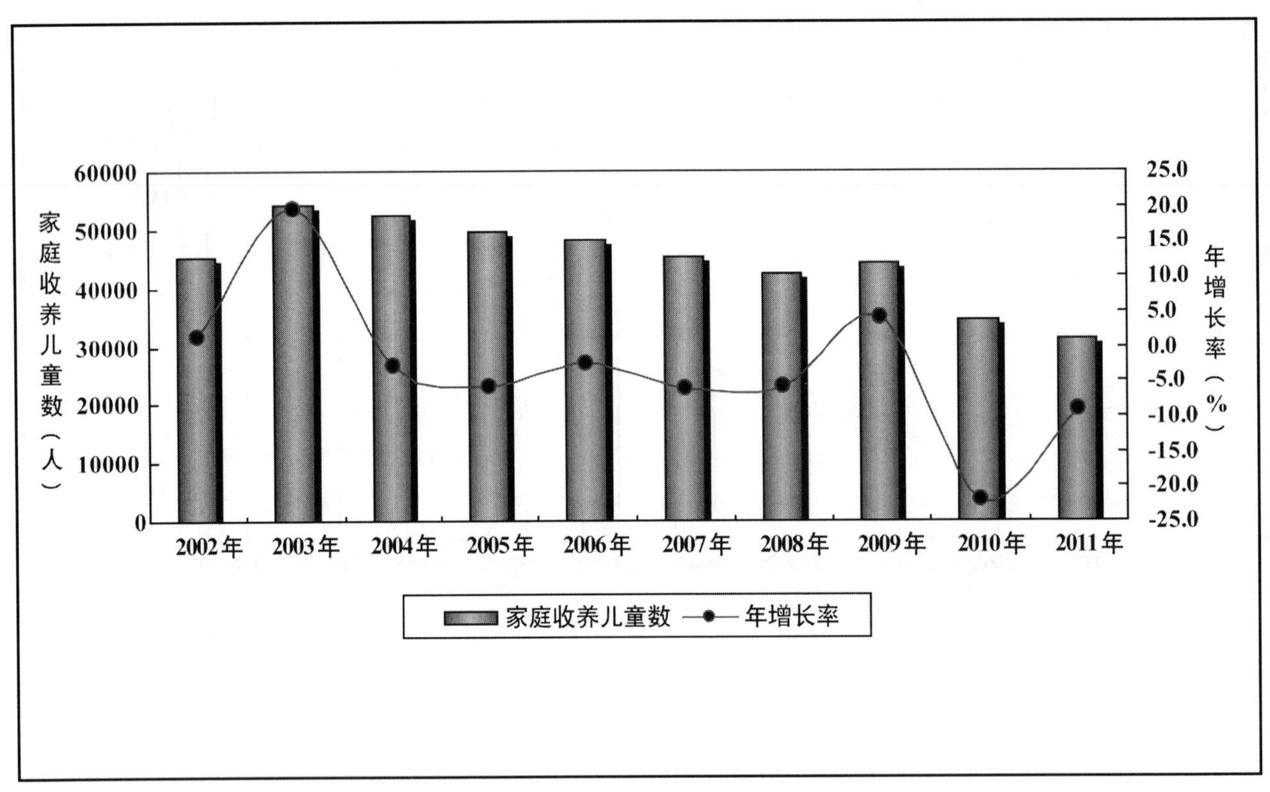

单位：人、%

指　标	2002年	2003年	2004年	2005年	2006年	2007年	2008年	2009年	2010年	2011年
家庭收养儿童数	45336	54159	52603	49506	48178	45192	42550	44260	34529	31424
年增长率	1.4	19.5	-2.9	-5.9	-2.7	-6.2	-5.8	4.0	-22.0	-9.0

图2-5　社会福利企业中的残疾职工

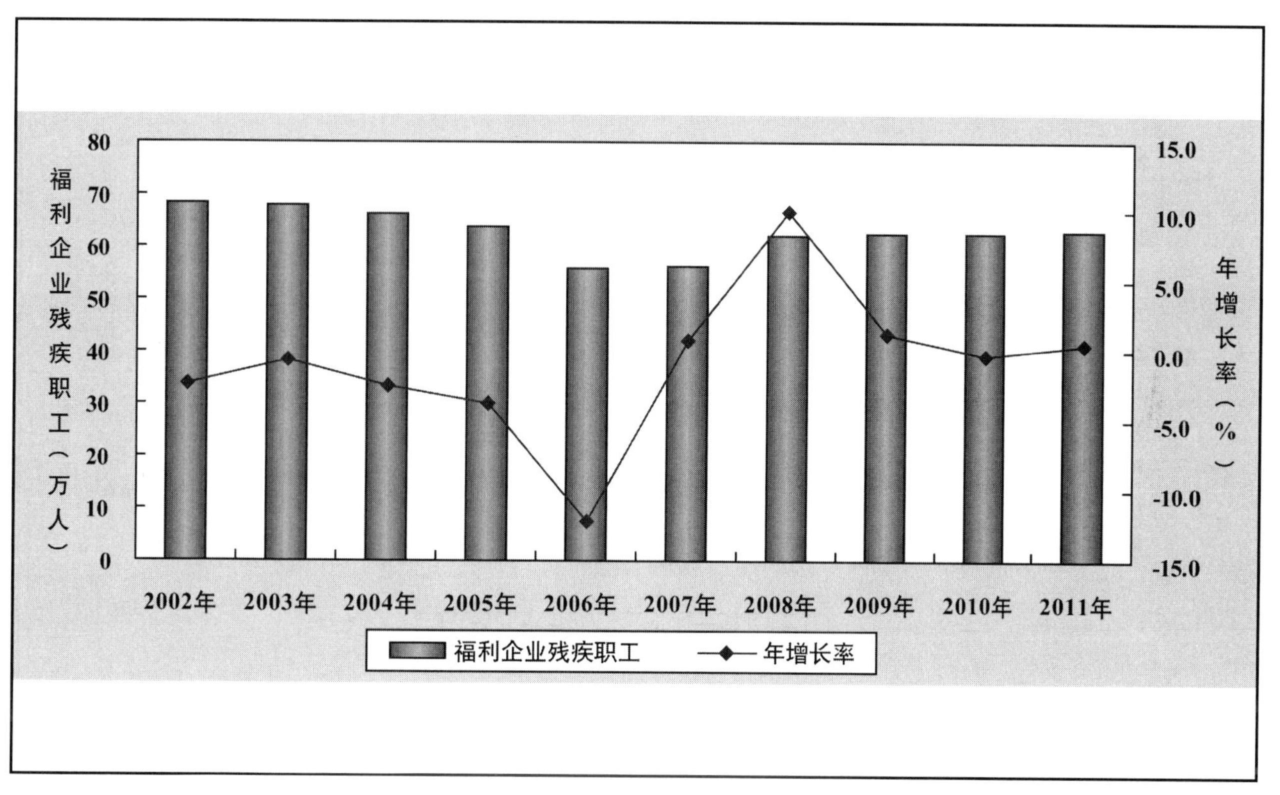

单位：万人、%

指　标	2002年	2003年	2004年	2005年	2006年	2007年	2008年	2009年	2010年	2011年
福利企业残疾职工	68.3	67.9	66.2	63.7	55.9	56.3	61.9	62.7	62.5	62.8
年增长率	-2.3	-0.6	-2.5	-3.8	-12.2	0.7	9.9	1.3	-0.3	0.5

图2-6　城市最低生活保障

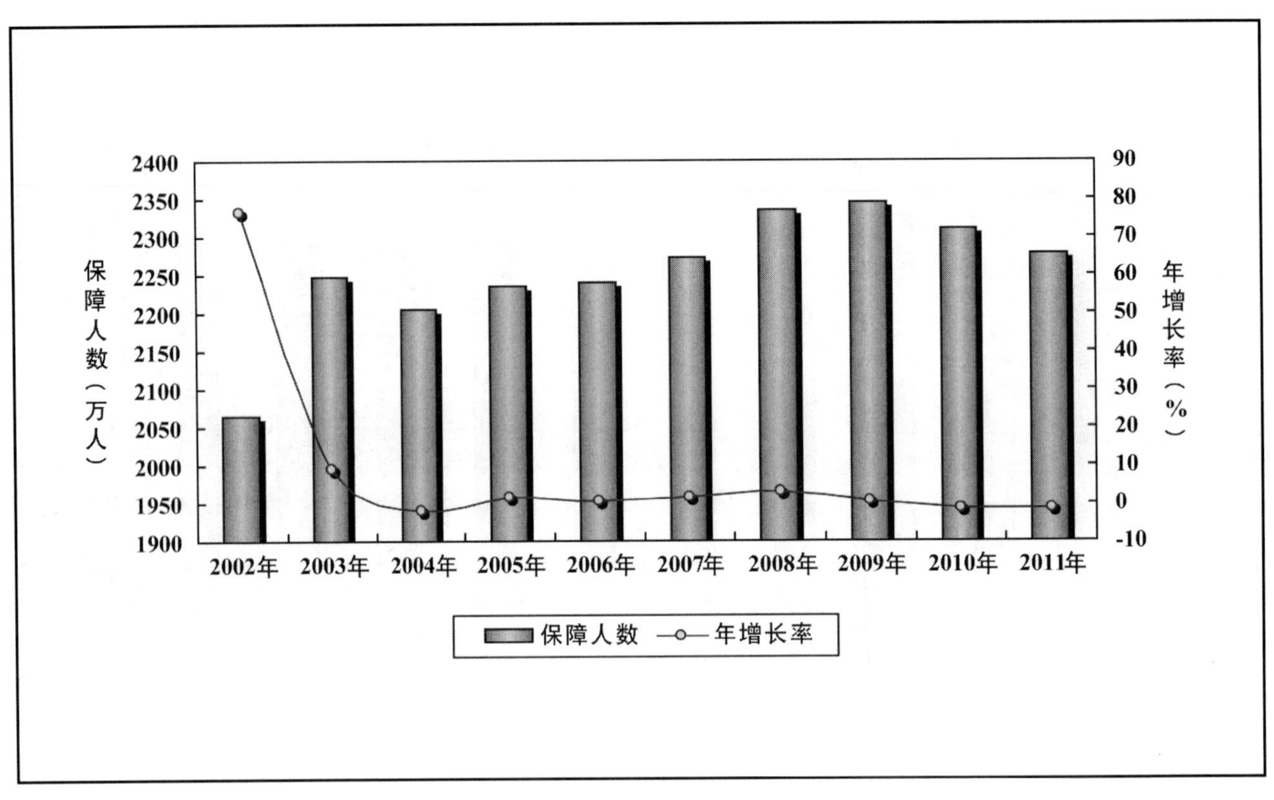

单位：万人、%

指　标	2002年	2003年	2004年	2005年	2006年	2007年	2008年	2009年	2010年	2011年
保障人数	2064.7	2246.8	2205	2234.2	2240.1	2272.1	2334.8	2345.6	2310.5	2276.8
年增长率	76.4	8.8	-1.9	1.3	0.3	1.4	2.8	0.5	-1.5	-1.5

图2-7 城市最低生活保障平均标准与平均支出水平

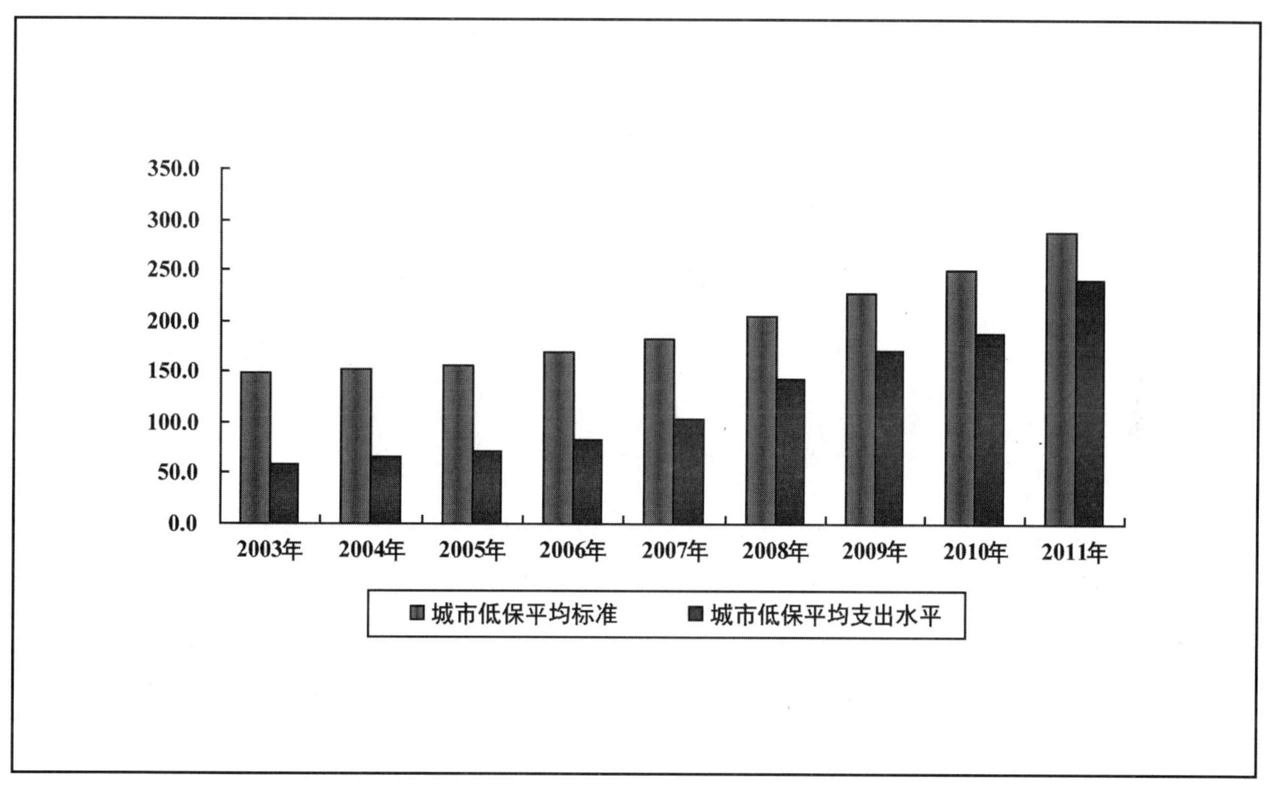

单位：元/人、月

指 标	2003年	2004年	2005年	2006年	2007年	2008年	2009年	2010年	2011年
城市低保平均标准	149.0	152.0	156.0	169.6	182.4	205.3	227.8	251.2	287.6
城市低保平均支出水平	58.0	65.0	72.3	83.6	102.7	143.7	172.0	189.0	240.3

图2-8 各省城市最低生活保障平均标准与支出水平

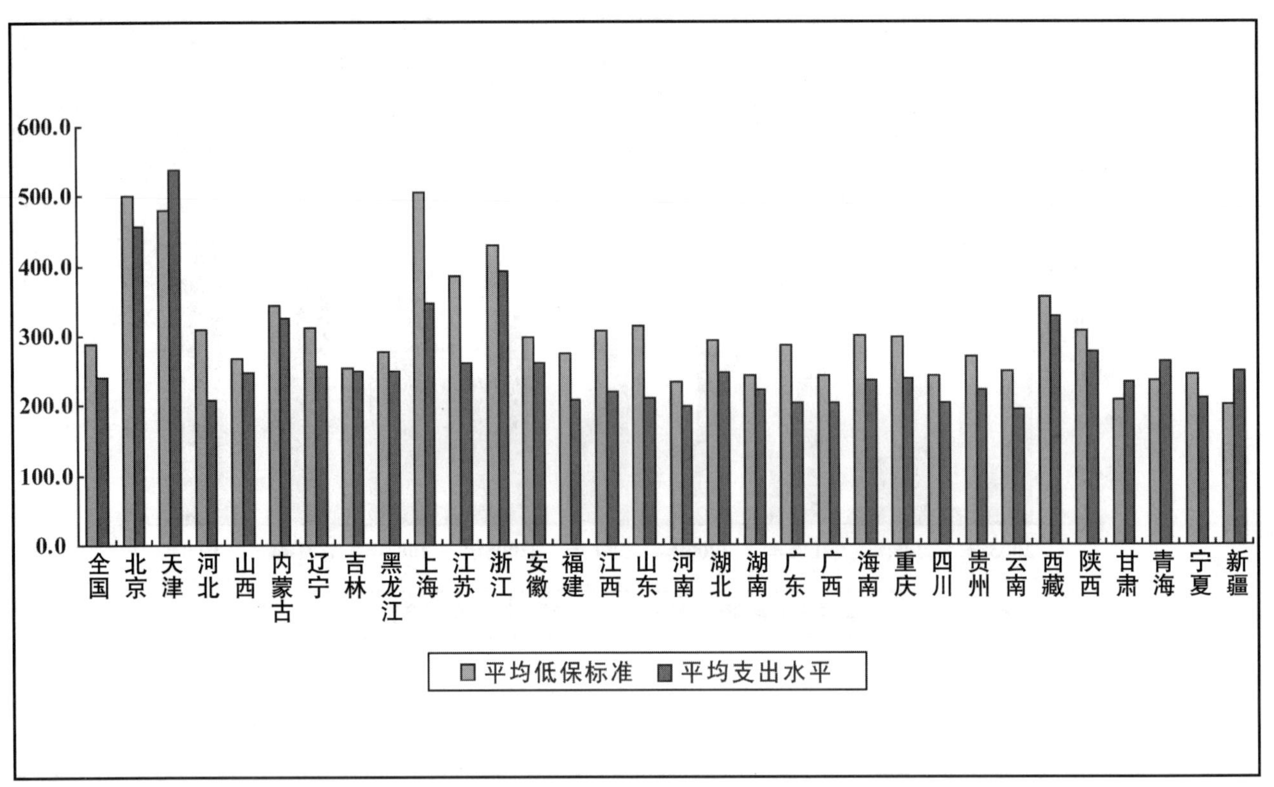

单位：元/人、月

地区	平均低保标准	平均支出水平	地区	平均低保标准	平均支出水平	地区	平均低保标准	平均支出水平	地区	平均低保标准	平均支出水平
全　国	287.6	240.3	黑龙江	277.8	250.4	河　南	233.2	199.4	贵　州	270.9	220.6
北　京	500.0	457.0	上　海	505.0	347.3	湖　北	293.8	247.9	云　南	248.3	194.3
天　津	480.0	537.4	江　苏	385.8	261.7	湖　南	243.2	220.7	西　藏	355.8	327.7
河　北	310.0	208.2	浙　江	429.2	391.5	广　东	285.9	203.4	陕　西	306.2	276.0
山　西	268.6	247.2	安　徽	296.7	261.4	广　西	241.3	204.0	甘　肃	207.4	233.2
内蒙古	343.5	325.4	福　建	274.4	207.0	海　南	299.9	234.5	青　海	235.8	263.3
辽　宁	311.7	255.7	江　西	308.1	219.1	重　庆	298.3	237.1	宁　夏	244.3	209.6
吉　林	254.2	249.0	山　东	314.2	209.8	四　川	242.1	202.2	新　疆	200.4	250.3

图2–9　农村最低生活保障

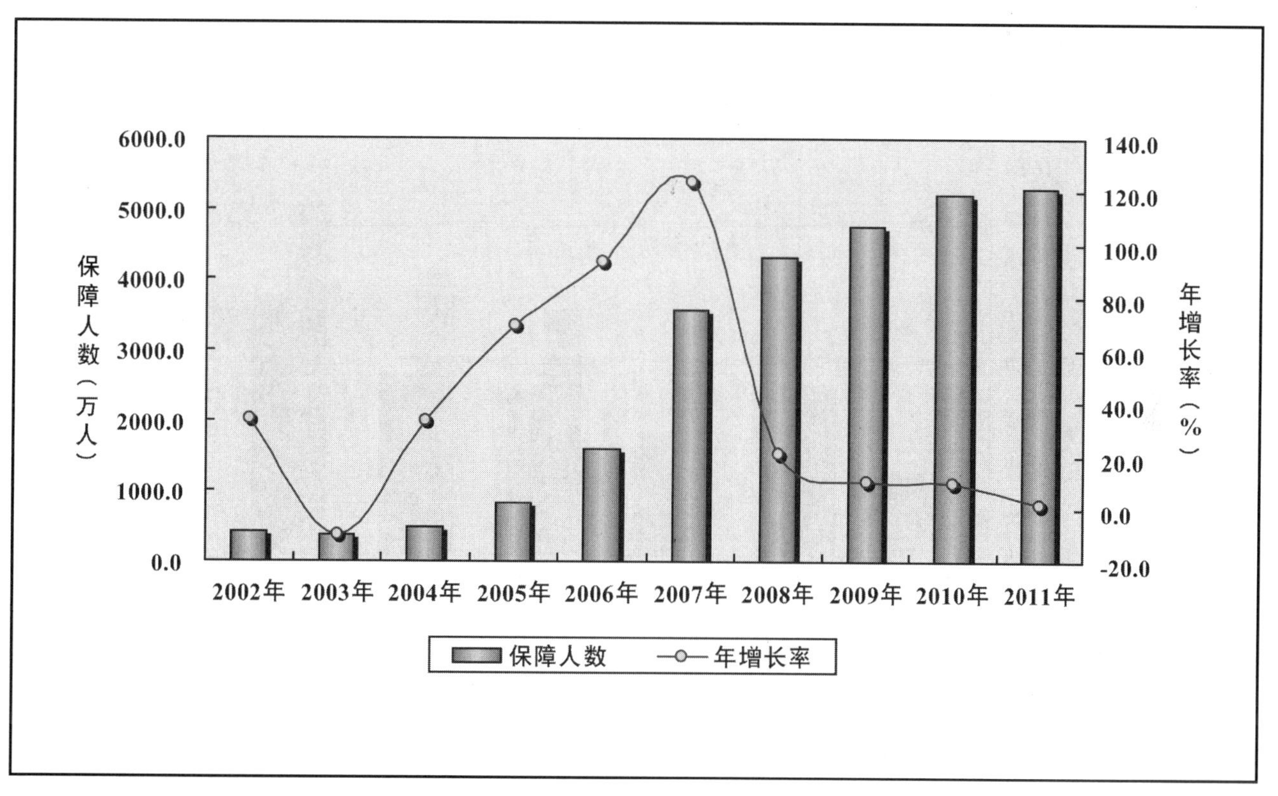

单位：万人、%

指　标	2002年	2003年	2004年	2005年	2006年	2007年	2008年	2009年	2010年	2011年
保障人数	407.8	367.1	488.0	825.0	1593.1	3566.3	4305.5	4760.0	5214.0	5305.7
年增长率	33.9	-10.0	32.9	69.1	93.1	123.9	20.7	10.6	9.5	1.8

图2-10　农村最低生活保障平均标准与平均支出水平

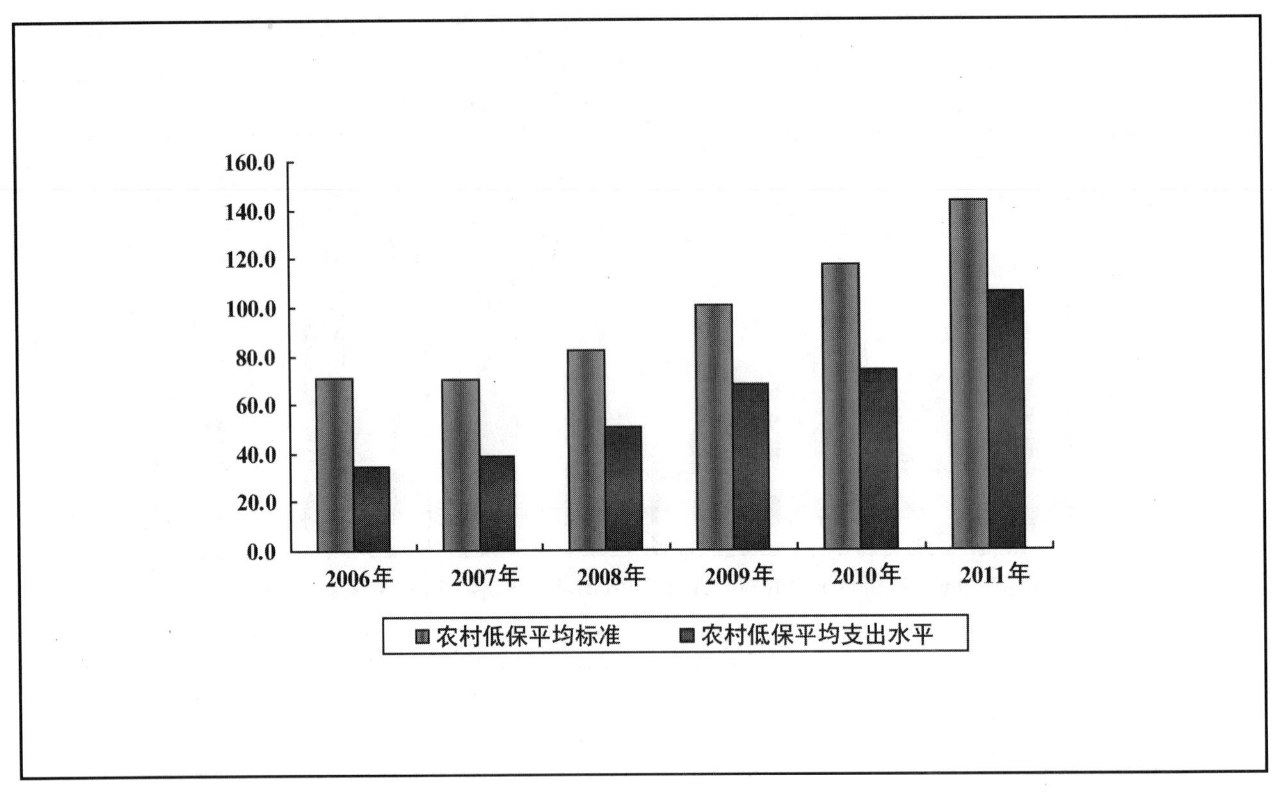

单位：元/人、月

指　标	2006年	2007年	2008年	2009年	2010年	2011年
农村低保平均标准	70.9	70.0	82.3	100.8	117.0	143.2
农村低保平均支出水平	34.5	38.8	50.4	68.0	74.0	106.1

图2-11 各省农村最低生活保障平均标准与支出水平

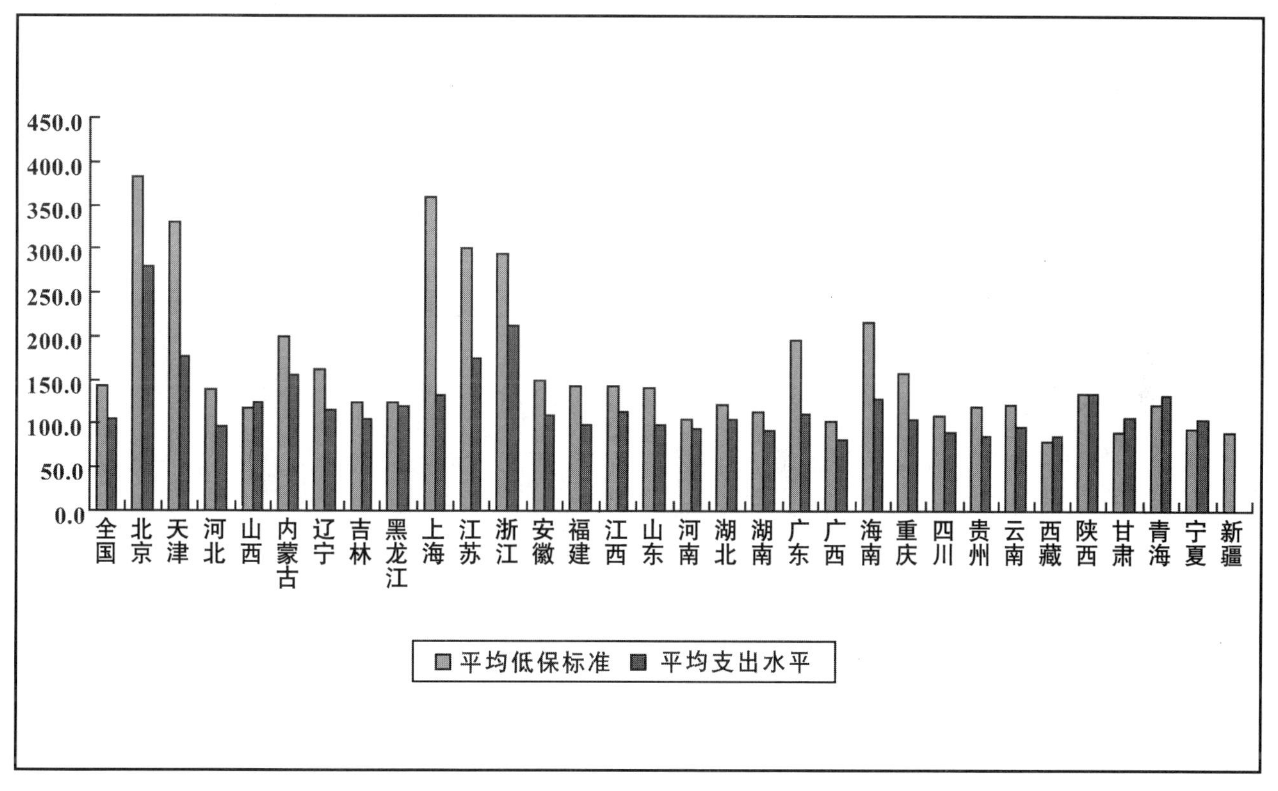

单位：元/人、月

地区	平均低保标准	平均支出水平	地区	平均低保标准	平均支出水平	地区	平均低保标准	平均支出水平	地区	平均低保标准	平均支出水平
全国	143.2	106.1	黑龙江	124.3	120.7	河南	104.5	93.9	贵州	120.8	85.9
北京	383.1	279.4	上海	360.0	132.2	湖北	121.3	104.8	云南	122.4	97.3
天津	330.0	176.7	江苏	299.9	174.6	湖南	114.4	92.3	西藏	80.7	85.5
河北	138.5	97.6	浙江	294.5	213.0	广东	196.0	112.3	陕西	134.3	135.5
山西	118.3	124.0	安徽	149.1	108.9	广西	102.2	81.2	甘肃	91.0	106.9
内蒙古	198.8	155.2	福建	142.8	99.4	海南	216.2	128.2	青海	121.2	133.1
辽宁	162.0	116.4	江西	142.1	114.4	重庆	157.2	105.2	宁夏	95.4	106.0
吉林	123.5	106.1	山东	141.7	98.2	四川	109.8	90.5	新疆	90.9	116.1

图2-12 农村五保供养

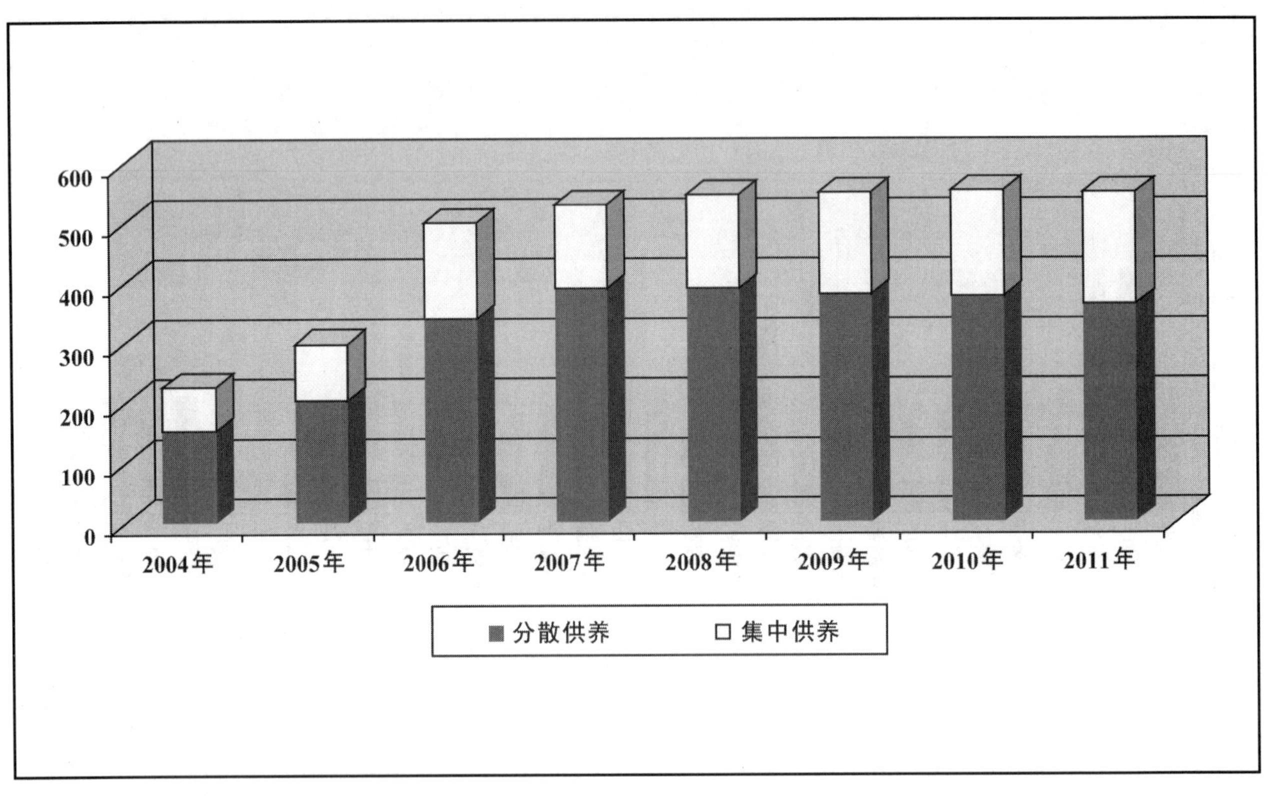

单位：万人

指　标	2004年	2005年	2006年	2007年	2008年	2009年	2010年	2011年
供养合计	228.7	300	503.3	531.3	548.6	553.4	556.3	551.0
分散供养	155.5	204.0	342.2	393.3	393.0	381.6	378.9	366.5
集中供养	73.2	96.0	161.1	138.0	155.6	171.8	177.4	184.5

图2–13 各省农村五保集中供养平均标准与支出水平

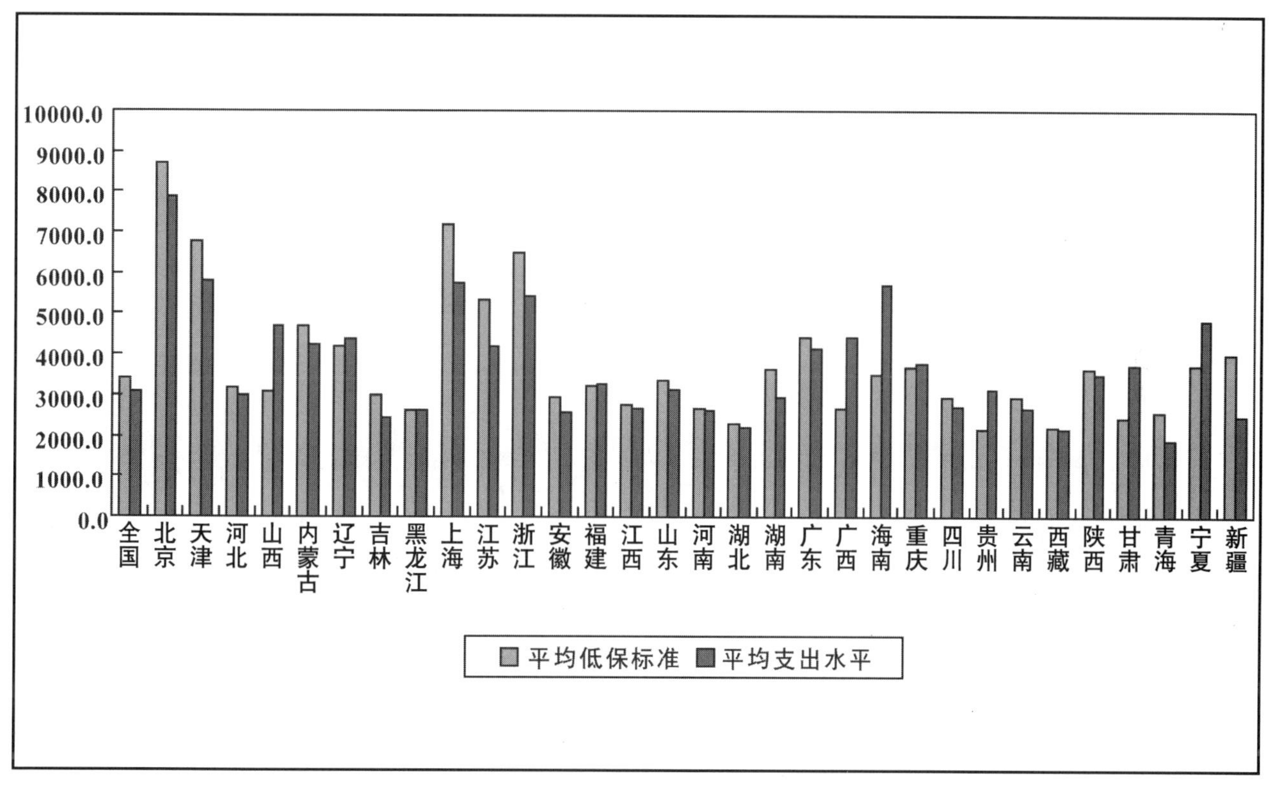

单位：元/人、年

地 区	平均低保标准	平均支出水平	地 区	平均低保标准	平均支出水平	地 区	平均低保标准	平均支出水平	地 区	平均低保标准	平均支出水平
全 国	3399.7	3081.9	黑龙江	2620.0	2629.8	河 南	2669.9	2611.6	贵 州	2169.5	3117.0
北 京	8717.1	7891.4	上 海	7199.6	5752.3	湖 北	2304.3	2198.7	云 南	2937.2	2675.1
天 津	6790.0	5799.4	江 苏	5339.4	4182.0	湖 南	3631.6	2932.9	西 藏	2200.0	2178.3
河 北	3188.9	3006.4	浙 江	6500.4	5434.8	广 东	4447.0	4162.2	陕 西	3642.0	3515.2
山 西	3093.6	4704.2	安 徽	2932.6	2563.4	广 西	2695.4	4429.4	甘 肃	2453.4	3749.4
内蒙古	4707.5	4246.1	福 建	3212.7	3289.7	海 南	3491.4	5713.5	青 海	2591.7	1892.7
辽 宁	4185.9	4367.4	江 西	2773.9	2667.8	重 庆	3670.8	3796.5	宁 夏	3719.9	4845.9
吉 林	3004.0	2446.5	山 东	3382.6	3118.3	四 川	2944.1	2706.0	新 疆	4028.1	2498.1

图2-14　各省农村五保分散供养平均标准与支出水平

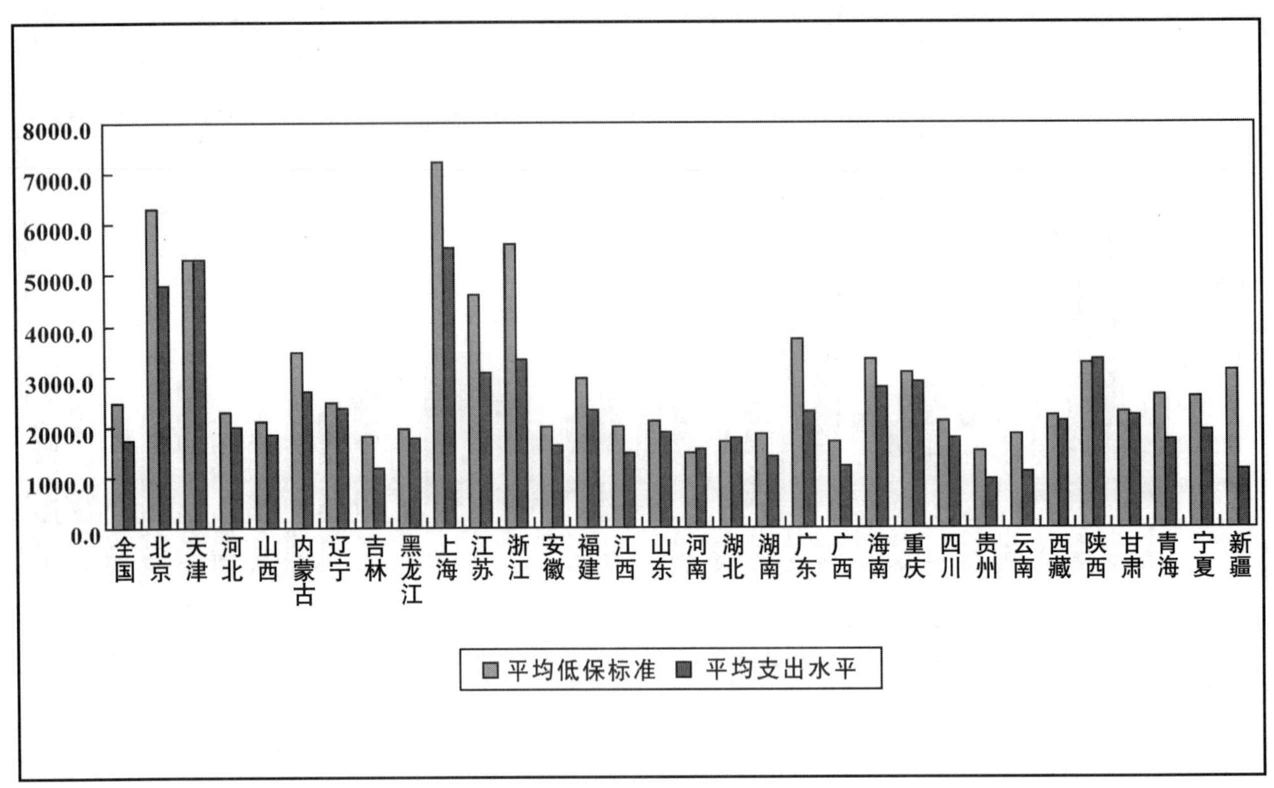

单位：元/人、年

地　区	平均低保标准	平均支出水平	地　区	平均低保标准	平均支出水平	地　区	平均低保标准	平均支出水平	地　区	平均低保标准	平均支出水平
全　国	2470.5	1744.9	黑龙江	1964.5	1770.6	河　南	1476.7	1554.7	贵　州	1515.2	944.1
北　京	6289.4	4807.6	上　海	7216.9	5542.9	湖　北	1682.9	1785.7	云　南	1845.7	1090.0
天　津	5298.4	5301.1	江　苏	4608.2	3048.1	湖　南	1827.3	1383.0	西　藏	2200.0	2086.6
河　北	2276.0	2004.8	浙　江	5588.8	3307.6	广　东	3733.2	2297.2	陕　西	3247.8	3331.2
山　西	2103.1	1861.4	安　徽	1973.7	1635.2	广　西	1704.9	1202.9	甘　肃	2270.0	2215.8
内蒙古	3471.1	2704.9	福　建	2948.3	2332.0	海　南	3302.9	2779.0	青　海	2635.4	1715.2
辽　宁	2486.5	2347.1	江　西	1977.0	1486.4	重　庆	3064.4	2885.1	宁　夏	2579.7	1910.7
吉　林	1811.6	1190.6	山　东	2085.2	1867.0	四　川	2085.0	1777.9	新　疆	3081.8	1157.4

图2-15 社会捐赠

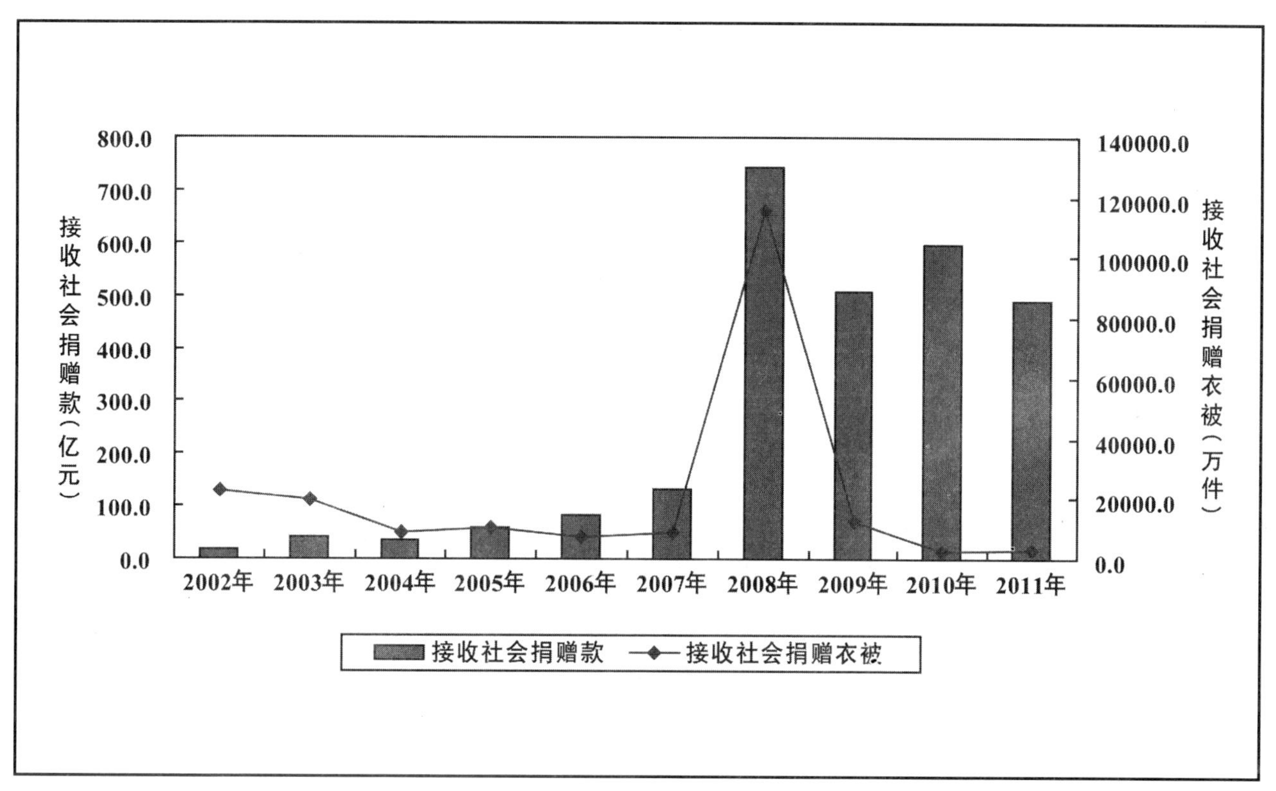

单位：亿元、万件

指　标	2002年	2003年	2004年	2005年	2006年	2007年	2008年	2009年	2010年	2011年
接收社会捐赠款	19.0	41.0	34.0	60.3	83.1	132.8	744.5	507.2	596.8	490.1
接收社会捐赠衣被	22961.1	19648.8	8957.2	10355.0	7123.6	8756.8	115816.3	12476.6	2750.2	2918.5

图2-16　福利彩票

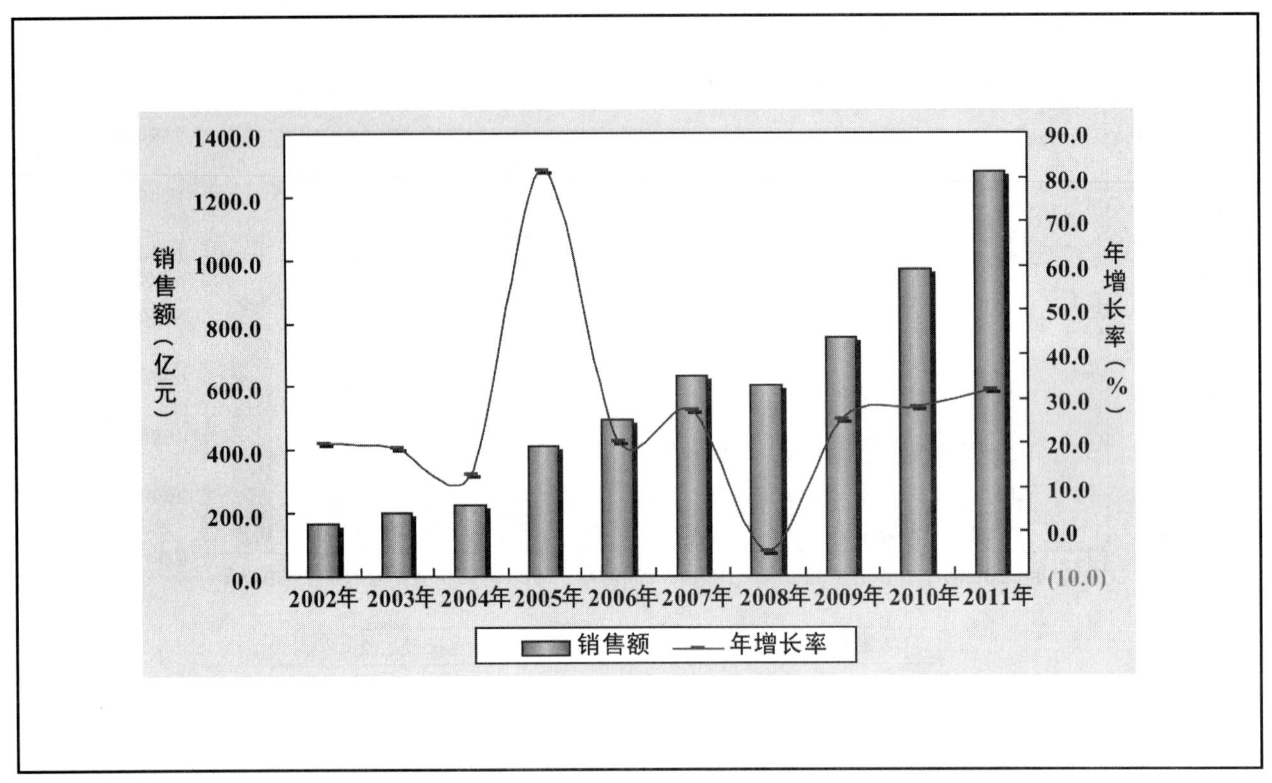

单位：亿元、%

指　标	2002年	2003年	2004年	2005年	2006年	2007年	2008年	2009年	2010年	2011年
销售额	168.0	200.1	226.4	411.2	495.7	631.6	604.0	756.0	968.0	1278.0
年增长率	20.0	19.1	13.1	81.6	20.5	27.4	−4.4	25.2	28.0	32.0

图2-17 国家抚恤、补助优抚对象

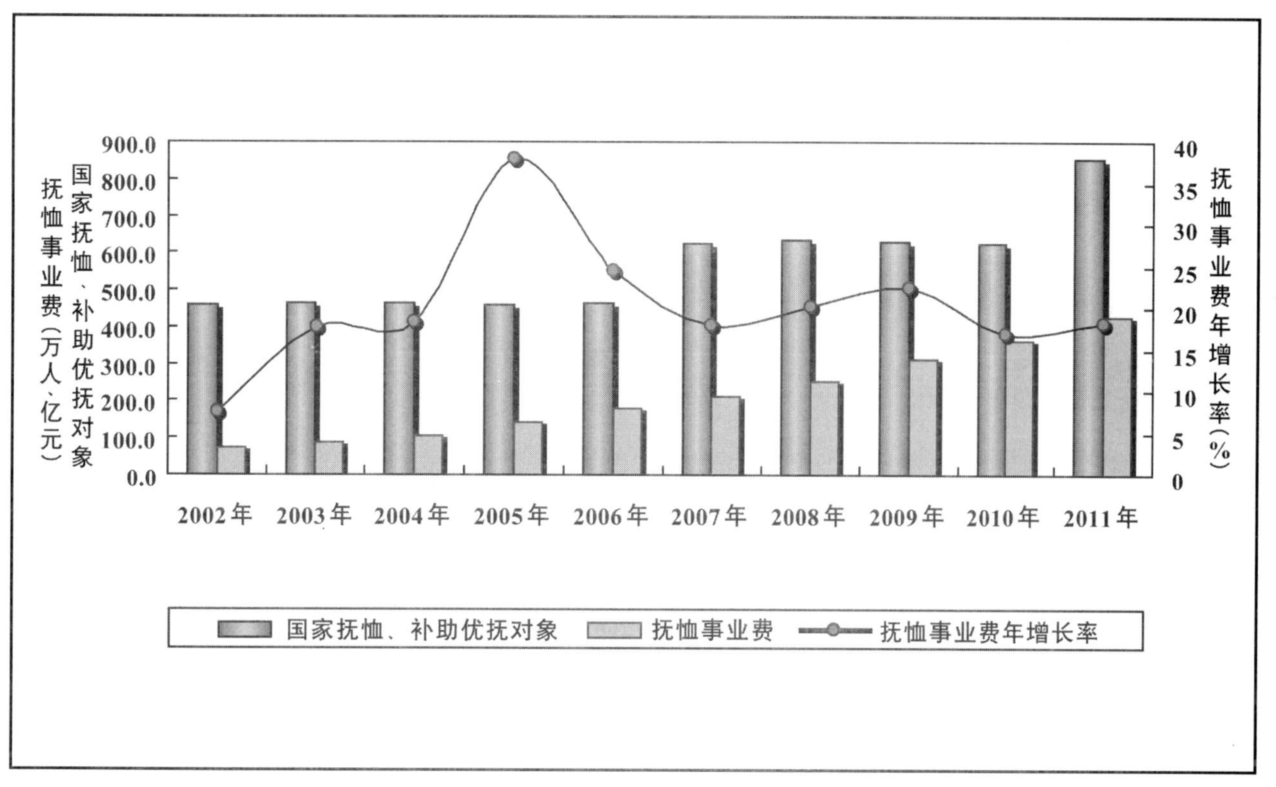

单位：万人、亿元、%

指　标	2002年	2003年	2004年	2005年	2006年	2007年	2008年	2009年	2010年	2011年
国家抚恤、补助优抚对象	459.0	464.9	462.0	460.3	462.6	622.4	633.2	630.7	625	852.5
抚恤事业费	74.7	87.9	104.1	143.6	178.8	210.8	253.6	310.3	362.7	428.3
抚恤事业费年增长率	7.5	17.7	18.4	37.9	24.5	17.9	20.3	22.4	16.9	18.1

图2-18　优抚对象分类

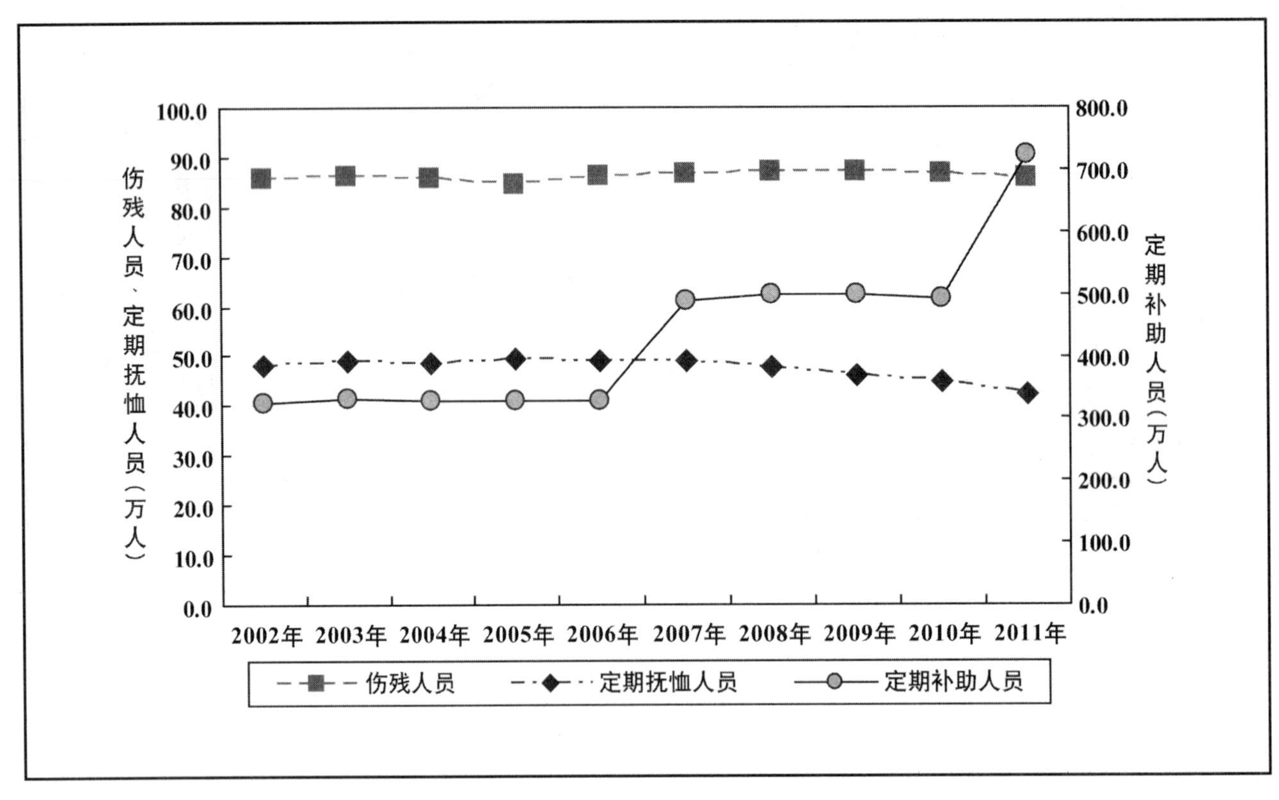

单位：万人

指　标	2002年	2003年	2004年	2005年	2006年	2007年	2008年	2009年	2010年	2011年
伤残人员	85.8	86.0	85.6	84.5	86.0	86.5	87.2	87.2	86.7	85.9
定期抚恤人员	48.0	48.9	48.6	49.3	49.1	48.9	47.9	45.9	44.8	42.2
定期补助人员	325.2	330.0	327.8	326.6	327.4	487.1	498.2	497.7	493.5	724.4

图2-19 接收安置军休干部、军休职工

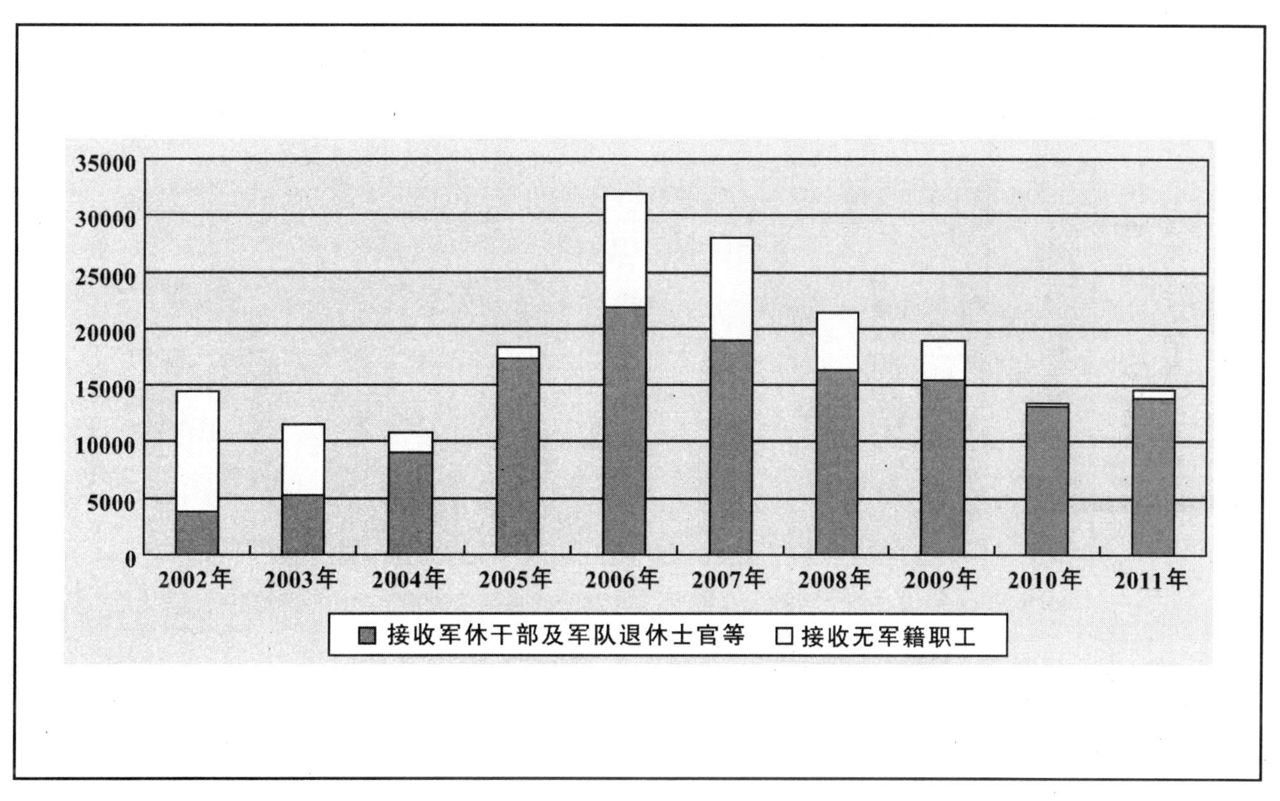

单位：人

指　标	2002年	2003年	2004年	2005年	2006年	2007年	2008年	2009年	2010年	2011年
接收军休干部及军队退休士官等	3801	5195	8974	17416	21832	18997	16331	15492	13070	13901
接收无军籍职工	10627	6312	1820	904	10136	9061	5047	3412	381	629

图2-20　烈士褒扬和零散烈士纪念设施

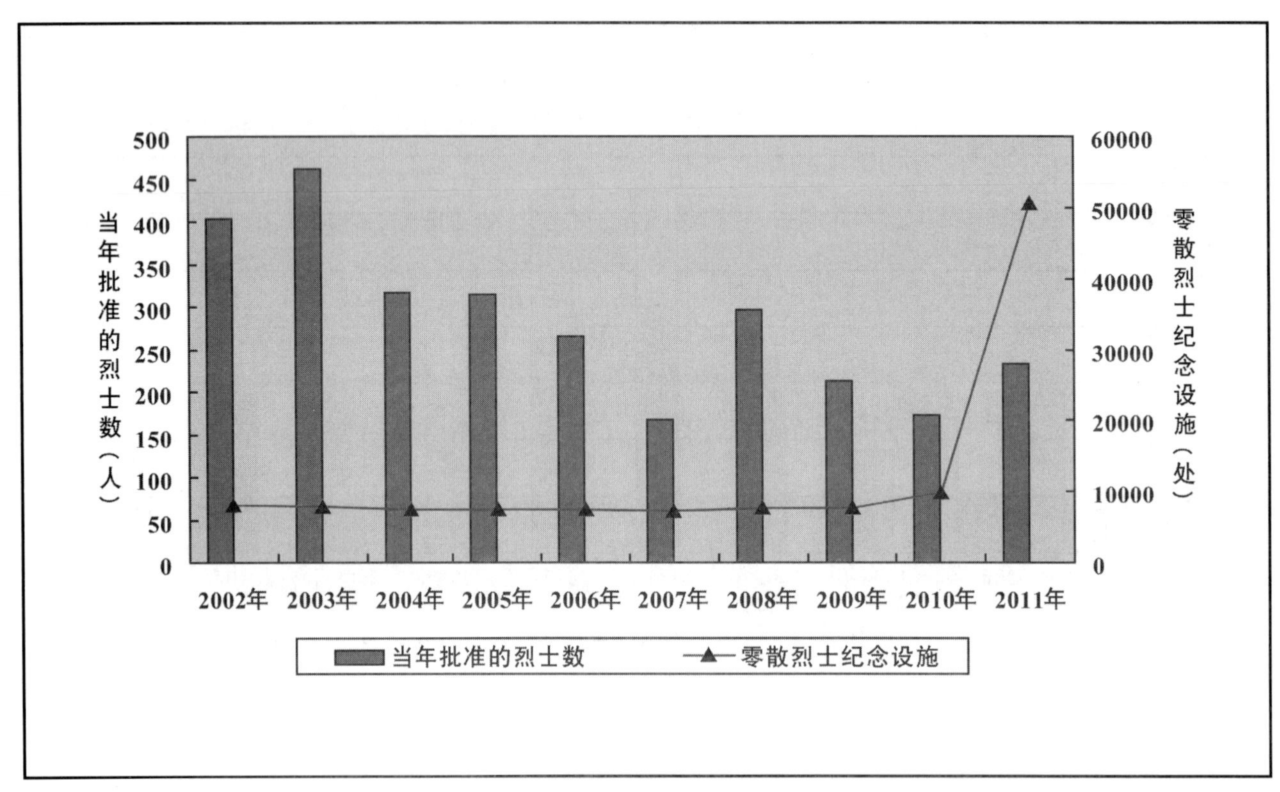

单位：人、处

指　标	2002年	2003年	2004年	2005年	2006年	2007年	2008年	2009年	2010年	2011年
当年批准的烈士数	403	461	316	314	265	168	297	213	173	233
零散烈士纪念设施	8051	7781	7425	7483	7414	7186	7569	7622	9729	50699

图2-21 因灾死亡人口

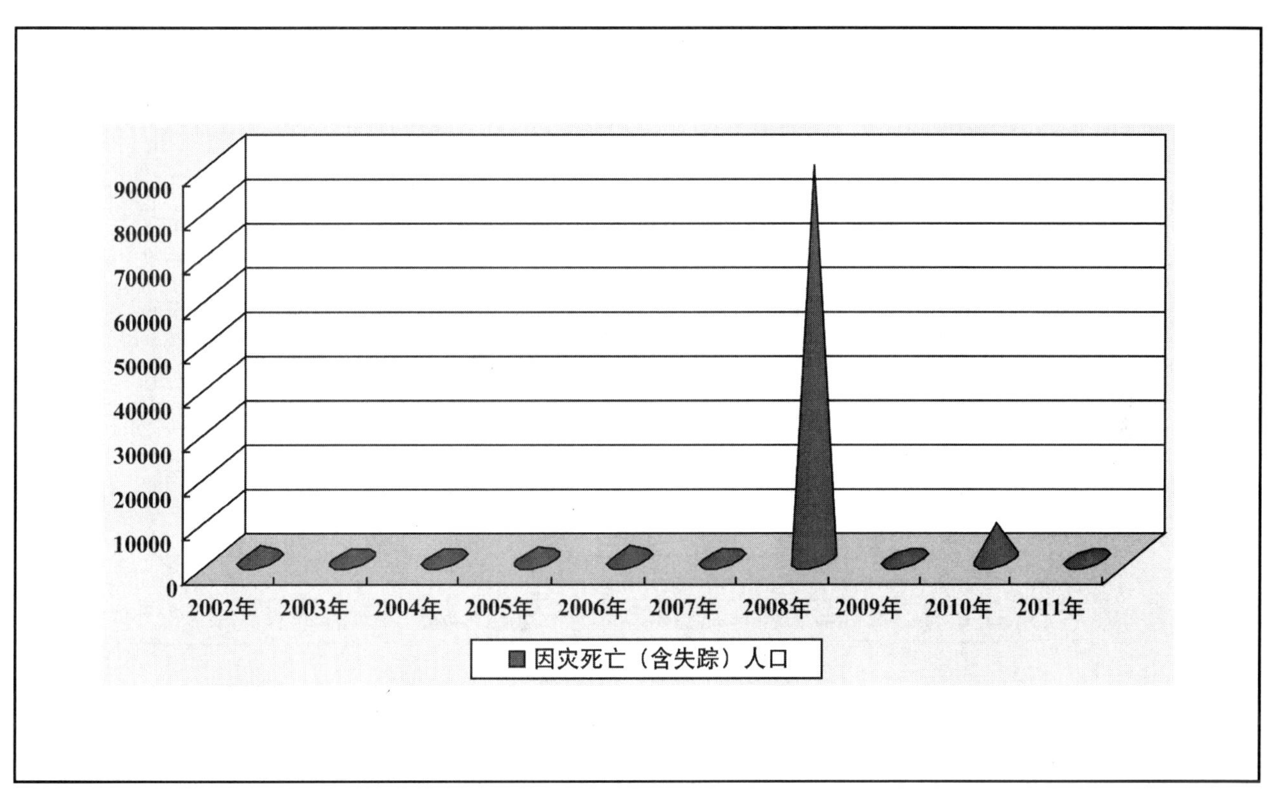

单位：人

指　标	2002年	2003年	2004年	2005年	2006年	2007年	2008年	2009年	2010年	2011年
因灾死亡(含失踪)人口	2840	2259	2250	2475	3186	2325	88928	1528	7844	1126

图2-22 受灾人口

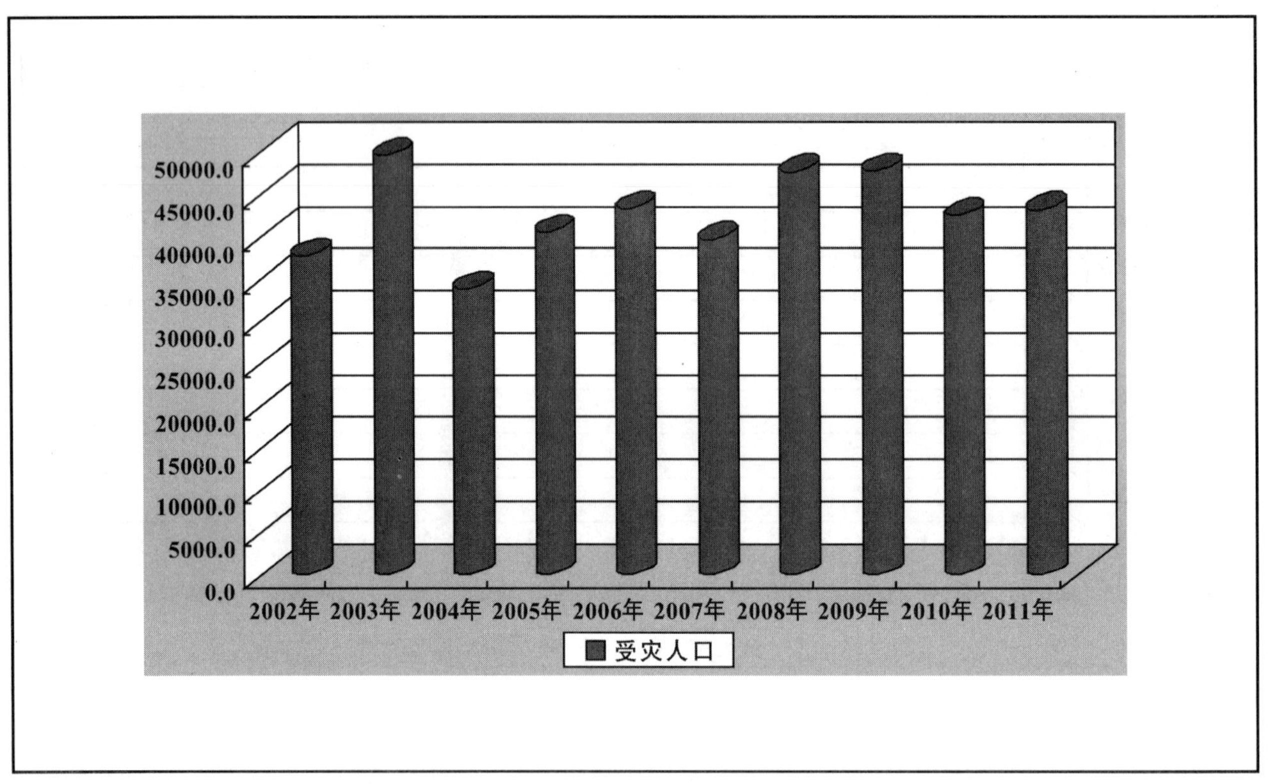

单位：万人次

指　标	2002年	2003年	2004年	2005年	2006年	2007年	2008年	2009年	2010年	2011年
受灾人口	37841.8	49745.9	33920.6	40653.7	43453.3	39777.9	47795.0	47933.5	42610.2	43290.0

图2-23　社区服务机构

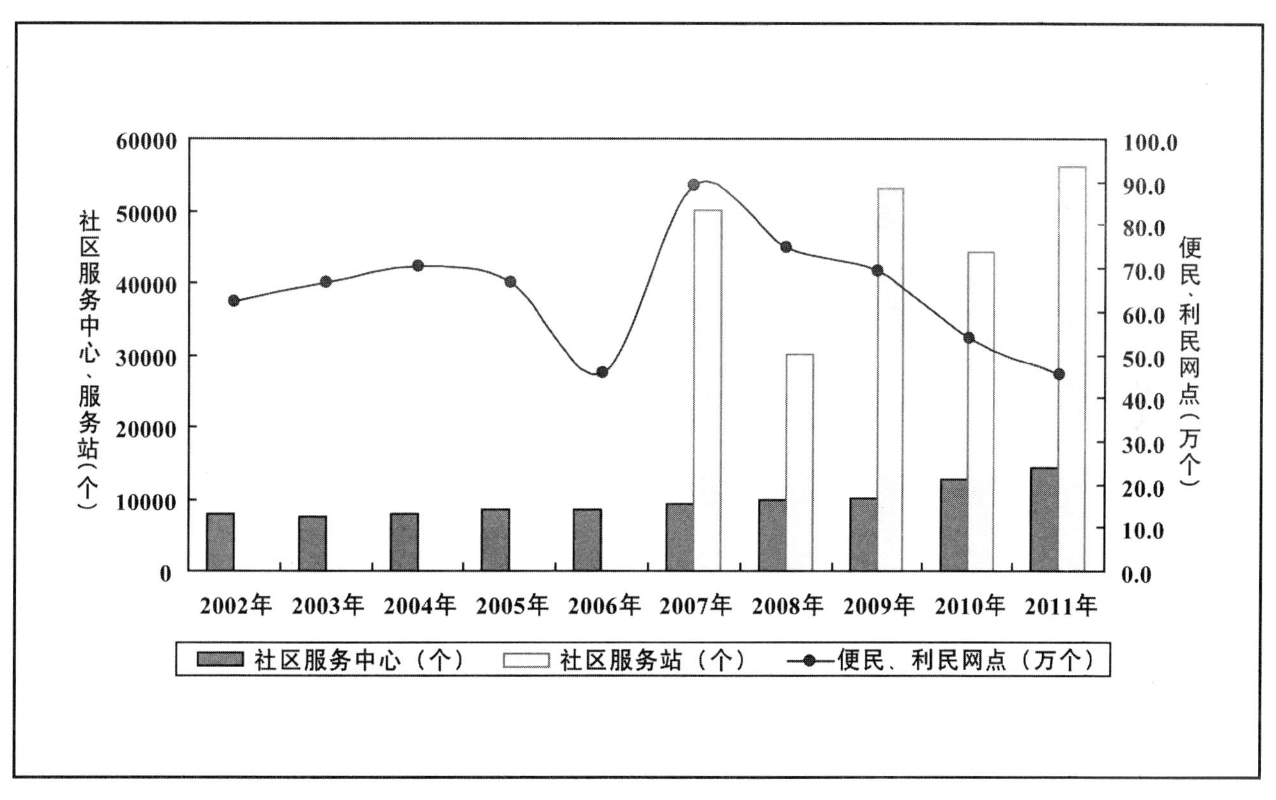

指　标	2002年	2003年	2004年	2005年	2006年	2007年	2008年	2009年	2010年	2011年
社区服务机构(万个)	20.7	20.4	20.6	20.3	12.5	12.9	13.5	14.7	15.3	16.0
社区服务中心(个)	7898	7520	7804	8479	8565	9319	9873	10003	12720	14391
社区服务站(个)						50116	30021	53170	44237	56156
便民、利民网点(万个)	62.3	66.8	70.4	66.5	45.8	89.3	74.9	69.3	53.9	45.3

图2-24　社区服务机构覆盖率

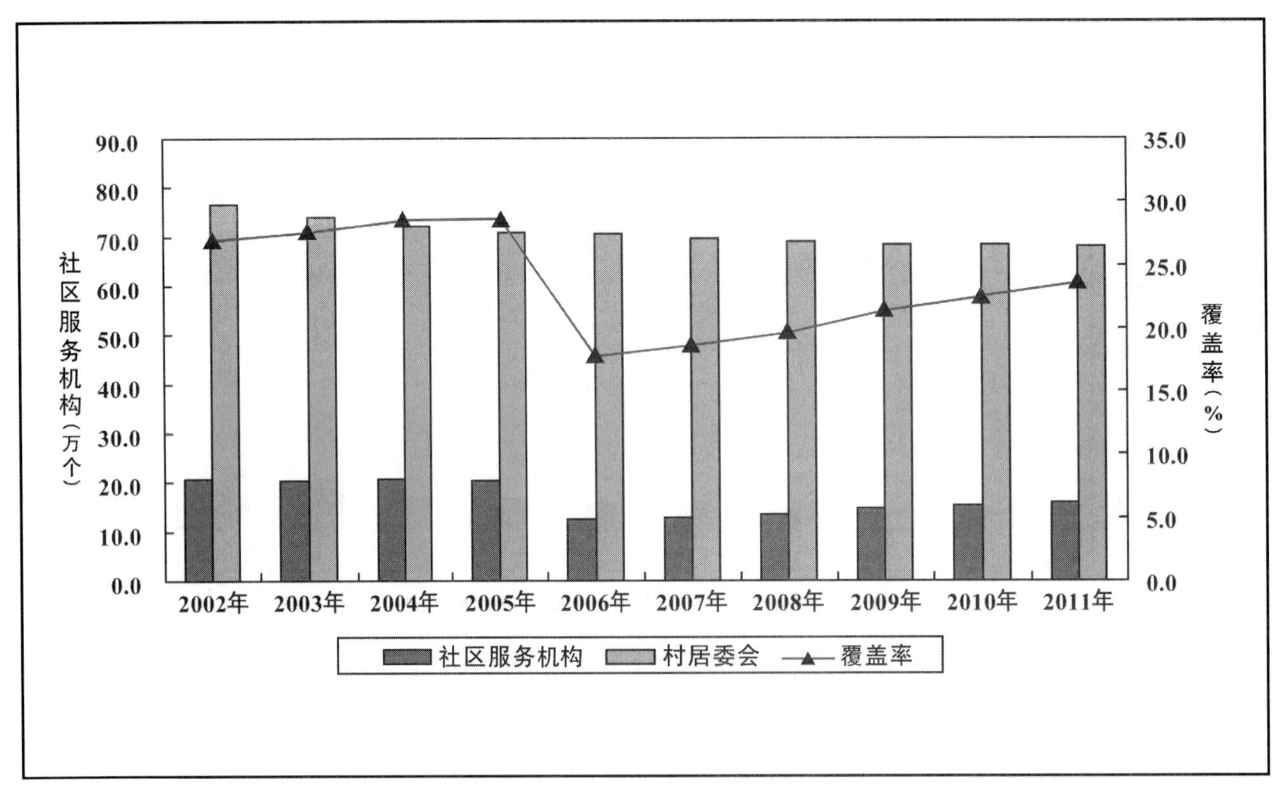

单位：万个、%

指　标	2002年	2003年	2004年	2005年	2006年	2007年	2008年	2009年	2010年	2011年
社区服务机构	20.7	20.4	20.6	20.3	12.5	12.9	13.5	14.7	15.3	16.0
村居委会	76.7	74.1	72.2	70.9	70.4	69.5	68.8	68.4	68.2	67.9
覆盖率	27.0	27.5	28.5	28.6	17.7	18.6	19.6	21.4	22.4	23.6

图3-1　社会组织

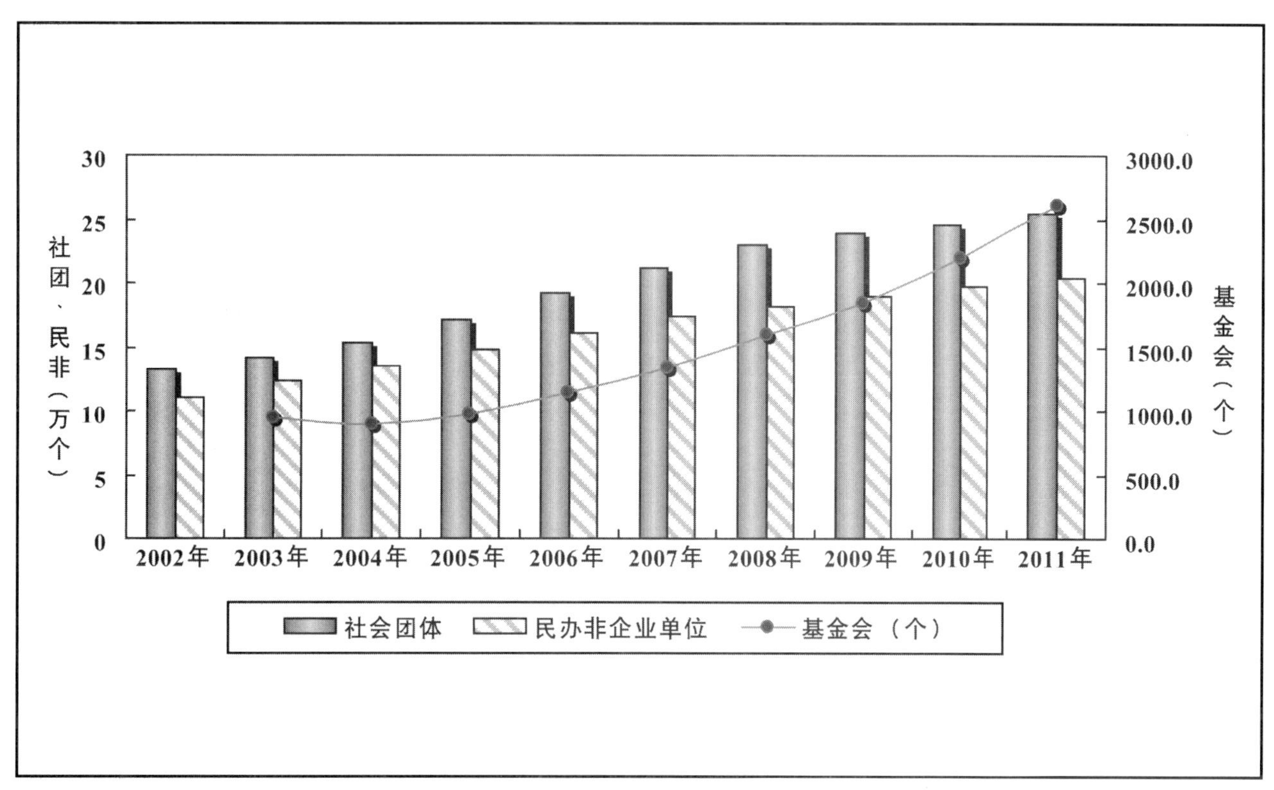

单位：万个、个

指　标	2002年	2003年	2004年	2005年	2006年	2007年	2008年	2009年	2010年	2011年
社会团体	13.3	14.2	15.3	17.1	19.2	21.2	23	23.9	24.5	25.5
民办非企业单位	11.1	12.4	13.5	14.8	16.1	17.4	18.2	19.0	19.8	20.4
基金会（个）		954	892	975	1144	1340	1597	1843	2200	2614

图3-2　自治组织

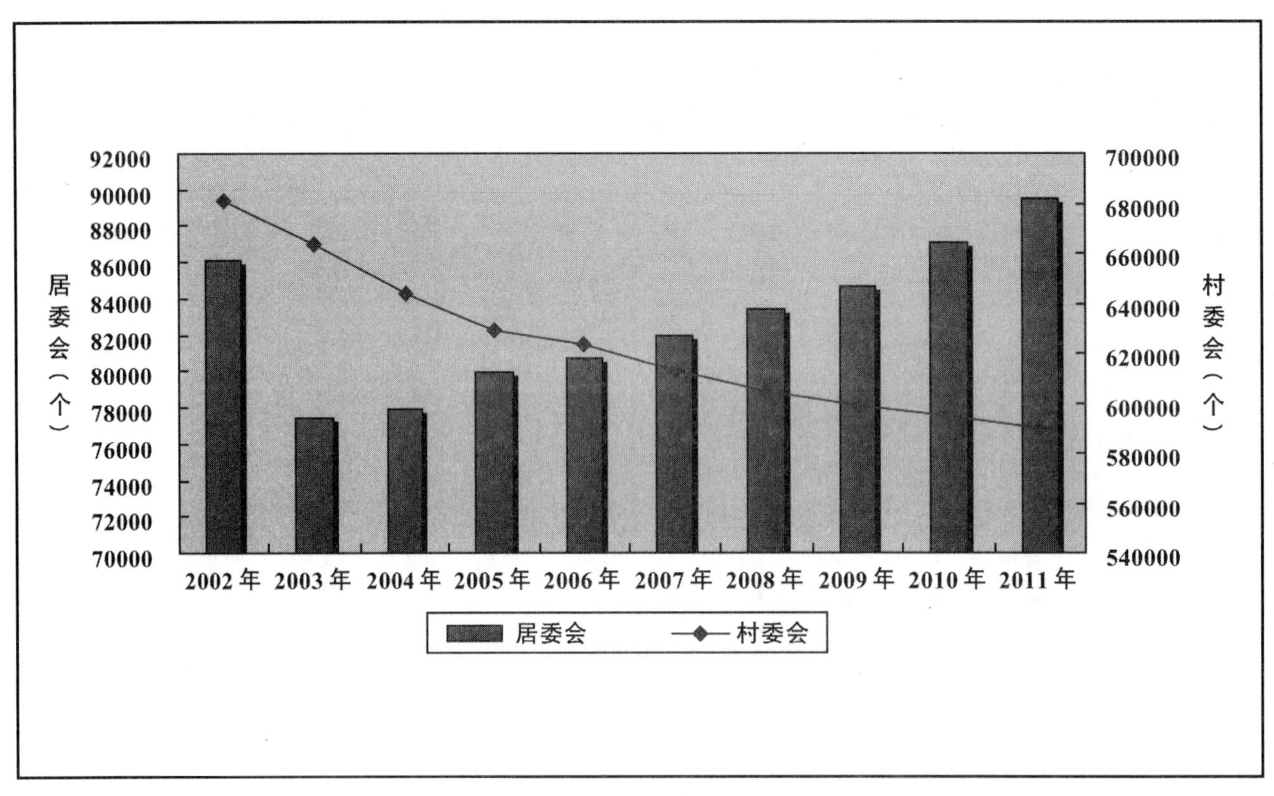

单位：个

指　标	2002年	2003年	2004年	2005年	2006年	2007年	2008年	2009年	2010年	2011年
居委会	86087	77431	77884	79947	80717	82006	83413	84689	87057	89480
村委会	681277	663486	644166	629079	623669	612709	604285	599078	594658	589653

图3-3 结婚登记情况

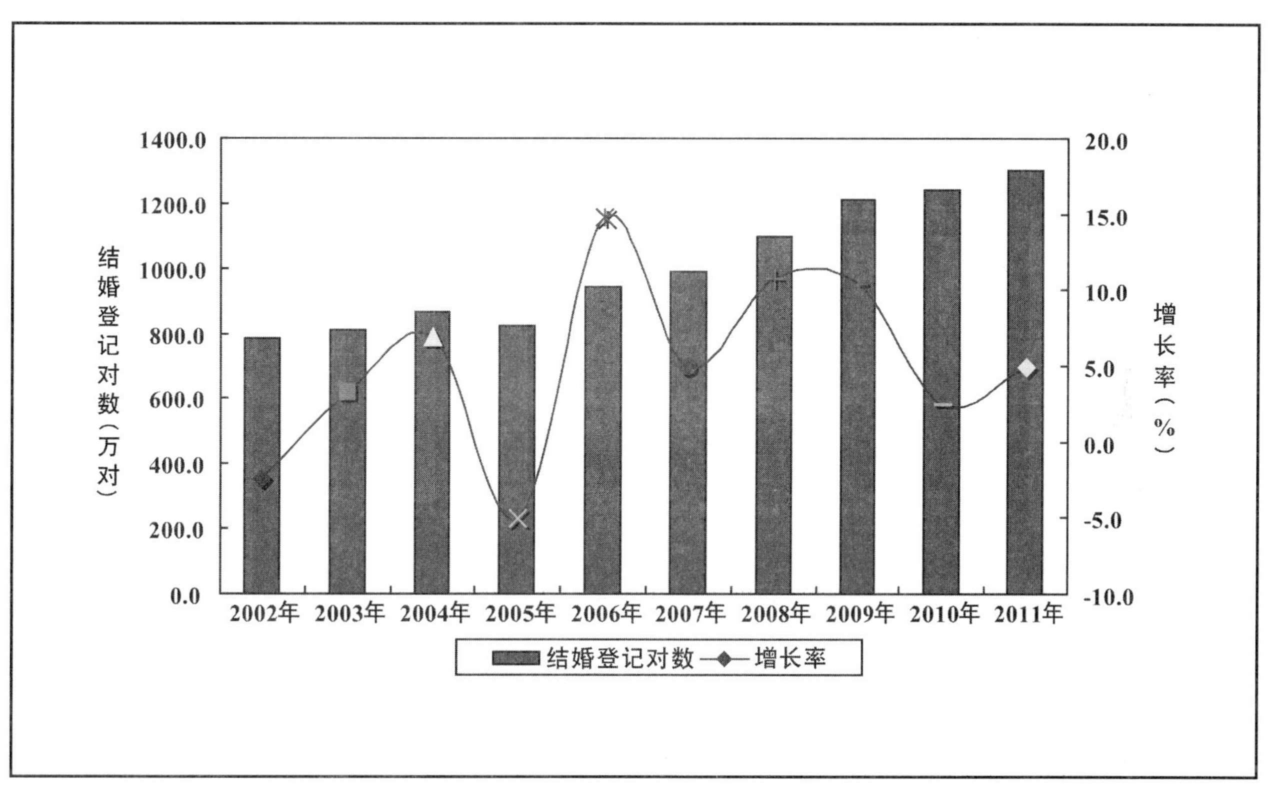

单位：万对、%

指　标	2002年	2003年	2004年	2005年	2006年	2007年	2008年	2009年	2010年	2011年
结婚登记对数	786.0	811.4	867.2	823.1	945.0	991.4	1098.3	1212.4	1241.0	1302.4
增长率	-2.4	3.2	6.9	-5.1	14.8	4.9	10.8	10.4	2.4	4.9

图3-4 分年龄组结婚登记情况

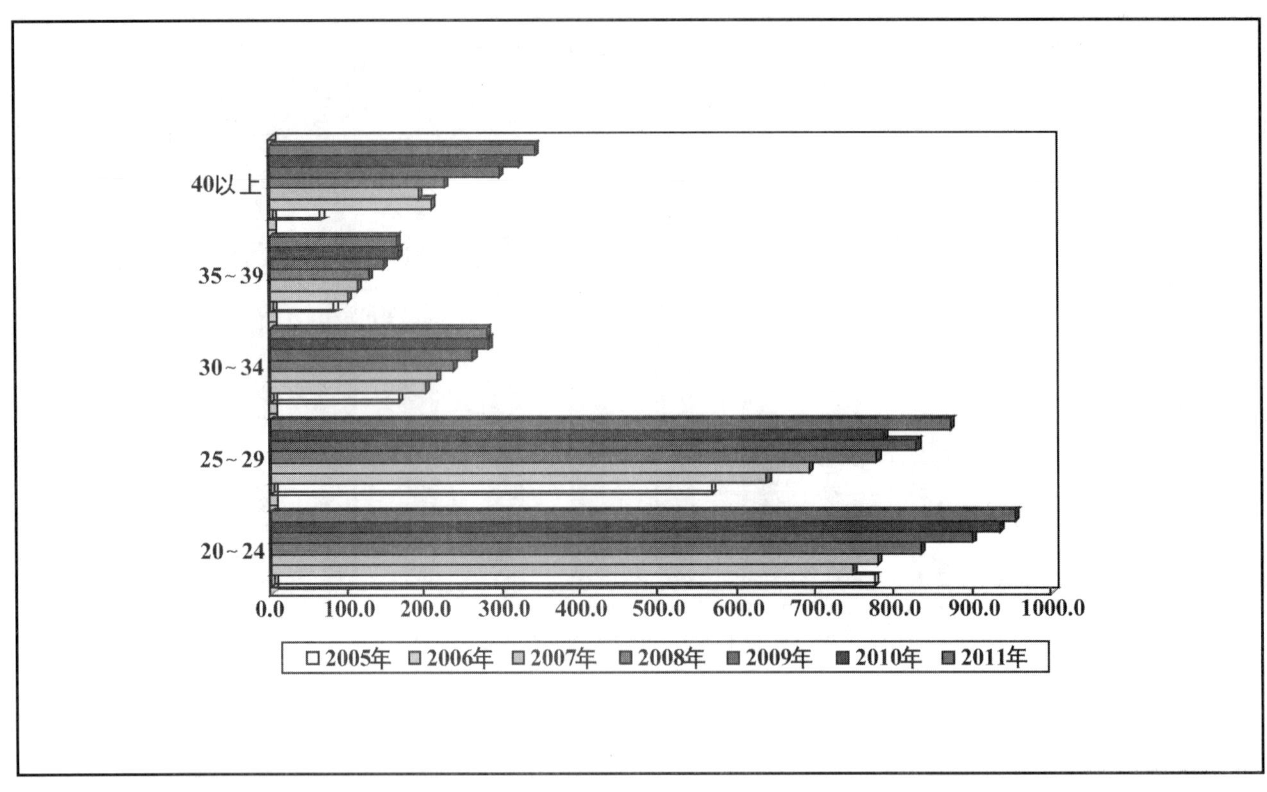

单位：万人

指　标	20～24	25～29	30～34	35～39	40以上
2005年	773.2	565.0	163.4	80.6	63.8
2006年	744.8	636.3	200.8	99.0	209.1
2007年	776.7	689.5	214.0	110.9	191.6
2008年	832.3	775.7	236.1	126.5	226.2
2009年	896.7	826.4	260.3	145.4	295.5
2010年	933.4	784.6	279.9	164.5	319.6
2011年	953.0	870.2	277.6	161.5	342.4

图3-5　结婚率和离婚率

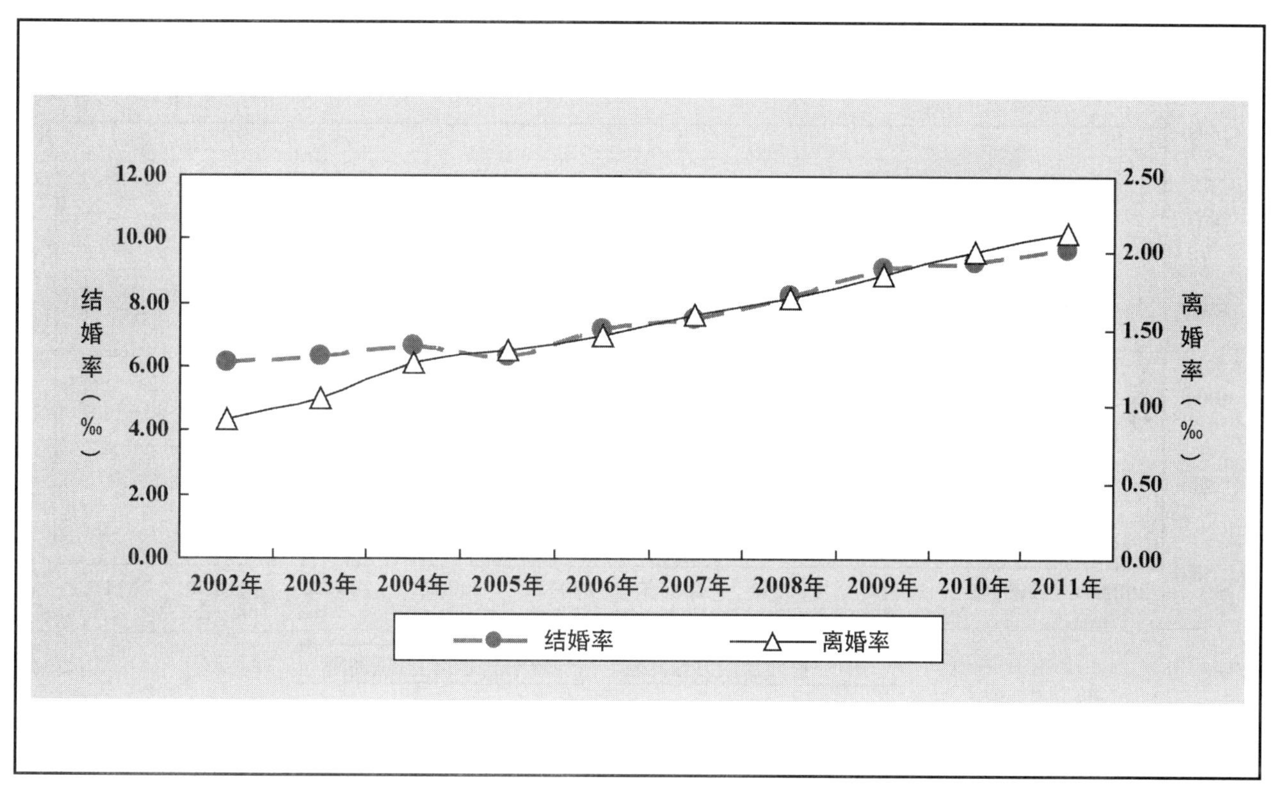

单位：‰

指　标	2002年	2003年	2004年	2005年	2006年	2007年	2008年	2009年	2010年	2011年
结婚率	6.10	6.30	6.65	6.30	7.19	7.50	8.27	9.10	9.30	9.67
离婚率	0.90	1.05	1.28	1.37	1.46	1.59	1.71	1.85	2.0	2.13

注：粗结（离）婚率计算方法：结婚对数除以当期人口平均数。

图3–6　民政部门和法院办理离婚情况

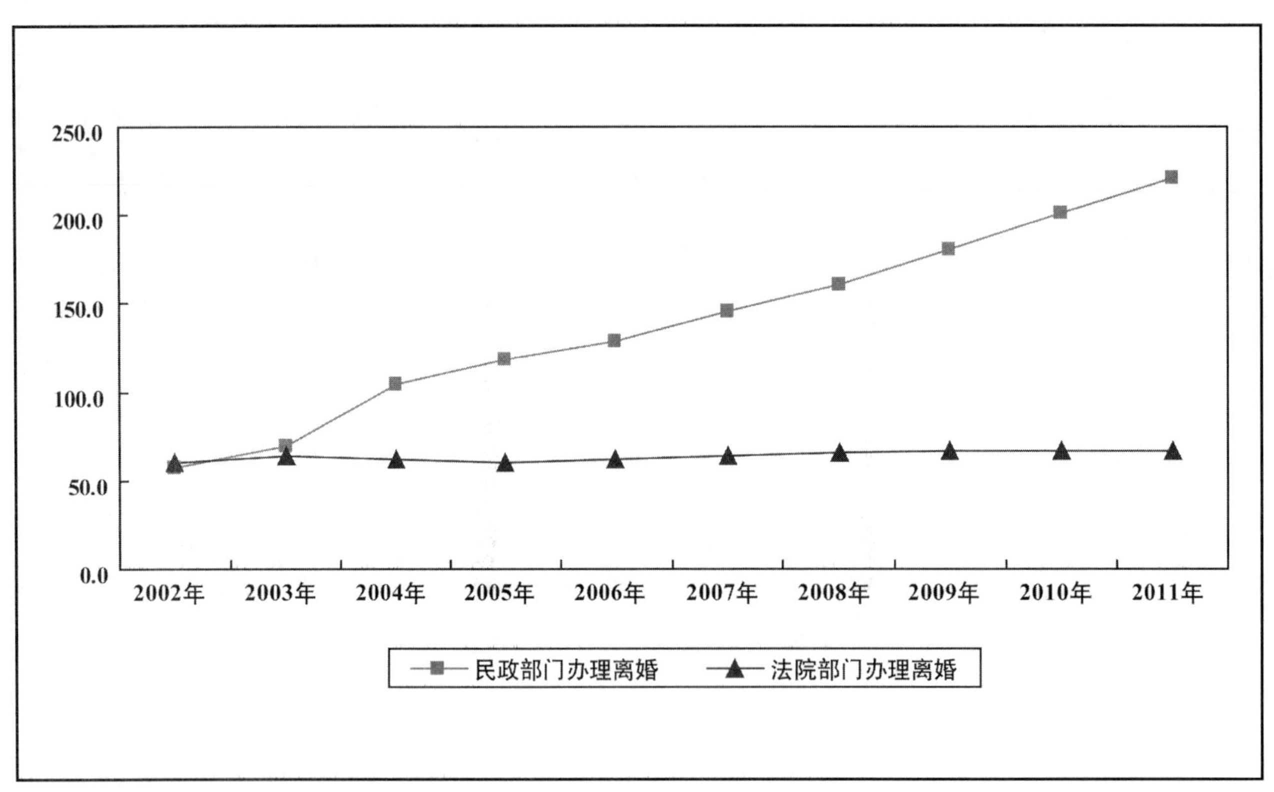

单位：万对

指　标	2002年	2003年	2004年	2005年	2006年	2007年	2008年	2009年	2010年	2011年
民政部门办理离婚	57.3	69.1	104.6	118.4	129.1	145.7	161.0	180.2	201.0	220.7
法院部门办理离婚	60.4	64.0	61.9	60.1	62.2	64.1	65.9	66.6	66.8	66.7

图3-7　火化遗体情况

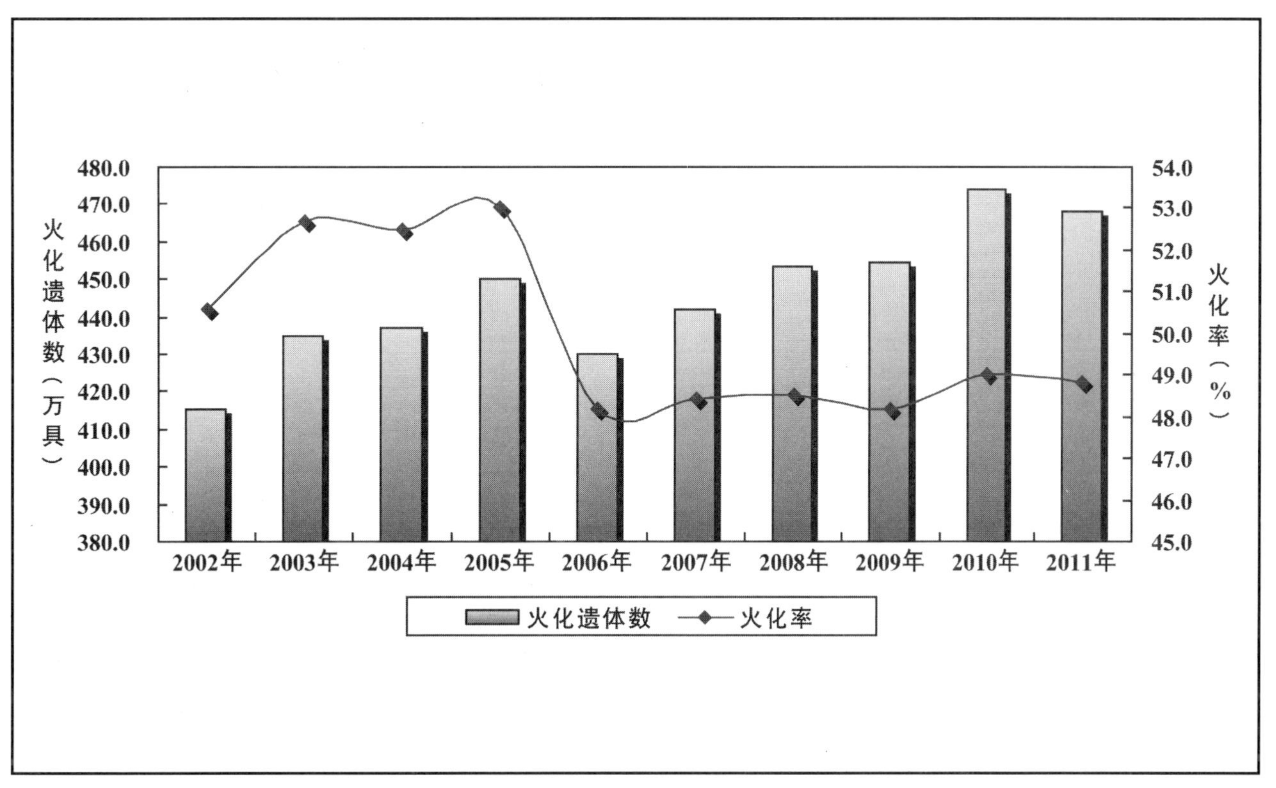

单位：万具、%

指　标	2002年	2003年	2004年	2005年	2006年	2007年	2008年	2009年	2010年	2011年
火化遗体数	415.2	435.0	436.9	450.2	430.2	442.1	453.4	454.2	474.1	468.1
火化率	50.6	52.7	52.5	53.0	48.2	48.4	48.5	48.2	49.0	48.8

03

综合统计资料

A-1-1 “七五”－“十一五”时期社会服务业发展速度

单位：%

指　标	“七五”时期平均每年增长速度	“八五”时期平均每年增长速度	“九五”时期平均每年增长速度	“十五”时期平均每年增长速度	“十一五”时期平均增长速度	2011年增长速度
一、综合						
行政区划						
乡	-11.6	-7.8	-4.7	-7.2	-1.8	-6.8
镇	5.7	7.7	3.0	-0.8	-0.1	1.4
60岁以上老年人口					4.3	4.1
事业费支出	11.9	14.8	17.3	25.6	30.3	19.7
固定资产	20.8	22.5	53.1	9.9	16.3	6.1
二、社会工作						
社会服务床位	9.7	4.6	3.0	7.7	13.8	13.4
#养老床位				5.0	15.3	8.7
智障和精神疾病床位				10.0	8.8	6.6
儿童床位				11.7	11.5	23.6
家庭儿童收养				-2.0	-7.5	-11.4
安置残疾人的福利企业	23.0	7.6	-7.6	-5.2	-6.6	0
为弱势群体筹集资金的福利彩票		54.5	14.6	29.4	18.7	32
享受最低生活保障城市居民				40.9	0.7	-1.5
抚恤补助优抚对象	8.5	1.1	-0.3	0.8	6.3	36.4
伤残人员抚恤水平			27.1	18.2	18.5	13
烈属和牺牲病故军人家属抚恤水平			6.7	13.5	14.9	13.1
社区服务中心			8.0	5.6	8.2	13.1
三、成员组织和其他社会服务						
社会组织		75.5	-3.2	15.8	6.9	3.6
社会团体				5.6	7.5	4.1
基金会					17.7	18.8
民办非企业单位				45.5	6.1	3
自治组织						
村民委员会	1.1	-6.9	-4.7	-3.0	-1.1	-0.8
社区居委会	4.1	2.5	-0.6	-5.9	1.7	2.3
婚姻						
办理结婚登记	2.7	-0.4	-0.2	-0.6	8.6	4.9
办理离婚登记	11.7	5.7	2.8	8.0	8.5	7.3
殡葬						
处理遗体数	5.3	5.5	7.3	3.8	1	-1.3

A-1-2 社会服务发展主要指标预期值

指 标	单 位	2012年预期值	2015年预期值	2020年预期值	2030年预期值
一、综合					
行政区划					
乡	万个	1.3	1.0	0.7	0.4
镇	万个	2.0	2.1	2.2	2.6
人口	万人	135380.4	137335.1	140655.9	147540.5
60岁以上老年人口	万人	19257.5	21724.6	26556.0	39692.8
事业费支出	亿元	3865.2	6629.2	16290	98371.7
固定资产	亿元	7416.2	8858	11910	21530.6
二、社会工作					
社会服务床位	万张	449.5	656	1229	4323
#养老床位	万张	383.9	493.1	748.3	1723.4
智障和精神疾病床位	万张	6.9	8.4	11.6	21.9
儿童床位	万张	8.4	15.9	45.8	380.9
家庭儿童收养	万件	2.9	2.5	2.0	1.7
安置残疾人的福利企业	万个	2.2	2.2	2.2	2.2
福利彩票	亿元	1687.0	3880.0	15548.0	249709.8
城市居民最低生活保障	万人	2242.6	2143.2	1987.2	1708.5
抚恤补助优抚对象	万人	895.1	1036.2	1322.5	2154.2
伤残人员抚恤水平	元/人、年	11506.9	16603.3	30590.5	103841.4
烈属和牺牲病故军人家属抚恤水平	元/人、年	7281.5	10534.4	19494.9	66764.7
社区服务中心	万个	8.0	11.5	20.8	68.8
三、成员组织和其他社会服务					
社会组织	万个	47.9	53.2	63.5	90.5
社会团体	万个	26.5	29.9	36.6	54.7
基金会	万个	0.4	0.6	1.4	7.9
民办非企业单位	万个	21.0	23.0	26.6	35.8
自治组织					
村民委员会	万个	58.5	57.1	54.9	50.6
社区居委会	万个	9.1	9.7	10.9	13.7
婚姻					
结婚登记	万对	1366.2	1577.1	2003.2	3232.1
离婚办理	万对	308.4	381.0	541.9	1096.2
殡葬					
处理遗体数	万具	462.0	444.2	416.1	365.1

注：发展速度为2011年的速度，其中抚恤补助优抚对象和处理遗体数用的是“十一五”平均速度。

A-1-3 2007年-2011年社会服务发展主要数据

指　标	单　位	2007年	2008年	2009年	2010年	2011年
一、综合						
社会服务业基本情况						
机构	万个	118.0	119.6	126.2	126.9	129.8
服务人员	万人	938.4	967.4	1038.1	1138.4	1129.8
固定资产	亿元	3973.0	4592.8	5198.0	6589.3	6989.8
增加值	亿元	1501.2	1650.1	1849.4	2014.5	2459.8
基本建设投资	亿元	47.7	66.6	157.0	183.0	218.5
#预算内投资	亿元	14.5	26.6	70.6	89.1	78.5
公益金投资	亿元	13.0	16.5	26.6	32.3	53.4
事业费	亿元	1215.5	2146.5	2181.9	2697.5	3229.1
#抚恤	亿元	210.8	253.6	310.3	362.7	428.3
退役安置	亿元	165.0	180.6	225.7	269.0	302.3
社会福利	亿元	87.6	103.1	124.1	109.9	232.2
城市低保及其他城市社会救济	亿元	277.4	393.4	482.1	564.6	711.0
农村低保及其他农村社会救济	亿元	189.8	326.8	487.9	579.6	839.0
医疗救助	亿元	42.5	86.5	128.1	157.8	216.3
自然灾害生活救助	亿元	79.8	609.8	199.2	237.2	128.7
离退休人员经费	亿元	24.8	26.5	30.0	30.4	35.3
其他	亿元	137.8	166.2	194.5	386.3	336.0
乡镇级行政区划						
镇	个	19249	19234	19322	19410	19683
乡	个	15120	15067	14848	14571	13587
#民族乡	个	1094	1097	1099	1096	1086
街道办事处	个	6434	6524	6686	6923	7194
区公所	个	10	3	2	2	2
老龄人口						
60岁以上老年人口	万人	15340	15989	16714	17765	18499
占全国总人口	%	11.6	12.0	12.5	13.3	13.7
二、社会工作						
提供住宿的社会服务机构						
单位数	万个	4.5	4.1	4.4	4.4	4.6
床位数	万张	269.6	300.3	326.5	349.6	396.4
#养老床位	万张	242.9	267.4	293.5	316.1	353.2
智障和精神疾病床位	万张	4.7	5.4	5.9	6.1	6.5
儿童床位	万张	3.4	4.3	4.8	5.5	6.8
其他床位	万张	18.6	23.2	22.3	21.9	29.9
收养人数	万人	200.0	240.0	256.0	278.2	293.4
每千人口社会服务床位数	张	2.0	2.3	2.5	2.6	2.9
每千老年人口养老床位数	张	15.8	16.7	17.6	17.8	19.1

A-1-3续表1

指　标	单　位	2007年	2008年	2009年	2010年	2011年
不提供住宿的社会服务机构						
机构数	万个	4.5	4.3	9.4	8.8	10.0
儿童						
孤儿数	万人		6.8	12.8	25.2	49.1
家庭收养儿童	万人	4.5	4.3	4.4	3.5	3.1
流浪儿童救助	万人次	16.0	15.6	16.7	14.6	17.9
残疾人						
社会福利企业数	万个	2.5	2.4	2.3	2.2	2.2
残疾职工数	万人	56.3	61.9	62.7	62.5	62.8
社会救助						
最低生活保障						
城市居民最低生活保障人数	万人	2272.1	2334.8	2345.6	2310.5	2276.8
城市居民最低生活保障户数	万户	1064.3	1110.5	1141.1	1145.0	1145.7
城市最低生活保障平均标准	元/人、月	182.4	205.3	227.8	251.2	287.6
城市最低生活保障平均补差水平	元/人、月	102.7	143.7	172.0	189.0	240.3
农村居民最低生活保障人数	万人	3566.3	4305.5	4760.0	5214.0	5305.7
农村居民最低生活保障户数	万户	1608.5	1982.2	2291.8	2528.7	2672.8
农村最低生活保障平均标准	元/人、月	70.0	82.3	100.8	117.0	143.2
农村最低生活保障平均补差水平	元/人、月	38.8	50.4	68.0	74.0	106.1
五保供养						
农村集中供养五保户救济人数	万人	138.0	155.6	171.8	177.4	184.5
农村集中供养五保救济家庭数	万户	131.3	150.0	166.6	172.9	179.9
农村集中供养五保救济平均标准	元/人、年	1953.0	2176.1	2587.5	2951.4	3399.7
农村集中供养五保救济平均支出水平	元/人、年		2055.7	2316.0	2460.0	3081.9
农村分散供养五保救济人数	万人	393.3	393.0	381.6	378.9	366.5
农村分散供养五保救济家庭数	万户	367.6	371.9	362.8	361.1	350.4
农村分散供养五保救济平均标准	元/人、年	1432.0	1624.4	1842.7	2102.1	2470.5
农村分散供养五保救济平均支出水平	元/人、年		1121.0	1284.0	1416.0	1774.9
医疗救助						
城市医疗救助	万人次	442.0	443.6	410.4	460.1	672.2
民政部门资助参加医疗保险人数	万人		642.6	1095.9	1461.2	1549.8
农村医疗救助	万人次	377.1	759.5	730.0	1019.2	1471.8
民政部门资助参加合作医疗人数	万人	2517.3	3432.4	4059.1	4615.4	4825.3
生活无着人员救助						
生活无着人员救助	万人次	154.4	157.3	168.1	171.9	241.0
为弱势群体筹集资金的活动						
民政部门接收社会捐赠						
社会捐赠款数	亿元	50.9	479.3	66.5	179.8	96.6
捐赠衣被总数	亿件	0.9	11.6	1.2	0.3	0.3
捐赠其他物资价值	亿元	15.6	19.6	2.2	4.9	4.8
受益人次数	万人次	3069.7	5202.9	1522.3	2514.7	1459.7
社会捐赠接收站、点数	万个	3.6	3.8	3.3	3.2	3.4

A-1-3续表2

指　标	单　位	2007年	2008年	2009年	2010年	2011年
福利彩票						
销售福利彩票	亿元	631.6	604.0	756.0	968.0	1278.0
筹集社会福利基金	亿元	217.0	211.4	248.0	297.1	388.7
优抚安置						
国家抚恤、补助各类优抚对象	万人	622.4	633.2	630.7	625.0	852.5
安置义务兵、士官人数	万人	37.3	39.7	39.1	38.7	39.1
接收军队离退休人员人数	万人	2.8	2.1	1.9	1.3	1.5
社区服务						
社区服务机构	万个	17.2	16.3	17.5	15.3	16.0
#社区服务中心	个	9319	9873	10003	12720	14391
社区服务站	个	50116	30021	53170	44237	56156
社区服务机构覆盖率	%	24.7	23.7	25.6	22.4	23.6
便民、利民网点	万个	89.3	74.9	69.3	53.9	45.3
自然灾害情况						
受灾人口	万人次	39777.9	47795.0	47933.5	42610.2	43290.0
因灾死亡（含失踪）人口	人	2325	88928	1528	7844	1126
直接经济损失	亿元	2363.0	11752.4	2523.7	5339.9	3096.4
三、成员组织和其他社会服务						
社会组织	万个	38.7	41.4	43.1	44.6	46.2
社会团体	万个	21.2	23.0	23.9	24.5	25.5
民办非企业单位	万个	17.4	18.2	19.0	19.8	20.4
基金会	个	1340	1597	1843	2200	2614
自治组织	万个	69.5	68.7	68.4	68.2	67.9
村委会	万个	61.3	60.4	59.9	59.5	59.0
社区居委会	万个	8.2	8.3	8.5	8.7	8.9
婚姻服务						
结婚登记（万对）	万对	991.4	1098.3	1212.2	1241.0	1302.4
#涉外及港台	万对	5.1	5.1	4.9	4.9	4.9
每千居民之结婚宗数	‰	7.5	8.3	9.1	9.3	9.7
离婚办理	万对	209.8	226.9	246.8	267.8	287.4
每千居民之离婚宗数	‰	1.6	1.7	1.9	2.0	2.1
殡葬服务						
火化遗体数	万具	442.1	453.4	454.2	474.1	468.1
火化率	%	48.4	48.5	48.2	49.0	48.8

A-1-4 社会服务发展主要数据与上年比较

指 标	单 位	2011年	2010年	比上年增减(%)
一、综合				
行政区划				
镇	个	19683	19410	1.4
乡	个	13587	14571	-6.8
#民族乡	个	1086	1096	-0.9
街道办事处	个	7194	6923	3.9
区公所	个	2	2	
老龄人口				
60岁以上老年人口	万人	18499	17765	4.1
占全国总人口	%	13.7	13.3	0.4(百分点)
65岁以上老年人口	万人	12288	11883	3.4
占全国总人口	%	9.1	8.9	0.2(百分点)
民政事业费总支出	亿元	3229.1	2697.5	19.7
其中:抚恤	亿元	428.3	362.7	18.1
退役安置	亿元	302.3	269	12.4
社会福利	亿元	232.2	109.9	111.3
城市最低生活保障	亿元	659.9	524.7	25.8
其他城市社会救济	亿元	51.1	39.9	28.1
农村最低生活保障	亿元	667.7	445	50.0
其他农村社会救济	亿元	171.3	134.6	27.3
医疗救助	亿元	216.3	157.8	37.1
自然灾害生活救助	亿元	128.7	237.2	-45.7
离退休人员经费	亿元	35.3	30.4	16.1
其他业务经费	亿元	220.8	195.1	13.2
其他	亿元	115.3	191.2	-39.7
基本建设支出	亿元	218.5	183	19.4
固定资产	亿元	6989.8	6589.3	6.1
二、社会工作				
提供住宿的社会服务机构				
单位数	万个	4.6	4.4	4.5
床位数	万张	396.4	349.6	13.4
收养人数	万人	293.4	278.2	5.5
每千人口社会服务床位数	张	2.9	2.6	11.5

A-1-4续表1

指　标	单　位	2011年	2010年	比上年增减(%)
社会救助				
城市				
城市居民最低生活保障人数	万人	2276.8	2310.5	-1.5
城市居民最低生活保障户数	万户	1145.7	1145	0.1
城市最低生活保障平均标准	元/人、月	287.6	251.2	14.5
城市最低生活保障平均补差水平	元/人、月	240.3	189	27.1
农村				
农村居民最低生活保障人数	万人	5305.7	5214	1.8
农村居民最低生活保障户数	万户	2672.8	2528.7	5.7
农村最低生活保障平均标准	元/人、月	143.2	117	22.4
农村最低生活保障平均补差水平	元/人、月	106.1	74	43.4
农村集中供养五保户救济人数	万人	184.5	177.4	4.0
农村集中供养五保户救济户数	万户	179.9	172.9	4.0
农村集中供养五保户平均标准	元/人、年	3399.7	2951.4	15.2
农村集中供养五保户平均补差水平	元/人、年	3081.9	2460	25.3
农村分散供养五保户救济人数	万人	366.5	378.9	-3.3
农村分散供养五保户救济户数	万户	350.4	361.1	-3.0
农村分散供养五保户平均标准	元/人、年	2470.5	2102.1	17.5
农村分散供养五保户平均补差水平	元/人、年	1774.9	1416	25.3
医疗救助				
城市医疗救助	万人次	672.2	460.1	46.1
民政部门资助参加医疗保险人数	万人	1549.8	1461.2	6.1
农村大病医疗救助	万人次	1471.8	1019.2	44.4
农村资助参加合作医疗人数	万人	4825.3	4615.4	4.5
儿童收养				
家庭收养儿童	万人	3.1	3.5	-11.4
福利企业				
福利企业	万个	2.2	2.2	0.0
残疾人	万人	62.8	62.5	0.5
福利彩票				
销售福利彩票	亿元	1278	968	32.0
筹集社会福利基金	亿元	388.7	297.08	30.8

A–1–4续表2

指　标	单　位	2011年	2010年	比上年增减(%)
优抚安置				
国家抚恤、补助各类优抚对象	万人	852.5	625	36.4
安置义务兵、士官人数	万人	39.1	38.7	1.0
接收军队离退休人员人数	万人	1.5	1.3	15.4
社会捐赠				
社会捐赠款数	亿元	96.6	179.8	-46.3
捐赠衣被总数	亿件	0.3	0.3	0.0
捐赠其他物资价值	亿元	4.8	4.9	-2.0
受益人次数	万人次	1459.7	2514.7	-42.0
社会捐赠接收站、点数	万个	3.4	3.2	6.2
社区服务机构				
社区服务中心	个	14391	12720	13.1
社区服务站	个	56156	44237	26.9
其他社区服务机构	个	89805	95984	-6.4
社区服务机构覆盖率	%	23.6	22.4	1.2(百分点)
城市便民、利民网点	个	452868	539136	-16.0
三、成员组织和其他社会服务				
社会组织				
社会组织总数	万个	46.2	44.6	3.6
社会团体	万个	25.5	24.5	4.1
基金会	个	2614	2200	18.8
民办非企业单位	万个	20.4	19.8	3.0
自治组织				
村委会	万个	59	59.5	-0.8
社区居委会	万个	8.9	8.7	2.3
婚姻				
结婚登记（万对）	万对	1302.4	1241	4.9
#涉外及港台	万对	4.9	4.9	0.0
每千居民之结婚宗数	‰	9.7	9.3	0.4(千分点)
离婚办理	万对	287.4	267.8	7.3
每千居民之离婚宗数	‰	2.1	2	0.1(千分点)
殡葬				
火化遗体数	万具	468.1	474.1	-1.3
火化率	%	48.8	49	-0.2(百分点)

A-1-5 行政区划与上年比较

单位：个

指　标	2011年	2010年	比上年增减(%)
地级行政区划合计	**332**	**333**	**-0.3**
其中：地级市	284	283	0.4
地区	15	17	-11.8
自治州	30	30	
盟	3	3	
县级行政区划合计	**2853**	**2856**	**-0.1**
其中：市辖区	857	853	0.5
县级市	369	370	-0.3
县	1456	1461	-0.3
自治县	117	117	
旗	49	49	
自治旗	3	3	
特区	1	2	-50.0
林区	1	1	
乡镇、街道级行政区划合计	**40466**	**40906**	**-1.1**
其中：镇	19683	19410	1.4
乡	12395	13379	-7.4
苏木	106	96	10.4
民族乡	1085	1095	-0.9
民族苏木	1	1	
街道办事处	7194	6923	3.9
区公所	2	2	

A-1-6 社会服务机构与上年比较

单位：个

指　标	2011年	2010年	比上年增减(%)
总计	**1297469**	**1268926**	**2.2**
一、行政机关	**3483**	**3482**	
民政行政机关	3483	3482	
二、社会工作	**146451**	**131833**	**11.1**
提供住宿的社会服务机构	45973	44482	3.4
老年人与残疾人服务机构	40868	39904	2.4
城市养老服务机构	5616	5413	3.8
农村养老服务机构	32140	31472	2.1
社会福利院	1597	1572	1.6
光荣院	1389	1371	1.3
荣誉军人康复医院	42	40	5.0
复员军人疗养院	40	36	11.1
社区养老服务机构	44		
智障与精神疾病服务机构	251	251	
复退军人精神病院	96	94	2.1
社会福利医院	155	157	-1.3
儿童收养救助服务机构	638	480	32.9
儿童福机构	397	335	18.5
流浪儿童救助保护中心	241	145	66.2
其他提供住宿的服务机构	4216	3847	9.6
生活无着人员救助管理站	1547	1448	6.8
其他收养机构	382	112	241.1
军休管理单位	1960	1957	0.2
军供站	327	330	-0.9

A-1-6续表

单位：个

指　标	2011年	2010年	比上年增减(%)
不提供住宿的社会服务机构	100478	87351	15.0
社区服务中心（站）	70547	56957	23.9
救灾储备仓库	553	455	21.5
福利企业	21507	22226	-3.2
福利彩票发行单位	974	993	-1.9
烈士纪念建筑物管理单位	1227	1195	2.7
捐赠、救助等其他事业单位	3167	3060	3.5
老龄机构	2503	2465	1.5
三、成员组织和其他社会服务	**1147535**	**1133611**	**1.2**
成员组织	1141104	1127346	1.2
社会组织	461971	445631	3.7
社会团体	254969	245256	4.0
基金会	2614	2200	18.8
民办非企业单位	204388	198175	3.1
自治组织	679133	681715	-0.4
社区居委会	89480	87057	2.8
村委会	589653	594658	-0.8
其他社会服务	6431	6265	2.6
婚姻	2328	2314	0.6
婚姻登记服务机构	2328	2314	0.6
殡葬	4103	3951	3.8
殡仪馆	1745	1724	1.2
公墓	1406	1308	7.5
殡葬管理机构	952	919	3.6

A-1-7 社会服务机构职工与上年比较

单位：万人

指　标	2011年	2010年	比上年增减(%)
总计	**1129.8**	**1138.4**	**-0.8**
一、行政机关	**9**	**8.9**	**1.1**
民政行政机关	9	8.9	1.1
二、社会工作	**235.7**	**225.6**	**4.5**
提供住宿的社会服务机构	37.4	34.8	7.5
老年人与残疾人服务机构	29.3	27.4	6.9
城市养老服务机构	8.1	7.3	11.0
农村养老服务机构	15.2	14.2	7.0
社会福利院	3.9	3.9	
光荣院	1.2	1.2	
荣誉军人康复医院	0.5	0.5	
复员军人疗养院	0.3	0.3	
社区养老服务机构	0.1		
智障与精神疾病服务机构	2.3	2.3	
复退军人精神病院	1.0	1	
社会福利医院	1.3	1.3	
儿童收养救助服务机构	1.2	1	20.0
儿童福机构	1.0	0.9	11.1
流浪儿童救助保护中心	0.2	0.1	100.0
其他提供住宿的服务机构	4.6	4.1	12.2
生活无着人员救助管理站	1.6	1.5	6.7
其他收养机构	0.5	0.1	400.0
军休管理单位	1.9	1.9	
军供站	0.6	0.6	

A－1－7续表

单位：万人

指　标	2011年	2010年	比上年增减(%)
不提供住宿的社会服务机构	198.3	190.8	3.9
社区服务中心（站）	33.7	27.9	20.8
救灾储备仓库	0.2	0.1	100.0
福利企业	158.9	157.5	0.9
福利彩票发行单位	0.9	0.8	12.5
烈士纪念建筑物管理单位	0.9	0.9	
捐赠、救助等其他事业单位	2.7	2.7	
老龄机构	1.0	0.9	11.1
三、成员组织和其他社会服务	**885.1**	**903.9**	**-2.1**
成员组织	876.6	895.5	-2.1
社会组织	599.3	618.2	-3.1
社会团体	363.0	396.1	-8.4
基金会	1.4	1.3	7.7
民办非企业单位	234.9	220.8	6.4
自治组织	277.3	277.3	
社区居委会	45.4	43.9	3.4
村委会	231.9	233.4	-0.6
其他社会服务	8.5	8.4	1.2
婚姻	0.9	0.9	
婚姻登记服务机构	0.9	0.9	
殡葬	7.6	7.5	1.3
殡仪馆	4.5	4.5	
公墓	2.2	2.2	
殡葬管理机构	0.9	0.8	12.5

A-1-8 社会服务机构中社会工作师人员情况

单位：人

指　标	社会工作师			助理社会工作师		
	2011年	2010年	比上年增减(%)	2011年	2010年	比上年增减(%)
总计	**11604**	**9901**	**17.2**	**29626**	**24700**	**19.9**
一、行政机关	**854**	**922**	**-7.4**	**963**	**969**	**-0.6**
民政行政机关	854	922	-7.4	963	969	-0.6
二、社会工作	**5165**	**5176**	**-0.2**	**10686**	**6724**	**58.9**
提供住宿的社会服务机构	2172	2491	-12.8	3186	2625	21.4
老年人与残疾人服务机构	1256	1673	-24.9	2097	1649	27.2
城市养老服务机构	356	460	-22.6	616	472	30.5
农村养老服务机构	336	695	-51.7	675	518	30.3
社会福利院	379	388	-2.3	600	499	20.2
光荣院	113	59	91.5	135	111	21.6
荣誉军人康复医院	45	53	-15.1	41	28	46.4
复员军人疗养院	25	18	38.9	26	21	23.8
社区养老服务机构	2			4		
智障与精神疾病服务机构	148	120	23.3	223	198	12.6
复退军人精神病院	57	37	54.1	118	94	25.5
社会福利医院	91	83	9.6	105	104	1.0
儿童收养救助服务机构	220	190	15.8	243	208	16.8
儿童福机构	187	165	13.3	204	185	10.3
流浪儿童救助保护中心	33	25	32.0	39	23	69.6
其他提供住宿的服务机构	548	508	7.9	623	570	9.3
生活无着人员救助管理站	240	246	-2.4	276	252	9.5
其他收养机构	9	7	28.6	25	23	8.7
军休管理单位	267	232	15.1	277	272	1.8
军供站	32	23	39.1	45	23	95.7

A-1-8续表

单位：人

指　标	社会工作师			助理社会工作师		
	2011年	2010年	比上年增减(%)	2011年	2010年	比上年增减(%)
不提供住宿的社会服务机构	2993	2685	11.5	7500	4099	83.0
社区服务中心（站）	1749	1204	45.3	5273	2362	123.2
救灾储备仓库	12	13	-7.7	15	13	15.4
福利企业	631	846	-25.4	1606	1235	30.0
福利彩票发行单位	93	64	45.3	91	63	44.4
烈士纪念建筑物管理单位	117	142	-17.6	112	87	28.7
捐赠、救助等其他事业单位	323	348	-7.2	346	281	23.1
老龄机构	68	68	0.0	57	58	-1.7
三、成员组织和其他社会服务	**5585**	**3803**	**46.9**	**17977**	**17007**	**5.7**
成员组织	5247	3473	51.1	17419	16517	5.5
社会组织	3248	2057	57.9	10689	8814	21.3
社会团体	1192	958	24.4	3665	3860	-5.1
基金会	91	44	106.8	70	289	-75.8
民办非企业单位	1965	1055	86.3	6954	4665	49.1
自治组织	1999	1416	41.2	6730	7703	-12.6
社区居委会	1435	1090	31.7	5460	5627	-3.0
村委会	564	326	73.0	1270	2076	-38.8
其他社会服务	338	330	2.4	558	490	13.9
婚姻	75	67	11.9	92	85	8.2
婚姻登记服务机构	75	67	11.9	92	85	8.2
殡葬	263	263		466	405	15.1
殡仪馆	130	147	-11.6	263	228	15.4
公墓	71	69	2.9	127	121	5.0
殡葬管理机构	62	47	31.9	76	56	35.7

A-1-9 性别统计情况

单位：人

指　标	人员总数	#女性	占总人数的比重（%）	比上年增减（百分点）
总计	**11297846**	**3174236**	**28.1**	**-0.4**
一、行政机关	**90224**	**28446**	**31.5**	**0.6**
民政行政机关	90224	28446	31.5	0.6
二、社会工作	**2357079**	**888824**	**37.7**	**-0.3**
提供住宿的社会服务机构	374036	195800	52.3	0.2
老年人与残疾人服务机构	293409	156716	53.4	-0.1
城市养老服务机构	80737	52560	65.1	-1.0
农村养老服务机构	152248	69208	45.5	0.4
社会福利院	39457	24277	61.5	0.2
光荣院	11996	5863	48.9	-1.4
荣誉军人康复医院	5183	2728	52.6	2.0
复员军人疗养院	3214	1769	55.0	-2.1
社区养老服务机构	574	311	54.2	
智障与精神疾病服务机构	22769	12551	55.1	0.7
复退军人精神病院	9597	5288	55.1	-0.1
社会福利医院	13172	7263	55.1	1.4
儿童收养救助服务机构	11946	7707	64.5	1.6
儿童福利机构	10267	7096	69.1	2.3
流浪儿童救助保护中心	1679	611	36.4	-0.5
其他提供住宿的服务机构	45912	18826	41.0	1.2
生活无着人员救助管理站	15668	5291	33.8	0.3
其他收养机构	4557	2699	59.2	5.8
军休管理单位	19423	8334	42.9	0.1
军供站	6264	2502	39.9	-2.8

A-1-9续表

单位：人

指　标	人员总数	#女性	占总人数的比重（%）	比上年增减（百分点）
不提供住宿的社会服务机构	1983043	693024	34.9	-0.5
社区服务中心（站）	336871	157961	46.9	-2.6
救灾储备仓库	1677	515	30.7	0.8
福利企业	1589472	510850	32.1	-0.5
福利彩票发行单位	8942	3634	40.6	0.3
烈士纪念建筑物管理单位	9436	3816	40.4	-0.6
捐赠、救助等其他事业单位	27093	12149	44.8	0.1
老龄机构	9552	4099	42.9	1.0
三、成员组织和其他社会服务	**8850543**	**2256966**	**25.5**	**-0.6**
成员组织	8766085	2229686	25.4	-0.6
社会组织	5992765	1495862	25.0	-1.2
社会团体	3630298	634299	17.5	-3.0
基金会	14141	4437	31.4	1.5
民办非企业单位	2348326	857126	36.5	
自治组织	2773320	733824	26.5	0.6
社区居委会	453914	224337	49.4	-0.1
村委会	2319406	509487	22.0	0.6
其他社会服务	84458	27280	32.3	0.3
婚姻	9204	5853	63.6	1.6
婚姻登记服务机构	9204	5853	63.6	1.6
殡葬	75254	21427	28.5	-0.1
殡仪馆	44650	11563	25.9	-0.1
公墓	21961	7643	34.8	-0.2
殡葬管理机构	8643	2221	25.7	0.8

A-1-10 社会服务机构固定资产与上年比较

单位：亿元

指　标	2011年	2010年	比上年增减(%)
合计	**6989.8**	**6589.3**	**6.1**
一、行政管理	**284.2**	**121.8**	**133.3**
民政行政机关	284.2	121.8	133.3
二、社会工作	**2790.4**	**2463.2**	**13.3**
收养类单位	613.9	466.3	31.7
老年人与残疾人服务机构	552.9	419.9	31.7
智障与精神疾病服务机构	31.7	26.8	18.3
儿童收养救助服务机构	20.4	17.6	15.9
其他收养机构	8.9	2.0	345.0
社区服务中心（站）	128.3	124.2	3.3
优抚安置单位	93.8	111.2	-15.6
军休管理单位	44.3	67.3	-34.2
军供站	13.5	12.2	10.7
烈士纪念建筑物管理单位	36.0	31.7	13.6
救灾储备仓库	6.1	4.8	27.1
救助类单位	26.6	20.9	27.3
生活无着人员救助管理站	24.5	19.2	27.6
流浪儿童救助保护中心	2.1	1.7	23.5
福利彩票发行单位	47.2	44.5	6.1
福利企业	1818.1	1646.6	10.4
老龄机构	14.6	6.8	114.7
捐赠、救助等其他事业单位	41.8	37.9	10.3
三、成员组织和其他社会服务	**3915.2**	**4004.3**	**-2.2**
成员组织	3684.2	3795.6	-2.9
社会组织	1885.0	1864.1	1.1
社会团体	557.1	260.5	113.9
基金会	15.4	17.8	-13.5
民办非企业单位	1312.5	1585.8	-17.2
自治组织	1799.2	1931.5	-6.8
社区居委会	386.7	400.2	-3.4
村委会	1412.5	1531.3	-7.8
其他社会服务	231.0	208.7	10.7
婚姻登记服务机构	2.2	2.8	-21.4
殡葬服务机构	228.8	205.9	11.1

A-1-11 社会服务机构增加值（按国民经济行业分类）

单位：亿元

指　标	2011年	2010年	比上年增减(%)
总计	**2459.8**	**2014.5**	**22.1**
一、行政机关	**212.9**	**190.8**	**11.6**
民政行政机关	212.9	190.8	11.6
二、社会工作	**1152.2**	**912.4**	**26.3**
提供住宿的社会服务机构	304.0	233.7	30.1
老年人与残疾人服务机构	92.7	70.8	30.9
城市养老服务机构	17.7	14.2	24.6
农村养老服务机构	34.6	24.2	43.0
社会福利院	27.2	21.5	26.5
光荣院	4.6	4.1	12.2
荣誉军人康复医院	5.2	4.0	30.0
复员军人疗养院	3.3	2.8	17.9
社区养老服务机构	0.1		
智障与精神疾病服务机构	21.3	18.9	12.7
复退军人精神病院	7.7	6.5	18.5
社会福利医院	13.6	12.4	9.7
儿童收养救助服务机构	9.7	7.8	24.4
儿童福机构	8.7	6.9	26.1
流浪儿童救助保护中心	1.0	0.9	11.1
其他提供住宿的服务机构	180.3	136.2	32.4
生活无着人员救助管理站	14.8	10.6	39.6
其他收养机构	0.7	0.6	16.7
军休管理单位	161.0	121.3	32.7
军供站	3.8	3.7	2.7

A−1−11续表

单位：亿元

指　标	2011年	2010年	比上年增减(%)
不提供住宿的社会服务机构	848.2	678.7	25.0
社区服务中心（站）	47.3	39.1	21.0
救灾储备仓库	1.3	0.7	85.7
福利企业	738.0	592.0	24.7
福利彩票发行单位	30.4	20.7	46.9
烈士纪念建筑物管理单位	6.5	5.8	12.1
捐赠、救助等其他事业单位	19.4	16.4	18.3
老龄机构	5.3	4.0	32.5
三、成员组织和其他社会服务	**1094.7**	**911.3**	**20.1**
成员组织	1023.3	841.1	21.7
社会组织	660.0	531.2	24.2
社会团体	157.5	139.6	12.8
基金会	63.7	68.2	-6.6
民办非企业单位	438.8	323.4	35.7
自治组织	363.3	309.9	17.2
社区居委会	97.1	61.8	57.1
村委会	266.2	248.1	7.3
其他社会服务	71.4	70.2	1.7
婚姻	2.2	1.8	22.2
婚姻登记服务机构	2.2	1.8	22.2
殡葬	69.2	68.4	1.2
殡仪馆	36.1	45.1	-20.0
公墓	26.8	18.5	44.9
殡葬管理机构	6.3	4.8	31.3

A-1-12 社会服务机构增加值（按登记类型分类）

单位：亿元

指　标	2011年	2010年	比上年增减(%)
民政管理单位增加值合计	**2459.8**	**2014.5**	**22.1**
一、行政机关	**212.9**	**190.8**	**11.6**
民政行政机关	212.9	190.8	11.6
二、事业单位	**485.6**	**390.6**	**24.3**
收养类	123.4	97.2	27.0
城市老年福利机构	17.7	14.2	24.6
农村老年福利机构	34.6	24.2	43.0
社会福利院	27.2	21.5	26.5
光荣院	4.6	4.1	12.2
荣誉军人康复医院	5.2	4	30.0
复员军人疗养院	3.3	2.8	17.9
复退军人精神病院	7.7	6.5	18.5
社会福利医院	13.6	12.4	9.7
儿童福利机构	8.7	6.9	26.1
社区养老服务机构	0.1		
其他收养机构	0.7	0.6	16.7
救助类	15.8	11.5	37.4
救助管理站	14.8	10.6	39.6
流浪儿童救助保护中心	1.0	0.9	11.1
仓库类	1.3	0.7	85.7
救灾储备仓库	1.3	0.7	85.7
筹集资金类	30.4	20.7	46.9
福利彩票发行单位	30.4	20.7	46.9

A-1-12续表

单位：亿元

指　标	2011年	2010年	比上年增减(%)
优抚安置类	171.3	130.8	31.0
军休所	161.0	121.3	32.7
军供站	3.8	3.7	2.7
烈士纪念建筑物管理单位	6.5	5.8	12.1
社区服务类	47.3	39.1	21.0
社区服务中心	14.1	12.9	9.3
社区服务站	33.2	26.2	26.7
婚姻登记服务类	2.2	1.8	22.2
婚姻登记服务机构	2.2	1.8	22.2
殡葬服务机构	69.2	68.4	1.2
殡仪馆	36.1	45.1	-20.0
公墓	26.8	18.5	44.9
殡葬管理机构	6.3	4.8	31.3
其他事业单位	24.7	20.4	21.1
老龄行政机构	5.3	4	32.5
其他事业单位	19.4	16.4	18.3
三、成员组织			
社会组织	660	531.2	24.2
社会团体	157.5	139.6	12.8
基金会	63.7	68.2	-6.6
民办非企业单位	438.8	323.4	35.7
自治组织	363.3	309.9	17.2
社区居委会	97.1	61.8	57.1
村委会	266.2	248.1	7.3
四、企业	**738.0**	**592**	**24.7**
福利企业	738.0	592	24.7

A-1-13 基本建设投资与上年比较

单位：亿元、个

项　目	2011年	2010年	比上年增减(%)
计划总投资	**566.7**	**460.2**	**23.1**
本年计划投资	**217.3**	**173.2**	**25.5**
其中：用于优抚安置机构	12.7	11.4	11.4
社区服务机构	44.0	25.3	73.9
收养性机构	91.2	79.2	15.2
殡葬服务机构	24.9	15.3	62.7
救助类机构	8.5	7.8	9.0
其他	36	34.2	5.3
自开始建设至本年底累计完成投资	**311.2**	**263.3**	**18.2**
本年完成投资	**218.5**	**183**	**19.4**
其中：用于优抚安置机构	13.3	12.4	7.3
社区服务机构	45.0	25.4	77.2
收养性机构	92.5	82.2	12.5
殡葬服务机构	23.4	14.3	63.6
救助类机构	7.7	7.9	-2.5
其他	36.6	40.8	-10.3
国家投资	78.5	89.1	-11.9
国内贷款	6.2	2.9	113.8
福利彩票公益金	53.4	32.3	65.3
其他	79.9	58.5	36.6
本年施工项目个数	**4533**	**46018**	**-90.1**

A-1-14 社会服务经费与上年比较

单位：亿元

指　标	2011年	2010年	比上年增减(%)
社会服务经费合计	**3229.1**	**2697.5**	**19.7**
占国家财政支出比重（%）	3	3	
#中央转移支付的事业费	1808.0	1342.4	34.7
占社会服务经费的比重（%）	56	49.8	6.2
#国家基本建设投资	78.5	89.1	-11.9
#公益金支出	127.9	121.2	5.5
按项目分			
抚恤	428.3	362.7	18.1
退役安置	302.3	269	12.4
社会福利	232.2	109.9	111.3
城市最低生活保障	659.9	524.7	25.8
其他城市社会救济	51.1	39.9	28.1
农村低保	667.7	445	50.0
其他农村社会救济	171.3	134.6	27.3
自然灾害生活救助	128.7	237.2	-45.7
离退休人员费	35.3	30.4	16.1
其他	552.3	544.1	1.5

A-1-15 中央级社会服务费和转移支付的社会服务费与上年比较

单位：万元

指　标	2011年	2010年	比上年增减(%)
合计	**18173898.4**	**13911140.1**	**30.6**
中央级民政事业费	**93505.4**	**488035.9**	**-80.8**
民政管理事务	40132.6	360292.5	-88.9
其中：行政运行	5729.4	5006.9	14.4
一般行政管理政务	13029.8	20731.2	-37.1
机关服务	242.0	1185.9	-79.6
拥军优属	172.8	326.1	-47.0
老龄事务	2538.1	1582.4	60.4
民间组织管理	1353.9	987.3	37.1
行政区划和地名管理	1936.3	1119.8	72.9
基层政权和社区建设	484.1	417.7	15.9
其他民政管理政务支出	14646.2	328935.2	-95.5
自然灾害生活救助	17342.8	97629.9	-82.2
其他款项用于民政支出	36030.0	30113.5	19.6
中央财政转移支付的民政经费	**18080393**	**13423104.2**	**34.7**
其中：抚恤	2774379	2155915.7	28.7
退役安置	2064044	2054880	0.4
社会福利	251879	250600	0.5
最低生活保障	10046325	6325870	58.8
医疗救助	1500469	1299592	15.5
自然灾害生活救助	839775	1036964	-19.0
其他	603522	299282.5	101.7

A-1-16 按支出形势分类的民政事业费支出情况

单位：万元

项　目	本年数据	上年数据	占全部%	比上年增减额	比上年增长%
总计	**32291356.0**	**26975149.0**	**100.0**	**5316207.0**	**19.7**
直接发放	**26059257.8**	**20163307.1**	**80.7**	**5895950.7**	**29.2**
按标准发放和报销	20718934.7	15606759.1	64.2	5112175.6	32.8
发放数	20369232.1	15272505.2	63.1	5096726.9	33.4
定期发放	20268225.3	15186893.7	62.8	5081331.6	33.5
军队干部离休金	278113.6	266019.2	0.9	12094.4	4.6
军队干部退休金	1315739.4	1100277.5	4.1	215461.9	19.6
军队无军籍退休金	238687.3	203089.9	0.7	35597.4	17.5
地方干部、人员退休金、退职金	112623.2	107399.5	0.4	5223.7	4.9
离休、退休、退职金小计	1945163.5	1676786.1	6.0	268377.4	16.0
烈属和牺牲病故定期抚恤金	271971.3	254853.0	0.8	17118.3	6.7
伤残抚恤金	825193.7	739015.3	2.6	86178.4	11.7
在乡退伍红军老战士生活费	2329.3	3455.7		-1126.4	-32.6
红军失散人员补助费	30623.1	27950.5	0.1	2672.6	9.6
复员退伍军人定期定量补助费	1242611.2	1112661.4	3.9	129949.8	11.7
“参战”退伍军人补助费	388412.5	283443.5	1.2	104969.0	37.0
“涉核”退伍军人补助费	56368.7	41964.4	0.2	14404.3	34.3
抚恤、补助费小计	2817509.8	2463343.8	8.7	354166.0	14.4
军队离休干部遗属、退休人员遗属定期定量补助费	11058.8	10427.6		631.2	6.1
农村五保供养救济费	1217210.0	981469.2	3.8	235740.8	24.0
农村最低生活保障救济费	6676963.5	4450222.5	20.7	2226741.0	50.0
其他农村救济费	24545.7	23725.0	0.1	820.7	3.5
城镇孤老残幼贫定期定量救济费	8904.3	4806.3		4098.0	85.3
城市最低生活保障救济费	6599423.2	5247297.8	20.4	1352125.4	25.8
精减退职老弱病残职工原工资40%救济费	30867.6	31404.8	0.1	-537.2	-1.7
精减退职老职工定期定量救济费	28783.0	31720.8	0.1	-2937.8	-9.3
定期定量救济费小计	14597756.1	10781074.0	45.2	3816682.1	35.4
分散安置伤残军人护理费	17473.9	13481.5	0.1	3992.4	29.6
军队离休、退休人员护理费	34525.0	21939.7	0.1	12585.3	57.4
儿童福利支出	399959.3	64648.9	1.2	335310.4	518.7
老年人福利	455837.7	165619.7	1.4	290218.0	175.2
非定期发放	101006.8	85611.5	0.3	15395.3	18.0
烈士和牺牲病故人员一次性抚恤金	83104.8	67868.5	0.3	15236.3	22.5
企事业退休人员一次性抚恤金	4174.7	5074.3		-899.6	-17.7
离休、退休干部死亡丧葬补助费	13727.3	12668.7		1058.6	8.4
报销数	349702.6	334253.9	1.1	15448.7	4.6
伤残补助费	49750.0	42164.7	0.2	7585.3	18.0
离休、退休干部其他费用	299952.6	292089.2	0.9	7863.4	2.7

A-1-16续表

单位：万元

项　目	本年数据	上年数据	占全部%	比上年增减额	比上年增长%
临时性发放	5340323.1	4556548.0	16.5	783775.1	17.2
烈军属复员退伍军人临时补助费	1203377.2	950560.8	3.7	252816.4	26.6
退伍军人建房补助费	11888.0	7170.0		4718.0	65.8
义务兵优待金	449059.8	378146.3	1.4	70913.5	18.8
退役士兵自谋职业金	490886.0	421432.9	1.5	69453.1	16.5
城镇退役士兵生活补助	56406.5	87240.9	0.2	-30834.4	-35.3
优抚对象临时补助费小计	2211617.5	1844550.9	6.9	367066.6	19.9
农村其他人员临时救济费					
城镇孤老残幼贫临时救济费	137386.9	105339.7	0.4	32047.2	30.4
其他人员临时救济费	124687.0	127528.9	0.4	-2841.9	-2.2
精减退职老职工临时救济费	16906.3	12372.4	0.1	4533.9	36.7
临时社会救济费小计	278980.2	245241.0	0.9	33739.2	13.8
灾民生活救济费	687223.3	889133.1	2.1	-201909.8	-22.7
医疗救助	2162502.1	1577623.0	6.7	584879.1	37.1
单位拨款	**1789615.9**	**1504676.7**	**5.5**	**284939.2**	**18.9**
民政部门举办事业单位经费	1467060.2	1157233.3	4.5	309826.9	26.8
优抚事业单位	294350.9	223002.9	0.9	71348.0	32.0
荣誉军人康复医院	45621.6	24806.0	0.1	20815.6	83.9
复员军人慢性病疗养院	29685.5	19127.3	0.1	10558.2	55.2
复员退伍军人精神病院	66557.4	48109.8	0.2	18447.6	38.3
光荣院	68893.7	63895.0	0.2	4998.7	7.8
烈士纪念建筑物管理机构	55017.0	43892.2	0.2	11124.8	25.4
其他优抚事业单位	28575.7	23172.6	0.1	5403.1	23.3
社会福利事业单位	646270.6	447707.8	2.0	198562.8	44.4
社会福利院	329189.5	220717.0	1.0	108472.5	49.2
儿童福利院	99623.2	60523.2	0.3	39100.0	64.6
精神病人福利院	104027.2	84862.5	0.3	19164.7	22.6
流浪乞讨人员救助站	113430.7	81605.1	0.4	31825.6	39.0
军队离退休干部管理机构	192945.3	284125.1	0.6	-91179.8	-32.1
殡葬事业单位	333493.4	202397.5	1.0	131095.9	64.8
火葬场	133322.1	85862.3	0.4	47459.8	55.3
其他殡葬事业单位	200171.3	116535.2	0.6	83636.1	71.8
集体办事业单位补贴	179076.2	99104.6	0.6	79971.6	80.7
优抚事业单位	866.6	745.5		121.1	16.2
社会福利事业单位	178209.6	98359.1	0.6	79850.5	81.2
生产单位拨款	13592.4	10232.4		3360.0	32.8
假肢厂、站	5310.2	3143.6		2166.6	68.9
安置农场	8282.2	7088.8		1193.4	16.8
灾民紧急抢救、转移、安置费	57476.9	106242.9	0.2	-48766.0	-45.9
救灾储备	72410.2	131863.5	0.2	-59453.3	-45.1
其他支出	**4442482.3**	**5307165.2**	**13.8**	**-864682.9**	**-16.3**

A-1-17 按支出性质分类的民政事业费支出情况

单位：万元

项　目	2011年	2010年	占全部%	比上年增长额	比上年增长%
总计	**32291356.0**	**26975149.0**	**100.0**	**5316207.0**	**19.7**
优待抚恤支出合计	**4283067.1**	**3627165.4**	**13.3**	**655901.7**	**18.1**
死亡抚恤	371097.0	343078.6	1.2	28018.4	8.2
伤残抚恤	874943.7	781180.0	2.7	93763.7	12.0
在乡复员、退伍军人生活补助	1833649.2	1552346.0	5.7	281303.2	18.1
优抚事业单位	362729.2	270243.4	1.1	92485.8	34.2
义务兵优待金	449059.8	378146.3	1.4	70913.5	18.8
其他优抚支出	391588.2	302171.1	1.2	89417.1	29.6
退役安置	**3022782.1**	**2689756.0**	**9.4**	**333026.1**	**12.4**
退伍军人安置	616233.0	504578.2	1.9	111654.8	22.1
军休人员安置	2132492.9	1861475.8	6.6	271017.1	14.6
军休管理机构	192945.3	284125.1	0.6	-91179.8	-32.1
其他退役安置支出	81110.9	39576.9	0.3	41534.0	105.0
社会福利	**2322153.1**	**1098754.9**	**7.2**	**1223398.2**	**111.3**
儿童福利	399959.3	64648.9	1.2	335310.4	518.7
老年人福利	455837.7	165619.7	1.4	290218.0	175.2
假肢矫形	8301.3	4813.1		3488.2	72.5
殡葬	333493.4	202397.5	1.0	131095.9	64.8
社会福利事业单位	719331.7	471550.6	2.2	247781.1	52.6
其他社会福利	405229.7	189725.1	1.3	215504.6	113.6
城市最低生活保障	**6599423.2**	**5247297.8**	**20.4**	**1352125.4**	**25.8**

A-1-17续表

单位：万元

项　目	2011年	2010年	占全部%	比上年增长额	比上年增长%
其他城市社会救济	**511193.5**	**399386.0**	**1.6**	**111807.5**	**28.0**
流浪乞讨人员救助	210615.5	148695.6	0.7	61919.9	41.6
其他城市社会救济支出	300578.0	250690.4	0.9	49887.6	19.9
自然灾害生活救助	**1287026.2**	**2371830.5**	**4.0**	**-1084804.3**	**-45.7**
生活救济费	687223.3	889133.1	2.1	-201909.8	-22.7
紧急抢救、安置、转移灾民支出	57476.9	106242.9	0.2	-48766.0	-45.9
救灾储备	72410.2	131863.5	0.2	-59453.3	-45.1
自然灾害灾后重建补助	389782.6	1096156.4	1.2	-706373.8	-64.4
其他救助	80133.2	148434.6	0.3	-68301.4	-46.0
农村最低生活保障	**6676963.5**	**4450222.5**	**20.7**	**2226741.0**	**50.0**
其他农村社会救济	**1712674.5**	**1346236.8**	**5.3**	**366437.7**	**27.2**
五保供养	1217210.0	981469.2	3.8	235740.8	24.0
农村特困生活救济	114726.9	102110.6	0.4	12616.3	12.4
精简退职老弱残职工救济	76556.9	75498.0	0.2	1058.9	1.4
其他农村社会救济支出	304180.7	187159.0	0.9	117021.7	62.5
民政管理事务	**2207511.9**	**1951069.7**	**6.8**	**256442.2**	**13.1**
行政事业单位离退休	**353413.9**	**303739.1**	**1.1**	**49674.8**	**16.4**
医疗救助支出	**2162502.1**	**1577623.0**	**6.7**	**584879.1**	**37.1**
农村医疗救助	1199610.4	834810.0	3.7	364800.4	43.7
城市医疗救助	676408.4	495203.0	2.1	181205.4	36.6
优抚对象医疗救助	257928.5	247610.0	0.8	10318.5	4.2
其他	**1152644.9**	**1912067.3**	**3.6**	**-759422.4**	**-39.7**

A-2-1 社会工作类机构财务状况

单位：万元

指　标	2011年	2010年	比上年增减(%)
执行企业会计制度单位情况			
固定资产原价	18695749.5	16767987.7	11.50
本年折旧	1761263.7	1747253.1	0.80
营业收入	56135163.6	52988300.3	5.94
营业成本	11725796.4		
营业税金及附加	1207765.6	713840.7	69.19
销售费用	2919434.5	4147157.3	-29.60
管理费用	2503347.8	2473260.2	1.22
其中：税金	295332.9	315829.6	-6.49
旅差费	112866.3	107617.0	4.88
财务费用	1109576.8	799621.5	38.76
其中：利息支出	720456.7	467241.5	54.19
公允价值变动收益	1886.0		
投资收益	16184.9		
营业利润	1654379.2	1742404.2	-5.05
应付职工薪酬	2496162.4	2568562.1	-2.82
执行行政（事业）单位会计制度情况			
固定资产原价	7306040.6	6377166.8	14.57
上年结余	735057.2	611424.4	20.22
收入合计	6905602.3	6171749.9	11.89
其中：事业收入	2883372.4	2675727.1	7.76
经营收入	222665.3	223020.9	-0.16

A−2−1续表

单位：万元

指　标	2011年	2010年	比上年增减(%)
支出合计	7060946.6	5582810.9	26.48
其中：工资福利支出	1204208.8	1017179.5	18.39
商品和福利支出	1469984.8	1125800.3	30.57
其中：福利费	65820.7	37775.7	74.24
劳务费	89284.5	70734.4	26.23
取暖费	47602.2	38703.2	22.99
旅差费	25319.2	19938.1	26.99
对个人和家庭补助支出	1956734.0	1461115.4	33.92
其中：助学金	5710.3	3931.5	45.24
生活补助	156171.1	104245.7	49.81
抚恤金	18061.7	21629.5	-16.50
收支结余	671591.0	409332.2	64.07
经营税金	27275.5	7630.8	257.44
执行民间非营利组织单位会计制度情况			
固定资产原价	1902471.0	1488001.7	27.85
上年结余	29339.3	45794.5	-35.93
收入合计	664818.6	555858.2	19.60
其中：捐赠收入	69933.2	74879.9	-6.61
会费收入	61134.9	53562.4	14.14
费用合计	543321.0	481506.3	12.84
其中：业务活动成本	252279.8	220834.1	14.24
其中：人员费用	131494.9	107543.1	22.27
日常费用	61924.3	58286.3	6.24
固定资产折旧	8110.8	7389.7	9.76
税费	714.4	501.2	42.54
管理费用	173492.0	168101.2	3.21
其中：人员费用	98586.6	91223.0	8.07
日常费用	41127.1	42942.8	-4.23
固定资产折旧	7982.2	7274.0	9.74
税费	571.0	552.5	3.35
净资产变动额	28288.4	44717.9	-36.74

A-2-2 社会服务床位数和收养人员与上年比较

指 标	床位数（万张、%）			收养救助人数（万人、%）			年末床位利用率（%）
	2011年	2010年	比上年增减（%）	2011年	2010年	比上年增减（%）	
合计	**396.4**	**349.6**	**13.4**	**293.4**	**278.2**	**5.5**	**74.0**
老年人与残疾人服务机构	**353.2**	**316.1**	**11.7**	**260.4**	**247.0**	**5.4**	**73.7**
城市养老服务机构	63	56.7	11.1	38.8	36.3	6.8	61.5
农村养老服务机构	242.1	224.9	7.6	192.5	182.5	5.5	79.5
社会福利院	27.2	24.5	11.0	19	17.9	6.1	69.9
光荣院	8.1	7.3	11.0	5.3	5	6.0	65.4
荣誉军人康复医院	0.8	0.9	-11.1	0.5	0.5		62.5
复员军人疗养院	0.7	0.6	16.7	0.5	0.4	25.0	71.4
社区养老服务机构	0.4			0.3			62.5
社区服务机构提供的养老服务	10.9	1.2	808.3	3.6	4.4	-18.2	33.0
智障与精神疾病服务机构	**6.5**	**6.1**	**6.6**	**5.5**	**5.3**	**3.8**	**84.6**
复退军人精神病院	2.5	2.3	8.7	2	1.9	5.3	80.0
社会福利医院	4	3.8	5.3	3.5	3.4	2.9	87.5
儿童收养救助服务机构	**6.8**	**5.5**	**23.6**	**4.6**	**4.2**	**9.5**	**67.6**
儿童福利院	6	5	20.0	4.5	4.1	9.8	75.0
流浪儿童救助保护中心	0.8	0.5	60.0	0.1	0.1		12.5
其他提供住宿的服务机构	**29.9**	**21.9**	**36.5**	**22.9**	**21.7**	**5.5**	**76.6**
生活无着人员救助管理站	7.1	5	42.0	1.9	3.3	-42.4	26.8
军休管理单位（万户）	16	12.9	24.0	19.3	17.8	8.4	120.6
军供站	3.8	3	26.7				
其他	3	1	200.0	1.7	0.6	183.3	56.7

A-2-3 儿童收养与上年比较

单位：人

指　标	2011年	2010年	比上年增减(%)
孤儿数	**509695**	**252110**	
集中供养孤儿	77144		
社会散居孤儿	432551		
儿童收养服务			
收养登记合计(人)	31424	34529	-8.99
中国公民收养登记	27579	29618	-6.88
其中：香港居民	221	238	-7.14
澳门居民	11	9	22.22
台湾居民	46	38	21.05
华侨	52	55	-5.45
外国人收养登记	3845	4911	-21.71
被收养人合计（人）	31329	34473	-9.12
其中：女性	23211	25203	-7.90
残疾儿童	3086	2692	14.64
社会福利机构抚养的孤儿	1679	1878	-10.60
其中：被外国人收养	97	174	-44.25
社会福利机构抚养的弃婴	11993	13342	-10.11
其中：被外国人收养	3114	4319	-27.90
社会弃婴	14249	16905	-15.71
父母无力抚养的儿童	602	768	-21.61
其中：被外国人收养	1	2	
其他	2806	1580	77.59

A-2-4 社会救助与上年比较

指　标	2011年	2010年	比上年增减(%)
救助总人数	**17868.5**	**16649.5**	**7.32**
城市			
城市居民最低生活保障人数（万人）	2276.8	2310.5	-1.46
其中：三无对象	80.3	89.2	-9.98
其中：老年人	346.9	338.6	2.45
在职人员	61.5	68.2	-9.82
灵活就业	429.7	432.4	-0.62
登记失业	472.5	492.8	-4.12
未登记失业	426.7	419.9	1.62
在校生	348.5	357.3	-2.46
其他未成年人	191	201.2	-5.07
城市居民最低生活保障家庭数（万户）	1145.7	1145	0.06
城市居民最低生活保障费（亿元）	659.9	524.7	25.77
城市居民最低生活保障平均标准（元/人、月）	287.6	251.2	14.49
城市居民最低生活保障平均支出水平（元/人、月）	240.3	189	27.14
城市“三无”救助人数（万人）	19.3	14.7	31.29
城市临时救助（万人次）	290.1	153	89.61
农村			
农村居民最低生活保障人数（万人）	5305.7	5214	1.76
农村居民最低生活保障家庭数（万户）	2672.8	2528.7	5.70
农村居民最低生活保障费（亿元）	667.7	445	50.04
农村居民最低生活保障平均标准（元/人、月）	143.2	117	22.39
农村居民最低生活保障平均支出水平（元/人、月）	106.1	74	43.38

A-2-4续表

指　标	2011年	2010年	比上年增减(%)
五保供养			
农村集中供养五保户救济人数（万人）	184.5	177.4	4.00
农村集中供养五保救济家庭数（万户）	179.9	172.9	4.05
农村集中供养五保救济费（亿元）	55.4	42.7	29.74
农村集中供养五保救济平均标准(元/人、年)	3399.7	2951.4	15.19
农村集中供养五保救济平均支出水平(元/人、年)	3081.9	2460	25.28
农村分散供养五保救济人数（万人）	366.5	378.9	-3.27
农村分散供养五保救济家庭数	350.4	361.1	-2.96
农村分散供养五保救济费	66.3	53.7	23.46
农村分散供养五保救济平均标准(元/人、年)	2470.5	2102.1	17.53
农村分散供养五保救济平均支出水平(元/人、年)	1774.9	1416	25.35
传统救济人数（万人）	68.7	59.5	15.46
农村临时救助（万人次）	596.8	613.7	-2.75
医疗救助			
城市医疗救助	2222	1921.3	15.65
其中：城市医疗救助人次数（万人次）	672.2	460.1	46.10
平均支出水平（元/人、次）	793.6	810.1	-2.04
民政部门资助参加医疗保险人数（万人）	1549.8	1461.2	6.06
合作医疗平均支出水平（元/人）	67.9	52	30.58
农村医疗救助	6297.1	5634.6	11.76
其中：民政部门资助参加合作医疗人数（万人）	4825.3	4615.4	4.55
合作医疗平均支出水平（元/人）	45.6	30.3	50.50
民政部门医疗救助人次数（万人次）	1471.8	1019.2	44.41
医疗救助平均支出水平（元/人、次）	635.8	657.1	-3.24
生活无着人员救助（万人次）	**241**	**171.9**	**40.20**

A-2-5 社会捐赠与上年比较

单位：万元、万件、万人次、个

指 标	2011年	2010年	比上年增减(%)
社会捐赠合计	**4950047.9**	**6017013.3**	**-17.7**
民政部门直接接收的捐赠	**1014841.0**	**1847154.7**	**-45.1**
直接接收捐赠情况			
捐赠款数额	966390.1	1798278.6	-46.3
捐赠衣被合计	2918.5	2750.4	6.1
其中：棉衣被	1647.1	956.8	72.1
捐赠其他物资价值	48450.9	48876.1	-0.9
间接接收捐赠情况			
捐赠款数额	37899.1	104663.3	-63.8
捐赠衣被合计	588.4	538.8	9.2
其中：棉衣被	410.2	33.8	1113.6
捐赠其他物资价值	2714.3	2464.7	10.1
受益人次数	1459.7	2514.7	-42.0
社会捐赠接收工作站、点数	34106	31878	7.0
其中：社会捐赠接收工作站数	16736	16863	-0.8
慈善超市数	8802	8640	1.9
各类社会组织接收捐赠	**3935206.9**	**4169858.6**	**-5.6**

注：由于社会组织年检工作滞后于年报汇总工作，社会组织捐赠数据为2010年。

A-2-6 自然灾害与上年比较

指　标	2011年	2010年	比上年增减(%)
农作物受灾情况总计(千公顷)			
受灾	32470.5	37425.9	-13.2
绝收	2891.7	4863.2	-40.5
旱灾			
受灾	16304.2	13258.6	23.0
绝收	1505.4	2672.3	-43.7
洪涝(含山体滑坡和泥石流)			
受灾	6863.4	17524.6	-60.8
绝收	778.7	1657.5	-53.0
风雹			
受灾	3309.3	2180.1	51.8
绝收	302.4	280.3	7.9
台风			
受灾	1546.5	341.9	352.3
绝收	94.1	12.4	658.9
雪灾、低温冷冻			
受灾	4447.1	4120.7	7.9
绝收	211.1	240.7	-12.3
人口受灾情况			
受灾（万人次）	43290.0	42610.2	1.6
死亡人口（含失踪）（人）	1081.0	7844.0	-86.2
紧急转移人口（万人次）	939.4	1858.4	-49.5
损失情况			
倒塌房屋（万间）	93.5	273.3	-65.8
损坏房屋（万间）	331.1	670.1	-50.6
直接经济损失（亿元）	3096.4	5339.9	-42.0

A-2-7 国家优抚、安置对象与上年比较

单位：人

指　标	2011年	2010年	比上年增减(%)
重点优抚对象人数	**8525358**	**6250325**	**36.4**
抚恤	1281652	1314926	-2.5
烈士家属抚恤	286449	307587	-6.9
因公牺牲抚恤	60534	62338	-2.9
病故军人家属抚恤	75456	77899	-3.1
伤残人员抚恤	859213	867102	-0.9
补助	7243706	4935399	46.8
在乡复员军人	1587006	1703396	-6.8
带病回乡退伍军人	1321786	1265664	4.4
60岁以上农村籍退伍军人	2373772		
在乡红军老战士	911	1226	-25.7
在乡西路军红军老战士	190	273	-30.4
红军失散人员	29208	37131	-21.3
参战退役人员	1529358	1539584	-0.7
参试退役人员	180599	175515	2.9
其他补助人数	220876	212610	3.9
本年接收离退休人员数	**14530**	**13451**	**8.0**
军队干部（含地方）	12496	11958	4.5
军队退休士官	1405	1112	26.3
军队无军籍职工	629	381	65.1
安置			
退伍士兵	325289	322259	0.9
转业、复员士官	65483	63374	3.3
复员干部	646	1375	-53.0
当年批准的烈士	**233**	**173**	**34.7**
零散烈士纪念建筑物	**50699**	**9729**	**421.1**
优待			
优待优抚对象（万户）	333.1	330.9	0.7
其中：军属（万户）	105.1	117.0	-10.2
优待金（亿元）	96.8	67.2	44.1
其中：军属（亿元）	55.5	34.0	63.1

A-2-8 社区服务与上年比较

单位：个、人、张、%

指　标	2011年	2010年	比上年增减(%)
社区服务机构合计	**160352**	**152941**	**4.85**
社区服务中心	14391	12720	13.14
社区服务站	56156	44237	26.94
其他社区服务机构	89805	95984	-6.44
社区服务机构覆盖率	**23.6**	**22.4**	**5.36**
城镇便民、利民服务网点数	**452868**	**378646**	**19.60**
日间照料床位	**91539**	**46664**	**96.17**
短期住宿照料床位	**18155**	**11786**	**54.04**
社区从业人员	**1089372**	**279357**	**289.96**
社区服务志愿者组织数	**158525**	**106292**	**49.14**

A-3-1 社会组织类财务状况

单位：万元

指　标	2011年	2010年	比上年增减(%)
执行企业会计制度单位情况			
固定资产原价	216806.6	124770.7	73.8
本年折旧	2100.7	2772.0	-24.2
营业收入	58003.5	49717.9	16.7
营业成本	5786.7		
营业税金及附加	1003.6	1626.9	-38.3
销售费用	12449.8	18860.0	-34.0
管理费用	58570.0	13533.1	332.8
其中：税金	348.8	520.5	-33.0
旅差费	137.3	487.8	-71.9
财务费用	2228.2	2110.5	5.6
其中：利息支出	231.0	367.3	-37.1
公允价值变动收益	14.0		
投资收益	141.0		
营业利润	1177.8	5199.8	-77.3
应付职工薪酬	3947.7	17695.6	-77.7
执行行政（事业）单位会计制度情况			
固定资产原值	153241.5	290878.6	-47.3
上年结余	6056.1	68789.5	-91.2
收入合计	114856.4	193100.3	-40.5
其中：事业收入	47609.0	62774.6	-24.2
经营收入	25907.8	25349.1	2.2

A-3-1续表

单位：万元

指　标	2011年	2010年	比上年增减(%)
支出合计	100860.3	175577.2	-42.6
其中：工资福利支出	45827.4	61642.2	-25.7
商品和服务支出	20670.2	26971.9	-23.4
其中：福利费	1258.1	1990.2	-36.8
劳务费	1029.0	1927.0	-46.6
取暖费	403.4	792.9	-49.1
差旅费	1301.8	1352.1	-3.7
对个人和家庭补助支出	2575.9	2522.4	2.1
其中：助学金	273.5	1220.9	-77.6
抚恤和生活补助	201.8	116.0	74.0
收支结余	2709.2	22641.3	-88.0
经营税金	197.8	11203.0	-98.2
执行民间非营利组织单位会计制度情况			
固定资产原值	18479902.7	18225391.3	-1.4
上年结余	5014604.0	4164296.7	-17.0
收入合计	17450210.0	21007498.8	20.4
其中：捐赠收入	3935206.9	4169858.6	6.0
会费收入	1562567.0	901324.0	-42.3
费用合计	12251839.6	11741958.8	-4.2
其中：业务活动成本	7724359.9	6688750.4	-13.4
其中：人员费用	2777235.4	2452415.1	-11.7
	1680782.2	1473441.8	-12.3
固定资产折旧	142522.6	85118.9	-40.3
税费	99947.6	44279.7	-55.7
管理费用	3269560.1	3072197.8	-6.0
其中：人员费用	1291523.8	1039342.1	-19.5
日常费用	815372.2	582028.0	-28.6
固定资产折旧	83906.7	39188.6	-53.3
税费	48021.1	12243.2	-74.5
净资产变动额	2089604.7	1510755.3	-27.7

A-3-2 社会组织与上年比较

单位：个

指　标	2011年	2010年	比上年增减(%)
社会组织合计	**461971**	**445631**	**3.7**
社会团体	**254969**	**245256**	**4.0**
按活动区域分			
中央级	1834	1810	1.3
省级	24963	24149	3.4
地级	66163	64169	3.1
县级	162009	155128	4.4
民办非企业单位	**204388**	**198175**	**3.1**
按性质分类			
法人	147202	140362	4.9
合伙	7265	6756	7.5
个体	49921	51057	-2.2
基金会	**2614**	**2200**	**18.8**
按性质分类			
公募性	1218	1101	10.6
非公募性	1370	1088	25.9
境外代表机构	26	11	136.4

A-3-3 自治组织财务状况

单位：万元

指　标	2011年	2010年	比上年增减(%)
执行企业会计制度单位情况			
固定资产原价	2020932.0	1526470.1	32.4
本年折旧	42332.2	58067.3	-27.1
营业收入	549156.3	722776.8	-24.0
营业成本	149561.1		
营业税金及附加	542409.7	20760.8	2512.7
销售费用	569215.6	90850.6	526.5
管理费用	398527.6	166512.7	139.3
其中：税金	74378.2	2932.2	2436.6
旅差费	2185.9	1621.5	34.8
财务费用	-1833.4	5192.1	-135.3
其中：利息支出	-6802.9	-2009.6	238.5
公允价值变动收益	7.3		
投资收益	7387.6		
营业利润	22711.6	-306.4	-7512.4
应付职工薪酬	127687.7	103431.7	23.5
执行行政（事业）单位会计制度情况			
固定资产原值	13202806.8	14102446.4	-6.4
上年结余	422514.6	586469.2	-28.0
收入合计	6952708.1	6639918.0	4.7
其中：事业收入	586556.9	1836474.6	-68.1
经营收入	187805.2	748354.3	-74.9

A–3–3续表

单位：万元

指　标	2011年	2010年	比上年增减(%)
支出合计	6209660.9	6200726.9	0.1
其中：人员支出	1502092.9	1454712.3	3.3
公共支出	1610805.7	1646840.5	-2.2
其中：福利费	132213.8	191297.5	-30.9
劳务费	142109.3	135724.6	4.7
取暖费	37835.2	33082.4	14.4
差旅费	56029.1	54550.1	2.7
对个人和家庭补助支出	205776.8	238909.2	-13.9
其中：助学金	8694.5	9540.9	-8.9
抚恤和生活补助	33383.8	52176.9	-36.0
收支结余	300484.7	450822.6	-33.3
经营税金	15398.6	21342.5	-27.9
执行民间非营利组织单位会计制度情况			
固定资产原值	2767465.5	3685653.7	-24.9
上年结余	65684.5	334168.3	-80.3
收入合计	2530249.0	2139707.6	18.3
其中：提供服务收入	41308.6	45322.1	-8.9
政府补助收入	82694.6	167546.3	-50.6
费用合计	805898.1	3968160.4	-79.7
其中：业务活动成本	302210.0	3201101.7	-90.6
其中：人员费用	130262.2	90404.1	44.1
	85611.1	56289.7	52.1
固定资产折旧	7305.4	7622.8	-4.2
税费	2441.8	2340.5	4.3
管理费用	182490.0	164690.0	10.8
其中：人员费用	71536.4	71942.3	-0.6
日常费用	72729.8	43473.1	67.3
固定资产折旧	8770.5	12739.3	-31.2
税费	2598.7	5333.8	-51.3
净资产变动额	51809.7	19370.0	167.5

A-3-4 自治组织与上年比较

单位：个、人

指　标	2011年	2010年	比上年增减(%)
城市			
社区居委会	89480	87057	2.8
居民小组	1340414	1307337	2.5
居民委员会成员人数	453914	439084	3.4
其中：女性	224337	217553	3.1
其中：中共党员	246295	241536	2.0
居委会选举情况			
当年进行选举的居委会数	26790	14878	80.1
当年参选人口数	65395650	39428845	65.9
其中：登记选民数	53938125	32886240	64.0
参选人数	40986263	24162275	69.6
农村			
村民委员会	589653	594658	-0.8
村民小组	4763680	4791296	-0.6
村民委员会成员人数	2319406	2333904	-0.6
其中：女性	509487	498621	2.2
其中：中共党员	1338531	1378602	-2.9
村委会选举情况			
当年进行选举的村委会数	331007	87040	280.3
当年参选村人口数	387427082	132173974	193.1
其中：登记选民数	347942238	123436800	181.9
参选人数	314740486	107199811	193.6

A-3-5 其他社会服务类机构财务状况

单位：万元

指　标	2011年	2010年	比上年增减(%)
执行企业会计制度单位情况			
固定资产原价	702137.70	556734.00	26.1
本年折旧	43359.20	42052.40	3.1
营业收入	624258.20	477425.20	30.8
营业成本	158734.60		
营业税金及附加	8109.60	4503.20	80.1
销售费用	111536.80	112370.10	-0.7
管理费用	119720.60	106606.90	12.3
其中：税金	5620.00	3498.50	60.6
旅差费	1882.80	3159.60	-40.4
财务费用	8079.40	872.90	825.6
其中：利息支出	4194.10	-1656.00	-353.3
公允价值变动收益	230.00		
投资收益	645.60		
营业利润	108298.00	78022.60	38.8
应付职工薪酬	57894.20	64124.00	-9.7
执行行政（事业）单位会计制度情况			
固定资产原价	1588751.0	1506193.4	5.5
上年结余	89962.3	64499.9	39.5
收入合计	1194899.6	1447870.1	-17.5
其中：事业收入	626087.4	590460.5	6.0
经营收入	231533.3	240322.0	-3.7

A-3-5续表

单位：万元

指　标	2011年	2010年	比上年增减(%)
支出合计	1111607.1	1364959.8	-18.6
其中：工资福利支出	263658.6	326394.1	-19.2
商品和服务支出	484602.1	469974.7	3.1
其中：福利费	14054.2	15585.4	-9.8
劳务费	23652.9	19917.8	18.8
取暖费	5740.1	15003.2	-61.7
旅差费	6246.8	6563.9	-4.8
对个人和家庭补助支出	47047.0	46604.7	0.9
其中：助学金	167.1	152.5	9.6
生活补助	2294.1	3514.5	-34.7
抚恤金	1416.9	762.9	85.7
收支结余	96927.6	86733.1	11.8
经营税金	4779.7	2313.1	106.6
执行民间非营利组织单位会计制度情况			
固定资产原价	19171.3	22935.9	-16.4
上年结余	1331.0	1081.3	23.1
收入合计	6107.7	7601.9	-19.7
其中：捐赠收入	254.9	267.4	-4.7
会费收入	25.6	646.1	-96.0
费用合计	8772.5	5801.4	51.2
其中：业务活动成本	2557.1	2753.7	-7.1
其中：人员费用	1015.3	819.7	23.9
日常费用	682.2	935.4	-27.1
固定资产折旧	32.6	93.2	-65.0
税费	16.9	11.8	43.2
管理费用	3949.7	1878.4	110.3
其中：人员费用	2025.9	401.1	405.1
日常费用	374.8	702.5	-46.6
固定资产折旧	266.8	456.3	-41.5
税费	232.1	2.5	9184.0
净资产变动额	728.9	582.1	25.2

A-3-6 其他社会服务与上年比较

指　标	2011年	2010年	比上年增减(%)
婚姻服务			
结婚登记	13023610	12410189	4.9
内地居民登记结婚（对数）	12974832	12361153	5.0
初婚人数	23098757	22009247	5.0
再婚人数	2948463	2811131	4.9
其中：女性	1465070	1388261	5.5
恢复结婚	209781	190356	10.2
涉外及华侨、港澳台居民登记结婚（对数）	48778	49036	-0.5
每千居民之结婚宗数（‰）	9.7	9.3	0.4(千分点)
办理离婚登记	2873963	2677514	7.3
民政部门办理离婚（对数）	2207346	2009881	9.8
内地居民办理离婚	2201585	2004098	9.9
华侨、港澳台居民登记离婚	5761	5783	-0.4
各级法院办理离婚（对数）	666617	667636	-0.2
每千居民之离婚宗数（‰）	2.13	2.00	0.13(千分点)
殡葬服务			
火化炉数(台)	5209	5229	-0.4
全年处理遗体数（具）	4680826	4740639	-1.3
火化率(%)	48.8	49.0	-0.2(百分点)
穴位数（个）	12060608	11290348	6.8
安葬数（具）	7579142	7621541	-0.6

04

历年统计资料

B-1-1 县及以上行政区划

单位：个

年份	省级	地级（不含地级市）	县级（不含县级市、市辖区）	市			市辖区	县级合计
					地级	县级		
1978	30	212	2153	193	98	92	408	2653
1979	30	211	2153	216	104	109	428	2690
1980	30	211	2151	223	107	113	511	2775
1981	30	208	2144	233	108	122	514	2780
1982	30	210	2140	245	112	130	527	2797
1983	30	178	2091	289	144	142	552	2785
1984	30	175	2069	300	147	150	595	2814
1985	30	165	2046	324	162	159	621	2826
1986	30	159	2017	353	166	184	629	2830
1987	30	156	1986	381	170	208	632	2826
1988	31	151	1936	434	183	248	647	2831
1989	31	151	1919	450	185	262	648	2829
1990	31	151	1903	467	185	279	651	2833
1991	31	151	1894	479	187	289	650	2833
1992	31	148	1848	517	191	323	662	2833
1993	31	139	1795	570	196	371	669	2835
1994	31	127	1735	622	206	413	697	2845
1995	31	124	1716	640	210	427	706	2849
1996	31	117	1696	666	218	445	717	2858
1997	33	110	1693	668	222	442	727	2862
1998	33	104	1689	668	227	437	737	2863
1999	34	95	1682	667	236	427	749	2858
2000	34	74	1674	663	259	400	787	2861
2001	34	67	1660	662	265	393	808	2861
2002	34	57	1649	660	275	381	830	2860
2003	34	51	1642	660	282	374	845	2861
2004	34	50	1636	661	283	374	852	2862
2005	34	50	1636	661	283	374	852	2862
2006	34	50	1635	656	283	369	856	2860
2007	34	50	1635	655	283	368	856	2859
2008	34	50	1635	655	283	368	856	2859
2009	34	50	1636	654	283	367	855	2858
2010	34	50	1633	657	283	370	853	2856
2011	34	48	1627	657	284	369	857	2853

B-1-2 乡镇级行政区划

单位：个

年 份	乡镇级合计	镇	乡	#民族乡	街道办事处	区公所
1978	6195	2173				4022
1979	10424	2361			4444	3619
1980						
1981	11434	2678			4965	3791
1982						
1983	49695	2968	35514		5304	5909
1984	106439	7186	85290		5844	8119
1985	104900	9140	82450	3144	5402	7908
1986	83954	10718	61353	2936	5718	6165
1987	81025	11103	58739	3020	5680	5503
1988	65345	11481	45195	1571	5099	3570
1989	65419	11873	44624	1755	5420	3502
1990	65188	12084	44397	1980	5269	3438
1991	63391	12455	42654	1403	5186	3096
1992	54830	14539	33827	1348	5233	1231
1993	54863	15805	32445	1351	5470	1143
1994	54605	16702	31463	1322	5372	1068
1995	53360	17532	29502	1330	5596	730
1996	51336	18171	27056	1383	5565	544
1997	50967	18925	25966	1545	5678	398
1998	50999	19216	25712	1517	5732	339
1999	50750	19756	24745	1222	5904	345
2000	51024	20312	24555	1356	5902	255
2001	46369	20358	20012	1165	5972	27
2002	44822	20600	18640	1162	5516	66
2003	44067	20226	18064	1149	5751	26
2004	43275	19892	17534	1127	5829	20
2005	41636	19522	15951	1093	6152	11
2006	41040	19369	15306	1089	6355	10
2007	40813	19249	15120	1094	6434	10
2008	40828	19234	15067	1097	6524	3
2009	40858	19322	14848	1098	6686	2
2010	40906	19410	14571	1096	6923	2
2011	40466	19683	13587	1086	7194	2

B-1-3 全国人口情况

单位：万人、%

年 份	总人口	城 镇	乡 村	农村贫困人口	65岁及以上老年人口	65岁及以上人口比重	60岁及以上老年人口	60岁及以上人口比重	出生人口	死亡人口	当年净增人口
1978	96259	17245	79014	25000							
1979	97542	18495	79047								1283
1980	98705	19140	79565								1163
1981	100072	20171	79901								1367
1982	101654	21480	80174		4991	4.9					1469
1983	103008	22274	80734								954
1984	104357	24017	80340	12800							
1985	105851	25094	80757	12500							1164
1986	107507	26366	81141	13100							1476
1987	109300	27674	81626	12200	5968	5.4					1500
1988	111026	28661	82365	9600							1541
1989	112704	29540	83164	10200							1577
1990	114333	30195	84138	8500	6368	5.6			2391	762	1629
1991	115823	31203	84260						2258	768	1490
1992	117171	32175	84996	8000					2119	771	1348
1993	118517	33173	85344						2126	780	1346
1994	119850	34169	85681	7000					2104	771	1333
1995	121121	35174	85947	6540	7510	6.2			2063	792	1271
1996	122389	37304	85085		7833	6.4			2067	799	1268
1997	123626	39449	84177	4962	8085	6.5			2038	801	1237
1998	124761	41608	83153	4210	8359	6.7			1942	807	1135
1999	125786	43748	82038	3412	8679	6.9			1834	809	1025
2000	126743	45906	80837	3209	8821	7.0			1771	814	957
2001	127627	48064	79563	2927	9062	7.1			1702	818	884
2002	128453	50212	78241	2820	9377	7.3			1647	821	826
2003	129227	52376	76851	2900	9692	7.5			1599	825	774
2004	129988	54283	75705	2610	9857	7.6			1593	832	761
2005	130756	56212	74544	2365	10055	7.7	14408	11.03	1617	849	768
2006	131448	57706	73742	2148	10419	7.9	14901	11.3	1584	892	692
2007	132129	59379	72750	4320	10636	8.1	15340	11.6	1594	913	681
2008	132802	60667	72135	4007	10956	8.3	15989	12	1608	935	673
2009	133450	62186	71288	3597	11309	8.5	16714	12.5	1615	943	672
2010	134091	66558	67415	2688	11883.2	8.9	17764.9	13.26	1596	953	642
2011	134735	69079	65656	12238	12288	9.1	18499	13.7	1604	960	644

注：本表资料来源于国家统计局。

B-1-4 城乡居民生活水平、职工工资和住房

单位：元、平方米/人

年 份	平均消费水平			职工平均工资	人均住宅建筑面积
	全 国	农 村	城 镇		
1978	184	138	405	615	6.7
1979	208	159	425	668	6.9
1980	238	178	489	762	7.2
1981	264	201	521	772	7.7
1982	288	223	536	798	8.2
1983	316	250	558	826	8.7
1984	361	287	618	974	9.1
1985	446	349	765	1148	10.0
1986	497	378	872	1329	12.4
1987	565	421	998	1459	12.7
1988	714	509	1311	1747	13.0
1989	788	549	1466	1935	13.5
1990	833	560	1596	2140	13.7
1991	932	602	1840	2340	14.2
1992	1116	688	2262	2711	14.8
1993	1393	805	2924	3371	15.2
1994	1833	1038	3852	4538	15.7
1995	2355	1313	4931	5348	16.3
1996	2789	1626	5532	5980	17.0
1997	3002	1722	5823	6444	17.8
1998	3159	1730	6109	7446	18.7
1999	3346	1766	6405	8319	19.4
2000	3632	1860	6850	9333	20.3
2001	3887	1969	7161	10834	20.8
2002	4144	2062	7486	12373	22.8
2003	4475	2103	8060	13969	23.7
2004	5032	2319	8912	15920	25.0
2005	5596	2657	9593	18200	26.1
2006	6299	2950	10618	20856	27.1
2007	7310	3347	12130	24721	31.6
2008	8430	3901	13653	28898	32.4
2009	9283	4163	14904	32244	32.5
2010	10522	4700	16546	36539	32.9
2011	12113	5545	18522	41799	34.5

注：本表资料来源于国家统计局。

B-1-5 城乡居民家庭人均收入和消费支出

单位：元、%

年　份	城镇居民可支配收入	城镇居民家庭		农民纯收入	农村居民家庭	
		人均生活消费支出	恩格尔系数		人均生活消费支出	恩格尔系数
1978	343	311	57.5	134	116	67.7
1979				161	135	64.0
1980	478	412	56.9	191	162	61.8
1981	*458*	457	56.7	223	191	59.8
1982	*495*	471	58.6	270	220	60.6
1983	*526*	506	59.2	310	248	59.4
1984	*608*	559	58.0	355	274	59.3
1985	739	673	52.2	398	317	57.8
1986	900	799	52.4	424	357	56.5
1987	1002	884	53.5	463	398	55.8
1988	1181	1104	51.4	545	477	54.0
1989	1376	1211	54.5	602	535	54.8
1990	1510	1279	54.2	686	585	58.8
1991	1701	1454	53.8	709	620	57.6
1992	2027	1672	53.0	784	659	57.6
1993	2577	2111	50.3	922	770	58.1
1994	3496	2851	50.0	1221	1017	58.9
1995	4283	3538	51.0	1578	1310	58.6
1996	4839	3919	48.8	1926	1572	56.3
1997	5160	4186	46.6	2090	1617	55.1
1998	5425	4332	44.7	2162	1590	53.4
1999	5854	4616	42.1	2210	1577	52.6
2000	6280	4998	39.4	2253	1670	49.1
2001	6860	5309	38.2	2366	1741	47.7
2002	7703	6030	37.7	2476	1834	46.2
2003	8472	6511	37.1	2622	1943	45.6
2004	9422	7182	37.7	2936	2185	47.2
2005	10493	7943	36.7	3255	2555	45.5
2006	11759	8697	35.8	3587	2829	43.0
2007	13786	9997	36.3	4140	3224	43.1
2008	15781	11243	37.9	4761	3661	43.7
2009	17175	11265	36.5	5153	3993	41.0
2010	19109	13471	35.7	5919	4382	41.1
2011	21810	15161	36.3	6977	5221	40.4

注：1.本表资料来源于国家统计局。

2.斜体下划线为生活费支出，与其他年份不可比。

B-1-6 社会服务机构（按登记类型分类）

单位：万个

年 份	合 计	事业单位	福利企业	社会组织	自治组织	行政机关
1978	1.1	1.1	0.1			
1979	1.3	1.2	0.1			
1980	1.4	1.3	0.1			
1981	1.5	1.3	0.2			
1982	1.7	1.6	0.2			
1983	40.2	1.9	0.6		37.7	
1984	103.6	2.6	0.7		100.3	
1985	107.7	3.3	1.5		103.0	
1986	101.2	3.9	2.0		95.3	
1987	100.1	4.2	2.8		93.2	
1988	106.7	4.3	4.0	0.4	97.8	
1989	111.8	4.4	4.2	0.5	102.8	
1990	119.8	4.5	4.2	1.1	110.0	
1991	129.2	4.7	4.4	8.3	111.9	
1992	136.1	4.8	5.0	15.5	110.8	
1993	139.7	5.3	5.7	16.8	112.0	
1994	140.3	5.2	6.0	17.4	111.7	
1995	133.7	5.2	6.0	18.1	104.4	
1996	133.9	5.3	5.9	18.5	104.2	
1997	131.4	5.3	5.6	18.1	102.4	
1998	122.2	5.4	5.1	16.6	95.2	
1999	115.7	5.4	4.5	14.3	91.6	
2000	109.5	6.1	4.1	15.3	84.0	
2001	110.4	5.7	3.8	21.1	79.2	0.6
2002	111.0	5.8	3.6	24.5	76.7	0.5
2003	110.3	5.8	3.4	26.7	74.0	0.4
2004	111.5	6.7	3.2	28.9	72.2	0.4
2005	113.0	6.6	3.1	32.0	70.9	0.4
2006	116.0	6.7	3.0	35.4	70.5	0.4
2007	118.0	7.0	2.5	38.7	69.5	0.3
2008	119.6	6.6	2.4	41.4	68.8	0.4
2009	126.2	12.1	2.3	43.1	68.4	0.3
2010	126.9	11.6	2.2	44.6	68.2	0.3
2011	129.8	13.1	2.2	46.2	67.9	0.3

B-1-7 社会服务机构（按行业分类分）

单位：万个

年　份	合　计	社会工作	成员组织	社会组织	自治组织	其他社会服务	民政系统行政机关
1978	1.1	0.8				0.3	
1979	1.3	1.0				0.3	
1980	1.4	1.1				0.3	
1981	1.5	1.2				0.3	
1982	1.7	1.4				0.3	
1983	40.2	2.2	37.7		37.7	0.3	
1984	103.6	3.0	100.3		100.3	0.3	
1985	107.7	4.5	103.0		103.0	0.3	
1986	101.2	5.6	95.3		95.3	0.3	
1987	100.1	6.6	93.2		93.2	0.3	
1988	106.7	8.1	98.3	0.4	97.8	0.3	
1989	111.8	8.3	103.3	0.5	102.8	0.3	
1990	119.8	8.4	111.1	1.1	110.0	0.3	
1991	129.2	8.7	120.2	8.3	111.9	0.3	
1992	136.1	9.5	126.3	15.5	110.8	0.3	
1993	139.7	10.7	128.7	16.8	112.0	0.3	
1994	140.3	10.9	129.1	17.4	111.7	0.3	
1995	133.6	10.9	122.4	18.1	104.4	0.3	
1996	133.9	10.9	122.7	18.5	104.2	0.3	
1997	131.4	10.6	120.5	18.1	102.4	0.3	
1998	122.2	10.2	111.8	16.6	95.2	0.3	
1999	115.7	9.5	105.9	14.3	91.6	0.3	
2000	109.5	9.8	99.3	15.3	84.0	0.3	
2001	110.4	9.2	100.3	21.1	79.2	0.3	0.6
2002	111.0	9.1	101.2	24.5	76.7	0.3	0.5
2003	110.3	8.9	100.7	26.7	74.0	0.3	0.4
2004	111.5	9.6	101.1	28.9	72.2	0.3	0.4
2005	113.0	9.5	102.9	32.0	70.9	0.3	0.4
2006	116.0	9.2	105.9	35.4	70.5	0.5	0.4
2007	118.0	9.0	108.2	38.7	69.5	0.5	0.3
2008	119.6	8.4	110.2	41.4	68.8	0.6	0.4
2009	126.2	13.8	111.5	43.1	68.4	0.6	0.3
2010	126.9	13.2	112.8	44.6	68.2	0.6	0.3
2011	129.8	14.6	114.1	46.2	67.9	0.7	0.3

B-1-8 社会服务机构职工

单位：万人

年份	合计	社会工作	成员组织	社会组织	自治组织	其他社会服务	行政机关	乡、镇民政助理员
1978	19.7	19.7						
1979	21.9	21.9						
1980	25.3	25.3						
1981	27.8	27.8						
1982	29.1	29.1						
1983	41.5	41.5						
1984	48.0	48.0						
1985	497.9	83.4	414.5		414.5			
1986	506.2	104.1	402.1		402.1			
1987	529.1	132.2	396.9		396.9			
1988	569.6	166.9	402.7		402.7			
1989	587.5	171.5	416.0		416.0			
1990	631.8	179.3	452.5		452.5			
1991	661.2	192.7	468.5		468.5			
1992	691.3	213.9	477.4		477.4			
1993	733.9	230.0	503.9		503.9			
1994	749.6	243.1	506.5		506.5			
1995	694.2	245.7	448.5		448.5			
1996	676.0	229.2	446.8		446.8			
1997	681.1	238.2	428.6		428.6		14.3	
1998	649.2	225.0	409.4		409.4		14.8	
1999	629.9	213.7	401.4		401.4		14.8	5.9
2000	580.3	203.4	363.4		363.4		13.5	5.7
2001	577.3	202.4	362.8		362.8		12.1	4.6
2002	537.4	192.4	333.8		333.8		11.2	4.1
2003	562.6	193.0	358.8		358.8		10.8	3.7
2004	543.7	197.8	334.6		334.6		11.3	3.9
2005	509.0	189.5	311.1		311.1		8.4	5.5
2006	903.8	183.0	712.5	425.2	287.3		8.3	4.6
2007	938.4	190.4	739.6	456.9	282.7		8.4	4.7
2008	967.4	206.9	751.8	475.8	276.0		8.7	4.5
2009	1038.1	207.5	821.8	544.7	277.1		8.8	4.7
2010	1138.4	234.0	895.5	618.2	277.3		8.9	5.0
2011	1129.8	235.7	876.6	599.3	277.3	8.5	9.0	4.9

注：合计数不含乡镇助理员。

B-1-9 社会工作师

单位：人

年份	报考人数	考试通过人数	社会服务行业现在人数	行政机关	社会工作	成员组织	其他社会服务
2008	77698	4192	3144	286	1496	1191	171
2009	46015	4227	7360	758	3809	2544	249
2010	25547	2664	9901	922	5176	3473	330
2011	25500	2338	11604	854	5165	5247	338

B-1-10 助理社会工作师

单位：人

年份	报考人数	考试通过人数	社会服务行业现在人数	行政机关	社会工作	成员组织	其他社会服务
2008	60139	20648	17574	609	4727	11840	398
2009	38204	6611	24095	798	5530	17388	379
2010	46047	5428	24700	969	6724	16517	490
2011	54515	8068	29626	963	10686	17419	558

B-1-11 社会服务业增加值

单位：亿元

年份	合计	民政系统行政机关	社会工作	成员组织			其他社会服务
					社会组织	自治组织	
2006	1344.8	72.2	833.6	385.3	112.2	273.1	53.7
2007	1501.2	83.7	776.7	588.6	307.6	281.0	52.2
2008	1650.1	108.7	780.8	701.0	372.4	328.6	59.6
2009	1849.4	141.1	777.7	864.1	493.1	371.0	66.5
2010	2014.5	190.8	912.4	841.1	531.2	309.9	70.2
2011	2459.8	212.9	1152.2	1023.3	660.0	363.3	71.4

B-1-12 社会服务机构固定资产原值

单位：亿元

年 份	合计	社会工作	成员组织	社会组织	自治组织	其他社会服务	行政机关
1978							
1979							
1980							
1981							
1982							
1983	13.0	13.0					
1984	14.9	14.9					
1985	20.1	20.1					
1986	24.2	24.2					
1987	28.7	28.7					
1988	40.8	40.8					
1989	44.1	44.1					
1990	51.7	51.7					
1991	63.6	63.6					
1992	75.6	75.6					
1993	100.3	100.3					
1994	119.0	119.0					
1995	142.6	142.6					
1996	168.1	168.1					
1997	211.5	211.5					
1998	962.4	962.4					
1999	1017.3	1017.3					
2000	1199.3	1199.3					
2001	1317.0	1317.0					
2002	1394.9	1394.9					
2003	1644.3	1644.3					
2004	1818.4	1755.6					62.8
2005	3097.8	1858.0	1174.9		1174.9		64.9
2006	4066.7	2103.0	1869.4	423.0	1446.4		94.3
2007	3973.0	1934.3	1905.9	682.0	1223.9		132.8
2008	4592.8	2186.8	2273.1	805.8	1467.3		132.9
2009	5198.0	2326.4	2752.4	1030	1722.4		119.2
2010	6589.3	2671.9	3795.6	1864.1	1931.5		121.8
2011	6989.8	2790.4	3684.2	1885.0	1799.2	231	284.2

B-1-13 财政支出和社会服务事业费支出情况

单位:亿元、%

年　份	国家财政支出	民政事业费支出	占财政支出%	年　份	国家财政支出	民政事业费支出	占财政支出%
1950	68.04	1.32	1.94	1981	1138.41	19.23	1.69
1951	122.32	1.37	1.12	1982	1229.98	19.19	1.56
1952	175.78	2.83	1.61	1983	1409.52	21.61	1.53
1953	220.5	3.55	1.61	1984	1701.02	24.24	1.43
1954	280.93	6.04	2.15	1985	2004.25	29.58	1.48
1955	474.29	4.98	1.05	**“七五”时期**	**12865.67**	**208.49**	**1.62**
“一五”时期	**1367.89**	**25.99**	**1.90**	1986	2204.91	34.41	1.56
1956	536.79	5.69	1.06	1987	2262.18	35.93	1.59
1957	303.43	5.31	1.75	1988	2491.21	39.56	1.59
1958	408.75	3.27	0.80	1989	2823.78	46.65	1.65
1959	553.09	4.48	0.81	1990	3083.59	51.94	1.68
1960	652.25	7.24	1.11	**“八五”时期**	**24387.46**	**386.59**	**1.59**
“二五”时期	**3760.99**	**53.03**	**1.41**	1991	3386.62	62.54	1.85
1961	367.66	9.89	2.69	1992	3742.2	63.71	1.70
1962	305.33	7.45	2.44	1993	4642.3	69.87	1.51
1963	339.15	8.75	2.58	1994	5792.62	87.02	1.50
1964	398.77	16.15	4.05	1995	6823.72	103.45	1.52
1965	467.1	10.79	2.31	**“九五”时期**	**57043.46**	**840.90**	**1.47**
“三五”时期	**2523.24**	**35.83**	**1.42**	1996	7937.55	121.15	1.53
1966	540.49	8.81	1.63	1997	9233.56	133.52	1.45
1967	441.4	8.21	1.86	1998	10798.18	161.84	1.50
1968	359.62	5.61	1.56	1999	13187.67	194.70	1.48
1969	525.2	6.67	1.27	2000	15886.5	229.69	1.45
1970	646.53	6.53	1.01	**“十五”时期**	**127800.69**	**2471.74**	**1.93**
“四五”时期	**3924.37**	**46.70**	**1.19**	2001	18902.58	284.75	1.51
1971	734.41	6.83	0.93	2002	22053.15	392.27	1.78
1972	768.87	8.15	1.06	2003	24649.95	498.92	2.02
1973	810.57	9.97	1.23	2004	28486.89	577.39	2.03
1974	792.98	9.04	1.14	2005	33708.12	718.41	2.13
1975	820	12.71	1.55	**“十一五”时期**	**317654.99**	**9156.70**	**2.88**
“五五”时期	**5198.77**	**84.22**	**1.62**	2006	40213.16	915.35	2.28
1976	804.48	16.17	2.01	2007	49565.4	1215.49	2.45
1977	842.27	18.53	2.20	2008	62427.03	2146.45	3.44
1978	1122.09	13.71	1.22	2009	75874	2181.90	2.88
1979	1281.79	18.33	1.43	2010	89575.4	2697.51	3.01
1980	1228.83	17.48	1.42	**“十二五”时期**	**108929.67**	**3229.14**	**2.96**
“六五”时期	**7483.18**	**113.85**	**1.52**	2011	108929.67	3229.14	2.96

B-1-14 按科目分的社会服务事业费

单位：亿元

年　份	民政事业费总支出	抚恤费	离休费	社会福利及其他社会救济费	最低生活保障事业费	自然灾害救济费	退休费	其他民政事业费
1978	13.7	2.8		4.4		4.2	2.3	
1979	18.4	3.5		5.2		6.8	2.9	
1980	17.5	4.4		5.2		4.5	3.4	
“六五”时期	**114.2**	**27.3**	**0.9**	**32.1**		**35.2**	**16.8**	**1.7**
1981	19.2	4.4		5.1		6.3	3.4	
1982	19.6	4.8		5.1		6.0	3.5	
1983	21.6	5.3		6.5		6.4	3.4	
1984	24.2	6.1	0.2	8.0		6.9	3.0	
1985	29.6	6.7	0.7	7.4		9.6	3.5	1.7
“七五”时期	**208.4**	**59.2**	**11.4**	**46.7**		**56.4**	**22.0**	**12.8**
1986	34.4	8.4	1.2	8.3		10.7	3.8	1.9
1987	35.9	9.6	1.8	8.6		9.9	4.1	2.0
1988	39.6	11.0	2.3	9.0		10.4	4.3	2.5
1989	46.6	14.0	2.9	10.0		12.3	4.6	2.9
1990	51.9	16.2	3.2	10.8		13.1	5.2	3.5
“八五”时期	**386.6**	**107.8**	**23.2**	**75.6**		**94.1**	**45.5**	**40.5**
1991	62.5	16.8	3.6	11.7		20.9	5.4	4.2
1992	63.7	18.0	4.2	12.4		17.1	6.6	5.4
1993	69.9	20.1	3.6	14.5		14.9	8.3	8.4
1994	87.0	24.4	5.5	17.3		17.7	12.1	10.1
1995	103.5	28.5	6.3	19.7		23.5	13.1	12.4
“九五”时期	**840.9**	**220.6**	**76.9**	**201.8**	**48.7**	**171.5**	**58.0**	**112.2**
1996	121.2	31.9	6.2	22.8	3.0	30.8	13.9	15.5

年　份	民政事业费总支出	抚恤费	军队离退休、退职费	社会福利及其他社会救济费	最低生活保障事业费	农村及其他社会救济费	自然灾害救济费	地方离、退休人员费	其他民政事业费
1997	133.5	36.1	12.4	27.1	2.9		28.7	10.3	19.0
1998	161.8	39.4	15.2	34.0	7.1		41.2	10.9	21.3
1999	194.7	49.7	18.4	52.5	13.8		35.6	11.2	27.2
2000	229.7	63.5	24.7	65.4	21.9		35.2	11.7	29.2
“十五”时期	**2471.8**	**479.8**	**302.7**	**444.7**	**668.0**	**127.6**	**247.6**	**66.9**	**284.7**
2001	284.8	69.5	31.2	90.6	41.6		41.0	13.0	39.5
2002	392.3	74.7	49.5	167.5	108.7		40.0	13.2	47.3

年　份	民政事业费总支出	抚恤费	退役安置	社会福利	城市低保及其他城市社会救济	农村低保及其他农村社会救济	自然灾害生活救助	离退休人员经费	医疗救助	其他
2003	498.9	87.9	59	78.9	153.1		52.9	13.1		54
2004	577.4	104.1	74.1	52.1	172.7	47.7	51.1	13.9		61.7
2005	718.4	143.6	88.9	55.6	191.9	79.9	62.6	13.7		82.2
“十一五”时期	**9156.8**	**1316.2**	**956**	**490**	**1941.7**	**1731.9**	**1205**	**125.7**		**1390.3**
2006	915.4	178.8	115.7	65.3	224.2	147.8	79	14		90.6
2007	1215.5	210.8	165	87.6	277.4	189.8	79.8	24.8		180.3
2008	2146.5	253.6	180.6	103.1	393.4	326.8	609.8	26.5		252.7
2009	2181.9	310.3	225.7	124.1	482.1	487.9	199.2	30		322.6
2010	2697.5	362.7	269	109.9	564.6	579.6	237.2	30.4		544.1
“十二五”时期	**3229.1**	**428.3**	**302.3**	**232.2**	**711.0**	**839.0**	**128.7**	**35.3**	**216.3**	**336**
2011	3229.1	428.3	302.3	232.2	711.0	839.0	128.7	35.3	216.3	336.0

B-1-15 中央级事业费及中央转移支付社会服务费

单位：万元

年 份	合 计	中央级民政事业费	中央专项转移支付	抚恤、退休、救济费	救 灾	社会福利救济事业费	其 他
1978	11	11					
1979	44	44					
1980	103	103					
“六五”时期	**335594**	**1108**	**334486**	**63306**	**270745**	**220**	**215**
1981	138	138					
1982	74120	78	74042	14247	59795		
1983	74368	163	74205	14205	60000		
1984	78872	286	78586	18586	60000		

年 份	合 计	中央级民政事业费	中央专项转移支付	抚 恤	安 置	救 灾	社会福利救济事业费	其 他
1985	108096	443	107653	9698	6570	90950	220	215
“七五”时期	**778310**	**9267**	**769043**	**148718**	**105230**	**512500**		
1986	132802	2526	130276	16396	9285	102000		
1987	133877	2742	131135	21726	19409	90000		
1988	158355	1297	157058	24110	21948	111000		
1989	174374	1185	173189	43206	26483	103500		
1990	178902	1517	177385	43280	28105	106000		
“八五”时期	**1488090**	**15897**	**1472193**	**328272**	**315101**	**828820**		
1991	309432	1792	307640	49010	34210	224420		
1992	209360	3217	206143	52156	40587	113400		
1993	238083	3108	234975	60494	53481	121000		
1994	353831	4077	349754	79084	90670	180000		
1995	377384	3703	373681	87528	96153	190000		
“九五”时期	**2943934**	**104302**	**2839632**	**749824**	**773058**	**1122750**	**190000**	**4000**
1996	426354	6371	419983	102394	102589	215000		
1997	455309	5954	449355	110430	114925	220000		4000
1998	568049	50783	517266	120000	149516	247750		

年 份	合 计（亿元）	中央级民政事业费（亿元）	中央专项转移支付（亿元）	抚恤（亿元）	安置（亿元）	救灾（亿元）	低保（亿元）	医疗救助（亿元）	福利（亿元）	其他（亿元）
1999	62.8	1.2	61.6	18.0	17.6	22.0	4.0			
2000	86.6	2.9	83.7	23.7	23.0	22.0	15.0			
“十五”时期	**1004.3**	**11.9**	**992.4**	**212.1**	**217.3**	**170.1**	**373.1**	**12.0**		**7.9**
2001	109.6	1.4	108.2	26.3	28.7	30.2	23.0			
2002	140.2	1.8	138.4	31.6	37.0	24.3	45.5			
2003	213.6	1.8	211.8	37.1	39.2	40.5	92.0	3.0		0.1
2004	227.7	3.9	223.8	40.7	47.4	32.0	100.6	3.0		0.1
2005	313.2	2.9	310.3	76.4	65.0	43.1	112.0	6.0		7.7
“十一五”时期	**4761.3**	**89.3**	**4658.9**	**767.6**	**699.9**	**856.1**	**1941.6**	**319.6**		**74.2**
2006	406.8	2.8	404.0	111.7	73.9	49.4	136.0	14.3		18.7
2007	523.1	5.6	504.4	110.9	117.4	49.9	189.9	36.3		0.1
2008	1207.7	26.6	1181.1	142.1	142.9	478.4	363.1	54.5		0.1
2009	1232.5	5.5	1227.0	187.3	160.2	174.7	620.0	84.5		0.3
2010	1391.2	48.8	1342.4	215.6	205.5	103.7	632.6	130.0		55.0
“十二五”时期	**1817.4**	**9.4**	**1808.0**	**277.4**	**206.4**	**84**	**1004.7**	**150**	**25.2**	**60.3**
2011	1817.4	9.4	1808.0	277.4	206.4	84	1004.7	150	25.2	60.3

B-1-16 中央彩票公益金使用情况

单位：亿元

年 份	合 计	中央级	转移支付				
				养老	儿童	社会公益	医疗救助
1980							
“六五”时期							
1981							
1982							
1983							
1984							
1985							
“七五”时期							
1986							
1987							
1988							
1989							
1990							
“八五”时期							
1991							
1992							
1993							
1994							
1995							
“九五”时期							
1996							
1997							
1998							
1999							
2000							
“十五”时期	**14.91**		**14.91**	**0.70**	**2.06**	**0.15**	**12.00**
2001							
2002							
2003	3.00		3.00				3.00
2004	5.91		5.91	0.70	2.06	0.15	3.00
2005	6.00		6.00				6.00
“十一五”时期	**112.29**	**2.47**	**109.82**	**21.64**	**16.37**	**1.81**	**70.00**
2006	14.03	0.10	13.93	1.59	3.24	0.10	9.00
2007	16.98	0.88	16.10	1.53	1.24	0.33	13.00
2008	28.14	0.10	28.04	4.79	6.67	0.58	16.00
2009	26.61	0.09	26.52	7.79	2.05	0.68	16.00
2010	26.53	1.30	25.23	5.94	3.17	0.12	16.00
“十二五”时期	**30.03**	**1.30**	**28.73**	**7.86**	**3.48**	**1.39**	**16.00**
2011	30.03	1.30	28.73	7.86	3.48	1.39	16.00

B-1-17 社会服务业基本建设投资（按投资来源分）

单位：亿元、个

年份	计划总投资	本年完成投资	国家投资	国内贷款	自筹	福利彩票公益金	其他	本年施工项目个数
1988								
1989	5.8	2.0	0.8	0.1	0.8		0.2	
1990	6.9	2.4	1.0	0.1	1.0		0.3	
“八五”时期	**63.4**	**27.6**	**10.1**	**1.2**	**13.4**		**2.8**	
1991	7.0	3.0	1.1	0.1	1.5		0.3	
1992	7.3	3.2	0.8	0.1	1.9		0.4	
1993	12.8	5.6	1.3	0.2	3.4		0.7	
1994	15.5	6.2	2.3	0.5	2.9		0.6	
1995	20.9	9.6	4.6	0.3	3.8		0.9	
“九五”时期	**237.9**	**89.8**	**21.3**	**5.9**	**54.3**	**6.8**	**8.3**	**2793**
1996	29.8	10.1	2.1	0.4	6.4		1.1	
1997	35.7	13.8	2.7	0.8	8.6		1.6	
1998	41.0	16.6	2.8	0.8	11.1		1.9	
1999	63.2	24.7	6.0	2.3	14.6	3.5	1.8	1456
2000	68.2	24.7	7.7	1.6	13.6	3.3	1.9	1337
“十五”时期	**376.9**	**151.7**	**47.9**	**8.8**	**78.4**	**21.0**	**16.6**	**22117**
2001	77.5	30.8	10.4	2.2	15.1	3.6	3.1	1360
2002	88.7	30.1	9.5	1.4	15.9	3.3	3.3	3659
2003	87.3	30.0	9.9	1.7	15.1	3.5	3.3	3867
2004	89.7	29.2	8.9	2.4	14.4	4.7	3.5	8982
2005	33.8	31.6	9.1	1.0	17.9	5.8	3.5	4249
“十一五”时期	**485.6**	**487.8**	**210.7**	**12.4**	**148.8**	**96.8**	**82.3**	**62453**
2006	34.8	33.5	9.9	0.9	19.9	8.4	2.5	3626
2007	47.6	47.7	14.5	3.0	26.9	13.0	2.9	2446
2008	63.5	66.6	26.6	1.9	34.6	16.5	3.2	3906
2009	166.5	157.0	70.6	3.7	67.4	26.6	15.3	6457

年份	计划总投资	本年完成投资	国家投资	国内贷款	利用外资	福利彩票公益金	其他	本年施工项目个数
2010	173.2	183.0	89.1	2.9	0.2	32.3	58.5	46018
“十二五”时期	**217.3**	**218.5**	**78.5**	**6.2**	**0.5**	**53.4**	**79.9**	**4533**
2011	217.3	218.5	78.5	6.2	0.5	53.4	79.9	4533

B-1-18 中央预算内

地　区	项目合计	投资合计	本级情况		地方项目小计	补助地方投资小计	养老	
			本级项目数	本级投资			项目数	资金额
1989								
1990		0.1		0.1				
“八五”时期		**0.2**		**0.2**				
1991		0.2		0.2				
1992								
1993								
1994								
1995								
“九五”时期								
1996								
1997								
1998								
1999								
2000								
“十五”时期	**24**	**0.8**	**24**	**0.8**				
2001	3	0.3	3	0.3				
2002	10	0.2	10	0.2				
2003	6	0.1	6	0.1				
2004	3	0.1	3	0.1				
2005	2	0.1	2	0.1				
“十一五”时期	**2088**	**35.9**	**18**	**5.5**	**2070**	**30.37**	**189**	**5.0**
2006	2	0.2	2	0.2				
2007	218	2.8	5	0.8	213	2.00		
2008	575	6.8	3	2.1	572	4.70		
2009	774	13.0	4	1.3	770	11.70	63	2.0
2010	519	13.1	4	1.1	515	11.97	126	3
“十二五”时期	**433**	**26.0**	**4**	**0.7**	**429**	**25.28**	**338**	**9.0**
2011	433	26.0	4	0.7	429	25.28	338	9

基本建设投资情况

单位：亿元、个

地方情况									
儿童		流浪		精神卫生		社区		烈建	
项目数	资金额	项目数	资金额	项目数	资金额	项目数	资金额	项目数	资金额
134	**5.0**	**254**	**5.0**	**26**	**4.4**	**1334**	**6.0**	**133**	**5.0**
15	0.5	28	0.8			170	0.7		
32	1.3	65	1.4			475	2.0		
33	1.3	78	1.4			463	2.0	133	5.0
54	1.9	83	1.4	26	4.37	226	1.3		
				91	**16.3**				
				91	16.28				

B-1-19 中央彩票公益金

地　区	项目合计	投资合计	本级情况					
			本级项目数	本级投资	地方项目小计	补助地方投资小计	养老	
							项目数	资金额
1989								
1990								
“八五”时期								
1991								
1992								
1993								
1994								
1995								
“九五”时期								
1996								
1997								
1998								
1999								
2000								
“十五”时期								
2001								
2002								
2003								
2004								
2005								
“十一五”时期	**5152**	**38.8**	**9**	**2.47**	**5143**	**36.31**	**4202**	**21.37**
2006	546	4.3	1	0.10	545	4.18	480	1.58
2007	945	5.2	1	0.88	944	4.28	703	1.48
2008	1494	10.8	1	0.10	1493	10.72	1277	4.80
2009	973	9.9	3	0.09	970	9.79	743	7.79
2010	1194	8.6	3	1.30	1191	7.34	999	5.72
“十二五”时期	**1420**	**8.6**			**1340**	**7.98**	**1075**	**7.01**
2011	1420	8.6			1420	8.57	1075	7.01

用于基本建设投资情况

单位：亿元、个

地方情况									
流浪未成年人		社区		殡葬		儿童		精神卫生	
项目数	资金额	项目数	资金额	项目数	资金额	项目数	资金额	项目数	资金额
171	**2.90**	**370**	**1.30**	**78**	**0.1**	**322**	**10.62**		
	0.60					65	2.00		
28	0.50	164	0.30			49	2.00		
70	1.00	42	0.50			104	4.42		
33	0.50	164	0.50			30	1.00		
40	0.30			78	0.12	74	1.20		
114	**0.57**	**21**	**0.20**	**130**	**0.2**			**80**	**0.59**
114	0.57	21	0.20	130	0.2			80	0.59

B-1-20 国家对社会服务业基本建设投资(按民政项目分)

单位：亿元

年 份	国家基本建设投资	#优抚安置单位	#社区服务机构	#收养性福利机构	#殡仪	#救助	#其他
1989	0.7						
1990	0.8			0.2	0.1		
“八五”时期	**10.3**	**4.2**		**1.4**	**1.1**	**0.2**	
1991	1.0	0.1		0.2	0.1		
1992	1.0			0.2			
1993	1.4			0.2	0.4		
1994	2.3	1.2		0.3	0.3		
1995	4.6	2.9		0.5	0.3	0.2	
“九五”时期	**21.3**	**2.0**	**1.6**	**6.6**	**6.5**		**2.6**
1996	2.1	0.1		0.5	0.5		
1997	2.7			0.7	1.1		
1998	2.8	0.2		1.8	0.8		
1999	6.0	0.9	0.6	1.5	1.7		1.2
2000	7.7	0.8	1.0	2.1	2.4		1.4
“十五”时期	**47.9**	**5.0**	**9.4**	**14.3**	**9.2**		**9.8**
2001	10.4	0.7	1.5	3.1	2.1		3.0
2002	9.5	0.7	2.1	2.8	1.9		1.9
2003	9.9	1.2	2.4	3.3	1.5		1.5
2004	9.0	1.1	2.3	2.5	1.1		1.9
2005	9.1	1.3	1.1	2.6	2.6		1.5
“十一五”时期	**210.8**	**27.8**	**31.5**	**85.2**	**19.2**	**8.1**	**39.0**
2006	9.9	1.8	0.8	3.9	1.4	0.3	1.6
2007	14.5	2.5	0.9	6.5	2.4	0.4	1.8
2008	26.6	8.2	1.9	8.5	3.7	1.1	3.2
2009	70.6	7.4	14.0	30.1	5.7	2.5	11.0
2010	89.2	7.9	13.9	36.2	6.0	3.8	21.4
“十二五”时期	**78.5**	**9.5**	**11.1**	**31.1**	**5.8**	**3.8**	**17.2**
2011	78.5	9.5	11.1	31.1	5.8	3.8	17.2

B-2-1 按收养人员分类的可提供住宿的社会服务机构

单位：个

年份	单位数	老年及残疾人	智障和精神疾病	儿童	救助	军休	其他
1978	8571	8365	139	67			
1979	8988	8801	135	52			
1980	9669	9460	150	59			
1981	10031	9813	155	63			
1982	12275	12046	165	64			
1983	15807	15582	165	60			
1984	22796	22566	167	63			
1985	29100	28852	161	59			28
1986	35008	34750	166	58			34
1987	37372	37109	170	60			33
1988	39030	38767	173	62			28
1989	39743	39472	180	64			27
1990	40583	40340	181	62			
1991	42264	42013	188	63			
1992	43319	43063	189	67			
1993	43681	43375	190	67			49
1994	43240	42911	188	73			68
1995	43074	42735	190	77			72
1996	42829	42518	155	84			72
1997	42385	42027	192	91			75
1998	42131	41755	195	105			76
1999	40430	40030	191	110			99
2000	40491	39321	201	126			843
2001	38785	38106	200	160			319
2002	38200	37591	200	178			231
2003	37294	36224	205	192			1587
2004	38593	37880	211	208			1320
2005	42487	40641	226	224			1396
2006	43187	40964	219	249			1755
2007	44958	42713	234	269			1742
2008	41099	38674	244	290			1891
2009	43944	39671	266	419			3588
2010	44482	39904	251	480			3847
2011	45973	40868	251	638	1547	2287	382

B-2-2 按收养人员分类的可提供住宿的社会服务床位

单位：万张

年　份	床位数合计	老年及残疾人床位	智障和精神疾病床位	儿童床位	救助	军休	其他床位	每千人口拥有社会服务床位数	每千老年人口拥有养老床位数
1978	16.3	15.7	0.6					0.17	
1979	22.6	20.1	2.1	0.4				0.23	
1980	24.2	21.3	2.4	0.5				0.25	
1981	25.3	22.2	2.5	0.6				0.25	
1982	28.2	24.8	2.8	0.6				0.28	
1983	32.4	29.0	2.8	0.6				0.31	
1984	42.5	39.0	2.9	0.6				0.41	
1985	49.1	45.7	2.9	0.5			0.2	0.46	
1986	58.7	55.0	3.1	0.6			0.3	0.55	
1987	64.9	61.0	3.3	0.6			0.3	0.59	
1988	69.5	65.5	3.4	0.6			0.2	0.63	
1989	73.8	69.5	3.6	0.7			0.2	0.65	
1990	78.0	73.5	3.7	0.8				0.68	
1991	82.8	78.3	3.8	0.7				0.71	
1992	89.8	85.2	3.8	0.8				0.77	
1993	92.7	87.8	4.0	0.9			0.4	0.78	
1994	95.5	90.6	4.0	0.9			0.5	0.80	
1995	97.6	92.5	4.0	1.1			0.6	0.81	
1996	100.8	95.6	4.0	1.2			0.6	0.82	
1997	103.1	97.8	4.0	1.3			0.6	0.83	
1998	105.8	100.2	4.1	1.5			0.6	0.85	
1999	108.9	102.4	4.1	1.6			0.8	0.87	
2000	113.0	104.5	4.1	1.8			2.6	0.89	
2001	140.7	114.6	4.2	2.3			19.6	1.10	
2002	141.5	114.9	4.3	2.5			19.8	1.10	
2003	142.9	120.6	4.5	2.7			15.1	1.11	
2004	157.2	139.5	4.5	3.0			10.2	1.21	
2005	180.7	158.1	4.4	3.2			15.0	1.38	10.97
2006	204.5	179.6	4.4	3.2			17.3	1.56	12.05
2007	269.6	242.9	4.7	3.4			18.6	2.04	15.83
2008	300.3	267.4	5.4	4.3			23.2	2.26	16.72
2009	326.5	293.5	5.9	4.8			22.3	2.45	17.56
2010	349.6	316.1	6.1	5.5			21.9	2.61	17.79
2011	396.4	353.2	6.5	6.8	7.1	19.8	3.0	2.94	19.09

注：老年及残疾人床位含社区服务床位（含日间照料床位）。

B-2-3 可提供住宿的社会服务机构收养人员情况

单位：万人

年 份	总人数	老年及残疾人	智障和精神疾病人	儿童	其他	社区照料
1978	16.3	14.0	1.9	0.4		
1979	18.6	16.3	1.9	0.4		
1980	19.1	16.7	2.0	0.4		
1981	19.7	17.0	2.2	0.5		
1982	22.5	19.7	2.3	0.5		
1983	25.9	23.0	2.4	0.5		
1984	34.1	31.0	2.6	0.5		
1985	40.8	37.5	2.6	0.5	0.2	
1986	47.4	43.9	2.8	0.5	0.2	
1987	51.8	48.2	2.9	0.5	0.2	
1988	54.8	51.1	3.0	0.6	0.1	
1989	56.9	53.0	3.1	0.6	0.2	
1990	59.9	56.1	3.2	0.6		
1991	64.6	60.8	3.2	0.6		
1992	69.6	65.6	3.3	0.7		
1993	72.4	68.0	3.4	0.7	0.3	
1994	73.6	69.2	3.3	0.8	0.3	
1995	74.7	70.1	3.2	1.0	0.4	
1996	76.9	72.3	3.1	1.1	0.4	
1997	78.5	73.7	3.2	1.2	0.4	
1998	80.0	74.9	3.2	1.4	0.5	
1999	82.7	77.6	3.2	1.4	0.5	
2000	85.4	78.6	3.2	1.8	1.8	
2001	88.5	82.0	3.3	2.1	1.1	
2002	91.6	85.0	3.4	2.2	1.0	
2003	96.5	89.1	3.5	2.5	1.4	
2004	110.9	103.9	3.6	2.8	0.6	
2005	123.6	116.2	3.7	2.9	0.8	
2006	147.0	138.5	3.8	3.2	1.5	
2007	200.0	191.3	4.1	3.0	1.6	
2008	240.0	211.5	4.5	3.4	20.6	
2009	256.0	227.5	5.0	3.7	19.8	
2010	278.2	242.6	5.3	4.2	21.7	4.4
2011	293.4	256.8	5.5	4.6	22.9	3.6

B-2-4 按城乡分类的可提供住宿的社会服务机构情况

年 份	单位数（个）	城市	农村	床位数（万张）	城市	农村	收养人数（万人）	城市	农村
1978	8571	728	7843	16.3	0.1	16.2	16.3	5.7	10.6
1979	8988	1518	7470	22.6	6.4	16.2	18.6	8	10.6
1980	9669	1407	8262	24.2	7.1	17.1	19.1	7.9	11.2
1981	10031	1487	8544	25.3	7.4	17.9	19.7	8.2	11.5
1982	12275	1689	10586	28.2	7.6	20.6	22.5	8.7	13.8
1983	15807	1760	14047	32.4	7.7	24.7	25.9	9	16.9
1984	22796	1925	20871	42.5	8.5	34	34.1	10	24.1
1985	29100	5478	23622	49.1	18.2	30.9	40.8	14.6	26.2
1986	35008	8330	26678	58.7	23.6	35.1	47.4	18.9	28.5
1987	37372	9358	28014	64.9	25.8	39.1	51.8	20.5	31.3
1988	39030	10498	28532	69.5	28.4	41.1	54.8	22.3	32.5
1989	39743	10118	29625	73.8	28.7	45.1	56.9	22.3	34.6
1990	40583	12697	27886	78	34.5	43.5	59.9	26.8	33.1
1991	42264	13197	29067	82.8	36.7	46.1	64.6	28.5	36.1
1992	43319	16847	26472	89.8	44.6	45.2	69.6	34.5	35.1
1993	43681	17400	26281	92.7	47	45.7	72.4	37.2	35.2
1994	43240	18035	25205	95.5	50	45.5	73.6	39.1	34.5

年 份	单位数（个）	国有社会福利院	社会办敬老院	床位数（万张）	国有社会福利院	社会办敬老院	收养人数（万人）	国有社会福利院	社会办敬老院
1995	43074	11184	31890	97.6	18.6	79	74.7	14.4	60.3
1996	42829	11216	31613	100.8	19.2	81.6	76.9	14.8	62.1
1997	42385	10417	31968	103.1	19.9	83.2	78.5	15.4	63.1
1998	42131	9895	32236	105.8	21	84.8	80	16.1	63.9
1999	40430	3086	37344	108.9	23.6	85.3	82.7	17.9	64.8

年 份	单位数（个）	城 市	农 村	床位数（万张）	城 市	农 村	收养人数（万人）	城 市	农 村
2000	40491	14915	25576	113	57.4	55.6	85.4	42.6	42.8
2001	38785	12135	26650	140.7	72.3	68.4	88.5	39.6	48.9
2002	38200	12503	25697	141.5	75.3	66.2	91.6	42.2	49.4
2003	37294	12951	24343	142.9	75.3	67.6	96.5	46.1	50.4
2004	38593	12151	26442	157.2	79.7	77.5	110.9	51.5	59.4
2005	42487	12806	29681	180.7	91.2	89.5	123.6	55.7	67.9
2006	43187	11814	31373	204.5	90.9	113.6	147.0	55.0	92.0
2007	44958	10274	34684	269.6	89.8	179.8	200.0	43.9	149.3
2008	41099	10731	30368	300.3	107.2	193.1	240.0	79.5	160.5
2009	43944	12658	31286	326.5	117.7	208.8	256.0	83.0	173.0
2010	44482	13010	31472	349.6	124.7	224.9	278.2	95.7	182.5
2011	45973	13833	32140	396.4	154.5	241.9	293.4	100.9	192.5

B-2-5 孤儿和收养

单位：件、人

年份	孤儿数	收养登记总数	中国公民收养登记	外国公民收养登记	被收养人合计	#被收养人为福利机构中的孤儿	被中国公民收养	被外国人收养
1996		18896	14804	4092	20389	2201		
1997		21548	17193	4355	21548	975		
1998		26498	20611	5887	26498	677		
1999		38074	31916	6158	38019	1670	31882	6137
2000		55802	49037	6765	56191	1847	49500	6691
2001		44706	36089	8617	45844	1908	37200	8644
2002		45336	35372	9964	47860	2404	37642	10218
2003		54159	44884	9275	54159	3427	44884	9275
2004		52603	40084	12519	55572	3189	44708	10864
2005		49506	35470	14036	50921	3564	38057	12864
2006		48178	38393	9785	49148	2867	39424	9724
2007		45192	36893	8299	46047	1146	37790	8257
2008	67921	42550	37009	5541	44115	1846	38617	5498
2009	127599	44260	39801	4459	44359	1605	39964	4395
2010	252110	34529	29618	4911	34473	1878	29978	4495
2011	509695	31424	27579	3845	31329	1679	28117	3212

B–2–6 社会福利企业

年　份	单位数 （个）	残疾职工人数 （万人）	利润额 （亿元）
1978	920	3.5	0.8
1979	1106	4.8	0.8
1980	1309	5.5	0.9
1981	1574	6.1	0.7
1982	1704	6.4	0.8
1983	5930	9.6	0.9
1984	6710	11.6	1.3
1985	14872	23.2	5.1
1986	19865	31.4	4.2
1987	27793	43.3	8.8
1988	40496	55.9	16.5
1989	41565	60.5	16.1
1990	41827	63.8	17.8
1991	43805	70.1	21.3
1992	49836	77.8	32.6
1993	56881	84.5	44.7
1994	60233	90.9	44.1
1995	60237	93.9	49.1
1996	59397	93.6	45.1
1997	55509	91.0	66.3
1998	50514	85.6	63.9
1999	44628	79.0	76.7
2000	40670	72.5	99.0
2001	37980	69.9	119.5
2002	35758	68.3	148.3
2003	33976	67.9	189.9
2004	32410	66.2	219
2005	31211	63.7	225.2
2006	30199	55.9	237.8
2007	24974	56.3	169.3
2008	23780	61.9	119.2
2009	22783	62.7	125.4
2010	22226	62.5	150.8
2011	21507	62.8	140.1

B-2-7 城市社会救济和城市居民最低生活保障

单位：万人

年份	城市居民传统救济总人数	城市居民传统定救人数	城市精简退职老职工人数		
				享受40%人数	定量救济人数
1978					
1979	33.6	23.7	*9.9*		
1980	32.9	22.9	*10.0*		
1981	31.5	21.5	*10.0*		
1982	34.7	21.4	*13.3*		
1983	47.1	22.6	*24.5*		
1984	*207.4*	*160.6*	*46.8*	*25.3*	
1985	30.0	18.2	11.8	6.4	5.4
1986	49.0	35.6	13.4	7.1	6.3
1987	29.8	16.2	13.6	7.2	6.4
1988	32.9	17.6	15.3	7.7	7.6
1989	30.5	16.2	14.3	7.1	7.2
1990	41.8	16.4	25.4	16.4	9.0
1991	33.7	16.1	17.6	8.5	9.0
1992	39.5	19.2	20.3	9.7	10.6
1993	24.6	13.8	10.8	5.0	5.8
1994	23.0	12.4	10.6	4.9	5.7
1995	109.0	55.2	53.8	23.9	29.9
1996	120.1	66.5	53.6	23.6	30.0

年份	城市最低生活保障人数						
		在职人员	下岗人员	退休人员	失业人员	“三无”人员	其他人员
1996	84.9						
1997	87.9						
1998	184.1						
1999	256.9						
2000	402.6						
2001	1170.7						
2002	2064.7	186.8	554.5	90.8	358.3	91.9	783.1
2003	2246.8	179.3	518.4	90.7	409.0	99.9	949.3
2004	2205.0	141.0	468.9	73.1	423.1	95.4	1003.5
2005	2234.2	114.1	430.7	61.3	410.1	95.8	1122.1
2006	2240.1	97.6	350.0	53.2	420.8	93.1	1225.3

年份	城市最低生活保障人数	残疾人	三无人员	老年人	成年人				未成年人	
					在职人员	灵活就业	登记失业	未登记失业	在校生	其他
2007	2272.1	161.0	125.8	298.4	93.9	343.8	627.2	364.3	321.6	223
2008	2334.8	169.1	106.9	316.7	82.2	381.7	564.3	402.2	358.1	229.6
2009	2345.6	181.0	94.1	333.5	79.0	432.2	510.2	410.9	369.1	210.7
2010	2310.5	180.7	89.3	338.6	68.2	432.4	492.8	420.0	357.3	201.2
2011	2276.8	184.1	80.3	346.9	61.5	429.7	472.5	426.7	348.5	191

注：1984年的精简退职老职工人数含农村的数据。

B-2-8 农村社会救济和农村居民最低生活保障

单位：万人、万户

年　份	农村社会救济总人数	农村定期定量救济人数	农村精简退职老职工人数	享受40%人数	定量救济人数
1978					
1979	6847.6	*6837.7*	*9.9*		
1980	4651.8	*4641.8*	*10.0*		
1981	4265.1	*4255.1*	*10.0*		
1982	4270.7	*4257.4*	*13.3*		
1983	3526.7	*3502.2*	*24.5*		
1984	3842.7	*3795.9*	*46.8*	*25.3*	
1985	116.7	75.1	41.6	18.1	23.5
1986	103.0	63.1	39.9	18.1	21.7
1987	92.2	53.2	39.0	17.7	21.3
1988	93.0	54.1	38.9	17.6	21.4
1989	75.7	35.0	40.7	18.3	22.3
1990	100.2	46.7	53.5	23.6	29.9
1991	97.0	43.8	53.2	23.5	29.8
1992	97.5	45.6	51.9	23.3	28.6
1993	80.1	36.3	43.8	19.5	24.3
1994	82.1	38.5	43.6	19.2	24.3
1995	98.3	55.2	43.1	19.0	24.1
1996	109.2	66.5	42.7	18.6	24.1
1997	104.5	51.4	53.1	23.2	29.8
1998	120.5	65.6	54.9	24.9	30.0
1999	107.1	55.6	51.5	22.5	28.7
2000	112.2	62.5	49.7	22.1	27.6
2001	130.5	80.7	49.8	21.3	27.8
2002	138.7	*90.0*	48.7	20.9	27.8

年　份	农村困难群众救助总人数	农村居民最低生活保障人数	农村特困户救助人数	农村困难群众救助总户数	农村居民最低生活保障户数	困难户	其　他	农村特困户救助户数	困难户	其　他	五保户供养户数	农村传统救济人数
2001	385.3	304.6	80.7									
2002	497.8	407.8	*90.0*	156.7	156.7							
2003	1160.5	367.1	793.4	632.8	146.5	114.5	32.0	282.1	192.7	89.3	204.2	
2004	1402.1	488.0	914.1	780.8	197.9	165.2	33.6	317.1	260.4	56.6	265.8	
2005	1891.8	825.0	1066.8	1061.0	356.5	298.8	57.7	354.8	290.4	64.4	349.7	
2006	2987.8	1593.1	775.8	1606.3	777.2			325.8			503.3	115.6

年　份	农村救助总人数	农村居民最低生活保障人数	农村集中供养五保人数	农村分散供养五保人数	其他农村传统救济人数	农村临时救济人数
2007	4818.6	3566.3	138	393.3	75	646
2008	5757.3	4305.5	155.6	393	72.2	831
2009	5922	4760	171.8	381.6	62.2	546.4
2010	6443.5	5214	177.4	378.9	59.5	613.7
2011	6522.2	5305.7	184.5	366.5	68.7	596.8

注：1984年以前含应保未保的农村救济人数。

B-2-9 最低生活保障和社会救济平均标准

年　份	城市最低生活保障平均标准（元/人、月）	农村最低生活保障平均标准（元/人、月）	集中供养农村五保户救济平均标准（元/人、年）	分散供养农村五保户救济平均标准（元/人、年）
1999	149.0			
2000	157.0			
2001	147.0			
2002	148.0			
2003	149.0			
2004	152.0			
2005	156.0			
2006	169.6	70.9	1608.2	1224.5
2007	182.4	70.0	1953.0	1432.0
2008	205.3	82.3	2176.1	1624.4
2009	227.8	100.8	2587.5	1842.7
2010	251.2	117.0	2951.4	2102.1
2011	287.6	143.2	3399.7	2470.5

B-2-10 最低生活保障和社会救济平均支出水平

年　份	城市最低生活保障平均支出水平（元/人、月）	农村最低生活保障平均支出水平（元/人、月）	农村集中供养五保平均支出水平（元/人、年）	农村分散供养五保平均支出水平（元/人、年）
1999	44.8			
2000	45.3			
2001	29.6			
2002	43.9			
2003	58.0			
2004	65.0			
2005	72.3			
2006	83.6	34.5		
2007	102.7	38.8		
2008	143.7	50.4	2055.7	1121.0
2009	172.0	68.0	2316.0	1284.0
2010	189.0	74.0	2460.0	1416.0
2011	240.3	106.1	3081.9	1774.9

B-2-11 医疗救助

单位：万人次、万人

年　份	农村民政部门医疗救助总数	农村民政部门救助	民政部门资助参加合作医疗	城市医疗救助总数	城市民政部门医疗救助	资助参加医疗保险人数
2004	673.7	121.1	552.6			
2005	854.5	199.6	654.9	114.9		
2006	1518.4	201.3	1317.1	187.2		
2007	2894.4	377.1	2517.3	442	442	
2008	4191.9	759.5	3432.4	1086.2	443.6	642.6
2009	4789.1	730	4059.1	1506.3	410.4	1095.9
2010	5634.6	1019.2	4615.4	1921.3	460.1	1461.2
2011	6297.1	1471.8	4825.3	2222.0	672.2	1549.8

B-2-12 城市生活无着人员救助

年份	救助站	流浪儿童救助保护中心	生活无着人员救助（人次）	流浪儿童救助	救助类单位床位数（张）	儿童救助床位
1978	783					
1979	845					
1980	665					
1981	598					
1982	610					
1983	615					
1984	628					
1985	636					
1986	647					
1987	639					
1988	644					
1989	669					
1990	666					
1991	691					
1992	692					
1993	719					
1994	712					
1995	722					
1996	720					
1997	728					
1998	742					
1999	800					
2000	857					
2001	838					
2002	861					
2003	864		634528	60257		
2004	977		820254	104455	47086	
2005	1079	40	1196305	120487	45603	1849
2006	1189	50	1295506	129337	45661	1133
2007	1261	90	1544492	159989	46800	3621
2008	1334	88	1573484	155794	50642	3543
2009	1372	116	1680532	167283	51049	3670
2010	1448	145	1719008	146329	55562	5221
2011	1547	241	2409701	178705	71109	8165

B-2-13 社会捐赠

单位：亿元、亿件

年份	社会捐赠款物合计	社会捐赠款	民政部门	各类社会组织	社会捐赠其他物资折款	接收社会捐赠衣被数量
1997	14.0	4.2			9.9	0.9
1998	113.2	50.2	50.2		63.0	2.9
1999	17.8	6.9	5.0	2.0	10.8	0.6
2000	16.3	9.3	5.4	3.9	7.0	0.8
2001	20.0	11.7	7.6	4.1	8.3	1.3
2002	20.8	19.0	11.1	7.9	1.8	2.3
2003	43.4	41.0	29.2	11.9	2.4	2.0
2004	35.1	34.0	17.1	16.9	1.2	0.9
2005	61.9	60.3	31.3	29.0	1.6	1.0
2006	89.5	83.1	43.0	40.1	6.4	0.7
2007	148.3	132.8	50.9	81.9	15.6	0.9
2008	764.1	744.5	479.3	265.2	19.6	11.6
2009	485.9	483.7	66.5	417.2	2.2	1.2
2010	601.7	596.8	179.8	417.0	4.9	0.3
2011	494.9	490.1	96.6	393.5	4.8	0.3

B-2-14 中国福利彩票销售

年　份	福利彩票发行单位（个）	福利彩票销售额（亿元）	提取公益金（亿元）	公益金支出（亿元）
1978				
1979				
1980				
“六五”时期				
1981				
1982				
1983				
1984				
1985				
“七五”时期		**14.2**	**4.6**	
1986				
1987		0.2	0.1	
1988		3.8	1.2	
1989		3.8	1.3	
1990		6.5	2.0	
“八五”时期		**115.2**	**34.3**	
1991		7.7	2.5	
1992		13.8	4.1	
1993		18.4	5.5	
1994		18.0	5.3	
1995		57.3	16.9	
“九五”时期		**358.7**	**103.5**	**72.7**
1996		64.8	19.1	
1997		36.4	10.1	
1998		63.2	19.6	14.1
1999	1169	104.4	30.5	19.9
2000	1253	89.9	24.2	38.7
“十五”时期		**1145.2**	**393.6**	**161.9**
2001	1185	139.6	41.9	19.7
2002	1121	168.0	58.8	25.5
2003	1145	200.1	70.0	30.6
2004	1128	226.4	79.2	33.8
2005	1113	411.2	143.7	52.3
“十一五”时期		**3455.3**	**1145.1**	**484.0**
2006	989	495.7	171.6	52.6
2007	985	631.6	217.0	77.6
2008	999	604.0	211.4	119.2
2009	988	756.0	248.0	113.4
2010	993	968.0	297.1	121.2
“十二五”时期		**1278.0**	**388.7**	**127.9**
2011	974	1278.0	388.7	127.9

B-2-15 定期抚恤优抚对象

单位：人

年　份	抚恤补助总人数（万人）	定期抚恤人数	烈属	牺牲、病故军人家属	伤残人员（万人）
1978	205.9				73.4
1979	173.6				75.6
1980	222.4				78.6
1981	233.6				79.6
1982	240.8	590104	541516	48588	81.6
1983	251.2	577791	526826	50965	83.0
1984	267.3	585403	536523	48880	84.4
1985	283.3	518566	440000	78566	85.3
1986	339.8	533245	446209	87036	86.5
1987	366.3	548063	453480	94583	88.0
1988	378.5	537472	429271	108201	88.7
1989	411.7	525134	422656	102478	89.1
1990	425.7	516638	407276	109362	87.4
1991	434.8	614945	504462	110483	87.5
1992	433.7	602163	492457	109706	87.6
1993	441.2	495994	383924	112070	88.3
1994	442.0	487256	372850	114406	88.5
1995	448.8	486250	370685	115565	88.8
1996	447.0	484270	366216	118054	89.3
1997	448.3	480464	362086	118378	89.5
1998	447.0	473901	357492	116409	89.2
1999	445.1	458079	336587	121492	88.7
2000	442.4	448276	325116	123160	88.1

年　份	抚恤补助总人数（万人）	定期抚恤人数	烈　属	牺牲军人家属	病故军人家属	伤残人员（万人）
2001	450.7	480852	348521	60081	72250	85.5
2002	459.0	480466	341109	63953	75404	85.8
2003	464.9	488820	345141	65303	78376	86.0
2004	462.0	485733	339817	65695	80221	85.6
2005	460.3	492517	349253	63603	79661	84.5
2006	462.6	491320	346089	64248	80983	86.0
2007	622.4	488675	342101	64478	82096	86.5
2008	633.2	478880	332390	65001	81489	87.2
2009	630.7	458578	317675	62304	78599	87.2
2010	625.0	447824	307587	62338	77899	86.7
2011	852.5	422439	286449	60534	75456	85.9

B-2-16 定期补助优抚对象

单位：人

年 份	定期补助总人数	红军老战士合计	在乡红军老战士	西路军	红军失散人员	在乡复员军人	带病回乡退伍军人	60岁以上农村籍退伍军人	其 他
1978	9251	9251	9251						
1979	7872	7872	7872						
1980	6922	6922	6922						
1981	6567	6567	6567						
1982	1002181	6383	6383			859055	136743		
1983	1104586	6142	6142			952993	145451		
1984	1243633	6159	6159			1081350	156124		
1985	1461180	6329	6329			1185502	183129		86220
1986	1999872	6315	6315			1673990	210445		109122
1987	2230873	7466	7466			1833402	241290		148715
1988	2360462	7415	7415			1950641	247009		155397
1989	2715258	6628	6628			2272639	283075		152916
1990	2866579	7514	7514			2373873	305045		180147
1991	2939074	7015	7015			2419453	346021		166585
1992	2975175	6599	6599			2402869	373989		191718
1993	2947209	113728	5531	2997	105200	2424984	408497		
1994	2963965	112054	5058	2430	104566	2424435	427476		
1995	2987751	108484	4659	2318	101507	2423191	456076		
1996	3018047	115317	4480	2303	108534	2421517	481213		
1997	3037367	122115	4195	2214	115706	2396017	519235		
1998	3033826	118245	3996	2157	112092	2367266	548315		
1999	3056727	111096	3687	2106	105303	2363466	582165		
2000	3057257	105632	3326	1997	100309	2320739	630886		
2001	3170877	98345	3325	1889	93131	2246954	782802		42776
2002	3251971	94848	3136	1691	90021	2274657	882090		376
2003	3300232	90767	2893	1610	86264	2262264	919349		27852
2004	3277914	87521	2701	1454	83366	2214467	950428		25498
2005	3265797	79639	2681	1370	75588	2145421	977424		63313
2006	3274059	71707	2417	1220	68070	2064713	1072684		64955
2007	4870800	66220	2049	966	63205	1988977	1134414		1681189
2008	4981893	49198	1622	440	47136	1920235	1193622		1818838
2009	4976839	42945	1351	322	41272	1809019	1219752		1511744
2010	4935399	38630	1226	273	37131	1703396	1265664		1927709
2011	7243706	30309	911	190	29208	1587006	1321786	2373772	1930833

B-2-17 接收军队离退休、退职人员

单位：人

年 份	合 计	军队离退休干部	地方(含军队职工)人员
1978			
1979			
1980			
1981			
1982	21993	801	21192
1983	20038	1507	18531

年 份	合 计	军队离退休干部	#离 休	地方人员	军队职工
1984	9916	1873	117	6228	1815
1985	12429	6137	3327	4472	1820
1986	29260	21564	15598	4236	3460
1987	14146	10035	6224	1719	2392
1988	6050	4242	2329	1287	521
1989	4858	3441	1530	994	423
1990	6214	4988	2573	1008	218
1991	6558	5568	2703	806	184
1992	4420	3551	1516	693	176
1993	5578	916	283	543	4318
1994	5773	1016	447	566	4190
1995	3531	1056	323	476	1999
1996	9346	3210	371	282	5854
1997	6311	3246	401	230	2835
1998	8156	5868	785	691	1597

年 份	合 计	军队离退休干部	地方离退休干部	军队无军籍职工
1999	12380	9464	305	2611
2000	15238	10197	219	4822
2001	13738	6236	373	7129

年 份	合 计	军队离退休干部(含地方)	#离 休	军队退休士官	军队无军籍职工
2002	14428	3640		161	10627
2003	11057	5055	143	140	6312
2004	10794	8884	200	90	1820

年 份	合 计	军队离退休干部	#离 休	地方离退休干部	#离 休	军队退休士官	军队无军籍职工
2005	18512	17280	223	136	14	192	904
2006	31968	20794	259	673	85	365	10136
2007	28058	18534	258	303	23	160	9061
2008	21378	15829	78	205	15	297	5047
2009	18904	13836	143	348	5	1308	3412
2010	13451	11775	148	183	4	1112	381
2011	14530	12355	140	141	8	1405	629

B-2-18 烈士褒扬和优待

年　份	本年批准烈士人数（人）	零散烈士纪念建筑物（个）	优待优抚对象户数（户）	#优待军属户数	优待总金额（万元）	#固定优待军属总额
1978		5347				
1979		3779			20393	
1980		2825			31459	
1981		2915			47255	
1982	8601	3592	4730756		58750	
1983	11024	3826	4387292		59588	
1984	8478	3953	4102419		62263	
1985	5887	3716	3567165	2884906	71655	577018
1986	11758	3871	3355694	2710272	75243	62205
1987	10644	4121	3223550	2562036	80915	66321
1988	9035	4236	3225253	2477699	87160	71735
1989	3960	4466	3086285	2423418	92169	77764
1990	3067	6065	2941486	2522476	99535	86739
1991	1556	6474	2967881	2540714	106354	93069
1992	1338	6957	2967002	2535037	116573	102008
1993	1467	6956	3009163	2470099	131555	113330
1994	1215	7279	3027420	2462671	155627	133070
1995	1277	7067	3051322	2476261	194379	166414
1996	1187	7020	3040439	2449077	251798	217527
1997	888	7048	3334000	2427586	321741	261865
1998	749	7322	3250395	2415838	356413	292305
1999	616	7252	3818210	2380675	402998	305386
2000	468	7427	3855797	2282584	469054	363675
2001	460	7802	3973085	2086464	385859	275456
2002	403	8051	4130817	1929011	374819	251854
2003	461	7781	3962425	1672205	391581	239410
2004	316	7425	3632630	1430630	418499	267458
2005	314	7483	3393218	1224036	379631	213968
2006	265	7414	3220933	1183674	421010	224354
2007	168	7186	3277318	1145223	454090	233479
2008	297	7569	3301682	1108878	666011	267750
2009	213	7622	3280522	1190816	751065	297448
2010	173	9729	3308766	1169833	671536	340382
2011	233	50699	3330859	1050918	968175	555402

B-2-19 自然灾害情况

年　份	受灾人口（万人次）	因灾死亡人口（含失踪）（人）	紧急转移人口（万人）	直接经济损失（亿元）	倒塌房屋（万间）	农作物受灾面积（万公顷）
1978		4965			73.1	4844
1979		6962			152.1	3937
1980		6821			137.3	5003
1981	26710.0	7422			261.5	3979
1982	22900.7	7935			320.3	3313
1983	22439.0	10952		260.9	345.4	3471
1984	20894.0	6927			274.7	3189
1985	26446.0	4394	290.5	410.4	224.9	4437
1986	29928.0	5410	345.8		209.7	4714
1987	23512.0	5495	348.0	326.3	180.0	4207
1988	36169.0	7306	582.9		258.0	5087
1989	34569.0	5952	365.3	525.0	194.1	4699
1990	29348.0	7338	579.2	616.0	247.4	3847
1991	41941.0	7315	1308.5	1215.1	581.5	5547
1992	37174.0	5741	303.6	853.9	196.6	5133
1993	37541.0	6125	307.7	933.2	271.6	4867
1994	43799.0	8549	1054.0	1876.0	512.1	5504
1995	24215.0	5561	1064.0	1863.0	439.3	4587
1996	32305.0	7273	1216.0	2882.0	809.0	5975
1997	47886.0	3212	511.3	1975.0	288.0	5343
1998	35216.0	5511	2082.4	3007.4	821.4	2229
1999	35319.0	2966	664.8	1962.4	174.5	4998
2000	45652.3	3014	467.1	2045.3	147.3	5469
2001	37255.9	2583	211.1	1942.0	92.2	5215
2002	37841.8	2840	471.8	1717.4	175.7	4711.9
2003	49745.9	2259	707.3	1884.2	343.0	5438.6
2004	33920.6	2250	563.2	1602.3	155.0	3710.6
2005	40653.7	2475	1570.3	2042.1	226.4	3881.8
2006	43453.3	3186	1384.5	2528.1	193.3	4109.1
2007	39777.9	2325	1499.1	2363.0	146.7	4899.3
2008	47795.0	88928	2682.2	11752.4	1097.7	3999.0
2009	47933.5	1528	709.9	2523.7	83.8	4721.4
2010	42610.2	7844	1858.4	5339.9	273.3	3742.6
2011	43290.0	1126	939.4	3096.4	93.5	3247.1

B-2-20 社区服务机构

单位：个

年　份	城乡各类服务机构合计	社区服务中心	其他社区服务机构	城镇便民、利民网点	社区服务机构覆盖率（%）
1987					
1988	69699		69699		7.1
1989	71357		71357		6.9
1990	84757		84757		7.7
1991	89918		89918		8.0
1992	112171		112171		10.1
1993	92946	3711	89235	169503	8.3
1994	98679	4034	94645	204229	8.8
1995	115175	4380	110795	234024	11.0
1996	132309	5055	127254	259201	12.7
1997	138366	5113	133253	307226	13.5
1998	154196	6154	148042	345075	16.2
1999	164962	7623	157339	405740	18.0
2000	187888	6444	181444	451567	22.4
2001	201758	6179	195579	539544	25.5
2002	206743	7898	198845	622986	27.0
2003	203945	7520	196425	668418	27.5
2004	205926	7804	198122	703760	28.5
2005	203275	8479	194796	664764	28.7
2006	160007	8565	151442	457896	22.7

年　份	城乡各类服务机构合计	社区服务中心	社区服务站	其他社区服务机构	城镇便民、利民网点	社区服务机构覆盖率（%）
2007	172002	9319	50116	112567	892656	24.7
2008	162976	9873	30021	123082	748684	23.7
2009	174976	10003	53170	111803	692625	25.6
2010	152941	12720	44237	95984	539136	22.4
2011	160352	14391	56156	89805	452868	23.6

注：社区服务机构覆盖率=(社区服务中心+社区服务站+其他社区服务机构)/村居委会

B-3-1 社会组织

单位：个

年份	社会组织合计	社会团体	民办非企业	基金会
1978				
1979				
1980				
1981				
1982				
1983				
1984				
1985				
1986				
1987				
1988	4446	4446		
1989	4544	4544		
1990	10855	10855		
1991	82814	82814		
1992	154502	154502		
1993	167506	167506		
1994	174060	174060		
1995	180583	180583		
1996	184821	184821		
1997	181318	181318		
1998	165600	165600		
1999	142665	136764	5901	
2000	153322	130668	22654	
2001	210939	128805	82134	
2002	244509	133297	111212	
2003	266612	141167	124491	954
2004	289432	153359	135181	892
2005	319762	171150	147637	975
2006	354393	191946	161303	1144
2007	386916	211661	173915	1340
2008	413660	229681	182382	1597
2009	431069	238747	190479	1843
2010	445631	245256	198175	2200
2011	461971	254969	204388	2614

注：2001年以前的基金会含在社会团体内。

B-3-2 自治组织

年 份	基层群众性自治组织合计（万个）	居民委员会（个）	居民小组（万个）	居民委员会成员（万人）	村民委员会（万个）	村民小组（万个）	村民委员会成员（万人）
1978							
1979		46810					
1980							
1981		57169					
1982							
1983	37.7	65519			31.2		
1984	100.3	75609			92.7		
1985	103.0	80943		34.9	94.9		379.6
1986	95.3	86824		36.2	86.6		365.9
1987	93.2	86799		37.0	84.5		359.9
1988	97.8	95684		36.1	88.3		366.6
1989	102.8	93691		36.6	93.4		379.4
1990	110.0	98814		43.1	100.1		409.4
1991	111.9	100347		44.1	101.9		424.4
1992	110.8	104136		46.5	100.4		430.9
1993	112.0	107173		47.9	101.3		456.0
1994	111.7	110112		48.0	100.7		458.5
1995	104.4	111860		48.0	93.2		400.5
1996	104.2	113690		49.3	92.8		397.5
1997	102.4	117915	108.3	49.8	90.6	535.8	378.8
1998	95.2	119042	117.2	50.8	83.3	537.1	358.6
1999	91.6	114815	124.7	50.1	80.1	555.7	351.3
2000	84.0	108424	127.2	48.4	73.2	553.4	315.0
2001	79.2	91893	125.9	46.4	70.0	541.9	316.4
2002	76.7	86087	124.4	39.6	68.1	528.6	294.2
2003	74.1	77431	122.2	39.7	66.3	519.2	319.1
2004	72.2	77884	129.6	42.5	64.4	507.9	292.1
2005	70.9	79947	123.3	45.4	62.9	490.5	265.7
2006	70.4	80717	123.5	44.3	62.4	453.3	243.0
2007	69.5	82006	122.3	41.6	61.3	466.9	241.1
2008	68.8	83413	128.7	42.2	60.4	480.9	233.9
2009	68.4	84689	129.5	43.1	59.9	480.5	234.0
2010	68.2	87057	130.7	43.9	59.5	479.1	233.4
2011	67.9	89480	134.0	45.4	59.0	476.4	231.9

B-3-3 结婚登记

年份	结婚登记总数（万对）	内地居民登记结婚数（万对）	涉外华侨港澳台登记结婚数（万对）	每千居民之结婚宗数（粗结婚率）（‰）
1978	597.8	597.8		6.2
1979	637.1	636.3	0.8	6.7
1980	720.9	719.8	1.1	7.3
1981	1041.7	1040.3	1.4	10.4
1982	836.9	835.5	1.4	8.3
1983	765.4	764.2	1.3	7.5
1984	784.8	783.4	1.4	7.5
1985	831.3	829.1	2.2	7.9
1986	884.0	882.3	1.7	8.2
1987	926.7	924.7	2.0	8.6
1988	899.2	897.2	2.0	8.3
1989	937.2	935.2	2.0	8.4
1990	951.1	948.7	2.4	8.2
1991	953.6	951.0	2.6	8.3
1992	957.5	954.5	3.0	8.3
1993	915.4	912.2	3.3	7.8
1994	932.4	929.0	3.4	7.8
1995	934.1	929.7	4.4	7.7
1996	938.7	934.0	4.7	7.7
1997	914.1	909.1	5.1	7.4
1998	891.7	886.7	5.0	7.2
1999	885.3	879.9	5.4	7.1
2000	848.5	842.0	6.5	6.7
2001	805.0	797.1	7.9	6.3
2002	786	778.8	7.3	6.1
2003	811.4	803.5	7.8	6.3
2004	867.2	860.8	6.4	6.7
2005	823.1	816.6	6.4	6.3
2006	945	938.2	6.8	7.2
2007	991.4	986.3	5.1	7.5
2008	1098.3	1093.2	5.1	8.3
2009	1212.4	1207.5	4.9	9.1
2010	1241	1236.1	4.9	9.3
2011	1302.4	1297.5	4.9	9.7

每千居民之结婚宗数（粗结婚率）计算方法：

$$每千居民之结婚宗数=\frac{结婚宗数}{（当年期初人口数+当年期末人口数）/2}\times 1000‰$$

B-3-4 离婚办理

年　份	离婚总数（万对）	民政部门登记离婚数（万对）	内地居民登记离婚数（万对）	涉外华侨港澳台登记离婚数（对）	法院部门办理离婚数（万对）	每千居民之离婚宗数（粗离婚率）（‰）
1978	28.5	17.0	17		11.5	0.18
1979	31.9	19.3	19.3	82	12.6	0.33
1980	34.1	18.0	18	330	16.1	0.35
1981	38.9	18.7	18.7	46	20.2	0.39
1982	42.8	21.1	21.1	116	21.7	0.42
1983	41.8	19.7	19.7	126	22.1	0.42
1984	45.4	19.9	19.9	110	25.5	0.40
1985	45.8	19.6	19.6	108	26.2	0.44
1986	50.6	21.4	21.4	205	29.2	0.47
1987	58.1	23.6	23.6	220	34.5	0.55
1988	65.5	26.4	26.4	310	39.1	0.60
1989	75.3	28.8	28.7	518	46.5	0.68
1990	80.0	30.1	30	602	49.9	0.69
1991	83.1	30.1	30	588	53	0.72
1992	85.0	31.6	31.5	833	53.4	0.74
1993	91.0	33.6	33.5	968	57.4	0.77
1994	98.2	35.5	35.4	737	62.7	0.82
1995	105.6	36.8	36.7	813	68.8	0.88
1996	113.4	39.4	39.3	1175	74	0.93
1997	119.9	44.0	43.9	1385	75.9	0.97
1998	119.2	46.6	46.5	948	72.6	0.96
1999	120.2	47.8	47.7	975	72.4	0.96
2000	121.3	48.9	48.8	1075	72.4	0.96
2001	125.0	52.8	52.5	2856	72.2	0.98
2002	117.7	57.3	56.8	5221	60.4	0.90
2003	133.0	69	68.7	3333	64	1.05
2004	166.5	104.6	104.0	5830	61.9	1.28
2005	178.5	118.4	117.5	8267	60.1	1.37
2006	191.3	129.1	128.3	8414	62.2	1.46
2007	209.8	145.7	144.8	8852	64.1	1.59
2008	226.9	161.0	160.0	9470	65.9	1.71
2009	246.8	180.2	179.6	5608	66.6	1.85
2010	267.8	201.0	200.4	5783	66.8	2.00
2011	287.4	220.7	220.2	5761	66.7	2.13

每千居民之离婚宗数（粗离婚率）计算方法：

$$每千居民之离婚宗数=\frac{离婚宗数}{（当年期初人口数+当年期末人口数）/2}\times 1000‰$$

B-3-5 殡葬服务

单位：个

年　份	殡仪馆	公墓	殡葬管理机构	火化炉数（台）	处理遗体数（万具）	火化率（%）
1978				1712	117.5	
1979				2300	102.1	
1980				2510	98.7	
1981				2586	85.4	
1982				2622	96.2	
1983				2622	108.0	
1984				2686	128.2	
1985	9	24	122	2729	155.2	
1986	5	25	143	2745	155.5	26.2
1987	6	29	195	2752	162.0	27.0
1988	14	37	219	2729	180.9	29.5
1989	17	50	217	2768	182.3	30.1
1990	1260	73	211	2795	201.3	31.5
1991	1283	84	234	2714	215.6	34.0
1992	1288	88	228	2852	242.6	31.2
1993	1264	136	296	2891	247.6	31.6
1994	1272	163	284	2882	257.1	33.4
1995	1281	209	302	2927	262.7	33.2
1996	1283	256	313	3005	282.7	35.2
1997	1289	359	340	2959	295.0	36.8
1998	1310	425	374	3157	319.7	39.6
1999	1318	624	402	*3340*	336.4	41.5
2000	1363	692	466	*3565*	373.7	46.0
2001	1415	757	540	4299	386.7	47.3
2002	1486	854	542	3945	415.2	50.6
2003	1515	855	599	4159	434.9	52.7
2004	1549	937	633	4792	436.9	52.5
2005	1594	1009	681	5037	450.2	53
2006	1635	1109	805	5649	430.2	48.2
2007	1708	1162	799	4838	442.1	48.4
2008	1692	1209	853	4789	453.4	48.5
2009	1729	1266	901	5123	454.2	48.2
2010	1724	1308	919	5229	474.1	49
2011	1745	1406	952	5209	468.1	48.8

注：斜体下划线数据经过修正。1989年以前部分数据统计不完全。

05

地区统计资料

C-1-1 省级行政区划

单位：个

地 区	面积 （万平方千米）	省级合计	直辖市	省	自治区	特别行政区
全 国	**960**	**34**	**4**	**23**	**5**	**2**
北 京	1.68	1	1			
天 津	1.1	1	1			
河 北	19	1		1		
山 西	15	1		1		
内蒙古	110	1			1	
辽 宁	15	1		1		
吉 林	18	1		1		
黑龙江	46	1		1		
上 海	0.58	1	1			
江 苏	10	1		1		
浙 江	10	1		1		
安 徽	13	1		1		
福 建	12	1		1		
江 西	16	1		1		
山 东	15	1		1		
河 南	16	1		1		
湖 北	18	1		1		
湖 南	21	1		1		
广 东	18	1		1		
广 西	23	1			1	
海 南	3.4	1		1		
重 庆	8.23	1	1			
四 川	48	1		1		
贵 州	17	1		1		
云 南	38	1		1		
西 藏	120	1			1	
陕 西	19	1		1		
甘 肃	39	1		1		
青 海	72	1		1		
宁 夏	6.6	1			1	
新 疆	160	1			1	
香 港		1				1
澳 门		1				1
台 湾		1		1		

C-1-2 地级与县级行政区划

单位:个

地区	地级合计					县级合计								
		地级市	地区	自治州	盟		市辖区	县级市	县	自治县	旗	自治旗	特区	林区
全国	**332**	**284**	**15**	**30**	**3**	**2853**	**857**	**369**	**1456**	**117**	**49**	**3**	**1**	**1**
北京						16	14		2					
天津						16	13		3					
河北	11	11				172	36	22	108	6				
山西	11	11				119	23	11	85					
内蒙古	12	9			3	101	21	11	17		49	3		
辽宁	14	14				100	56	17	19	8				
吉林	9	8		1		60	20	20	17	3				
黑龙江	13	12	1			128	64	18	45	1				
上海						17	16		1					
江苏	13	13				104	55	25	24					
浙江	11	11				90	32	22	35	1				
安徽	16	16				105	43	6	56					
福建	9	9				85	26	14	45					
江西	11	11				100	19	11	70					
山东	17	17				140	49	31	60					
河南	17	17				159	50	21	88					
湖北	13	12		1		103	38	24	38	2				1
湖南	14	13		1		122	35	16	64	7				
广东	21	21				121	54	23	41	3				
广西	14	14				109	34	7	56	12				
海南	2	2				20	4	6	4	6				
重庆						38	19		15	4				
四川	21	18		3		181	44	14	119	4				
贵州	9	6		3		88	13	7	56	11			1	
云南	16	8		8		129	13	11	76	29				
西藏	7	1	6			73	1	1	71					
陕西	10	10				107	24	3	80					
甘肃	14	12		2		86	17	4	58	7				
青海	8	1	1	6		43	4	2	30	7				
宁夏	5	5				22	9	2	11					
新疆	14	2	7	5		99	11	20	62	6				

C-1-3　乡镇级行政区划

单位：个

地　区	乡镇级合计	镇	乡	#民族乡	街道办事处	区公所
全　国	**40466**	**19683**	**13587**	**1086**	**7194**	**2**
北　京	322	144	38	5	140	
天　津	244	123	11	1	110	
河　北	2233	1013	946	52	273	1
山　西	1397	564	632		201	
内蒙古	909	477	192	18	240	
辽　宁	1508	607	290	69	611	
吉　林	898	428	190	28	280	
黑龙江	1278	478	417	58	383	
上　海	209	108	2		99	
江　苏	1300	860	96	1	344	
浙　江	1346	654	290	14	402	
安　徽	1522	914	343	9	265	
福　建	1102	600	329	19	173	
江　西	1539	794	602	8	143	
山　东	1857	1118	128		611	
河　南	2381	1011	852	12	518	
湖　北	1233	742	194	10	297	
湖　南	2426	1121	1038	97	267	
广　东	1585	1132	11	7	442	
广　西	1235	702	424	58	109	
海　南	222	183	21		18	
重　庆	1012	598	225	14	189	
四　川	4672	1816	2579	98	277	
贵　州	1558	694	751	250	113	
云　南	1362	577	667	145	118	
西　藏	692	140	542	9	10	
陕　西	1418	1137	82		199	
甘　肃	1353	468	759	34	126	
青　海	396	137	229	28	30	
宁　夏	237	101	92		44	
新　疆	1020	242	615	42	162	1

C-1-4 民政部门

地 区	单位数	年末职工人数	#女性	受教育程度	
				大学专科人数	大学本科及以上人数
全 国	**3483**	**90224**	**28446**	**37176**	**34652**
中央级	1	322	80	2	320
北 京	18	1064	389	239	735
天 津	19	582	162	178	254
河 北	191	5903	2132	2187	1901
山 西	131	2654	848	1175	813
内蒙古	116	2745	865	1324	1061
辽 宁	118	2844	828	1201	1388
吉 林	76	1507	406	568	821
黑龙江	146	2576	943	1119	1092
上 海	20	748	265	213	513
江 苏	125	3395	849	1142	1775
浙 江	103	2457	589	949	1127
安 徽	122	2701	690	1108	1109
福 建	97	1701	326	623	581
江 西	116	2945	889	1048	936
山 东	179	6025	1825	2390	2799
河 南	181	7995	2880	3567	2418
湖 北	117	4014	1165	1847	1484
湖 南	147	6272	2102	2421	2138
广 东	146	3866	1135	1507	1596
广 西	130	2358	745	1027	922
海 南	23	618	183	270	204
重 庆	40	1190	338	497	595
四 川	208	5206	1769	2285	1794
贵 州	99	2725	851	1405	849
云 南	146	4052	1294	1732	1435
西 藏	81	825	344	315	209
陕 西	119	3368	876	1534	1091
甘 肃	101	2733	777	1080	919
青 海	55	791	276	322	276
宁 夏	27	624	206	267	290
新 疆	285	3418	1419	1634	1207

行政机构

单位:个、人

职业资格水平		年龄结构			
助理社会工作师人数	社会工作师人数	35岁及以下人数	36岁至45岁人数	46岁至55岁人数	56岁及以上人数
963	**854**	**22164**	**34060**	**27280**	**6720**
		110	93	76	43
89	29	238	359	360	107
		77	154	283	68
74	89	1731	2218	1609	345
9	8	704	955	841	154
1	7	596	1061	935	153
13	37	525	935	1077	307
7	5	300	591	529	87
64	32	627	1022	810	117
26	64	164	189	259	136
140	91	517	1152	1309	417
11	20	434	745	990	288
32	35	467	1073	905	256
12	22	264	602	666	169
23	23	578	1181	927	259
104	74	1838	2242	1632	313
120	126	2789	2898	1813	495
23	8	743	1467	1298	506
27	27	1888	2401	1526	457
56	59	929	1356	1219	362
25	32	298	996	887	177
	1	124	241	187	66
	5	217	392	451	130
31	27	1159	2172	1522	353
11	3	572	1158	864	131
15	5	816	1623	1388	225
2	3	362	340	120	3
13	7	868	1215	1004	281
17	8	873	1049	673	138
8		168	388	205	30
1	3	129	277	169	49
9	4	1059	1515	746	98

C-1-4续表

地 区	职工按行政级别分				乡、镇、街道民政助理员
	中央级	省级	地级	县级	
全 国	**322**	**3806**	**13585**	**72511**	**49152**
中央级	322				
北 京		204		860	716
天 津		115		467	446
河 北		106	677	5120	3126
山 西		93	393	2168	1531
内蒙古		75	455	2215	1534
辽 宁		84	656	2104	1231
吉 林		92	296	1119	230
黑龙江		123	666	1787	326
上 海		171		577	420
江 苏		163	664	2568	1485
浙 江		97	418	1942	2078
安 徽		118	502	2081	1507
福 建		118	286	1297	1261
江 西		83	435	2427	1249
山 东		144	873	5008	2602
河 南		151	869	6975	2339
湖 北		108	543	3363	1681
湖 南		160	755	5357	5063
广 东		139	912	2815	1052
广 西			555	1803	2443
海 南		78	59	481	354
重 庆		180		1010	2815
四 川		173	712	4321	1970
贵 州		112	369	2244	3436
云 南		137	681	3234	2494
西 藏		90	219	516	
陕 西		138	506	2724	3903
甘 肃		126	385	2222	541
青 海		99	148	544	396
宁 夏		126	108	390	335
新 疆		203	443	2772	588

单位:人、万元

执行行政事业单位会计制度财务指标					
固定资产原价	上年结转和结余	本年收入合计	本年支出合计	收支结余	行政事业单位增加值
2842092.8	**617808.3**	**10208254.3**	**6975118.0**	**609632.2**	**2128848.3**
35254.1	36549.5	57226.8	67588.3	26188.0	36985.1
34252.5	42165.8	284929.3	278373.0	44419.0	70507.1
6782.1	160.2	14512.1	14664.0	95.9	11214.5
48361.5	7013.3	282755.4	279578.5	16967.0	95013.5
33196.7	6980.5	104386.2	109125.7	6444.5	35211.6
26685.9	1938.3	53342.0	50382.7	3578.6	20665.4
65990.5	3703.5	124332.1	112678.9	4515.0	45525.2
623105.1	931.8	1263916.5	1264448.9	353.8	62115.6
25884.1	1290.6	91446.8	92035.0	1024.0	39510.2
12874.0	68766.7	228487.2	225616.3	60709.7	97396.5
61147.1	25141.2	284318.5	281945.4	22295.7	126127.5
53351.4	32798.5	411446.5	421301.5	28892.3	180217.7
47382.7	9056.6	218217.5	217963.4	6171.3	67369.9
24807.8	18041.6	158749.0	150417.3	7191.2	63885.9
32511.0	11652.4	53185.2	56270.7	13944.5	21998.4
85394.5	10746.1	236545.5	237122.6	10193.0	94454.9
33107.3	7660.6	157973.1	143935.4	6542.7	70678.8
80799.8	5909.8	106455.3	103473.3	3473.7	37240.8
66591.3	12339.0	295980.5	292867.6	3755.7	145054.0
111224.8	23179.8	515128.7	495683.4	14318.6	141016.2
942692.4	128504.3	3434744.1	168535.1	123062.8	81374.3
13111.7	15569.2	147419.6	140980.3	19122.7	43005.9
32269.5	2564.9	58834.7	58681.9	2735.7	26992.5
69514.9	18104.2	448383.3	425784.5	14589.8	80496.6
36134.8	23112.8	175042.6	153130.7	22293.6	36658.4
85592.1	59738.2	284239.8	292252.8	55816.9	69509.8
18881.6		22002.3	22002.3	29.0	2906.6
30704.5	11555.2	107850.8	110525.1	6977.8	47326.9
10507.9	824.0	17841.0	17565.8	50397.9	32858.5
15400.8	3120.0	189197.3	308931.4		167525.8
21960.1	14532.9	70263.1	68154.4	19026.6	19706.2
56618.3	14156.8	309101.5	313101.8	14505.2	102432.1

C-1-5 社会服

地 区	单位数	年末职工人数	#女性	受教育程度情况	
				大学专科人数	大学本科及以上人数
全 国	**1297469**	**11297846**	**3174236**	**1679713**	**906382**
中央级	2093	30508	12766	255	22751
北 京	21222	215828	87321	48531	54006
天 津	10935	99693	43053	23132	20370
河 北	73278	480418	121652	65484	22645
山 西	44413	305111	84342	50257	18294
内蒙古	24664	166140	52905	35459	14683
辽 宁	41114	438794	138929	79529	41808
吉 林	22214	188518	44647	30219	9258
黑龙江	28624	269566	102172	53476	18230
上 海	20907	298311	100527	24953	17710
江 苏	73822	866932	277312	136677	75374
浙 江	73000	740242	253127	129577	58812
安 徽	40890	394995	82901	50807	22908
福 建	37213	356038	74133	34187	32875
江 西	36047	302073	95057	28162	9282
山 东	133456	835967	232688	200621	111205
河 南	77414	534591	148932	84753	45300
湖 北	60182	411091	139322	80843	25200
湖 南	71241	795232	135178	76820	31381
广 东	64510	619544	219183	102952	54602
广 西	32324	377274	74945	33856	18764
海 南	6623	41757	13593	7520	6197
重 庆	26645	241869	82748	38291	32254
四 川	91317	704611	177707	73723	61884
贵 州	28775	236834	46917	22974	8795
云 南	30169	409994	81635	29594	19745
西 藏	6157	33998	8790	1432	404
陕 西	48448	375999	90240	37725	14718
甘 肃	31092	249135	57927	45956	13092
青 海	7760	50544	13351	10543	4902
宁 夏	7812	56556	18349	9593	4556
新 疆	23108	169683	61887	31812	14377

务业总表

单位:个、人

职业资格水平		年龄结构			
助理社会工作师人数	社会工作师人数	35岁及以下人数	36岁至45岁人数	46岁至55岁人数	56岁及以上人数
29626	**11604**	**3392067**	**4450342**	**2606449**	**848988**
3	11	9054	5370	7085	8999
3965	1482	57365	75943	55248	27272
494	228	27170	35203	27992	9328
834	529	138552	198846	117719	25301
214	210	96401	110721	71058	26931
135	72	53141	68317	34905	9777
932	407	113966	162475	103265	59088
526	74	57146	82257	42163	6952
906	231	112540	101936	43471	11619
1352	904	89711	96167	81973	30460
3886	1151	245063	337401	215719	68749
2216	1050	237759	307813	154878	39792
1200	308	96203	164571	92104	42117
756	298	76687	126815	95930	56606
590	250	89802	141446	55685	15140
1421	929	262819	345809	177149	50190
1061	488	175147	217772	111693	29979
467	169	123634	169159	94739	23559
830	357	180440	322376	254661	37755
3993	1362	287031	191328	104150	37035
608	228	87404	144882	105672	39316
20	7	13762	16574	7843	3578
400	127	81085	89787	51502	19495
1225	295	243090	267172	135827	58522
219	35	60112	111804	50148	14770
331	70	129341	160625	85448	34580
4	3	6672	11349	10581	5396
365	112	93787	138526	113434	30252
255	56	61968	131891	41611	13665
74	15	11564	21450	14296	3234
84	25	17686	27361	9809	1700
260	121	55965	67196	38691	7831

C-1-5续表

地 区	增加值合计	执行企业会计制度单位财务指标					执行行政	
		固定资产原价	营业收入	费用合计	营业利润	企业单位增加值	固定资产原价	上年结转和结余
全 国	**24597846.2**	**21635625.8**	**57366581.6**	**7810853.7**	**1786566.6**	**8437396.2**	**25092932.7**	**1980198.8**
中央级	878702.3	33711.0	18914.2	10606.2	102.3	4956.2	158862.7	46734.7
北 京	1530127.3	2420622.3	1332328.0	339343.4	34418.2	331796.6	642730.3	216561.3
天 津	307627.1	273351.8	912602.7	490261.3	23936.9	115136.7	306789.8	27291.5
河 北	538711.1	450485.5	1636834.7	177739.1	54369.4	158385.7	965900.8	57925.1
山 西	372310.2	374365.1	607298.4	27699.4	1793.9	73910.8	928419.4	18913.6
内蒙古	167294.8	99683.4	159030.6	65841.7	8561.8	29649.2	226347.4	16969.2
辽 宁	1214400.6	880775.8	2936477.3	369247.4	77603.1	437247.0	887817.9	27289.3
吉 林	197925.9	127382.7	319665.4	44990.4	11464.9	49889.6	791192.8	11606.6
黑龙江	245021.2	166447.5	241415.9	89875.8	9178.4	55965.2	770854.9	36032.2
上 海	1500529.5	1151334.6	2581150.9	347587.6	182935.5	770804.8	850044.1	130814.5
江 苏	3626061.7	3675922.4	14611690.5	1763273.5	334196.7	1299025.4	2650649.7	260744.3
浙 江	3916010.7	5833204.5	19068946.2	1832660.3	691482.8	2499871.4	4657394.5	200434.1
安 徽	693074.4	272029.2	1025772.8	88518.8	12856.4	62623.2	762222.8	28381.5
福 建	338917.9	185269.0	417916.6	62204.5	10518.5	63616.2	237838.3	40327.5
江 西	268056.4	134657.9	2935911.2	24963.8	2410.2	14969.6	333676.5	31452.7
山 东	1891200.8	724565.9	752218.6	242040.4	102537.2	502883.2	1387848.2	23422.3
河 南	486436.8	1483160.7	831736.9	238030.8	17911.9	140160.0	583941.9	23145.9
湖 北	704619.9	250925.1	460983.8	88512.5	20542.9	114805.1	814339.4	12725.2
湖 南	585574.2	422870.0	631661.1	80531.3	4209.8	83360.6	628645.8	28992.6
广 东	1827453.5	342832.0	298340.7	764320.4	11246.6	668914.4	2164088.8	139513.9
广 西	244308.6	88259.6	181634.7	15913.6	-2855.1	16495.6	1367423.6	145113.7
海 南	79413.1	30561.2	54053.0	8399.7	258.5	7317.5	62306.2	21997.0
重 庆	569780.7	490051.9	1460394.0	159071.3	34665.4	275704.0	344314.4	15534.0
四 川	827542.4	491593.9	1916599.3	135170.9	45371.5	374625.4	682978.0	125679.3
贵 州	187897.6	93390.3	70805.0	17053.7	5279.7	18826.5	146086.4	27814.4
云 南	454037.3	577903.0	1126906.3	194624.5	44691.3	123383.0	543596.2	169112.5
西 藏	8604.5	3391.0	310.0	164.8	14.0	68.1	105386.8	839.1
陕 西	329069.4	170227.3	371728.6	76229.7	31846.1	76821.6	394920.9	22073.6
甘 肃	124961.5	34303.5	18417.3	5854.1	1397.1	4444.1	209162.4	7831.2
青 海	185762.7	20650.6	7430.6	2024.1	22.0	2666.3	54737.4	4443.8
宁 夏	68819.8	159475.5	89512.8	12217.4	9351.8	22058.6	84243.0	19313.1
新 疆	262920.4	172221.6	287893.5	35881.3	4246.9	37014.7	348171.4	41169.1

单位：万元

事业单位会计制度财务指标				执行民间非营利组织单位会计制度财务指标				
本年收入合计	本年支出合计	收支结余	行政事业单位增加值	固定资产原价	上年结余	本年收入合计	本年费用合计	民间非营利组织单位增加值
25267520.4	**21458192.9**	**1681344.7**	**9072896.6**	**23169010.5**	**5110958.8**	**20651385.3**	**13609831.2**	**7087553.4**
181311.7	175538.7	51138.7	76139.8	557964.7		3016438.0	2371882.1	797606.3
1475793.6	1550221.7	168569.2	860918.6	764851.8	959204.9	1178339.3	968720.2	337412.1
315851.8	317750.5	12111.3	145869.9	82674.5	15658.5	169061.8	116270.2	46620.5
760193.5	754351.9	45784.4	327829.8	368519.5	1823.2	639854.6	122709.9	52495.6
1200099.6	822997.7	21019.8	173911.4	409156.9	17253.0	230005.2	244201.2	124488.0
222764.8	222862.5	13315.9	110621.5	63785.7	861.2	60592.3	57760.7	27024.1
585647.8	572964.2	22652.0	312398.7	380471.6	2784.8	812958.9	739015.6	464754.9
1417289.8	1417560.7	1938.9	126487.4	785010.6	779.0	117071.6	102052.7	21548.9
317560.2	307136.7	28717.1	160065.8	2177590.5	3853.5	840461.4	47942.2	28990.2
893686.1	814490.9	86805.2	250262.9	215705.8	890763.8	2163066.6	888060.8	479461.8
1604554.2	1688595.8	96973.7	882821.3	2067835.4	839854.5	1714773.9	1232799.6	1444215.0
2109771.8	1836435.8	248802.1	886025.8	1741422.2	581530.9	1437433.5	1307616.8	530113.5
557033.7	546226.9	20159.7	239542.2	3415444.4	10402.5	527033.0	1043149.2	390909.0
429063.3	413043.9	15803.5	152270.7	373225.1	44907.3	176762.0	177395.0	123031.0
211606.3	206076.1	24454.1	87257.0	243491.4	1055.2	249079.4	229173.3	165829.8
1895660.4	1895045.7	24115.7	951598.6	1030509.2	501.7	688248.3	688834.6	436719.0
535585.5	508050.8	25579.1	259938.2	356570.2	9535.0	512878.5	190570.2	86338.6
671320.2	664779.4	110050.2	359574.9	428537.5	1996.8	498747.4	463793.8	230239.9
815055.3	787502.4	22319.5	410730.7	275821.9	50750.3	255492.2	225147.6	91482.9
1878524.6	1750423.7	135371.7	594979.2	3076270.7	245066.2	1986190.8	1246452.8	563559.9
3628829.3	310466.5	133825.0	188921.1	717353.0	98798.6	50861.2	49237.8	38891.9
197607.1	191427.9	21289.0	64403.1	86955.8	800.3	12118.8	9955.5	7692.5
255658.8	426576.5	22133.5	132375.3	523862.6	190249.1	332262.9	241084.2	161701.4
934013.2	1014046.6	58656.6	313421.0	943748.6	640442.0	769738.2	389287.5	139496.0
273903.8	324651.2	31524.0	79088.3	303261.0	6022.7	114586.5	92341.8	89982.8
512635.1	492750.4	87950.8	217370.3	843915.5	417264.7	571207.3	186168.6	113284.0
28355.5	28896.1	348.5	7502.5	1871.1	12292.4	2080.5	2085.9	1033.9
370589.2	369211.2	26197.5	230331.2	416235.5	50497.8	38676.5	41674.8	21916.6
180394.1	134287.5	58036.9	89903.5	156943.6	12079.3	1399722.6	58123.2	30613.9
208737.1	326923.7	437.7	177045.5	243299.2	240.1	29447.8	22323.8	6050.9
103517.5	96998.4	25656.9	36486.4	54018.4	1416.0	17625.1	20243.9	10274.8
494905.5	489900.9	39606.5	202132.0	62686.6	2273.5	38569.2	33755.7	23773.7

C-1-6 社会服务业

地 区	社会服务综合指数(%)	社会服务业增加值占第三产业增加值比重(%)	每万人口固定资产原值(万元/十万人)	社会服务事业费占财政支出的比重(%)	每万人口乡镇街道数(个/万人)	千人口社会服务床位(张/千人)	千老年人口养老床位(张/千人)
全 国	**100.00**	**1.21**	**51.9**	**2.96**	**0.3**	**2.94**	**19.09**
北 京	346.9	1.26	303.3	3.18	0.26	9.34	30.13
天 津	133.7	0.6	67	2.09	0.25	3.82	19.32
河 北	69.7	0.66	24.5	3.52	0.31	2.44	16.80
山 西	80.0	0.96	49.3	3.71	0.4	1.89	13.79
内蒙古	89.7	0.35	15.9	3.24	0.37	2.40	17.18
辽 宁	120.0	1.53	50.5	3.45	0.35	3.34	16.36
吉 林	74.0	0.54	62.6	3.64	0.33	3.10	19.45
黑龙江	97.3	0.55	81.1	3.76	0.33	2.64	17.21
上 海	227.8	1.35	157	1.69	0.15	8.15	29.41
江 苏	185.1	1.77	112.4	2.75	0.17	4.36	22.82
浙 江	235.3	2.79	257.6	2.76	0.28	4.88	28.06
安 徽	89.8	1.43	65.2	3.82	0.22	3.59	24.79
福 建	82.3	0.51	22.6	2.29	0.31	1.65	9.71
江 西	66.6	0.74	15.2	3.89	0.33	3.38	28.41
山 东	117.2	1.09	33	3.38	0.19	4.00	23.75
河 南	51.9	0.62	22.4	3.73	0.22	2.62	21.47
湖 北	89.3	0.98	24.3	4.38	0.2	3.98	26.85
湖 南	63.3	0.77	18.8	4.39	0.34	2.30	14.45
广 东	144.1	0.77	65.5	2.21	0.19	1.83	12.16
广 西	60.1	0.62	40.8	3.82	0.23	1.10	8.04
海 南	74.1	0.7	20.1	2.87	0.25	0.55	3.92
重 庆	110.8	1.57	41.1	3.05	0.31	3.41	19.84
四 川	61.7	1.18	23.5	4.64	0.52	3.74	21.88
贵 州	52.4	0.71	13	4.96	0.37	1.14	8.57
云 南	72.2	1.35	43.4	4.89	0.3	1.33	9.21
西 藏	75.3	0.27	37.8	1.72	2.35	2.45	23.79
陕 西	103.1	0.76	25.3	4.63	0.37	2.11	14.02
甘 肃	94.6	0.7	14.7	5.59	0.5	1.39	9.21
青 海	84.2	3.44	58	3.72	0.72	1.51	12.58
宁 夏	113.7	0.86	46.3	2.77	0.37	1.51	13.07
新 疆	85.3	1.29	26.9	3.78	0.47	2.30	17.02

综合指数

每万人口家庭收养数(件/万人)	每万人口福利企业残疾职工人数(人/万人)	城市低保平均标准(元/十人、月)	农村低保平均标准(元/十人、月)	每万人口福利彩票销售(万元/万人)	社区服务设施覆盖率(%)	城市社区服务中心(站)覆盖率(%)	每万人口社会组织(个/万人)	离婚率(‰)
0.23	**4.66**	**28.8**	**14.3**	**94.9**	**23.61**	**68.28**	**3.43**	**2.13**
0.31	9.96	50.0	38.3	399.0	139.10	102.45	6.01	3.45
0.22	9.21	48.0	33.0	162.3	28.32	45.05	4.23	3.24
0.08	2.96	31.0	13.9	64.6	11.82	46.78	2.17	2.14
0.12	5.14	26.9	11.8	61.5	6.20	68.51	3.06	1.37
0.08	2.42	34.4	19.9	105.4	15.12	64.51	3.59	2.72
0.07	12.23	31.2	16.2	147.6	22.40	70.75	4.42	3.27
0.02	4.12	25.4	12.3	76.4	4.02	21.42	3.16	3.72
0.03	2.82	27.8	12.4	74.3	18.63	64.95	3.38	3.89
0.52	24.96	50.5	36.0	271.5	64.44	65.50	7.35	3.39
0.49	15.57	38.6	30.0	157.9	73.13	118.61	4.91	2.23
1.04	20.81	42.9	29.4	195.3	56.84	92.65	6.20	2.43
0.18	1.06	29.7	14.9	52.1	21.48	63.19	2.47	1.75
0.37	2.50	27.4	14.3	93.2	11.10	70.06	4.82	1.89
0.32	2.72	30.8	14.2	49.2	15.98	43.54	2.42	1.49
0.22	4.19	31.4	14.2	115.1	28.34	106.84	4.31	1.9
0.07	2.90	23.3	10.5	41.9	6.06	26.88	1.86	1.28
0.12	2.80	29.4	12.1	83.0	27.04	63.79	3.79	2.03
0.20	2.65	24.3	11.4	57.9	16.36	45.02	2.42	2.09
0.44	0.57	28.6	19.6	165.1	81.53	72.31	3.60	1.66
0.45	1.05	24.1	10.2	53.0	7.83	36.82	2.51	1.45
0.31	1.02	30.0	21.6	132.6	2.24	14.66	3.59	1.22
0.18	8.13	29.8	15.7	104.7	34.84	86.33	3.08	3.74
0.12	2.85	24.2	11.0	54.1	7.16	39.03	3.36	2.57
0.12	0.50	27.1	12.1	38.3	34.18	24.11	1.71	1.72
0.26	4.13	24.8	12.2	87.6	4.14	32.33	2.99	1.64
0.06	0.42	35.6	8.1	112.6	0.53	14.72	1.15	0.68
0.06	1.38	30.6	13.4	103.6	9.14	116.74	3.91	1.76
0.04	0.59	20.7	9.1	67.4	14.57	150.75	3.68	1.13
0.05	1.13	23.6	12.1	105.8	3.27	36.65	4.91	1.7
0.09	4.42	24.4	9.5	119.8	42.05	87.69	6.67	2.08
0.26	2.71	20.0	9.1	104.1	17.89	63.91	3.80	4.81

C-1-7 社会工作师、助理

地 区	社工师和助工师累计合格人数	社工师		
		累计合格人数	当年考试通过人数	当年报考人数
全 国	**54176**	**13421**	**2338**	**25500**
北 京	7505	1640	350	3060
天 津	1362	248	42	483
河 北	1473	556	64	690
山 西	923	337	35	532
内蒙古	263	82	16	428
辽 宁	2001	503	134	1560
吉 林	621	79	16	421
黑龙江	1194	240	46	1277
上 海	2595	956	133	1333
江 苏	6243	1274	254	2702
浙 江	4634	1373	225	1816
安 徽	1637	340	45	422
福 建	1534	356	71	639
江 西	1193	295	34	355
山 东	3072	1023	125	1098
河 南	1662	562	75	634
湖 北	1022	209	30	476
湖 南	1248	397	46	686
广 东	8178	1655	398	2911
广 西	1132	275	33	465
海 南	53	7	3	56
重 庆	536	132	31	799
四 川	1590	334	56	204
贵 州	309	37	5	651
云 南	538	85	22	6
西 藏	7	3		731
陕 西	574	147	7	151
甘 肃	326	62	14	163
青 海	177	27	4	75
宁 夏	140	45	4	166
新 疆	434	142	20	510

社工师人员情况

单位：人

	助工师			
当年实考人数	累计合格人数	当年考试通过人数	当年报考人数	当年实考人数
19426	**40755**	**8068**	**54515**	**44100**
2473	5865	1543	9504	7913
417	1114	285	2242	2019
471	917	49	383	288
420	586	62	504	416
330	181	37	274	209
1170	1498	226	2641	2122
311	542	88	953	801
999	954	250	3527	2812
1065	1639	466	2575	2162
1979	4969	1098	6565	5215
1410	3261	618	3337	2693
286	1297	136	863	569
488	1178	195	1231	953
263	898	158	738	592
782	2049	277	1449	1166
543	1100	193	695	636
347	813	134	806	684
467	851	171	1506	1191
2356	6523	1376	7499	6181
357	857	109	878	729
33	46	7	103	90
580	404	93	2341	1714
125	1256	237	294	208
473	272	24	1218	934
6	453	137		
524	4		1154	911
111	427	29	171	136
117	264	21	205	158
61	150	12	112	97
117	95	6	151	120
345	292	31	596	381

C-1-8 各省、自治区、直辖市

地　区	1952年	1953年	1954年	1955年	1956年	1957年	1958年
全　国	**28265**	**35484**	**60390**	**49842**	**56906**	**53119**	**32693**
中央级	6	443	20619	8736	270	85	82
北　京	198	237	276	247	584	302	376
天　津	208	315	131	157	217	240	194
河　北	2849	4558	4764	4526	9681	6640	2494
山　西	1253	1398	1531	1373	2096	1953	2279
内蒙古	912	370	306	364	625	417	505
辽　宁	611	1434	1392	1298	1638	1339	1098
吉　林	346	595	880	856	1331	1610	1126
黑龙江	640	831	912	952	1442	1336	948
上　海	550	306	411	729	1121	1073	464
江　苏	1980	1993	2051	3003	4052	5051	2617
浙　江	398	426	505	757	1430	988	672
安　徽	2051	4061	3382	3453	4748	4306	1642
福　建	828	732	789	933	1473	866	823
江　西	1519	1040	1368	2253	1889	1802	1717
山　东	2624	3993	5082	3975	3664	5261	3795
河　南	1440	2745	2307	2494	4360	5539	2990
湖　北	2719	1058	2765	2664	1306	1505	1210
湖　南	1255	1089	3381	2205	2259	2177	1344
广　东	1762	1454	1270	1407	2725	2729	1223
广　西	516	645	735	700	1414	1589	582
海　南							
四　川	1583	2035	2052	2646	3570	2606	1982
贵　州	368	686	633	567	618	494	331
云　南	630	695	875	740	908	599	514
西　藏			43	207	91		2
陕　西	519	1023	984	1135	1794	1250	588
甘　肃	390	1074	675	1171	1083	871	539
青　海	52	134	140	154	281	237	164
宁　夏							92
新　疆	58	114	131	140	236	254	300

民政事业费历年支出情况

单位：万元

1959年	1960年	1961年	1962年	1963年	1964年	1965年	1966年
44786	**72444**	**98912**	**74475**	**87533**	**161510**	**107869**	**88112**
192	262	39			31	2325	454
751	824	658	542	638	816	1047	914
4148	5070	10807	5780	15681	31433	18545	12395
1656	2659	2896	2556	2640	2361	2899	4447
873	525	785	1468	1124	1360	1440	2182
1249	4475	4392	3933	3467	3382	2942	2572
764	1055	1271	1660	2138	2235	1798	1704
782	991	1485	2151	2362	2796	2611	2548
475	471	422	539	874	1074	1220	1472
2956	4843	4107	4873	7282	11070	5506	7298
874	857	1414	1597	1166	1152	1351	1142
3169	3161	4704	3530	5431	10567	3347	4119
4141	2823	2798	1493	1687	1394	1463	1673
1691	2179	3224	3168	2273	3081	1989	2145
4494	8141	11332	6963	7201	11079	15807	9458
2672	10271	11417	8107	10099	48554	17841	9303
2466	4428	4569	3767	3468	3319	2790	2579
967	1690	4299	2697	2834	4522	2482	2141
2982	4608	3475	2830	3146	3056	2664	2454
903	997	2687	1505	2125	4006	1983	1997
2583	6315	9758	5918	4227	4495	5179	4774
613	750	2390	1429	1792	1808	1726	1730
675	880	1692	773	1250	1494	1596	1772
1	25	48	117		133	192	374
1109	1113	1530	1422	1640	1918	3137	3623
681	1778	4522	2464	2988	2310	1611	1161
447	576	1028	1005		465	695	409
239	428	303	365		378	284	272
233	249	860	1823		1212	1399	1000

C-1-8续表1

地　区	1967年	1968年	1969年	1970年	1971年	1972年	1973年
全　国	**81887**	**56154**	**66683**	**65349**	**68269**	**81549**	**99675**
中央级	534	308	11			8	10
北　京	939	868	820	895	974	1192	1506
天　津	473	439	572	405	407	546	762
河　北	6983	4443	5333	2054	3591	5482	8727
山　西	2692	2478	2579	4777	4563	4025	4696
内蒙古	2401	1194	842	891	649	1020	1914
辽　宁	2781	2473	3542	2867	3922	4574	5590
吉　林	1745	1579	1890	1837	1968	1753	2174
黑龙江	2169	1775	2355	2247	2317	2768	3701
上　海	1654	1410	1359	1442	1554	1676	1885
江　苏	5400	3756	3839	4191	4969	7368	6988
浙　江	1366	1486	1481	1496	1517	2399	2103
安　徽	6861	4025	4246	5547	3365	4639	4625
福　建	1738	1727	1922	1463	1481	1721	2142
江　西	2318	1637	1924	2047	2357	2357	4039
山　东	9844	5878	7622	6442	9034	8801	8110
河　南	8611	4105	6983	4947	4699	4799	5474
湖　北	3177	2651	3509	4197	3116	3462	4747
湖　南	2562	1848	2019	1668	1602	2272	3321
广　东	2644	2046	2639	2734	2410	2800	4041
广　西	2541	1641	1607	1555	1827	1713	1597
海　南							
四　川	4067	3374	3439	3678	4518	5615	6780
贵　州	1926	1224	1314	1646	1535	2116	3574
云　南	1412	807	1018	2460	1454	1746	1509
西　藏			96	100	104	173	228
陕　西	1874	1477	1733	1778	2099	2415	3435
甘　肃	1963	671	989	952	968	2206	3421
青　海	185	190	246	207	291	366	311
宁　夏	287	200	238	242	354	810	1369
新　疆	740	444	516	584	651	727	896

单位：万元

1974年	1975年	1976年	1977年	1978年	1979年	1980年	1981年
90406	**127082**	**161690**	**185288**	**137135**	**183279**	**174769**	**192267**
				11	44	103	138
1284	1461	1742	3068	1990	2238	2802	3167
937	881	933	13670	1061	1482	1474	1670
5925	5960	7041	36568	11605	9140	11165	13597
3587	3420	4111	4813	5437	8154	6749	7893
1575	1559	2502	1873	2040	5922	5714	6218
3902	18731	14705	7427	6103	5607	6671	8073
2500	2448	2834	3677	3869	3477	4482	4970
3884	3701	4176	5463	5545	5149	5370	6562
2088	2263	2469	2581	2777	3290	3375	3381
7258	8001	7719	8031	9208	10019	11269	12914
1973	1984	2424	2641	2853	3475	3703	3897
3981	5828	15690	6300	6756	13263	9385	9550
2150	1991	2432	2826	2730	3272	3625	4268
3220	2964	3606	3981	3953	8610	6289	5309
8601	10417	9746	10599	12292	15169	16327	14126
4190	24152	40056	21437	14140	19495	12007	10921
3487	4471	5463	5160	6149	9597	9265	12458
2580	2942	3442	3550	4380	6747	7026	8924
5051	3836	4884	5546	5435	8146	8337	7767
1669	1653	1963	2355	2073	4019	3213	3674
5936	6061	9037	12602	8511	12722	12063	15429
1955	2352	2748	3296	2740	4767	4123	4718
2245	2242	3428	3783	2948	3478	4172	4599
195	206	289	270	379	1366	1704	1208
2986	2579	3174	4575	4834	5780	5390	8198
4183	2603	2240	5485	4030	5204	4801	4338
342	521	407	514	696	853	862	915
1813	600	1150	1780	1090	1040	1385	1118
909	1255	1279	1417	1500	1754	1918	2267

C-1-8续表2

地 区	1982年	1983年	1984年	1985年	1986年	1987年	1988年
全 国	**191874**	**216116**	**242371**	**295841**	**344064**	**359278**	**395646**
中央级	78	163	286	443	2526	2742	1297
北 京	3416	4063	4904	5719	7287	8906	11355
天 津	1669	2194	3101	3583	4113	4531	5209
河 北	10179	9692	12427	16654	16581	20578	24272
山 西	7854	7015	7924	10683	10193	11833	13977
内蒙古	5135	7379	7909	9030	11684	10867	11254
辽 宁	10591	11727	11741	18341	22112	18104	19595
吉 林	4951	6300	5952	8391	13570	14016	10692
黑龙江	8005	9546	8782	10119	13791	13686	14205
上 海	3215	3170	3540	4467	5503	5603	3965
江 苏	11991	14750	16403	16254	20586	21208	23816
浙 江	4070	4808	6480	8174	10211	12353	16113
安 徽	7521	12093	14059	14340	13524	12942	14854
福 建	4773	5506	5601	8298	7657	9238	10332
江 西	6183	7093	8360	8364	9768	11546	13240
山 东	18998	17811	17413	22757	22496	29017	31890
河 南	12862	15216	13710	18456	20939	2260	21784
湖 北	7956	10798	10760	11860	14581	14846	17804
湖 南	7546	10428	10373	12357	15013	15167	19110
广 东	9550	9035	12337	14516	15526	17076	16675
广 西	3897	4779	6382	9438	9634	9054	9757
海 南							2338
重 庆							
四 川	14542	13943	17823	20667	24973	25524	28123
贵 州	4354	5211	5833	9182	8657	9092	9408
云 南	4231	5251	7025	10137	13752	12712	14934
西 藏	1151	1357	1821	1391	1789	1828	1795
陕 西	6271	5820	6313	7545	8586	9299	10602
甘 肃	5778	4902	8983	6541	7655	7238	8346
青 海	1068	1270	1674	1918	2134	1837	1750
宁 夏	1819	2329	1497	1826	1990	1780	2609
新 疆	2220	2467	2958	4395	4768	4896	4549

单位：万元

1989年	1990年	1991年	1992年	1993年	1994年	1995年	1996年
466492	**519383**	**625359**	**637097**	**698708**	**870194**	**1034502**	**1211500**
1185	1517	1792	3217	3108	4077	3703	6371
12805	14738	16249	19073	26105	36146	44073	54012
5861	6585	7176	8173	9218	11970	15023	17254
26484	32162	30785	33344	38161	48303	58804	74364
15845	15976	17378	19264	19515	22995	31008	37882
10975	13510	13449	14250	15314	18378	20470	26012
22233	26318	26380	29561	32903	44239	60067	59580
11439	14155	14619	16553	18461	24648	30876	31416
15127	15982	18411	19734	19377	26195	28798	30459
4741	5364	6270	7742	10368	15557	19773	23984
27647	33150	50604	48290	47590	59349	69907	80163
18710	21111	22094	22124	26924	40044	43610	50852
16444	19755	80611	39002	26982	26883	37348	43979
11213	13935	15070	18423	20141	25502	31904	34498
15076	15791	16915	21249	21410	23815	30354	33883
39382	44965	46744	52525	62616	71995	76826	88009
26566	24275	27675	31304	34498	44163	52458	59353
20704	21092	23318	23677	28918	39148	40291	50385
22384	24981	23436	24712	29096	35093	42680	53778
20206	21863	25022	29602	43983	53653	64806	75354
11955	11313	12728	14317	16760	30480	28730	36280
3659	3366	3843	4270	4630	6163	7210	8828
32186	36228	39004	42563	49037	59629	70257	77059
11568	12079	11043	11761	15154	15641	20528	26419
31640	33901	38725	41026	30502	31529	36916	46048
2116	2909	3499	2647	2598	5304	4466	5228
12277	13688	13412	16805	20107	20404	26336	32108
7681	8813	9124	11256	12186	13897	17748	21484
1802	2086	2036	2387	2965	3454	4342	6473
1805	2000	2206	2456	2464	3244	3458	4279
4776	5775	5741	5790	7617	8297	11732	15706

C-1-8续表3

地 区	1997年	1998年	1999年	2000年	2001年	2002年	2003年
全 国	**1335202**	**1618445**	**1946843**	**2296954**	**2847548**	**3922695**	**4989171.81**
中央级	5954	50783	11856	29338	13965	18467	18027.2
北 京	61184	74406	97748	150746	196540	233429	303795.3
天 津	19738	20952	20611	30547	41580	58202	62682.2
河 北	71151	79064	88202	113381	125698	153525	185640.8
山 西	37150	39519	45466	56815	71776	105897	124002.5
内蒙古	26773	35484	35659	44674	55328	70606	99367.7
辽 宁	65370	74946	85394	131675	180547	227704	279736.9
吉 林	33928	52337	53311	51153	76026	118392	166702.2
黑龙江	33020	55977	60566	61753	80658	177852	167487.2
上 海	30860	37336	54151	87021	121538	167719	222539.6
江 苏	93383	108862	121349	159691	170800	205763	256062.56
浙 江	60657	65733	88269	97755	124023	159432	189645.4
安 徽	50559	56473	72895	72568	89476	138918	208605.9
福 建	46134	49421	50996	67797	68897	85353	94060.8
江 西	35962	47177	45334	49521	57966	92013	149217.2
山 东	101613	112960	131746	159315	180470	233918	283989.3
河 南	64155	68311	80338	102698	117574	159157	221712.8
湖 北	58511	85285	75622	113381	122382	167653	229233.85
湖 南	48234	54533	73272	80343	104818	158443	210815.4
广 东	88748	96993	112133	144461	198362	278022	341821
广 西	28944	30995	31950	35135	49819	82929	109901
海 南	8274	9472	10818	13568	15372	18032	24304.1
重 庆	25048	35054	51123	55934	70571	117114	125112.4
四 川	63016	72283	89492	105249	139493	194774	244374.4
贵 州	27866	27126	30834	36085	51264	67973	82093.5
云 南	52043	53384	63169	78944	98782	115945	150814
西 藏	6987	11749	6824	9920	14979	15358	17912.7
陕 西	31702	25791	43230	54365	72136	103474	147038.8
甘 肃	20366	20554	26371	35251	42851	58315	75346
青 海	8088	8669	23784	16159	19790	24812	36616
宁 夏	4397	5442	8651	13775	21289	28724	30448.1
新 疆	25387	22690	55676	56940	52768	104762	130065

单位：万元

2004年	2005年	2006年	2007年	2008年	2009年	2010年	2011年
5773906.5	**7184146**	**9153527**	**12154874**	**21464484**	**21819430.2**	**26975149**	**32291356.0**
39289.8	37423	27907	32841	263213	55240.2	488035.9	93505.4
327957	370918	450229	575756	575302	745435.4	982144.3	1031493.0
71091.4	92462	121917	149046	196893	244982.6	313824.7	375011.5
216769.6	283480	356510	488387	678036	843485.2	969269.1	1244217.3
147569.6	192257	236469	339210	457567	562518.4	634004.6	876097.5
126236.7	141727	187147	283105	420111	575897.9	768526.2	968084.5
304551.2	368476	437608	575209	724799	887386.5	1066504.6	1347428.2
182133.4	218688	284676	341920	470519	642777.6	750632.3	801698.3
193823.3	222865	376619	478896	643011	800947.6	854398.8	1050480.9
228764.3	282196	316864	406118	515828	557187.9	572521.7	662862.5
309196	419996	502744	632560	811832	996449.2	1265312.3	1711513.8
294720.4	354320	415110	508925	610800	704117.9	884859.5	1061597.3
195411.9	250782	312519	490974	659432	804010.6	971558.4	1263090.4
139539.3	157015	226313	247500	282403	322487.9	422187.8	503195.6
176371.5	225667	340990	434664	596019	693704.1	847650.9	986614.7
311522.3	408419	526836	715079	885720	1122739	1437374.8	1691804.7
251438.9	337872	425038	598726	785189	1035342.8	1230796.6	1586875.1
270653.4	345556	440298	514067	748412	897367.7	1082788.8	1408483.1
252891.5	326694	422998	521304	771404	997685.9	1165255.4	1545645.5
386221.4	483430	635940	720130	834465	1021108.9	1154286.9	1480652.6
113722.5	156841	175928	247212	410162	492763.3	731162.4	971372.9
27949.8	38103	49003	65929	96527	142315.6	190264.1	223849.3
145713	174682	216847	307697	435014	514479.6	674873.3	783120.4
302566.3	376043	500440	734868	4848630	2289514.1	2408738.2	2168767.6
102696.6	151257	181266	264299	443051	560108.4	728242.8	1116447.6
183854.7	202346	228950	420914	687354	930167.6	1224026.2	1432131.1
23199.7	22574	30224	38363	69982	82169.4	85017.8	130279.7
149120.1	186935	244342	365358	849627	867024.3	1139380.6	1356364.3
91876.1	111530	149598	226791	1063855	577204.8	740624.8	1000902.5
39139.1	47402	51844	81455	123508	189659.7	330701.5	359785.5
34071.3	35346	57593	79705	110375	143479.2	161335.6	195226.4
133844.4	160847	222762	267867	395446	519670.9	698848.1	862756.8

C-1-9 民政事业费预算

地　区	预算指标		
	2011年	2010年	增长 (%)
合　计	**33530828.5**	**26868594.2**	**24.8**
中央级	80593.1	156474.2	-48.5
北　京	1128316.5	1064342.9	6.0
天　津	378995.7	340728.4	11.2
河　北	1297772.4	981088.5	32.3
山　西	908872.6	665843.8	36.5
内蒙古	1014737.3	793007.0	28.0
辽　宁	1378198.4	1104924.0	24.7
吉　林	818013.4	782340.2	4.6
黑龙江	1137195.5	889625.8	27.8
上　海	772390.4	666279.9	15.9
江　苏	1697730.5	1287496.2	31.9
浙　江	1102376.7	916467.0	20.3
安　徽	1264871.2	974666.8	29.8
福　建	556814.0	425537.9	30.8
江　西	978307.5	856619.0	14.2
山　东	1795933.3	1448980.9	23.9
河　南	1654009.6	1249767.6	32.3
湖　北	1403578.0	1110763.1	26.4
湖　南	1593238.7	1173253.0	35.8
广　东	1484938.9	1187204.9	25.1
广　西	1035101.3	820735.9	26.1
海　南	249310.5	204190.1	22.1
重　庆	829649.4	674973.0	22.9
四　川	2266155.2	1692858.1	33.9
贵　州	1224977.5	880450.4	39.1
云　南	1504343.0	1230244.1	22.3
西　藏	121860.4	92205.0	32.2
陕　西	1469254.9	1172576.5	25.3
甘　肃	994786.7	811844.4	22.5
青　海	359601.7	343589.1	4.7
宁　夏	216362.7	170511.4	26.9
新　疆	812541.5	699005.1	16.2

指标地方安排情况

单位：万元

地方预算安排预算指标		
2011年	2010年	增长 (%)
15248332.2	**13289514.5**	**14.7**
710346.1	608894.4	16.7
264527.7	247239.4	7.0
462756.4	372748.6	24.1
377322.6	294436.7	28.2
538152.9	432040.9	24.6
589401.4	494421.3	19.2
208777.4	248732.6	-16.1
423794.5	370058.1	14.5
677117.6	588836.3	15.0
1287276.9	1013011.0	27.1
924380.1	790655.7	16.9
512940.2	455389.5	12.6
362794.4	284400.1	27.6
303224.3	316890.2	-4.3
984395.7	885372.1	11.2
482419.6	422774.2	14.1
430032.8	373167.1	15.2
557456.7	420107.9	32.7
1120758.9	942322.8	18.9
410543.9	393729.3	4.3
128590.5	103146.9	24.7
326236.0	285143.7	14.4
818395.8	666711.4	22.8
332314.1	295905.9	12.3
547731.6	565401.3	-3.1
22104.4	19915.0	11.0
613211.5	525969.4	16.6
272635.3	336933.2	-19.1
181787.3	202220.4	-10.1
76847.5	66033.2	16.4
300058.1	266905.9	12.4

C-1-10 中央专项

地 区	总计	抚恤合计	财社[2010]228号	财社[2010]234号	财社[2011]4号	财社[2011]24号	财社[2011]25号
全 国	**18080393**	**2774379**	**1616810**	**20377**	**115518**	**500**	**500**
北 京	414955	16131	9090	160	478		
天 津	113079	12284	6719	114	528		
河 北	829296	190178	108646	5943	7338		
山 西	528462	80465	46082	1622	2762		
内蒙古	471662	37368	22881	252	1302		
辽 宁	784240	75130	44624	366	2456		
吉 林	604929	62684	40338	192	1947		
黑龙江	708238	64838	39006	356	2204		
上 海	93869	9054	5566	2	262		
江 苏	407286	128671	71396	1802	5202		
浙 江	175389	48441	27773	282	2150		
安 徽	748290	125028	73263	218	5673		
福 建	192182	41794	25549	24	1917		
江 西	671551	101778	62731	11	3844		
山 东	807590	329225	184498	6954	12163		
河 南	1163952	201334	116002	1260	8351		
湖 北	968430	160801	95933	72	7246		
湖 南	1030644	211842	120788	50	9960		
广 东	359609	81018	44260	24	4499		
广 西	619543	72530	44134	7	3440	500	
海 南	118337	13668	8191	50	549		
重 庆	497540	89533	53947	20	4185		
四 川	1440696	253620	149285	55	10941		
贵 州	889440	77769	45770	12	3572		
云 南	950837	105943	60383	47	5263		500
西 藏	96869	3604	2003		84		
陕 西	858160	111030	66514	390	4662		
甘 肃	717125	37823	23461	70	1539		
青 海	174253	6902	4132	2	212		
宁 夏	135830	5969	3390	5	185		
新 疆	508110	17924	10455	15	604		

注：2011年民政系统中央专项补助资金对账单（含2010年预拨2011年经费，不含2011年预拨2012年经费，新疆生产建设兵团5.8亿元另计）。

拨款对账单

单位：万元

财社[2011]54号	财社[2011]55号	财社[2011]58号	财社[2011]89号	财社[2011]96号	财社[2011]218号	财社[2011]239号	财社[2011]240号
567916	**2840**	**2500**	**46660**	**17000**	**4350**	**86569**	**680**
3536	26		681	180	300	510	5
2616	12		433	240		371	4
29878	640	70	10278	750	600	5414	188
16677	245	60	3148	820		2389	56
7780	33	60	677	520		1244	8
16212	71	70	1236	600	600	2485	11
12033	31	120	550	480		2159	6
14039	48	120	1004	660		2182	11
1961	1	80	7		100	305	
24349	298	60	7498	790	600	4058	64
9104	57	50	1076	390		1574	11
24966	30	120	631	720		3859	7
7711	4	50	119	330		1405	1
21591	4	110	41	440		3313	
68402	989	200	14660	1340	750	10157	235
41212	223	70	2672	800		6179	45
33384	3	130	213	710		5098	2
46256	6	60	128	420		6816	2
17594	13	60	154	750	600	2370	1
13473	1	120	35	700		2259	
2841	12	70	107	100		472	2
17968	6	70	72	390		2743	1
55922	12	140	172	710		8103	2
16162	2	130	37	660		2501	
23177		120	127	450		3223	1
701				220	300	105	
24504	58		710	860		3282	
6976	10	80	134	830		1064	14
1306	1	70	4	180	300	217	3
1214	1	70	13	300	200	178	
4371	3	140	43	660		534	

C-1-10续表1

地 区	财社[2011]288号	财社[2011]321号	安置合计	财社[2010]211号	财社[2010]225号	财社[2011]101号	财社[2011]110号
全 国	**220551**	**71608**	**2064044**	**1312123**	**49433**	**75587**	**2460**
北 京	936	229	314580	221999	8347	327	20
天 津	1096	151	44336	29515	1163	330	20
河 北	13338	7095	111416	69639	2285	4264	110
山 西	5100	1504	39875	25773	963	1724	30
内蒙古	2345	266	28757	17767	966	1173	110
辽 宁	4646	1753	196802	128895	4978	2555	190
吉 林	3622	1206	51781	30614	1282	2016	100
黑龙江	4053	1155	39703	23664	1190	2178	220
上 海	515	255	59840	41320	1681	478	10
江 苏	9760	2794	117007	73014	2340	4677	70
浙 江	4073	1901	42335	24958	1166	3150	70
安 徽	11122	4419	40450	18225	622	4308	140
福 建	3576	1108	39536	24102	1019	2244	40
江 西	7450	2243	23469	11401	461	2581	30
山 东	23129	5748	178103	112849	4146	6266	220
河 南	16138	8382	74711	41788	1835	6335	150
湖 北	14047	3963	85663	52914	1789	4265	120
湖 南	19919	7437	52397	29799	781	3919	90
广 东	8876	1817	89315	61537	2036	3610	100
广 西	6252	1609	22445	13230	658	1979	70
海 南	1074	200	9911	6198	251	534	
重 庆	8080	2051	38802	23813	800	1943	60
四 川	21270	7008	97282	58426	2207	5904	230
贵 州	6907	2016	15020	8731	437	1477	20
云 南	10542	2110	65927	43319	1608	1937	80
西 藏	167	24	7978	5816	87	290	10
陕 西	8285	1765	88463	57810	2225	2139	80
甘 肃	2505	1140	32006	20274	871	1387	60
青 海	405	70	8973	5886	183	359	
宁 夏	342	71	6954	3677	182	465	
新 疆	981	118	40207	25170	874	773	10

单位：万元

财社[2011]167号	财社[2011]168号	财社[2011]174号	城市低保	财社[2010]217号	财社[2011]5号	财社[2011]50号	财社[2011]291号
498730	**15681**	**110030**	**5020199**	**3244860**	**344371**	**752076**	**678892**
81461	2426		5642		2085		3557
12534	348	426	43505	30160	2728	5253	5364
27625	731	6762	198381	130640	13221	28220	26300
9816	334	1235	197436	128390	13740	27959	27347
6382	295	2064	198979	126040	12738	35092	25109
55479	1506	3199	340933	241540	18850	44742	35801
11888	428	5453	305320	210220	17293	43065	34742
8225	357	3869	375421	247000	22587	59486	46348
15893	458		15441		5325		10116
27715	725	8466	18876		6506		12370
9771	358	2862	4023		1368		2655
7194	221	9740	226367	157010	13245	30908	25204
8793	296	3042	19298	6420	2752	4626	5500
4144	169	4683	230894	153380	14710	33380	29424
44247	1204	9171	61057	14360	9858	18250	18589
15166	580	8857	336428	221010	22374	50676	42368
19050	602	6923	358507	247320	20363	50133	40691
10349	324	7135	343664	228440	21928	50090	43206
21350	682		18108		6089		12019
4482	215	1811	133391	87990	8947	19420	17034
2193	103	632	35995	23260	2542	5041	5152
7828	261	4097	175553	126420	9105	21569	18459
21033	726	8756	413546	265460	28311	63357	56418
2930	142	1283	122256	80640	8069	17267	16280
15698	576	2709	177048	108230	13866	26989	27963
1729	46		9982	6510	631	1585	1256
23364	711	2134	190812	124110	12914	28452	25336
7624	323	1467	182889	112670	13043	30336	26840
2205	87	253	54840	37310	3360	7467	6703
1235	58	1337	46685	30860	3124	6777	5924
11327	389	1664	178922	99470	12699	41936	24817

C-1-10续表2

地 区	农村低保	财社[2010]218号	财社[2011]5号	财社[2011]51号	财社[2011]291号	城市医疗	财社[2010]220号
全 国	**5026126**	**2421010**	**517963**	**1028990**	**1058163**	**450416**	**160372**
北 京	2165		772		1393	1363	531
天 津	2753		880		1873	2185	795
河 北	199986	103070	18829	36705	41382	14045	5494
山 西	121780	57740	12794	24491	26755	13618	5795
内蒙古	131681	69990	11880	26974	22837	15666	6129
辽 宁	71554	27760	9092	16272	18430	14921	5983
吉 林	93288	45180	9821	18596	19691	30674	11950
黑龙江	122043	60340	11165	26161	24377	35328	11733
上 海	2227		816		1411	1441	470
江 苏	90780	23270	14026	25234	28250	4577	769
浙 江	43846	16460	5799	9995	11592	1420	250
安 徽	221484	113830	21307	43284	43063	13038	4899
福 建	49542	15550	7135	12362	14495	2477	844
江 西	182944	106270	14975	31750	29949	24791	9699
山 东	148601	33440	23641	43677	47843	8054	2315
河 南	364230	179700	36763	74543	73224	19521	6384
湖 北	210820	103010	20907	41162	45741	24671	9652
湖 南	231970	103840	26351	49630	52149	32706	9933
广 东	109117	24550	18122	29599	36846	3858	625
广 西	284813	126880	31452	62718	63763	9542	3429
海 南	26169	14480	2294	4613	4782	7151	3477
重 庆	102569	47000	11685	22562	21322	15247	5965
四 川	375724	174720	39630	77345	84029	37877	14818
贵 州	526196	262280	52062	105453	106401	11290	3397
云 南	423425	228790	37536	76537	80562	16462	5373
西 藏	34726	21010	2300	6816	4600	6544	3557
陕 西	287893	172590	22968	48137	44198	19256	4674
甘 肃	325610	159250	32644	68128	65588	18939	5734
青 海	51483	31410	3791	8682	7600	10396	5025
宁 夏	35481	18070	3297	6891	7223	8619	4096
新 疆	151226	80530	13229	30673	26794	24739	6577

单位：万元

财社[2011]114号		农村医疗	财社[2010]221号	财社[2011]115号		优抚医疗	财社[2010]229号	财社[2011]81号
财政拨款	公益金			财政拨款	公益金			
230044	**60000**	**850101**	**330798**	**419303**	**100000**	**199952**	**139357**	**60595**
651	181	755	333	332	90	1723	1230	493
1099	291	907	370	430	107	2059	1455	604
6680	1871	30219	15047	11617	3555	11770	8608	3162
6009	1814	18132	6471	9528	2133	5268	3765	1503
7450	2087	19487	9445	7750	2292	3118	2299	819
6950	1988	13750	5971	6162	1617	5605	4005	1600
14638	4086	21607	8056	11009	2542	5520	3941	1579
18889	4706	26593	9399	14066	3128	4703	3277	1426
779	192	558	223	269	66	1324	932	392
3198	610	9472	2654	5704	1114	9540	6661	2879
981	189	5402	1709	3058	635	4367	3177	1190
6402	1737	40715	14445	21481	4789	9278	6475	2803
1303	330	8608	3472	4123	1013	3598	2565	1033
11790	3302	37648	18566	14653	4429	6770	4669	2101
4666	1073	21263	8378	10384	2501	21994	15174	6820
10537	2600	59381	20279	32117	6985	13806	9547	4259
11733	3286	32637	11475	17323	3839	10807	7372	3435
18416	4357	54408	18752	29256	6400	14908	10190	4718
2719	514	10012	3025	5809	1178	7400	4785	2615
4842	1271	36921	12779	19799	4343	4902	3485	1417
2721	953	7882	4222	2733	927	1656	1079	577
7251	2031	21758	8817	10382	2559	6502	4633	1869
18013	5046	84465	36437	38092	9936	16135	11083	5052
6389	1504	59660	21251	31391	7018	5352	3869	1483
8896	2193	65425	23277	34452	7696	7433	5095	2338
2115	872	9213	5037	3092	1084	884	587	297
12017	2565	45178	15556	24308	5314	6784	4619	2165
10682	2523	58799	20279	31603	6917	2802	2005	797
3986	1385	14110	7415	5035	1660	1366	983	383
3375	1148	10788	5690	3829	1269	1107	743	364
14867	3295	24348	11968	9516	2864	1471	1049	422

C-1-10续表3

单位：万元

地区	救灾	其他城市救济	五保供养			社会福利（孤儿保障）	民政管理事务	其他
		财社[2011]166号		财社[2011]5号	财社[2011]291号	财社[2011]102号	财社[2011]68号	财社[2011]306号
全　国	**839775**	**99960**	**165887**	**55104**	**110513**	**251879**	**13408**	**324267**
北　京	305	9950	139	47	92	606		61596
天　津	192	790	402	136	266	256		3410
河　北	23800	2410	7513	2556	4957	5581	293	33704
山　西	24800	2250	4786	1419	3367	5664		14388
内蒙古	27300	1580	2723	888	1835	3600	1403	
辽　宁	21039	3420	4358	1439	2919	1845	829	34054
吉　林	16400	1900	3914	1264	2650	3313	751	7777
黑龙江	21071	1790	4335	1439	2896	3353	1159	7901
上　海	0	3200	104	36	68	581	99	
江　苏	9500	4770	6342	2169	4173	5757	268	1726
浙　江	10800	4470	1292	440	852	2139	397	6457
安　徽	26692	2900	13922	4639	9283	16279		12137
福　建	9005	2130	2761	930	1831	2580	483	10370
江　西	36300	1970	6857	2285	4572	14893		3237
山　东	24600	3360	7260	2456	4804	3587	486	
河　南	39102	4560	14286	4771	9515	18608		17985
湖　北	43681	7100	7212	2419	4793	12290		14241
湖　南	40568	7230	15804	5313	10491	17387		7760
广　东	10600	9150	7636	2549	5087	12671	529	195
广　西	31324	1770	9688	3280	6408	11115	1102	
海　南	9600	750	1079	368	711	1791	493	2192
重　庆	28400	3170	4685	1593	3092	9396		1925
四　川	91486	6960	15417	5157	10260	24537		23647
贵　州	51400	2440	4449	1542	2907	9457		4151
云　南	40923	2290	6644	2216	4428	20544	1432	17341
西　藏	18738	240	445	140	305	2441	2074	
陕　西	71523	3440	3704	1177	2527	6869		23208
甘　肃	36359	1420	3778	1258	2520	8852		7848
青　海	15801	470	668	221	447	8007		1237
宁　夏	16000	270	491	163	328	3466		
新　疆	42466	1810	3193	1064	2129	14414	1610	5780

C-1-11 彩票公益金对账单

单位：万元

地　区	总计	财社[2011]298号	财社[2011]299号	财社[2011]300号
全　国	**127230.2**	**13885**	**78584**	**34761.2**
北　京	3015.4	1550	690	775.4
天　津	1389.0	495	549	345
河　北	5720.0	670	4208	842
山　西	3088.0	80	1956	1052
内蒙古	4922.4	280	2966	1676.4
辽　宁	4557.0	330	2275	1952
吉　林	4307.0	510	2965	832
黑龙江	5163.0	840	3215	1108
上　海	1403.8	400	805	198.8
江　苏	3167.6	310	2230	627.6
浙　江	2607.6	340	1670	597.6
安　徽	3641.0	80	2611	950
福　建	1837.6	165	1245	427.6
江　西	3532.2	345	2173	1014.2
山　东	3947.6	765	2355	827.6
河　南	7638.0	895	3377	3366
湖　北	5115.2	295	3411	1409.2
湖　南	5138.0	1121	2935	1082
广　东	4571.0	380	2830	1361
广　西	5014.4	290	3678	1046.4
海　南	2383.0	45	2173	165
重　庆	5873.4	510	2392	2971.4
四　川	7063.4	1293	4024	1746.4
贵　州	3223.4	220	2322	681.4
云　南	5774.4	255	3862	1657.4
西　藏	2887.0	130	1757	1000
陕　西	3603.4	145	2362	1096.4
甘　肃	5026.4	326	3844	856.4
青　海	3561.4	160	2665	736.4
宁　夏	3685.2	480	2772	433.2
新　疆	4373.4	180	2267	1926.4

C-1-12 收入支出情况

单位：万元

地 区	收入合计	上年结余	本年收入合计	本年实际支出	收支结余	用事业基金弥补收支差额	结余分配	年末净结余
全 国	**35879264.6**	**1995362.1**	**33883902.5**	**33578777.7**	**2300486.9**	**19933.0**	**148688.6**	**2171731.3**
中央级	139513.5	44066.5	95447.0	106676.1	32837.4	944.8	2020.0	31762.2
北 京	1469186.2	165606.8	1303579.4	1276486.8	192699.4	7567.8	14084.9	186182.3
天 津	446275.1	44038.4	402236.7	391341.4	54933.7	890.7	10192.2	45632.2
河 北	1292466.4	44397.6	1248068.8	1245764.9	46701.5	208.0	275.8	46633.7
山 西	968942.0	64821.3	904120.7	884342.9	84599.1	5.6	840.6	83764.1
内蒙古	1025382.4	40966.2	984416.2	975358.1	50024.3	288.5	1444.5	48868.3
辽 宁	1411555.3	33770.2	1377785.1	1369967.0	41588.3	199.3	2088.4	39699.2
吉 林	807270.8	17506.7	789764.1	804617.2	2653.6	409.3	193.0	2869.9
黑龙江	1062065.0	7437.3	1054627.7	1055969.8	6095.2			6095.2
上 海	863081.8	97416.7	765665.1	744731.4	118350.4	156.2	3192.6	115314.0
江 苏	1801367.9	41538.9	1759829.0	1758523.1	42844.8	1654.8	12013.5	32486.1
浙 江	1220869.3	68861.4	1152007.9	1138030.3	82839.0	527.0	14310.8	69055.2
安 徽	1325758.0	11160.2	1314597.8	1306064.6	19693.4	1171.8	2382.9	18482.3
福 建	571650.7	33402.0	538248.7	518877.5	52773.2	761.2	2807.0	50727.4
江 西	991235.7	6247.6	984988.1	988187.1	3048.6			3048.6
山 东	1758749.9	15979.2	1742770.7	1729460.1	29289.8		256.1	29033.7
河 南	1627156.6	13882.3	1613274.3	1592260.5	34896.1		1078.3	33817.8
湖 北	1438313.8	7787.0	1430526.8	1431042.5	7271.3	64.0	64.0	7271.3
湖 南	1653035.0	25807.6	1627227.4	1617722.2	35312.8	2129.5	3927.9	33514.4
广 东	1662678.1	57473.4	1605204.7	1579892.6	82785.5	428.2	9139.8	74073.9
广 西	1231705.3	141076.4	1090628.9	984176.9	247528.4	239.3	1471.6	246296.1
海 南	311640.5	55604.0	256036.5	225202.6	86437.9	54.1	23750.5	62741.5
重 庆	821996.9	13102.3	808894.6	801967.8	20029.1	104.2	2026.8	18106.5
四 川	2409841.8	124653.2	2285188.6	2224315.5	185526.3	219.9	1575.4	184170.8
贵 州	1424603.2	250885.8	1173717.4	1125633.6	298969.6	41.7	281.0	298730.3
云 南	1610264.8	117911.8	1492353.0	1436534.4	173730.4	1725.6	9005.7	166450.3
西 藏	203274.1	47202.0	156072.1	130279.7	72994.4			72994.4
陕 西	1444064.2	10206.9	1433857.3	1401172.0	42892.2	139.1	30179.0	12852.3
甘 肃	1063498.5	62546.6	1000951.9	1001375.6	62122.9			62122.9
青 海	678352.0	283177.6	395174.4	656854.3	21497.7			21497.7
宁 夏	240054.7	25947.0	214107.7	196278.1	43776.6	2.4	86.3	43692.7
新 疆	903415.1	20881.2	882533.9	879671.1	23744.0			23744.0

C-1-13 行政事业性收费收入情况

单位：万元

地　区	行政事业性收费	婚姻登记收费	收养登记收费	殡葬收费
全　国	**344157.5**	**13111.6**	**824.3**	**330221.6**
北　京	15133.6	208.9	14.8	14909.9
天　津	5253.0	92.9		5160.1
河　北	16989.5	661.5	17.2	16310.8
山　西	2420.9	478.2	5.4	1937.3
内蒙古	11059.8	387.5	8.3	10664.0
辽　宁	12535.8	162.7		12373.1
吉　林	3466.3	77.8	1.1	3387.4
黑龙江	24120.9	200.0	0.4	23920.5
上　海	91.8	88.3	3.5	
江　苏	38465.9	749.4	50.1	37666.4
浙　江	23474.5	359.1	165.9	22949.5
安　徽	17238.3	295.2	19.8	16923.3
福　建	13152.6	383.6	29.7	12739.3
江　西	2067.4	176.0	46.8	1844.6
山　东	25903.2	1549.4	51.3	24302.5
河　南	5182.6	832.6	1.6	4348.4
湖　北	25466.7	417.1	11.9	25037.7
湖　南	9642.9	764.1	24.5	8854.3
广　东	29924.2	844.0	70.9	29009.3
广　西	14089.0	755.6	46.5	13286.9
海　南	263.4	50.8	0.6	212.0
重　庆	3475.0	730.9	126.6	2617.5
四　川	16513.8	1128.8	25.9	15359.1
贵　州	1041.2	232.2	5.2	803.8
云　南	1960.3	204.0	13.9	1742.4
西　藏	87.9	11.7		76.2
陕　西	1648.1	205.4	11.5	1431.2
甘　肃	5068.5	290.1	5.1	4773.3
青　海	205.7	51.4	1.0	153.3
宁　夏	3024.2	18.4	0.7	3005.1
新　疆	15190.5	704.0	64.1	14422.4

C-1-14 财政性资金

地区	上年					
	上年结余合计	抚恤	退役安置	城市居民最低生活保障	农村最低生活保障	其他农村社会救济
全国	**1780216.6**	**142205.2**	**115883.6**	**176471.8**	**193891.3**	**31842.2**
中央级	32439.7					
北京	102272.0	5340.2	16523.3	2795.6	1339.1	1201.1
天津	44036.4	1715.7	1731.0	7032.0	70.7	77.0
河北	44461.7	5326.6	7688.0	2248.2	3831.6	258.5
山西	64422.9	5837.6	2607.3	26181.9	8549.0	837.5
内蒙古	40023.5	2482.8	4768.9	1897.7	2046.7	748.2
辽宁	33060.0		11.0	16355.0	920.6	
吉林	1459.6	205.2		803.5	331.8	
黑龙江	7437.3	694.2	1388.4	4248.2	190.7	175.7
上海	62625.2	4549.6	4013.5	5905.8	111.8	3353.2
江苏	39166.8	2059.5	1080.7	50.0		40.5
浙江	64261.5	14443.9	4503.3	1723.7	6832.8	3387.9
安徽	9294.7	2250.8	172.9	1083.9	20.6	
福建	31715.8	5100.3	9814.3	1197.9	1286.4	851.4
江西	6366.8	3627.9	599.6	83.1	9.0	33.4
山东	11182.3	6984.5	203.5	19.6		
河南	13802.3	1258.5	474.0	5518.9	1304.4	79.6
湖北	7688.2	207.1	859.5	5066.2	343.6	
湖南	14808.6	324.1	159.2	6355.2	1345.0	-40.8
广东	54202.0	5384.5	9929.2	2177.4	1894.0	409.5
广西	126566.1	21035.2	4936.9	17061.1	22310.0	2681.8
海南	54734.0	6506.6	5486.3	2657.6	2215.0	1022.4
重庆	13052.3	945.7	594.2	6498.0	-4424.7	116.8
四川	96790.9	7129.4	6486.8	13855.9	4298.8	2406.9
贵州	243787.4	22083.4	4709.7	25165.9	113148.7	2640.1
云南	115746.3	11626.5	15937.9	9068.2	12813.3	9440.6
西藏	47202.0				9297.0	
陕西	9682.8	1006.2	534.8	2438.6	1597.3	225.3
甘肃	62546.6	1028.8	1957.3	602.4	558.0	530.5
青海	283218.6	1090.8	2864.6	285.9	476.3	1046.9
宁夏	25180.9	590.5	3084.1	3744.6	1093.3	250.1
新疆	16981.4	1369.1	2763.4	4349.8	80.5	68.1

收、支、余情况

单位：万元

结余

其他城市社会救济	社会福利	民政管理事务	自然灾害生活救助	行政事业单位离退休	医疗救助	其他款项用于民政支出
22936.7	**146154.3**	**152209.1**	**114986.3**	**4921.6**	**108073.0**	**240632.6**
1660.0		25162.5	480.6	350.0		4786.6
2179.3	31212.5	22081.7	233.1	1129.5	1830.0	16314.5
84.2	8457.4	8338.8	130.0	599.3	212.9	189.2
1085.8	5020.1	3073.1	2093.3	33.3	3654.8	9899.6
190.4	4201.8	980.8	2040.2	22.3	7013.6	4613.4
607.9	4210.5	6936.5	4659.2	38.0	2360.1	4729.5
289.2	2750.0	572.3	327.6		2182.1	1990.5
	44.1		75.0			
	150.0	107.8	7.8		379.5	95.0
6113.9	4538.0	7116.3	1000.0	100.2	598.2	24431.3
78.5	27363.5	4079.3	272.0		36.7	1293.1
1793.2	5939.9	10979.6	3369.6	1103.3	3467.9	6716.4
		422.5	86.3			4812.8
387.7	1823.5	2821.2	1706.5	391.0	3985.3	1790.5
37.9		1650.8	292.6			32.5
37.8	15.4	3590.6		98.0	120.0	112.9
21.7	2020.1	190.9	429.1	14.9	1727.7	487.6
		673.5	17.6	258.4		262.3
	585.1	74.7	209.1	2.7	754.5	317.4
683.0	3817.3	7701.7	845.8	383.6	2759.5	4781.5
1310.5	7388.5	2772.4	21171.1	133.5	12998.2	11576.8
342.1	4237.2	4764.3	5691.1	3.4	4701.2	11042.9
250.8	2430.9	1242.6	34.2		1932.0	2964.7
767.6	8127.1	4597.6	27680.1	97.2	12552.2	7916.8
906.6	12738.4	6802.4	12655.8	2.3	24725.3	15328.1
3066.5	6801.6	7334.7	14651.7	128.8	6006.4	14378.7
					7068.0	30837.0
268.3	718.4	451.6	764.0	25.6	1080.7	572.0
152.7	49.2	11282.8	2022.3		398.0	43964.6
27.1	255.1	1348.6	9677.4		613.1	7028.3
160.5	634.2	3931.7	1506.5	1.5	4653.3	5530.6
433.5	624.5	1125.8	856.7	4.8	261.8	1835.5

C-1-14续表1

地　区	上年					
	本年收入合计	抚恤	退役安置	城市居民最低生活保障	农村最低生活保障	其他农村社会救济
全　国	**32672089.7**	**4324876.1**	**3020679.0**	**6690880.5**	**6803369.0**	**1720513.5**
中央级	80593.1	810.0				
北　京	1052005.5	70038.9	451501.4	70877.8	23110.2	13613.0
天　津	377125.9	42360.6	53403.9	115925.9	19153.3	10114.5
河　北	1242572.4	261206.7	186310.0	220564.6	230648.7	65228.1
山　西	894748.3	121617.6	46312.8	273954.5	197194.9	45462.3
内蒙古	974195.8	62394.1	37750.9	329447.5	216469.1	41391.5
辽　宁	1342948.5	158155.4	232598.1	365144.4	128156.5	58143.4
吉　林	786828.5	79713.0	34899.5	345117.1	125210.8	23479.3
黑龙江	1049113.4	92713.8	41795.8	459105.3	169360.2	40761.6
上　海	677117.6	59145.7	104080.5	144355.2	11623.4	15718.6
江　苏	1691356.4	284141.0	240154.7	132027.8	294435.3	139384.7
浙　江	1065099.6	173571.9	85739.1	41956.6	148120.7	88161.8
安　徽	1265434.5	193404.4	106695.4	269936.5	280507.0	103150.4
福　建	518005.6	82085.5	46385.9	45041.6	85255.0	33514.3
江　西	983296.5	150946.2	32839.1	258071.0	205607.9	66091.1
山　东	1705249.0	491634.8	248253.5	163280.4	287790.8	90309.2
河　南	1607562.6	265485.0	107921.0	359484.2	418901.7	106914.5
湖　北	1407508.6	215208.0	108415.4	406344.4	276386.1	62258.9
湖　南	1535137.8	254143.9	76470.0	383500.7	287494.0	108664.0
广　东	1490118.6	212603.4	184936.4	99988.5	252440.9	75242.9
广　西	1063420.4	106101.8	36894.7	167476.0	356641.3	83869.6
海　南	250154.3	24515.8	9294.7	64179.0	44455.4	11085.2
重　庆	788460.4	124639.4	56259.9	168468.7	144700.8	58597.3
四　川	2227907.1	316431.1	146203.1	469996.3	454527.0	133183.0
贵　州	1162848.3	101766.1	27640.0	149847.3	559092.7	35803.1
云　南	1481258.8	130217.4	93525.0	225229.8	465305.3	89365.2
西　藏	156072.1	4449.7	11255.2	16493.9	36223.9	3283.4
陕　西	1360170.0	145403.6	105283.1	282814.1	364088.3	57330.4
甘　肃	995876.5	47610.0	35798.9	250246.0	420505.5	32701.4
青　海	355092.5	9135.8	10100.0	73122.5	65592.4	5320.0
宁　夏	212309.9	7632.9	10887.3	57765.5	47534.8	4985.6
新　疆	872501.2	35592.6	51073.7	281117.4	186835.1	17385.2

单位：万元

结余

其他城市社会救济	社会福利	民政管理事务	自然灾害生活救助	行政事业单位离退休	医疗救助	其他款项用于民政支出
528860.2	**2365715.9**	**2183337.5**	**1265902.1**	**353106.5**	**2217329.7**	**1197519.7**
		29361.7	15000.0	4062.7		31358.7
29737.5	137921.8	133879.6	2022.3	47355.7	20728.7	51218.6
6623.2	51932.3	52682.0	601.4	4964.5	16457.1	2907.2
8798.6	70984.8	61421.9	28607.6	17730.5	77334.5	13736.4
5940.3	54155.8	40295.0	32405.8	8288.6	58487.2	10633.5
12599.6	77358.9	61753.0	39350.9	10086.1	60236.1	25358.1
35203.9	92471.0	151128.4	21874.5	17850.9	38865.5	43356.5
5930.2	26362.9	30168.2	18679.4	6613.0	67295.0	23360.1
12685.5	51443.4	33715.8	22949.5	6904.9	113552.7	4124.9
103871.1	68282.4	88794.2	392.0	5370.5	39698.2	35785.8
42638.9	207779.0	146196.8	14046.8	23185.4	97116.8	70249.2
28248.1	146635.6	164061.1	17276.4	17048.0	62980.9	91299.4
11181.4	87153.1	44916.3	32649.8	11984.0	102544.5	21311.7
7961.6	61290.5	48827.7	34330.6	22276.4	26084.7	24951.8
5765.0	55426.3	33099.9	48438.7	7446.8	116856.8	2707.7
19548.4	136901.8	110386.5	26385.3	10865.3	94719.9	25173.1
13138.7	86394.9	62850.3	45286.8	15551.9	99678.7	25954.9
15963.4	99255.4	45653.3	49906.0	12787.3	88941.0	26389.4
14892.8	56403.6	74788.2	64017.0	8182.7	114050.6	92530.3
39649.0	175187.2	172597.2	29004.6	26965.5	69697.5	151805.5
7691.1	82677.0	61007.8	56489.7	10159.6	68901.3	25510.5
2042.5	13148.0	25738.8	16682.1	1918.8	18099.4	18994.6
10924.1	43701.1	62395.1	31531.1	9300.5	65924.5	12017.9
20430.9	112432.2	110517.7	139542.7	16174.4	189561.9	118906.8
5902.9	62811.9	53864.4	68964.2	2773.5	83840.5	10541.7
15784.2	82218.4	94101.6	94320.8	9469.3	102302.6	79419.2
570.4	4305.4	6781.7	34166.5	286.0	17132.8	21123.2
17042.5	55172.7	69868.9	152724.3	6127.1	94924.1	9390.9
7651.2	37225.5	24883.2	43410.0	3476.6	84745.4	7622.8
870.5	27599.0	18916.0	6292.4	1895.8	31997.8	104250.3
1176.3	16782.1	10833.0	16478.4	2293.3	22335.9	13604.8
18396.4	84301.9	57852.2	62074.5	3710.9	72237.1	1924.2

C-1-14续表2

地 区	上年					
	本年支出合计	抚恤	退役安置	城市居民最低生活保障	农村最低生活保障	其他农村社会救济
全 国	**32291356.0**	**4283067.1**	**3022782.1**	**6599423.2**	**6676963.5**	**1712674.5**
中央级	93505.4	550.0				
北 京	1031493.0	65286.2	449748.7	68505.8	23993.9	14056.1
天 津	375011.5	42231.9	53940.1	116386.6	19154.7	10178.4
河 北	1244217.3	263260.8	182975.1	219768.4	231941.0	65621.0
山 西	876097.5	116613.6	46769.3	271230.1	196699.0	45270.8
内蒙古	968084.5	62056.3	38590.9	328692.1	215373.8	41761.6
辽 宁	1347428.2	159199.3	234411.6	373148.8	128153.4	58514.1
吉 林	801698.3	81006.6	35375.6	345292.3	125355.6	23499.8
黑龙江	1050480.9	92959.6	43163.4	460773.3	169511.4	40948.7
上 海	662862.5	60490.4	101498.8	142958.9	11652.0	12529.2
江 苏	1711513.8	289548.7	239587.2	132169.0	294395.6	140491.9
浙 江	1061597.3	173466.2	85546.8	41741.5	148074.3	88292.0
安 徽	1263090.4	192908.3	107814.6	268292.0	280596.3	103104.5
福 建	503195.6	80565.7	48416.2	45090.3	85826.7	31658.5
江 西	986614.7	152567.8	33009.9	257966.1	205578.9	65935.4
山 东	1691804.7	485465.8	247581.1	161939.0	283800.2	89919.1
河 南	1586875.1	264592.7	107497.8	349069.5	415718.9	106675.5
湖 北	1408483.1	215433.8	108952.8	405571.1	276859.3	60779.9
湖 南	1545645.5	255291.7	76772.4	383961.3	289117.5	109474.9
广 东	1480652.6	210442.8	185954.9	97418.9	247435.4	76731.1
广 西	971372.9	97412.2	34806.2	141930.2	312060.2	83118.9
海 南	223849.3	18374.0	16739.4	48147.0	36774.9	11078.5
重 庆	783120.4	122205.3	56371.6	169448.0	141636.3	58849.6
四 川	2168767.6	315384.1	146431.4	455812.4	437368.1	134582.5
贵 州	1116447.6	95191.8	24832.9	143028.5	549880.0	29994.8
云 南	1432131.1	124232.1	91444.1	216283.1	452068.8	87930.0
西 藏	130279.7	4449.7	11255.2	16493.9	23590.0	3283.4
陕 西	1356364.3	145286.4	105755.7	282768.0	362957.7	57392.6
甘 肃	1000902.5	47079.4	35697.4	249241.1	419072.6	33819.9
青 海	359785.5	9299.5	10531.8	71615.1	61234.8	5146.7
宁 夏	195226.4	6658.1	9664.2	50594.8	44609.1	4875.1
新 疆	862756.8	33556.3	51645.0	284086.1	186473.1	17160.0

单位：万元

结余

其他城市社会救济	社会福利	民政管理事务	自然灾害生活救助	行政事业单位离退休	医疗救助	其他款项用于民政支出
511193.5	**2322153.1**	**2207511.9**	**1287026.2**	**353413.9**	**2162502.1**	**1152644.9**
1651.6		40132.6	17342.8	4331.3		29497.1
17691.7	135322.7	134409.6	1677.3	47721.1	19777.4	53302.5
6350.2	47025.9	54896.8	506.2	5123.4	16653.2	2564.1
9206.9	70594.4	62448.2	28072.6	17641.8	77258.5	15428.6
5352.9	46585.9	39115.0	30229.8	8277.4	56097.1	13856.6
12380.1	75291.4	63478.2	39206.1	10134.4	55699.7	25419.9
36241.7	96176.0	148823.6	20649.8	17827.6	35688.2	38594.1
6092.9	29920.2	40284.5	20345.7	6743.7	67265.7	20515.7
12762.5	51339.2	33812.4	22951.6	6943.9	111188.0	4126.9
103382.1	60851.0	90324.4	1008.4	5598.3	33244.9	39324.1
42467.5	219356.4	150472.7	14140.2	23195.4	97341.0	68348.2
27488.2	146305.5	161260.3	17269.9	16802.3	62534.1	92816.2
10628.9	86505.1	44983.7	32544.6	12178.3	102877.8	20656.3
7501.5	55034.1	46950.8	33812.9	22040.4	24798.1	21500.4
5801.0	55414.1	34720.0	48537.9	7446.9	116840.5	2796.2
19475.9	136046.6	110606.4	26379.8	10963.3	94584.2	25043.3
12693.2	89337.4	62664.4	42181.1	15853.2	97596.8	22994.6
15954.4	99294.4	47573.5	49968.0	12884.6	88483.6	26727.7
14637.8	61507.9	74772.7	69610.2	8196.5	114745.9	87556.7
38123.0	172124.2	175878.3	28488.2	27053.1	70223.2	150779.5
7737.0	74589.5	60857.2	62997.6	10085.8	55665.2	30112.9
2189.3	12411.7	25267.2	19228.0	1888.9	17242.6	14507.8
10966.9	44678.8	62380.1	30651.6	9308.3	65667.0	10956.9
19635.8	112304.4	112543.8	156191.9	15769.4	186541.5	76202.3
4455.1	60325.3	49635.1	59432.9	2664.4	82645.8	14361.0
16202.8	74536.3	91995.8	96428.9	9323.2	99224.3	72461.7
570.4	1864.4	6781.7	34166.5	286.0	6415.3	21123.2
16416.8	55013.2	69420.5	150866.5	6266.4	93998.0	10222.5
7643.3	36081.6	21287.1	43259.7	3479.7	83492.3	20748.4
833.0	28286.0	20306.0	11639.7	1825.1	35423.1	103644.7
970.8	13088.2	12917.5	15597.6	2084.6	21196.9	12969.5
17688.3	74941.3	56511.8	61642.2	3475.2	72092.2	3485.3

C-1-14续表3

地区	上年					
	年末结余合计	抚恤	退役安置	城市居民最低生活保障	农村最低生活保障	其他农村社会救济
全国	**1946601.9**	**191235.9**	**131610.6**	**255433.4**	**316492.4**	**46433.8**
中央级	19547.1	260.0				
北京	124025.4	10092.7	19791.2	5189.9	433.1	215.5
天津	45628.2	1391.4	1088.5	6638.4	69.3	12.6
河北	46242.6	5398.6	9791.8	3312.1	3170.4	532.0
山西	82168.9	10841.6	2150.8	28906.3	9044.9	1029.0
内蒙古	48628.7	2368.0	4137.5	3158.5	3072.0	620.0
辽宁	39699.2	1276.0	2724.0	17826.5	920.6	
吉林	1996.8	205.2		494.3	187.0	
黑龙江	6095.2	428.4	20.0	2582.6	44.9	56.1
上海	71116.2	4038.9	8113.7	6508.1	62.0	6027.0
江苏	31446.4	2178.7	1863.8	40.8		40.0
浙江	64300.3	14295.3	4478.6	1847.6	6879.2	2867.7
安徽	16615.6	4599.4	614.4	2910.1	23.8	
福建	47551.5	6755.2	8485.7	939.5	1787.1	2351.3
江西	3048.6	2006.3	428.8	188.0	38.0	189.1
山东	24626.6	13153.5	875.9	1566.8	3990.6	510.1
河南	33582.8	1872.8	943.5	12571.6	4481.6	529.5
湖北	6837.0	48.2	104.4	4929.3	336.6	
湖南	16998.0	1358.4	225.8	9012.7	3641.2	391.2
广东	66467.1	7553.3	10725.3	5562.6	7779.7	637.1
广西	224857.2	30252.9	7269.8	43368.4	66915.0	4282.5
海南	62340.0	4794.6	3808.5	3687.7	1939.8	1540.6
重庆	18048.5	2837.6	415.3	3999.9	-729.8	1048.0
四川	157343.9	8363.5	6287.6	27331.6	20854.0	1914.9
贵州	291586.7	28580.0	7543.5	31984.7	122308.8	8491.1
云南	163973.7	17882.2	19161.6	16578.7	23978.9	11192.6
西藏	72994.4				21930.9	
陕西	12852.3	779.9	486.5	1620.0	4145.9	38.2
甘肃	61122.9	1666.5	622.2	1615.6	1740.0	220.7
青海	21497.7	1186.0	2548.1	1317.8	3775.6	899.3
宁夏	42138.3	1439.6	4728.3	8782.2	3528.4	391.0
新疆	21224.1	3331.2	2175.5	961.1	142.9	406.7

单位：万元

结余

其他城市社会救济	社会福利	民政管理事务	自然灾害生活救助	行政事业单位离退休	医疗救助	其他款项用于民政支出
48466.1	**190143.6**	**168946.6**	**102571.5**	**5389.1**	**160766.2**	**272442.8**
8.4		14391.7	0.8	81.4		4804.7
14227.4	31111.7	22130.9	530.1	764.1	3146.5	14599.0
420.6	14984.7	5649.2	225.1	488.4	121.4	592.1
1113.2	4209.5	3631.3	2780.3	67.2	2740.0	8924.5
777.8	11771.7	2160.8	4231.2	33.5	9403.7	1390.3
668.0	7071.0	11383.3	4518.0	333.0	4371.4	997.8
194.1	1232.9	2454.9	401.6		4017.4	5771.1
	1000.0		75.0		35.3	
	151.8	18.8	5.6		2759.7	27.3
11678.4	10438.5	8261.3	802.7	106.7	1152.7	13061.6
991.7	2292.9	4217.8	221.3		12.0	19478.4
2232.6	5282.2	13521.6	3376.1	1302.2	3805.3	4411.9
189.0	832.2	2260.5	285.7		0.4	4900.1
974.4	8107.9	5424.4	1891.6	719.3	5259.5	4820.7
1.9	12.2	4.6	163.4		16.3	
210.3	664.8	3370.7			265.7	12.7
355.9	1895.3	894.3	3505.8	0.5	3529.1	2727.9
		741.2	617.6			59.7
	78.6	78.2	198.1		1032.4	325.2
1851.2	8840.4	6642.3	1369.3	344.9	1818.7	7065.6
1160.0	16537.2	3043.5	15344.4	297.2	26406.8	9125.4
1355.9	4270.3	6966.9	3107.7	11.3	5289.6	12910.3
239.4	1591.1	945.8	407.8		1839.9	3206.8
1779.7	9729.9	4134.9	11447.4	361.5	18821.9	42466.9
2311.7	13781.8	13344.3	22184.2	111.4	26088.0	14843.1
3349.3	16716.2	11498.6	12748.0	364.3	11507.0	17884.5
	2441.0				17785.5	30837.0
289.5	609.3	646.0	2123.4	2.2	1681.6	109.0
397.9	212.8	15061.5	2208.2		1411.6	35793.6
7.0	1241.5	516.4	4391.7		57.3	5445.0
405.6	4074.6	3122.1	2772.7		5658.8	5742.7
1275.2	8959.6	2428.8	636.7		730.7	107.9

C-1-15 预算指标

地 区	本年预算指标合计	上年结转预算指标	本级财政安排预算指标	本年上级下达预算指标	本年下达所属地方预算指标	本年抚恤预算指标
全 国	**35006367.4**	**1584595.4**	**33472525.3**	**55754704.0**	**55805457.3**	**4508199.5**
中央级	80593.1		18360890.4		18280297.3	810.0
北 京	1274932.6	146616.1	710346.1	868275.5	450305.1	71446.1
天 津	399135.6	20139.9	264527.7	219077.1	104609.1	43175.0
河 北	1341717.5	44693.1	462008.4	2549961.3	1714945.3	268823.4
山 西	962854.7	59478.3	371826.4	1845054.5	1313504.5	127752.6
内蒙古	1018649.0	25714.0	530311.0	1876611.5	1413987.5	64426.9
辽 宁	1411554.9	52916.5	589401.4	2349251.2	1580014.2	160011.0
吉 林	794627.2	12037.7	208777.4	1450814.4	877002.3	79899.0
黑龙江	1096937.2	12883.9	423794.5	2522176.0	1861917.2	95067.5
上 海	722919.8	30734.0	677117.6	95272.8	80204.6	59915.7
江 苏	1745577.4	40227.0	1283169.1	1711896.6	1289715.3	289753.3
浙 江	1178949.9	76573.2	924380.1	510275.5	332278.9	189686.5
安 徽	1316211.0	51399.3	512883.7	1631347.4	879419.4	198014.4
福 建	613717.1	56903.1	362794.4	709329.2	515309.6	90070.2
江 西	992308.7	14001.2	303224.3	2258728.9	1583645.7	153189.2
山 东	1826430.4	40402.0	971753.5	2647421.4	1833146.5	516606.4
河 南	1685309.7	42342.8	471376.9	3563398.8	2391808.8	271427.6
湖 北	1443474.9	40268.0	430032.8	2202066.9	1228892.8	220970.8
湖 南	1687201.7	22674.4	545472.4	3480825.3	2361770.4	266177.0
广 东	1545714.4	60775.7	1120758.9	1564807.3	1200627.5	225404.0
广 西	1257846.8	222745.5	410543.9	1807617.1	1183059.7	127302.6
海 南	295258.6	44696.1	128590.5	280984.7	159012.7	27915.7
重 庆	869775.0	40291.6	326236.0	1089960.4	586713.0	128860.5
四 川	2316331.9	50131.7	818440.8	4639682.2	3191922.8	329606.8
贵 州	1337975.9	128378.3	316934.2	2785341.1	1892677.7	106929.3
云 南	1526061.8	23685.0	545765.4	3337691.5	2381080.1	134025.3
西 藏	156072.1		22104.4	213587.8	79620.1	4449.7
陕 西	1585373.0	144775.8	559390.1	2976483.9	2095276.8	155289.6
甘 肃	1020571.8	25785.0	272635.3	1610242.3	888090.8	47738.5
青 海	379995.1	28576.5	173586.1	724736.6	546904.1	9505.8
宁 夏	222856.2	9947.5	73393.5	307226.7	167711.5	7911.9
新 疆	899432.4	14802.2	300058.1	1924558.1	1339986.0	36037.2

收入情况

单位：万元

上年结转 预算指标	本级财政安排 预算指标	本年上级下达 预算指标	本年下达所属 地方预算指标	本年退役安置 预算指标	上年结转 预算指标	本级财政安排 预算指标
111249.5	**4397302.0**	**8202574.2**	**8202926.2**	**3305389.7**	**295353.1**	**3086891.7**
	2777732.0		2776922.0			2065518.0
3520.5	51659.9	30107.5	13841.8	569683.9	116129.9	139108.7
1224.0	29667.0	23774.0	11490.0	53495.7	1130.5	8029.2
3502.7	75142.7	557989.3	367811.3	194157.3	8504.7	74236.6
6498.4	40789.2	250631.3	170166.3	51086.9	4009.7	7202.2
1762.9	24100.8	126881.5	88318.3	39938.0	2064.8	13337.2
4476.4	68067.6	269307.2	181840.2	253958.3	9280.2	32622.3
421.9	19177.0	142375.3	82075.2	36112.5	2230.9	4184.5
571.4	30828.2	221839.3	158171.4	49489.7	1782.7	9625.6
	59145.7	9054.0	8284.0	132913.9	29756.0	104080.5
3176.0	158488.3	419968.9	291879.9	250079.4	21481.5	115278.9
10302.0	130446.5	108881.7	59943.7	89086.3	5016.6	41734.7
4059.8	68954.9	260639.8	135640.1	107613.0	3448.8	63714.2
4878.4	43397.8	150098.3	108304.3	57160.8	7349.0	10275.8
226.9	51184.3	336216.1	234438.1	32839.1	1513.0	7857.1
3945.1	183955.8	1015509.1	686803.6	263885.4	19454.4	66328.0
333.7	68377.5	624013.0	421296.6	118246.8	11156.1	32302.8
548.3	59436.5	352931.1	191945.1	108908.8	2345.0	21522.8
1838.4	52591.6	648687.7	436940.7	77560.6	4428.9	21665.4
10480.8	134467.6	314843.1	234387.5	190101.9	4693.2	96123.8
23275.2	31403.9	201986.0	129362.5	41846.4	8016.4	11385.0
6285.4	7922.5	26254.1	12546.3	15726.6	2425.5	5639.7
1796.0	37629.5	184653.0	95218.0	59502.0	2245.3	18499.7
3442.3	72544.5	801799.6	548179.6	150345.6	6104.6	46959.0
3260.3	25900.0	238625.0	160856.0	28703.8	1258.9	12424.9
2550.3	25653.3	337752.1	231930.4	94224.1	968.4	26169.6
	591.2	7462.5	3604.0	11255.2		869.5
7595.2	39190.3	354229.2	245725.1	116311.6	14463.7	12748.3
163.3	9752.5	78811.0	40988.3	38279.9	2270.5	4003.4
	2603.8	19860.2	12958.2	10685.4	547.7	1164.6
825.0	1117.9	12428.8	6459.8	11104.1	824.7	3325.4
288.9	15381.7	74964.5	54597.9	51086.7	451.5	8954.3

C-1-15续表1

地区			本年城市居民最低生活保障预算指标			
	本年上级下达预算指标	本年下达所属地方预算指标		上年结转预算指标	本级财政安排预算指标	本年上级下达预算指标
全　国	**4868012.0**	**4944867.1**	**7099861.1**	**250081.9**	**6906691.1**	**15087242.8**
中央级		2065518.0			5068390.0	
北　京	663219.1	348773.8	72942.2		67300.2	13668.6
天　津	88748.3	44412.3	116020.1	150.8	72364.3	87010.0
河　北	310599.8	199183.8	237245.5	8994.8	29869.7	629228.8
山　西	85722.1	45847.1	289850.5	14999.2	77415.3	701390.7
内蒙古	66957.0	42421.0	333778.0	753.1	134166.1	754683.9
辽　宁	458196.2	246140.4	387972.4	25353.1	42008.8	1018968.1
吉　林	86474.8	56777.7	348639.9	3130.3	39140.7	735491.9
黑龙江	87561.9	49480.5	474838.5	996.7	139074.1	1307662.3
上　海	59840.0	60762.6	154471.2		144355.2	15441.0
江　苏	374346.8	261027.8	135516.7	607.9	115779.7	111418.1
浙　江	89891.3	47556.3	45317.8	1057.1	40235.7	15899.1
安　徽	90168.6	49718.6	290648.9	29881.0	34379.9	474561.2
福　建	90292.6	50756.6	51166.6	717.9	31150.7	76821.0
江　西	56430.0	32961.0	258071.0	349.8	26827.2	700125.9
山　东	447381.6	269278.6	176225.1	14.5	115500.8	231192.3
河　南	180932.2	106144.3	371744.7	5910.9	29405.9	1034647.1
湖　北	185589.8	100548.8	410637.5	4494.2	47733.5	786860.8
湖　南	139824.4	88358.1	433444.5	3485.5	86379.7	1053316.6
广　东	268607.0	179322.1	107475.9	922.0	88439.2	101214.2
广　西	47664.5	25219.5	209848.1	52425.1	24032.0	366319.2
海　南	17277.1	9615.7	72336.0	15002.4	19669.5	88354.1
重　庆	77293.0	38536.0	206072.4	14904.2	15615.2	362388.0
四　川	276425.8	179143.8	481156.8	6957.5	60653.3	1294356.5
贵　州	41576.5	26556.5	167401.4	14902.3	30243.1	391730.4
云　南	185907.2	118821.1	230688.2	1830.3	55398.0	595029.8
西　藏	18363.7	7978.0	16493.9		619.7	25856.2
陕　西	210025.2	120925.6	341947.0	34023.8	112415.2	647774.2
甘　肃	58243.0	26237.0	251308.6	1591.6	66828.5	412777.9
青　海	18361.0	9387.9	73779.5	571.9	18367.6	192777.9
宁　夏	14605.0	7651.0	59834.8	1189.1	11960.7	103382.0
新　疆	71486.5	29805.6	292987.4	4864.9	60971.6	756895.0

单位：万元

本年下达所属地方预算指标	本年农村最低生活保障预算指标	上年结转预算指标	本级财政安排预算指标	本年上级下达预算指标	本年下达所属地方预算指标
15144154.7	**7236649.6**	**200245.7**	**7023572.7**	**15417072.0**	**15404240.8**
5068390.0			5026126.0		5026126.0
8026.6	23831.5		21666.5	5734.4	3569.4
43505.0	19510.8		16757.8	5506.0	2753.0
430847.8	244625.5	9031.1	35608.4	629368.5	429382.5
503954.7	201675.7	4808.4	75087.3	453612.7	331832.7
555825.1	218760.2	304.1	86774.6	478695.7	347014.2
698357.6	133267.2	53.9	60987.9	275423.0	203197.6
429123.0	125210.8	403.6	30701.3	240445.9	146340.0
972894.6	169360.2	29.4	49829.2	478141.4	358639.8
5325.0	13034.4		11623.4	2227.0	816.0
92289.0	307426.1	3623.9	212774.4	482801.2	391773.4
11874.1	164304.0	7611.0	112839.0	119096.8	75242.8
248173.2	290685.0	4742.4	64458.7	480466.5	258982.6
57523.0	100933.9	131.8	51260.1	166579.9	117037.9
469231.9	205607.9	136.5	22527.4	561357.4	378413.4
170482.5	323539.3	954.3	174123.4	565425.8	416964.2
698219.2	421242.0	51.4	56959.9	1096649.3	732418.6
428451.0	276386.1	28.4	65556.9	477161.9	266361.1
709737.3	346623.5	310.1	114313.3	763045.7	531045.6
83099.5	262138.9	1376.9	151645.0	463845.6	354728.6
232928.2	404567.7	51073.7	68677.5	789695.0	504878.5
50690.0	50341.7	7428.6	14527.3	60719.8	32334.0
186835.0	147956.3	-1015.7	46403.0	237441.0	134872.0
880810.5	461290.6	3893.1	81673.5	1214768.8	839044.8
269474.4	647502.7	40732.8	80573.9	1574701.8	1048505.8
421569.9	479404.4	4450.9	46729.6	1298036.0	869812.1
9982.0	36223.9		1315.9	57000.1	22092.1
452266.2	436325.2	46527.9	94534.3	933516.4	638253.4
229889.4	421253.6	360.5	95283.5	741116.1	415506.5
137937.9	68155.0	12736.2	3935.7	175830.1	124347.0
56697.0	48311.7	460.5	12370.2	81475.0	45994.0
529744.1	187153.8		35927.8	507187.2	355961.2

C-1-15续表2

地　区	本年其他农村社会救济预算指标	上年结转预算指标	本级财政安排预算指标	本年上级下达预算指标	本年下达所属地方预算指标	本年其他城镇社会救济预算指标	上年结转预算指标
全　国	**1762485.4**	**15088.4**	**1717162.3**	**1208812.7**	**1178578.0**	**550077.1**	**8790.0**
中央级			165934.0		165934.0		
北　京	14502.0		14363.0	4026.2	3887.2	31083.0	195.4
天　津	10165.7	49.2	9714.5	804.0	402.0	6623.2	28.3
河　北	65470.1	23.2	57933.9	24664.1	17151.1	9750.6	413.8
山　西	46318.2	879.1	40653.1	63446.6	58660.6	6254.3	68.1
内蒙古	41877.0	198.0	36158.4	32897.4	27376.8	13477.1	225.2
辽　宁	58752.4	752.3	48801.3	29361.5	20162.7	35392.9	3955.6
吉　林	23479.3	67.6	16189.4	13878.5	6656.2	5930.2	18.0
黑龙江	41195.9	40.0	37116.0	37975.9	33936.0	13636.3	35.0
上　海	15786.6		15718.6	104.0	36.0	107071.1	
江　苏	140037.9	334.9	133126.1	29711.4	23134.5	43314.0	45.8
浙　江	91724.0	890.4	89346.6	8030.5	6543.5	31313.8	549.3
安　徽	103281.0	-472.3	89831.3	29308.6	15386.6	11181.4	-5.0
福　建	36155.2	533.6	32860.6	45715.6	42954.6	8972.8	315.7
江　西	66091.1	96.0	59138.1	116503.8	109646.8	5765.0	
山　东	93862.1	-3.1	86321.7	30215.6	22672.1	20371.7	-15.0
河　南	107657.7	14.6	92323.6	70673.1	55353.6	13605.2	
湖　北	62376.7	1813.0	53334.5	44087.4	36858.2	15963.4	
湖　南	120229.9	190.0	100467.3	143429.7	123857.1	15200.2	322.7
广　东	75757.9	96.7	68024.0	24197.8	16560.6	40750.2	122.7
广　西	86667.0	1638.6	74204.4	71336.4	60512.4	8805.0	474.5
海　南	12151.7	590.3	10226.3	2414.1	1079.0	2193.5	27.7
重　庆	59944.1	112.7	55020.4	20506.0	15695.0	11380.8	27.5
四　川	133952.3	904.2	117631.1	71283.8	55866.8	21232.6	80.5
贵　州	37256.6	375.2	32432.4	43582.5	39133.5	6060.5	30.7
云　南	92498.5	2000.7	72010.8	126224.7	107737.7	16995.3	934.6
西　藏	3283.4		2713.9	1014.5	445.0	570.4	
陕　西	61297.2	3617.0	53422.8	70775.7	66518.3	18326.9	733.5
甘　肃	32843.2	119.9	29040.3	29158.1	25475.1	7762.1	163.5
青　海	5407.1	166.0	4555.1	2219.0	1533.0	1340.5	
宁　夏	5078.4	60.6	4526.8	4715.1	4224.1	1206.3	20.0
新　疆	17385.2		14022.0	16551.1	13187.9	18546.8	21.9

单位：万元

本级财政安排预算指标	本年上级下达预算指标	本年下达所属地方预算指标	本年社会福利预算指标	上年结转预算指标	本级财政安排预算指标	本年上级下达预算指标	本年下达所属地方预算指标
538050.5	**322892.8**	**319656.2**	**2664881.2**	**281019.2**	**2282565.6**	**1737269.2**	**1635972.8**
100090.0		100090.0			252905.3		252905.3
20937.6	13461.9	3511.9	166418.7	22882.2	141465.1	44066.9	41995.5
5804.9	1193.0	403.0	68618.5	16294.8	50678.7	1833.8	188.8
6926.8	6761.2	4351.2	83771.3	6277.1	66193.2	39043.6	27742.6
3936.2	5389.0	3139.0	60249.0	7887.7	43609.3	45210.8	36458.8
12890.2	11213.7	10852.0	84784.3	3389.5	59660.9	90467.3	68733.4
24873.3	22886.8	16322.8	92979.0	549.5	86568.4	36531.9	30670.8
4515.9	4022.3	2626.0	27056.9	3141.0	34966.3	19099.8	30150.2
12684.1	17154.1	16236.9	56606.4	3783.0	46740.1	21962.6	15879.3
103871.1	3200.0		69686.2	540.0	68282.4	1984.8	1121.0
38258.2	13997.5	8987.5	220048.4	4850.0	208169.5	98323.1	91294.2
25935.2	15615.0	10785.7	186485.6	26589.5	158641.5	38921.2	37666.6
8286.4	6212.6	3312.6	88965.1	2531.2	66501.1	66668.3	46735.5
6377.1	5817.7	3537.7	82768.3	19558.6	58942.1	44269.4	40001.8
3795.0	4601.0	2631.0	58958.5	11584.0	28949.3	89052.2	70627.0
18215.6	10012.6	7841.5	144917.9	3653.9	129117.9	76056.9	63910.8
8724.2	11452.6	6571.6	101417.2	10344.1	74613.9	106138.6	89679.4
8935.5	15461.7	8433.8	105966.7	14815.0	74678.9	56874.8	40402.0
7928.5	18473.4	11524.4	61985.5	596.0	37870.6	79076.2	55557.3
31452.8	23092.7	13918.0	184838.7	12180.0	159164.7	119784.8	106290.8
6013.0	5800.0	3482.5	98706.2	19432.8	47824.5	78442.8	46993.9
1258.9	1656.9	750.0	14130.1	966.6	18109.8	8294.8	13241.1
8083.3	6546.0	3276.0	55322.4	5568.7	34710.3	36015.4	20972.0
14192.1	21118.7	14158.7	116919.2	8244.0	84138.2	92154.2	67617.2
3589.8	7333.9	4893.9	107126.1	53034.9	41410.8	71435.8	58755.4
11836.4	24959.8	20735.5	84966.4	1744.1	50950.7	119681.5	87409.9
180.4	630.0	240.0	4305.4		1864.4	2441.0	
14210.6	17105.7	13722.9	61621.4	6696.8	44691.2	59764.8	49531.4
6157.3	6783.5	5342.2	37566.2	419.1	21783.7	35250.4	19887.0
870.5	855.0	385.0	31264.4	10190.0	9536.1	43754.0	32215.7
916.3	590.0	320.0	16809.8	2621.0	10722.8	9898.4	6432.4
16303.3	19494.5	17272.9	89621.4	654.1	69103.9	104769.1	84905.7

C-1-15续表3

地 区	本年民政管理事务预算指标	上年结转预算指标	本级财政安排预算指标	本年上级下达预算指标	本年下达所属地方预算指标
全 国	**2216191.4**	**40707.5**	**2150120.4**	**380766.7**	**355403.2**
中央级	29361.7		43361.7		14000.0
北 京	133879.6	315.8	133563.8	2323.8	2323.8
天 津	53076.4	406.7	52669.7		
河 北	63598.8	1106.6	62199.2	15084.3	14791.3
山 西	40489.9	2183.9	38306.0	6485.2	6485.2
内蒙古	65723.4	2374.9	54469.6	46053.6	37174.7
辽 宁	152097.5	182.4	149334.6	38325.3	35744.8
吉 林	30168.2		30302.7	13260.5	13395.0
黑龙江	34545.8	1552.0	33724.7	11897.4	12628.3
上 海	88794.2		88794.2	99.0	99.0
江 苏	146678.3	415.4	141901.1	11910.1	7548.3
浙 江	168199.7	5841.1	159626.1	13443.1	10710.6
安 徽	47181.2	1223.6	46012.6	3495.6	3550.6
福 建	49978.0	1747.4	47747.6	17733.9	17250.9
江 西	33099.9		33099.9	9725.1	9725.1
山 东	110386.5	600.0	110378.8	16138.5	16730.8
河 南	62861.3	961.0	60548.1	2217.0	864.8
湖 北	46816.1	3349.7	44011.0	8295.4	8840.0
湖 南	74812.8	2750.0	65871.3	21932.1	15740.6
广 东	173660.0	598.1	171881.4	10638.5	9458.0
广 西	62048.0	3679.9	57203.7	6897.4	5733.0
海 南	30046.3	127.6	26945.8	9343.0	6370.1
重 庆	63776.6	1218.0	62558.6	5210.0	5210.0
四 川	111463.7	1640.6	109823.1	2600.9	2600.9
贵 州	54138.5	3373.5	50765.0	11517.2	11517.2
云 南	95156.3	700.8	89663.8	40077.9	35286.2
西 藏	6781.7		4707.7	2074.0	
陕 西	74856.6	2558.5	72281.9	41680.2	41664.0
甘 肃	24883.2		24883.2	300.0	300.0
青 海	18916.0		18916.0	5406.8	5406.8
宁 夏	10863.0	300.0	10563.0		
新 疆	57852.2	1500.0	54004.5	6600.9	4253.2

单位：万元

本年自然灾害生活救助预算指标				
	上年结转预算指标	本级财政安排预算指标	本年上级下达预算指标	本年下达所属地方预算指标
1398254.2	**96202.0**	**1266545.6**	**2763934.3**	**2728427.7**
15000.0		863975.0		848975.0
2317.3		2012.3	1953.3	1648.3
601.4	31.5	377.9	192.0	
32046.9	2331.9	5915.0	76763.8	52963.8
38371.4	6484.4	7087.0	81374.0	56574.0
45905.9	3406.8	14919.1	98359.2	70779.2
29191.2	1770.3	7177.9	63912.0	43669.0
19980.0	1636.0	2074.5	37947.5	21678.0
23488.9	673.2	2227.0	63231.8	42643.1
392.0		392.0		
16568.7	1049.3	6019.4	33946.8	24446.8
20610.3	2553.2	7524.1	25704.0	15171.0
34244.9	1363.2	6189.7	56862.0	30170.0
40943.4	6895.2	25043.2	30952.5	21947.5
48438.7	95.0	12043.7	111114.4	74814.4
34994.0	1490.0	9504.0	73640.1	49640.1
46286.2	190.2	6984.1	119423.9	80312.0
50642.6	757.0	6124.6	89118.8	45357.8
65945.0	298.3	11430.7	160566.2	106350.2
32325.6	1908.2	19961.1	53626.3	43170.0
71138.9	23273.1	15841.8	85825.9	53801.9
19296.5	3963.0	5737.7	21908.5	12312.7
37531.4	3261.1	5870.3	59455.0	31055.0
151536.3	7124.4	52925.9	341591.7	250105.7
73456.6	1583.5	20473.1	166863.1	115463.1
97037.1	3321.5	50738.1	210440.8	167463.3
34166.5		949.9	51954.6	18738.0
168060.8	10633.7	79254.1	353096.9	274923.9
44093.0	1894.0	5810.0	76319.6	39930.6
21304.5	4000.0	1503.5	20853.3	5052.3
19472.0	506.5	2965.5	32966.0	16966.0
62866.2	3707.5	7493.4	163970.3	112305.0

C-1-15续表4

地 区	本年行政事业单位离退休预算指标	上年结转预算指标	本级财政安排预算指标	本年上级下达预算指标	本年下达所属地方预算指标	本年医疗救助预算指标	上年结转预算指标
全 国	**353953.5**	**105.5**	**350050.6**	**3934.5**	**137.1**	**2345742.9**	**147029.1**
中央级	4062.7		4062.7				
北 京	47355.7		47355.7			21640.2	533.6
天 津	4964.5		4964.5			16457.1	381.1
河 北	17730.5		17730.5			82133.0	3850.2
山 西	8288.6		8288.6			66740.8	9146.7
内蒙古	10086.1		10086.1			65308.3	7255.7
辽 宁	17850.9		17329.0	521.9		42777.8	1729.5
吉 林	6613.0		4007.7	2605.3		68173.1	958.8
黑龙江	6904.9		6904.9			119777.2	2920.1
上 海	5370.5		5370.5			39698.2	438.0
江 苏	23202.3	59.1	23093.2	104.2	54.2	97538.1	2081.3
浙 江	17150.5	4.6	17145.9			67384.3	4331.8
安 徽	11984.0	7.2	11976.8			103884.6	3510.9
福 建	23008.7	105.8	22902.9			36062.1	11598.5
江 西	7446.8		7446.8			116856.8	
山 东	10865.3		10865.3			97744.1	2871.8
河 南	15551.9	5.0	15546.9			103332.9	2851.4
湖 北	12787.3	8.6	12157.7	621.0		90999.6	12092.0
湖 南	8182.7		8182.7	82.1	82.1	116673.6	555.6
广 东	26972.5	10.0	26962.5			72537.3	8064.4
广 西	10120.6	-95.0	10215.6			88957.4	22903.3
海 南	1918.8		1919.6		0.8	22212.8	1840.7
重 庆	9317.3		9317.3			75859.6	11696.1
四 川	16174.4		16174.4			193268.2	8401.1
贵 州	2773.5		2773.5			91350.3	7782.5
云 南	9469.3	0.1	9469.2			104765.4	2994.5
西 藏	286.0		286.0			17132.8	
陕 西	6137.6	0.1	6137.5			109125.7	10795.4
甘 肃	3476.6		3476.6			88504.5	1103.4
青 海	1895.8		1895.8			31997.8	180.7
宁 夏	2293.3		2293.3			22368.9	846.6
新 疆	3710.9		3710.9			74480.4	3313.4

单位：万元

本级财政安排预算指标	本年上级下达预算指标	本年下达所属地方预算指标	本年其他款项用于民政支出预算指标	上年结转预算指标	本级财政安排预算指标	本年上级下达预算指标	本年下达所属地方预算指标
2222564.4	**4575097.8**	**4598948.4**	**1564681.8**	**138723.5**	**1531008.4**	**1187095.0**	**1292145.1**
1509186.0		1509186.0	31358.7		483609.7		452251.0
17265.6	8788.4	4947.4	119832.4	3038.7	53647.7	80925.4	17779.4
10925.0	6606.0	1455.0	6427.2	443.0	2574.2	3410.0	
22248.8	185984.6	129950.6	42364.6	657.0	8003.6	74473.3	40769.3
20576.1	137257.9	100239.9	25776.8	2512.7	8876.1	14534.2	146.2
20313.5	131013.4	93274.3	34583.8	3979.0	63434.5	39388.8	72218.5
13842.7	93279.7	66074.1	47304.3	4813.3	37787.6	42537.6	37834.2
9845.0	137425.3	80056.0	23364.3	29.6	13672.4	17787.3	8125.0
52928.6	265335.8	201407.3	12025.9	500.4	2112.0	9413.5	
39698.2	3323.0	3761.0	35785.8		35785.8		
73083.9	96081.5	73708.6	75414.2	2501.9	57196.4	39287.0	23571.1
51941.0	37505.5	26394.0	107687.1	11826.6	88963.8	37287.3	30390.6
37498.7	134949.4	72074.4	28527.5	1108.5	15079.4	28014.8	15675.2
9780.6	55298.5	40615.5	36497.1	3071.2	23055.9	25749.8	15379.8
47647.8	270366.0	201157.0	5944.7		2707.7	3237.0	
43844.0	177757.3	126729.0	33032.6	7436.1	23598.2	4091.6	2093.3
8336.8	281524.5	189379.8	51936.2	10524.4	17253.2	35727.5	11568.9
11134.3	156933.3	89160.0	41019.3	16.8	25406.6	28130.9	12535.0
16376.3	312739.7	212998.0	100366.4	7898.9	22395.0	139651.5	69579.0
44381.1	81456.8	61365.0	153751.5	20322.7	128255.7	103500.5	98327.4
14689.1	145554.9	94189.9	47838.9	16647.9	49053.4	8095.0	25957.4
2976.4	34468.7	17073.0	26988.9	6038.3	13657.0	10293.6	3000.0
20679.5	98528.0	55044.0	14251.6	477.7	11848.9	1925.0	
46390.1	441609.7	303132.7	149385.4	3339.4	115335.6	81972.5	51262.1
7265.8	232430.8	156128.8	15276.6	2043.7	9081.9	5544.1	1393.1
16030.3	277639.3	191898.7	86831.5	2188.8	91115.6	121942.4	128415.3
33.6	30753.2	13654.0	21123.2		7972.2	16038.0	2887.0
24702.6	264008.9	190381.2	36073.4	7130.2	5801.3	24506.7	1364.8
9349.1	161734.0	83682.0	22862.4	17699.2	-3732.8	9748.7	852.7
5945.1	77336.7	51464.7	105743.3	184.0	104292.3	167482.6	166215.6
1008.3	40928.0	20414.0	17602.0	2293.5	11623.3	6238.4	2553.2
12640.5	196479.0	137952.5	7704.2		1544.2	6160.0	

C-1-15续表5

地 区	本年预算指标结余	抚恤	退役安置	城市居民最低生活保障	农村最低生活保障	其他农村社会救济
全 国	**2334277.7**	**183323.4**	**284710.7**	**408980.6**	**433280.6**	**41971.9**
中央级						
北 京	222927.1	1407.2	118182.5	2064.4	721.3	889.0
天 津	22009.7	814.4	91.8	94.2	357.5	51.2
河 北	99145.1	7616.7	7847.3	16680.9	13976.8	242.0
山 西	68106.4	6135.0	4774.1	15896.0	4480.8	855.9
内蒙古	44453.2	2032.8	2187.1	4330.5	2291.1	485.5
辽 宁	68606.4	1855.6	21360.2	22828.0	5110.7	609.0
吉 林	7798.7	186.0	1213.0	3522.8		
黑龙江	47823.8	2353.7	7693.9	15733.2		434.3
上 海	45802.2	770.0	28833.4	10116.0	1411.0	68.0
江 苏	54221.0	5612.3	9924.7	3488.9	12990.8	653.2
浙 江	113850.3	16114.6	3347.2	3361.2	16183.3	3562.2
安 徽	50776.5	4610.0	917.6	20712.4	10178.0	130.6
福 建	95711.5	7984.7	10774.9	6125.0	15678.9	2640.9
江 西	9012.2	2243.0				
山 东	121181.4	24971.6	15631.9	12944.7	35748.5	3552.9
河 南	77747.1	5942.6	10325.8	12260.5	2340.3	743.2
湖 北	35966.3	5762.8	493.4	4293.1		117.8
湖 南	152063.9	12033.1	1090.6	49943.8	59129.5	11565.9
广 东	55595.8	12800.6	5165.5	7487.4	9698.0	515.0
广 西	194426.4	21200.8	4951.7	42372.1	47926.4	2797.4
海 南	45104.3	3399.9	6431.9	8157.0	5886.3	1066.5
重 庆	81314.6	4221.1	3242.1	37603.7	3255.5	1346.8
四 川	88424.8	13175.7	4142.5	11160.5	6763.6	769.3
贵 州	175127.6	5163.2	1063.8	17554.1	88410.0	1453.5
云 南	44803.0	3807.9	699.1	5458.4	14099.1	3133.3
西 藏						
陕 西	225203.0	9886.0	11028.5	59132.9	72236.9	3966.8
甘 肃	24695.3	128.5	2481.0	1062.6	748.1	141.8
青 海	24902.6	370.0	585.4	657.0	2562.6	87.1
宁 夏	10546.3	279.0	216.8	2069.3	776.9	92.8
新 疆	26931.2	444.6	13.0	11870.0	318.7	

单位：万元

其他城镇社会救济	社会福利	民政管理事务	自然灾害生活救助	行政事业单位离退休	医疗救助	其他款项用于民政支出
21216.9	**299165.3**	**32853.9**	**132352.1**	**847.0**	**128413.2**	**367162.1**
1345.5	28496.9		295.0		911.5	68613.8
	16686.2	394.4				3520.0
952.0	12786.5	2176.9	3439.3		4798.5	28628.2
314.0	6093.2	194.9	5965.6		8253.6	15143.3
877.5	7425.4	3970.4	6555.0		5072.2	9225.7
189.0	508.0	969.1	7316.7		3912.3	3947.8
	694.0		1300.6		878.1	4.2
950.8	5163.0	830.0	539.4		6224.5	7901.0
3200.0	1403.8					
675.1	12269.4	481.5	2521.9	16.9	421.3	5165.0
3065.7	39850.0	4138.6	3333.9	102.5	4403.4	16387.7
	1812.0	2264.9	1595.1		1340.1	7215.8
1011.2	21477.8	1150.3	6612.8	732.3	9977.4	11545.3
	3532.2					3237.0
823.3	8016.1		8608.7		3024.2	7859.5
466.5	15022.3	11.0	999.4		3654.2	25981.3
	6711.3	1162.8	736.6		2058.6	14629.9
307.4	5581.9	24.6	1928.0		2623.0	7836.1
1101.2	9651.5	1062.8	3321.0	7.0	2839.8	1946.0
1113.9	16029.2	1040.2	14649.2	-39.0	20056.1	22328.4
151.0	982.1	4307.5	2614.4		4113.4	7994.3
456.7	11621.3	1381.5	6000.3	16.8	9935.1	2233.7
801.7	4487.0	946.0	11993.6		3706.3	30478.6
157.6	44314.2	274.1	4492.4		7509.8	4734.9
1211.1	2748.0	1054.7	2716.3		2462.8	7412.3
1284.4	6448.7	4987.7	15336.5	10.5	14201.6	26682.5
110.9	340.7		683.0		3759.1	15239.6
470.0	3665.4		15012.1			1493.0
30.0	27.7	30.0	2993.6		33.0	3997.2
150.4	5319.5		791.7		2243.3	5780.0

C-1-16 当年预算

地区	全国预算安排合计	中央安排合计	全省安排合计	省级	市级	县级及以下	抚恤	中央安排
全国	**33530828.5**	**18282496.3**	**15248332.2**	**4976676.5**	**2625978.8**	**7645676.9**	**4412704.3**	**2769549.0**
中央级	80593.1	80593.1					810.0	810.0
北京	1128316.5	417970.4	710346.1	304635.4		405710.7	67790.9	16131.0
天津	378995.7	114468.0	264527.7	84950.3		179577.4	41951.0	12284.0
河北	1297772.4	835016.0	462756.4	137535.9	105230.2	219990.3	265428.6	190178.0
山西	908872.6	531550.0	377322.6	149877.6	113104.8	114340.2	122488.4	80465.0
内蒙古	1014737.3	476584.4	538152.9	238687.5	123271.7	176193.7	62160.8	37368.0
辽宁	1378198.4	788797.0	589401.4	132517.1	150320.3	306564.0	143197.6	75130.0
吉林	818013.4	609236.0	208777.4	99047.5	22749.2	86980.7	81741.0	62564.0
黑龙江	1137195.5	713401.0	423794.5	213950.7	59158.5	150685.3	95666.2	64838.0
上海	772390.4	95272.8	677117.6	102523.7		574593.9	68199.7	9054.0
江苏	1697730.5	410453.6	1287276.9	301294.5	198105.0	787877.4	287453.9	128671.0
浙江	1102376.7	177996.6	924380.1	163314.6	117034.0	644031.5	178887.5	48441.0
安徽	1264871.2	751931.0	512940.2	110936.7	77279.5	324724.0	193982.9	125028.0
福建	556814.0	194019.6	362794.4	122458.4	65441.0	174895.0	85191.8	41794.0
江西	978307.5	675083.2	303224.3	134465.0	32671.2	136088.1	152962.3	101778.0
山东	1795933.3	811537.6	984395.7	179549.7	257931.2	546914.8	519428.7	329225.0
河南	1654009.6	1171590.0	482419.6	126692.2	88273.2	267454.2	270684.4	201334.0
湖北	1403578.0	973545.2	430032.8	149358.4	101245.4	179429.0	220237.5	160801.0
湖南	1593238.7	1035782.0	557456.7	253364.0	88692.5	215400.2	265961.0	211842.0
广东	1484938.9	364180.0	1120758.9	251097.4	309809.7	559851.8	215785.6	81318.0
广西	1035101.3	624557.4	410543.9	200228.5	69826.4	140489.0	103933.9	72530.0
海南	249310.5	120720.0	128590.5	46719.2	20105.4	61765.9	21590.5	13668.0
重庆	829649.4	503413.4	326236.0	111582.5		214653.5	127162.5	89533.0
四川	2266155.2	1447759.4	818395.8	248732.0	129912.4	439751.4	326164.5	253620.0
贵州	1224977.5	892663.4	332314.1	102602.5	80221.0	149490.6	104611.6	77769.0
云南	1504343.0	956611.4	547731.6	255823.2	96783.0	195125.4	133557.0	105943.0
西藏	121860.4	99756.0	22104.4	13342.8	2773.6	5988.0	4195.2	3604.0
陕西	1469254.9	856043.4	613211.5	237861.9	211704.0	163645.6	152931.4	105210.0
甘肃	994786.7	722151.4	272635.3	187467.8	29712.8	55454.7	47575.5	37823.0
青海	359601.7	177814.4	181787.3	122091.0	4248.9	55447.4	9887.3	6902.0
宁夏	216362.7	139515.2	76847.5	47655.4	15105.1	14087.0	7779.4	5969.0
新疆	812541.5	512483.4	300058.1	146313.1	55268.8	98476.2	33305.7	17924.0

安排情况

单位：万元

全省安排	省　级	市　级	县级及以下	退役安置	中央安排	全省安排	省　级
1643155.3	**465210.0**	**180942.2**	**997003.1**	**3093455.4**	**2064164.0**	**1029291.4**	**260072.4**
51659.9	1090.1		50569.8	453688.7	314580.0	139108.7	98713.3
29667.0	4003.3		25663.7	52365.2	44336.0	8029.2	84.9
75250.6	34089.8	11694.2	29466.6	185684.1	111416.0	74268.1	40637.0
42023.4	13484.6	13203.8	15335.0	47309.4	39875.0	7434.4	149.8
24792.8	8105.1	4522.0	12165.7	42157.2	28757.0	13400.2	8567.0
68067.6	14890.1	11017.2	42160.3	229424.3	196802.0	32622.3	10827.0
19177.0	6780.7	314.5	12081.8	56085.5	51901.0	4184.5	2298.9
30828.2	13838.9	1637.6	15351.7	49328.6	39703.0	9625.6	1784.0
59145.7	5847.6		53298.1	163920.5	59840.0	104080.5	3759.9
158782.9	31605.9	9802.8	117374.2	234718.2	117007.0	117711.2	28323.0
130446.5	15659.6	6416.2	108370.7	84069.7	42335.0	41734.7	
68954.9	18506.1	3236.3	47212.5	104164.2	40450.0	63714.2	4372.6
43397.8	15168.7	4742.6	23486.5	49811.8	39536.0	10275.8	753.2
51184.3	24576.0	2029.2	24579.1	31326.1	23469.0	7857.1	1312.4
190203.7	41232.2	38747.3	110224.2	246274.2	178103.0	68171.2	1028.5
69350.4	21579.2	5342.2	42429.0	107039.0	74711.0	32328.0	7057.1
59436.5	22891.0	8610.2	27935.3	107185.8	85663.0	21522.8	2327.0
54119.0	19665.6	6963.9	27489.5	74974.9	52397.0	22577.9	6351.9
134467.6	43611.0	20838.9	70017.7	185438.8	89315.0	96123.8	14981.3
31403.9	17972.2	1503.7	11928.0	33830.0	22445.0	11385.0	768.1
7922.5	1291.3	222.3	6408.9	15550.7	9911.0	5639.7	228.4
37629.5	6718.7		30910.8	57301.7	38802.0	18499.7	790.0
72544.5	30735.9	3907.0	37901.6	144241.0	97282.0	46959.0	2919.0
26842.6	6932.8	3614.6	16295.2	27504.4	15020.0	12484.4	1357.5
27614.0	11119.2	3155.5	13339.3	92102.1	65927.0	26175.1	2552.1
591.2	240.0	50.0	301.2	8847.5	7978.0	869.5	322.7
47721.4	21302.8	13378.4	13040.2	102630.0	88463.0	14167.0	9281.3
9752.5	4011.5	892.4	4848.6	36009.4	32006.0	4003.4	2888.0
2985.3	692.8	160.8	2131.7	11031.7	8973.0	2058.7	1682.6
1810.4	692.5	444.0	673.9	10279.4	6954.0	3325.4	363.6
15381.7	6874.8	4494.6	4012.3	49161.3	40207.0	8954.3	3590.3

C-1-16续表1

地 区	市级	县级及以下	城市居民最低生活保障	中央安排	全省安排	省级	市级	县级及以下
全 国	**202884.2**	**566334.8**	**6896191.6**	**5020199.0**	**1875992.6**	**694022.2**	**271857.8**	**910112.6**
中央级								
北 京		40395.4	72942.2	5642.0	67300.2	2384.6		64915.6
天 津		7944.3	115869.3	43505.0	72364.3	31630.8		40733.5
河 北	18854.1	14777.0	228688.0	198381.0	30307.0	13100.0	7979.7	9227.3
山 西	2667.5	4617.1	275757.9	197436.0	78321.9	47678.3	15642.9	15000.7
内蒙古	2384.9	2448.3	334598.1	198979.0	135619.1	62908.7	34842.6	37867.8
辽 宁	3816.6	17978.7	382941.8	340933.0	42008.8	15000.0	1702.9	25305.9
吉 林	673.8	1211.8	344460.7	305320.0	39140.7	19253.0	134.0	19753.7
黑龙江	6297.5	1544.1	514495.1	375421.0	139074.1	77710.0	14401.8	46962.3
上 海		100320.6	159796.2	15441.0	144355.2	30.8		144324.4
江 苏	29252.3	60135.9	134655.7	18876.0	115779.7	25636.0	7113.3	83030.4
浙 江	9070.2	32664.5	44258.7	4023.0	40235.7	8880.1	2632.7	28722.9
安 徽	17399.7	41941.9	260746.9	226367.0	34379.9	5000.0	1265.2	28114.7
福 建	2959.1	6563.5	50448.7	19298.0	31150.7	12855.9	3012.1	15282.7
江 西	749.7	5795.0	257721.2	230894.0	26827.2	1460.0	6010.7	19356.5
山 东	30537.8	36604.9	177240.0	61057.0	116183.0	15999.7	26850.9	73332.4
河 南	13323.4	11947.5	373955.3	336428.0	37527.3	18306.8	8747.1	10473.4
湖 北	7188.1	12007.7	406240.5	358507.0	47733.5	9480.0	13808.3	24445.2
湖 南	8519.3	7706.7	435912.2	343664.0	92248.2	54206.0	12213.8	25828.4
广 东	21093.5	60049.0	106547.2	18108.0	88439.2	22220.0	15965.8	50253.4
广 西	6019.0	4597.9	157423.0	133391.0	24032.0	13139.9	1787.4	9104.7
海 南	2542.8	2868.5	55664.5	35995.0	19669.5	14695.0	934.0	4040.5
重 庆		17709.7	191168.2	175553.0	15615.2	11282.0		4333.2
四 川	5176.9	38863.1	474169.3	413546.0	60623.3	24162.1	6861.1	29600.1
贵 州	1751.6	9375.3	154552.1	122256.0	32296.1	11053.0	7162.3	14080.8
云 南	7251.4	16371.6	232446.0	177048.0	55398.0	30438.0	9924.4	15035.6
西 藏		546.8	10601.7	9982.0	619.7	10.0	190.5	419.2
陕 西	1419.0	3466.7	315820.0	190812.0	125008.0	23990.8	67811.8	33205.4
甘 肃	535.3	580.1	249717.5	182889.0	66828.5	47000.4	3465.2	16362.9
青 海	54.1	322.0	77221.8	54840.0	22381.8	18946.8	152.8	3282.2
宁 夏	1805.1	1156.7	60238.2	46685.0	13553.2	11604.5	10.0	1938.7
新 疆	1541.5	3822.5	239893.6	178922.0	60971.6	43959.0	1234.5	15778.1

单位：万元

农村最低生活保障	中央安排	全省安排	省级	市级	县级及以下	其他农村社会救济	中央安排	全省安排
7055361.0	**5026126.0**	**2029235.0**	**963290.8**	**223095.1**	**842849.1**	**1721000.2**	**166730.0**	**1554270.2**
23831.5	2165.0	21666.5	1404.4		20262.1	14502.0	139.0	14363.0
19510.8	2753.0	16757.8			16757.8	10116.5	402.0	9714.5
235669.9	199986.0	35683.9	11000.2	6219.0	18464.7	65451.1	7513.0	57938.1
198044.0	121780.0	76264.0	33443.8	22487.7	20332.5	46011.4	4786.0	41225.4
221893.6	131681.0	90212.6	30398.9	26174.4	33639.3	39128.4	2723.0	36405.4
132541.9	71554.0	60987.9	28680.0	3309.6	28998.3	53159.3	4358.0	48801.3
123989.3	93288.0	30701.3	25043.0		5658.3	20103.4	3914.0	16189.4
171872.2	122043.0	49829.2	29333.8	3244.8	17250.6	41451.0	4335.0	37116.0
13850.4	2227.0	11623.4			11623.4	15822.6	104.0	15718.6
303554.4	90780.0	212774.4	118533.0	1664.9	92576.5	139568.7	6342.0	133226.7
156685.0	43846.0	112839.0	38637.8	581.8	73619.4	90638.6	1292.0	89346.6
285942.7	221484.0	64458.7	34997.0	1411.2	28050.5	103753.3	13922.0	89831.3
100802.1	49542.0	51260.1	21723.6	3074.7	26461.8	35621.6	2761.0	32860.6
205471.4	182944.0	22527.4	4680.0	3848.4	13999.0	65995.1	6857.0	59138.1
324768.9	148601.0	176167.9	59480.0	26869.6	89818.3	93818.3	7260.0	86558.3
422198.2	364230.0	57968.2	771.0	7594.7	49602.5	106634.5	14286.0	92348.5
276376.9	210820.0	65556.9	44000.0	2823.1	18733.8	60546.5	7212.0	53334.5
347047.3	231970.0	115077.3	82349.0	7932.6	24795.7	116387.7	15804.0	100583.7
260762.0	109117.0	151645.0	69923.0	11148.0	70574.0	75760.0	7736.0	68024.0
353490.5	284813.0	68677.5	53999.9	1731.3	12946.3	83892.4	9688.0	74204.4
40696.3	26169.0	14527.3	6040.0	2800.0	5687.3	11305.3	1079.0	10226.3
148972.0	102569.0	46403.0	32303.0		14100.0	59705.4	4685.0	55020.4
457382.5	375724.0	81658.5	35889.3	15943.3	29825.9	133048.1	15417.0	117631.1
616264.9	526196.0	90068.9	43995.0	11777.7	34296.2	37025.1	4449.0	32576.1
470154.6	423425.0	46729.6		18163.8	28565.8	79397.8	7387.0	72010.8
36041.9	34726.0	1315.9			1315.9	3158.9	445.0	2713.9
395484.4	287893.0	107591.4	28818.4	43076.7	35696.3	58656.6	3704.0	54952.6
420893.5	325610.0	95283.5	89896.5	982.0	4405.0	32818.3	3778.0	29040.3
55787.8	51483.0	4304.8	369.1	0.6	3935.1	5223.5	668.0	4555.5
48226.3	35481.0	12745.3	10888.1		1857.2	5083.8	491.0	4592.8
187153.8	151226.0	35927.8	26693.0	235.2	8999.6	17215.0	3193.0	14022.0

C－1－16续表2

地 区	省级	市级	县级及以下	本年其他城镇社会救济预算指标	中央安排	全省安排	省级	市级
全 国	**380197.4**	**72185.3**	**1101887.5**	**540265.7**	**101572.4**	**438693.3**	**85559.2**	**108354.6**
中央级								
北 京	3748.2		10614.8	30887.6	9950.0	20937.6	12601.7	
天 津			9714.5	6594.9	790.0	5804.9	1936.1	
河 北		2213.3	55724.8	9336.8	2410.0	6926.8	35.0	4648.4
山 西	22218.2	5142.2	13865.0	6188.1	2250.0	3938.1	100.0	2489.4
内蒙古	7745.8	4386.0	24273.6	14515.4	1580.0	12935.4	5012.0	3051.3
辽 宁	2668.0	3144.1	42989.2	28293.3	3420.0	24873.3	3253.0	8812.0
吉 林	1195.0		14994.4	6415.9	1900.0	4515.9	541.0	987.7
黑龙江	7673.8	906.1	28536.1	14474.1	1790.0	12684.1	8767.0	2097.8
上 海	3218.2		12500.4	107071.1	3200.0	103871.1	7339.9	
江 苏	3023.0	3615.8	126587.9	43410.2	4770.0	38640.2	608.0	12568.6
浙 江	5567.7	1596.3	82182.6	30655.2	4720.0	25935.2	1001.0	9402.9
安 徽		2015.2	87816.1	11189.4	2900.0	8289.4	230.0	4050.7
福 建	20133.6	1032.3	11694.7	8657.1	2280.0	6377.1	150.0	3507.6
江 西	47977.4	1029.9	10130.8	5765.0	1970.0	3795.0	787.9	1366.4
山 东		12516.3	74042.0	21604.6	3360.0	18244.6	1992.2	8327.0
河 南	11836.3	3308.1	77204.1	13289.2	4560.0	8729.2	2551.0	4249.1
湖 北	27835.0	132.0	25367.5	16035.5	7100.0	8935.5	600.0	2760.8
湖 南	55399.0	1229.0	43955.7	15193.5	7230.0	7963.5	1110.0	3033.3
广 东	200.0	6012.9	61811.1	40952.8	9500.0	31452.8	7628.0	13150.8
广 西	31081.4	1359.9	41763.1	7783.0	1770.0	6013.0	1402.3	3289.9
海 南		440.0	9786.3	2008.9	750.0	1258.9		644.4
重 庆	10989.0		44031.4	11253.3	3170.0	8083.3	506.8	
四 川	10549.2	3696.3	103385.6	21152.1	6960.0	14192.1	1572.0	6140.8
贵 州	13723.7	3124.1	15728.3	6040.8	2440.0	3600.8	724.0	1936.5
云 南	39417.0	3268.7	29325.1	14838.8	3002.4	11836.4	7705.0	1311.0
西 藏	10.0		2703.9	420.4	240.0	180.4	69.4	5.5
陕 西	25121.3	10863.5	18967.8	17871.3	3440.0	14431.3	3224.9	6290.5
甘 肃	21697.1	991.6	6351.6	7577.3	1420.0	6157.3	3922.2	1628.0
青 海	20.4	18.1	4517.0	1340.5	470.0	870.5	250.0	283.8
宁 夏	3799.1	143.6	650.1	1186.3	270.0	916.3	130.0	712.3
新 疆	3350.0		10672.0	18263.3	1960.0	16303.3	9808.8	1608.1

单位：万元

县级及以下	本年社会福利预算指标	中央安排	全省安排	省级	市级	县级及以下	本年民政管理事务预算指标	中央安排
244779.5	**2383659.5**	**351061.4**	**2032598.1**	**703348.8**	**680980.4**	**648268.9**	**2153617.2**	**42769.7**
							29361.7	29361.7
8335.9	143536.5	2071.4	141465.1	97780.0		43685.1	133563.8	
3868.8	52323.7	1645.0	50678.7	36339.1		14339.6	52669.7	
2243.4	77495.2	11301.0	66194.2	11842.8	28351.3	26000.1	62492.2	293.0
1348.7	52518.1	8752.0	43766.1	12546.6	25475.5	5744.0	38552.7	
4872.1	63924.2	3600.0	60324.2	24196.7	15226.7	20900.8	55972.4	1403.0
12808.3	92970.4	6402.0	86568.4	19567.6	44644.0	22356.8	150163.6	829.0
2987.2	42586.3	7620.0	34966.3	21006.0	7569.6	6390.7	31053.7	751.0
1819.3	55256.1	8516.0	46740.1	29103.8	14328.3	3308.0	34883.7	1159.0
96531.2	70267.2	1984.8	68282.4	30101.7		38180.7	88893.2	99.0
25463.6	217381.5	8924.6	208456.9	58026.3	65217.7	85212.9	142515.1	268.0
15531.3	163138.1	4496.6	158641.5	43129.4	39345.5	76166.6	160023.1	397.0
4008.7	86421.1	19920.0	66501.1	24762.4	22147.3	19591.4	46029.1	
2719.5	63209.7	4267.6	58942.1	18853.9	21823.3	18264.9	48230.6	483.0
1640.7	47374.5	18425.2	28949.3	11567.8	7437.0	9944.5	33099.9	
7925.4	137044.0	7534.6	129509.4	30948.5	59907.3	38653.6	110881.8	486.0
1929.1	100906.6	26246.0	74660.6	43648.4	17215.1	13797.1	60552.8	
5574.7	92084.1	17405.2	74678.9	13125.7	42086.0	19467.2	44011.0	
3820.2	60691.3	22525.0	38166.3	10590.0	16647.4	10928.9	67028.9	
10674.0	175656.7	16492.0	159164.7	27854.4	72132.1	59178.2	172410.4	529.0
1320.8	58939.5	11115.0	47824.5	12487.5	27680.5	7656.5	58305.7	1102.0
614.5	22283.8	4174.0	18109.8	12325.5	561.1	5223.2	27438.8	493.0
7576.5	49979.7	15269.4	34710.3	17466.5		17243.8	62558.6	
6479.3	108675.2	24537.0	84138.2	7528.8	42085.9	34523.5	109823.1	
940.3	54328.4	12680.4	41648.0	7054.6	25424.3	9169.1	50771.9	
2820.4	75543.7	24593.0	50950.7	18568.1	16057.3	16325.3	91095.8	1432.0
105.5	4305.4	2441.0	1864.4	1146.5	559.0	158.9	6781.7	2074.0
4915.9	56056.8	10572.4	45484.4	14705.7	18857.1	11921.6	74122.7	
607.1	35662.1	13878.4	21783.7	7182.0	10360.8	4240.9	24883.2	
336.7	21143.6	11568.4	9575.2	7214.9	984.8	1375.5	19268.8	
74.0	14214.7	3466.0	10748.7	5688.6	4320.5	739.6	10563.0	
4886.4	87741.3	18637.4	69103.9	26989.0	34535.0	7579.9	55614.5	1610.0

C-1-16续表3

地 区	全省安排	省级	市级	县级及以下	本年自然灾害生活救助预算指标	中央安排	全省安排	省级
全 国	**2110847.5**	**368809.1**	**449592.8**	**1292445.6**	**1268662.2**	**854775.0**	**413887.2**	**245642.4**
中央级					15000.0	15000.0		
北 京	133563.8	52813.1		80750.7	2317.3	305.0	2012.3	1648.3
天 津	52669.7	9326.3		43343.4	569.9	192.0	377.9	250.0
河 北	62199.2	10606.4	14826.3	36766.5	29765.0	23800.0	5965.0	2699.5
山 西	38552.7	3043.6	14904.8	20604.3	32162.0	24800.0	7362.0	3800.0
内蒙古	54569.4	20352.3	14039.4	20177.7	42598.1	27300.0	15298.1	8050.0
辽 宁	149334.6	18720.5	43376.4	87237.7	28216.9	21039.0	7177.9	5074.5
吉 林	30302.7	13026.6	4883.8	12392.3	18474.5	16400.0	2074.5	985.0
黑龙江	33724.7	10276.9	8959.1	14488.7	23298.0	21071.0	2227.0	413.0
上 海	88794.2	17675.9		71118.3	392.0		392.0	
江 苏	142247.1	8868.9	29915.7	103462.5	15529.4	9500.0	6029.4	3329.8
浙 江	159626.1	10326.3	28446.1	120853.7	18324.1	10800.0	7524.1	4000.0
安 徽	46029.1	8540.6	12386.3	25102.2	32881.7	26692.0	6189.7	3500.0
福 建	47747.6	15660.2	9301.3	22786.1	34048.2	9005.0	25043.2	6950.0
江 西	33099.9	7365.3	5165.1	20569.5	48343.7	36300.0	12043.7	2438.0
山 东	110395.8	11327.9	37198.1	61869.8	34219.5	24600.0	9619.5	3000.0
河 南	60552.8	4779.6	15867.7	39905.5	46227.9	39102.0	7125.9	2620.4
湖 北	44011.0	7332.7	12407.2	24271.1	49805.6	43681.0	6124.6	2000.0
湖 南	67028.9	4859.0	17143.9	45026.0	52342.7	40568.0	11774.7	6896.8
广 东	171881.4	8129.0	62434.3	101318.1	30561.1	10600.0	19961.1	12808.9
广 西	57203.7	9210.7	14811.8	33181.2	47165.8	31324.0	15841.8	11300.0
海 南	26945.8	5927.1	8939.6	12079.1	15337.7	9600.0	5737.7	2371.0
重 庆	62558.6	13129.2		49429.4	34270.3	28400.0	5870.3	3155.0
四 川	109823.1	6869.7	15732.2	87221.2	144411.9	91486.0	52925.9	36571.0
贵 州	50771.9	5738.1	16851.5	28182.3	72755.1	51400.0	21355.1	7781.0
云 南	89663.8	25491.1	18314.0	45858.7	91661.1	40923.0	50738.1	42521.6
西 藏	4707.7	3028.0	1378.2	301.5	19687.9	18738.0	949.9	258.0
陕 西	74122.7	27698.6	19712.4	26711.7	159748.4	71523.0	88225.4	60134.0
甘 肃	24883.2	10307.5	5880.6	8695.1	42169.0	36359.0	5810.0	3587.6
青 海	19268.8	6250.8	1439.9	11578.1	17304.5	15801.0	1503.5	700.0
宁 夏	10563.0	2510.2	5033.5	3019.3	19113.5	16000.0	3113.5	2399.0
新 疆	54004.5	9617.0	10243.6	34143.9	49959.4	42466.0	7493.4	4400.0

单位：万元

市级	县级及以下	本年行政事业单位离退休预算指标	中央安排	全省安排	省级	市级	县级及以下
55855.9	**112388.9**	**350421.5**	**4062.7**	**346358.8**	**43907.1**	**65016.8**	**237434.9**
		4062.7	4062.7				
	364.0	47355.7		47355.7	1648.5		45707.2
	127.9	4964.5		4964.5			4964.5
981.8	2283.7	17730.5		17730.5	2857.3	3708.6	11164.6
2303.3	1258.7	8526.5		8526.5	1901.3	2246.0	4379.2
5115.0	2133.1	10219.1		10219.1	626.9	3104.5	6487.7
617.5	1485.9	17329.0		17329.0	2156.4	4571.2	10601.4
11.0	1078.5	4007.7		4007.7	494.1	388.4	3125.2
549.9	1264.1	6904.9		6904.9	4111.5	1681.6	1111.8
	392.0	5370.5		5370.5	1281.5		4089.0
498.8	2200.8	23093.2		23093.2	940.0	4832.3	17320.9
644.2	2879.9	17145.9		17145.9	860.5	5769.4	10516.0
402.6	2287.1	11976.8		11976.8	1423.4	3184.3	7369.1
2250.1	15843.1	22902.9		22902.9	1376.3	3435.9	18090.7
512.5	9093.2	7446.8		7446.8	1175.6	893.5	5377.7
3253.7	3365.8	10865.3		10865.3	3135.7	2103.4	5626.2
1469.7	3035.8	15546.9		15546.9	2301.2	4329.1	8916.6
552.4	3572.2	12157.7		12157.7	1793.0	1672.9	8691.8
544.9	4333.0	8182.7		8182.7	542.0	1991.1	5649.6
2305.2	4847.0	26962.5		26962.5	3213.0	10608.6	13140.9
1479.7	3062.1	10215.6		10215.6	657.2	2232.5	7325.9
80.0	3286.7	1919.6		1919.6	440.9	494.0	984.7
	2715.3	9317.3		9317.3	2820.6		6496.7
816.2	15538.7	16174.4		16174.4	2200.2	2827.0	11147.2
4391.0	9183.1	2773.5		2773.5		312.9	2460.6
2928.3	5288.2	9469.2		9469.2	1617.8	1164.0	6687.4
590.4	101.5	286.0		286.0	286.0		
22613.9	5477.5	6137.5		6137.5	1903.7	766.6	3467.2
313.1	1909.3	3476.6		3476.6	625.5	930.4	1920.7
161.0	642.5	1895.8		1895.8	737.8	277.7	880.3
224.7	489.8	2293.3		2293.3	679.2	635.5	978.6
245.0	2848.4	3710.9		3710.9	100.0	855.4	2755.5

C-1-16续表4

地 区	本年医疗救助预算指标	中央安排	全省安排	省级	市级
全 国	**2220288.7**	**1496090.0**	**724198.7**	**265981.3**	**92735.4**
中央级					
北 京	21106.6	3841.0	17265.6	5816.4	
天 津	16076.0	5151.0	10925.0		
河 北	78308.4	56034.0	22274.4	8952.5	2744.9
山 西	58050.0	37018.0	21032.0	10532.0	5174.0
内蒙古	54834.1	33892.0	20942.1	7543.0	8403.1
辽 宁	48118.7	34276.0	13842.7	6057.0	2057.4
吉 林	67646.0	57801.0	9845.0	6649.0	
黑龙江	119552.6	66624.0	52928.6	30938.0	3845.9
上 海	43021.2	3323.0	39698.2	9010.8	
江 苏	96682.8	23589.0	73093.8	16101.7	13607.8
浙 江	63130.0	11189.0	51941.0	11332.9	4663.2
安 徽	100566.7	63031.0	37535.7	6122.9	2999.6
福 建	24463.6	14683.0	9780.6	2828.0	1443.5
江 西	116856.8	69209.0	47647.8	30009.0	3132.8
山 东	95882.4	51311.0	44571.4	10855.0	8666.1
河 南	101736.6	92708.0	9028.6	3312.8	1275.9
湖 北	79249.3	68115.0	11134.3	4583.0	1202.0
湖 南	119288.3	102022.0	17266.3	6802.0	2447.3
广 东	65651.1	21270.0	44381.1	5831.0	12013.7
广 西	66054.1	51365.0	14689.1	10699.3	907.5
海 南	19665.4	16689.0	2976.4	400.0	697.1
重 庆	64186.5	43507.0	20679.5	11712.6	
四 川	184867.1	138477.0	46390.1	10794.5	6888.2
贵 州	85116.8	76302.0	8814.8	4149.0	456.8
云 南	105350.3	89320.0	16030.3	8591.5	1625.4
西 藏	16674.6	16641.0	33.6		
陕 西	100461.7	71218.0	29243.7	21680.4	5219.0
甘 肃	89889.1	80540.0	9349.1	3227.3	2908.6
青 海	32527.1	25872.0	6655.1	710.0	78.8
宁 夏	22076.3	20514.0	1562.3	739.7	12.9
新 疆	63198.5	50558.0	12640.5	10000.0	263.9

单位：万元

县级及以下	本年其他款项用于民政支出预算指标	中央安排	全省安排	省级	市级	县级及以下
365482.0	**1435201.2**	**385397.1**	**1049804.1**	**500635.8**	**222478.3**	**326690.0**
	31358.7	31358.7				
11449.2	116793.7	63146.0	53647.7	24986.8		28660.9
10925.0	5984.2	3410.0	2574.2	1379.8		1194.4
10577.0	41722.6	33704.0	8018.6	1715.4	3008.6	3294.6
5326.0	23264.1	14388.0	8876.1	979.4	1367.7	6529.0
4996.0	72735.9	9301.4	63434.5	55181.1	2021.8	6231.6
5728.3	71841.6	34054.0	37787.6	5623.0	23251.4	8913.2
3196.0	21449.4	7777.0	13672.4	1775.2	7786.4	4110.8
18144.7	10013.0	7901.0	2112.0		1208.1	903.9
30687.4	35785.8		35785.8	24257.4		11528.4
43384.3	59167.4	1726.0	57441.4	6298.9	20015.0	31127.5
35944.9	95420.8	6457.0	88963.8	23919.3	8465.5	56579.0
28413.2	27216.4	12137.0	15079.4	3481.7	6781.1	4816.6
5509.1	33425.9	10370.0	23055.9	6005.0	8858.5	8192.4
14506.0	5944.7	3237.0	2707.7	1115.6	496.0	1096.1
25050.3	23905.6		23905.6	550.0	2953.7	20401.9
4439.9	35238.2	17985.0	17253.2	7928.4	5551.1	3773.7
5349.3	39647.6	14241.0	25406.6	13391.0	8002.4	4013.2
8017.0	30228.2	7760.0	22468.2	4592.7	10026.0	7849.5
26536.4	128450.7	195.0	128255.7	34697.8	62105.9	31452.0
3082.3	54067.8	5014.4	49053.4	37510.0	7023.2	4520.2
1879.3	15849.0	2192.0	13657.0	3000.0	1750.1	8906.9
8966.9	13773.9	1925.0	11848.9	709.1		11139.8
28707.4	146046.0	30710.4	115335.6	78940.3	19837.5	16557.8
4209.0	13232.9	4151.0	9081.9	93.8	3417.7	5570.4
5813.4	108726.6	17611.0	91115.6	67801.8	13619.2	9694.6
33.6	10859.2	2887.0	7972.2	7972.2		
2344.3	29334.1	23208.0	6126.1		1695.1	4431.0
3213.2	4115.2	7848.0	-3732.8	-6877.8	824.8	2320.2
5866.3	106969.3	1237.0	105732.3	84515.8	636.5	20580.0
809.7	15308.5	3685.2	11623.3	8160.9	1763.0	1699.4
2376.6	7324.2	5780.0	1544.2	931.2	12.0	601.0

C-1-17 预算资金

地 区	民政预算内经费实际支出	抚恤	死亡抚恤	一次性抚恤金	定期抚恤金	其他	伤残抚恤
全 国	**32291356.0**	**4283067.1**	**371097.0**	**83104.8**	**271971.3**	**16020.9**	**874943.7**
中央级	93505.4	550.0					
北 京	1031493.0	65286.2	15599.4	12446.4	3094.3	58.7	10642.2
天 津	375011.5	42231.9	2587.0	1192.4	1321.4	73.2	8050.4
河 北	1244217.3	263260.8	22347.2	4386.2	17871.6	89.4	59889.4
山 西	876097.5	116613.6	9240.8	1972.4	7093.3	175.1	26525.2
内蒙古	968084.5	62056.3	3969.4	1125.2	2628.2	216.0	13862.6
辽 宁	1347428.2	159199.3	12486.8	6302.3	5670.9	513.6	30838.7
吉 林	801698.3	81006.6	8875.3	862.6	6485.6	1527.1	28169.1
黑龙江	1050480.9	92959.6	7050.3	1112.8	5793.8	143.7	20772.7
上 海	662862.5	60490.4	7323.8	2629.7	2801.2	1892.9	12050.9
江 苏	1711513.8	289548.7	32068.2	5029.4	25608.6	1430.2	68921.5
浙 江	1061597.3	173466.2	10029.6	2252.4	7526.8	250.4	26829.6
安 徽	1263090.4	192908.3	10854.9	1293.8	8953.4	607.7	32045.6
福 建	503195.6	80565.7	10391.4	1054.5	9248.8	88.1	11403.9
江 西	986614.7	152567.8	18426.5	2283.2	14381.5	1761.8	24517.7
山 东	1691804.7	485465.8	42231.5	6205.8	34260.8	1764.9	135191.4
河 南	1586875.1	264592.7	19044.3	3283.0	15197.3	564.0	66822.6
湖 北	1408483.1	215433.8	28005.4	2450.7	25094.4	460.3	34391.0
湖 南	1545645.5	255291.7	20237.5	3414.3	15831.4	991.8	51948.7
广 东	1480652.6	210442.8	14074.8	4267.8	9213.5	593.5	27806.5
广 西	971372.9	97412.2	4164.5	1282.3	2809.3	72.9	9465.1
海 南	223849.3	18374.0	1802.0	404.1	1316.5	81.4	3639.6
重 庆	783120.4	122205.3	6326.4	1644.6	4375.9	305.9	22777.2
四 川	2168767.6	315384.1	28157.4	4410.3	22707.0	1040.1	61390.3
贵 州	1116447.6	95191.8	4292.9	1434.4	2691.5	167.0	15486.7
云 南	1432131.1	124232.1	8698.2	3472.1	5042.2	183.9	19650.0
西 藏	130279.7	4449.7	975.9	550.1	324.2	101.6	931.1
陕 西	1356364.3	145286.4	13735.4	2995.3	10484.4	255.7	24814.5
甘 肃	1000902.5	47079.4	3064.6	1031.0	1906.2	127.4	12478.8
青 海	359785.5	9299.5	1580.1	697.3	856.5	26.3	2171.8
宁 夏	195226.4	6658.1	611.8	300.0	273.2	38.6	2862.6
新 疆	862756.8	33556.3	2843.7	1318.4	1107.6	417.7	8596.3

总体支出情况

单位：万元

伤残抚恤金	在乡伤残抚恤金	在职保健金	伤残补助费	分散安置残疾军人护理费	在乡复员、退伍军人生活补助	在乡复退军人定期定量补助费	在乡红军老战士定期定量补助费	红军失散人员定期定量补助费
825193.7	**494012.7**	**197631.3**	**49750.0**	**17473.9**	**1833649.2**	**1242611.2**	**2329.3**	**30623.1**
9622.9	4269.0	4331.7	1019.3	164.1	12601.3	8887.7	3.9	
7546.8	3017.4	3949.3	503.6	288.1	15501.5	10453.6		
57953.9	53068.8		1935.5	497.8	87945.0	63015.1	25.1	
25511.3	13461.1	9657.8	1013.9	556.9	37983.9	33029.3	39.8	6.9
13273.1	5137.9	7809.3	589.5	89.1	23084.4	21851.8	28.3	9.4
28981.7	13188.6	8702.5	1857.0	329.2	62881.0	49388.7		
26736.8	11745.4	5206.5	1432.3	327.8	26164.0	21430.9		11.6
20071.6	11780.6	4690.6	701.1	152.4	39953.8	36249.0	87.3	20.2
11210.9		11210.8	840.0	259.6	8143.0	4575.5		
64454.7	38014.2	12847.6	4466.8	2341.1	94175.5	77448.7	1.0	4.0
23363.2	14252.0	8211.7	3466.4	519.7	56142.5	39307.2		143.8
30348.7	16466.2	8559.7	1696.9	837.9	93911.1	73023.5	10.8	3663.4
11222.5	8037.1	2067.3	181.4	119.6	33259.4	18737.2	6.0	887.4
21568.5	12787.5	3549.6	2949.2	391.0	67577.2	36880.0	54.5	12314.7
128336.9	90705.0	37631.9	6854.5	3734.4	169419.9	132761.0	16.0	40.0
64146.0	38504.9	16373.9	2676.6	1401.2	120613.6	78420.1	48.2	1583.3
32340.3	15471.3	2076.9	2050.7	905.1	111734.0	78267.4	9.0	4207.5
48948.5	24939.9	6857.6	3000.2	808.9	133801.5	82223.4	15.6	2925.8
25134.4	13677.3	5643.2	2672.1	287.2	102882.1	46136.1		442.1
9042.6	4969.4	1994.7	422.5	152.8	52634.4	26158.4		513.5
3412.2	1683.2	374.9	227.4	19.5	7853.2	4882.2	2.0	37.3
21213.2	12938.0	4357.3	1564.0	958.9	64060.8	44630.4	15.2	2.9
57680.8	37619.0	10987.6	3709.5	1244.2	191592.2	131466.4	32.6	1458.4
14864.6	10782.5	1892.3	622.1	191.4	50621.2	29634.0	6.2	29.7
18216.2	9827.7	6239.4	1433.8	249.0	51340.6	24773.4	20.0	33.4
929.6	197.9	38.9	1.5	1.5	446.1	135.6		
23687.8	16254.5	4519.7	1126.7	377.6	78241.4	45450.4	1639.3	2116.5
12021.6	5678.4	3899.2	457.2	173.2	20806.8	10957.6	157.4	153.3
2153.3	636.7	1067.7	18.5	4.5	4197.1	2797.8	2.5	
2843.5	1888.7	68.7	19.1	19.1	1721.4	952.1	2.3	16.5
8355.6	3012.5	2813.0	240.7	71.1	12359.3	8686.7	106.3	1.5

C-1-17续表1

地 区	"参战"退伍军人生活补助	"涉核"退伍军人生活补助	优抚事业单位	烈士纪念建筑物管理维修经费	烈士纪念建筑物管理单位经费	荣誉军人康复医院经费	复员军人疗养院经费
全 国	**388412.5**	**56368.7**	**362729.2**	**122528.7**	**55017.0**	**45621.6**	**29685.5**
中央级			550.0	550.0			
北 京	1880.5	388.3	3096.1	406.8	228.9		
天 津	4272.7	106.7	7511.4	2172.5	1784.7		1264.3
河 北	15434.5	6222.6	47203.0	11096.9	8560.2	2364.8	10834.6
山 西	2603.8	1843.0	24686.3	5656.4	2595.5	2042.4	2730.0
内蒙古	554.3	40.6	7725.4	3405.5	729.8		34.6
辽 宁	1922.1	633.7	15983.0	5066.6	2464.7	1332.0	
吉 林	1235.3	749.6	4318.7	2090.4	863.3		158.8
黑龙江	1753.9	124.7	8059.4	2029.2	846.1	3843.1	
上 海	1132.2	26.1	8019.9	6037.4	5782.3	744.0	
江 苏	8393.9	1048.9	24619.6	10477.8	5953.7	145.8	3411.3
浙 江	9449.9	933.9	18651.0	13967.8	3574.0	1358.1	
安 徽	11253.4	2684.0	14703.0	3014.8	1991.3	3554.4	5.6
福 建	12634.7	64.9	3823.2	1761.2	919.3	206.0	
江 西	14114.7	583.4	9916.2	1841.8	606.1	4600.0	54.1
山 东	23460.6	4924.9	40027.3	8420.8	4934.3	10696.1	5614.9
河 南	29253.5	7900.3	18531.2	6126.2	2984.1	5042.8	1069.3
湖 北	22198.3	2491.9	16460.3	4328.0	1169.6	336.3	53.0
湖 南	36131.7	3610.8	22258.3	6697.0	765.2	1765.0	1013.5
广 东	50798.0	877.3	15251.0	4492.6	2079.0	449.0	906.0
广 西	20881.4	268.3	7542.5	2522.3	1127.7	444.8	
海 南	1323.7	18.3	693.0	353.7	14.9	50.0	
重 庆	14267.2	1949.5	7339.6	4523.9	196.1	734.5	
四 川	35025.1	5921.2	7956.2	2070.5	924.9	2210.0	137.0
贵 州	20032.6	88.1	3992.5	1666.6	769.1	645.9	492.6
云 南	22622.4	75.9	3663.0	1837.3	139.2	840.6	
西 藏	5.2		273.0	227.0			
陕 西	18250.3	8543.8	9984.8	3930.4	1342.9	1524.2	1497.7
甘 肃	6019.0	2258.7	4304.8	2804.2	910.7		408.2
青 海	355.4	396.9	463.0	392.8	208.9		
宁 夏	313.7	123.1	597.3	331.5	35.0		
新 疆	838.5	1469.3	4525.2	2228.8	515.5	691.8	

单位：万元

复退军人精神病院经费	光荣院经费	其他优抚事业单位经费	集体办优抚事业单位补助费	义务兵优待金	城市义务兵优待金	农村义务兵优待金	其他优抚支出
66557.4	**68893.7**	**28575.7**	**866.6**	**449059.8**	**188580.1**	**260479.7**	**391588.2**
	2384.3	305.0		12220.7	9221.3	2999.4	11126.5
1390.1	1790.0	894.5		5378.7	3125.7	2253.0	3202.9
7797.8	13651.2	1447.7	10.0	14842.2	3432.8	11409.4	31034.0
5945.3	6460.9	1774.7	76.6	6536.3	1456.0	5080.3	11641.1
1552.4	2655.6	77.3		6518.0	2811.2	3706.8	6896.5
4231.6	4889.3	463.5		24132.7	11462.5	12670.2	12877.1
300.0	1370.2	399.3		7239.5	3867.6	3371.9	6240.0
891.0	1023.7	272.4		9432.4	6961.0	2471.4	7691.0
86.8		1151.7		21106.5	17379.5	3727.0	3846.3
6317.4	686.3	3522.5	58.5	38514.6	21694.5	16820.1	31249.3
376.0	987.6	1767.9	193.6	51113.6	20242.8	30870.8	10699.9
4478.2	3420.5	229.5		30766.0	13063.6	17702.4	10627.7
36.0	1654.4	165.6		17407.9	7665.9	9742.0	4279.9
18.0	1970.2	1110.8	321.3	18601.8	9817.0	8784.8	13528.4
12484.1	2144.4	603.0	64.0	43138.5	12324.9	30813.6	55457.2
3465.6	1985.5	834.8	7.0	24677.1	1491.7	23185.4	14903.9
4693.0	4363.8	2671.2	15.0	14848.1	6329.5	8518.6	9995.0
1435.7	8237.6	3075.5	34.0	8679.7	4216.5	4463.2	18366.0
3830.3	2677.9	2895.2		29343.9	10951.6	18392.3	21084.5
1969.0	926.0	1680.4		10012.1	2433.2	7578.9	13593.6
	270.7	18.6		1006.4	782.5	223.9	3379.8
774.0	1023.3	278.9	5.0	7206.0	1116.9	6089.1	14495.3
1546.9	1531.6	458.8	1.4	15938.1	5054.2	10883.9	10349.9
319.8	417.4	450.2		10205.6	5490.6	4715.0	10592.9
71.7	35.0	862.0	16.4	5647.1	1637.5	4009.6	35233.2
		46.0		93.3	55.1	38.2	1730.3
1710.7	908.4	399.6	13.8	6462.1	1245.2	5216.9	12048.2
600.0	317.7	174.7		3966.9	567.5	3399.4	2457.5
		70.2		388.9	2.3	386.6	498.6
	44.0	171.8	50.0	472.8	72.7	400.1	392.2
236.0	1066.2	302.4		3162.3	2606.8	555.5	2069.5

C-1-17续表2

地 区	退役安置	退伍军人安置				军队移交政府的离退休人员安置		
			一次性建房补助费	退役士兵自谋职业金	城镇退役士兵生活补助		军队离休干部离休金	军队退休干部退休金
全 国	**3022782.1**	**616233.0**	**11888.0**	**490886.0**	**56406.5**	**2132492.9**	**278113.6**	**1315739.4**
中央级								
北 京	449748.7	9253.3	17.5	6814.5	1125.7	411980.0	20943.4	247515.1
天 津	53940.1	3027.8	187.2	2186.4	272.5	45839.6	5519.8	28565.7
河 北	182975.1	28537.1	188.5	22345.1	3123.3	129791.7	24183.8	82535.2
山 西	46769.3	4003.9	38.7	3309.5	519.0	37555.4	6646.4	20337.9
内蒙古	38590.9	7250.4	164.3	4786.4	1570.1	25783.1	6444.5	13605.8
辽 宁	234411.6	22906.2	158.5	18491.8	1255.6	199439.8	30462.2	136597.2
吉 林	35375.6	9968.6	55.5	8226.5	1391.3	21554.9	2465.2	13380.5
黑龙江	43163.4	9778.2	343.1	8480.8	425.0	28112.0	4058.4	17629.2
上 海	101498.8	19466.8	95.1	17164.7	1413.7	73202.6	5372.6	43552.2
江 苏	239587.2	63096.8	548.9	52019.0	4600.9	142267.8	17041.1	90115.9
浙 江	85546.8	33828.4	230.4	28283.9	2736.0	44751.1	7118.3	22215.1
安 徽	107814.6	64791.2	286.4	60113.1	3431.5	36129.2	6956.9	19375.7
福 建	48416.2	9250.3	251.3	7626.0	616.0	33525.9	6914.4	22352.9
江 西	33009.9	13493.6	423.2	9643.8	2260.7	15421.4	3490.4	7475.5
山 东	247581.1	50524.3	968.8	39365.6	4383.1	181472.3	39617.8	103536.2
河 南	107497.8	33888.5	377.4	20774.2	3369.4	63938.4	10132.8	39289.9
湖 北	108952.8	28344.1	258.0	25684.4	1622.6	75104.5	11861.7	47856.6
湖 南	76772.4	17585.9	953.2	11701.8	2330.2	48157.4	8224.8	29825.7
广 东	185954.9	56223.4	1713.0	40820.8	7059.4	106942.3	9660.4	69406.4
广 西	34806.2	10763.9	135.8	7723.8	818.5	19969.4	1797.3	13731.9
海 南	16739.4	3442.7	96.6	1889.6	1226.1	9489.4	641.0	5680.7
重 庆	56371.6	15985.2	163.6	13934.3	1517.4	35830.1	2162.5	26062.3
四 川	146431.4	56315.5	2186.2	45658.8	5219.8	82135.7	10383.8	55555.7
贵 州	24832.9	8784.0	313.8	7542.8	807.4	13704.4	2478.3	7741.1
云 南	91444.1	16636.0	1174.5	12632.4	1040.3	65410.9	12260.9	35828.8
西 藏	11255.2	523.1	55.1	7.2	3.4	10222.4	3.9	2321.8
陕 西	105755.7	5416.3	106.3	3777.0	867.1	87796.3	12204.2	59312.6
甘 肃	35697.4	3625.0	225.2	2370.6	543.5	29664.6	4261.7	15551.2
青 海	10531.8	622.5	55.8	224.4	321.3	9062.7	847.2	5013.6
宁 夏	9664.2	3671.0	6.0	3358.6	102.5	5220.1	943.4	3524.6
新 疆	51645.0	5229.0	110.1	3928.2	433.2	43017.5	3014.5	30246.4

单位：万元

军队无军籍职工退休金	军队离退休人员其他费用						军队移交政府离退休干部管理机构	其他退役安置支出
		死亡丧葬费	护理费	遗属生活困难补助费		其他费用		
					定期定量补助费			
238687.3	**299952.6**	**13727.3**	**34525.0**	**11058.8**	**5333.3**	**240641.5**	**192945.3**	**81110.9**
44674.5	98847.0	2213.9	4786.2	254.8	107.2	91592.1	28049.4	466.0
4444.5	7309.6	198.4	1351.7	84.2	68.9	5675.3	4436.6	636.1
12022.2	11050.5	932.9	2630.9	1552.1	553.5	5934.6	18160.9	6485.4
6427.3	4143.8	380.0	1221.8	655.8	435.2	1886.2	3734.3	1475.7
3302.5	2430.3	264.7	190.4	225.8	189.2	1749.4	2776.9	2780.5
21040.7	11339.7	878.2	1776.6	600.6	309.1	8084.3	8353.2	3712.4
3748.0	1961.2	144.2	43.3	138.7	103.3	1635.0	3276.6	575.5
4274.0	2150.4	239.1	656.1	250.8	107.6	1004.4	4805.7	467.5
7103.9	17173.9	509.5	1046.3	101.2	72.8	15516.9	7862.7	966.7
12108.1	23002.7	987.7	2189.9	695.1	502.0	19130.0	17578.0	16644.6
4529.7	10888.0	285.1	1356.4	201.4	95.3	9045.1	5446.1	1521.2
3436.0	6360.6	397.6	790.7	488.8	200.2	4683.5	5555.7	1338.5
1956.7	2301.9	185.7	303.4	163.9	103.2	1648.9	3829.4	1810.6
1870.4	2585.1	84.7	201.9	162.4	29.5	2136.1	931.6	3163.3
13349.3	24969.0	1054.5	5756.3	997.3	650.3	17160.9	11729.0	3855.5
5684.3	8831.4	563.3	1186.5	688.6	419.5	6393.0	7143.3	2527.6
8920.9	6465.3	696.4	1924.1	288.6	150.3	3556.2	3914.2	1590.0
5115.0	4991.9	353.5	657.8	468.4	126.6	3512.2	8175.3	2853.8
16278.5	11597.0	463.3	374.8	500.5	57.5	10258.4	12998.8	9790.4
1680.8	2759.4	143.4	315.2	387.4	77.1	1913.4	3356.8	716.1
1220.2	1947.5	122.6	38.6	67.4	23.2	1718.9	2776.3	1031.0
4302.7	3302.6	95.7	209.5	125.3	82.6	2872.1	3983.0	573.3
9096.9	7099.3	711.8	1213.3	455.4	200.1	4718.8	6829.4	1150.8
1573.7	1911.3	120.5	561.6	62.7	45.1	1166.5	1070.6	1273.9
6896.9	10424.3	312.9	803.5	483.2	179.6	8824.7	5302.3	4094.9
7031.7	865.0	348.0				517.0	26.0	483.7
8713.6	7565.9	512.8	1836.7	355.4	106.9	4861.0	5709.0	6834.1
6003.8	3847.9	182.4	953.1	182.0	143.7	2530.4	1372.1	1035.7
3146.0	55.9	0.1	1.4	17.9		36.5	496.5	350.1
642.5	109.6	17.7	31.0	23.3		37.6	363.0	410.1
8092.0	1664.6	326.7	116.0	379.8	193.8	842.1	2902.6	495.9

C-1-17续表3

地区	社会福利	儿童福利	老年人福利	假肢矫形	假肢厂(站)专项拨款	其他经费	殡葬
全国	**2322153.1**	**399959.3**	**455837.7**	**8301.3**	**5310.2**	**2991.1**	**333493.4**
中央级							
北京	135322.7	10854.1	55073.2	15.0	15.0		15645.7
天津	47025.9	274.9	13037.6	917.3		917.3	10129.5
河北	70594.4	10776.9	9005.8	402.0	402.0		19995.6
山西	46585.9	11182.8	3678.1	501.3		501.3	9606.9
内蒙古	75291.4	7787.5	19789.5				7456.9
辽宁	96176.0	6622.4	14838.0	55.0	55.0		22094.3
吉林	29920.2	3603.4	2641.5	364.5	364.5		3537.6
黑龙江	51339.2	6319.5	3373.2	568.3	443.8	124.5	3138.7
上海	60851.0	2629.0	17156.6				164.4
江苏	219356.4	15689.6	61052.3	87.9		87.9	24521.7
浙江	146305.5	7187.9	29651.0	200.0	200.0		32934.7
安徽	86505.1	15974.7	15922.4	10.5		10.5	12023.2
福建	55034.1	6035.9	11505.6	305.3	148.8	156.5	11969.2
江西	55414.1	22831.4	13736.8	277.1		277.1	3249.3
山东	136046.6	16709.9	21138.0	414.1	200.0	214.1	8312.0
河南	89337.4	29794.2	8486.8	1270.0	1215.0	55.0	11238.3
湖北	99294.4	18407.0	3370.8	68.6	47.6	21.0	20032.1
湖南	61507.9	20240.9	5482.2	311.2	302.0	9.2	7216.0
广东	172124.2	32404.5	46198.5	199.5	3.0	196.5	25652.5
广西	74589.5	13982.5	22792.9	189.2	167.2	22.0	12686.5
海南	12411.7	1919.2	3953.8				3809.7
重庆	44678.8	8378.2	7291.5	279.3	274.3	5.0	5508.9
四川	112304.4	32200.0	8650.5	538.9	538.9		23374.0
贵州	60325.3	13515.2	4815.2	657.2	573.7	83.5	3436.7
云南	74536.3	28560.3	14674.0	42.0		42.0	11454.3
西藏	1864.4	180.1	133.8				432.7
陕西	55013.2	10231.1	14363.3	90.2	15.0	75.2	3788.6
甘肃	36081.6	11521.1	3180.6	194.0	192.0	2.0	7010.4
青海	28286.0	9906.0	1729.2	42.4	42.4		182.0
宁夏	13088.2	5958.1	2112.3				2629.0
新疆	74941.3	18281.0	17002.7	300.5	110.0	190.5	10262.0

单位：万元

补贴火化场经费	补贴殡葬类单位经费	社会福利事业单位	社会福利院经费	儿童福利院经费	精神病人福利院经费	补贴安置农场经费	其他	其他社会福利支出
133322.1	**200171.3**	**719331.7**	**329189.5**	**99623.2**	**104027.2**	**8282.2**	**178209.6**	**405229.7**
2794.2	12851.5	9682.9	3513.8	224.6	2818.9		3125.6	44051.8
98.2	10031.3	11023.5	2048.4	1888.0	618.4		6468.7	11643.1
13873.9	6121.7	22608.2	10957.1	93.9		95.6	11461.6	7805.9
8766.0	840.9	10703.8	5367.5	421.9	786.8		4127.6	10913.0
4024.3	3432.6	16540.9	9765.3	2238.7	1631.4		2905.5	23716.6
13373.6	8720.7	31659.9	20087.9	1791.1	90.0		9690.9	20906.4
925.3	2612.3	15453.3	5912.3	1628.6	5346.9		2565.5	4319.9
599.9	2538.8	36441.0	6948.4	3463.6	10371.2	2044.8	13613.0	1498.5
	164.4	35022.2	17257.7	5608.1	7220.9		4935.5	5878.8
10925.1	13596.6	75879.9	31916.1	5945.2	19003.8	1635.0	17379.8	42125.0
16631.9	16302.8	48898.5	32521.2	5505.3	3000.3	435.3	7436.4	27433.4
5711.3	6311.9	25968.0	5868.5	9669.9	20.4	223.2	10186.0	16606.3
5800.8	6168.4	16103.9	6782.8	2070.8	5290.5	225.0	1734.8	9114.2
1782.9	1466.4	10580.7	6157.2	874.6	1363.3		2185.6	4738.8
1569.5	6742.5	42680.6	11044.6	6066.3	4149.4		21420.3	46792.0
7540.2	3698.1	19591.1	7236.9	3565.4	2713.7	96.6	5978.5	18957.0
3213.7	16818.4	45323.0	32099.9	9958.4	409.0		2855.7	12092.9
4255.2	2960.8	23797.8	11182.9	2870.7	6898.4	80.8	2765.0	4459.8
12316.9	13335.6	54472.6	34283.1	5764.7	5541.5	20.0	8863.3	13196.6
2900.8	9785.7	18581.3	8596.8	292.9	1522.3	128.0	8041.3	6357.1
212.0	3597.7	2215.8	1823.2	198.4	95.0		99.2	513.2
2513.3	2995.6	17715.5	8296.6	2524.2	2216.8		4677.9	5505.4
4861.5	18512.5	32791.9	14305.3	1292.8	11835.7		5358.1	14749.1
1194.1	2242.6	18166.1	3978.4	2548.6	2602.1	3277.9	5759.1	19734.9
2369.6	9084.7	12527.4	4486.7	2769.5	727.2		4544.0	7278.3
	432.7	1045.1	418.7	626.4				72.7
1452.0	2336.6	17095.8	7319.1	3772.9	1034.1		4969.7	9444.2
1414.7	5595.7	11672.8	5019.9	4311.6	865.3	20.0	1456.0	2502.7
155.6	26.4	5705.9	1071.3	4415.6			219.0	10720.5
960.7	1668.3	2129.3	1442.5	656.4			30.4	259.5
1084.9	9177.1	27253.0	11479.4	6564.1	5853.9		3355.6	1842.1

C-1-17续表4

地区	城市居民最低生活保障	其他城镇社会救济	流浪乞讨人员救助	流浪乞讨人员救助单位经费	流浪乞讨人员救助经费	其他城镇社会救济支出	城镇定期定量救济费	孤老残幼
全国	**6599423.2**	**511193.5**	**210615.5**	**113430.7**	**97184.8**	**300578.0**	**38504.1**	**8904.3**
中央级		1651.6	1651.6	1651.6				
北京	68505.8	17691.7	11201.8	2528.2	8673.6	6489.9	200.1	54.5
天津	116386.6	6350.2	3320.9	655.1	2665.8	3029.3	723.1	56.6
河北	219768.4	9206.9	5470.0	2760.9	2709.1	3736.9	874.7	28.5
山西	271230.1	5352.9	4278.0	2973.3	1304.7	1074.9	248.4	173.1
内蒙古	328692.1	12380.1	4466.7	2358.2	2108.5	7913.4	148.1	
辽宁	373148.8	36241.7	9538.7	5509.2	4029.5	26703.0	959.7	265.0
吉林	345292.3	6092.9	3619.0	1997.5	1621.5	2473.9	869.8	133.8
黑龙江	460773.3	12762.5	4799.1	3459.2	1339.9	7963.4	423.6	88.6
上海	142958.9	103382.1	11386.2	8611.2	2775.0	91995.9	5699.9	553.6
江苏	132169.0	42467.5	12013.3	6747.6	5265.7	30454.2	6589.6	1140.7
浙江	41741.5	27488.2	11029.9	5572.2	5457.7	16458.3	2727.6	156.8
安徽	268292.0	10628.9	4077.5	1837.4	2240.1	6551.4	1584.6	729.0
福建	45090.3	7501.5	4007.6	2371.4	1636.2	3493.9	1035.0	560.4
江西	257966.1	5801.0	4158.8	1955.0	2203.8	1642.2	215.8	
山东	161939.0	19475.9	8121.2	4952.9	3168.3	11354.7		
河南	349069.5	12693.2	9899.8	6130.9	3768.9	2793.4	216.1	34.3
湖北	405571.1	15954.4	10091.8	5082.2	5009.6	5862.6	1474.5	911.3
湖南	383961.3	14637.8	11020.8	5506.4	5514.4	3617.0	617.7	18.0
广东	97418.9	38123.0	24830.9	14488.2	10342.7	13292.1	920.2	162.8
广西	141930.2	7737.0	5547.9	4344.1	1203.8	2189.1	897.5	75.4
海南	48147.0	2189.3	1242.8	101.4	1141.4	946.5	69.3	50.8
重庆	169448.0	10966.9	5110.9	1797.0	3313.9	5856.0	1071.5	659.9
四川	455812.4	19635.8	13895.5	5889.0	8006.5	5740.3	2447.6	850.7
贵州	143028.5	4455.1	2727.7	1328.8	1398.9	1727.4	167.2	95.6
云南	216283.1	16202.8	3824.2	1522.9	2301.3	12378.6	2019.8	313.1
西藏	16493.9	570.4	440.0		440.0	130.4	38.5	11.2
陕西	282768.0	16416.8	8867.1	4954.6	3912.5	7549.7	543.5	35.0
甘肃	249241.1	7643.3	3408.8	2296.6	1112.2	4234.5	416.8	54.0
青海	71615.1	833.0	530.1	436.6	93.5	302.9		
宁夏	50594.8	970.8	648.2	543.8	104.4	322.6		
新疆	284086.1	17688.3	5388.7	3067.3	2321.4	12299.6	5303.9	1691.6

单位：万元

城镇临时救济费	城镇其他救济费	宽释人员	自然灾害生活救助	生活救济费	紧急抢救、安置、转移灾民支出	救灾储备	自然灾害灾后重建补助	其他救助
137386.9	**124687.0**	**769.2**	**1287026.2**	**687223.3**	**57476.9**	**72410.2**	**389782.6**	**80133.2**
			17342.8			15479.8		1863.0
4896.5	1393.3	6.8	1677.3	1449.0		195.4	2.9	30.0
2230.2	76.0	1.8	506.2	56.8		49.6		399.8
2404.2	458.0	2.3	28072.6	25834.7	49.0	1058.1	939.9	190.9
493.6	332.9	8.4	30229.8	23482.7	1088.4	1912.0	1806.7	1940.0
3400.6	4364.7		39206.1	29841.7	1007.9	776.0	5519.1	2061.4
19316.0	6427.3	19.5	20649.8	11645.3	300.1	3252.3	2504.3	2947.8
1486.1	118.0		20345.7	17235.9	305.5	255.8	2086.0	462.5
4862.6	2677.2		22951.6	20884.1	6.0	463.4	533.0	1065.1
20213.3	66082.7	47.5	1008.4					1008.4
17598.4	6266.2	96.3	14140.2	10230.4	573.0	631.8	1268.0	1437.0
7094.0	6636.7	22.4	17269.9	12123.9	1043.1	1052.2	964.9	2085.8
4111.5	855.3	58.3	32544.6	23396.7	958.5	471.9	6097.2	1620.3
1337.8	1121.1	3.2	33812.9	8839.7	1343.2	4570.0	10917.2	8142.8
1134.5	291.9	15.5	48537.9	30480.8	2193.3	1398.0	9390.5	5075.3
8580.4	2774.3	0.2	26379.8	20023.8	3327.5	1369.4	1237.9	421.2
1414.7	1162.6	16.8	42181.1	29250.8	311.9	1315.0	10478.0	825.4
3073.7	1314.4	96.3	49968.0	32615.6	2490.4	1655.0	9811.0	3396.0
1682.2	1317.1	68.2	69610.2	34392.8	3950.1	2400.2	22136.3	6730.8
5691.4	6680.5	5.4	28488.2	16120.6	1092.5	2719.3	6250.5	2305.3
943.1	348.5	5.7	62997.6	29853.2	3215.5	4432.3	22663.7	2832.9
744.3	132.9	1.0	19228.0	8977.0	369.7	759.0	3903.1	5219.2
2657.0	2127.5	54.7	30651.6	22955.3	1800.8	1839.8	3595.6	460.1
2086.2	1206.5	102.1	156191.9	75772.5	6264.6	3149.8	67484.8	3520.2
1112.5	447.7	36.3	59432.9	39442.2	2940.5	5037.6	7670.2	4342.4
7233.7	3125.1	95.4	96428.9	37188.7	10967.1	5436.2	38686.8	4150.1
62.0	29.9		34166.5	7475.0	1150.3	6307.3	12054.0	7179.9
5563.6	1442.6	4.4	150866.5	30540.4	4721.6	981.5	109724.6	4898.4
3123.7	694.0		43259.7	35695.1	4106.4	1015.6	1719.7	722.9
292.2	10.7	0.7	11639.7	7823.1		466.5	3022.9	327.2
180.6	142.0		15597.6	12495.2		32.8	1974.5	1095.1
2366.3	4629.4		61642.2	31100.3	1900.0	1926.6	25339.3	1376.0

C－1－17续表5

地 区	农村最低生活保障	其他农村社会救济					
			五保供养	五保集中供养	五保分散供养	其他农村社会救济支出	特困生活救济
全 国	**6676963.5**	**1712674.5**	**1217210.0**	**553639.5**	**663570.5**	**304180.7**	**114726.9**
中央级							
北 京	23993.9	14056.1	2880.9	1807.6	1073.3	8280.1	1945.4
天 津	19154.7	10178.4	7176.7	1024.8	6151.9	2104.9	475.1
河 北	231941.0	65621.0	59444.4	28985.9	30458.5	2691.3	2085.9
山 西	196699.0	45270.8	38458.0	11774.9	26683.1	4286.1	1190.2
内蒙古	215373.8	41761.6	28260.1	10255.1	18005.0	8709.2	3127.0
辽 宁	128153.4	58514.1	41337.5	16696.1	24641.4	8949.8	3689.6
吉 林	125355.6	23499.8	20409.0	9066.8	11342.2	879.1	822.4
黑龙江	169511.4	40948.7	31175.3	16744.9	14430.4	6741.3	2147.4
上 海	11652.0	12529.2	1941.4	905.8	1035.6	4438.2	6149.6
江 苏	294395.6	140491.9	80367.5	57229.4	23138.1	30145.0	16726.1
浙 江	148074.3	88292.0	22883.5	22394.8	488.7	45808.8	10396.5
安 徽	280596.3	103104.5	89991.2	38746.6	51244.6	4462.9	2246.0
福 建	85826.7	31658.5	21819.2	1782.1	20037.1	6313.5	1635.6
江 西	205578.9	65935.4	48046.0	31760.6	16285.4	6728.2	4481.7
山 东	283800.2	89919.1	68544.8	57470.6	11074.2	17817.6	1736.7
河 南	415718.9	106675.5	95786.5	53839.6	41946.9	6268.1	2374.6
湖 北	276859.3	60779.9	48641.7	30090.1	18551.6	7583.1	2448.8
湖 南	289117.5	109474.9	87011.7	27068.6	59943.1	14232.4	3479.6
广 东	247435.4	76731.1	65186.0	15451.9	49734.1	6281.2	4463.1
广 西	312060.2	83118.9	45267.3	8706.7	36560.6	34927.8	2218.2
海 南	36774.9	11078.5	10398.3	899.3	9499.0	273.4	321.1
重 庆	141636.3	58849.6	48956.9	16390.1	32566.8	3501.1	3762.2
四 川	437368.1	134582.5	111584.3	59188.2	52396.1	14118.3	4660.0
贵 州	549880.0	29994.8	16374.4	3561.4	12813.0	10102.6	1665.0
云 南	452068.8	87930.0	28470.9	7330.3	21140.6	34935.9	21293.5
西 藏	23590.0	3283.4	3083.1	488.2	2594.9	58.3	132.0
陕 西	362957.7	57392.6	41821.5	13999.6	27821.9	7603.2	6879.3
甘 肃	419072.6	33819.9	29394.2	3773.8	25620.4	2241.9	1579.0
青 海	61234.8	5146.7	3885.1	466.3	3418.8	928.4	202.0
宁 夏	44609.1	4875.1	4223.4	1895.8	2327.6	546.7	59.1
新 疆	186473.1	17160.0	14389.2	3843.6	10545.6	2222.3	334.2

单位：万元

农村定期定量救济费	临时救济费	麻风病人救济费	精简退职老弱残职工救济	享受原工资40%救济费	其他精简退职老职工救济费	定期定量救济费	民政管理事务	行政运行
24545.7	**86784.3**	**3396.9**	**76556.9**	**30867.6**	**45689.3**	**28783.0**	**2207511.9**	**586364.4**
							40132.6	5729.4
	1945.4		949.7	295.0	654.7	490.2	134409.6	23163.0
	475.1		421.7	268.6	153.1	66.3	54896.8	11210.5
212.1	1873.8		1399.4	1311.2	88.2	50.6	62448.2	26647.8
190.4	997.6	2.2	1336.5	1266.4	70.1	62.5	39115.0	13135.6
1041.7	2063.3	22.0	1665.3	672.5	992.8	703.8	63478.2	18735.8
612.2	3015.2	62.2	4537.2	1789.5	2747.7	833.3	148823.6	18042.4
45.4	743.5	33.5	1389.3	868.1	521.2	291.2	40284.5	8999.4
204.5	1925.5	17.4	884.7	648.6	236.1	62.2	33812.4	11684.4
	6149.6						90324.4	16408.9
7088.5	9266.3	371.3	13253.3	3891.0	9362.3	7014.7	150472.7	43125.3
2067.5	8007.3	321.7	9203.2	1949.8	7253.4	5455.5	161260.3	41283.7
587.9	1439.2	218.9	6404.4	2210.7	4193.7	2986.1	44983.7	13612.2
772.5	746.4	116.7	1890.2	1562.7	327.5	235.5	46950.8	13279.5
845.1	3422.2	214.4	6679.5	1882.6	4796.9	1752.3	34720.0	9977.4
	1731.7	5.0	1820.0	1781.6	38.4	2.0	110606.4	30008.6
797.4	1575.3	1.9	2246.3	1396.9	849.4	500.2	62664.4	24318.7
914.5	1279.2	255.1	2106.3	1416.5	689.8	433.1	47573.5	19641.9
965.2	2389.9	124.5	4751.2	1406.1	3345.1	2039.5	74772.7	24757.2
478.3	3308.8	676.0	800.8	384.9	415.9	116.7	175878.3	43564.3
1058.4	1117.3	42.5	705.6	470.1	235.5	156.8	60857.2	13265.5
	245.8	75.3	85.7	40.0	45.7	45.7	25267.2	4515.8
599.4	3079.6	83.2	2629.4	1066.6	1562.8	1139.8	62380.1	13515.2
1553.5	2705.4	401.1	4219.9	1291.6	2928.3	1840.3	112543.8	37223.4
445.8	1108.0	111.2	1852.8	735.8	1117.0	768.1	49635.1	19844.8
3571.9	17590.0	131.6	3229.7	1043.7	2186.0	1429.4	91995.8	23095.9
	132.0		10.0		10.0		6781.7	2507.1
123.6	6647.0	108.7	1088.6	680.8	407.8	123.4	69420.5	16230.4
284.7	1293.8	0.5	604.8	330.1	274.7	85.8	21287.1	9320.3
71.2	130.8		131.2	71.2	60.0	34.8	20306.0	3512.9
	59.1		45.9		45.9	23.1	12917.5	3987.8
14.0	320.2		214.3	135.0	79.3	40.1	56511.8	22019.3

C-1-17续表6

地 区	一般行政管理事务	机关服务	拥军优属	老龄事务	民间组织管理	行政区划和地名管理	基层政权和社区建设
全 国	**128237.0**	**20786.6**	**180864.2**	**160921.6**	**20057.7**	**60377.9**	**465692.6**
中央级	13029.8	242.0	172.8	2538.1	1353.9	1936.3	484.1
北 京	4292.0	1557.7	7146.6	6913.2	1374.0	417.3	41265.4
天 津	450.3	43.3	3413.9	928.8	25.0	30.0	22545.2
河 北	3275.7	947.5	3328.9	3670.7	373.7	3819.7	4284.0
山 西	2451.5	306.7	2778.5	938.1	146.7	1111.3	7429.2
内蒙古	1713.2	1134.0	3708.6	2638.0	325.8	2095.5	10429.1
辽 宁	6742.4	797.5	6623.8	2660.5	621.2	3257.0	83297.1
吉 林	2257.5	459.9	1636.8	942.9	153.3	1403.0	9681.7
黑龙江	1124.3	678.5	2137.1	1290.4	121.1	1763.7	8265.8
上 海	5947.8		14765.4	13043.4	2475.9	347.0	3922.6
江 苏	7166.5	864.2	14853.1	18285.5	867.2	3223.6	31111.5
浙 江	10279.2	503.8	10787.9	19265.7	1176.8	10394.0	34711.7
安 徽	3755.3	824.5	5136.9	1945.8	248.2	939.5	4891.9
福 建	1568.6	142.4	8041.7	1741.4	233.9	1832.3	6043.2
江 西	3324.2	593.8	1746.4	3296.6	198.4	1015.2	5990.2
山 东	5751.7	1350.9	11162.5	2904.0	1081.5	3522.2	27613.9
河 南	4208.9	1805.4	5999.5	1325.3	674.9	1480.8	6973.5
湖 北	3650.5	1262.7	2416.9	1306.4	471.4	615.8	5836.9
湖 南	8968.3	1538.7	2765.7	3104.3	613.7	1314.8	16467.3
广 东	10287.8	1612.2	27170.3	17837.3	2723.6	3778.8	27725.8
广 西	3276.2	177.1	7409.3	3165.6	236.9	1492.7	8340.0
海 南	1717.0	37.4	4238.7	1241.2	167.5	1761.7	3104.4
重 庆	1608.9	796.9	4315.5	2436.5	225.5	703.0	18572.8
四 川	8051.4	1210.4	8554.9	12496.3	2534.8	1889.5	16514.4
贵 州	1240.1	10.0	3988.2	2357.9	70.8	623.1	7322.2
云 南	2683.5	168.2	5089.1	14980.8	143.4	2109.6	17186.5
西 藏	28.0		391.7	62.6	11.6	2175.5	111.5
陕 西	3135.2	941.4	1548.1	8240.0	358.5	940.9	22319.7
甘 肃	943.9	257.2	1223.0	1648.4	251.9	728.5	322.8
青 海	817.6	25.2	507.2	2746.0	201.6	165.4	7405.4
宁 夏	1441.3	3.0	587.9	694.9	400.4	112.3	2486.8
新 疆	3048.4	494.1	7217.3	4275.0	194.6	3377.9	3036.0

单位：万元

部队供应	其他民政管理事务支出	行政事业单位离退休	地方离退休人员经费	离休人员离休金	退休人员退休金	退职人员退职金	离退休人员其他费用	一次性抚恤金
47373.1	**536836.8**	**353413.9**	**128367.4**	**8708.2**	**102603.0**	**1312.0**	**15744.2**	**4174.7**
	14646.2	4331.3						
12777.1	35503.3	47721.1	36606.0	339.7	30899.1	221.6	5145.6	1138.1
1381.2	14868.6	5123.4	3643.7	159.6	2308.2	43.0	1132.9	188.1
1453.5	14646.7	17641.8	6319.3	682.6	5176.8	110.6	349.3	139.2
1004.6	9812.8	8277.4	2220.4	279.1	1844.8	37.6	58.9	28.3
962.5	21735.7	10134.4	1004.9	143.2	691.5	78.2	92.0	20.6
1820.8	24960.9	17827.6	4677.1	464.3	3832.8	24.3	355.7	157.9
443.0	14307.0	6743.7	1439.6	128.8	1102.4	90.0	118.4	13.4
1186.2	5560.9	6943.9	307.4	31.1	166.8	7.6	101.9	16.7
1084.1	32329.3	5598.3	1109.2		895.4	1.8	212.0	125.5
1164.3	29811.5	23195.4	13295.5	1954.2	9118.9	48.9	2173.5	794.2
2056.8	30800.7	16802.3	8137.5	172.7	6485.9	69.9	1409.0	181.7
521.2	13108.2	12178.3	2733.4	699.6	1714.2	27.7	291.9	91.6
706.6	13361.2	22040.4	10721.4	122.9	9878.1	187.0	533.4	342.4
755.0	7822.8	7446.9	3164.5	202.0	2688.7	106.3	167.5	31.7
1319.0	25892.1	10963.3	2748.4	63.3	1220.0	4.6	1460.5	27.9
2134.5	13742.9	15853.2	4037.4	895.1	2713.0	108.3	321.0	166.2
1198.9	11172.1	12884.6	7011.2	588.8	5932.0		490.4	294.9
688.9	14553.8	8196.5	3960.4	459.6	3245.2	47.0	208.6	53.0
4100.0	37078.2	27053.1	2025.3	94.2	1703.9		227.2	45.7
1452.7	22041.2	10085.8	754.6	30.8	670.8	5.5	47.5	41.9
798.8	7684.7	1888.9	98.6		98.6			
1496.4	18709.4	9308.3	798.2	69.4	632.1	40.3	56.4	21.7
1389.7	22679.0	15769.4	3913.6	232.3	3351.0	27.7	302.6	105.9
722.1	13455.9	2664.4	1546.8	157.0	1245.7	5.1	139.0	16.2
2574.9	23963.9	9323.2	1620.6	159.0	1394.0	8.6	59.0	26.1
74.6	1419.1	286.0	286.0	9.7	276.3			
612.7	15093.6	6266.4	1738.2	264.8	1301.2	2.2	170.0	9.7
238.6	6352.5	3479.7	1008.2	168.4	714.6	8.2	117.0	96.1
358.3	4566.4	1825.1	117.1		117.1			
167.7	3035.4	2084.6	738.5	105.8	629.7		3.0	
728.4	12120.8	3475.2	584.4	30.2	554.2			

C-1-17续表7

地 区	行政单位离退休	事业单位离退休	离退休人员管理机构	其他行政事业单位离退休支出	医疗救助支出	农村医疗救助
全 国	**121484.9**	**89177.8**	**1556.8**	**12827.0**	**2162502.1**	**1199610.4**
中央级	3075.1	876.7	379.5			
北 京	5727.3	2094.1	120.4	3173.3	19777.4	2908.7
天 津	201.8	1127.9		150.0	16653.2	4621.1
河 北	5602.9	5465.0	14.4	240.2	77258.5	37094.2
山 西	2796.9	3243.3		16.8	56097.1	26719.8
内蒙古	5882.5	3247.0			55699.7	26817.1
辽 宁	5984.1	5667.4	316.0	1183.0	35688.2	14253.2
吉 林	1797.0	3480.0		27.1	67265.7	30100.8
黑龙江	2207.7	3821.2		607.6	111188.0	47040.8
上 海	3282.2	1206.9			33244.9	11498.1
江 苏	5592.0	2427.2	8.3	1872.4	97341.0	52742.0
浙 江	5105.8	2939.6	3.0	616.4	62534.1	41095.5
安 徽	6265.1	3070.3	59.9	49.6	102877.8	67090.2
福 建	6548.9	4247.8	4.5	517.8	24798.1	13842.8
江 西	2268.9	2010.9	2.6		116840.5	64959.6
山 东	3042.5	4094.7		1077.7	94584.2	40409.6
河 南	6129.0	5287.7	48.5	350.6	97596.8	62121.5
湖 北	3680.1	1624.0	155.2	414.1	88483.6	44179.2
湖 南	3187.3	703.2	117.4	228.2	114745.9	61571.0
广 东	11318.9	12764.9	107.3	836.7	70223.2	31078.2
广 西	4751.3	4480.4	23.0	76.5	55665.2	41749.2
海 南	1556.3	229.4		4.6	17242.6	10659.0
重 庆	4780.4	3665.0		64.7	65667.0	34482.6
四 川	7118.8	4440.4	36.1	260.5	186541.5	113241.9
贵 州	471.8	238.7		407.1	82645.8	66053.2
云 南	5143.2	2178.4		381.0	99224.3	69579.2
西 藏					6415.3	4359.4
陕 西	1914.6	2567.9	5.0	40.7	93998.0	56289.4
甘 肃	1667.2	720.3		84.0	83492.3	60149.5
青 海	1269.5	356.1	55.7	26.7	35423.1	19907.2
宁 夏	986.8	351.1		8.2	21196.9	12862.8
新 疆	2129.0	550.3	100.0	111.5	72092.2	30133.6

单位：万元

资助参加合作医疗	医疗救助	城市医疗救助	资助参加医疗保险	医疗救助	优抚对象医疗补助	其他
220189.0	**935711.2**	**676408.4**	**105163.0**	**533435.3**	**257928.5**	**1152644.9**
						29497.1
123.5	2685.9	9145.6	90.2	8094.0	4263.5	53302.5
880.7	1161.5	4211.4	217.5	3095.0	5924.6	2564.1
7060.0	29059.1	18233.3	2272.3	14812.8	21367.0	15428.6
2909.9	23326.0	21936.4	3876.1	17176.2	7199.4	13856.6
3618.4	21540.3	20795.4	2047.0	17723.0	7123.6	25419.9
3259.8	10004.7	15478.7	3135.9	8725.0	5641.5	38594.1
6580.0	22824.3	32715.1	7970.0	24089.4	4286.4	20515.7
3974.1	42818.4	58149.2	9680.4	47791.0	4729.6	4126.9
	11498.1	19552.5	2796.5	16570.4	1824.7	39324.1
7284.7	44781.8	28983.7	6529.8	22387.7	14824.1	68348.2
4213.4	35752.6	10182.5	506.1	9085.6	10934.5	92816.2
13017.1	53441.4	24670.9	3209.5	20822.2	9808.4	20656.3
2666.0	10462.8	4775.7	714.8	3871.4	5893.4	21500.4
8845.4	53091.3	44415.2	9673.9	32944.5	6793.9	2796.2
9404.1	30719.3	18491.8	2340.9	16020.9	35454.6	25043.3
16663.6	42948.8	21027.4	5155.0	14571.2	13784.4	22994.6
9261.5	33158.9	32109.3	4444.6	25863.5	11568.1	26727.7
8541.1	49356.1	37394.7	5248.0	29592.0	14632.0	87556.7
9210.2	20849.7	21982.2	3187.2	17165.6	11677.5	150779.5
9263.7	31277.3	9187.5	1689.7	6821.0	4300.0	30112.9
1699.0	8374.6	4594.4	785.4	3549.1	1624.0	14507.8
4262.0	29933.6	20734.4	2986.6	17587.0	9149.1	10956.9
19313.3	89153.5	56389.1	6923.8	44433.7	15909.2	76202.3
18820.4	44078.9	11790.7	1222.7	9303.2	4550.9	14361.0
22981.9	43367.3	20768.1	4911.3	14129.0	7963.8	72461.7
94.0	4265.4	680.1	5.7	674.4	1330.8	21123.2
4510.2	49436.7	27376.4	866.8	25597.4	8044.1	10222.5
11133.7	47102.8	20275.3	1939.8	15794.4	2486.8	20748.4
1753.0	17892.6	14311.3	2041.7	12233.6	1195.6	103644.7
1424.8	10931.2	7119.5	290.0	4630.6	1168.5	12969.5
7419.5	20416.3	38930.6	8403.8	28280.5	2474.5	3485.3

C-1-18 支出水

地 区	优抚对象整体抚恤水平	定期抚恤水平	伤残抚恤	定期补助水平	在乡复退军人定期定量补助水平
全 国	**5023.91**	**6438.12**	**10183.08**	**2531.37**	**2352.29**
中央级					
北 京	16072.03	14252.88	9672.97	4590.97	3751.83
天 津	9795.63	13983.07	10993.31	4448.70	4468.88
河 北	5387.01	5710.87	9018.94	2249.24	1999.52
山 西	7900.06	6080.84	8997.39	3567.74	3722.49
内蒙古	9409.17	7640.12	8995.85	4900.83	4857.03
辽 宁	8574.96	6803.72	9258.37	4366.37	4900.21
吉 林	7011.07	5752.71	10307.78	3400.62	3114.73
黑龙江	6703.22	6726.81	8450.71	3787.63	3641.58
上 海	15959.69	4482.64	16999.44	3315.01	2066.62
江 苏	5831.68	11048.67	12542.36	2250.95	2264.14
浙 江	11823.75	13985.14	12262.72	4700.12	4191.43
安 徽	4872.48	6081.65	8788.28	2724.21	2585.88
福 建	4897.25	6983.92	9555.81	2387.01	1793.41
江 西	5274.34	4411.77	9640.87	2922.45	2176.32
山 东	4839.72	6212.74	10256.30	2075.90	1854.06
河 南	3573.10	5733.75	9977.10	1864.11	1551.49
湖 北	4153.24	6453.33	9517.89	2518.27	2223.16
湖 南	3393.98	5157.65	10543.46	1990.43	1680.07
广 东	5396.27	8408.01	11404.99	2901.04	2628.58
广 西	3918.42	5145.24	8759.93	2265.44	4013.44
海 南	7281.45	3777.62	16291.85	4024.19	4504.71
重 庆	4505.53	6824.55	10664.48	2631.22	2799.48
四 川	4006.16	7266.01	10239.57	2752.60	2446.14
贵 州	4267.33	5458.32	9796.13	2501.90	2627.83
云 南	3367.59	5941.79	10275.58	1504.28	1650.47
西 藏	9569.25	1096.01	8893.03	6916.28	2568.18
陕 西	5416.18	6282.60	10524.43	3431.96	3419.10
甘 肃	4288.80	5327.56	11285.88	2187.01	1639.38
青 海	6707.66	7270.80	6306.04	4541.33	4057.72
宁 夏	8334.08	4583.89	14450.28	3180.71	2221.94
新 疆	9484.00	5231.93	11217.93	4827.47	4979.76

平情况

单位：元/人、年、元/个、年

在乡红军老战士定期定量补助费水平	红军失散人员定期定量补助水平	“参战”退伍军人生活补贴水平	“涉核”退伍军人生活补助水平	烈士纪念建筑物管理单位补助水平
25568.61	**10484.49**	**2539.71**	**3121.21**	**448386.31**
39000.00		6475.55	5795.52	457800.00
		5862.65	2988.80	1784700.00
50200.00		2899.42	2892.89	930456.52
26533.33	23000.00	2942.15	2915.22	463482.14
35375.00	31333.33	3270.21	3530.43	912250.00
		2717.13	1425.33	821566.67
	9666.67	2346.25	2905.43	297689.66
58200.00	9181.82	3295.57	4948.41	423050.00
		4791.37	4278.69	5256636.36
	20000.00	2658.23	3194.94	668955.06
	10893.94	4357.60	4305.67	1191333.33
36000.00	9709.51	2668.45	2630.34	390450.98
30000.00	11879.52	3737.63	7635.29	187612.24
19464.29	10932.79	3167.36	2955.42	116557.69
26666.67	10256.41	2819.61	2927.65	616787.50
21909.09	11357.96	2759.14	2943.15	320870.97
22500.00	14034.36	2788.07	4012.08	229333.33
39000.00	6898.84	2128.00	6062.46	218628.57
	9426.44	3381.78	1455.62	324843.75
	7768.53	2219.04	1402.51	563850.00
	5738.46	1656.49	1564.10	29800.00
50666.67	29000.00	1846.50	3611.52	122562.50
25076.92	13681.05	2550.71	3708.40	87254.72
31000.00	10607.14	2272.79	2264.78	207864.86
	14521.74	1222.15	2090.91	20776.12
		448.28		
22033.60	9899.44	3089.08	2908.92	362945.95
47696.97	12565.57	3131.63	4272.18	171830.19
		3027.26	3389.41	298428.57
23000.00	55000.00	3965.87	4460.14	38888.89
	15000.00	3474.93	3294.39	396538.46

C-1-18续表1

地 区	荣誉军人康复医院补助水平	复员军人疗养院补助水平	复退军人精神病院补助水平	光荣院补助水平	孤儿补助水平
全 国	**90161.26**	**64254.33**	**33026.05**	**13016.99**	**8144.68**
中央级					
北 京				93501.96	43890.42
天 津		97253.85	74336.90	33025.83	23100.84
河 北	179151.52	75607.82	96269.14	20152.35	11729.32
山 西	83024.39	63194.44	58922.70	35056.43	9160.22
内蒙古		9885.71	14294.66	24163.79	12938.20
辽 宁	98666.67		36198.46	23631.22	12160.12
吉 林		7057.78	3355.70	13743.23	8306.59
黑龙江	565161.76		65514.71	8840.24	14418.21
上 海	496000.00				11581.50
江 苏	18692.31	156481.65	79364.32	13617.06	8781.82
浙 江	33699.75		34181.82	33706.48	8966.94
安 徽	175960.40		89564.00	24732.47	8428.59
福 建	13733.33		1422.92	15261.99	8865.89
江 西	70552.15	4293.65	7200.00	1880.86	7460.02
山 东	178268.33	60899.13	63759.45	6323.80	11165.24
河 南	258605.13	36872.41	51725.37	4595.00	7369.69
湖 北	20381.82	53000.00	19416.63	9433.20	5391.94
湖 南	141200.00	105572.92	10851.85	15209.75	3558.96
广 东	17470.82	35116.28	19199.50	23145.20	9703.40
广 西	19681.42		21950.95	9497.44	7843.88
海 南	50000.00			21148.44	9717.47
重 庆	41033.52			41597.56	17136.84
四 川	74662.16	18026.32	9596.15	6977.68	11671.74
贵 州	28834.82		3688.58	6775.97	6571.62
云 南	168120.00		2036.93	29166.67	7682.04
西 藏					354.18
陕 西	88104.05	51823.53	29093.54	22048.54	13531.41
甘 肃			24193.55	167210.53	6493.69
青 海					6867.24
宁 夏				62857.14	16477.05
新 疆	768666.67		9402.39	11476.86	7577.62

单位：元/个、年、元/人、年

军队离休干部支出水平	军队退休干部支出水平	军队无军籍职工支出水平	假肢厂(站)专项拨款支出水平	补贴火化场水平
105610.09	**78471.03**	**29858.31**	**1609151.52**	**284.83**
93372.27	75432.02	31317.56	150000.00	339.59
98921.15	72099.19	29356.01		16.39
137486.07	95648.63	30229.32	4020000.00	489.86
103365.47	71261.04	34242.41		4191.45
214102.99	57823.20	36411.25		633.61
117342.84	80374.93	28795.26		483.14
43097.90	36598.74	17255.99	3645000.00	77.00
86165.61	74922.23	25185.62	2219000.00	35.28
82910.49	78430.04	44233.50		
107042.09	91637.08	29296.15		230.49
89538.36	73027.94	29918.76	2000000.00	548.78
99101.14	87238.63	31010.83		213.26
122162.54	73024.83	35511.80	1488000.00	342.75
85759.21	94746.51	20782.22		205.03
92673.22	75811.82	32221.34	2000000.00	25.71
93303.87	76409.76	25297.29	1735714.29	245.52
91666.92	79311.57	27843.01	158666.67	141.11
147134.17	71834.54	17637.93	3020000.00	583.45
111939.75	92492.54	38275.34	15000.00	280.98
85180.09	85027.24	19820.75		440.24
149069.77	116646.82	23878.67		841.60
104468.60	79676.86	34257.17		369.17
114738.12	70852.82	25438.76	5389000.00	263.81
115269.77	74148.47	27464.22	5737000.00	195.34
119037.86	68954.58	19265.08		491.21
	168246.38	69689.79		
113739.05	77360.90	30392.75	150000.00	332.46
113343.09	71763.73	28266.48		885.46
111473.68	95315.59	39129.35		212.86
165508.77	84119.33	41720.78		2719.22
142867.30	112148.31	34244.60	1100000.00	390.79

C−1−18续表2

地 区	补贴殡葬类单位补助水平	社会福利院补助水平	儿童福利院补助水平	精神病人福利院补助水平	城市居民最低生活保障补贴水平
全 国	**487865.71**	**17305.82**	**22353.58**	**29650.05**	**2883.72**
中央级					
北 京	2424811.32	13324.99	2114.88	59345.26	5484.36
天 津	3582607.14	15286.57	25479.08	9815.87	6448.20
河 北	325622.34	24851.67	2199.06		2498.04
山 西	186866.67	17370.55	27219.35	56604.32	2966.16
内蒙古	266093.02	26798.30	27070.13	27099.67	3904.92
辽 宁	463867.02	27028.93	9501.86	112500.00	3068.52
吉 林	314734.94	14100.41	18196.65	29622.71	2988.12
黑龙江	172707.48	9920.62	27059.38	47013.60	3004.20
上 海	21076.92	28700.65	24007.28	40658.22	4167.12
江 苏	573696.20	29372.45	34767.25	34458.39	3139.80
浙 江	679283.33	30300.20	32100.87	31091.19	4697.52
安 徽	348723.76	12658.54	35934.23	1350.99	3136.20
福 建	373842.42	17668.14	27069.28	18236.81	2484.48
江 西	111090.91	5541.54	17318.81	39288.18	2629.44
山 东	401339.29	28806.99	28097.73	96497.67	2517.72
河 南	147924.00	13371.95	18696.38	36721.24	2392.32
湖 北	1236647.06	18052.92	31704.55	10098.77	2975.16
湖 南	129859.65	12501.84	13229.03	58411.52	2648.64
广 东	430180.65	13067.70	26602.22	32906.77	2441.04
广 西	1397957.14	13843.48	3152.85	10008.55	2448.24
海 南	2398466.67	39721.13	56685.71		2814.12
重 庆	262771.93	12296.72	19327.72	13140.49	2845.32
四 川	737549.80	12565.04	6309.42	26138.91	2426.64
贵 州	188453.78	16958.23	27612.13	15288.48	2646.84
云 南	571364.78	11244.86	21552.53	11433.96	2331.72
西 藏	2163500.00	3042.88	5617.94		3932.64
陕 西	240886.60	15959.66	20100.69	21679.25	3311.40
甘 肃	888206.35	21806.69	34575.78	52442.42	2798.64
青 海	11478.26	23912.95	102450.12		3159.60
宁 夏	463416.67	13221.81	18335.20		2514.60
新 疆	546255.95	18741.88	14671.66	28723.75	3003.72

单位：元/个、年、元/人、年、元/人次

流浪乞讨人员救助单位补助水平	流浪乞讨人员救助水平	救灾储备单位补助水平	农村最低生活保障补助水平	农村集中五保供养支出水平
733230.12	**453.47**	**1309406.87**	**1272.72**	**3081.9**
1203904.76	280.82	130266.67	3353.16	7891.4
595545.45	1719.09	248000.00	2120.04	5799.4
746189.19	389.3	1511571.43	1170.60	3006.4
412958.33	232.03	367692.31	1488.36	4704.2
714606.06	423.04	1293333.33	1861.92	4246.1
983785.71	826.21	1806833.33	1396.56	4367.4
1175000.00	354.98	639500.00	1273.32	2446.5
427061.73	375.73	772333.33	1447.80	2629.8
4305600.00	713.97		1586.88	5752.3
1143661.02	1017.11	1263600.00	2095.20	4182
733184.21	1139.87	584555.56	2555.88	5434.8
556787.88	160.53	393250.00	1306.32	2563.4
494041.67	285.87	2176190.48	1193.04	3289.7
235542.17	212.75	1747500.00	1372.56	2667.8
1269974.36	570.25	4564666.67	1178.88	3118.3
1251204.08	404.81	1195454.55	1127.04	2611.6
627432.10	309.12	384883.72	1257.72	2198.7
561877.55	355.77	3000250.00	1108.08	2932.9
1984684.93	927.79	460898.31	1347.48	4162.2
1357531.25	393.49	4432300.00	974.28	4429.4
126750.00	775.72	7590000.00	1537.92	5713.5
485675.68	574.34	574937.50	1262.16	3796.5
446136.36	535.13	572690.91	1086.36	2706
225220.34	206.08	8396000.00	1030.56	3117
192772.15	535.65	2090846.15	1167.48	2675.1
	1192.41	15768250.00	1025.64	2178.3
556696.63	601.64	892272.73	1625.40	3515.2
560146.34	434.05	461636.36	1283.04	3749.4
436600.00	67.88	77750.00	1597.44	1892.7
543800.00	132	41000.00	1272.48	4845.9
519881.36	1332.91	963300.00	1392.84	2498.1

C－1－18续表3

地 区	农村分散五保供养支出水平	老龄事务机构补助水平	军供站机构补助水平	地方离休人员支出水平	地方退休人员支出水平
全 国	**1744.9**	**642914.90**	**1448718.65**	**53688.04**	**28577.83**
中央级					
北 京	4807.6	4066588.24	127771000.00	849250.00	37894.41
天 津	5301.1	516000.00	13812000.00	63840.00	19561.02
河 北	2004.8	601754.10	1615000.00	55495.93	28104.23
山 西	1861.4	80870.69	1674333.33	51685.19	24115.03
内蒙古	2704.9	799393.94	1925000.00	71600.00	22092.65
辽 宁	2347.1	466754.39	1820800.00	19426.78	19097.16
吉 林	1190.6	248131.58	443000.00	28622.22	21078.39
黑龙江	1770.6	113192.98	988500.00	103666.67	66720.00
上 海	5542.9	6864947.37	10841000.00		65357.66
江 苏	3048.1	2257469.14	727687.50	75451.74	30922.01
浙 江	3307.6	2321168.67	1869818.18	71958.33	34665.42
安 徽	1635.2	200597.94	137157.89	50330.94	34630.30
福 建	2332.0	259910.45	588833.33	64684.21	25141.51
江 西	1486.4	296990.99	580769.23	42083.33	16158.05
山 东	1867.0	187354.84	694210.53	14066.67	11798.84
河 南	1554.7	145637.36	889375.00	50286.52	22128.87
湖 北	1785.7	159317.07	1332111.11	41174.83	24820.08
湖 南	1383.0	236969.47	574083.33	46424.24	15654.61
广 东	2297.2	1551069.57	2928571.43	67285.71	29736.47
广 西	1202.9	372423.53	1210583.33	102666.67	101636.36
海 南	2779.0	4137333.33	7988000.00		
重 庆	2885.1	696142.86	3741000.00	115666.67	32250.00
四 川	1777.9	618628.71	926466.67	89346.15	29139.13
贵 州	944.1	243082.47	802333.33	130833.33	37074.40
云 南	1090.0	1374385.32	990346.15	144545.45	43974.76
西 藏	2086.6	626000.00	746000.00		
陕 西	3331.2	807843.14	612700.00	50923.08	38726.19
甘 肃	2215.8	163207.92	298250.00	60142.86	24641.38
青 海	1715.2	2746000.00	895750.00		97583.33
宁 夏	1910.7	277960.00	1677000.00		524750.00
新 疆	1157.4	173076.92	560307.69	100666.67	145842.11

单位：元/人、年、元/个、年、元/人次

资助参加合作医疗补助水平	农村医疗救助人次补助水平	资助参加医疗保险补助水平	城市医疗救助人次补助水平	优抚对象医疗补助支出水平
45.63	**635.75**	**67.86**	**793.62**	**727.06**
15.74	527.21	14.90	2352.70	1953.67
38.60	479.72	37.75	496.49	2370.31
38.20	1069.54	116.83	1456.19	1077.60
40.06	1896.59	68.35	1173.26	790.01
52.05	765.51	54.73	1125.08	1795.85
50.54	403.39	65.85	236.83	714.10
54.38	807.59	49.91	796.53	1529.87
31.70	1492.58	71.42	1180.51	857.90
	5626.67	244.75	2467.01	2265.86
52.38	473.87	152.17	797.09	750.29
51.88	1307.40	97.37	1911.43	1421.49
51.13	1156.55	74.59	1290.37	498.27
32.51	683.49	62.54	819.93	755.44
53.16	839.74	98.34	901.69	1267.99
48.42	2164.52	108.38	2851.96	675.31
44.58	781.28	55.66	1208.56	481.61
38.88	1044.96	32.00	1581.17	337.41
36.65	431.60	64.52	693.56	541.05
56.22	379.94	96.51	501.70	628.11
41.38	930.48	70.64	893.39	644.12
55.67	649.84	45.06	696.83	1296.30
27.96	322.83	38.87	403.02	401.94
44.74	298.99	75.99	394.94	967.94
41.73	513.06	32.53	635.18	232.80
45.00	660.13	49.55	798.13	1545.86
154.15	2211.08	170.15	4433.93	6178.27
41.15	1103.38	78.12	2313.24	1865.86
134.94	1219.58	119.54	1011.45	3004.47
40.88	375.97	92.17	487.50	8302.78
37.23	267.74	18.39	215.14	4361.70
47.43	611.15	92.89	888.97	2042.34

C−1−19 中央专项基本

地 区	项目合计	中央投资合计	本级项目数	本级投资	地方项目合计	中央对地方投资合计	精神卫生发改投资[2011] 994号			
							项目数	小计	中央投资	地方投资
全 国	**433**	**259711**	**4**	**6951**	**429**	**252760**	**67**	**208595**	**126620**	**81975**
中央级	4	6951	4	6951						
北 京										
天 津	6	2880			6	2880				
河 北	15	7900			15	7900	1	3400	2900	500
山 西	17	12100			17	12100	4	7750	7200	550
内蒙古	11	9000			11	9000	3	10900	4700	6200
辽 宁										
吉 林	13	9850			13	9850	2	4568	3050	1518
黑龙江	16	10520			16	10520	2	7151	2620	4531
上 海										
江 苏	18	5500			18	5500	1	5155	1000	4155
浙 江	9	2300			9	2300				
安 徽	29	8000			29	8000	1	8000	3000	5000
福 建	22	6350			22	6350	3	17075	4850	12225
江 西	23	8100			23	8100	2	10720	5100	5620
山 东	8	3800			8	3800	2	4850	2300	2550
河 南	11	12860			11	12860	2	6400	4960	1440
湖 北	30	16000			30	16000	5	14187	11000	3187
湖 南	27	18750			27	18750	7	21150	12750	8400
广 东										
广 西	22	19700			22	19700	4	14237	10200	4037
海 南										
重 庆	11	5000			11	5000				
四 川	23	24640			23	24640	10	24972	17050	7922
贵 州	15	19980			15	19980	5	13220	11830	1390
云 南	24	14000			24	14000	6	18420	10800	7620
西 藏										
陕 西	9	8900			9	8900	2	7518	4400	3118
甘 肃	9	4500			9	4500	1	2158	1500	658
青 海										
宁 夏										
新 疆	18	8410			18	8410	4	6764	5410	1354
兵 团										

建设投资对账单

单位：个、万元

精神卫生 发改投资[2011] 1975号				养老 发改投资[2011]1495号			
项目数	小计	中央投资	地方投资	项目数	小计	中央投资	地方投资
24	**85616**	**36140**	**49476**	**338**	**378796**	**90000**	**288796**
				4	29903	1500	28403
1	15000	1200	13800	5	26223	1680	24543
				14	23391	5000	18391
1	2000	1900	100	12	16425	3000	13425
1	4500	1300	3200	7	8420	3000	5420
				9	13152	3000	10152
2	7354	3800	3554	9	9035	3000	6035
3	8115	4900	3215	11	7260	3000	4260
				1	7462	640	6822
3	10015	3000	7015	14	42578	1500	41078
1	2500	800	1700	8	30737	1500	29237
				28	10290	5000	5290
				19	10667	1500	9167
				21	14490	3000	11490
				6	7413	1500	5913
1	6000	2900	3100	8	17604	5000	12604
				25	13070	5000	8070
1	1860	1000	860	19	9520	5000	4520
				4	8742	1460	7282
3	5480	4500	980	15	8200	5000	3200
				7	3073	1500	1573
1	8812	2000	6812	10	16143	3000	13143
1	2900	2590	310	12	8021	5000	3021
4	8680	4950	3730	6	4836	3200	1636
				18	7441	3200	4241
				1	1500	1500	
1	2400	1300	1100	6	5745	3200	2545
				8	4365	3000	1365
				7	2786	1500	1286
				9	3939	1500	2439
				14	4165	3000	1165
				1	2200	1120	1080

C-1-20 中央彩票公益金投资

地 区	项目合计	中央彩票公益金投资基本建设项目金额合计	殡葬服务机构 财社[2011] 298号		流浪未成年人服务机构 财社[2011] 298号	
			项目	资金	项目	资金
全 国	**1420**	**85769**	**130**	**1985**	**114**	**5700**
北 京	4	740			1	50
天 津	5	619	3	45	1	50
河 北	71	4453	8	120	3	150
山 西	29	1986	2	30	1	50
内蒙古	27	3246	2	30	5	250
辽 宁	30	2590	2	30	6	300
吉 林	65	3475	4	60	9	450
黑龙江	49	3655	6	90	7	350
上 海	2	805				
江 苏	35	2530	4	60	5	250
浙 江	36	1990	6	90	5	250
安 徽	51	2646	2	30	1	50
福 建	18	1365	1	15	3	150
江 西	109	2488	13	195	3	150
山 东	39	2670	1	15	6	300
河 南	108	3822	13	195	5	250
湖 北	79	3691	3	45	5	250
湖 南	129	3440	7	105	8	400
广 东	30	3200	2	30	7	350
广 西	65	3933	6	90	4	200
海 南	14	2218	3	45		
重 庆	41	2602	3	60	3	150
四 川	61	4544	8	120	8	400
贵 州	40	2542	8	120	2	100
云 南	62	4072	7	105	3	150
西 藏	34	1887	1	30	2	100
陕 西	29	2552	3	45	2	100
甘 肃	53	3849	3	50	2	100
青 海	30	2825	4	60	2	100
宁 夏	29	2887	3	45	2	100
新 疆	46	2447	2	30	3	150

基本建设项目对账单

单位：个、万元

五保供养机构 财社[2011] 299号		养老服务机构 财社[2011] 299号		精神卫生服务机构 财社[2011] 299号		社区服务机构 财社[2011] 299号	
项目	资金	项目	资金	项目	资金	项目	资金
717	**14890**	**358**	**55274**	**80**	**5920**	**21**	**2000**
		3	690				
		1	524				
35	613	18	3070	4	280	3	220
13	496	9	1080	3	240	1	90
11	536	8	2280	1	150		
6	150	11	1680	3	220	2	210
38	455	9	2060	3	240	2	210
23	475	7	2170	4	390	2	180
		2	805				
6	150	17	1890	3	180		
5	100	16	1330	4	220		
34	716	13	1760			1	90
6	150	4	830	4	220		
79	553	10	1320	3	180	1	90
3	150	26	1965	3	240		
58	813	27	2114	3	220	2	230
52	566	14	2410	3	240	2	180
98	747	13	1968	3	220		
4	100	11	2420	6	300		
39	773	13	2630	3	240		
7	333	4	1840				
25	642	7	1510	3	240		
28	940	12	2664	5	420		
16	622	10	1410	3	200	1	90
33	743	12	2534	5	360	2	180
16	767	15	990				
13	637	8	1530	3	240		
25	649	18	2580	3	240	2	230
14	655	10	2010				
11	522	11	2020	2	200		
19	837	19	1190	3	240		

C-1-21 民政事业基本

地 区	在建项目数	使用彩票公益金项目数	在建项目总投资	开工累计完成投资	本年计划投资
全 国	**6750**	**3213**	**5667494.1**	**3112242.8**	**2172778.5**
中央级	12	2	79661.0	67787.6	26180.6
北 京	67		413633.3	192338.2	65901.7
天 津	6	3	34824.0	13642.9	9333.0
河 北	52	29	53493.0	27974.9	19903.5
山 西	31	10	24742.0	13753.4	7223.8
内蒙古	105	80	74585.4	47164.3	28513.5
辽 宁	124	47	117213.2	69711.8	28581.8
吉 林	11	11	6268.0	3848.5	3072.0
黑龙江	24	5	12655.3	5710.0	2565.3
上 海	9		25153.5	22882.7	8096.1
江 苏	1350	145	1314654.3	725592.8	619131.9
浙 江	55	40	310748.8	158480.1	63669.1
安 徽	545	222	136469.0	97183.5	88708.8
福 建	48	33	56837.9	15950.1	14890.1
江 西	453	347	98313.6	40442.2	35703.7
山 东	285	194	456844.2	224911.8	106368.9
河 南	91	62	121696.8	74019.4	25022.3
湖 北	332	121	380416.0	168854.1	125455.0
湖 南	188	133	185414.6	112511.6	40164.1
广 东	238	140	247918.2	113483.9	97642.7
广 西	1039	907	92821.6	52122.7	44007.3
海 南	260	24	45947.9	14965.0	31592.4
重 庆	178	92	124971.2	52623.2	45063.4
四 川	132	24	185776.3	135746.4	92866.8
贵 州	248	171	76248.6	46327.9	49891.3
云 南	136	97	327498.3	238308.8	230432.3
西 藏	100	49	14450.0	14450.0	14450.0
陕 西	122	46	145433.0	52767.7	33296.7
甘 肃	108	42	119219.7	54185.4	42008.6
青 海	242	53	171764.6	138750.1	117993.4
宁 夏	19	5	82874.7	48327.2	21469.2
新 疆	140	79	128946.1	67424.6	33579.2

建设投资情况总表

单位：万元、个、平方米

本年实际完成投资	国家预算内投资	国内贷款	利用外资	福利彩票公益金	其他	本年完工项目数
2185096.6	**785166.0**	**61956.6**	**4942.9**	**534397.9**	**798633.2**	**4533**
20306.9	20204.8			102.1		2
42241.2	41040.9		72.9		1127.4	9
10149.0	7218.7			2010.3	920.0	
19741.9	10695.8			6337.1	2709.0	8
8066.4	4978.3			2163.1	925.0	6
33893.3	10773.0			10980.9	12139.4	57
46564.1	7426.7	9803.0		22953.6	6380.8	89
3848.5	1800.0			1228.5	820.0	5
5710.0	820.0			1901.0	2989.0	5
16357.7	16357.7					7
568044.6	216602.2	29030.0		29702.7	292709.7	848
85322.0	32986.3	4267.5		11480.8	36587.4	23
92434.9	50724.3	30.0		12028.0	29652.6	427
9882.1	1715.2	60.0		3791.0	4315.9	28
38754.2	7381.1	197.0	470.0	13197.0	17509.1	220
103344.6	30878.6			42285.0	30181.0	164
39367.4	18381.7			10432.4	10553.3	32
132691.7	26624.0	5180.0	80.0	40355.2	60452.5	192
42319.9	8205.2	1398.9		10460.6	22255.2	117
94505.8	54424.6	600.0		10920.0	28561.2	131
44987.1	11636.7			18430.4	14920.0	870
10453.0	4582.0			4050.5	1820.5	399
46230.2	14358.4			8693.1	23178.7	122
85782.1	56522.8			12556.6	16702.7	55
46076.9	17633.6			9483.7	18959.6	197
229529.9	10416.6		4320.0	210732.2	4061.1	43
14450.0	7454.0			6996.0		96
40048.7	16667.0			2459.5	20922.2	128
47582.3	34875.0			8286.3	4421.0	46
136205.1	24035.0			4917.4	107252.7	140
23692.2	2017.0	10449.2		4729.0	6497.0	8
46512.9	15728.8	941.0		10733.9	19109.2	59

C-1-22 收养性单位基本

地 区	在建项目数	使用彩票公益金项目数	在建项目总投资	开工累计完成投资	本年计划投资
全 国	**3110**	**1915**	**2670442.5**	**1285161.7**	**912084.4**
中央级					
北 京	12		41411.2	18110.5	16528.5
天 津	2	2	7440.0	5209.9	900.0
河 北	20	17	21598.5	14033.7	7723.8
山 西	22	8	22104.5	12163.0	6128.4
内蒙古	53	46	39961.0	28208.5	16428.0
辽 宁	50	20	76128.3	44996.6	11300.8
吉 林	3	3	4568.0	3022.0	2422.0
黑龙江	10	2	7776.0	890.0	586.0
上 海	4		18182.1	17748.3	4945.0
江 苏	278	67	644402.0	320433.8	278707.0
浙 江	28	21	219336.7	98501.0	41922.2
安 徽	357	191	103707.5	72493.9	66876.4
福 建	30	22	50265.9	13371.9	11778.0
江 西	232	185	84460.6	31272.2	28455.7
山 东	130	113	305024.8	135671.1	64736.6
河 南	43	32	53016.6	23184.8	12690.4
湖 北	125	52	229619.0	86272.4	58288.4
湖 南	105	90	121076.8	61984.5	26614.7
广 东	66	41	90665.5	21749.0	21494.0
广 西	697	630	44323.1	29762.3	25033.3
海 南	244	18	30724.9	5666.0	27193.9
重 庆	81	42	57814.1	36816.7	33178.3
四 川	25	5	44738.8	30580.1	27156.1
贵 州	203	141	36919.1	29194.6	24013.7
云 南	40	31	45327.2	17321.2	14520.3
西 藏	47	47	6896.0	6896.0	6896.0
陕 西	23	11	55260.0	17207.7	8778.7
甘 肃	29	18	39992.4	14815.2	11924.4
青 海	77	12	37055.5	18428.4	17874.4
宁 夏	7	4	71990.7	41289.2	17386.2
新 疆	67	44	58655.7	27867.2	19603.2

建设投资情况

单位：万元、个、平方米

本年实际完成投资	国家预算内投资	国内贷款	利用外资	福利彩票公益金	其他	本年完工项目数
924778.9	**310877.1**	**22248.7**	**72.9**	**207511.0**	**384069.2**	**2147**
13533.4	13460.5		72.9			6
1716.0				796.0	920.0	
8719.8	4573.1			2666.7	1480.0	6
6676.0	4278.3			1859.7	538.0	3
16247.5	2861.0			7398.2	5988.3	27
25964.9	4522.3	9803.0		8538.6	3101.0	28
3022.0	1800.0			602.0	620.0	2
890.0	70.0			131.0	689.0	3
12437.3	12437.3					2
261820.3	78012.0			23446.9	160361.4	218
56594.4	22513.6	418.5		8302.6	25359.7	12
69029.4	39363.8			7769.4	21896.2	298
8113.9	1224.0	60.0		3661.0	3168.9	17
29584.2	5050.1	197.0		10902.0	13435.1	103
62781.6	15550.5			33643.6	13587.5	67
14787.8	1240.1			6873.9	6673.8	15
59595.4	15097.0	480.0		19149.0	24869.4	71
28258.3	5660.9			7055.4	15542.0	82
20434.0	8429.7			4634.7	7369.6	20
27221.0	6179.0			11554.2	9487.8	592
5587.0	3583.5			516.0	1487.5	218
31693.7	8250.4			6117.7	17325.6	42
25401.1	15632.1			1774.9	7994.1	8
28943.6	10771.6			7061.3	11110.7	170
11626.8	4149.2			4765.2	2712.4	14
6896.0				6896.0		44
14498.7	11209.8			1840.9	1448.0	16
13795.5	5167.8			5804.7	2823.0	10
17663.4	1289.0			1793.0	14581.4	27
19478.2	814.0	10449.2		4599.0	3616.0	2
21767.7	7686.5	841.0		7357.4	5882.8	24

C-1-23 社区服务机构

地区	在建项目数	使用彩票公益金项目数	在建项目总投资	开工累计完成投资	本年计划投资
全国	**1778**	**506**	**639452.1**	**534965.1**	**440553.0**
中央级					
北京	4		5597.0	1755.0	1755.0
天津	1		2212.0	45.0	45.0
河北	13	5	4544.0	991.0	996.0
山西	3	1	187.0	215.0	
内蒙古	36	24	6164.8	4460.8	4400.8
辽宁	42	11	1128.0	1456.3	633.0
吉林	4	4		29.5	
黑龙江	12	1	109.3	50.0	109.3
上海					
江苏	739	50	272774.0	220769.1	161948.5
浙江	5	5	6017.6	3244.6	2299.4
安徽	120	10	6314.0	4530.0	4943.0
福建	3	3	337.0	337.0	337.0
江西	93	54	6076.0	5525.0	4316.0
山东	100	48	33485.1	19505.8	12306.1
河南	5	2	270.0	17.5	80.0
湖北	119	43	15779.0	10929.0	6714.0
湖南	43	25	5378.5	3116.5	1585.5
广东	69	37	9655.7	7937.6	8535.7
广西	29	19	1081.0	938.0	938.0
海南	2	1	524.0	29.0	8.0
重庆	79	43	4623.0	4433.0	3004.0
四川	21	5	13416.0	9687.5	3274.2
贵州	7	3	423.0	52.0	12.0
云南	49	34	202305.5	201282.5	201487.0
西藏					
陕西	73	28	4745.0	4432.5	3662.5
甘肃	10	10	3200.0	3200.0	2500.0
青海	72	35	15371.6	11496.0	11496.0
宁夏	3		237.0	197.0	197.0
新疆	22	5	17497.0	14302.9	2970.0

基本建设投资情况

单位：万元、个、平方米

本年实际完成投资						本年完工项目数
	国家预算内投资	国内贷款	利用外资	福利彩票公益金	其他	
450082.5	**111013.4**	**130.0**		**214985.9**	**123953.2**	**1281**
1755.0	1755.0					2
45.0	45.0					
991.0	395.0			596.0		
215.0				28.0	187.0	2
4210.8	160.0			725.0	3325.8	24
1121.3	390.0			185.0	546.3	41
29.5				29.5		
50.0				50.0		
155758.1	79701.5	30.0		1297.8	74728.8	540
1871.8	1014.1			857.7		4
4310.0	2043.5			161.5	2105.0	72
337.0				60.0	277.0	3
5525.0	1660.0			868.0	2997.0	47
11786.8	2097.1			1951.7	7738.0	78
17.5				17.5		
10159.0	3315.0			596.0	6248.0	80
1657.5	420.0			395.5	842.0	21
7937.6	2695.6			1630.0	3612.0	64
848.0	136.0			458.0	254.0	20
29.0				29.0		1
4433.0	1640.0			837.0	1956.0	70
3483.7	2423.7			10.0	1050.0	16
52.0	10.0			42.0		6
201210.5	520.0			200107.0	583.5	11
3762.5	2709.0			399.3	654.2	102
3200.0	3000.0			200.0		10
11496.0				3094.4	8401.6	46
197.0	197.0					2
13592.9	4685.9	100.0		360.0	8447.0	19

C-1-24 优抚安置单位

地 区	在建项目数	使用彩票公益金项目数	在建项目总投资	开工累计完成投资	本年计划投资
全 国	**286**	**96**	**591998.2**	**323029.6**	**126780.9**
中央级					
北 京	46		279024.9	140049.7	18213.1
天 津					
河 北	6	1	16428.5	6507.0	5643.7
山 西	3		969.0	820.0	620.0
内蒙古	1	1	1600.0	200.0	200.0
辽 宁	11	6	5498.4	4579.4	892.0
吉 林					
黑龙江					
上 海					
江 苏	43	15	52604.3	30144.6	20796.4
浙 江	5	3	15178.5	10885.0	5375.1
安 徽	7	4	4543.0	3920.0	3750.9
福 建	1	1	15.0	15.0	15.0
江 西	21	11	3375.0	1090.0	1112.0
山 东	16	10	41654.3	27526.6	5979.5
河 南	15	10	15258.0	7364.8	6380.8
湖 北	28	6	31798.0	18930.7	13942.0
湖 南	12	3	8718.0	6858.0	2710.0
广 东	21	5	58333.7	39693.9	29920.0
广 西	12	7	4321.5	2724.4	3894.5
海 南	1		419.0	419.0	
重 庆	4	1	3493.0	2524.0	2524.0
四 川	5	1	7477.2	6695.0	2045.8
贵 州	2		600.0	600.0	300.0
云 南	8	8	3187.9	2279.7	1403.1
西 藏					
陕 西	4		22706.0	517.0	117.0
甘 肃	1		3500.0	3500.0	550.0
青 海	4		1600.0		
宁 夏	1		553.0	553.0	
新 疆	8	3	9142.0	4632.8	396.0

基本建设投资情况

单位：万元、个、平方米

本年实际完成投资	国家预算内投资	国内贷款	利用外资	福利彩票公益金	其他	本年完工项目数
133541.0	**95154.4**		**90.0**	**14217.6**	**24079.0**	**299**
18213.1	18213.1					1
5506.1	4177.7			1328.4		
620.0	620.0					1
200.0				200.0		1
3268.4	1682.4			1481.0	105.0	6
20865.9	14024.4			1534.0	5307.5	24
4556.2	2363.9			982.3	1210.0	2
3565.9	2122.8			932.8	510.3	6
15.0				10.0	5.0	1
1090.0	671.0		90.0	231.0	98.0	12
6029.5	2279.0			1118.0	2632.5	7
6460.8	4710.8			70.0	1680.0	11
18330.7	6022.0			4022.2	8286.5	14
2738.0	808.0			280.0	1650.0	5
29187.3	29010.3			118.0	59.0	7
2724.4	445.0			256.5	2022.9	8
419.0	419.0					179
2524.0	1924.0			600.0		2
3763.7	2619.1			963.4	181.2	1
600.0	600.0					2
1861.1	1754.9			20.0	86.2	3
117.0	117.0					2
550.0	550.0					1
198.0					198.0	
136.9	20.0			70.0	46.9	3

C-1-25 救助类基本

地区	在建项目数	使用彩票公益金项目数	在建项目总投资	开工累计完成投资	本年计划投资
全国	**239**	**125**	**217406.9**	**104948.7**	**84584.8**
中央级					
北京	2		37453.0	9831.6	17542.0
天津					
河北	2	2	1114.0	1220.0	1090.0
山西	2	1	881.5	355.4	275.4
内蒙古	6	4	17650.6	8898.3	3087.7
辽宁	1	1	550.0	550.0	550.0
吉林	2	2	900.0	397.0	300.0
黑龙江					
上海	1		283.5	283.5	153.8
江苏	8	2	5122.0	2900.0	3929.0
浙江	6	5	14275.8	11883.9	1650.0
安徽	9	5	5418.5	3951.0	2344.0
福建	3		3050.0	250.0	1539.3
江西	8	5	1800.0	1104.0	624.0
山东	9	9	17020.0	7696.6	3715.0
河南	10	7	11251.2	6622.7	1969.2
湖北	20	8	16048.0	5118.0	4642.0
湖南	5	4	10756.3	7519.5	3986.9
广东	13	10	8611.7	4660.3	2462.2
广西	12	10	2414.0	2237.5	1753.8
海南	3	2	1287.0	947.0	919.5
重庆	3	2	1308.1	1308.1	1308.1
四川	37	1	18938.6	12397.1	7741.5
贵州	20	18	14852.0	3022.9	13848.0
云南	12	6	4907.7	3005.0	3039.0
西藏	2	2	100.0	100.0	100.0
陕西	7	2	2748.0	1480.5	818.5
甘肃	8	7	1386.0	891.0	671.0
青海	15	1	5687.5	444.9	1086.0
宁夏	4	1	3282.0	2207.0	498.0
新疆	9	8	8309.9	3665.9	2940.9

建设投资情况

单位：万元、个、平方米

本年实际完成投资	国家预算内投资	国内贷款	利用外资	福利彩票公益金	其他	本年完工项目数
76683.9	**37939.0**	**1398.9**		**18039.3**	**19306.7**	**96**
6862.6	6862.6					
1220.0	100.0			800.0	320.0	
355.4	80.0			275.4		
7838.3	6740.0			543.0	555.3	1
550.0				450.0	100.0	1
397.0				397.0		2
283.5	283.5					1
2900.0	2616.0				284.0	3
7691.3	276.0			477.4	6937.9	2
3341.0	841.0			2060.9	439.1	7
40.0	40.0					
1104.0				784.0	320.0	2
3753.0				3173.0	580.0	1
4929.2	3735.9			867.3	326.0	3
3878.0	1390.0			706.0	1782.0	10
3942.9	174.8	1398.9		767.3	1601.9	1
2407.8	1238.1			1041.5	128.2	5
1629.0	875.2			598.8	155.0	9
947.0	579.5			367.5		
1308.1	295.0			549.0	464.1	3
9319.6	6917.2			150.0	2252.4	13
3022.9	517.0			1601.9	904.0	12
3005.0	2150.0			755.0	100.0	6
100.0				100.0		2
1280.5	1061.2			119.3	100.0	3
396.0	91.0			305.0		2
444.9					444.9	1
1271.0	931.0			130.0	210.0	1
2465.9	144.0			1020.0	1301.9	5

C-1-26 殡仪服务单位

地 区	在建项目数	使用彩票公益金项目数	在建项目总投资	开工累计完成投资	本年计划投资
全 国	**363**	**189**	**751004.4**	**342935.9**	**249121.8**
中央级					
北 京	1		31136.0	19654.0	10000.0
天 津	2	1	19500.0	3103.0	3103.0
河 北	4	2	3816.0	2000.0	2437.0
山 西					
内蒙古	4	2	1159.0	742.0	732.0
辽 宁	13	6	31935.0	16456.0	13614.0
吉 林	2	2	800.0	400.0	350.0
黑龙江	1	1	2900.0	2900.0	
上 海					
江 苏	50	4	222274.0	100439.0	103841.0
浙 江	6	2	39342.0	23988.4	7664.2
安 徽	11	2	5202.0	2865.2	2178.5
福 建	3		805.0	460.0	180.0
江 西	98	91	2582.0	1431.0	1176.0
山 东	13	3	24340.0	15183.7	8941.7
河 南	6	1	25029.0	17245.9	1073.5
湖 北	18	6	37110.0	19391.0	16838.6
湖 南	10	3	21530.0	23329.0	1606.0
广 东	38	21	41020.0	22208.1	17340.7
广 西	11	7	25090.2	6653.2	4544.2
海 南					
重 庆	10	4	57683.0	7523.4	5031.0
四 川	7		11427.0	5281.4	8355.7
贵 州	8	3	20666.0	11799.0	9723.0
云 南	15	9	60415.0	7760.0	7198.9
西 藏					
陕 西	5	2	31547.0	18048.0	18048.0
甘 肃	3	3	2930.0	1445.0	
青 海	1	1	130.0	130.0	130.0
宁 夏	1		1300.0	400.0	800.0
新 疆	22	13	29336.2	12099.6	4214.8

基本建设投资情况

单位：万元、个、平方米

本年实际完成投资	国家预算内投资	国内贷款	利用外资	福利彩票公益金	其他	本年完工项目数
234332.5	**57878.5**	**37979.0**	**4780.0**	**27585.0**	**106110.0**	**171**
14.0	14.0					
3103.0	1888.7			1214.3		
2000.0	950.0			600.0	450.0	
742.0	212.0			160.0	370.0	3
13986.0				11824.0	2162.0	7
400.0				200.0	200.0	1
2900.0				600.0	2300.0	1
89083.0	13434.0	29000.0		1470.0	45179.0	22
10231.2	5807.2	3849.0		200.0	375.0	2
2865.2	1382.2	30.0		500.0	953.0	9
460.0					460.0	2
1431.0			380.0	392.0	659.0	55
8913.7	8075.0			378.7	460.0	4
9738.4	7854.9			70.0	1813.5	1
15268.6	70.0	4500.0	80.0	4051.0	6567.6	9
1975.1	60.0			185.1	1730.0	4
17304.1	6432.7	600.0		1505.0	8766.4	25
4153.2	1294.0			820.0	2039.2	6
6253.4	2231.0			589.4	3433.0	4
1986.4	1986.4					3
11799.0	4635.0			420.0	6744.0	4
6408.9	1133.9		4320.0	555.0	400.0	2
18048.0				100.0	17948.0	1
1445.0				145.0	1300.0	
130.0				30.0	100.0	1
3693.3	417.5			1575.5	1700.3	5

C-1-27 其他基本

地区	在建项目数	使用彩票公益金项目数	在建项目总投资	开工累计完成投资	本年计划投资
全国	**974**	**382**	**797190.0**	**521201.8**	**359653.6**
中央级	12	2	79661.0	67787.6	26180.6
北京	2		19011.2	2937.4	1863.1
天津	1		5672.0	5285.0	5285.0
河北	7	2	5992.0	3223.2	2013.0
山西	1		600.0	200.0	200.0
内蒙古	5	3	8050.0	4654.7	3665.0
辽宁	7	3	1973.5	1673.5	1592.0
吉林					
黑龙江	1	1	1870.0	1870.0	1870.0
上海	4		6687.9	4850.9	2997.3
江苏	232	7	117478.0	50906.3	49910.0
浙江	5	4	16598.2	9977.2	4758.2
安徽	41	10	11284.0	9423.4	8616.0
福建	8	7	2365.0	1516.2	1040.8
江西	1	1	20.0	20.0	20.0
山东	17	11	35320.0	19328.0	10690.0
河南	12	10	16872.0	19583.7	2828.4
湖北	22	6	50062.0	28213.0	25030.0
湖南	13	8	17955.0	9704.1	3661.0
广东	31	26	39631.6	17235.0	17890.1
广西	278	234	15591.8	9807.3	7843.5
海南	10	3	12993.0	7904.0	3471.0
重庆	1		50.0	18.0	18.0
四川	37	12	89778.7	71105.3	44293.5
贵州	8	6	2788.5	1659.4	1994.6
云南	12	9	11355.0	6660.4	2784.0
西藏	51		7454.0	7454.0	7454.0
陕西	10	3	28427.0	11082.0	1872.0
甘肃	57	4	68211.3	30334.2	26363.2
青海	73	4	111920.0	108250.8	87407.0
宁夏	3		5512.0	3681.0	2588.0
新疆	12	6	6005.3	4856.2	3454.3

建设投资情况

单位：万元、个、平方米

本年实际完成投资	国家预算内投资	国内贷款	利用外资	福利彩票公益金	其他	本年完工项目数
365677.8	**172303.6**	**200.0**		**52059.1**	**141115.1**	**539**
20306.9	20204.8			102.1		2
1863.1	735.7				1127.4	
5285.0	5285.0					
1305.0	500.0			346.0	459.0	2
200.0					200.0	
4654.7	800.0			1954.7	1900.0	1
1673.5	832.0			475.0	366.5	6
1870.0	750.0			1120.0		1
3636.9	3636.9					4
37617.3	28814.3			1954.0	6849.0	41
4377.1	1011.5			660.8	2704.8	1
9323.4	4971.0			603.4	3749.0	35
916.2	451.2			60.0	405.0	5
20.0				20.0		1
10080.0	2877.0			2020.0	5183.0	7
3433.7	840.0			2533.7	60.0	2
25460.0	730.0	200.0		11831.0	12699.0	8
3748.1	1081.5			1777.3	889.3	4
17235.0	6618.2			1990.8	8626.0	10
8411.5	2707.5			4742.9	961.1	235
3471.0				3138.0	333.0	1
18.0	18.0					1
41827.6	26944.3			9658.3	5225.0	14
1659.4	1100.0			358.5	200.9	3
5417.6	708.6			4530.0	179.0	7
7454.0	7454.0					50
2342.0	1570.0				772.0	4
28195.8	26066.2			1831.6	298.0	23
106470.8	22746.0				83724.8	65
2548.0	75.0				2473.0	3
4856.2	2774.9			351.0	1730.3	3

C-2-1 社会

地区	单位数	年末职工人数		受教育程度情况	
			#女性	大学专科人数	大学本科及以上人数
全国	**146451**	**2357079**	**888824**	**269113**	**126725**
中央级	29	1534	682	253	1181
北京	6833	75223	33686	12171	9227
天津	1447	33408	12332	3372	1681
河北	4803	79874	30191	7522	2986
山西	3471	53787	15345	5134	2085
内蒙古	2383	25259	10113	4652	2069
辽宁	6429	145092	60333	16534	11118
吉林	2253	35267	12444	4078	2201
黑龙江	3537	41614	15168	8402	3372
上海	4964	145432	59299	5346	3132
江苏	15017	410881	147811	37351	17378
浙江	10170	311453	113391	22718	10753
安徽	5337	48247	18639	6388	2357
福建	3281	36199	13712	2660	1318
江西	4316	49815	19474	3781	1205
山东	13730	179904	65109	37686	16845
河南	5653	101294	34974	12967	5868
湖北	6800	74486	31193	10428	4291
湖南	6421	66848	23785	10974	3270
广东	7899	59586	27065	8587	4449
广西	2623	23860	11872	3793	1623
海南	339	2369	1059	321	148
重庆	5347	85736	30521	8705	3877
四川	7508	91850	32225	8463	3723
贵州	2034	14108	5398	2957	1133
云南	2188	63768	18954	3644	1384
西藏	281	942	444	68	27
陕西	4053	36151	14760	7723	2411
甘肃	3245	16139	6439	3648	1846
青海	402	3607	1732	518	210
宁夏	655	10095	4358	986	471
新疆	3003	33251	16316	7283	3086

工作总表

单位：个、人

职业资格水平		年龄结构			
助理社会工作师人数	社会工作师人数	35岁及以下人数	36岁至45岁人数	46岁至55岁人数	56岁及以上人数
10686	**5165**	**818782**	**933487**	**484934**	**119876**
3	11	701	359	370	104
1399	383	20961	29379	19778	5105
151	95	11112	11738	8616	1942
203	143	34337	29176	13847	2514
65	114	20692	18827	11924	2344
125	50	7086	10548	6193	1432
349	180	46423	56746	33412	8511
255	37	10448	16503	7111	1205
385	140	14738	18109	7642	1125
616	506	48620	48388	35898	12526
1595	644	128614	160099	95125	27043
955	500	104063	129794	62109	15487
391	140	14446	21103	10650	2048
208	118	10883	16525	7215	1576
231	114	20039	19522	8656	1598
449	488	72539	68201	31598	7566
317	216	44355	38786	14622	3531
290	98	23435	32389	15324	3338
342	194	17342	33656	13479	2371
973	414	21613	22441	12268	3264
176	111	8274	9497	4924	1165
5	6	1030	832	426	81
157	80	30705	32992	17860	4179
425	144	34812	38868	14790	3380
78	21	4729	5417	3126	836
50	39	28107	23374	10326	1961
2		438	443	51	10
228	72	12888	13621	7952	1690
81	30	5817	6524	2906	892
16	7	1215	1909	351	132
24	10	3412	5331	1108	244
142	60	14908	12390	5277	676

C-2-1续表

地　区	增加值合计	执行企业会计制度单位财务指标					执行行政	
		固定资产原价	营业收入	费用合计	营业利润	企业单位增加值	固定资产原价	上年结转和结余
全　国	**11522048.6**	**18695749.5**	**56135163.6**	**6532359.1**	**1654379.2**	**7404169.3**	**7306040.6**	**735057.2**
中央级	44110.9	33711.0	18914.2	10606.2	102.3	4956.2	123608.6	10185.2
北　京	825692.8	660608.2	793716.8	109251.9	2647.8	126405.3	441779.9	164935.8
天　津	192171.0	267599.4	908383.3	487969.8	23795.4	114063.5	88572.3	21371.6
河　北	286136.4	441835.0	1630316.2	176568.7	54683.7	158368.5	302433.7	33864.9
山　西	141554.1	373461.1	606919.4	27441.4	1774.9	73585.1	136593.9	7081.2
内蒙古	77971.3	93051.8	151874.0	63698.7	8318.8	26994.0	86120.6	8263.0
辽　宁	627133.6	850188.0	2915210.2	358206.9	75043.6	427179.7	543249.6	9445.9
吉　林	104529.2	126704.2	315116.7	37838.4	11442.7	48610.4	122258.5	9958.4
黑龙江	123288.5	147035.7	205518.8	55395.1	9004.2	54331.4	176750.6	29336.9
上　海	771578.7	852418.4	2259988.3	246732.4	108535.3	655927.2	273542.4	12954.9
江　苏	1627076.6	3642775.4	14583208.0	1701182.5	328548.4	1289050.9	743217.8	53083.6
浙　江	2713179.7	5754954.6	19039008.4	1825185.2	689073.0	2493035.1	393788.4	43802.2
安　徽	145403.7	144926.8	1007354.8	80080.6	12050.5	56720.6	311460.3	8511.8
福　建	112546.5	144531.5	394342.4	52213.0	9120.2	55870.4	98975.5	13183.8
江　西	55847.2	99018.5	2933877.2	24071.7	2408.2	14702.7	192989.9	19240.0
山　东	879170.1	719084.6	748907.2	239779.8	102335.8	501858.6	265448.7	9598.8
河　南	253707.2	1458485.7	822723.2	231723.5	17554.4	137566.0	260990.9	11395.9
湖　北	347194.9	248039.1	459558.2	86690.7	20539.1	114278.9	343513.2	6110.3
湖　南	224762.9	400315.2	624884.4	76907.6	3765.0	80876.2	253212.2	5111.4
广　东	295507.2	166978.1	264916.1	46764.2	8293.6	49414.3	560814.9	48535.9
广　西	74624.1	70491.1	169470.4	11903.1	-3910.4	13831.1	233315.9	7366.9
海　南	19182.6	15669.5	49773.8	6039.2	64.5	5680.4	23811.5	5126.6
重　庆	348758.7	465069.8	1452114.2	153965.7	34620.5	274557.2	141433.6	9820.5
四　川	525786.0	413158.6	1874604.9	113380.5	44325.7	367388.0	390551.0	100775.2
贵　州	43406.0	50172.7	37947.5	3130.2	2442.8	4420.5	79814.0	3397.8
云　南	231460.5	559414.2	1122125.8	191808.5	44428.7	121927.3	191134.3	40965.8
西　藏	3377.1	3391.0	310.0	164.8	14.0	68.1	58023.4	839.1
陕　西	207576.8	155402.8	350158.5	61537.7	29759.2	70906.3	200917.1	9675.6
甘　肃	43875.4	30726.5	14380.6	4767.3	244.9	2638.3	69427.1	5891.4
青　海	10946.9	4630.6	5745.0	1469.7	22.0	2410.1	12564.3	855.8
宁　夏	35114.6	146983.4	88706.3	11997.4	9363.8	21980.8	32930.3	3992.6
新　疆	114237.1	154917.0	285088.8	33886.7	3966.6	34566.4	152796.2	20378.4

单位：万元

事业单位会计制度财务指标				执行民间非营利组织单位会计制度财务指标				
本年收入合计	本年支出合计	收支结余	行政事业单位增加值	固定资产原价	上年结余	本年收入合计	本年费用合计	民间非营利组织单位增加值
6905602.3	**7060946.6**	**671591.0**	**3842131.0**	**1902471.0**	**29339.3**	**664818.6**	**543321.0**	**275748.3**
124084.9	107950.4	24950.7	39154.7					
1012316.7	1093494.5	115701.7	691603.7	74376.3	2760.1	21319.0	21962.1	7683.8
102903.5	109067.9	9476.2	72017.5	9007.0	686.5	22004.5	11198.7	6090.0
290481.1	287422.0	17612.8	127204.3	57845.8	296.2	3493.6	1672.0	563.6
135599.7	127387.6	12029.2	67197.4	11561.7	45.0	2399.4	2590.3	771.6
104662.2	102300.9	8659.5	50365.1	10837.0	2.0	2210.3	2176.3	612.2
323988.2	317980.9	11315.8	195538.2	55554.5	300.9	11375.2	11668.1	4415.7
110974.3	110702.1	1194.5	46852.3	8328.3		2480.4	2306.9	9066.5
110347.4	102751.7	14969.8	67378.5	10146.5	2633.1	54700.9	6116.1	1578.6
306065.9	277318.9	11484.5	79246.4	85339.9	5198.3	103790.7	93669.5	36405.1
484412.2	477647.7	23244.4	315085.5	194985.1	5848.2	65039.1	55392.7	22940.2
358824.0	334094.2	66483.4	203749.2	106046.3	1605.7	41422.6	40174.2	16395.4
140988.1	136469.6	10163.8	83766.0	268351.4	385.0	10245.8	8910.1	4917.1
136278.8	126103.4	5627.8	55853.9	27108.4	50.1	6588.6	4271.1	822.2
86263.6	79019.4	10146.8	39773.6	33890.5	29.2	6720.6	3914.5	1370.9
489407.1	485161.5	13819.2	253375.4	500255.1	62.0	183802.1	185945.9	123936.1
205107.2	199630.0	14642.3	113386.5	58206.3	-5.3	7575.0	7798.8	2754.7
313950.1	310576.3	104690.8	224119.0	45557.4		17462.8	16719.8	8797.0
266093.9	240158.1	17641.7	142270.4	20219.7	420.0	10154.4	9429.2	1616.3
488681.1	483310.5	30146.7	243448.3	34139.3	3097.1	7784.5	7882.7	2644.6
126430.4	78123.5	8197.1	60524.1	18662.8	1.5	5719.1	5670.8	268.9
30922.2	32826.3	2056.2	13472.2	1719.0	32.0	33.2	33.2	30.0
132770.3	304723.5	16589.1	71015.3	83516.3	144.8	12991.1	10807.6	3186.2
309697.1	393237.8	38679.3	147683.4	54783.4	2309.0	43333.1	10201.1	10714.6
87772.7	160680.4	8864.4	36573.1	41458.3	3206.2	4116.2	3163.2	2412.4
164325.9	138207.4	17341.2	108835.0	20549.2	22.2	1103.6	604.1	698.2
4858.4	5399.0	319.5	3309.0					
184260.7	187598.4	19075.7	136019.3	16647.8	-17.2	2176.4	1505.4	651.2
93099.0	86182.7	5626.4	40542.9	29929.6	-21.3	6682.2	11262.6	694.2
17797.2	16006.7	385.7	7401.7	8384.8		1336.2	1310.0	1135.1
26390.9	22356.4	6076.8	12557.4	5572.3	16.0	1024.0	1089.0	576.4
135847.5	127056.9	24378.0	77671.2	9491.0	232.0	5734.0	3875.0	1999.5

C-2-2 提供住宿的社会

地　区	单位数	年末职工人数	#女性	受教育程度情况		职业资格水平	
				大学专科人数	大学本科及以上人数	助理社会工作师人数	社会工作师人数
全　国	**45973**	**374036**	**195800**	**67119**	**34229**	**3186**	**2172**
北　京	603	14266	8735	2793	2274	138	115
天　津	348	6490	4430	1253	719	36	47
河　北	2030	19041	10017	2686	1464	59	53
山　西	1182	8919	3853	1862	929	30	85
内蒙古	753	5689	2480	1496	705	32	29
辽　宁	1406	16857	9975	3587	2208	97	90
吉　林	895	7690	3462	1343	1115	124	15
黑龙江	793	8093	3713	2017	1057	157	89
上　海	686	22365	16146	1488	927	130	211
江　苏	2370	25942	14457	4160	2617	278	239
浙　江	2019	16526	9712	2159	1356	123	86
安　徽	2539	16875	6778	1995	719	127	66
福　建	1173	7037	3206	830	532	87	55
江　西	2047	13161	5060	1262	430	116	69
山　东	2584	30759	15610	7696	4333	259	143
河　南	3002	22443	9939	3603	1454	126	91
湖　北	2806	22253	11957	3926	1626	93	49
湖　南	2988	16790	7425	3914	1318	75	87
广　东	2637	24871	14938	3853	2022	429	276
广　西	1556	9157	5785	2461	937	117	60
海　南	232	850	478	146	63	5	5
重　庆	2330	8369	3650	1320	788	45	19
四　川	3640	19017	8625	3335	1403	224	57
贵　州	1274	4976	2340	1546	374	32	7
云　南	942	5348	2747	1123	642	20	25
西　藏	240	587	299	52	21	2	
陕　西	1106	7743	3792	1944	681	82	44
甘　肃	782	3850	1643	921	472	43	18
青　海	151	925	508	235	117	6	4
宁　夏	106	1092	671	153	200	22	7
新　疆	753	6055	3369	1960	726	72	31

服务机构总表

单位：个、人、张、人天、人次

年龄结构				年末床位数	年末在院(站)人数	年末床位利用率
35岁及以下人数	36岁至45岁人数	46岁至55岁人数	56岁及以上人数			
106839	**145757**	**95719**	**25721**	**3854505**	**2897989**	**75**
3868	5379	3990	1029	113347	71242	63
1779	2005	2294	412	35657	26253	74
8143	6310	3734	854	176531	139994	79
2621	3637	2259	402	64717	42585	66
1363	2286	1677	363	57241	43872	77
4373	6521	4661	1302	140427	99355	71
2231	3587	1564	308	81848	61247	75
2485	3472	1918	218	100681	88010	87
7919	6014	6242	2190	110636	73937	67
5954	9416	8258	2314	298026	213147	72
3613	5882	5098	1933	225480	123658	55
3272	6958	5339	1306	243500	187771	77
1664	2998	1905	470	57208	25730	45
2401	5891	3964	905	157148	147203	94
11187	12048	6061	1463	356718	271012	76
7301	8465	4799	1878	281944	241322	86
5587	9983	5387	1296	242155	198960	82
4303	7957	3882	648	158122	129573	82
6781	9940	6203	1947	155884	99939	64
3086	3294	2226	551	58265	39649	68
195	379	223	53	4897	3792	77
1451	3285	2784	849	110397	82474	75
5053	7999	4570	1395	333304	277972	83
1439	2068	1069	400	47246	28179	60
1564	2163	1304	317	58494	43020	74
302	270	15		7201	4961	69
2480	2848	1929	486	79792	64099	80
1474	1351	814	211	32069	20180	63
434	276	168	47	7859	5793	74
395	363	294	40	8812	6136	70
2121	2712	1088	134	48899	36924	76

C-2-2续表

地 区	增加值合计	执行企业会计制度单位财务指标					执行行政	
		固定资产原价	营业收入	费用合计	营业利润	企业单位增加值	固定资产原价	上年结转和结余
全 国	**3040678.8**	**127369.8**	**92664.0**	**56333.5**	**3041.9**	**16364.2**	**5252038.7**	**382178.9**
北 京	526277.3	10077.7	3304.0	508.1	33.9	2505.2	234421.7	103451.3
天 津	64640.2	30.0	20.0			2.0	60687.5	19217.1
河 北	107160.9	784.0	157.4	204.0			249683.1	15022.6
山 西	56969.2	2745.5					105686.2	5402.8
内蒙古	41253.2	2072.0	62.1	40.4	11.0	99.0	67473.9	6837.8
辽 宁	177793.5	6385.0	105.6	105.1			498722.3	6811.2
吉 林	47181.4	4469.7				74.0	95911.6	932.4
黑龙江	48041.9	1894.0	10.0	8.0		58.7	123075.6	5774.8
上 海	88509.2	680.5	28079.2	26666.6			133621.9	8970.0
江 苏	235428.7	24831.1	1497.9	1006.5	-15.7	731.6	508988.9	22762.5
浙 江	117953.9	28359.3	5037.2	4865.2	332.5	3862.2	261862.2	11410.0
安 徽	68495.8	8425.6	832.0	787.6	-17.0	361.8	251174.2	7640.7
福 建	46729.9	1360.1	304.1	33.1		185.5	78303.5	11152.1
江 西	31930.4	993.7	50.0	90.0	5.0	10.1	155837.1	15295.3
山 东	261432.5						173256.4	6717.4
河 南	81865.5	1225.2	503.5	471.2	4.0	190.7	198158.5	6054.2
湖 北	199642.2	550.0	52.5	40.0		36.4	265392.8	-1941.5
湖 南	100795.4	649.0				6.0	202367.4	2552.7
广 东	183930.7	18643.1	51112.1	20516.3	2660.7	7307.1	428343.3	38220.6
广 西	48144.0	1986.2	431.0	20.1	0.8	48.2	134967.9	6037.5
海 南	12552.1						20654.5	4357.9
重 庆	45477.1	1022.8	367.8	323.1	0.7	20.7	95173.5	1265.2
四 川	108431.0	2535.0	101.6	188.2	4.0	243.3	348041.6	39611.0
贵 州	22475.6	2706.3	220.6	210.6		78.1	50486.3	2471.6
云 南	64120.1	200.0	30.0	5.0		32.1	146571.5	6808.9
西 藏	2029.1						38779.1	
陕 西	116130.8						131634.6	3925.5
甘 肃	33008.1	246.0		0.7		11.0	54524.6	5418.8
青 海	6875.1	510.0					6576.9	753.5
宁 夏	9471.0	1009.0					18842.7	2495.2
新 疆	60054.0	2979.0	385.4	243.7	22.0	500.5	112817.4	16749.8

单位：万元

事业单位会计制度财务指标				执行民间非营利组织单位会计制度财务指标				
本年收入合计	本年支出合计	收支结余	行政事业单位增加值	固定资产原价	上年结余	本年收入合计	本年费用合计	民间非营利组织单位增加值
4116617.3	**4382112.3**	**406172.6**	**2865969.0**	**1604037.7**	**27451.2**	**431495.4**	**332844.4**	**158345.6**
603507.5	652004.8	78917.8	516088.3	74376.3	2760.1	21319.0	21962.1	7683.8
72034.6	80683.6	7464.2	60077.2	6807.0	586.5	19390.5	8665.2	4561.0
211421.7	212423.6	10522.3	106668.1	53836.0	358.7	3015.9	1449.3	492.8
84255.3	76507.6	10340.8	56444.6	10567.2	44.0	798.9	814.8	524.6
73454.4	70841.1	7641.5	40797.4	8598.0	2.0	1466.3	1434.3	356.8
275608.3	268738.1	8856.1	174602.2	53137.3	300.9	9058.7	9035.5	3191.3
75067.0	75554.0	971.9	38261.5	8219.3		1764.6	1549.6	8845.9
77104.3	68951.3	10151.6	46616.9	9524.6	2633.1	53476.0	5668.7	1366.3
150827.2	131001.4	8991.7	56222.2	82714.6	5059.8	75344.5	76052.2	32287.0
295114.3	303600.6	17814.0	223609.5	143400.4	5805.8	29640.0	22659.5	11087.6
173810.2	175381.7	15586.5	105568.0	90534.1	1605.7	23201.2	21965.0	8523.7
91044.0	85354.2	8645.3	64167.3	260664.0	316.0	7212.0	6526.1	3966.7
89730.5	80735.7	3824.2	46407.4	17625.5	39.1	1639.4	1070.7	137.0
51745.8	45614.2	7285.8	31103.2	32813.7	29.2	4579.8	1907.1	817.1
287977.5	284111.5	10573.0	212957.5	375482.3		83253.6	83816.6	48475.0
124813.3	122853.4	6517.8	79637.3	53441.8	-5.3	6946.7	6746.5	2037.5
198104.5	196060.3	93043.7	191356.7	38516.1		14596.1	14062.1	8249.1
160875.7	150771.3	1603.5	99877.0	18299.2	420.0	4511.8	4091.9	912.4
254836.3	256782.4	19107.0	174833.6	21285.6	3127.1	3031.4	4270.8	1790.0
65464.9	61771.3	7216.1	47826.9	17293.3	1.5	5681.6	5636.2	268.9
16601.4	17555.0	1869.4	12522.1	1719.0	32.0	33.2	33.2	30.0
70486.1	249899.0	911.4	42516.8	60348.7	144.8	9719.8	8291.5	2939.6
177549.2	293420.6	13964.7	104900.5	48662.7	821.0	36156.9	4758.0	3287.2
43190.5	40816.2	5107.5	20555.2	37452.7	3156.5	2456.0	2329.2	1842.3
79675.9	74243.0	8208.2	63393.1	18681.2	19.2	671.1	598.8	694.9
1598.1	1598.1		2029.1					
143150.4	145063.0	13266.6	115493.0	15420.8	-17.2	2100.4	1430.4	637.8
62922.9	59801.0	5524.6	32651.1	27674.9	-21.3	4676.7	10625.0	346.0
8562.7	8177.9	380.5	6082.0	5122.4		934.5	918.5	793.1
15509.8	12606.7	4865.9	9113.3	3888.0		662.8	740.6	357.7
80573.0	79189.7	16999.0	57711.0	7931.0	232.0	4156.0	3735.0	1842.5

C-2-3 收养性社会

地区	单位数	年末职工人数	#女性	受教育程度情况	
				大学专科人数	大学本科及以上人数
全国	**41898**	**331002**	**179062**	**51977**	**23308**
北京	425	10943	7149	1785	1022
天津	316	5977	4235	1114	544
河北	1825	17051	9261	2168	1110
山西	1031	7641	3351	1416	640
内蒙古	692	4952	2276	1179	540
辽宁	1265	14220	9003	2501	1227
吉林	829	6638	3020	914	780
黑龙江	639	6800	3278	1455	676
上海	641	21509	15795	1155	670
江苏	2140	23868	13583	3472	1993
浙江	1863	15437	9314	1868	993
安徽	2410	15448	6171	1606	499
福建	1054	6177	2867	613	344
江西	1918	12070	4688	887	302
山东	2358	28098	14592	6644	3439
河南	2812	19942	8966	2745	927
湖北	2528	20017	11082	3144	1126
湖南	2728	14272	6507	2941	915
广东	2460	21851	13777	2836	1325
广西	1467	8199	5408	2192	697
海南	211	573	363	62	19
重庆	2241	7641	3388	1016	507
四川	3343	16936	7818	2531	979
贵州	1185	4274	2129	1322	268
云南	778	4002	2184	704	353
西藏	234	539	285	41	14
陕西	931	6002	3106	1160	412
甘肃	699	2973	1314	630	235
青海	134	763	453	169	70
宁夏	83	927	618	100	143
新疆	658	5262	3081	1607	539

服务机构总表

单位:个、人

职业资格水平		年龄结构			
助理社会工作师人数	社会工作师人数	35岁及以下人数	36岁至45岁人数	46岁至55岁人数	56岁及以上人数
2549	**1600**	**93811**	**130461**	**84277**	**22453**
52	49	2674	4285	3204	780
27	29	1633	1891	2102	351
44	38	7436	5656	3220	739
22	63	2184	3206	1925	326
25	20	1204	2049	1400	299
71	64	3600	5737	3866	1017
103	9	1999	3037	1364	238
146	78	2129	2968	1554	149
103	173	7641	5825	5954	2089
226	172	5468	8761	7514	2125
111	74	3273	5523	4784	1857
107	47	2990	6369	4908	1181
73	41	1438	2701	1646	392
91	61	2113	5441	3684	832
222	101	10426	11057	5326	1289
113	63	6422	7532	4236	1752
83	32	4895	9158	4844	1120
45	52	3379	6980	3409	504
328	231	5858	8855	5425	1713
96	43	2852	2974	1903	470
3		115	261	152	45
41	17	1244	2985	2603	809
187	38	4381	7198	4063	1294
22	5	1293	1893	899	189
13	16	1238	1617	930	217
2		275	253	11	
71	32	1903	2230	1523	346
30	16	1155	1070	594	154
5	3	382	225	121	35
18	7	353	299	242	33
69	26	1858	2425	871	108

C-2-3续表1

地区	年末床位数	#光荣间床位	年在院总人天数	年末在院人数	#女性	在院人员按性质分		
						优抚对象	"三无"对象	自费人员
全国	**3575531**	**143292**	**700455857**	**2684654**	**638974**	**129823**	**2015597**	**539234**
北京	74605	1059	9229435	33774	15720	284	4762	28728
天津	33584	719	6772071	21280	10159	537	3577	17166
河北	167920	11046	38711763	127153	18055	7084	101821	18248
山西	60254	4235	8999296	38411	3223	3264	30798	4349
内蒙古	53313	2175	11763469	41333	5474	2344	30297	8692
辽宁	118828	6049	20454976	78385	19873	5536	45634	27215
吉林	76042	7831	9738812	57861	11302	8161	43579	6121
黑龙江	94335	3425	12387554	84339	13361	4561	69779	9999
上海	106194	73	21921082	68800	39223	142	6492	62166
江苏	283142	6561	55810716	200549	58636	7311	139893	53345
浙江	218083	3757	36066058	119648	43248	1939	45811	71898
安徽	234238	5986	53273846	183485	30859	4527	166967	11991
福建	49996	2070	7537178	22225	5482	1482	11375	9368
江西	150687	18944	37233817	145023	33168	11330	124656	9037
山东	332224	12850	78920844	250021	68820	14487	189925	45609
河南	270922	15084	50477409	234849	40018	17978	208121	8750
湖北	229637	10812	42575510	190273	50687	8392	159708	22173
湖南	146455	10477	32223309	123049	27804	10433	105392	7224
广东	138557	3343	24442605	89965	34051	3188	48551	38226
广西	53904	1673	12184250	37605	10801	1611	23347	12647
海南	4044	325	782871	2257	961	216	1974	67
重庆	106217	1115	23542444	78600	16446	1719	58958	17923
四川	312753	6617	63353015	268445	40609	7440	239587	21418
贵州	44025	1833	7089218	27203	5353	755	22537	3911
云南	49335	321	7344900	37759	8185	1003	33587	3169
西藏	6951		1610662	4938	2502		4938	
陕西	71371	2167	15549542	54536	9350	2036	47417	5083
甘肃	27830	967	2222450	17555	4317	810	14349	2396
青海	7411	135	1183557	5349	1000	94	4540	715
宁夏	7999	168	1448889	5969	1350	354	5057	558
新疆	44675	1475	5604309	34015	8937	805	22168	11042

单位：张、人天、人、人次、平方米

在院人员按年龄分			在院人员按类型分			康复和医疗门诊人次数	家庭寄养儿童数量	机构建筑面积
老人	青壮年	少年儿童	自理（完全自理）	介助（半自理）	介护（不能自理）			
2459322	**117337**	**107995**	**2020908**	**445049**	**218697**	**9903589**	**30485**	**77035567**
30068	2429	1277	14178	7190	12406	336201	907	2082812
19027	1562	691	12177	3608	5495	97238	397	652832
119642	4238	3273	98152	20955	8046	319406	212	4351888
32481	3119	2811	29550	5969	2892	73908	1938	1673382
36897	2901	1535	32724	6040	2569	25565	150	1046364
69456	6262	2667	57319	13605	7461	90970	363	2517189
49910	5600	2351	39737	10854	7270	181255	95	1278391
76724	5877	1738	68285	11897	4157	340627	198	965536
63362	3000	2438	19392	28385	21023	149283	1569	2487138
182739	7804	10006	141778	35726	23045	1063453	494	5891130
112741	4202	2705	90469	18127	11052	976693	840	3826064
174403	4660	4422	153329	22730	7426	203042	1148	5191700
17651	2698	1876	14720	4899	2606	275163	1405	1195980
135471	3335	6217	117344	23399	4280	15753	1390	2937542
242724	3929	3368	219463	22215	8343	595795	618	8527640
221193	6758	6898	188971	34933	10945	549130	644	4787505
173974	9569	6730	144496	31747	14030	635620	1548	4616905
112141	4686	6222	93210	21614	8225	415239	2229	3759758
74113	5106	10746	50253	18783	20929	1297532	1160	2969261
32120	2495	2990	23219	7381	7005	340702	514	1519551
1903	15	339	1459	511	287	19519	21	155184
72389	4056	2155	64207	10202	4191	328233	241	2568620
251879	10189	6377	215078	42028	11339	652010	1682	5333343
22245	2116	2842	17126	8914	1163	112532	423	1248072
33730	2056	1973	25915	8638	3206	59506	634	1659132
3746	36	1156	4718	217	3	15		251205
47774	3735	3027	38643	12613	3280	94641	531	1209725
13253	1063	3239	11782	3935	1838	159582	67	725937
4181	479	689	3989	1202	158	24633		122821
5037	427	505	3824	1463	682	16425	124	233021
26348	2935	4732	25401	5269	3345	453918	8943	1249939

C-2-3续表2

地区	增加值合计	执行企业会计制度单位财务指标					执行行政	
		固定资产原价	营业收入	费用合计	营业利润	企业单位增加值	固定资产原价	上年结转和结余
全　国	**1234330.5**	**120471.0**	**91010.0**	**54612.5**	**3090.6**	**15857.1**	**4414293.6**	**202078.6**
北　京	49701.9	10077.7	3304.0	508.1	33.9	2505.2	147608.9	7758.2
天　津	27067.9	30.0	20.0			2.0	35288.0	3605.5
河　北	48300.0	784.0	157.4	204.0			215730.4	5925.2
山　西	25378.6	2745.5					91464.2	3634.1
内蒙古	20777.0	2072.0	62.1	40.4	11.0	99.0	55237.5	3370.5
辽　宁	55862.6	6385.0	105.6	105.1			443571.1	5585.3
吉　林	31061.1	4469.7				74.0	85100.0	378.4
黑龙江	24198.7	1894.0	10.0	8.0		58.7	97732.6	2752.6
上　海	66166.6	680.5	28079.2	26666.6			100784.7	5823.2
江　苏	124285.3	22333.5	569.4	56.0		553.7	461839.6	21646.2
浙　江	64652.0	28359.3	5037.2	4865.2	332.5	3862.2	232172.1	9432.0
安　徽	34463.3	5349.6	640.0	493.3	20.0	255.4	228412.6	6183.5
福　建	19110.6	1360.1	304.1	33.1		185.5	61914.7	10509.7
江　西	19369.6	993.7	50.0	90.0	5.0	10.1	140832.1	14789.6
山　东	93362.8						120255.4	6598.1
河　南	38453.3	100.0					164946.5	3778.7
湖　北	109763.3	550.0	52.5	40.0		36.4	228006.2	149.1
湖　南	46772.4	649.0				6.0	171629.6	715.0
广　东	91949.6	18643.1	51112.1	20516.3	2660.7	7307.1	355482.1	31927.4
广　西	23439.7	1986.2	431.0	20.1	0.8	48.2	118349.2	4121.8
海　南	1986.0						15121.0	1011.6
重　庆	22136.0	1022.8	367.8	323.1	0.7	20.7	84896.4	486.4
四　川	70985.4	2535.0	101.6	188.2	4.0	243.3	311078.0	35815.3
贵　州	14919.6	2706.3	220.6	210.6		78.1	44672.5	2110.4
云　南	36721.7						110210.4	2440.4
西　藏	1876.9						37124.1	
陕　西	21437.7						106288.5	2818.7
甘　肃	8226.2	246.0		0.7		11.0	37340.8	2927.6
青　海	2057.4	510.0					4519.7	753.5
宁　夏	3457.5	1009.0					16354.2	801.3
新　疆	21585.2	2979.0	385.4	243.7	22.0	500.5	90330.5	4229.3

单位：万元

事业单位会计制度财务指标				执行民间非营利组织单位会计制度财务指标				
本年收入合计	本年支出合计	收支结余	行政事业单位增加值	固定资产原价	上年结余	本年收入合计	本年费用合计	民间非营利组织单位增加值
1691659.9	**1934441.1**	**239676.5**	**1060127.8**	**1604037.7**	**27451.2**	**431495.4**	**332844.4**	**158345.6**
65975.8	67707.8	6463.0	39512.9	74376.3	2760.1	21319.0	21962.1	7683.8
30145.9	30477.4	2547.2	22504.9	6807.0	586.5	19390.5	8665.2	4561.0
77004.5	81355.7	2655.3	47807.2	53836.0	358.7	3015.9	1449.3	492.8
47301.2	39959.9	8643.1	24854.0	10567.2	44.0	798.9	814.8	524.6
42874.4	38702.0	5520.7	20321.2	8598.0	2.0	1466.3	1434.3	356.8
78919.2	72848.2	7178.1	52671.3	53137.3	300.9	9058.7	9035.5	3191.3
37086.7	37465.1	177.0	22141.2	8219.3		1764.6	1549.6	8845.9
43126.3	36120.8	7669.4	22773.7	9524.6	2633.1	53476.0	5668.7	1366.3
68960.0	50184.0	5500.0	33879.6	82714.6	5059.8	75344.5	76052.2	32287.0
157649.5	166560.0	11492.1	112644.0	143400.4	5805.8	29640.0	22659.5	11087.6
106881.8	110395.5	10708.6	52266.1	90534.1	1605.7	23201.2	21965.0	8523.7
48101.2	44418.4	5543.8	30241.2	260664.0	316.0	7212.0	6526.1	3966.7
43697.2	35338.9	2610.8	18788.1	17625.5	39.1	1639.4	1070.7	137.0
34442.4	28946.9	6648.4	18542.4	32813.7	29.2	4579.8	1907.1	817.1
76185.9	72211.0	10573.0	44887.8	375482.3		83253.6	83816.6	48475.0
58260.5	59123.0	2608.3	36415.8	53441.8	-5.3	6946.7	6746.5	2037.5
87663.2	87560.0	93321.5	101477.8	38516.1		14596.1	14062.1	8249.1
80648.9	79382.8	1591.5	45854.0	18299.2	420.0	4511.8	4091.9	912.4
135258.1	135743.3	10876.1	82852.5	21285.6	3127.1	3031.4	4270.8	1790.0
34507.7	32512.7	4671.3	23122.6	17293.3	1.5	5681.6	5636.2	268.9
2246.1	3084.1	57.1	1956.0	1719.0	32.0	33.2	33.2	30.0
33050.8	212073.1	746.7	19175.7	60348.7	144.8	9719.8	8291.5	2939.6
117422.6	233113.0	10091.2	67454.9	48662.7	821.0	36156.9	4758.0	3287.2
28601.9	26896.2	4136.8	12999.2	37452.7	3156.5	2456.0	2329.2	1842.3
42950.2	39960.7	4090.1	36026.8	18681.2	19.2	671.1	598.8	694.9
1196.0	1196.0		1876.9					
30700.8	37190.9	2629.2	20799.9	15420.8	-17.2	2100.4	1430.4	637.8
35461.2	33105.0	2111.8	7869.2	27674.9	-21.3	4676.7	10625.0	346.0
2703.9	2323.5	380.5	1264.3	5122.4		934.5	918.5	793.1
7921.2	6110.5	2413.4	3099.8	3888.0		662.8	740.6	357.7
34714.8	32374.7	6020.5	19242.2	7931.0	232.0	4156.0	3735.0	1842.5

C-2-4 在工商部门登记的

地　区	单位数	年末职工人数		受教育程度情况	
			#女性	大学专科人数	大学本科及以上人数
全　国	**128**	**2689**	**1726**	**355**	**106**
北　京					
天　津	1	6	5	3	
河　北	4	151	56	7	1
山　西	1	32	28		
内蒙古					
辽　宁	19	114	110	21	
吉　林					
黑龙江					
上　海					
江　苏	10	266	79	86	
浙　江	38	869	577	142	56
安　徽	6	60	37	2	
福　建	3	71	47	11	2
江　西	2	18	9		
山　东					
河　南					
湖　北					
湖　南					
广　东	22	877	663	56	23
广　西					
海　南					
重　庆	16	139	81	9	23
四　川	1	21	13		
贵　州					
云　南	2	24	21		
西　藏					
陕　西					
甘　肃					
青　海					
宁　夏					
新　疆	3	41		18	1

收养性社会服务机构

单位：个、人

职业资格水平		年龄结构			
助理社会工作师人数	社会工作师人数	35岁及以下人数	36岁至45岁人数	46岁至55岁人数	56岁及以上人数
12	**12**	**680**	**986**	**824**	**199**
			1	4	1
		42	66	41	2
			6	24	2
		28	62	21	3
		78	116	56	16
5	3	238	313	226	92
		27	27	6	
1	1	17	18	19	17
		11	5	2	
6	8	149	311	363	54
		67	31	31	10
			3	18	
		15	5	4	
		8	22	9	2

C-2-4续表1

地　区	年末床位数	#光荣间床位	年在院总人天数	年末在院人数	#女性	在院人员按性质分		
						优抚对象	“三无”对象	自费人员
全　国	**21364**	**64**	**3540369**	**11918**	**4720**	**36**	**137**	**11745**
北　京								
天　津	80		5000	16	7			16
河　北	820	45	195785	460	187		16	444
山　西	30		360	30			2	28
内蒙古								
辽　宁	1238		287620	788			26	762
吉　林								
黑龙江								
上　海								
江　苏	1978		416340	1182	316			1182
浙　江	9026		1274385	4824	1964	33	67	4724
安　徽	1369		51400	142	12			142
福　建	329		51021	154	84		7	147
江　西	90		18300	90				90
山　东								
河　南								
湖　北								
湖　南								
广　东	4257	1	861890	2859	1974	3	18	2838
广　西								
海　南								
重　庆	1547	16	281808	851	122			851
四　川	170	2	48700	135	54			135
贵　州								
云　南	70		8400	42				42
西　藏								
陕　西								
甘　肃								
青　海								
宁　夏								
新　疆	360		39360	345			1	344

单位：张、人天、人、人次、平方米

在院人员按年龄分			在院人员按类型分			康复和医疗门诊人次数	家庭寄养儿童数量	机构建筑面积
老人	青壮年	少年儿童	自理（完全自理）	介助（半自理）	介护（不能自理）			
11844	**48**	**26**	**5737**	**2728**	**3453**	**10165**	**10**	**548602**
16			12	1	3			2000
460			76	379	5			9600
30			30					2000
788			459	179	150			10457
1182			537	417	228			51000
4799	11	14	2732	1089	1003	8910		297711
133	9		109	20	13			54070
148	4	2	54	68	32	123	10	5500
85		5	70	10	10			2250
2847	12		670	295	1894			61606
851			649	117	85			42088
128	7		24	91	20	1132		1000
42			30	12				6500
335	5	5	285	50	10			2820

C-2-4续表2

地　区	增加值合计	执行企业会计制度单位财务指标					执行行政	
		固定资产原价	营业收入	费用合计	营业利润	企业单位增加值	固定资产原价	上年结转和结余
全　国	**7315.7**	**37195.9**	**7979.7**	**5366.2**	**529.0**	**5356.0**	**8016.0**	**3.0**
北　京								
天　津	2.0	30.0	20.0			2.0		
河　北	83.4	250.0	132.4	200.0			340.0	
山　西	3.8						96.0	
内蒙古								
辽　宁		1688.0						
吉　林								
黑龙江								
上　海								
江　苏	1537.2	4500.0					6280.0	
浙　江	3722.7	25232.4	3924.8	3826.3	343.1	3722.7		
安　徽	60.8	1167.0	233.0	144.0	20.0	25.0	50.0	
福　建	102.1	932.0	75.5	24.9		63.1		
江　西	16.2						30.0	
山　东								
河　南								
湖　北								
湖　南								
广　东	1310.4	1987.7	3219.8	834.5	165.2	1208.0		
广　西								
海　南								
重　庆	52.0	702.8	187.0	149.3	0.7	20.7	20.0	3.0
四　川		380.0						
贵　州								
云　南	48.0						1200.0	
西　藏								
陕　西								
甘　肃								
青　海								
宁　夏								
新　疆	380.0	326.0	187.2	187.2		314.5		

单位：万元

事业单位会计制度财务指标				执行民间非营利组织单位会计制度财务指标				
本年收入合计	本年支出合计	收支结余	行政事业单位增加值	固定资产原价	上年结余	本年收入合计	本年费用合计	民间非营利组织单位增加值
535.8	**1798.8**	**8.0**	**1596.8**	**6781.0**	**8.0**	**1324.6**	**1436.0**	**362.9**
285.8	284.8		83.4					
15.0	15.0		3.8					
	1269.0		1381.2	6280.0		355.0	356.0	156.0
123.0	120.0	3.0	35.8					
				65.0	8.0	116.0	108.0	39.0
62.0	62.0		16.2	20.0		6.0		
				90.0		660.4	784.8	102.4
42.0	40.0	5.0	31.3					
8.0	8.0		48.0	1.0				
				325.0		187.2	187.2	65.5

C-2-5 在编制部门登记的

地 区	单位数	年末职工人数	#女性	受教育程度情况	
				大学专科人数	大学本科及以上人数
全 国	**5578**	**110040**	**63532**	**28337**	**16700**
北 京	173	4748	3167	864	671
天 津	24	1556	882	454	330
河 北	352	7421	4208	1505	722
山 西	147	3119	1665	934	581
内蒙古	91	2114	1059	867	443
辽 宁	175	5111	3002	1360	912
吉 林	266	3340	1545	575	583
黑龙江	113	3486	1642	885	578
上 海	33	3139	2263	545	439
江 苏	237	6380	3809	1643	1386
浙 江	338	5388	3534	903	742
安 徽	161	2889	1651	663	322
福 建	160	2427	1389	543	321
江 西	152	2573	1309	518	290
山 东	162	5486	3207	1814	1768
河 南	261	4370	2428	1274	605
湖 北	435	8065	4578	2077	998
湖 南	319	5795	2914	1936	700
广 东	282	8853	5981	1813	1055
广 西	125	3858	2716	1137	568
海 南	13	206	120	48	13
重 庆	155	2092	1060	626	362
四 川	601	6724	3417	1711	733
贵 州	121	1909	973	907	234
云 南	113	1673	999	478	296
西 藏	23	140	67	27	11
陕 西	105	2428	1181	735	280
甘 肃	46	884	435	262	167
青 海	10	425	296	134	54
宁 夏	17	445	310	72	136
新 疆	368	2996	1725	1027	400

收养性社会服务机构

单位:个、人

职业资格水平		年龄结构			
助理社会工作师人数	社会工作师人数	35岁及以下人数	36岁至45岁人数	46岁至55岁人数	56岁及以上人数
1383	**992**	**36111**	**41674**	**26395**	**5860**
25	30	1105	1798	1517	328
16	23	465	462	519	110
41	24	3068	2504	1546	303
22	44	971	1248	757	143
23	20	561	797	679	77
43	29	1487	2022	1343	259
38	5	934	1459	816	131
66	47	1058	1400	909	119
74	106	878	938	986	337
93	86	1979	2164	1779	458
81	64	1409	1798	1497	684
22	23	954	1089	671	175
49	19	788	909	629	101
17	16	676	1044	633	220
150	88	2018	1861	1355	252
39	32	1551	1986	700	133
76	24	2523	3374	1719	449
30	35	1844	2637	1105	209
221	149	2962	3483	1940	468
49	29	1779	1272	693	114
3		43	100	57	6
31	9	606	613	740	133
52	31	2357	2494	1550	323
21	3	573	807	488	41
10	7	686	618	322	47
2		51	84	5	
22	13	801	939	590	98
9	7	334	333	180	37
4		231	91	68	35
18	7	219	129	88	9
36	22	1200	1221	514	61

C-2-5续表1

地区	年末床位数	#光荣间床位	年在院总人天数	年末在院人数	#女性	在院人员按性质分		
						优抚对象	“三无”对象	自费人员
全国	**764550**	**53680**	**148602728**	**554997**	**150696**	**56662**	**364666**	**133669**
北京	24994	717	3913837	13283	5916	271	3281	9731
天津	6196	662	1513898	4684	1915	492	1712	2480
河北	59803	8054	12813077	41543	4171	5858	33499	2186
山西	12327	2484	2599093	8849	1385	2645	5009	1195
内蒙古	12221	1344	2302125	8022	1681	1259	4514	2249
辽宁	31439	2556	6414556	22406	5922	2621	13898	5887
吉林	25268	3254	4234314	19562	4436	3175	14088	2299
黑龙江	31476	969	3864475	27746	6079	2150	21060	4536
上海	12033	50	3685957	10384	5048	28	2960	7396
江苏	50797	1723	10814867	39417	13046	1768	26895	10754
浙江	56703	1558	9750307	30531	11474	576	12284	17671
安徽	18400	1877	4028386	12190	3895	1624	8318	2248
福建	14460	1244	3195128	9516	2820	1162	4689	3665
江西	18323	3529	3761426	16224	3543	1780	11436	3008
山东	34594	320	8015649	23761	6268	6657	13109	3995
河南	30438	3698	6068593	22981	4257	4564	15922	2495
湖北	59202	5161	8743773	44603	13268	5078	31774	7751
湖南	29801	4864	6766979	22020	7688	5158	12747	4115
广东	41031	2175	8705416	27965	12810	2079	13765	12121
广西	13450	1177	3295662	10513	4279	985	4276	5252
海南	875	175	168575	614	325	93	458	63
重庆	20994	562	4303037	15700	3887	440	11065	4195
四川	78315	1588	16870090	63801	11474	3094	51163	9544
贵州	9460	1102	1983958	6585	2432	259	3851	2475
云南	13877	145	2049975	10137	2145	401	8603	1133
西藏	1109		312686	871	451		871	
陕西	17795	1613	3409955	11810	2734	1657	9615	538
甘肃	6274	156	756052	4186	1366	135	3603	448
青海	2195	55	376204	1133	431	36	670	427
宁夏	1678	60	340990	1403	321	91	1027	285
新疆	29022	808	3543688	22557	5229	526	18504	3527

单位：张、人天、人、人次、平方米

在院人员按年龄分			在院人员按类型分			康复和医疗门诊人次数	家庭寄养儿童数量	机构建筑面积
老人	青壮年	少年儿童	自理（完全自理）	介助（半自理）	介护（不能自理）			
408457	**69686**	**76854**	**348036**	**116576**	**90385**	**7392128**	**28995**	**21661257**
10390	1837	1056	5479	2987	4817	239374	899	923160
2858	1140	686	2430	617	1637	64749	397	184980
37832	2006	1705	31889	6021	3633	253882	121	1984988
5149	1317	2383	4270	2343	2236	57175	1902	521280
5613	1280	1129	5157	1474	1391	21547	150	380571
15846	4317	2243	14624	4841	2941	76047	363	954640
14711	3416	1435	14791	3455	1316	153612	95	725501
23424	2927	1395	21513	4608	1625	330113	198	409866
6129	2007	2248	2589	2829	4966	40488	1569	436457
29967	5927	3523	22363	8927	8127	611643	494	1559634
24260	3762	2509	19212	6132	5187	766759	837	1381560
7184	1535	3471	6008	3235	2947	126576	1148	576830
5225	2591	1700	5268	2595	1653	271584	1374	412186
11862	1082	3280	11380	3706	1138	3621	1390	546604
18451	2364	2946	17404	3694	2663	326500	618	1297964
16430	2504	4047	14369	6018	2594	397824	500	736700
36752	3457	4394	31577	8526	4500	299841	1548	1404746
14662	2884	4474	9344	7474	5202	327045	2229	861743
14741	3898	9326	10424	6413	11128	1145484	1156	833824
5423	2271	2819	3728	2817	3968	289745	514	480704
330	12	272	183	202	229	19279	21	45448
11973	1863	1864	11040	2032	2628	281480	241	647927
53873	6067	3861	45245	12078	6478	506005	557	1529113
2886	1893	1806	3850	1859	876	68816	415	264388
7594	1144	1399	5971	2263	1903	52937	616	971154
179	3	689	849	22				42180
6742	2515	2553	7050	3193	1567	84588	531	489758
1497	513	2176	2094	1492	600	97936	60	121478
311	357	465	786	268	79	24460		47140
831	226	346	606	485	312	6490	124	74260
15332	2571	4654	16543	3970	2044	446528	8928	814473

C-2-5续表2

地　区	增加值合计	执行企业会计制度单位财务指标					执行行政	
		固定资产原价	营业收入	费用合计	营业利润	企业单位增加值	固定资产原价	上年结转和结余
全　国	**785763.8**	**13593.3**	**3485.7**	**1018.9**	**75.2**	**2605.7**	**2511979.1**	**175657.3**
北　京	40379.4	8435.4	3152.4	508.1	49.2	2520.5	127748.2	7378.8
天　津	20519.9						25181.8	3604.2
河　北	38088.5	50.0					137611.8	5767.1
山　西	21145.7	98.5					48058.2	3605.1
内蒙古	16082.8	252.0					28915.0	3341.5
辽　宁	42462.1	653.3	105.1	105.1			363067.6	5391.7
吉　林	18328.0						60964.7	378.4
黑龙江	18868.4	214.0					64246.5	2717.0
上　海	32667.8						95352.3	5802.9
江　苏	70379.5						207819.8	20740.4
浙　江	41740.1						156679.3	7693.9
安　徽	14961.2	1159.0	222.0	222.0			54246.6	2988.7
福　建	17159.2						40684.6	10146.7
江　西	8088.2	202.0					49434.9	4738.8
山　东	44887.8						120255.4	6598.1
河　南	22890.8	40.0					51363.3	3690.4
湖　北	36164.9						138786.2	64.0
湖　南	30324.5						74966.2	715.0
广　东	67365.4	19.0	3.0	164.2	11.0	11.0	174263.6	27840.4
广　西	19671.9	229.0					72005.8	3988.7
海　南	1266.6						6997.4	914.4
重　庆	15279.7						40095.2	464.6
四　川	46832.4	1080.0					147024.9	32395.7
贵　州	12011.4	300.0					24758.0	1880.4
云　南	32365.2						43673.7	2327.6
西　藏	595.9						8572.9	
陕　西	16847.9						56233.5	2412.4
甘　肃	6807.2						23201.2	2907.6
青　海	1254.3						4519.7	380.5
宁　夏	2553.6	694.0					7288.1	607.0
新　疆	16661.7	167.1	3.2	19.5	15.0	74.2	57962.7	4175.3

单位：万元

事业单位会计制度财务指标				执行民间非营利组织单位会计制度财务指标				
本年收入合计	本年支出合计	收支结余	行政事业单位增加值	固定资产原价	上年结余	本年收入合计	本年费用合计	民间非营利组织单位增加值
1338445.6	**1419677.3**	**142432.7**	**780537.8**	**27296.4**	**2836.4**	**56983.2**	**2976.6**	**2620.3**
61966.2	62815.0	6005.7	36787.9	10056.0	679.0	1967.0	1693.0	1071.0
27688.9	28015.0	2547.1	20519.9					
61361.7	66133.6	2350.7	38087.5	11.0		2.0	2.0	1.0
39146.1	31906.5	8638.1	21145.7					
34458.3	30936.8	5513.8	16082.8					
61611.2	60844.9	6899.1	42333.3	1695.0		241.4	282.6	128.8
29012.1	29309.1	177.0	18327.0	1424.8		2.0	2.0	1.0
36654.2	30930.3	7665.5	18847.4	510.0	1812.1	52787.0	26.0	21.0
64281.9	46170.9	5161.8	32667.8					
102402.2	110773.7	10347.8	70236.7	450.0		345.8	237.0	142.8
87040.4	90914.1	9560.3	41738.1	3152.0	14.0	170.9	20.0	2.0
29596.1	27013.8	5498.6	14961.2					
30906.6	29431.2	2603.7	17159.2	30.0		10.0		
18795.3	13573.6	6646.8	8056.2	2.0	2.0	9.0	6.0	32.0
76185.9	72211.0	10573.0	44887.8					
37016.5	37625.5	2915.8	22874.3	1715.6		247.9	107.2	16.5
68885.8	68863.6	518.3	36155.1	244.0		30.0	30.0	9.8
55491.8	54156.1	1487.4	30324.5					
110109.0	110003.3	10193.2	67345.2	208.5		30.4	14.0	9.2
31506.9	29459.7	4694.1	19671.9	137.0	1.5	65.0	64.0	
1456.4	2297.4	57.1	1266.6					
27980.3	27572.8	726.1	15279.7	4202.5	101.8	887.8	441.0	
93774.8	212128.9	10003.1	46032.4	1470.0		99.2		800.0
27433.7	25992.9	4136.8	11626.2	1442.0		79.8	51.8	385.2
40852.0	37760.4	4052.8	32365.2					
739.1	739.1		595.9					
25918.0	32835.9	2632.7	16847.9					
14660.5	12254.8	2104.8	6807.2					
2683.9	2303.5	380.5	1254.3	163.0		3.0		
7032.3	5301.8	2280.5	2553.6	155.0				
31797.5	29402.1	6060.5	16587.5	228.0	226.0	5.0		

C-2-6 在民政部门登记的

地区	单位数	年末职工人数		受教育程度情况	
			#女性	大学专科人数	大学本科及以上人数
全　国	**27339**	**184152**	**98149**	**20314**	**5878**
北　京	179	5612	3607	874	332
天　津	186	3883	3102	577	183
河　北	785	6074	3400	419	198
山　西	718	3585	1235	375	42
内蒙古	286	1558	719	205	71
辽　宁	878	8000	5348	1091	309
吉　林	486	2896	1283	316	186
黑龙江	472	2971	1437	474	96
上　海	608	18370	13532	610	231
江　苏	1568	15262	8749	1652	591
浙　江	833	6075	3463	579	137
安　徽	1547	8771	3217	726	134
福　建	563	2569	887	44	13
江　西	1764	9479	3370	369	12
山　东	2196	22612	11385	4830	1671
河　南	1968	11444	4911	1076	290
湖　北	2076	11913	6491	1067	128
湖　南	2129	7575	3176	776	189
广　东	1820	10933	6524	948	242
广　西	167	2282	1657	497	115
海　南	197	361	239	14	6
重　庆	985	3724	1684	291	82
四　川	1665	6343	2607	630	195
贵　州	1064	2365	1156	415	34
云　南	380	1537	758	162	53
西　藏	211	399	218	14	3
陕　西	552	2632	1428	316	121
甘　肃	601	2007	827	359	66
青　海	124	338	157	35	16
宁　夏	63	457	289	28	7
新　疆	268	2125	1293	545	125

收养性社会服务机构

单位:个、人

职业资格水平		年龄结构			
助理社会工作师人数	社会工作师人数	35岁及以下人数	36岁至45岁人数	46岁至55岁人数	56岁及以上人数
1039	**483**	**49597**	**73836**	**47471**	**13248**
22	13	1486	2286	1470	370
9	5	1083	1242	1396	162
3	10	2978	1998	833	265
	10	861	1657	923	144
		263	786	360	149
27	35	1901	3147	2279	673
61	2	942	1434	445	75
59	14	1018	1320	610	23
29	67	6763	4887	4968	1752
129	64	3109	5790	4952	1411
8	2	1174	2425	1827	649
81	24	1283	3750	3043	695
13	6	386	1356	646	181
74	45	1426	4392	3049	612
72	13	8408	9196	3971	1037
74	28	3686	3864	2668	1226
7	8	2364	5784	3096	669
15	11	1343	3912	2090	230
101	74	2613	4587	2626	1107
28	11	855	780	482	165
		68	159	95	39
7	3	432	1576	1318	398
134	1	1247	2512	1942	642
1	2	720	1086	411	148
3	9	395	704	365	73
		224	169	6	
36	10	896	886	683	167
21	9	778	706	406	117
1	3	151	134	53	
		114	165	154	24
24	4	630	1146	304	45

C-2-6续表1

地　区	年末床位数	#光荣间床位	年在院总人天数	年末在院人数	#女性	在院人员按性质分		
						优抚对象	“三无”对象	自费人员
全　国	**2253959**	**80516**	**435678373**	**1725956**	**410921**	**64888**	**1314528**	**346540**
北　京	40546	324	4466667	17693	8759		456	17237
天　津	23771	47	4558183	14636	7916	37	233	14366
河　北	67516	2399	15484025	54300	8390	978	41151	12171
山　西	37006	1567	5116545	22644	1339	473	19278	2893
内蒙古	23378	495	5421325	19275	1717	391	13661	5223
辽　宁	73661	3332	11568193	47618	13228	2486	24590	20542
吉　林	45464	4298	4778193	35075	6401	4633	26766	3676
黑龙江	55750	1661	7286811	50323	6351	2222	42959	5142
上　海	94161	23	18235125	58416	34175	114	3532	54770
江　苏	201455	4320	38614242	142048	40960	5228	98117	38703
浙　江	92476	1790	13203767	44420	15828	1054	20352	23014
安　徽	141071	2845	32911636	115979	17751	2016	104986	8977
福　建	23202	494	2874158	8742	1608	209	4491	4042
江　西	132274	15415	33454091	128709	29625	9550	113220	5939
山　东	297630	12530	70905195	226260	62552	7830	176816	41614
河　南	187482	10053	31582356	168362	26314	12621	149792	5949
湖　北	168994	5651	33743137	144668	36941	3314	126932	14422
湖　南	101033	5196	22265798	88903	17613	4623	81391	2889
广　东	77689	780	13328244	51859	17289	959	28838	22062
广　西	12867	84	2594885	8228	3731	100	989	7139
海　南	3159	140	613936	1641	636	121	1516	4
重　庆	54775	173	11974950	39894	9562	714	27431	11749
四　川	148173	4105	28175592	130023	20335	2636	119695	7692
贵　州	34565	731	5105260	20618	2921	496	18686	1436
云　南	24179	66	2437318	18510	3947	575	16310	1625
西　藏	5842		1297976	4067	2051		4067	
陕　西	39665	353	8441719	30878	4932	259	26785	3834
甘　肃	20370	811	1409069	12855	2861	665	10362	1828
青　海	5216	80	807353	4216	569	58	3870	288
宁　夏	6041	108	1055999	4393	953	263	3857	273
新　疆	14548	645	1966625	10703	3666	263	3399	7041

单位：张、人天、人、人次、平方米

在院人员按年龄分			在院人员按类型分			康复和医疗门诊人次数	家庭寄养儿童数量	机构建筑面积
老人	青壮年	少年儿童	自理（完全自理）	介助（半自理）	介护（不能自理）			
1662799	**36317**	**26840**	**1349079**	**266612**	**110265**	**2050354**	**207**	**44002185**
17045	484	164	7409	3432	6852	93674	1	975754
14296	339	1	8513	2445	3678	23781		346398
52734	1230	336	41104	10275	2921	63644		1280315
21467	941	236	19033	3088	523	16565		891111
18466	588	221	16695	1997	583	2368		370760
45423	1838	357	36689	7137	3792	14873		1291249
32242	1924	909	22914	6414	5747	25387		481484
47201	2798	324	41273	6789	2261	9705		506170
57233	993	190	16803	25556	16057	108795		2050681
134105	1483	6460	106759	22918	12371	379127		3767286
44040	269	111	33585	7646	3189	74597	3	1359209
113605	1838	536	98579	13998	3402	30337		3561290
8480	100	162	6252	1668	822	2582	21	549808
123524	2253	2932	105894	19683	3132	12132		2388688
224273	1565	422	202059	18521	5680	269295		7229676
162466	3211	2685	139362	21663	7337	102297	140	2829991
136238	6112	2318	111964	23174	9530	335779		3177559
85973	1645	1285	73668	12641	2594	71962		2606677
49333	1158	1368	34256	10362	7241	133983	4	1798056
8121	52	55	3102	2311	2815	46413		209678
1571	3	67	1274	309	58	240		109236
38524	1116	254	34694	4135	1065	5428		1013911
126881	1495	1647	109156	17624	3243	96419		1876493
19359	223	1036	13276	7055	287	43716	8	983684
17421	600	489	12931	4595	984	3789	18	490974
3567	33	467	3869	195	3	15		209025
29725	808	345	24156	5567	1155	4442		485922
11270	549	1036	9321	2328	1206	61616		568090
3870	122	224	3203	934	79	173		75681
4033	201	159	3045	978	370	9935		153561
10313	346	44	8241	1174	1288	7285	12	363768

C−2−6续表2

地　区	增加值合计	执行企业会计制度单位财务指标					执行行政	
		固定资产原价	营业收入	费用合计	营业利润	企业单位增加值	固定资产原价	上年结转和结余
全　国	**380662.2**	**62348.0**	**79085.6**	**47839.6**	**2485.9**	**7630.6**	**1403292.1**	**23195.2**
北　京	6858.2						3985.3	82.3
天　津	5182.7						2170.3	
河　北	7179.7	481.0					53869.5	158.1
山　西	3233.3	2647.0					33678.3	19.0
内蒙古	3059.0	1759.0	59.1	22.4		30.0	15095.1	24.0
辽　宁	12799.7	3901.7	0.5				75356.6	193.6
吉　林	12525.6	4469.7				74.0	22861.1	
黑龙江	4512.5	1630.0	7.0	5.0		58.7	25560.4	32.0
上　海	33498.8	680.5	28079.2	26666.6			5432.4	20.3
江　苏	41456.7	15573.5	569.4	56.0		493.7	187970.7	347.3
浙　江	11591.1	2898.6	1112.4	1038.9	-10.6	139.5	31743.4	202.6
安　徽	13704.3	2823.6	185.0	127.3		230.4	102407.4	3194.8
福　建	1235.6	428.0	228.6	8.2		122.4	9774.6	350.0
江　西	11265.2	791.7	50.0	90.0	5.0	10.1	91367.2	10050.8
山　东	48475.0							
河　南	9941.0	60.0					77808.9	56.0
湖　北	72018.4	550.0	52.5	40.0		36.4	89219.0	85.1
湖　南	15191.2	258.0				6.0	92815.2	
广　东	21496.6	15426.4	47889.3	19517.6	2484.5	6088.1	163148.6	4002.9
广　西	820.6	1432.1	410.0			45.0	6097.4	-10.0
海　南	719.2						8118.6	97.2
重　庆	4485.8	320.0	5.0	5.0			30883.4	12.3
四　川	17537.0	365.0	22.0	15.0		106.4	89291.4	3166.9
贵　州	2908.2	2406.3	220.6	210.6		78.1	19914.5	230.0
云　南	3585.3						55441.6	18.7
西　藏	1281.0						28551.2	
陕　西	3032.1						29490.5	220.0
甘　肃	1272.0	135.0					12577.6	20.0
青　海	803.1	510.0						373.0
宁　夏	827.5	315.0					7156.1	194.3
新　疆	4429.1	2485.9	195.0	37.0	7.0	111.8	31505.8	54.0

单位：万元

事业单位会计制度财务指标				执行民间非营利组织单位会计制度财务指标				
本年收入合计	本年支出合计	收支结余	行政事业单位增加值	固定资产原价	上年结余	本年收入合计	本年费用合计	民间非营利组织单位增加值
271767.0	**439729.0**	**94980.8**	**223882.7**	**1297410.2**	**23767.8**	**347080.3**	**305783.3**	**149148.9**
309.3	387.6	100.7	314.6	61885.3	2102.8	19283.3	20064.1	6543.6
687.9	687.4		675.2	6570.0	586.5	19218.4	8493.1	4507.5
11425.8	11008.4	304.6	7022.4	19221.8	358.7	1468.6	767.2	157.3
4657.3	4580.1	5.0	2712.4	10566.2	44.0	798.9	811.1	520.9
5381.9	4731.0	6.9	2746.0	4926.0		1047.3	1016.3	283.0
15807.1	10523.1	279.0	9741.2	50385.3	300.9	8750.5	8728.1	3058.5
7294.4	7276.8		3606.7	6734.5		1744.6	1543.6	8844.9
5697.5	4415.0	1.2	3108.5	8779.6	821.0	670.5	5627.2	1345.3
4678.1	4013.1	338.2	1211.8	82714.6	5059.8	75344.5	76052.2	32287.0
43377.4	43040.3	356.8	30762.3	134148.9	5730.4	28000.6	20996.3	10200.7
9225.9	9280.8	184.2	4461.9	61471.9	1232.0	14536.5	14827.3	6989.7
11231.7	11075.0	42.2	9818.2	110690.7	316.0	6107.4	5404.2	3655.7
4953.6	5076.7	-6.1	1024.2	15299.4	30.1	1266.3	859.9	89.0
15585.1	15311.3	1.6	10470.0	32791.7	27.2	4564.8	1901.1	785.1
				375482.3		83253.6	83816.6	48475.0
13783.1	14018.1	-333.8	7927.0	42815.4	-5.3	5289.6	6362.6	2014.0
18776.4	18695.4	92803.2	65321.7	36664.1		12868.1	12334.1	6660.3
23115.6	23195.6	104.1	14735.3	14994.6		2188.7	1795.5	449.9
22138.7	22643.9	611.4	13730.1	19975.9	3126.1	2300.8	3472.0	1678.4
766.4	791.5	-39.0	558.1	9436.8		464.2	472.5	217.5
788.5	785.5		689.2	1719.0	32.0	33.2	33.2	30.0
3573.3	183004.4	13.8	2385.1	40842.3	43.0	7254.2	6333.7	2100.7
17770.4	14856.0	66.2	15036.0	39535.7	821.0	35622.2	4293.4	2394.6
1168.2	903.3		1373.0	36010.7	3156.5	2376.2	2277.4	1457.1
1544.0	1669.8	29.2	3090.7	15246.9	17.6	319.1	248.3	494.6
456.9	456.9		1281.0					
3325.3	3037.7	11.5	2394.3	15380.3	-17.2	2096.4	1430.4	637.8
20716.4	20708.9	7.0	926.0	27272.9	-21.3	4663.7	10625.0	346.0
20.0	20.0		10.0	4959.4		931.5	918.5	793.1
888.9	808.7	132.9	469.8	3733.0		662.8	740.6	357.7
2621.9	2726.7	-40.0	2543.3	7155.0	6.0	3953.8	3537.8	1774.0

C−2−7 未登记的收养性

地　区	单位数	年末职工人数		受教育程度情况	
			#女性	大学专科人数	大学本科及以上人数
全　国	**8853**	**34121**	**15655**	**2971**	**624**
北　京	73	583	375	47	19
天　津	105	532	246	80	31
河　北	684	3405	1597	237	189
山　西	165	905	423	107	17
内蒙古	315	1280	498	107	26
辽　宁	193	995	543	29	6
吉　林	77	402	192	23	11
黑龙江	54	343	199	96	2
上　海					
江　苏	325	1960	946	91	16
浙　江	654	3105	1740	244	58
安　徽	696	3728	1266	215	43
福　建	328	1110	544	15	8
江　西					
山　东					
河　南	583	4128	1627	395	32
湖　北	17	39	13		
湖　南	280	902	417	229	26
广　东	336	1188	609	19	5
广　西	1175	2059	1035	558	14
海　南	1	6	4		
重　庆	1085	1686	563	90	40
四　川	1076	3848	1781	190	51
贵　州					
云　南	283	768	406	64	4
西　藏					
陕　西	274	942	497	109	11
甘　肃	52	82	52	9	2
青　海					
宁　夏	3	25	19		
新　疆	19	100	63	17	13

社会服务机构

单位:个、人

职业资格水平		年龄结构			
助理社会工作师人数	社会工作师人数	35岁及以下人数	36岁至45岁人数	46岁至55岁人数	56岁及以上人数
115	**113**	**7423**	**13965**	**9587**	**3146**
5	6	83	201	217	82
2	1	85	186	183	78
	4	1348	1088	800	169
	9	352	295	221	37
2		380	466	361	73
1		184	506	223	82
4	2	123	144	103	32
21	17	53	248	35	7
4	22	302	691	727	240
17	5	452	987	1234	432
4		726	1503	1188	311
10	15	247	418	352	93
	3	1185	1682	868	393
		8		29	2
	6	192	431	214	65
		134	474	496	84
19	3	218	922	728	191
		4	2		
3	5	139	765	514	268
1	6	777	2189	553	329
		142	290	239	97
13	9	206	405	250	81
		43	31	8	
		20	5		
9		20	36	44	

C-2-7续表1

地　区	年末床位数	#光荣间床位	年在院总人天数	年末在院人数	#女性	在院人员按性质分		
						优抚对象	“三无”对象	自费人员
全　国	**535658**	**9032**	**112634387**	**391783**	**72637**	**8237**	**336266**	**47280**
北　京	9065	18	848931	2798	1045	13	1025	1760
天　津	3537	10	694990	1944	321	8	1632	304
河　北	39781	548	10218876	30850	5307	248	27155	3447
山　西	10891	184	1283298	6888	499	146	6509	233
内蒙古	17714	336	4040019	14036	2076	694	12122	1220
辽　宁	12490	161	2184607	7573	723	429	7120	24
吉　林	5310	279	726305	3224	465	353	2725	146
黑龙江	7109	795	1236268	6270	931	189	5760	321
上　海								
江　苏	28912	518	5965267	17902	4314	315	14881	2706
浙　江	59878	409	11837599	39873	13982	276	13108	26489
安　徽	73398	1264	16282424	55174	9201	887	53663	624
福　建	12005	332	1416871	3813	970	111	2188	1514
江　西								
山　东								
河　南	53002	1333	12826460	43506	9447	793	42407	306
湖　北	1441		88600	1002	478		1002	
湖　南	15621	417	3190532	12126	2503	652	11254	220
广　东	15580	387	1547055	7282	1978	147	5930	1205
广　西	27587	412	6293703	18864	2791	526	18082	256
海　南	10	10	360	2		2		
重　庆	28901	364	6982649	22155	2875	565	20462	1128
四　川	86095	922	18258633	74486	8746	1710	68729	4047
贵　州								
云　南	11209	110	2849207	9070	2093	27	8674	369
西　藏								
陕　西	13911	201	3697868	11848	1684	120	11017	711
甘　肃	1186		57329	514	90	10	384	120
青　海								
宁　夏	280		51900	173	76		173	
新　疆	745	22	54636	410	42	16	264	130

单位：张、人天、人、人次、平方米

在院人员按年龄分			在院人员按类型分			康复和医疗门诊人次数	家庭寄养儿童数量	机构建筑面积
老人	青壮年	少年儿童	自理（完全自理）	介助（半自理）	介护（不能自理）			
376222	**11286**	**4275**	**318056**	**59133**	**14594**	**450942**	**1273**	**10823523**
2633	108	57	1290	771	737	3153	7	183898
1857	83	4	1222	545	177	8708		119454
28616	1002	1232	25083	4280	1487	1880	91	1076985
5835	861	192	6217	538	133	168	36	258991
12818	1033	185	10872	2569	595	1650		295033
7399	107	67	5547	1448	578	50		260843
2957	260	7	2032	985	207	2256		71406
6099	152	19	5499	500	271	809		49500
17485	394	23	12119	3464	2319	72683		513210
39642	160	71	34940	3260	1673	126427		787584
53481	1278	415	48633	5477	1064	46129		999510
3798	3	12	3146	568	99	874		228486
42297	1043	166	35240	7252	1014	49009	4	1220814
984		18	955	47				34600
11506	157	463	10198	1499	429	16232		291338
7192	38	52	4903	1713	666	18065		275775
18576	172	116	16389	2253	222	4544		829169
2			2					500
21041	1077	37	17824	3918	413	41325		864694
70997	2620	869	60653	12235	1598	48454	1125	1926737
8673	312	85	6983	1768	319	2780		190504
11307	412	129	7437	3853	558	5611		234045
486	1	27	367	115	32	30	7	36369
173			173					5200
368	13	29	332	75	3	105	3	68878

C-2-7续表2

地区	增加值合计	执行企业会计制度单位财务指标					执行行政	
		固定资产原价	营业收入	费用合计	营业利润	企业单位增加值	固定资产原价	上年结转和结余
全国	**60588.8**	**7333.8**	**459.0**	**387.8**	**0.5**	**264.8**	**491006.4**	**3223.1**
北京	2464.3	1642.3	151.6		-15.3	-15.3	15875.4	297.1
天津	1363.3						7935.9	1.3
河北	2948.4	3.0	25.0	4.0			23909.1	
山西	995.8						9631.7	10.0
内蒙古	1635.2	61.0	3.0	18.0	11.0	69.0	11227.4	5.0
辽宁	600.8	142.0					5146.9	
吉林	207.5						1274.2	
黑龙江	817.8	50.0	3.0	3.0			7925.7	3.6
上海								
江苏	10911.9	2260.0				60.0	59769.1	558.5
浙江	7598.1	228.3					43749.4	1535.5
安徽	5737.0	200.0					71708.6	
福建	613.7	0.1					11455.5	13.0
江西								
山东								
河南	5621.5						35774.3	32.3
湖北	1580.0						1.0	
湖南	1256.7	391.0					3848.2	
广东	1777.2	1210.0					18069.9	84.1
广西	2947.2	325.1	21.0	20.1	0.8	3.2	40246.0	143.1
海南	0.2						5.0	
重庆	2318.5		175.8	168.8			13897.8	6.5
四川	6616.0	710.0	79.6	173.2	4.0	136.9	74761.7	252.7
贵州								
云南	723.2						9895.1	94.1
西藏								
陕西	1557.7						20564.5	186.3
甘肃	147.0	111.0		0.7		11.0	1562.0	
青海								
宁夏	76.4						1910.0	
新疆	114.4						862.0	

单位：万元

事业单位会计制度财务指标				执行民间非营利组织单位会计制度财务指标				
本年收入合计	本年支出合计	收支结余	行政事业单位增加值	固定资产原价	上年结余	本年收入合计	本年费用合计	民间非营利组织单位增加值
80911.5	**73236.0**	**2255.0**	**54110.5**	**272550.1**	**839.0**	**26107.3**	**22648.5**	**6213.5**
3700.3	4505.2	356.6	2410.4	2435.0	-21.7	68.7	205.0	69.2
1769.1	1775.0	0.1	1309.8	237.0		172.1	172.1	53.5
3931.2	3928.9		2613.9	34603.2		1545.3	680.1	334.5
3482.8	3458.3		992.1	1.0			3.7	3.7
3034.2	3034.2		1492.4	3672.0	2.0	419.0	418.0	73.8
1500.9	1480.2		596.8	1057.0		66.8	24.8	4.0
780.2	879.2		207.5	60.0		18.0	4.0	
774.6	775.5	2.7	817.8	235.0		18.5	15.5	
11869.9	11477.0	787.5	10263.8	2521.5	75.4	938.6	1070.2	588.1
10615.5	10200.6	964.1	6066.1	25910.2	359.7	8493.8	7117.7	1532.0
7150.4	6209.6		5426.0	149973.3		1104.6	1121.9	311.0
7837.0	831.0	13.2	604.7	2231.1	1.0	247.1	102.8	9.0
7460.9	7479.4	26.3	5614.5	8910.8		1409.2	276.7	7.0
1.0	1.0		1.0	1608.0		1698.0	1698.0	1579.0
2041.5	2031.1		794.2	3304.6	420.0	2323.1	2296.4	462.5
3010.4	3096.1	71.5	1777.2	1011.2	1.0	39.8		
2234.4	2261.5	16.2	2892.6	7719.5		5152.4	5099.7	51.4
1.2	1.2		0.2					
1455.2	1455.9	1.8	1479.6	15303.9		1577.8	1516.8	838.9
5877.4	6128.1	21.9	6386.5	7657.0		435.5	464.6	92.6
546.2	522.5	8.1	522.9	3433.3	1.6	352.0	350.5	200.3
1457.5	1317.3	-15.0	1557.7	40.5		4.0		
84.3	141.3		136.0	402.0		13.0		
			76.4					
295.4	245.9		111.4	223.0		10.0	10.0	3.0

C-2-8 老年人与残疾人

地区	单位数	年末职工人数		受教育程度情况	
			#女性	大学专科人数	大学本科及以上人数
全国	**40868**	**293409**	**156716**	**40470**	**15416**
北京	413	10171	6592	1553	782
天津	311	5355	3947	902	401
河北	1643	15514	8420	1912	853
山西	1011	6713	2836	1101	409
内蒙古	673	4171	1864	805	366
辽宁	1236	13035	8312	2265	961
吉林	805	5619	2521	712	451
黑龙江	621	5544	2712	1001	326
上海	632	20384	15011	874	450
江苏	2083	21106	11959	2634	1197
浙江	1846	14817	8887	1717	793
安徽	2377	14351	5535	1250	322
福建	996	4583	1957	338	165
江西	1911	11841	4548	824	238
山东	2330	26056	13323	5917	2617
河南	2790	18655	8180	2372	647
湖北	2459	17002	9203	2282	570
湖南	2687	12212	5316	2145	599
广东	2394	19351	12226	2134	933
广西	1451	6555	4330	1588	328
海南	210	563	354	61	18
重庆	2217	6822	2894	733	301
四川	3258	13013	5481	1375	508
贵州	1136	3128	1516	790	128
云南	755	3328	1766	529	189
西藏	222	442	231	19	9
陕西	918	5405	2791	975	296
甘肃	678	2521	1098	486	145
青海	130	483	240	51	28
宁夏	77	698	431	59	98
新疆	598	3971	2235	1066	288

服务机构总表

单位:个、人

职业资格水平		年龄结构			
助理社会工作师人数	社会工作师人数	35岁及以下人数	36岁至45岁人数	46岁至55岁人数	56岁及以上人数
2097	**1256**	**80093**	**117066**	**75907**	**20343**
49	39	2380	3986	3050	755
16	18	1461	1755	1855	284
44	37	6879	5233	2886	516
14	54	1913	2804	1709	287
18	11	949	1820	1130	272
68	62	3367	5237	3492	939
103	9	1748	2595	1087	189
141	72	1708	2554	1189	93
60	136	7150	5605	5643	1986
185	127	4646	7770	6767	1923
100	63	2996	5294	4680	1847
103	38	2524	5993	4712	1122
65	38	838	2174	1301	270
86	53	2049	5351	3615	826
152	71	9591	10406	4845	1214
95	38	5973	6957	4003	1722
79	23	3848	8069	4211	874
32	47	2782	5994	3038	398
241	181	4756	7979	5010	1606
84	33	1967	2516	1651	421
3		111	257	151	44
29	12	883	2776	2386	777
161	27	2968	5727	3286	1032
12	3	979	1377	609	163
7	9	942	1407	776	203
		229	202	11	
60	26	1720	1985	1387	313
28	12	974	898	511	138
1	3	221	169	83	10
8	2	225	231	212	30
53	12	1316	1945	621	89

C-2-8续表1

地　区	年末床位数	#光荣间床位	年在院总人天数	年末在院人数	#女性	在院人员按性质分		
						优抚对象	“三无”对象	自费人员
全　国	**3421682**	**139317**	**667304092**	**2567853**	**600193**	**118694**	**1953742**	**495417**
北　京	72764	1059	8838027	32237	15150	279	3710	28248
天　津	31706	719	6256917	19722	9653	380	2581	16761
河　北	161928	10811	37319053	122550	17672	6575	101138	14837
山　西	58375	3950	8568216	37032	2889	2583	30510	3939
内蒙古	49140	2074	11038324	38430	4943	2189	28840	7401
辽　宁	113449	6003	19305346	74302	19061	5040	43347	25915
吉　林	70773	7393	8875400	53759	10344	7380	41038	5341
黑龙江	88833	3408	11901076	79747	12117	4290	66015	9442
上　海	101946	73	20420043	64688	37723	142	4209	60337
江　苏	271616	6542	53172909	191662	56003	6720	136321	48621
浙　江	214630	3757	35236935	116798	42094	1787	44313	70698
安　徽	229001	5986	52073699	179949	29620	4175	164251	11523
福　建	41448	1942	5782643	17301	3615	1011	9517	6773
江　西	149631	18944	37081368	144146	33042	11305	123952	8889
山　东	325003	12850	77371432	245474	67429	12831	187510	45133
河　南	267009	15061	49415920	231435	38593	17550	206105	7780
湖　北	220676	10562	40806774	184155	47598	7866	155961	20328
湖　南	139246	9661	30722998	118206	25459	9653	102527	6026
广　东	128275	3131	22820984	82857	31616	2207	45388	35262
广　西	50200	1519	11050323	34197	9549	1206	22430	10561
海　南	4009	325	779371	2222	935	216	1939	67
重　庆	101465	1075	22533467	75307	15384	1591	56926	16790
四　川	295154	6485	58871793	254736	35514	6783	235883	12070
贵　州	39283	1384	5960115	23412	3980	618	20839	1955
云　南	46902	321	6975538	35244	7653	844	31532	2868
西　藏	5711		1207425	3823	1877		3823	
陕　西	68161	1807	14551647	51594	8354	1499	45141	4954
甘　肃	24962	856	1801821	15523	3702	755	12473	2295
青　海	6516	111	948970	4664	688	92	4104	468
宁　夏	7427	168	1384841	5493	1282	354	4719	420
新　疆	36443	1340	4230717	27188	6654	773	16700	9715

单位：张、人天、人、人次、平方米

在院人员按年龄分			在院人员按类型分			康复和医疗门诊人次数	家庭寄养儿童数量	机构建筑面积
老人	青壮年	少年儿童	自理（完全自理）	介助（半自理）	介护（不能自理）			
2423591	**80285**	**63977**	**1959853**	**415839**	**192161**	**6677865**	**9553**	**72087055**
29969	2000	268	13569	7016	11652	207304	50	2013594
18861	841	20	11177	3530	5015	75060		601693
116186	3581	2783	95920	20063	6567	274367	117	3714075
32034	2378	2620	28646	5619	2767	53552	1867	1574583
35509	2149	772	30993	5560	1877	13018	108	977070
68163	4976	1163	54397	12990	6915	63378	146	2392311
48212	4052	1495	36766	10012	6981	77391	90	1115445
75328	3866	553	65075	10871	3801	52155		871939
62850	1736	102	18292	26983	19413	145091		2328507
178137	4721	8804	137379	33300	20983	904509	353	5516813
112313	3258	1227	89785	16907	10106	912392	470	3711042
173788	3888	2273	152705	21403	5841	123804	752	5039522
15672	593	1036	11592	3593	2116	103807	695	1059444
135332	3102	5712	116728	23278	4140	15753	1388	2912930
241642	2623	1209	217435	21175	6864	452384	21	8205620
220955	5669	4811	186742	34329	10364	339590	299	4654955
172909	7711	3535	141377	30317	12461	510093	246	4283054
111041	3176	3989	91914	20256	6036	125475	716	3533606
72677	2508	7672	46133	17304	19420	1147673	979	2819147
31419	642	2136	21818	6009	6370	155129	464	1354832
1903	15	304	1430	508	284	19519	21	151884
71423	3044	840	62375	9494	3438	150255	203	2363530
244118	6310	4308	208441	38319	7976	466962	112	4966987
20963	584	1865	14710	7929	773	61825	142	1155983
33425	1107	712	24966	7286	2992	21262	56	1495680
3746	36	41	3644	176	3	15		204617
47536	2935	1123	37464	11707	2423	82941	154	1102839
13040	849	1634	10944	3105	1474	70820	34	666230
4117	301	246	3408	1139	117	3406		100621
4965	357	171	3659	1375	459	12057		191901
25358	1277	553	20369	4286	2533	36878	70	1006601

C–2–8续表2

地　区	增加值合计	执行企业会计制度单位财务指标					执行行政	
		固定资产原价	营业收入	费用合计	营业利润	企业单位增加值	固定资产原价	上年结转和结余
全　国	**928005.6**	**116812.6**	**89913.3**	**54029.2**	**3047.6**	**15554.7**	**3865991.1**	**126101.4**
北　京	39059.6	10077.7	3304.0	508.1	33.9	2505.2	127730.8	5985.8
天　津	16835.5	30.0	20.0			2.0	28028.1	3017.2
河　北	40168.8	714.0	75.0	114.4			205761.4	2813.8
山　西	18745.9	2745.5					79760.3	2497.6
内蒙古	13466.2	2072.0	62.1	40.4	11.0	99.0	46455.2	2495.1
辽　宁	46513.7	6385.0	105.6	105.1			429381.2	2472.1
吉　林	24251.8	4469.7				74.0	72401.6	378.4
黑龙江	15333.9	1894.0	10.0	8.0		58.7	72398.0	1273.6
上　海	51619.2	680.5	28079.2	26666.6			67350.3	3280.7
江　苏	87935.3	22234.8	471.0	45.4		547.8	393062.5	8992.8
浙　江	53266.2	28359.3	5037.2	4865.2	332.5	3862.2	211237.6	8566.8
安　徽	27469.4	5049.6	430.0	368.3		230.4	216014.5	6517.3
福　建	8701.5	1360.1	304.1	33.1		185.5	43406.2	8679.0
江　西	17857.3	993.7	50.0	90.0	5.0	10.1	138617.6	14789.6
山　东	76991.8						90693.3	5648.3
河　南	29251.3	100.0					150891.1	799.7
湖　北	93494.8	550.0	52.5	40.0		36.4	184455.4	149.1
湖　南	33623.3	649.0				6.0	151947.1	594.9
广　东	71987.0	18641.7	50826.8	20484.8	2637.7	7185.7	321233.5	29367.8
广　西	12828.4	1986.2	431.0	20.1	0.8	48.2	105032.7	2611.7
海　南	1955.6						14661.0	1011.6
重　庆	14578.0	882.8	232.8	213.1	0.7	0.7	73856.6	164.8
四　川	46480.9	2535.0	101.6	188.2	4.0	243.3	278433.5	7895.4
贵　州	7422.9	300.0					34694.0	782.4
云　南	31722.1						94388.3	2105.3
西　藏	1411.2						30265.2	
陕　西	15486.9						97289.7	954.8
甘　肃	4364.6	246.0		0.7		11.0	23676.6	548.5
青　海	1006.0	510.0					1504.7	373.0
宁　夏	1980.9	1009.0					12933.9	233.8
新　疆	11178.3	2337.0	320.4	237.7	22.0	448.5	68429.2	1100.5

单位：万元

事业单位会计制度财务指标				执行民间非营利组织单位会计制度财务指标				
本年收入合计	本年支出合计	收支结余	行政事业单位增加值	固定资产原价	上年结余	本年收入合计	本年费用合计	民间非营利组织单位增加值
1136271.2	**1403109.4**	**172341.3**	**755015.0**	**1545204.2**	**26640.2**	**428043.2**	**330733.6**	**157435.9**
43196.2	44104.5	3492.5	28870.6	74376.3	2760.1	21319.0	21962.1	7683.8
17154.7	18580.2	1127.0	12272.5	6807.0	586.5	19390.5	8665.2	4561.0
67411.8	69075.3	1398.6	39676.0	19658.0	328.7	2177.1	1329.3	492.8
36887.8	31926.4	5661.2	18221.3	10567.2	44.0	798.9	814.8	524.6
27580.1	24921.8	3134.8	13068.4	7913.0	2.0	1338.3	1344.3	298.8
64268.8	57459.8	5405.1	43322.4	48887.3	300.9	9027.7	9004.5	3191.3
24683.5	24816.9	177.0	15341.9	8167.3		1736.6	1521.6	8835.9
22300.2	21883.4	158.0	13908.9	9524.6	2633.1	53476.0	5668.7	1366.3
45271.7	29438.9	2038.4	19332.2	82714.6	5059.8	75344.5	76052.2	32287.0
103456.0	109077.0	3800.4	76317.9	140522.4	5805.8	29534.6	22559.5	11069.6
75921.0	71880.3	9422.7	40880.3	90534.1	1605.7	23201.2	21965.0	8523.7
33832.3	32383.2	3476.0	23279.3	260164.0	316.0	7159.0	6488.1	3959.7
25289.9	17576.4	1412.4	8379.0	17625.5	39.1	1639.4	1070.7	137.0
31996.4	27035.0	6648.4	17030.1	32813.7	29.2	4579.8	1907.1	817.1
47156.8	42232.1	10573.0	28516.8	375482.3		83253.6	83816.6	48475.0
41044.8	40332.3	1169.3	27213.8	53441.8	-5.3	6946.7	6746.5	2037.5
53298.6	53097.4	93125.5	85209.3	38274.2		14595.1	14061.1	8249.1
57613.6	56971.2	621.1	32704.9	18299.2	420.0	4511.8	4091.9	912.4
99839.5	102494.2	7727.8	63011.3	21175.6	3127.1	3031.4	4270.8	1790.0
14328.6	14069.4	2077.6	12511.3	17219.3	1.5	5681.6	5636.2	268.9
1996.1	2834.1	57.1	1925.6	1719.0	32.0	33.2	33.2	30.0
19276.9	198637.8	85.5	11637.7	60348.7	144.8	9719.8	8291.5	2939.6
69146.9	194396.1	2734.5	43767.1	33473.1	40.0	33937.9	3055.2	2470.5
12860.2	13912.9	658.0	5580.6	37002.7	3156.5	2408.0	2329.2	1842.3
33696.5	32622.4	2844.9	31027.2	18681.2	19.2	671.1	598.8	694.9
569.6	569.6		1411.2					
22132.6	27980.7	650.2	14849.1	15420.8	-17.2	2100.4	1430.4	637.8
25100.3	24682.1	461.7	4007.6	27449.9	-21.3	4676.7	10625.0	346.0
411.1	411.1		212.9	5122.4		934.5	918.5	793.1
4988.8	3918.7	1105.2	1623.2	3888.0		662.8	740.6	357.7
13559.9	13788.2	1097.4	8887.3	7931.0	232.0	4156.0	3735.0	1842.5

C-2-9 城市养老

地区	单位数	年末职工人数	#女性	受教育程度情况	
				大学专科人数	大学本科及以上人数
全国	**5616**	**80737**	**52560**	**11547**	**4134**
北京	178	4598	2911	688	221
天津	193	4246	3383	633	240
河北	192	3452	2138	379	128
山西	79	1046	409	95	62
内蒙古	72	666	373	85	51
辽宁	398	4580	3672	974	332
吉林	144	889	508	184	76
黑龙江	134	1242	714	380	74
上海	402	12475	9561	322	159
江苏	654	9239	5638	1412	538
浙江	400	4872	3228	601	257
安徽	163	1942	1071	308	102
福建	129	1014	428	61	16
江西	224	1849	606	58	8
山东	587	8110	4582	2352	822
河南	220	2290	1383	323	113
湖北	302	3112	2129	308	91
湖南	77	675	317	95	26
广东	293	5172	3551	661	306
广西	134	2406	1786	531	130
海南					
重庆	141	1563	924	231	80
四川	169	941	464	137	29
贵州	56	422	185	98	14
云南	50	486	330	36	22
西藏					
陕西	72	1350	901	193	92
甘肃	31	469	254	69	29
青海	2	11	5	3	
宁夏	3	53	40	4	
新疆	117	1567	1069	326	116

服务机构

单位:个、人

职业资格水平		年龄结构			
助理社会工作师人数	社会工作师人数	35岁及以下人数	36岁至45岁人数	46岁至55岁人数	56岁及以上人数
616	**356**	**24865**	**29937**	**20547**	**5388**
23	11	808	1956	1478	356
9	6	1198	1364	1507	177
1	4	2057	872	440	83
3	5	267	559	196	24
		116	402	135	13
8	21	1179	1989	1190	222
14		324	434	114	17
80	27	494	517	224	7
14	72	5665	3098	2730	982
109	61	1927	3358	2979	975
24	8	855	1412	1805	800
9	7	487	802	478	175
5	1	139	612	180	83
24	4	317	959	511	62
65	10	3105	3147	1524	334
25	24	941	842	432	75
5	3	575	1392	993	152
1		116	363	177	19
90	53	1404	2100	1401	267
29	11	968	773	501	164
6	2	258	691	503	111
2	3	245	374	207	115
1	1	151	177	81	13
2	1	108	252	103	23
42	15	532	443	302	73
9	5	184	172	89	24
		2	7	2	
		4	17	24	8
16	1	439	853	241	34

C-2-9续表1

地 区	年末床位数	#光荣间床位	年在院总人天数	年末在院人数	#女性	在院人员按性质分		
						优抚对象	“三无”对象	自费人员
全 国	**630206**	**7264**	**104043586**	**387673**	**152255**	**5240**	**94416**	**288017**
北 京	32470	369	3844225	14881	7502	24	709	14148
天 津	25343	54	4843323	15700	8585	44	343	15313
河 北	26942	443	6183783	18097	4436	186	10243	7668
山 西	6203	230	220938	3241	333	89	401	2751
内蒙古	7837	20	1544832	6009	1271	90	796	5123
辽 宁	38328	535	5491515	23147	8599	672	2958	19517
吉 林	11496	472	1488882	6898	2375	337	3308	3253
黑龙江	14485	108	2327434	12482	2754	397	7560	4525
上 海	57419		12588724	39120	23307	65	980	38075
江 苏	88250	490	13014078	46726	17837	147	13371	33208
浙 江	59297	169	8818737	29219	12672	157	4228	24834
安 徽	17805	573	2936865	10837	3466	100	1245	9492
福 建	10604		1523097	4588	862	19	442	4127
江 西	6896	148	1831690	6235	1632	662	2565	3008
山 东	73234	911	13658685	44710	18125	415	5411	38884
河 南	18617	948	3014861	13593	2908	845	7691	5057
湖 北	27422	680	4165421	19839	7303	266	8961	10612
湖 南	4921	122	1048489	3656	1115	139	2234	1283
广 东	27169	70	4633305	18062	8807	244	5718	12100
广 西	12066	6	2341203	8060	3625	9	388	7663
海 南								
重 庆	15054	28	3282841	10347	5180	11	415	9921
四 川	16896	356	2263615	12660	3045	180	9838	2642
贵 州	3591	69	376772	1474	488	11	318	1145
云 南	4745	35	354003	3020	524	32	1365	1623
西 藏								
陕 西	8796	141	1005804	5721	2274	42	1667	4012
甘 肃	3527	21	58918	1365	515	8	154	1203
青 海	66		24090	20	16		17	3
宁 夏	638	8	119895	338	97	6	241	91
新 疆	10089	258	1037561	7628	2602	43	849	6736

单位：张、人天、人、人次、平方米

在院人员按年龄分			在院人员按类型分			康复和医疗门诊人次数	机构建筑面积
老人	青壮年	少年儿童	自理（完全自理）	介助（半自理）	介护（不能自理）		
379131	**6196**	**2346**	**240345**	**81052**	**66276**	**1209728**	**13163570**
14258	442	181	4859	3019	7003	114366	804290
15356	342	2	8993	2565	4142	31081	390045
17405	520	172	12651	3936	1510	18335	468094
3208	5	28	2337	490	414	2135	186426
5605	362	42	4754	881	374	2280	132585
22797	339	11	16622	3545	2980	20359	621925
6371	466	61	4705	692	1501	6078	116412
12223	159	100	10049	1397	1036	412	156982
38977	143		7327	19686	12107	19267	1372293
46054	522	150	27828	9271	9627	203352	2060908
28990	204	25	20652	5029	3538	123235	1242997
10763	39	35	9112	950	775	8342	281350
4575	9	4	2745	1096	747	4357	250620
6134	40	61	4090	1814	331	2342	255029
44533	177		36616	5648	2446	82064	1866702
13226	282	85	9548	2177	1868	110752	390504
19131	279	429	14487	3396	1956	10050	521541
3532	93	31	2663	721	272	2915	135530
16870	1028	164	7186	4203	6673	369117	483899
7990	48	22	2655	2397	3008	46388	183122
10245	81	21	8555	872	920	4221	304171
11747	269	644	8154	3845	661	9628	291401
1428	20	26	1064	320	90	7175	52319
2994	15	11	2084	646	290	42	101184
5617	84	20	3890	1140	691	4224	192016
1351	5	9	602	401	362	109	93492
19	1		7	8	5		1000
269	69		174	140	24	268	15137
7463	153	12	5936	767	925	6834	191596

C-2-9续表2

地　区	增加值合计	执行企业会计制度单位财务指标					执行行政	
		固定资产原价	营业收入	费用合计	营业利润	企业单位增加值	固定资产原价	上年结转和结余
全　国	**177139.1**	**57395.6**	**38766.5**	**32205.9**	**565.9**	**7456.9**	**593867.6**	**23227.7**
北　京	11639.1	2667.9	1189.4	335.9	43.0	564.5	49668.9	424.2
天　津	7856.3	30.0	20.0			2.0	5320.5	522.7
河　北	4576.9	534.0	25.0	4.0			35532.6	
山　西	1839.6	20.0					10859.2	577.3
内蒙古	1205.3	1761.0	44.1	15.9		30.0	5450.8	20.0
辽　宁	7482.6	4377.0	0.5				21958.8	303.3
吉　林	9206.9	576.0				16.0	22096.9	12.1
黑龙江	2126.8	864.0					23628.5	71.6
上　海	26284.3	396.2	27279.2	26666.6			24175.5	146.0
江　苏	26994.7	5744.8	408.4	4.0		376.3	118272.1	382.7
浙　江	14235.8	27135.5	4028.6	3410.2	321.5	3631.7	47880.9	1321.6
安　徽	2909.9	3893.6	415.0	368.3		215.4	6511.3	-111.8
福　建	1294.5	1025.1	249.5	33.1		133.5	10944.1	7585.6
江　西	2627.3	782.0	50.0	90.0	5.0	5.0	17308.9	
山　东	19590.8						12310.3	
河　南	2573.5						15351.6	
湖　北	5177.0	104.0	36.0	11.0		25.0	10490.6	
湖　南	1116.9	42.0					7277.0	102.0
广　东	15262.4	2775.7	4040.8	842.6	188.7	1975.9	49210.6	11128.7
广　西	585.4	1432.0	410.0			45.0	4627.7	-10.0
海　南								
重　庆	1907.7	762.8	227.8	208.1	0.7	0.7	6289.7	3.0
四　川	2385.6	745.0	25.0	19.0		107.4	21755.4	499.0
贵　州	660.2						1446.0	10.0
云　南	1467.8						28322.9	129.0
西　藏								
陕　西	1536.9						7841.4	100.3
甘　肃	417.0						2736.6	
青　海	2.0							
宁　夏	136.5						636.8	1.3
新　疆	4271.1	1727.0	317.2	197.2	7.0	328.5	25962.0	9.1

单位：万元

事业单位会计制度财务指标				执行民间非营利组织单位会计制度财务指标				
本年收入合计	本年支出合计	收支结余	行政事业单位增加值	固定资产原价	上年结余	本年收入合计	本年费用合计	民间非营利组织单位增加值
113222.1	**118807.8**	**4511.6**	**80202.4**	**590489.1**	**14645.1**	**184309.5**	**168977.7**	**89479.8**
7954.2	7509.5	502.5	5752.5	40896.7	1179.4	12769.8	12294.5	5322.1
4129.4	3887.9	774.2	3410.8	6551.8	586.5	19143.4	8418.1	4443.5
6457.2	6511.5		4363.6	8170.0	-1.3	779.7	744.6	213.3
3894.5	2836.2	21.0	1517.6	6248.2	27.0	422.5	387.5	322.0
2062.7	1992.0	50.7	992.5	2746.0		422.2	409.0	182.8
8288.7	8131.6	307.3	4740.3	42155.3	235.9	6008.0	6100.7	2742.3
1220.1	1240.5		1464.9	4461.0		1070.3	799.7	7726.0
2540.3	2038.2	90.1	1992.5	5010.0	821.0	317.0	284.2	134.3
2621.4	2516.1	246.2	2357.8	31120.0	2666.9	51068.7	52701.0	23926.5
20907.4	22248.7	393.0	17047.3	102716.1	5805.8	22934.2	18196.5	9571.1
14104.1	14669.7	952.6	7231.4	36523.9	493.3	9941.9	8695.9	3372.7
1332.7	1396.9	-129.3	891.4	18706.1	6.0	3442.6	3000.3	1803.1
1326.3	1347.8	-4.1	1035.0	3182.3	15.2	584.2	544.4	126.0
1834.3	1878.5		2029.0	11175.3		1513.5	1106.8	593.3
1946.7	1946.7		1612.2	147562.8		31022.3	31099.0	17978.6
2234.7	2209.2	24.7	1653.8	26054.6	-5.3	2627.6	3713.8	919.7
2758.7	2758.7		1854.5	10258.0		6184.0	6185.0	3297.5
1618.6	1605.6	99.1	963.1	1152.7		601.0	569.0	153.8
17692.7	18352.9	591.3	11733.3	9065.2	2566.3	2161.1	3723.2	1553.2
646.7	676.0	-39.0	332.7	9187.8		461.4	461.8	207.7
510.3	508.3	5.0	353.6	19096.2	33.0	4098.8	3775.6	1553.4
2396.2	1977.8	467.6	2035.2	2921.0		171.9	243.0	243.0
57.3	57.3		100.3	3576.7	9.0	426.4	480.6	559.9
470.4	309.4	161.0	1453.8	8321.2	0.6	38.5	42.4	14.0
1396.6	7489.0	10.0	969.1	9189.9	-17.2	1763.7	1115.0	567.8
275.3	312.2		322.9	15277.3		168.9	126.9	94.1
				340.0		10.0	10.0	2.0
142.0	125.3	18.0	104.9	2080.0		137.0	134.2	31.6
2402.6	2274.3	-30.3	2118.1	6743.0	223.0	4018.9	3615.0	1824.5

C-2-10 农村养老

地 区	单位数	年末职工人数	#女性	受教育程度情况	
				大学专科人数	大学本科及以上人数
全 国	**32140**	**152248**	**69208**	**14442**	**3148**
北 京	218	4335	2873	468	245
天 津	106	547	259	80	31
河 北	1256	8215	4201	592	136
山 西	818	3757	1418	443	43
内蒙古	530	2134	822	240	49
辽 宁	770	5919	3181	483	84
吉 林	621	3385	1420	324	146
黑龙江	436	2916	1334	376	57
上 海	200	5646	3813	254	86
江 苏	1329	9000	4626	511	153
浙 江	1336	7454	3964	600	147
安 徽	2105	10797	3563	621	79
福 建	739	2269	807	15	11
江 西	1358	6613	2481	278	3
山 东	1626	15107	7112	2588	892
河 南	2404	14080	5598	1414	267
湖 北	1950	9644	4690	806	38
湖 南	2356	8151	3386	1076	182
广 东	1867	5725	2661	214	35
广 西	1154	1927	933	539	12
海 南	194	353	232	13	6
重 庆	2025	4006	1311	158	66
四 川	2962	9818	3703	716	119
贵 州	1008	1903	949	338	26
云 南	661	2268	1136	336	50
西 藏	169	199	110		
陕 西	784	2599	1211	319	83
甘 肃	599	1485	542	279	33
青 海	122	327	152	32	16
宁 夏	62	373	222	13	2
新 疆	375	1296	498	316	51

服务机构

单位:个、人

职业资格水平		年龄结构			
助理社会工作师人数	社会工作师人数	35岁及以下人数	36岁至45岁人数	46岁至55岁人数	56岁及以上人数
675	**336**	**36433**	**63094**	**40777**	**11944**
9	20	1144	1570	1295	326
2	1	85	196	187	79
2	21	3477	2889	1564	285
	19	1042	1517	1030	168
2		516	828	581	209
30	15	1369	2364	1617	569
74	3	1089	1492	691	113
34	26	884	1487	517	28
24	7	871	1737	2250	788
24	25	1869	3404	3003	724
30	23	1370	3009	2234	841
78	18	1533	4546	3837	881
23	22	365	1018	742	144
20	7	927	2980	2247	459
13	7	5573	6232	2573	729
55	7	4153	5281	3099	1547
37	4	1939	4775	2381	549
9	29	1491	4212	2168	280
14	41	815	1923	1917	1070
19	3	186	881	676	184
		67	154	93	39
	4	300	1726	1437	543
137	11	1953	4584	2468	813
2	2	562	885	325	131
1	5	626	969	519	154
		111	88		
8	4	757	986	681	175
7	1	577	517	300	91
1	3	149	127	51	
		91	144	125	13
20	8	542	573	169	12

C-2-10续表1

地　区	年末床位数	#光荣间床位	年在院总人天数	年末在院人数	#女性	在院人员按性质分		
						优抚对象	“三无”对象	自费人员
全　国	**2419473**	**81719**	**490092685**	**1924820**	**365655**	**67523**	**1733697**	**123600**
北　京	36281	45	3817601	14464	6316	17	2402	12045
天　津	3617	10	719080	2010	321	8	1632	370
河　北	113806	3815	26901653	91705	11554	1077	84590	6038
山　西	44206	1698	6766048	28180	1667	527	26905	748
内蒙古	33691	806	7972032	27615	2616	915	25412	1288
辽　宁	61085	3145	10815947	41519	6925	2791	36124	2604
吉　林	52046	5084	5892209	41026	6240	5835	34051	1140
黑龙江	64424	2348	8142838	59035	7510	3026	54198	1811
上　海	36180	23	5766648	19540	11109	49	2482	17009
江　苏	164132	4902	36656199	132258	33047	5755	116799	9704
浙　江	132176	2195	22167930	75572	23619	1206	37195	37171
安　徽	201207	3311	47035001	162795	24226	2777	159126	892
福　建	21737	718	2582841	7640	1186	246	6158	1236
江　西	117525	13577	29362833	115547	26127	4229	109260	2058
山　东	236819	11832	60613035	191266	47002	7453	179004	4809
河　南	233288	11006	43763307	207624	33694	13900	191347	2377
湖　北	160382	5084	32028232	141734	34458	3964	133282	4488
湖　南	114141	4047	25201429	99968	19203	4313	93770	1885
广　东	64844	854	8832026	36888	9315	876	30256	5756
广　西	26941	35	6304629	18726	2783	277	18395	54
海　南	3103	110	611736	1625	632	109	1516	
重　庆	76692	524	17202408	57788	7077	1268	54229	2291
四　川	256139	3661	52636504	228124	28171	4357	219088	4679
贵　州	30546	876	4672354	18752	2290	442	18187	123
云　南	35715	208	5922896	28172	6191	635	26737	800
西　藏	3655		803697	2447	1264		2447	
陕　西	51687	616	11962365	40413	4582	294	39472	647
甘　肃	17132	768	1373270	11637	2315	633	10296	708
青　海	5150	80	783263	4196	553	58	3853	285
宁　夏	5395	50	958169	4057	978	293	3582	182
新　疆	15731	291	1824505	12497	2684	193	11902	402

单位：张、人天、人、人次、平方米

在院人员按年龄分			在院人员按类型分			康复和医疗门诊人次数	机构建筑面积
老人	青壮年	少年儿童	自理（完全自理）	介助（半自理）	介护（不能自理）		
1847267	**50717**	**26836**	**1571577**	**279841**	**73402**	**2397548**	**47242696**
13655	801	8	7684	3226	3554	37489	878329
1921	85	4	1273	555	182	8708	120754
87857	2426	1422	74964	13622	3119	127267	2371377
25953	1832	395	23670	4170	340	16352	1047113
25883	1368	364	22993	3742	880	1738	551170
38197	2813	509	32477	7119	1923	13127	1201084
37658	2481	887	28195	8230	4601	32868	787715
55602	3004	429	48913	8016	2106	15304	521325
18620	854	66	9813	5477	4250	91606	718458
122967	2936	6355	103287	22078	6893	329948	2780490
73675	1745	152	62106	9184	4282	510593	1851778
158803	3123	869	139845	19157	3793	71974	4388563
7483	78	79	6052	1289	299	2810	536003
110864	2007	2676	96156	16705	2686	8213	1950796
189375	1419	472	174160	13682	3424	194797	5705965
200786	4639	2199	170734	30006	6884	107201	3851367
133931	5843	1960	111244	22579	7911	354422	2858468
97044	1669	1255	80841	16151	2976	84899	2832665
36314	227	347	28356	6407	2125	43811	1442024
18471	177	78	16482	2127	117	4457	798508
1555	3	67	1258	309	58	135	106226
55237	2307	244	49829	7354	605	60322	1729233
220212	5222	2690	191908	31267	4949	141840	4163733
17747	214	791	11832	6705	215	40437	903269
26857	891	424	20646	5709	1817	14765	1196592
2434		13	2398	49			128697
38785	1198	430	30221	9001	1191	9706	672844
10241	531	865	9100	1772	765	58717	491045
3851	121	224	3196	926	74	173	74681
3715	176	166	2647	1019	391	11179	128494
11574	527	396	9297	2208	992	2690	453930

C-2-10续表2

地区	增加值合计	执行企业会计制度单位财务指标					执行行政	
		固定资产原价	营业收入	费用合计	营业利润	企业单位增加值	固定资产原价	上年结转和结余
全国	**346097.2**	**43037.1**	**4518.9**	**2317.4**	**16.9**	**2843.0**	**2081655.4**	**25035.1**
北京	9124.0	7409.8	2114.6	172.2	-9.1	1940.7	32083.0	1133.5
天津	1427.3						7935.9	1.3
河北	12392.1	180.0	50.0	110.4			94535.9	158.1
山西	3800.3	2627.0					42422.4	29.0
内蒙古	3467.7	311.0	18.0	24.5	11.0	69.0	20204.4	9.0
辽宁	21415.5	1354.7					353812.6	232.8
吉林	6094.9	3893.7				58.0	34156.4	307.3
黑龙江	5340.6	1030.0	10.0	8.0		58.7	28867.6	3.6
上海	8787.8	284.3	800.0				3080.2	20.3
江苏	32288.8	16490.0	62.6	41.4		171.5	177160.3	545.5
浙江	16889.3	1198.8	997.6	1443.0	11.0	230.5	90293.9	1163.8
安徽	17333.2	1156.0	15.0			15.0	183621.4	3164.8
福建	1072.8	203.0					13132.7	13.0
江西	7741.5	11.7				5.1	70050.6	11172.4
山东	31947.0						20135.6	
河南	16073.7	100.0					111305.4	88.3
湖北	70081.3	446.0	16.5	29.0		11.4	92672.0	125.1
湖南	15032.4	607.0				6.0	86530.6	18.2
广东	10089.2	2287.0	358.0	298.0		127.8	150542.0	2054.9
广西	2823.1	220.1				2.4	36175.1	130.0
海南	711.1						7979.1	12.2
重庆	5012.0						40289.5	16.4
四川	27728.9	1790.0	76.6	169.2	4.0	135.9	205735.1	3611.1
贵州	2557.2						17703.0	130.0
云南	3759.4						48957.0	114.4
西藏	538.2						13455.7	
陕西	5169.8						64727.1	311.5
甘肃	934.0	246.0		0.7		11.0	11458.5	20.0
青海	801.1	510.0						373.0
宁夏	661.8	315.0					7449.3	3.0
新疆	1148.7	366.0		21.0			15183.1	72.6

单位：万元

事业单位会计制度财务指标				执行民间非营利组织单位会计制度财务指标				
本年收入合计	本年支出合计	收支结余	行政事业单位增加值	固定资产原价	上年结余	本年收入合计	本年费用合计	民间非营利组织单位增加值
335911.1	**630552.7**	**96441.4**	**276013.9**	**940188.5**	**10300.3**	**189161.6**	**160289.2**	**67240.3**
7734.9	8150.3	333.5	4821.6	33479.6	1580.7	8549.2	9667.6	2361.7
1769.1	1775.0	0.1	1309.8	255.2		247.1	247.1	117.5
23381.1	22664.4	367.5	12112.6	11488.0	330.0	1397.4	584.7	279.5
7848.5	7729.8	5.0	3597.7	4319.0	17.0	376.4	427.3	202.6
6583.9	5959.9		3282.7	5167.0	2.0	916.1	935.3	116.0
18473.7	12775.8	386.4	20966.5	4142.0	65.0	2989.7	2873.8	449.0
9902.1	9920.9		4943.0	3635.3		626.3	683.9	1093.9
6542.6	5789.0	3.8	4050.9	4339.6	134.0	380.5	5383.0	1231.0
1620.1	1354.0	-7.3	427.3	51594.6	2392.9	24275.8	23351.2	8360.5
41371.9	41031.3	777.5	30624.3	37078.3		6583.6	4280.2	1493.0
20708.1	21717.2	1133.6	11594.3	53280.7	1075.9	12890.2	13033.7	5064.5
17829.4	16806.4	1.2	15161.6	241061.9	310.0	3648.4	3419.8	2156.6
11676.8	4685.2	13.2	1061.8	14253.2	23.9	1031.5	526.3	11.0
11010.7	10897.8	1.2	7512.6	21628.4	29.2	3058.3	799.3	223.8
2046.2	2046.2		1857.6	224683.5		51637.8	52124.1	30089.4
21695.7	21455.1	32.3	14957.7	27380.6		4317.9	3031.5	1116.0
18934.1	18942.9	92803.5	65118.3	28016.2		8411.1	7876.1	4951.6
23469.4	23328.3	8.0	14267.8	17146.5	420.0	3730.8	3522.9	758.6
16717.4	17061.7	165.3	9724.6	11151.4	560.8	826.3	547.6	236.8
2130.3	2179.7	0.6	2759.5	7517.7		5149.2	5110.4	61.2
784.4	781.4		681.1	1719.0	32.0	33.2	33.2	30.0
4457.8	183991.5	1.8	3641.4	39165.5	111.8	5574.0	4479.2	1370.6
28585.5	158876.7	332.2	25400.6	28834.1	40.0	33741.3	2744.5	2192.4
1142.7	866.1		1274.8	33226.0	3147.5	1953.6	1848.6	1282.4
2355.2	2493.9	37.3	3078.5	9980.0	18.6	632.6	556.4	680.9
4.9	4.9		538.2					
5201.0	5174.4	-13.1	5099.8	6230.9		336.7	315.4	70.0
20664.8	20663.3	2.0	812.4	11854.9		4272.2	10261.2	110.6
20.0	20.0		10.0	4619.4		921.5	908.5	791.1
190.4	264.6		341.7	1752.0		515.8	596.4	320.1
1058.4	1145.0	55.8	1130.7	1188.0	9.0	137.1	120.0	18.0

C-2-11 社会

地区	单位数	年末职工人数	#女性	受教育程度情况	
				大学专科人数	大学本科及以上人数
全国	**1597**	**39457**	**24277**	**8931**	**4814**
北京	7	1011	687	324	268
天津	4	304	177	98	78
河北	38	875	486	253	127
山西	19	548	334	137	70
内蒙古	39	836	432	296	175
辽宁	42	1762	1028	567	396
吉林	25	723	346	160	203
黑龙江	26	1024	488	192	133
上海	29	2221	1614	281	189
江苏	68	2164	1314	487	407
浙江	81	1900	1316	341	218
安徽	57	1068	668	215	83
福建	70	842	463	150	85
江西	103	1582	780	278	159
山东	26	800	505	293	238
河南	64	1069	571	324	120
湖北	118	2839	1666	746	226
湖南	88	1936	953	576	220
广东	160	7607	5534	1073	434
广西	92	1878	1410	445	157
海南	6	132	85	40	10
重庆	41	1089	567	254	137
四川	84	1382	804	304	170
贵州	47	545	259	227	54
云南	41	458	245	123	93
西藏	53	243	121	19	9
陕西	35	888	423	250	81
甘肃	41	439	224	107	61
青海	6	145	83	16	12
宁夏	11	270	169	42	96
新疆	76	877	525	313	105

福利院

单位:个、人

职业资格水平		年龄结构			
助理社会工作师人数	社会工作师人数	35岁及以下人数	36岁至45岁人数	46岁至55岁人数	56岁及以上人数
600	**379**	**12306**	**15628**	**9651**	**1872**
12	8	381	360	212	58
2	2	118	90	79	17
11	5	308	287	245	35
7	11	174	191	147	36
16	7	242	320	240	34
23	20	561	595	498	108
10	3	177	346	166	34
21	11	234	432	319	39
22	53	596	756	653	216
52	36	620	706	661	177
43	29	431	735	550	184
11	13	385	400	243	40
33	12	242	324	245	31
10	5	429	718	401	34
50	25	229	282	255	34
11	7	478	351	194	46
25	13	924	1271	550	94
19	11	721	785	367	63
107	63	2258	3623	1496	230
28	18	714	701	408	55
3		31	62	39	
20	4	246	325	409	109
12	5	407	516	395	64
6		159	223	152	11
4	3	168	151	116	23
		118	114	11	
10	7	302	291	252	43
7	3	162	177	86	14
		70	35	30	10
8	2	130	69	62	9
17	3	291	392	170	24

C−2−11续表1

地　区	年末床位数	#光荣间床位	年在院总人天数	年末在院人数	#女性	在院人员按性质分 优抚对象	“三无”对象	自费人员
全　国	**271930**	**10179**	**54793053**	**190219**	**71073**	**5852**	**111531**	**72836**
北　京	3241		1080897	2637	1290	6	591	2040
天　津	1618		472130	1340	489		606	734
河　北	5972	238	1611300	4409	818	15	4189	205
山　西	3574		916242	3090	778	10	2984	96
内蒙古	5594	250	1155091	3644	859	115	2597	932
辽　宁	9796	357	2310126	7432	2957	149	4031	3252
吉　林	5171	410	1168924	4193	1242	219	3316	658
黑龙江	8240	249	1129168	7004	1707	195	3857	2952
上　海	8297		2059196	6013	3307	13	747	5253
江　苏	16784	424	3232336	10866	4947	123	6081	4662
浙　江	21078	686	3794107	10733	5308	145	2845	7743
安　徽	6491	353	1390249	4636	1790	125	3402	1109
福　建	7186	248	1261779	3839	1398	137	2569	1133
江　西	12965	1021	2595980	11111	2832	742	7804	2565
山　东	6139	107	1214741	3834	1306	99	3095	640
河　南	8751	167	1679556	5412	1686	306	4864	242
湖　北	25406	912	3409753	17781	4765	493	12707	4581
湖　南	11942	772	2789369	8945	4117	1095	5535	2315
广　东	32950	636	8970408	26235	13127	365	9118	16752
广　西	8533	241	2083932	6210	2931	55	3551	2604
海　南	576	10	126970	459	247	2	398	59
重　庆	9043	336	1914038	6747	3049	28	2241	4478
四　川	18637	1373	3465344	11385	4047	385	6786	4214
贵　州	3749	253	646029	2346	956	21	1914	411
云　南	6290		674549	3990	938	117	3430	443
西　藏	2056		403728	1376	613		1376	
陕　西	6213	506	1366720	4586	1348	543	3950	93
甘　肃	3928	43	296643	2302	752	57	2020	225
青　海	1300	31	141617	448	119	34	234	180
宁　夏	1384	110	304212	1091	206	51	896	144
新　疆	9026	446	1127919	6125	1144	207	3797	2121

单位：张、人天、人、人次、平方米

在院人员按年龄分			在院人员按类型分			康复和医疗门诊人次数	家庭寄养儿童数量	机构建筑面积
老人	青壮年	少年儿童	自理（完全自理）	介助（半自理）	介护（不能自理）			
135997	**20387**	**33835**	**99441**	**43388**	**47390**	**1951629**	**9553**	**7597588**
1803	755	79	886	676	1075	33785	50	295121
914	413	13	373	331	636	27177		47795
2956	331	1122	2816	609	984	11478	117	249461
434	462	2194	575	595	1920	2029	1867	88978
2895	391	358	2463	664	517	8400	108	210859
5066	1742	624	3800	1915	1717	6118	146	308227
2673	973	547	2793	741	659	36547	90	84440
6319	661	24	5096	1332	576	13400		159676
5239	738	36	1152	1820	3041	34218		234200
7339	1245	2282	4665	1816	4385	180870	353	572529
8556	1127	1050	6135	2479	2119	156783	470	554780
2665	603	1368	2410	998	1228	10341	752	261814
2434	488	917	1866	935	1038	91719	695	172644
8009	433	2669	7275	2977	859	2674	1388	359672
2309	788	737	2121	881	832	90105	21	231629
2354	627	2431	2511	1478	1423	48996	299	199378
15264	1453	1064	12035	3468	2278	109705	246	555006
5090	1264	2591	4015	2450	2480	12348	716	270099
18061	1039	7135	9687	6304	10244	722993	979	767527
3763	411	2036	1981	1248	2981	84639	464	285710
222	12	225	86	165	208	17905	21	27102
5525	647	575	3725	1211	1811	75981	203	300045
9677	736	972	6905	2764	1716	116315	112	403222
1251	176	919	1257	654	435	9118	142	149328
3514	199	277	2228	885	877	6382	56	175857
1312	36	28	1246	127	3	15		75920
2413	1531	642	2663	1418	505	3922	154	140119
1256	286	760	1194	883	225	10836	34	78193
247	179	22	205	205	38	3233		24940
974	112	5	838	209	44	610		45600
5463	529	133	4439	1150	536	22987	70	267717

C-2-11续表2

地区	增加值合计	执行企业会计制度单位财务指标					执行行政	
		固定资产原价	营业收入	费用合计	营业利润	企业单位增加值	固定资产原价	上年结转和结余
全国	**272016.1**	**16379.9**	**46627.9**	**19505.9**	**2464.8**	**5254.8**	**813047.6**	**44538.7**
北京	15946.7						38637.8	3822.5
天津	4642.9						6701.7	1346.2
河北	4875.2						21530.5	1977.7
山西	4367.4	98.5					9841.6	305.2
内蒙古	6019.7						14650.6	1098.8
辽宁	12228.7	653.3	105.1	105.1			33858.2	1311.5
吉林	5773.2						11722.1	25.0
黑龙江	6498.5						16130.8	1198.4
上海	15894.1						40094.6	3027.8
江苏	23908.7						81831.2	1000.2
浙江	17048.1	25.0	11.0	12.0			64884.6	1750.5
安徽	4528.3						13629.2	707.2
福建	4824.8	132.0	54.6			52.0	11897.1	937.2
江西	4142.9	200.0					28741.3	6.6
山东	7580.8						17778.6	11.0
河南	3609.8						9344.1	655.6
湖北	10444.4						46898.1	24.0
湖南	11047.0						30700.5	170.2
广东	37854.2	13579.0	46428.0	19344.2	2449.0	5082.0	99377.6	15278.6
广西	8589.1	334.1	21.0	20.1	0.8	0.8	54198.4	2259.3
海南	1075.9						4663.9	740.4
重庆	6680.4	120.0	5.0	5.0			24391.0	140.4
四川	9187.1						38923.0	3736.0
贵州	2973.3	300.0					11524.9	368.6
云南	25216.2						14735.1	888.3
西藏	873.0						16809.5	
陕西	6201.9						13361.7	543.0
甘肃	2109.9						8366.5	525.2
青海	202.9						1504.7	
宁夏	1176.8	694.0					4847.8	229.5
新疆	4583.0	244.0	3.2	19.5	15.0	120.0	21470.9	453.8

单位：万元

事业单位会计制度财务指标				执行民间非营利组织单位会计制度财务指标				
本年收入合计	本年支出合计	收支结余	行政事业单位增加值	固定资产原价	上年结余	本年收入合计	本年费用合计	民间非营利组织单位增加值
437226.0	**409025.6**	**31130.9**	**266601.2**	**9778.8**	**1716.1**	**53525.2**	**479.5**	**160.1**
24131.5	25171.6	1948.4	15946.7					
6493.7	7436.6	348.0	4642.9					
9305.0	8472.5	993.4	4875.2					
8957.2	7843.6	1420.6	4367.4					
13192.0	11843.4	2258.5	6019.7					
21791.3	21103.4	888.6	12228.7	2590.0		30.0	30.0	
9148.3	9193.5	309.0	5757.2	71.0		40.0	38.0	16.0
8428.4	8654.4	63.6	6497.5	175.0	1678.1	52778.5	1.5	1.0
40166.3	24633.9	1724.6	15894.1					
34445.5	34093.4	557.5	23908.7					
25533.4	23525.7	2365.1	16963.5	534.4	36.5	236.1	229.4	84.6
6504.1	5996.0	925.1	4528.3					
9399.4	8590.3	1354.7	4772.8	190.0		23.7		
9588.5	8604.7	9.8	4142.9	10.0		8.0	1.0	
15300.1	15311.1		7580.8					
6980.2	6807.3	799.5	3608.0	6.6		1.2	1.2	1.8
15225.6	15338.6		10444.4					
19129.1	18896.5	225.0	11047.0			180.0		
50370.9	51687.8	6800.8	32772.2	959.0		44.0		
10762.7	10426.1	2084.4	8588.3	513.8	1.5	71.0	64.0	
868.9	1709.0	22.0	1075.9					
9999.4	9830.6	76.7	6664.8	2087.0		47.0	36.7	15.6
21524.7	17125.3	1895.1	9152.0	1718.0		24.7	67.7	35.1
6278.4	4621.4	658.0	2973.3	200.0		28.0		
28021.5	28205.4	450.0	25216.2	380.0				
564.7	564.7		873.0					
9536.8	9306.5	653.3	6201.9					
3182.7	3045.4	140.1	2109.9	125.0				
391.1	391.1		202.9	163.0		3.0		
4650.6	3519.6	1087.2	1170.8	56.0		10.0	10.0	6.0
7354.0	7076.2	1071.9	4463.0					

C-2-12 光荣

地　区	单位数	年末职工人数	#女性	受教育程度情况		职业资格水平		
				大学专科人数	大学本科及以上人数	助理社会工作师人数	社会工作师人数	35岁及以下人数
全　国	**1389**	**11996**	**5863**	**2779**	**951**	**135**	**113**	**3465**
北　京	10	227	121	73	48	5		47
天　津	7	233	118	86	44	3	9	54
河　北	149	1844	987	334	74	23	3	677
山　西	89	877	407	286	79	2	14	275
内蒙古	29	425	187	164	62		4	64
辽　宁	25	604	342	204	123	7	2	214
吉　林	12	190	79	35	23	5	3	49
黑龙江	24	289	151	28	41	6	7	82
上　海								
江　苏	14	133	72	25	9			26
浙　江	24	96	41	32	5	2	3	16
安　徽	48	389	176	62	19	5		77
福　建	57	401	233	72	36	3	2	76
江　西	223	1294	404	57	9	32	37	247
山　东	60	525	269	184	62	2	2	201
河　南	97	664	324	138	21	4		262
湖　北	87	1051	536	318	96	12	3	292
湖　南	163	1207	568	286	89	3	7	357
广　东	70	429	249	70	24	15	10	125
广　西	69	265	157	52	17	2		71
海　南	9	71	32	8	2			12
重　庆	8	35	16	12	8			12
四　川	37	225	120	57	35	3	7	79
贵　州	22	132	67	49	9	1		40
云　南	2	16	7	4	2			6
西　藏								
陕　西	21	157	84	52	1			61
甘　肃	3	19	4	4	2			2
青　海								
宁　夏	1	2						
新　疆	29	196	112	87	11			41

院

单位：个、人、张、人天

年龄结构			年末床位数	#光荣间床位	年在院总人天数	年末在院人数	#女性
36岁至45岁人数	46岁至55岁人数	56岁及以上人数					
5355	**2684**	**492**	**81541**	**37260**	**14974341**	**52926**	**8788**
100	65	15	772	645	95304	255	42
100	69	10	978	505	213665	542	239
837	304	26	13006	5925	2134758	6774	674
381	191	30	3372	1958	445780	1843	89
216	136	9	1678	955	346464	1099	192
206	163	21	3990	1894	650799	2069	549
93	43	5	1415	782	252560	997	480
102	93	12	1604	703	276816	1158	145
47	42	18	810	558	141812	504	136
56	22	2	861	687	100141	293	47
204	91	17	2663	1749	602814	1383	80
206	107	12	1671	876	360176	1084	129
565	366	116	11345	4178	3048969	10475	2350
219	84	21	5581		1120413	3391	461
276	106	20	5285	2495	833169	4321	257
505	198	56	6888	3785	1127148	4626	1009
544	274	32	7925	4680	1613861	5416	981
176	102	26	2614	1435	285906	1157	135
131	53	10	2400	1217	314149	975	80
35	19	5	290	165	37015	128	51
14	9		418	97	77156	246	31
99	44	3	2594	1015	359206	2195	205
64	23	5	1099	176	204735	616	181
3	5	2	52	20	5840	12	
60	33	3	645	454	78813	412	16
5	12		58	11	6860	19	4
1	1		10		2565	7	1
110	29	16	1517	295	237447	929	224

C-2-12续表

地区	在院人员按性质分			在院人员按年龄分			在院人员按类型分		
	优抚对象	“三无”对象	自费人员	老人	青壮年	少年儿童	自理（完全自理）	介助（半自理）	介护（不能自理）
全国	**33886**	**13476**	**5564**	**51337**	**766**	**823**	**40842**	**9158**	**2926**
北京	232	8	15	253	2		140	95	20
天津	198		344	540	1	1	408	79	55
河北	4364	2106	304	6637	94	43	4827	1681	266
山西	1398	187	258	1822	18	3	1439	354	50
内蒙古	1016	35	48	1072	19	8	744	268	87
辽宁	1356	234	479	2013	37	19	1463	401	205
吉林	344	363	290	985	12		573	247	177
黑龙江	604	400	154	1116	42		1017	126	15
上海									
江苏	448	34	22	475	14	15	395	85	24
浙江	210	4	79	293			190	86	17
安徽	1113	240	30	1376	6	1	1114	227	42
福建	590	348	146	1030	18	36	849	213	22
江西	5182	4247	1046	9936	240	299	8809	1465	201
山东	3391			3382	9		2991	298	102
河南	2197	2091	33	4233	40	48	3710	463	148
湖北	3108	1011	507	4512	32	82	3507	823	296
湖南	4065	957	394	5241	88	87	4271	860	285
广东	574	276	307	1120	12	25	607	313	237
广西	823	96	56	969	6		684	231	60
海南	95	25	8	116		12	76	34	18
重庆	178	41	27	245	1		195	24	27
四川	1557	171	467	2193		2	1389	361	445
贵州	135	406	75	481	10	125	428	179	9
云南	12			10	2		3	8	1
西藏									
陕西	352	44	16	406	1	5	306	73	33
甘肃	19			19			10	3	6
青海									
宁夏	4		3	7				7	
新疆	321	152	456	855	62	12	697	154	78

单位：人、人次、平方米、万元

康复和医疗门诊人次数	机构建筑面积	增加值合计	执行行政事业单位会计制度财务指标					
			固定资产原价	上年结转和结余	本年收入合计	本年支出合计	收支结余	行政事业单位增加值
206395	**3106115**	**46370.9**	**215504.3**	**4748.2**	**84649.3**	**84065.9**	**6551.7**	**46370.9**
21664	35854	2349.8	7341.1	605.6	3375.6	3273.1	708.1	2349.8
7134	40369	2555.0	4795.0	123.0	3362.5	3511.7	4.7	2555.0
19525	559515	7479.9	32573.1	13.0	13440.6	13472.5	23.7	7479.9
5647	189030	2781.7	8197.4	957.0	7132.3	6901.2	1181.3	2781.7
	74286	1859.9	3900.4	210.6	4460.1	4017.8	652.9	1859.9
12539	196873	3620.4	13306.2	422.4	12360.5	12226.1	3489.1	3620.4
1898	44132	774.0	1885.3	34.0	1433.8	1482.8	-132.0	774.0
23039	32656	849.9	2905.1		1435.9	1435.8	0.5	849.9
1521	21806	646.0	3768.8		803.4	788.5		646.0
1357	27182	746.5	2312.6	46.9	1145.4	1103.7	107.4	746.5
5845	96045	1259.9	8590.8	229.0	2271.0	2376.1	107.1	1259.9
1721	87679	1150.3	5425.3	143.2	2446.4	2512.1	48.6	1150.3
2524	303290	1808.5	19789.7	851.6	3336.3	3371.4	0.4	1808.5
7422	197108	2319.7	14020.7		3237.5	3237.5		2319.7
18272	207706	1042.5	7713.9	1.7	2048.5	2042.5	1.2	1042.5
34750	318329	3972.9	25163.7		6169.2	6169.2		3972.9
15837	255962	4329.3	22156.0	144.5	6972.5	6740.8	105.0	4329.3
4822	77033	1312.9	7213.3	165.8	2011.6	2107.2	161.7	1312.9
634	86292	702.7	6830.2	232.4	788.9	787.6	31.6	702.7
1479	15256	148.6	1518.0	259.0	335.3	336.2	35.1	148.6
6575	15670	572.6	1137.4	5.0	1018.4	1018.4		572.6
8769	58008	1236.4	4865.0	29.7	1763.3	1719.0	25.3	1236.4
2756	43767	287.0	2834.0	273.8	761.2	594.1		287.0
73	1114	14.0	350.0					14.0
525	30680	564.9	2367.3		871.2	882.5		564.9
32	1500	102.0	132.2		115.6	115.6		102.0
	2670	5.8			5.8	9.2		5.8
35	86303	686.1	4411.8		1546.5	1833.3		686.1

C-2-13 荣誉军人

地 区	单位数	年末职工人数	#女性	受教育程度情况		职业资格水平		
				大学专科人数	大学本科及以上人数	助理社会工作师人数	社会工作师人数	35岁及以下人数
全 国	**42**	**5183**	**2728**	**1538**	**1262**	**41**	**45**	**1881**
北 京								
天 津								
河 北	1	216	103	70	82	4		92
山 西	5	228	97	50	45	2	5	59
内蒙古	1	65	36	10	27			7
辽 宁	1	170	89	37	26		4	44
吉 林	2	387	162					99
黑龙江	1	73	25	25	21		1	14
上 海	1	42	23	17	16		4	18
江 苏	1	171	103	46	52		3	79
浙 江	1	368	253	118	126	1		270
安 徽	1	136	52	44	39			36
福 建	1	57	26	40	17	1	1	16
江 西	1	466	273	148	58			119
山 东	2	579	295	225	231	6	13	219
河 南	3	160	64	35	14			42
湖 北	1	351	181	99	119			118
湖 南	1	142	79	43	57			54
广 东	2	232	126	63	75	8	9	81
广 西	2	79	44	21	12	6	1	28
海 南	1	7	5					1
重 庆	2	129	76	78	10	3	2	67
四 川	4	622	377	149	150	7	1	272
贵 州	3	126	56	78	25	2		67
云 南	1	100	48	30	22			34
西 藏								
陕 西	1	192	81	77	19			30
甘 肃	1	50	23	11	14	1	1	12
青 海								
宁 夏								
新 疆	1	35	31	24	5			3

康复医院

单位:个、人、张、人天

年龄结构			年末床位数	#光荣间床位	年在院总人天数	年末在院人数	#女性
36岁至45岁人数	46岁至55岁人数	56岁及以上人数					
1591	**1278**	**433**	**8109**	**1322**	**1446754**	**5060**	**1134**
51	61	12	500		50735	132	1
73	72	24	540	64	44895	246	8
31	20	7	100	28	11080	28	4
83	24	19	250	72	36959	135	31
220	53	15	420	420	4200	420	
16	36	7	80		24820	68	1
14	10		50	50	5475	15	
32	46	14	140	40	29123	78	
56	37	5	417		152205	403	218
32	60	8	250		73730	202	58
14	27		250	100	54750	150	40
105	87	155	750	20	234909	652	67
188	133	39	700		198758	600	150
44	65	9	468	45	26285	195	16
121	89	23	498	71	74320	165	63
45	39	4	182	28	62000	125	
77	63	11	318	36	34071	257	117
30	13	8	260	20	6410	226	130
6			40	40	3650	10	5
20	28	14	258	90	57024	179	47
147	166	37	810	80	119114	296	46
28	28	3	298	10	60225	224	65
32	33	1	100	58	18250	50	
96	57	9	300		52816	173	67
13	19	6	50		7665	22	
17	12	3	80	50	3285	9	

C-2-13续表

地　区	在院人员按性质分			在院人员按年龄分			在院人员按类型分		
	优抚对象	“三无”对象	自费人员	老人	青壮年	少年儿童	自理（完全自理）	介助（半自理）	介护（不能自理）
全　国	**2831**	**322**	**1907**	**3577**	**1438**	**45**	**2760**	**1170**	**1130**
北　京									
天　津									
河　北	132			83	49		100	20	12
山　西	198	33	15	217	29		212	10	24
内蒙古	28			19	9		6	3	19
辽　宁	72		63	90	45		35	10	90
吉　林	420			420			300	90	30
黑龙江	68			68					68
上　海	15			14	1				15
江　苏	29		49	76	2			29	49
浙　江	29		374	247	156		403		
安　徽	60	142		85	117		136	66	
福　建	19		131	150			80	60	10
江　西	440		212	263	382	7	348	241	63
山　东	600			511	89		485	83	32
河　南	78	112	5	150	40	5	20	162	13
湖　北	25		140	61	104		104	51	10
湖　南	28	1	96	78	32	15	75	35	15
广　东	36	20	201	212	44	1	39	77	141
广　西	42		184	226			16	6	204
海　南	10			10			10		
重　庆	106		73	171	8		71	33	75
四　川	228		68	215	81		13	78	205
贵　州	9	14	201	56	164	4	129	71	24
云　南	48		2	50			5	38	7
西　藏									
陕　西	80		93	102	58	13	173		
甘　肃	22				22				22
青　海									
宁　夏									
新　疆	9			3	6			7	2

单位：人、人次、平方米、万元

康复和医疗门诊人次数	机构建筑面积	增加值合计	执行行政事业单位会计制度财务指标					
			固定资产原价	上年结转和结余	本年收入合计	本年支出合计	收支结余	行政事业单位增加值
571251	**599267**	**52428.2**	**98168.8**	**22742.6**	**115939.5**	**110737.6**	**26171.2**	**52428.2**
	9576	2116.7	3852.0	14.0	3371.0	3375.0	14.0	2116.7
7548	16777	1849.2	3379.7	520.1	3444.3	2501.6	1427.3	1849.2
600	1000	900.8	1929.0	1156.7	1205.8	1033.1	172.7	900.8
11235	64202	1766.5	6445.4	202.1	3354.6	3222.9	333.7	1766.5
	60000	2402.8	2540.9		2722.7	2722.7		2402.8
	1300	518.1	866.0		3353.0	3966.0		518.1
	3556	653.0		86.6	863.9	934.9	74.9	653.0
102405	47379	2769.4	8514.5	7064.3	3176.9	8187.7	2048.6	2769.4
119934	25355	4344.1	5852.0	4284.0	14429.0	10863.0	4864.0	4344.1
27124	10000	1438.1	3661.8	2528.1	5895.1	5807.8	2571.9	1438.1
3200	12498	359.1	2007.0		441.0	441.0		359.1
	40043	1456.1	2386.1	2693.0	5972.0	2140.6	6524.4	1456.1
32703	81099	6880.8	11396.3	1697.1	12908.9	9528.6	5077.4	6880.8
8500	3400	549.1	1209.4	54.1	881.0	917.3	17.8	549.1
1166	26610	3794.3	9021.0		10106.0	9783.0	322.0	3794.3
4847	30000	1198.2	4408.0	160.0	5544.0	5520.0	184.0	1198.2
6930	31500	4526.6	8615.7	721.0	8226.3	8042.9	6.0	4526.6
19011	1200	128.1	3201.3					128.1
	3300	20.0	500.0		7.5	7.5		20.0
3156	14411	405.3	1749.0		3291.0	3289.0	2.0	405.3
183939	48273	5901.0	7008.0	19.6	14797.2	14642.3	14.3	5901.0
2339	7300	945.2	1186.1		4620.6	7774.0		945.2
	20933	1264.7	2023.3	973.6	2849.4	1613.7	2196.6	1264.7
32282	32000	957.9	4032.1		2418.0	2418.0		957.9
	500	660.4	982.8	3.3	861.9	545.6	319.6	660.4
4332	7055	489.4	1401.4	565.0	1198.4	1459.4		489.4

C-2-14 复员军人

地　区	单位数	年末职工人数	#女性	受教育程度情况		职业资格水平		
				大学专科人数	大学本科及以上人数	助理社会工作师人数	社会工作师人数	35岁及以下人数
全　国	**40**	**3214**	**1769**	**1108**	**1062**	**26**	**25**	**1051**
北　京								
天　津	1	25	10	5	8			6
河　北	7	912	505	284	306	3	4	268
山　西	1	257	171	90	110			96
内蒙古	2	45	14	10	2			4
辽　宁								
吉　林	1	45	6	9	3			10
黑龙江								
上　海								
江　苏	4	180	127	108	38		2	120
浙　江	1	81	49	25	40			50
安　徽								
福　建								
江　西	2	37	4	5	1			10
山　东	7	704	420	211	333	16	14	224
河　南	2	392	240	138	112			97
湖　北	1	5	1	5				
湖　南	2	101	13	69	25			43
广　东	2	186	105	53	59	7	5	73
广　西								
海　南								
重　庆								
四　川	2	25	13	12	5			12
贵　州								
云　南								
西　藏								
陕　西	5	219	91	84	20			38
甘　肃								
青　海								
宁　夏								
新　疆								

疗养院

单位:个、人、张、人天

年龄结构			年末床位数	#光荣间床位	年在院总人天数	年末在院人数	#女性
36岁至45岁人数	46岁至55岁人数	56岁及以上人数					
1111	**871**	**181**	**6516**	**1560**	**1388873**	**4620**	**636**
5	13	1	150	150	8719	130	19
297	272	75	1702	390	436824	1433	189
83	73	5	480		174313	432	14
23	18		240	15	8825	35	1
10	20	5	225	225	68625	225	7
29	21	10	316	128	59611	218	1
22	5	4	90	20	32850	80	40
24	3		150		6987	126	34
209	227	44	1370		305220	922	74
163	107	25	600	400	98742	290	32
5			80	30	1900	10	
45	13		135	12	7850	96	43
80	31	2	380	100	65268	258	115
7	6		78		28010	76	
109	62	10	520	90	85129	289	67

C-2-14续表

地区	在院人员按性质分			在院人员按年龄分			在院人员按类型分		
	优抚对象	“三无”对象	自费人员	老人	青壮年	少年儿童	自理（完全自理）	介助（半自理）	介护（不能自理）
全　国	**3346**	**164**	**1110**	**3803**	**727**	**90**	**2884**	**978**	**758**
北　京									
天　津	130			130			130		
河　北	801	10	622	1248	161	24	562	195	676
山　西	361		71	400	32		413		19
内蒙古	25		10	35			33	2	
辽　宁									
吉　林	225			105	120		200	12	13
黑龙江									
上　海									
江　苏	218			216	2		218		
浙　江	40	40		60	20		80		
安　徽									
福　建									
江　西	50	76		126			50	76	
山　东	873		49	824	98		389	532	1
河　南	224		66	206	41	43	219	43	28
湖　北	10			10					10
湖　南	13	30	53	56	30	10	49	39	8
广　东	112		146	100	158		258		
广　西									
海　南									
重　庆									
四　川	76			74	2		72	4	
贵　州									
云　南									
西　藏									
陕　西	188	8	93	213	63	13	211	75	3
甘　肃									
青　海									
宁　夏									
新　疆									

单位：人、人次、平方米、万元

康复和医疗门诊人次数	机构建筑面积	增加值合计	执行行政事业单位会计制度财务指标					
			固定资产原价	上年结转和结余	本年收入合计	本年支出合计	收支结余	行政事业单位增加值
335773	**322069**	**33341.3**	**63484.4**	**5809.1**	**49276.9**	**49873.2**	**7534.5**	**33341.3**
960	2730	354.0	3275.0	1024.0	1400.0	1969.0		354.0
97762	56052	8728.0	17737.3	651.0	11456.9	14579.4		8728.0
19841	46259	4107.7	5060.0	109.0	5611.0	4114.0	1606.0	4107.7
	7170	12.8	320.0		75.6	75.6		12.8
	22746				256.5	256.5		
86413	26401	1265.1	3252.6	0.1	2704.6	2680.8	23.8	1265.1
	5150	0.5	13.6		1.0	1.0		0.5
	4100	81.0	341.0	66.0	254.6	142.0	112.6	81.0
41546	81717	8265.7	15051.8	3940.2	11717.4	10162.0	5495.6	8265.7
45869	2600	5402.7	5966.7		7204.7	6900.9	293.8	5402.7
	3100	24.9	210.0		105.0	105.0		24.9
4629	9350	899.5	875.0		880.0	880.0		899.5
	17164	2941.7	6274.3	18.8	4820.6	5241.7	2.7	2941.7
6471	2350	41.9	147.0		80.0	55.0		41.9
32282	35180	1055.5	4960.1		2709.0	2710.3		1055.5

C-2-15 社区养老

地　区	单位数	年末职工人数		受教育程度情况	
			#女性	大学专科人数	大学本科及以上人数
全　国	**44**	**574**	**311**	**125**	**45**
北　京					
天　津					
河　北					
山　西					
内蒙古					
辽　宁					
吉　林					
黑龙江					
上　海					
江　苏	13	219	79	45	
浙　江	3	46	36		
安　徽	3	19	5		
福　建					
江　西					
山　东	22	231	140	64	39
河　南					
湖　北					
湖　南					
广　东					
广　西					
海　南					
重　庆					
四　川					
贵　州					
云　南					
西　藏					
陕　西					
甘　肃	3	59	51	16	6
青　海					
宁　夏					
新　疆					

服务机构

单位:个、人

职业资格水平		年龄结构			
助理社会工作师人数	社会工作师人数	35岁及以下人数	36岁至45岁人数	46岁至55岁人数	56岁及以上人数
4	**2**	**92**	**350**	**99**	**33**
		5	194	15	5
		4	4	27	11
		6	9	3	1
		40	129	49	13
4	2	37	14	5	3

C-2-15续表1

地 区	年末床位数	#光荣间床位	年在院总人天数	年末在院人数	#女性	在院人员按性质分		
						优抚对象	“三无”对象	自费人员
全 国	**3907**	**13**	**564800**	**2535**	**652**	**16**	**136**	**2383**
北 京								
天 津								
河 北								
山 西								
内蒙古								
辽 宁								
吉 林								
黑龙江								
上 海								
江 苏	1184		39750	1012	35		36	976
浙 江	711		170965	498	190		1	497
安 徽	585		35040	96			96	
福 建								
江 西								
山 东	1160		260580	751	311			751
河 南								
湖 北								
湖 南								
广 东								
广 西								
海 南								
重 庆								
四 川								
贵 州								
云 南								
西 藏								
陕 西								
甘 肃	267	13	58465	178	116	16	3	159
青 海								
宁 夏								
新 疆								

单位：张、人天、人、人次、平方米

在院人员按年龄分			在院人员按类型分			康复和医疗门诊人次数	机构建筑面积
老人	青壮年	少年儿童	自理（完全自理）	介助（半自理）	介护（不能自理）		
2479	**54**	**2**	**2004**	**252**	**279**	**5541**	**55750**
1010		2	986	21	5		7300
492	6		219	129	150	490	3800
96			88	5	3	178	1750
708	43		673	51	27	3747	41400
173	5		38	46	94	1126	1500

C-2-15续表2

地区	增加值合计	执行行政事业单位会计制度财务指标		
		固定资产原价	本年收入合计	本年支出合计
全国	**612.8**	**263.0**	**46.3**	**46.6**
北京				
天津				
河北				
山西				
内蒙古				
辽宁				
吉林				
黑龙江				
上海				
江苏	62.6	263.0	46.3	46.6
浙江	1.9			
安徽				
福建				
江西				
山东	407.0			
河南				
湖北				
湖南				
广东				
广西				
海南				
重庆				
四川				
贵州				
云南				
西藏				
陕西				
甘肃	141.3			
青海				
宁夏				
新疆				

单位：万元

	执行民间非营利组织单位会计制度财务指标				
行政事业单位增加值	固定资产原价	上年结余	本年收入合计	本年费用合计	民间非营利组织单位增加值
57.1	**4747.8**	**-21.3**	**1046.9**	**987.2**	**555.7**
57.1	728.0		16.8	82.8	5.5
	195.1		133.0	6.0	1.9
	396.0		68.0	68.0	
	3236.0		593.5	593.5	407.0
	192.7	-21.3	235.6	236.9	141.3

C-2-16 智障与精神疾病

地区	单位数	年末职工人数		受教育程度情况		职业资格水平		
			#女性	大学专科人数	大学本科及以上人数	助理社会工作师人数	社会工作师人数	35岁及以下人数
全　国	**251**	**22769**	**12551**	**7839**	**5442**	**223**	**148**	**7888**
北　京	2	274	182	47	77			131
天　津	3	497	202	157	99	6	1	122
河　北	2	529	268	33	29		1	185
山　西	8	797	441	295	222	4	4	198
内蒙古	5	475	238	261	109		1	132
辽　宁	4	612	310	145	140	3	2	100
吉　林	7	731	347	185	321			137
黑龙江	5	896	350	291	267	2	4	287
上　海	3	595	334	183	106	15	12	254
江　苏	13	2006	1182	696	677	24	22	689
浙　江	3	192	108	37	93	5	4	73
安　徽	5	463	254	183	88			194
福　建	17	940	532	223	142	6	2	391
江　西	4	157	90	52	55	5	7	39
山　东	15	1670	1006	596	685	61	25	685
河　南	8	888	497	318	223	15	18	254
湖　北	11	1654	963	453	443			440
湖　南	17	1737	997	711	278			480
广　东	13	1391	749	443	319	36	19	646
广　西	8	1270	780	485	258	5	8	682
海　南								
重　庆	12	475	235	174	83	3	2	120
四　川	25	1812	925	771	235	12	10	731
贵　州	32	893	454	448	116	4		220
云　南	6	310	186	116	81	1		120
西　藏								
陕　西	4	386	189	113	62	5	2	99
甘　肃	5	196	100	77	48	1	1	74
青　海	1	159	108	60	32			93
宁　夏	1	67	50			8	2	32
新　疆	12	697	474	286	154	2	1	280

服务机构总表

单位:个、人、张、人天

年龄结构			年末床位数	#光荣间床位	年在院总人天数	年末在院人数	#女性
36岁至45岁人数	46岁至55岁人数	56岁及以上人数					
8223	**5405**	**1253**	**64499**	**3121**	**15697699**	**55238**	**14913**
81	57	5	557		185372	475	171
100	215	60	1050		243246	817	236
157	160	27	943		93722	810	61
368	196	35	1280	285	384634	1148	258
133	192	18	1941	101	306369	1688	197
248	223	41	1405	46	410753	1177	236
328	221	45	3034	429	590175	2699	703
294	272	43	2638	17	190234	2342	665
102	165	74	1821		649013	1776	502
695	499	123	6975	13	1799354	6311	1536
90	22	7	1080		192800	1075	361
155	75	39	778		234791	651	88
287	216	46	3380	128	1031004	3154	854
69	46	3	396		94187	372	35
539	389	57	3418		795394	2388	395
463	151	20	1544	3	304175	1409	454
594	438	182	3428	250	906480	2822	1041
857	307	93	3856	347	734191	2504	916
458	210	77	4265	212	1041775	3679	961
344	201	43	2582	154	826338	2418	829
138	187	30	1813	40	605121	1687	429
673	322	86	7254	131	1957449	6140	1759
410	242	21	3282	411	808085	2569	659
101	84	5	935		169393	988	291
171	86	30	1100	360	365835	1065	225
68	45	9	870	110	135963	413	97
16	27	23	260	24	78642	254	98
28	7		118		43070	118	45
256	150	11	2496	60	520134	2289	811

C-2-16续表

地　区	在院人员按性质分			在院人员按年龄分			在院人员按类型分		
	优抚对象	“三无”对象	自费人员	老人	青壮年	少年儿童	自理（完全自理）	介助（半自理）	介护（不能自理）
全　国	**10612**	**15596**	**29030**	**19420**	**34665**	**1153**	**32026**	**16137**	**7075**
北　京	5	22	448	98	360	17	328	99	48
天　津	157	265	395	166	651		817		
河　北	503	13	294	363	427	20	185	32	593
山　西	681	128	339	374	738	36	748	314	86
内蒙古	155	531	1002	1130	532	26	1098	177	413
辽　宁	496	120	561	167	1005	5	956	153	68
吉　林	607	1495	597	1147	1514	38	1718	796	185
黑龙江	112	1809	421	364	1973	5	1620	543	179
上　海		121	1655	512	1264		790	986	
江　苏	583	1907	3821	3483	2795	33	3529	1762	1020
浙　江	144	174	757	228	827	20	145	704	226
安　徽	325	79	247	167	472	12	34	571	46
福　建	471	1093	1590	974	2094	86	1774	1115	265
江　西	25	199	148	139	233		225	121	26
山　东	1656	256	476	1082	1306		1656	540	192
河　南	398	95	916	178	1082	149	1287	115	7
湖　北	506	597	1719	930	1838	54	1629	868	325
湖　南	768	570	1166	931	1440	133	695	928	881
广　东	976	425	2278	981	2565	133	2393	1033	253
广　西	405	438	1575	605	1781	32	1364	696	358
海　南									
重　庆	128	734	825	666	1012	9	1226	414	47
四　川	590	1371	4179	2359	3717	64	2762	2003	1375
贵　州	137	747	1685	961	1519	89	1543	825	201
云　南	159	528	301	217	756	15	388	514	86
西　藏									
陕　西	537	399	129	238	800	27	933	132	
甘　肃	55	279	79	107	209	97	304	88	21
青　海	2	5	247	64	178	12	250	3	1
宁　夏			118	72	46		93	25	
新　疆	31	1196	1062	717	1531	41	1536	580	173

单位：人、人次、平方米、万元

康复和医疗门诊人次数	机构建筑面积	增加值合计	执行行政事业单位会计制度财务指标					
			固定资产原价	上年结转和结余	本年收入合计	本年支出合计	收支结余	行政事业单位增加值
2745167	**2685598**	**212718.7**	**317701.6**	**59794.7**	**379970.1**	**362386.2**	**41141.6**	**212718.7**
120769	12096	3834.9	4417.4	947.0	10667.2	10396.5	1217.7	3834.9
22178	30888	6558.6	6214.2	538.0	8397.6	8871.6		6558.6
44890	511736	6393.0	9281.2	3073.4	7923.2	9886.9	1109.7	6393.0
19326	82945	6179.7	10925.3	1127.5	9408.9	7201.7	2776.6	6179.7
12426	19384	4510.5	2507.9	261.2	9013.2	7239.9	2034.5	4510.5
7077	49106	5757.0	5611.7	1857.4	8397.4	9116.6	1135.5	5757.0
102920	72151	5516.3	9292.2		9779.2	10022.2		5516.3
288147	15368	4652.2	10688.0	1303.0	8763.0	8201.0	1156.0	4652.2
4192	59468	8312.2	16061.0	568.6	12967.0	11154.4	2152.1	8312.2
137657	240353	30233.8	60522.5	12496.7	45300.2	49410.6	6568.5	30233.8
34120	48150	4536.5	5254.2	82.7	12319.2	10919.6	336.1	4536.5
65752	30161	3214.7	3175.7	-347.6	7279.7	5323.5	1608.5	3214.7
171270	92817	8180.7	9758.3	1327.5	16283.6	15809.2	172.6	8180.7
	8862	1156.3	670.8		1967.5	1509.4		1156.3
108236	175952	12646.8	18729.1	949.8	22798.9	23748.7		12646.8
201490	55917	7240.6	9613.0	3296.0	12705.0	15493.0	543.0	7240.6
93379	248484	10769.8	32971.8		23434.4	23539.4	184.0	10769.8
285044	167700	10362.6	12888.9	120.1	18752.6	18657.2	485.1	10362.6
84694	47710	15656.7	18424.4	935.1	24668.8	23992.8	1354.1	15656.7
182848	119909	8867.4	10399.7	1400.0	17388.3	15750.4	2403.9	8867.4
66563	79724	5748.2	6422.3	20.0	9376.5	9270.0	126.5	5748.2
149945	173557	18931.9	22861.9	24135.6	40739.0	32537.4	5308.0	18931.9
50342	54701	6225.8	7418.1	321.5	12469.4	10668.8	2023.3	6225.8
38159	73199	2574.5	4174.3	202.4	5597.7	3924.7	865.6	2574.5
11700	62876	2936.4	4654.6	1578.0	3466.5	4202.2	1872.2	2936.4
85735	14132	1813.6	3208.3	1332.4	5425.5	3189.2	1415.2	1813.6
21227	18000	980.2	1235.0	380.5	2057.8	1677.4	380.5	980.2
4368	9802	156.8	230.3	130.5	958.1	734.4	354.3	156.8
330713	110450	6165.9	10089.5	1757.4	11664.7	9937.5	3558.1	6165.9

C-2-17 福利类

地　区	单位数	年末职工人数	#女性	受教育程度情况		职业资格水平		
				大学专科人数	大学本科及以上人数	助理社会工作师人数	社会工作师人数	35岁及以下人数
全　国	**155**	**13172**	**7263**	**4721**	**3121**	**105**	**91**	**4746**
北　京	2	274	182	47	77			131
天　津	2	378	145	134	69	6	1	88
河　北								
山　西	1	97	47	36	29	1	1	24
内蒙古	3	298	143	189	49			84
辽　宁	1	62	32	20	26		1	7
吉　林	5	499	202	144	189			61
黑龙江	4	832	319	263	260	2	4	277
上　海	3	595	334	183	106	15	12	254
江　苏	12	1702	1004	623	536	24	21	571
浙　江	2	134	67	26	82	5	4	73
安　徽	4	167	119	57	20			98
福　建	15	852	473	223	142	6	2	347
江　西	3	154	89	52	55	5	7	39
山　东	2	318	163	136	101		3	110
河　南	7	568	315	179	161	3	8	214
湖　北	3	361	198	114	50			87
湖　南	9	919	519	312	187			238
广　东	2	691	452	264	252	5	7	384
广　西	4	707	476	326	155	3	3	363
海　南								
重　庆	12	475	235	174	83	3	2	120
四　川	19	1311	693	534	182	9	9	543
贵　州	24	583	299	281	64	2		144
云　南	3	186	120	62	56	1		66
西　藏								
陕　西	1	156	62	37	31	5	2	66
甘　肃	2	90	44	30	15	1	1	24
青　海	1	159	108	60	32			93
宁　夏	1	67	50			8	2	32
新　疆	8	537	373	215	112	1	1	208

精神病院和医院

单位:个、人、张、人天

年龄结构			年末床位数		年在院总人天数	年末在院人数	
36岁至45岁人数	46岁至55岁人数	56岁及以上人数		#光荣间床位			#女性
4533	**3181**	**712**	**39548**	**1408**	**10215193**	**35085**	**10416**
81	57	5	557		185372	475	171
89	150	51	750		231652	630	206
33	37	3	150		6530	139	34
89	121	4	736	50	219600	602	137
21	28	6	20		4380	8	3
237	162	39	2140	300	457160	1805	393
268	244	43	2438	17	189972	2206	651
102	165	74	1821		649013	1776	502
609	414	108	6179	13	1542963	5515	1343
35	19	7	970		152650	965	361
29	17	23	278		55385	151	41
261	201	43	3080	128	998154	2901	778
69	43	3	371		85062	347	30
90	108	10	500		154490	430	110
223	111	20	874	3	225665	739	363
145	97	32	571		108589	405	116
520	134	27	1626	301	314428	1181	423
231	55	21	1804	100	622007	1684	539
194	121	29	1580		541712	1521	630
138	187	30	1813	40	605121	1687	429
451	250	67	5344	12	1408319	4528	1390
255	170	14	2047	220	539443	1702	420
52	63	5	578		81988	636	219
41	39	10	500	200	171185	477	160
36	24	6	230		64561	165	54
16	27	23	260	24	78642	254	98
28	7		118		43070	118	45
190	130	9	2213		478080	2038	770

C-2-17续表

地　区	在院人员按性质分			在院人员按年龄分			在院人员按类型分		
	优抚对象	“三无”对象	自费人员	老人	青壮年	少年儿童	自理(完全自理)	介助(半自理)	介护(不能自理)
全　国	**2278**	**12976**	**19831**	**12930**	**21480**	**675**	**21735**	**9920**	**3430**
北　京	5	22	448	98	360	17	328	99	48
天　津		265	365	156	474		630		
河　北									
山　西		58	81	40	99		123	11	5
内蒙古	75	432	95	345	257		486	61	55
辽　宁			8	1	2	5	1	5	2
吉　林	397	1224	184	701	1066	38	1454	296	55
黑龙江	17	1800	389	343	1858	5	1484	543	179
上　海		121	1655	512	1264		790	986	
江　苏	272	1875	3368	3278	2208	29	3452	1363	700
浙　江	40	174	751	207	744	14	54	685	226
安　徽		54	97	89	54	8	34	71	46
福　建	401	999	1501	776	2039	86	1644	1004	253
江　西		199	148	114	233		200	121	26
山　东		256	174	176	254		180	178	72
河　南	13	95	631	91	510	138	684	48	7
湖　北		98	307	375	30		340	39	26
湖　南	269	307	605	479	623	79	319	532	330
广　东	26	158	1500	514	1143	27	1502	74	108
广　西	132	340	1049	389	1116	16	872	384	265
海　南									
重　庆	128	734	825	666	1012	9	1226	414	47
四　川	281	965	3282	1924	2550	54	2299	1584	645
贵　州	79	625	998	673	957	72	1023	577	102
云　南	55	479	102	150	486		278	276	82
西　藏									
陕　西	86	391		82	368	27	454	23	
甘　肃		104	61	18	146	1	130	28	7
青　海	2	5	247	64	178	12	250	3	1
宁　夏			118	72	46		93	25	
新　疆		1196	842	597	1403	38	1405	490	143

单位：人、人次、平方米、万元

康复和医疗门诊人次数	机构建筑面积	增加值合计	执行行政事业单位会计制度财务指标					
			固定资产原价	上年结转和结余	本年收入合计	本年支出合计	收支结余	行政事业单位增加值
1830207	**1114985**	**135598.4**	**180419.8**	**38494.7**	**241801.6**	**220396.7**	**25269.6**	**135598.4**
120769	12096	3834.9	4417.4	947.0	10667.2	10396.5	1217.7	3834.9
22178	21211	5170.0	2238.0		6709.0	6629.0		5170.0
312	8262	741.6	370.1		1063.0	1063.0		741.6
11580	12200	2639.0	1404.9	261.2	6249.2	4475.9	2034.5	2639.0
67	4300	859.6	456.0	330.0	1206.0	1460.0	76.0	859.6
94580	38300	3598.8	7392.2		5349.2	5592.2		3598.8
283564	14168	4574.9	8755.0	1303.0	7590.0	7028.0	1156.0	4574.9
4192	59468	8312.2	16061.0	568.6	12967.0	11154.4	2152.1	8312.2
58588	202985	24035.8	45048.7	4956.8	38176.2	37844.9	3470.3	24035.8
34120	26650	3374.3	4596.0		10804.0	9687.8		3374.3
27783	17161	1255.4	997.2	-347.6	2300.2	2250.8	-298.2	1255.4
171270	88725	7613.4	8671.5	1311.0	15674.3	14978.9	172.6	7613.4
	8362	1155.6	654.2		1962.0	1503.9		1155.6
4561	23538	3002.6	1540.9		4190.1	4190.1		3002.6
173082	52917	4708.2	5748.0	943.0	7734.0	8707.0	5.0	4708.2
29547	5270	1017.0	1475.0		2663.0	2768.0		1017.0
91265	31400	5641.9	7062.9	100.8	9248.4	8454.5	797.3	5641.9
37820	1059	10588.3	10929.4	33.5	15183.1	14661.8	480.9	10588.3
64813	47492	5599.9	6424.2	242.0	10547.1	9394.4	986.7	5599.9
66563	79724	5748.2	6422.3	20.0	9376.5	9270.0	126.5	5748.2
105833	144183	16066.3	19189.9	24135.6	32943.5	24741.9	5308.0	16066.3
30603	31069	3726.3	4266.2	193.3	7255.9	6302.0	1050.2	3726.3
32221	15519	1696.9	2767.8	162.4	3787.4	2888.0	305.1	1696.9
	27800	1733.6	1605.6	1065.7	2459.0	1671.5	1853.2	1733.6
8588	8974	767.0	919.6		1154.7	1071.9	82.8	767.0
21227	18000	980.2	1235.0	380.5	2057.8	1677.4	380.5	980.2
4368	9802	156.8	230.3	130.5	958.1	734.4	354.3	156.8
330713	104350	6063.9	9540.5	1757.4	11525.7	9798.5	3558.1	6063.9

C-2-18 复退军人

地　区	单位数	年末职工人数	#女性	受教育程度情况		职业资格水平		
				大学专科人数	大学本科及以上人数	助理社会工作师人数	社会工作师人数	35岁及以下人数
全　国	**96**	**9597**	**5288**	**3118**	**2321**	**118**	**57**	**3142**
北　京								
天　津	1	119	57	23	30			34
河　北	2	529	268	33	29		1	185
山　西	7	700	394	259	193	3	3	174
内蒙古	2	177	95	72	60		1	48
辽　宁	3	550	278	125	114	3	1	93
吉　林	2	232	145	41	132			76
黑龙江	1	64	31	28	7			10
上　海								
江　苏	1	304	178	73	141		1	118
浙　江	1	58	41	11	11			
安　徽	1	296	135	126	68			96
福　建	2	88	59					44
江　西	1	3	1					
山　东	13	1352	843	460	584	61	22	575
河　南	1	320	182	139	62	12	10	40
湖　北	8	1293	765	339	393			353
湖　南	8	818	478	399	91			242
广　东	11	700	297	179	67	31	12	262
广　西	4	563	304	159	103	2	5	319
海　南								
重　庆								
四　川	6	501	232	237	53	3	1	188
贵　州	8	310	155	167	52	2		76
云　南	3	124	66	54	25			54
西　藏								
陕　西	3	230	127	76	31			33
甘　肃	3	106	56	47	33			50
青　海								
宁　夏								
新　疆	4	160	101	71	42	1		72

精神病院

单位:个、人、张、人天

年龄结构			年末床位数		年在院总人天数	年末在院人数	
36岁至45岁人数	46岁至55岁人数	56岁及以上人数		#光荣间床位			#女性
3690	**2224**	**541**	**24951**	**1713**	**5482506**	**20153**	**4497**
11	65	9	300		11594	187	30
157	160	27	943		93722	810	61
335	159	32	1130	285	378104	1009	224
44	71	14	1205	51	86769	1086	60
227	195	35	1385	46	406373	1169	233
91	59	6	894	129	133015	894	310
26	28		200		262	136	14
86	85	15	796		256391	796	193
55	3		110		40150	110	
126	58	16	500		179406	500	47
26	15	3	300		32850	253	76
	3		25		9125	25	5
449	281	47	2918		640904	1958	285
240	40		670		78510	670	91
449	341	150	2857	250	797891	2417	925
337	173	66	2230	46	419763	1323	493
227	155	56	2461	112	419768	1995	422
150	80	14	1002	154	284626	897	199
222	72	19	1910	119	549130	1612	369
155	72	7	1235	191	268642	867	239
49	21		357		87405	352	72
130	47	20	600	160	194650	588	65
32	21	3	640	110	71402	248	43
66	20	2	283	60	42054	251	41

C-2-18续表

地区	在院人员按性质分			在院人员按年龄分			在院人员按类型分		
	优抚对象	“三无”对象	自费人员	老人	青壮年	少年儿童	自理（完全自理）	介助（半自理）	介护（不能自理）
全　国	**8334**	**2620**	**9199**	**6490**	**13185**	**478**	**10291**	**6217**	**3645**
北　京									
天　津	157		30	10	177		187		
河　北	503	13	294	363	427	20	185	32	593
山　西	681	70	258	334	639	36	625	303	81
内蒙古	80	99	907	785	275	26	612	116	358
辽　宁	496	120	553	166	1003		955	148	66
吉　林	210	271	413	446	448		264	500	130
黑龙江	95	9	32	21	115		136		
上　海									
江　苏	311	32	453	205	587	4	77	399	320
浙　江	104		6	21	83	6	91	19	
安　徽	325	25	150	78	418	4		500	
福　建	70	94	89	198	55		130	111	12
江　西	25			25			25		
山　东	1656		302	906	1052		1476	362	120
河　南	385		285	87	572	11	603	67	
湖　北	506	499	1412	555	1808	54	1289	829	299
湖　南	499	263	561	452	817	54	376	396	551
广　东	950	267	778	467	1422	106	891	959	145
广　西	273	98	526	216	665	16	492	312	93
海　南									
重　庆									
四　川	309	406	897	435	1167	10	463	419	730
贵　州	58	122	687	288	562	17	520	248	99
云　南	104	49	199	67	270	15	110	238	4
西　藏									
陕　西	451	8	129	156	432		479	109	
甘　肃	55	175	18	89	63	96	174	60	14
青　海									
宁　夏									
新　疆	31		220	120	128	3	131	90	30

单位：人、人次、平方米、万元

康复和医疗门诊人次数	机构建筑面积	增加值合计	执行行政事业单位会计制度财务指标					
			固定资产原价	上年结转和结余	本年收入合计	本年支出合计	收支结余	行政事业单位增加值
914960	**1570613**	**77120.3**	**137281.8**	**21300.0**	**138168.5**	**141989.5**	**15872.0**	**77120.3**
	9677	1388.6	3976.2	538.0	1688.6	2242.6		1388.6
44890	511736	6393.0	9281.2	3073.4	7923.2	9886.9	1109.7	6393.0
19014	74683	5438.1	10555.2	1127.5	8345.9	6138.7	2776.6	5438.1
846	7184	1871.5	1103.0		2764.0	2764.0		1871.5
7010	44806	4897.4	5155.7	1527.4	7191.4	7656.6	1059.5	4897.4
8340	33851	1917.5	1900.0		4430.0	4430.0		1917.5
4583	1200	77.3	1933.0		1173.0	1173.0		77.3
79069	37368	6198.0	15473.8	7539.9	7124.0	11565.7	3098.2	6198.0
	21500	1162.2	658.2	82.7	1515.2	1231.8	336.1	1162.2
37969	13000	1959.3	2178.5		4979.5	3072.7	1906.7	1959.3
	4092	567.3	1086.8	16.5	609.3	830.3		567.3
	500	0.7	16.6		5.5	5.5		0.7
103675	152414	9644.2	17188.2	949.8	18608.8	19558.6		9644.2
28408	3000	2532.4	3865.0	2353.0	4971.0	6786.0	538.0	2532.4
63832	243214	9752.8	31496.8		20771.4	20771.4	184.0	9752.8
193779	136300	4720.7	5826.0	19.3	9504.2	10202.7	-312.2	4720.7
46874	46651	5068.4	7495.0	901.6	9485.7	9331.0	873.2	5068.4
118035	72417	3267.5	3975.5	1158.0	6841.2	6356.0	1417.2	3267.5
44112	29374	2865.6	3672.0		7795.5	7795.5		2865.6
19739	23632	2499.5	3151.9	128.2	5213.5	4366.8	973.1	2499.5
5938	57680	877.6	1406.5	40.0	1810.3	1036.7	560.5	877.6
11700	35076	1202.8	3049.0	512.3	1007.5	2530.7	19.0	1202.8
77147	5158	1046.6	2288.7	1332.4	4270.8	2117.3	1332.4	1046.6
	6100	102.0	549.0		139.0	139.0		102.0

C-2-19 儿童

地　区	单位数	年末职工人数	#女性	受教育程度情况		职业资格水平		
				大学专科人数	大学本科及以上人数	助理社会工作师人数	社会工作师人数	35岁及以下人数
全　国	**397**	**10267**	**7096**	**3005**	**2028**	**204**	**187**	**4387**
北　京	10	498	375	185	163	3	10	163
天　津	2	125	86	55	44	5	10	50
河　北	8	76	41	12	7			43
山　西	5	112	65	15	9	4	5	65
内蒙古	7	233	142	106	57	7	8	103
辽　宁	6	300	189	91	126			96
吉　林	8	209	120	13	6			79
黑龙江	10	337	205	159	81	1	2	128
上　海	6	530	450	98	114	28	25	237
江　苏	13	495	344	139	119	17	23	116
浙　江	13	354	261	114	107	6	7	158
安　徽	21	575	352	167	88	4	9	254
福　建	9	148	102	52	37	2	1	51
江　西	3	72	50	11	9		1	25
山　东	13	372	263	131	137	9	5	150
河　南	11	355	262	49	54		7	186
湖　北	55	1327	903	408	113	4	9	603
湖　南	19	314	191	84	37	13	5	116
广　东	32	797	620	153	46	36	23	295
广　西	6	357	281	118	111	5	2	200
海　南	1	10	9	1	1			4
重　庆	7	288	214	109	123	9	3	197
四　川	19	513	370	115	97	14	1	209
贵　州	12	174	104	72	16	5	2	63
云　南	16	285	204	39	73	3	6	142
西　藏	12	97	54	22	5	2		46
陕　西	9	211	126	72	54	6	4	84
甘　肃	13	241	108	62	42	1	3	98
青　海	3	121	105	58	10	4		68
宁　夏	5	162	137	41	45	2	3	96
新　疆	43	579	363	254	97	14	13	262

收养机构

单位:个、人、张、人天

年龄结构			年末床位数	#光荣间床位	年在院总人天数	年末在院人数	#女性
36岁至45岁人数	46岁至55岁人数	56岁及以上人数					
3582	**1948**	**350**	**59697**	**588**	**12765607**	**44567**	**18757**
218	97	20	1284		206036	1062	399
36	32	7	828		271908	741	270
27	5	1	545		97633	427	129
28	18	1	340		33455	155	75
65	57	8	1290		286212	827	315
121	66	17	2074		577047	1885	365
84	42	4	1217		95805	895	137
107	90	12	1734		292475	1280	481
118	146	29	2427		852026	2336	998
189	161	29	2203	6	580848	1710	834
116	77	3	2217		630457	1715	793
200	101	20	3391		897775	2691	1134
59	33	5	1150		273450	765	358
21	23	3	660		58262	505	91
112	92	18	3803		754018	2159	996
92	68	9	2179		719114	1907	947
479	181	64	5253		848156	3141	2042
121	64	13	3176	469	705280	2170	1429
333	142	27	3722		556412	2167	795
111	43	3	1040		288089	929	409
4	1	1	35		3500	35	26
59	30	2	2550		314583	1306	608
202	82	20	2683	1	626410	2049	898
65	41	5	1055	36	271632	923	629
97	40	6	1198		197549	1285	164
51			1240		403237	1115	625
74	50	3	2110		632060	1877	771
99	37	7	1558	1	277266	1247	364
40	11	2	635		155945	431	214
40	23	3	454		20978	358	23
214	95	8	5646	75	837989	4474	1438

C-2-19续表

地　区	在院人员按性质分			在院人员按年龄分			在院人员按类型分		
	优抚对象	“三无”对象	自费人员	老人	青壮年	少年儿童	自理（完全自理）	介助（半自理）	介护（不能自理）
全　国	**182**	**42003**	**2382**	**1482**	**1599**	**41486**	**17909**	**9470**	**17188**
北　京		1030	32	1	69	992	281	75	706
天　津		731	10		70	671	183	78	480
河　北		427				427	417		10
山　西		110	45			155	86	30	39
内蒙古		827			103	724	343	215	269
辽　宁		1880	5	215	210	1460	1295	258	332
吉　林		825	70	75	2	818	777	19	99
黑龙江	140	1030	110	87	31	1162	643	462	175
上　海		2162	174			2336	310	416	1610
江　苏	6	1628	76	261	280	1169	573	182	955
浙　江		1324	391	152	105	1458	487	508	720
安　徽	27	2539	125	266	288	2137	483	714	1494
福　建		765			11	754	349	191	225
江　西		505				505	391		114
山　东		2159				2159	372	500	1287
河　南		1907		6	7	1894	864	483	560
湖　北		3139	2			3141	1347	553	1241
湖　南	8	2130	32		70	2100	557	310	1303
广　东		1733	434	50	13	2104	659	344	1164
广　西		437	492	35	72	822	24	644	261
海　南		35				35	29	3	3
重　庆		1298	8			1306	352	250	704
四　川		1918	131	23	30	1996	470	549	1030
贵　州		921	2	22	13	888	609	126	188
云　南		1285		1	69	1215	330	838	117
西　藏		1115				1115	1074	41	
陕　西		1877				1877	246	774	857
甘　肃		1225	22	79	5	1163	516	388	343
青　海		431				431	331	60	40
宁　夏		338	20		24	334	72	63	223
新　疆	1	4272	201	209	127	4138	3439	396	639

单位：人、人次、平方米、万元

康复和医疗门诊人次数	家庭寄养儿童数量	机构建筑面积	增加值合计	执行行政事业单位会计制度财务指标					
				固定资产原价	上年结转和结余	本年收入合计	本年支出合计	收支结余	行政事业单位增加值
418558	**20932**	**1836480**	**87088.7**	**204459.0**	**15895.2**	**169159.7**	**162271.1**	**25475.6**	**87088.7**
8128	857	57122	6807.4	15460.7	825.4	12112.4	13206.8	1752.8	6807.4
	397	20251	3673.8	1045.7	50.3	4593.6	3025.6	1420.2	3673.8
	95	9953	123.0	100.2		467.9	467.9		123.0
1030	71	11354	442.8	599.6	9.0	981.0	808.3	205.3	442.8
	42	40065	2330.2	3928.0	614.2	5727.0	5989.8	351.4	2330.2
20515	217	61572	3465.8	5777.0	1255.8	6194.9	6213.7	637.5	3465.8
874	5	74863	1241.5	2917.3		2574.0	2576.0		1241.5
325	198	63285	4156.6	13746.6	176.0	12049.1	6011.4	6355.4	4156.6
	1569	99163	6235.2	17373.4	1973.9	10721.3	9590.7	1309.5	6235.2
21287	141	97104	6092.3	8254.6	156.7	8893.3	8072.4	1123.2	6092.3
29746	370	63872	6773.3	13780.3	782.5	18641.6	27595.6	949.8	6773.3
12226	396	115647	3639.7	9036.7	13.8	6843.2	6395.7	283.3	3639.7
86	710	23219	1972.3	2348.2	503.2	2123.7	1953.3	1025.8	1972.3
	2	15750	356.0	1543.7		478.5	402.5		356.0
35175	597	146068	3724.2	10833.0		6230.2	6230.2		3724.2
7400	345	69933	1838.8	4210.4	-317.0	4272.7	3061.7	894.0	1838.8
32128	1302	82432	5472.7	9929.0		10930.2	10923.2	12.0	5472.7
4570	1513	55352	2761.5	6319.6		4215.9	3687.6	485.3	2761.5
28435	181	75202	2703.4	9833.4	1375.5	8139.1	6749.9	1780.9	2703.4
2725	50	43790	1743.9	2916.8	110.1	2790.8	2692.9	189.8	1743.9
		3300	30.4	460.0		250.0	250.0		30.4
111415	38	116361	1789.8	4617.5	301.6	4397.4	4165.3	534.7	1789.8
12689	1570	97046	4585.8	9173.5	3784.3	7195.7	5838.5	2048.7	4585.8
365	281	23758	1144.8	2441.4	1006.2	3158.7	2201.0	1455.4	1144.8
85	578	70639	2045.1	9571.6	132.7	2814.5	2951.6		2045.1
		46588	465.7	6858.9		626.4	626.4		465.7
	377	44010	3014.4	4344.2	285.9	5101.7	5008.0	106.8	3014.4
3027	33	43575	2040.0	10255.9	1046.7	4935.4	5233.7	234.9	2040.0
		4200	71.2	1780.0		235.0	235.0		71.2
	124	31318	1319.8	3190.0	437.0	1974.3	1457.4	953.9	1319.8
86327	8873	129688	4189.0	11811.8	1371.4	9490.2	8649.0	1365.0	4189.0

C-2-20 其他

地区	单位数	年末职工人数	#女性	受教育程度情况	
				大学专科人数	大学本科及以上人数
全国	**382**	**4557**	**2699**	**663**	**422**
北京					
天津					
河北	172	932	532	211	221
山西	7	19	9	5	
内蒙古	7	73	32	7	8
辽宁	19	273	192		
吉林	9	79	32	4	2
黑龙江	3	23	11	4	2
上海					
江苏	31	261	98	3	
浙江	1	74	58		
安徽	7	59	30	6	1
福建	32	506	276		
江西					
山东					
河南	3	44	27	6	3
湖北	3	34	13	1	
湖南	5	9	3	1	1
广东	21	312	182	106	27
广西	2	17	17	1	
海南					
重庆	5	56	45		
四川	41	1598	1042	270	139
贵州	5	79	55	12	8
云南	1	79	28	20	10
西藏					
陕西					
甘肃	3	15	8	5	
青海					
宁夏					
新疆	5	15	9	1	

收养性机构

单位:个、人

职业资格水平		年龄结构			
助理社会工作师人数	社会工作师人数	35岁及以下人数	36岁至45岁人数	46岁至55岁人数	56岁及以上人数
25	**9**	**1443**	**1590**	**1017**	**507**
		329	239	169	195
		8	6	2	3
		20	31	21	1
		37	131	85	20
		35	30	14	
2		6	13	3	1
		17	107	87	50
		46	23	5	
		18	21	20	
		158	181	96	71
3		9	20	14	1
		4	16	14	
		1	8		
15	8	161	85	63	3
2		3	3	8	3
		44	12		
		473	596	373	156
1		31	41	7	
2	1	34	12	30	3
		9	5	1	
			10	5	

C-2-20续表1

地区	年末床位数	#光荣间床位	年在院总人天数	年末在院人数	#女性	在院人员按性质分		
						优抚对象	“三无”对象	自费人员
全国	**29653**	**266**	**4688459**	**16996**	**5111**	**335**	**4256**	**12405**
北京								
天津								
河北	4504	235	1201355	3366	193	6	243	3117
山西	259		12991	76	1		50	26
内蒙古	942		132564	388	19		99	289
辽宁	1900		161830	1021	211		287	734
吉林	1018	9	177432	508	118	174	221	113
黑龙江	1130		3769	970	98	19	925	26
上海								
江苏	2348		257605	866	263	2	37	827
浙江	156		5866	60		8		52
安徽	1068		67581	194	17		98	96
福建	4018		450081	1005	655			1005
江西								
山东								
河南	190	20	38200	98	24	30	14	54
湖北	280		14100	155	6	20	11	124
湖南	177		60840	169		4	165	
广东	2295		23434	1262	679	5	1005	252
广西	82		19500	61	14		42	19
海南								
重庆	389		89273	300	25			300
四川	7662		1897363	5520	2438	67	415	5038
贵州	405	2	49386	299	85		30	269
云南	300		2420	242	77		242	
西藏								
陕西								
甘肃	440		7400	372	154		372	
青海								
宁夏								
新疆	90		15469	64	34			64

单位：张、人天、人、人次、平方米

在院人员按年龄分			在院人员按类型分			康复和医疗门诊人次数	机构建筑面积
老人	青壮年	少年儿童	自理（完全自理）	介助（半自理）	介护（不能自理）		
14829	**788**	**1379**	**11120**	**3603**	**2273**	**61999**	**426434**
3093	230	43	1630	860	876	149	116124
73	3		70	6			4500
258	117	13	290	88	10	121	9845
911	71	39	671	204	146		14200
476	32		476	27	5	70	15932
945	7	18	947	21	2		14944
858	8		297	482	87		36860
48	12		52	8		435	3000
182	12		107	42	45	1260	6370
1005			1005				20500
54		44	78	6	14	650	6700
135	20		143	9	3	20	2935
169			44	120	5	150	3100
405	20	837	1068	102	92	36730	27202
61			13	32	16		1020
300			254	44	2		9005
5379	132	9	3405	1157	958	22414	95753
299			264	34	1		13630
87	124	31	231		11		19614
27		345	18	354			2000
64			57	7			3200

C-2-20续表2

地 区	增加值合计	执行企业会计制度单位财务指标					执行行政	
		固定资产原价	营业收入	费用合计	营业利润	企业单位增加值	固定资产原价	上年结转和结余
全 国	**6517.5**	**3658.4**	**1096.7**	**583.3**	**43.0**	**302.4**	**26141.9**	**287.3**
北 京								
天 津								
河 北	1615.2	70.0	82.4	89.6			587.6	38.0
山 西	10.2						179.0	
内蒙古	470.1						2346.4	
辽 宁	126.1						2801.2	
吉 林	51.5						488.9	
黑龙江	56.0						900.0	
上 海								
江 苏	23.9	98.7	98.4	10.6		5.9		
浙 江	76.0						1900.0	
安 徽	139.5	300.0	210.0	125.0	20.0	25.0	185.7	
福 建	256.1						6402.0	
江 西								
山 东								
河 南	122.6						232.0	
湖 北	26.0						650.0	
湖 南	25.0						474.0	
广 东	1602.5	1.4	285.3	31.5	23.0	121.4	5990.8	249.0
广 西								
海 南								
重 庆	20.0	140.0	135.0	110.0		20.0		
四 川	986.8						609.1	
贵 州	126.1	2406.3	220.6	210.6		78.1	119.0	0.3
云 南	380.0						2076.2	
西 藏								
陕 西								
甘 肃	8.0						200.0	
青 海								
宁 夏								
新 疆	52.0	642.0	65.0	6.0		52.0		

单位：万元

事业单位会计制度财务指标				执行民间非营利组织单位会计制度财务指标				
本年收入合计	本年支出合计	收支结余	行政事业单位增加值	固定资产原价	上年结余	本年收入合计	本年费用合计	民间非营利组织单位增加值
6258.9	**6674.4**	**718.0**	**5305.4**	**58833.5**	**811.0**	**3452.2**	**2110.8**	**909.7**
1201.6	1925.6	147.0	1615.2	34178.0	30.0	838.8	120.0	
23.5	23.5		10.2					
554.1	550.5		412.1	685.0		128.0	90.0	58.0
58.1	58.1		126.1	4250.0		31.0	31.0	
50.0	50.0		41.5	52.0		28.0	28.0	10.0
14.0	25.0		56.0					
				2878.0		105.4	100.0	18.0
			76.0					
146.0	316.0	176.0	107.5	500.0		53.0	38.0	7.0
			256.1					
238.0	236.0	2.0	122.6					
			26.0	241.9		1.0	1.0	
66.8	66.8		25.0					
2610.7	2506.4	13.3	1481.1	110.0				
				74.0				
341.0	341.0		170.1	15189.6	781.0	2219.0	1702.8	816.7
113.6	113.5	0.1	48.0	450.0		48.0		
841.5	462.0	379.6	380.0					
			8.0	225.0				

C-2-21 生活无着人员

地　区	单位数	年末职工人数		受教育程度情况	
			#女性	大学专科人数	大学本科及以上人数
全　国	**1788**	**17347**	**5902**	**6018**	**3808**
北　京	23	683	304	176	230
天　津	11	211	65	53	43
河　北	39	402	86	102	67
山　西	73	560	200	199	94
内蒙古	34	377	93	138	85
辽　宁	57	822	259	328	247
吉　林	17	287	144	51	117
黑龙江	82	717	219	304	172
上　海	21	418	155	177	88
江　苏	77	646	239	194	213
浙　江	77	559	168	164	173
安　徽	38	362	97	127	101
福　建	48	290	83	73	66
江　西	96	630	196	219	92
山　东	43	401	139	162	131
河　南	50	844	301	300	148
湖　北	162	1142	432	320	252
湖　南	137	1404	438	559	149
广　东	79	1889	611	622	338
广　西	39	402	138	102	124
海　南	8	94	41	22	20
重　庆	42	330	108	127	131
四　川	156	1129	403	441	236
贵　州	64	347	123	155	59
云　南	82	459	155	180	101
西　藏	5	44	14	9	6
陕　西	89	885	333	293	107
甘　肃	50	438	164	162	82
青　海	10	59	17	39	9
宁　夏	15	97	30	33	26
新　疆	64	419	147	187	101

救助类机构总表

单位:个、人

职业资格水平		年龄结构			
助理社会工作师人数	社会工作师人数	35岁及以下人数	36岁至45岁人数	46岁至55岁人数	56岁及以上人数
315	**273**	**5765**	**6246**	**4278**	**1058**
18	9	310	181	161	31
2	4	70	49	64	28
1	3	112	120	132	38
4	6	229	172	135	24
3	6	76	133	145	23
9	12	255	248	254	65
		72	157	47	11
5	3	194	298	193	32
10	24	138	94	137	49
30	23	192	207	203	44
5	7	208	218	106	27
7	8	76	132	124	30
6	11	88	92	90	20
25	4	191	248	148	43
10	12	143	129	100	29
8	19	320	306	187	31
8	12	429	418	222	73
17	23	569	561	209	65
79	34	570	681	473	165
14	13	106	126	127	43
1	1	20	44	30	
4	2	86	135	91	18
25	15	394	448	238	49
2		92	128	110	17
4	7	132	189	121	17
		25	15	4	
8	8	336	330	172	47
3	2	144	154	115	25
1	1	17	25	14	3
4		29	37	28	3
2	4	142	171	98	8

C-2-21续表1

地　区	本年救助人次数	从其他站转入的	儿童	老年人	残疾人
全　国	**2205175**	**157184**	**178705**	**276454**	**172417**
北　京	309687	534	4795	12383	8413
天　津	15507	73	387	1550	543
河　北	69733	1966	2912	7758	3820
山　西	56530	3090	3968	10580	7716
内蒙古	49896	1721	4560	8798	3570
辽　宁	48798	2304	3320	6773	3333
吉　林	45679	4118	3629	10168	4427
黑龙江	35912	6508	3684	7224	4497
上　海	39029	163	3128	5317	3440
江　苏	53306	6577	4603	5002	2997
浙　江	48465	1643	2845	5244	2448
安　徽	142485	19301	12578	25555	16797
福　建	57236	3807	2745	8644	3740
江　西	105865	7226	10110	18291	10716
山　东	56598	4945	4404	8335	4831
河　南	94403	5973	11777	9000	10779
湖　北	169888	13044	16333	16528	8705
湖　南	171272	10088	15385	26418	22743
广　东	112953	8677	7438	14768	4917
广　西	35847	9712	3345	2398	1208
海　南	14714	274	1185	1570	717
重　庆	60418	4915	6082	5850	3987
四　川	155245	20530	17472	23066	12739
贵　州	68834	6575	8396	9575	7351
云　南	48857	3143	9411	6476	6455
西　藏	3979	40	699	309	905
陕　西	65031	4084	3917	8752	6260
甘　肃	27127	1246	3017	5779	2210
青　海	13775	68	2168	319	220
宁　夏	10559	189	759	1000	499
新　疆	17547	4650	3653	3024	1434

单位：张、人、人次

女性	救治的危重病人、精神病人	自主返乡	跨省接送	床位数		
					成年人床位数	儿童床位数
373103	**123662**	**977854**	**136450**	**79274**	**61893**	**17381**
78433	6072	8906	6777	5104	4631	473
1398	2163	8843	434	1126	1057	69
10098	3847	49237	4140	2726	2643	83
6973	2921	25391	3050	1439	1230	209
10279	4344	21617	2522	1432	1080	352
8644	3244	23158	2326	3240	2395	845
13151	6152	27641	5097	2528	2353	175
5200	1739	10055	700	2386	1848	538
8697	1149	19524	697	1189	999	190
9246	6595	32847	4515	3552	2595	957
8453	4270	32246	2451	2917	2760	157
22381	10444	72513	15555	3953	1687	2266
5688	1666	38838	2095	1486	1383	103
8033	4997	47006	6667	3513	2419	1094
10561	4200	29777	9958	2736	1948	788
15370	7292	42936	6128	2703	2308	395
26615	6930	115647	10578	3866	2213	1653
30602	12344	75920	7572	5464	4192	1272
16648	5081	54349	4356	7221	5621	1600
5555	3540	21149	1508	1558	1042	516
658	870	6880	82	164	146	18
9521	3703	34514	2518	1458	1075	383
26764	7022	64427	13393	6428	5426	1002
6276	2098	32692	10501	2016	1312	704
5393	1731	16964	916	1734	1415	319
1108	8	615	27	250	250	
12901	5933	40243	4268	3843	3628	215
3262	2046	16380	2824	1115	811	304
769	26	891	1010	72	63	9
1010	374	890	1280	539	324	215
3416	861	5758	2505	1516	1039	477

C-2-21续表2

地 区	年末在站人数	本年在站人天数	本年不在站救助人次数	增加值合计
全 国	**20220**	**5160696**	**204526**	**158109.6**
北 京	2902	1034136	3076	32803.5
天 津	351	122535	21	3280.0
河 北	1868	320484	3783	2849.7
山 西	850	88388	5078	2908.5
内蒙古	257	54326	7250	2303.2
辽 宁	459	98185	7542	5508.5
吉 林	503	40313		2078.6
黑龙江	871	35666	289	2900.6
上 海	363	144886	869	5294.9
江 苏	737	235678	2082	8033.5
浙 江	413	138094	514	6323.2
安 徽	955	354504	50033	3486.8
福 建	325	59864	2475	2877.9
江 西	382	193908	15958	2324.4
山 东	457	275800	18491	4523.5
河 南	691	244101	66	4350.9
湖 北	644	187189	34340	5430.4
湖 南	1495	433960	26524	6032.0
广 东	2250	355698	1566	23446.4
广 西	202	50339	4752	3705.9
海 南	57	27675		1242.9
重 庆	280	155195	491	3199.6
四 川	1348	248189	6005	6666.1
贵 州	146	67208		1922.7
云 南	177	29604	6771	2278.7
西 藏	23	32		152.2
陕 西	438	74170	948	4620.1
甘 肃	416	24216	90	2483.7
青 海	5	299	4517	185.8
宁 夏	53	10974	342	852.2
新 疆	302	55080	653	3026.8

单位：人、人天、人次、万元

执行行政事业单位会计制度财务指标					
固定资产原价	上年结转和结余	本年收入合计	本年支出合计	收支结余	行政事业单位增加值
266609.2	**19444.7**	**251171.5**	**246032.9**	**25729.0**	**158109.6**
31144.2	6158.4	46118.7	47057.4	4497.4	32803.5
1345.6	1548.0	3600.3	3445.3	1713.0	3280.0
3000.8	192.0	5758.1	4801.4	710.0	2849.7
2501.4	130.8	4241.9	3996.4	416.8	2908.5
4093.8	393.9	4666.0	4530.7	480.9	2303.2
9041.4	155.6	10058.6	10031.8	247.1	5508.5
2369.0	13.9	2934.7	2877.2	85.5	2078.6
5883.0	215.3	4433.8	4571.1	100.5	2900.6
16917.1	1166.0	12889.2	11205.6	2306.4	5294.9
19588.8	-2.7	13367.5	11585.0	1859.3	8033.5
9169.2	1009.4	11651.8	10407.4	1823.6	6323.2
5919.1	470.7	5098.0	4445.8	832.0	3486.8
3941.0	429.6	5593.6	5210.4	886.7	2877.9
6998.8	128.8	4077.2	3754.0	337.1	2324.4
12026.5	108.9	7415.7	7524.6		4523.5
6781.1	492.1	8895.1	7373.4	1627.8	4350.9
9959.0		9403.4	9403.4		5430.4
9229.2	329.7	12007.0	11960.0	90.2	6032.0
45084.8	1391.7	29246.1	36178.7	1225.9	23446.4
5539.6	227.7	6090.9	5147.5	720.0	3705.9
1564.0	124.5	1625.3	1549.9	79.4	1242.9
4641.8	300.7	4825.6	4993.5	132.8	3199.6
16146.4	789.3	11173.6	10256.7	1698.8	6666.1
2352.3	215.2	4263.9	3570.5	817.6	1922.7
7419.7	181.0	3515.8	2989.9	304.1	2278.7
1655.0		327.5	327.5		152.2
6893.4	20.1	6740.6	6805.2	-10.7	4620.1
5795.3	234.8	3598.6	2798.0	1075.4	2483.7
423.8		374.2	374.2		185.8
1137.1	96.0	1439.0	1027.5	274.0	852.2
8047.0	2923.3	5739.8	5832.9	1397.4	3026.8

C-2-22 在编制部门

地区	单位数	年末职工人数	#女性	受教育程度情况	
				大学专科人数	大学本科及以上人数
全国	**1648**	**16819**	**5726**	**5806**	**3729**
北京	23	683	304	176	230
天津	11	211	65	53	43
河北	29	364	78	99	60
山西	72	558	200	199	94
内蒙古	34	377	93	138	85
辽宁	56	818	257	324	247
吉林	17	287	144	51	117
黑龙江	77	708	214	299	172
上海	21	418	155	177	88
江苏	69	635	237	192	209
浙江	73	552	166	163	171
安徽	36	352	96	117	101
福建	41	280	81	71	65
江西	76	564	167	181	73
山东	43	401	139	162	131
河南	49	839	299	297	146
湖北	160	1138	430	320	251
湖南	129	1283	400	511	145
广东	75	1867	609	619	338
广西	38	399	138	99	124
海南	8	94	41	22	20
重庆	41	320	104	123	125
四川	132	1055	375	410	228
贵州	64	347	123	155	59
云南	72	443	149	171	98
西藏	2	8	3	5	
陕西	87	880	332	290	107
甘肃	43	400	153	146	72
青海	5	44	12	26	7
宁夏	12	93	27	30	26
新疆	53	401	135	180	97

登记的救助机构

单位：个、人

职业资格水平		年龄结构			
助理社会工作师人数	社会工作师人数	35岁及以下人数	36岁至45岁人数	46岁至55岁人数	56岁及以上人数
309	**273**	**5554**	**6024**	**4202**	**1039**
18	9	310	181	161	31
2	4	70	49	64	28
	3	99	105	125	35
4	6	227	172	135	24
3	6	76	133	145	23
9	12	252	247	254	65
		72	157	47	11
5	3	193	293	190	32
10	24	138	94	137	49
30	23	191	201	199	44
5	7	207	213	105	27
7	8	76	124	122	30
6	11	84	88	88	20
21	4	157	227	139	41
10	12	143	129	100	29
8	19	318	303	187	31
8	12	425	418	222	73
17	23	516	519	191	57
79	34	568	670	468	161
14	13	106	123	127	43
1	1	20	44	30	
4	2	79	132	91	18
25	15	361	414	232	48
2		92	128	110	17
4	7	128	183	115	17
		7	1		
8	8	331	330	172	47
2	2	132	137	107	24
1	1	14	13	14	3
4		26	36	28	3
2	4	136	160	97	8

C-2-22续表1

地区	本年救助人次数	从其他站转入的	儿童	老年人	残疾人
全国	**2149453**	**156117**	**169520**	**267877**	**166709**
北京	309687	534	4795	12383	8413
天津	15507	73	387	1550	543
河北	53207	1925	2427	5998	2793
山西	55709	3089	3953	10433	7570
内蒙古	49896	1721	4560	8798	3570
辽宁	48529	2304	3319	6735	3293
吉林	45679	4118	3629	10168	4427
黑龙江	35656	6456	3621	7179	4484
上海	39029	163	3128	5317	3440
江苏	52608	6577	3926	5002	2997
浙江	47674	1634	2836	5222	2404
安徽	140830	19298	10923	25555	16795
福建	54455	3681	2618	7888	3167
江西	97345	7135	8567	16708	9762
山东	56598	4945	4404	8335	4831
河南	93663	5973	11739	9000	10569
湖北	169737	13044	16293	16528	8705
湖南	167523	9769	14655	24475	22010
广东	112454	8677	7333	14698	4869
广西	35661	9712	3159	2398	1208
海南	14714	274	1185	1570	717
重庆	59300	4915	4964	5850	3987
四川	146625	20163	16657	21628	11957
贵州	68834	6575	8396	9575	7351
云南	47896	3143	9143	6425	6389
西藏	235	5	7	19	2
陕西	64623	4078	3914	8745	6245
甘肃	25462	1244	2534	5523	2104
青海	12860	68	2150	178	189
宁夏	10175	189	686	1000	499
新疆	17282	4635	3612	2994	1419

单位：张、人、人次

女性	救治的危重病人、精神病人	自主返乡	跨省接送	床位数	成年人床位数	儿童床位数
367143	**121807**	**953614**	**135089**	**74586**	**58543**	**16043**
78433	6072	8906	6777	5104	4631	473
1398	2163	8843	434	1126	1057	69
8173	3216	38211	3968	1076	993	83
6914	2891	25180	3050	1439	1230	209
10279	4344	21617	2522	1432	1080	352
8566	3213	23158	2326	3226	2383	843
13151	6152	27641	5097	2528	2353	175
5174	1734	9958	700	2340	1802	538
8697	1149	19524	697	1189	999	190
9244	6595	32847	4493	3191	2589	602
8361	4229	31676	2441	2887	2736	151
22375	10444	72513	15542	3603	1637	1966
5377	1617	38048	1934	1428	1330	98
8021	4358	41264	6559	3365	2322	1043
10561	4200	29777	9958	2736	1948	788
15247	7274	42486	6122	2703	2308	395
26615	6930	115647	10578	3866	2213	1653
29761	12283	75758	7544	5217	4090	1127
16638	5072	54201	4356	7200	5610	1590
5555	3540	21149	1508	1538	1042	496
658	870	6880	82	164	146	18
9521	3703	34514	2518	1278	1075	203
25611	6772	60705	12597	5566	4621	945
6276	2098	32692	10501	2016	1312	704
5300	1690	16796	915	1673	1355	318
88		235		45	45	
12895	5933	39839	4268	3808	3593	215
3204	2024	16072	2814	937	716	221
673	12	859	1003	16	11	5
976	374	890	1280	447	324	123
3401	855	5728	2505	1442	992	450

C-2-22续表2

地　区	年末在站人数	本年在站人天数	本年不在站救助人次数	增加值合计
全　国	**18131**	**5105182**	**199328**	**156537.2**
北　京	2902	1034136	3076	32803.5
天　津	351	122535	21	3280.0
河　北	325	316754	2623	2752.0
山　西	850	88388	4660	2908.5
内蒙古	257	54326	7250	2303.2
辽　宁	459	97916	7542	5508.4
吉　林	503	40313		2078.6
黑龙江	868	35351	289	2894.2
上　海	363	144886	869	5294.9
江　苏	726	234681	2082	7998.4
浙　江	413	137184	514	6303.6
安　徽	955	354019	49879	3477.2
福　建	315	57299	2054	2833.1
江　西	380	183068	15197	2144.9
山　东	457	275800	18491	4523.5
河　南	691	244101	66	4332.9
湖　北	644	187189	34300	5426.3
湖　南	1459	422097	26524	5669.5
广　东	2230	355668	1566	23420.2
广　西	202	50153	4752	3702.3
海　南	57	27675		1242.9
重　庆	268	142991	491	3191.6
四　川	974	240346	4422	6485.0
贵　州	146	67208		1922.7
云　南	175	29404	6671	2262.8
西　藏				9.7
陕　西	438	73804	927	4617.6
甘　肃	368	21941	90	2091.9
青　海			4383	181.3
宁　夏	53	10974	342	845.7
新　疆	302	54975	247	3006.5

单位：人、人天、人次、万元

执行行政事业单位会计制度财务指标					
固定资产原价	上年结转和结余	本年收入合计	本年支出合计	收支结余	行政事业单位增加值
259649.3	**19434.7**	**248591.8**	**243424.5**	**25707.1**	**156537.2**
31144.2	6158.4	46118.7	47057.4	4497.4	32803.5
1345.6	1548.0	3600.3	3445.3	1713.0	3280.0
2922.8	192.0	5602.6	4645.9	710.0	2752.0
2501.4	130.8	4239.9	3994.8	416.8	2908.5
4093.8	393.9	4666.0	4530.7	480.9	2303.2
9039.4	155.6	10030.6	10003.8	247.1	5508.4
2369.0	13.9	2934.7	2877.2	85.5	2078.6
5824.4	215.3	4424.2	4562.6	99.4	2894.2
16917.1	1166.0	12889.2	11205.6	2306.4	5294.9
19559.6	-2.7	13318.4	11534.6	1857.6	7998.4
9104.2	1009.4	11606.4	10361.9	1823.7	6303.6
5679.1	470.7	5098.0	4445.8	832.0	3477.2
3941.0	429.6	5515.3	5138.7	880.0	2833.1
6464.6	128.8	3691.0	3357.0	337.1	2144.9
12026.5	108.9	7415.7	7524.6		4523.5
6581.1	492.1	8895.1	7353.4	1627.8	4332.9
9956.0		9392.4	9392.4		5426.3
8834.9	329.7	11348.0	11301.0	90.2	5669.5
44975.8	1391.7	29218.9	36151.5	1225.9	23420.2
5449.6	227.7	6088.9	5145.5	720.0	3702.3
1564.0	124.5	1625.3	1549.9	79.4	1242.9
4641.8	300.7	4816.6	4984.5	132.8	3191.6
14613.7	789.3	10960.8	10057.7	1686.3	6485.0
2352.3	215.2	4263.9	3570.5	817.6	1922.7
7371.2	181.0	3487.3	2961.3	304.1	2262.8
243.6					9.7
6881.4	20.1	6735.6	6800.2	-10.7	4617.6
3839.3	224.8	3160.5	2331.1	1075.4	2091.9
311.8		333.2	333.2		181.3
1137.1	96.0	1406.0	1004.0	274.0	845.7
7963.0	2923.3	5708.3	5802.4	1397.4	3006.5

C-2-23 未登记的

地区	单位数	年末职工人数	#女性	受教育程度情况	
				大学专科人数	大学本科及以上人数
全国	**140**	**528**	**176**	**212**	**79**
北京					
天津					
河北	10	38	8	3	7
山西	1	2			
内蒙古					
辽宁	1	4	2	4	
吉林					
黑龙江	5	9	5	5	
上海					
江苏	8	11	2	2	4
浙江	4	7	2	1	2
安徽	2	10	1	10	
福建	7	10	2	2	1
江西	20	66	29	38	19
山东					
河南	1	5	2	3	2
湖北	2	4	2		1
湖南	8	121	38	48	4
广东	4	22	2	3	
广西	1	3		3	
海南					
重庆	1	10	4	4	6
四川	24	74	28	31	8
贵州					
云南	10	16	6	9	3
西藏	3	36	11	4	6
陕西	2	5	1	3	
甘肃	7	38	11	16	10
青海	5	15	5	13	2
宁夏	3	4	3	3	
新疆	11	18	12	7	4

救助机构

单位:个、人

职业资格水平		年龄结构			
助理社会工作师人数	社会工作师人数	35岁及以下人数	36岁至45岁人数	46岁至55岁人数	56岁及以上人数
6		**211**	**222**	**76**	**19**
1		13	15	7	3
		2			
		3	1		
		1	5	3	
		1	6	4	
		1	5	1	
			8	2	
		4	4	2	
4		34	21	9	2
		2	3		
		4			
		53	42	18	8
		2	11	5	4
			3		
		7	3		
		33	34	6	1
		4	6	6	
		18	14	4	
		5			
1		12	17	8	1
		3	12		
		3	1		
		6	11	1	

C-2-23续表1

地　区	本年救助人次数	从其他站转入的	儿童	老年人	残疾人
全　国	**55722**	**1067**	**9185**	**8577**	**5708**
北　京					
天　津					
河　北	16526	41	485	1760	1027
山　西	821	1	15	147	146
内蒙古					
辽　宁	269		1	38	40
吉　林					
黑龙江	256	52	63	45	13
上　海					
江　苏	698		677		
浙　江	791	9	9	22	44
安　徽	1655	3	1655		2
福　建	2781	126	127	756	573
江　西	8520	91	1543	1583	954
山　东					
河　南	740		38		210
湖　北	151		40		
湖　南	3749	319	730	1943	733
广　东	499		105	70	48
广　西	186		186		
海　南					
重　庆	1118		1118		
四　川	8620	367	815	1438	782
贵　州					
云　南	961		268	51	66
西　藏	3744	35	692	290	903
陕　西	408	6	3	7	15
甘　肃	1665	2	483	256	106
青　海	915		18	141	31
宁　夏	384		73		
新　疆	265	15	41	30	15

单位：张、人、人次

女性	救治的危重病人、精神病人	自主返乡	跨省接送	床位数	成年人床位数	儿童床位数
5960	**1855**	**24240**	**1361**	**4688**	**3350**	**1338**
1925	631	11026	172	1650	1650	
59	30	211				
78	31			14	12	2
26	5	97		46	46	
2			22	361	6	355
92	41	570	10	30	24	6
6			13	350	50	300
311	49	790	161	58	53	5
12	639	5742	108	148	97	51
123	18	450	6			
841	61	162	28	247	102	145
10	9	148		21	11	10
				20		20
				180		180
1153	250	3722	796	862	805	57
93	41	168	1	61	60	1
1020	8	380	27	205	205	
6		404		35	35	
58	22	308	10	178	95	83
96	14	32	7	56	52	4
34				92		92
15	6	30		74	47	27

C-2-23续表2

地区	年末在站人数	本年在站人天数	本年不在站救助人次数	增加值合计
全国	**2089**	**55514**	**5198**	**1572.4**
北京				
天津				
河北	1543	3730	1160	97.7
山西			418	
内蒙古				
辽宁		269		0.1
吉林				
黑龙江	3	315		6.4
上海				
江苏	11	997		35.1
浙江		910		19.6
安徽		485	154	9.6
福建	10	2565	421	44.8
江西	2	10840	761	179.5
山东				
河南				18.0
湖北			40	4.1
湖南	36	11863		362.5
广东	20	30		26.2
广西		186		3.6
海南				
重庆	12	12204		8.0
四川	374	7843	1583	181.1
贵州				
云南	2	200	100	15.9
西藏	23	32		142.5
陕西		366	21	2.5
甘肃	48	2275		391.8
青海	5	299	134	4.5
宁夏				6.5
新疆		105	406	20.3

单位：人、人天、人次、万元

执行行政事业单位会计制度财务指标					
固定资产原价	上年结转和结余	本年收入合计	本年支出合计	收支结余	行政事业单位增加值
6959.9	**10.0**	**2579.7**	**2608.4**	**21.9**	**1572.4**
78.0		155.5	155.5		97.7
		2.0	1.6		
2.0		28.0	28.0		0.1
58.6		9.6	8.5	1.1	6.4
29.2		49.1	50.4	1.7	35.1
65.0		45.4	45.5	-0.1	19.6
240.0					9.6
		78.3	71.7	6.7	44.8
534.2		386.2	397.0		179.5
200.0			20.0		18.0
3.0		11.0	11.0		4.1
394.3		659.0	659.0		362.5
109.0		27.2	27.2		26.2
90.0		2.0	2.0		3.6
		9.0	9.0		8.0
1532.7		212.8	199.0	12.5	181.1
48.5		28.5	28.6		15.9
1411.4		327.5	327.5		142.5
12.0		5.0	5.0		2.5
1956.0	10.0	438.1	466.9		391.8
112.0		41.0	41.0		4.5
		33.0	23.5		6.5
84.0		31.5	30.5		20.3

C-2-24 救助

地 区	单位数	年末职工人数	#女性	受教育程度情况	
				大学专科人数	大学本科及以上人数
全 国	**1547**	**15668**	**5291**	**5427**	**3464**
北 京	21	629	281	153	205
天 津	11	211	65	53	43
河 北	37	364	79	99	61
山 西	72	556	199	197	92
内蒙古	33	375	92	137	85
辽 宁	56	802	255	315	242
吉 林	17	287	144	51	117
黑龙江	81	714	217	303	170
上 海	20	356	100	153	82
江 苏	59	621	230	188	205
浙 江	76	535	161	158	161
安 徽	33	325	93	108	92
福 建	48	290	83	73	66
江 西	83	551	171	161	72
山 东	39	377	131	154	125
河 南	49	827	294	288	143
湖 北	81	818	293	254	158
湖 南	98	936	283	391	100
广 东	73	1764	571	587	324
广 西	32	338	116	90	109
海 南	8	94	41	22	20
重 庆	37	305	100	117	123
四 川	132	1024	374	394	207
贵 州	59	312	111	132	57
云 南	79	438	143	171	101
西 藏	4	28	9	7	3
陕 西	89	885	333	293	107
甘 肃	41	376	141	140	70
青 海	10	59	17	39	9
宁 夏	10	72	22	25	17
新 疆	59	399	142	174	98

管理站

单位:个、人

职业资格水平		年龄结构			
助理社会工作师人数	社会工作师人数	35岁及以下人数	36岁至45岁人数	46岁至55岁人数	56岁及以上人数
276	**240**	**5110**	**5686**	**3944**	**928**
12	7	290	163	147	29
2	4	70	49	64	28
1	3	109	113	105	37
4	6	229	170	133	24
3	6	76	131	145	23
9	12	253	241	246	62
		72	157	47	11
5	3	193	297	192	32
9	21	100	81	126	49
30	23	183	195	199	44
5	7	200	212	99	24
7	8	72	113	114	26
6	11	88	92	90	20
19	4	159	221	132	39
10	12	129	123	98	27
8	18	308	302	186	31
5	7	261	329	165	63
15	9	384	368	141	43
62	32	532	666	459	107
12	11	89	111	103	35
1	1	20	44	30	
4	2	78	122	87	18
24	11	356	401	223	44
2		85	113	100	14
4	7	123	182	116	17
		17	9	2	
8	8	336	330	172	47
2	2	128	129	98	21
1	1	17	25	14	3
4		18	31	21	2
2	4	135	166	90	8

C-2-24续表1

地区	本年救助人次数	从其他站转入的	儿童	老年人	残疾人
全国	**2143137**	**151361**	**138854**	**273701**	**169661**
北京	308868	534	3976	12383	8413
天津	15507	73	387	1550	543
河北	69589	1966	2768	7758	3814
山西	56230	3090	3968	10580	7716
内蒙古	49842	1721	4510	8798	3570
辽宁	48771	2304	3293	6773	3333
吉林	45679	4118	3629	10168	4427
黑龙江	35661	6508	3433	7224	4497
上海	38867	163	2966	5317	3440
江苏	51771	6577	3526	4648	2961
浙江	47880	1475	2260	5244	2422
安徽	139540	19225	9953	25374	16647
福建	57236	3807	2745	8644	3740
江西	103586	7123	8868	18253	10657
山东	55560	4834	3366	8335	4831
河南	93102	5973	10476	9000	10779
湖北	162058	12684	9088	16523	8655
湖南	155001	9110	9282	26156	21001
广东	111477	8453	5962	14768	4917
广西	30593	6917	2271	1977	1155
海南	14714	274	1185	1570	717
重庆	57699	4640	3843	5850	3852
四川	149618	19976	13574	22723	12674
贵州	67880	6459	7442	9575	7351
云南	42963	3133	3571	5565	6121
西藏	3690	28	410	309	898
陕西	65031	4084	3917	8752	6260
甘肃	25624	1246	2084	5754	2207
青海	13775	68	2168	319	220
宁夏	7909	165	327	787	436
新疆	17416	4633	3606	3024	1407

单位：张、人、人次

女性	救治的危重病人、精神病人	自主返乡	跨省接送	床位数	成年人床位数	儿童床位数
365484	**122537**	**971373**	**130715**	**71109**	**59774**	**11335**
78433	6072	8906	6463	4636	4631	5
1398	2163	8843	434	1126	1057	69
10067	3847	49237	4140	2525	2443	82
6973	2921	25391	3050	1439	1230	209
10265	4344	21617	2522	1353	1061	292
8638	3244	23156	2326	3190	2395	795
13151	6152	27641	5097	2528	2353	175
5044	1739	10055	700	2286	1768	518
8619	1149	19524	697	1089	999	90
9092	6585	32537	4442	3140	2554	586
8284	4270	32219	2174	2648	2491	157
22235	10408	72270	15476	3433	1587	1846
5688	1666	38838	2095	1486	1383	103
7808	4970	46900	6280	3194	2419	775
10058	4125	29602	9862	2456	1948	508
14903	7292	42936	5022	2623	2308	315
25499	6864	115629	8970	2320	1713	607
28668	12259	75438	7428	4108	3795	313
16571	5081	54316	4193	6516	5561	955
4638	3123	17900	1258	1408	1012	396
658	870	6880	82	164	146	18
9223	3690	34514	2334	1211	1048	163
26267	6876	63776	13198	5978	5366	612
6276	2045	32692	10475	1826	1210	616
5146	1647	15858	653	1620	1396	224
1017	8	615	17	190	190	
12901	5933	40243	4268	3843	3628	215
3235	2046	16380	2824	888	721	167
769	26	891	1010	72	63	9
555	264	840	720	348	264	84
3405	858	5729	2505	1465	1034	431

C-2-24续表2

地 区	年末在站人数	本年在站人天数	本年不在站救助人次数	增加值合计
全 国	**19262**	**4871575**	**169943**	**148543.5**
北 京	2847	1006846		31753.7
天 津	351	122535	21	3280.0
河 北	1855	319384	3783	2834.9
山 西	850	88388	4660	2907.2
内蒙古	255	54189	7250	2303.2
辽 宁	458	97820	7542	5237.1
吉 林	503	40313		2078.6
黑龙江	851	35243	289	2827.2
上 海	300	125566	707	4857.8
江 苏	716	231698	2082	7968.7
浙 江	395	126127	514	5783.7
安 徽	924	344974	49521	3070.4
福 建	325	59864	2428	2877.9
江 西	380	190810	15822	2038.3
山 东	431	265646	18491	4431.6
河 南	688	233693	66	4336.9
湖 北	552	182884	30695	4421.8
湖 南	1178	362557	4872	4531.8
广 东	2100	299067	1566	22156.3
广 西	182	41131	320	2941.4
海 南	57	27675		1242.9
重 庆	262	127690	341	3146.1
四 川	1307	233124	5780	6553.1
贵 州	146	66127		1552.5
云 南	167	29450	6771	2116.7
西 藏	23	32		52.6
陕 西	438	74170	948	4620.1
甘 肃	377	18906	89	2049.0
青 海	5	299	4517	185.8
宁 夏	37	10494	237	577.6
新 疆	302	54873	631	2905.7

单位：人、人天、人次、万元

执行行政事业单位会计制度财务指标					
固定资产原价	上年结转和结余	本年收入合计	本年支出合计	收支结余	行政事业单位增加值
245235.0	**18287.4**	**234263.9**	**229292.9**	**25177.4**	**148543.5**
30623.7	5717.2	44444.6	45276.2	4479.4	31753.7
1345.6	1548.0	3600.3	3445.3	1713.0	3280.0
2955.8	192.0	5733.1	4776.4	710.0	2834.9
2468.4	130.8	4179.9	3934.4	416.8	2907.2
4092.8	393.9	4656.0	4520.7	480.9	2303.2
8760.5	155.6	9652.7	9625.9	247.1	5237.1
2369.0	13.9	2934.7	2877.2	85.5	2078.6
5816.9	215.3	4185.2	4322.5	100.5	2827.2
16578.1	985.8	12025.2	10355.5	2117.2	4857.8
19533.3	-2.7	13243.4	11457.6	1857.6	7968.7
8322.3	1009.4	11019.3	9774.9	1823.6	5783.7
5515.0	470.7	4497.6	3981.4	696.0	3070.4
3941.0	429.6	5593.6	5210.4	886.7	2877.9
3566.2	128.8	3735.2	3401.2	337.1	2038.3
11131.1	108.9	7319.1	7428.0		4431.6
6430.1	141.2	8500.1	6978.4	1627.8	4336.9
5609.2		7216.4	7216.4		4421.8
7168.8	318.0	9125.2	9018.1	90.2	4531.8
41924.8	1391.7	26998.0	33911.0	1220.9	22156.3
4696.0	199.7	4967.9	4122.5	592.0	2941.4
1564.0	124.5	1625.3	1549.9	79.4	1242.9
4555.5	300.7	4735.3	4903.2	132.8	3146.1
15891.9	789.3	10465.6	9548.7	1698.8	6553.1
2116.5	127.9	3628.3	2928.6	745.0	1552.5
6783.6	181.0	3318.9	2771.6	304.1	2116.7
1315.0		237.5	237.5		52.6
6893.4	20.1	6740.6	6805.2	-10.7	4620.1
4224.0	224.8	3008.7	2174.4	1074.3	2049.0
423.8		374.2	374.2		185.8
668.1	48.0	901.7	675.7	274.0	577.6
7950.6	2923.3	5600.3	5689.9	1397.4	2905.7

C-2-25 流浪儿童

地　区	单位数	年末职工人数	#女性	受教育程度情况	
				大学专科人数	大学本科及以上人数
全　国	**241**	**1679**	**611**	**591**	**344**
北　京	2	54	23	23	25
天　津					
河　北	2	38	7	3	6
山　西	1	4	1	2	2
内蒙古	1	2	1	1	
辽　宁	1	20	4	13	5
吉　林					
黑龙江	1	3	2	1	2
上　海	1	62	55	24	6
江　苏	18	25	9	6	8
浙　江	1	24	7	6	12
安　徽	5	37	4	19	9
福　建					
江　西	13	79	25	58	20
山　东	4	24	8	8	6
河　南	1	17	7	12	5
湖　北	81	324	139	66	94
湖　南	39	468	155	168	49
广　东	6	125	40	35	14
广　西	7	64	22	12	15
海　南					
重　庆	5	25	8	10	8
四　川	24	105	29	47	29
贵　州	5	35	12	23	2
云　南	3	21	12	9	
西　藏	1	16	5	2	3
陕　西					
甘　肃	9	62	23	22	12
青　海					
宁　夏	5	25	8	8	9
新　疆	5	20	5	13	3

救助保护中心

单位：个、人

职业资格水平		年龄结构			
助理社会工作师人数	社会工作师人数	35岁及以下人数	36岁至45岁人数	46岁至55岁人数	56岁及以上人数
39	**33**	**655**	**560**	**334**	**130**
6	2	20	18	14	2
		3	7	27	1
			2	2	
			2		
		2	7	8	3
		1	1	1	
1	3	38	13	11	
		9	12	4	
		8	6	7	3
		4	19	10	4
6		32	27	16	4
		14	6	2	2
	1	12	4	1	
3	5	168	89	57	10
2	14	185	193	68	22
17	2	38	15	14	58
2	2	17	15	24	8
		8	13	4	
1	4	38	47	15	5
		7	15	10	3
		9	7	5	
		8	6	2	
1		16	25	17	4
		11	6	7	1
		7	5	8	

C-2-25续表1

地　区	本年救助人次数	从其他站转入的	儿童	老年人	残疾人
全　国	**62038**	**5823**	**39851**	**2753**	**2756**
北　京	819		819		
天　津					
河　北	144		144		6
山　西	300				
内蒙古	54		50		
辽　宁	27		27		
吉　林					
黑龙江	251		251		
上　海	162		162		
江　苏	1535		1077	354	36
浙　江	585	168	585		26
安　徽	2945	76	2625	181	150
福　建					
江　西	2279	103	1242	38	59
山　东	1038	111	1038		
河　南	1301		1301		
湖　北	7830	360	7245	5	50
湖　南	16271	978	6103	262	1742
广　东	1476	224	1476		
广　西	5254	2795	1074	421	53
海　南					
重　庆	2719	275	2239		135
四　川	5627	554	3898	343	65
贵　州	954	116	954		
云　南	5894	10	5840	911	334
西　藏	289	12	289		7
陕　西					
甘　肃	1503		933	25	3
青　海					
宁　夏	2650	24	432	213	63
新　疆	131	17	47		27

单位：张、人、人次

女性	救治的危重病人、精神病人	自主返乡	跨省接送	床位数	成年人床位数	儿童床位数
7619	**1125**	**6481**	**5735**	**8165**	**2119**	**6046**
			314	468		468
31				201	200	1
14				79	19	60
6		2		50		50
156				100	80	20
78				100		100
154	10	310	73	412	41	371
169		27	277	269	269	
146	36	243	79	520	100	420
225	27	106	387	319		319
503	75	175	96	280		280
467			1106	80		80
1116	66	18	1608	1546	500	1046
1934	85	482	144	1356	397	959
77		33	163	705	60	645
917	417	3249	250	150	30	120
298	13		184	247	27	220
497	146	651	195	450	60	390
	53		26	190	102	88
247	84	1106	263	114	19	95
91			10	60	60	
27				227	90	137
455	110	50	560	191	60	131
11	3	29		51	5	46

C-2-25续表2

地　区	年末在站人数	本年在站人天数	本年不在站救助人次数	增加值合计
全　国	**958**	**289121**	**34583**	**9566.1**
北　京	55	27290	3076	1049.8
天　津				
河　北	13	1100		14.8
山　西			418	1.3
内蒙古	2	137		
辽　宁	1	365		271.4
吉　林				
黑龙江	20	423		73.4
上　海	63	19320	162	437.1
江　苏	21	3980		64.8
浙　江	18	11967		539.5
安　徽	31	9530	512	416.4
福　建			47	
江　西	2	3098	136	286.1
山　东	26	10154		91.9
河　南	3	10408		14.0
湖　北	92	4305	3645	1008.6
湖　南	317	71403	21652	1500.2
广　东	150	56631		1290.1
广　西	20	9208	4432	764.5
海　南				
重　庆	18	27505	150	53.5
四　川	41	15065	225	113.0
贵　州		1081		370.2
云　南	10	154		162.0
西　藏				99.6
陕　西				
甘　肃	39	5310	1	434.7
青　海				
宁　夏	16	480	105	274.6
新　疆		207	22	121.1

单位：人、人天、人次、万元

执行行政事业单位会计制度财务指标					
固定资产原价	上年结转和结余	本年收入合计	本年支出合计	收支结余	行政事业单位增加值
21374.2	**1157.3**	**16907.6**	**16740.0**	**551.6**	**9566.1**
520.5	441.2	1674.1	1781.2	18.0	1049.8
45.0		25.0	25.0		14.8
33.0		62.0	62.0		1.3
1.0		10.0	10.0		
280.9		405.9	405.9		271.4
66.1		248.6	248.6		73.4
339.0	180.2	864.0	850.1	189.2	437.1
55.5		124.1	127.4	1.7	64.8
846.9		632.5	632.5		539.5
404.1		600.4	464.4	136.0	416.4
3432.6		342.0	352.8		286.1
895.4		96.6	96.6		91.9
351.0	350.9	395.0	395.0		14.0
4349.8		2187.0	2187.0		1008.6
2060.4	11.7	2881.8	2941.9		1500.2
3160.0		2248.1	2267.7	5.0	1290.1
843.6	28.0	1123.0	1025.0	128.0	764.5
86.3		90.3	90.3		53.5
254.5		708.0	708.0		113.0
235.8	87.3	635.6	641.9	72.6	370.2
636.1		196.9	218.3		162.0
340.0		90.0	90.0		99.6
1571.3	10.0	589.9	623.6	1.1	434.7
469.0	48.0	537.3	351.8		274.6
96.4		139.5	143.0		121.1

C-2-26 为军队提供

地 区	单位数	年末职工人数	#女性	受教育程度情况	
				大学专科人数	大学本科及以上人数
全 国	**2287**	**25687**	**10836**	**9124**	**7113**
北 京	155	2640	1282	832	1022
天 津	21	302	130	86	132
河 北	166	1588	670	416	287
山 西	78	718	302	247	195
内蒙古	27	360	111	179	80
辽 宁	84	1815	713	758	734
吉 林	49	765	298	378	218
黑龙江	72	576	216	258	209
上 海	24	438	196	156	169
江 苏	153	1428	635	494	411
浙 江	79	530	230	127	190
安 徽	91	1065	510	262	119
福 建	71	570	256	144	122
江 西	33	461	176	156	36
山 东	183	2260	879	890	763
河 南	140	1657	672	558	379
湖 北	116	1094	443	462	248
湖 南	123	1114	480	414	254
广 东	98	1131	550	395	359
广 西	50	556	239	167	116
海 南	13	183	74	62	24
重 庆	47	398	154	177	150
四 川	141	952	404	363	188
贵 州	25	355	88	69	47
云 南	82	887	408	239	188
西 藏	1	4		2	1
陕 西	86	856	353	491	162
甘 肃	33	439	165	129	155
青 海	7	103	38	27	38
宁 夏	8	68	23	20	31
新 疆	31	374	141	166	86

服务的机构总表

单位:个、人

职业资格水平		年龄结构			
助理社会工作师人数	社会工作师人数	35岁及以下人数	36岁至45岁人数	46岁至55岁人数	56岁及以上人数
322	**299**	**7263**	**9050**	**7164**	**2210**
68	57	884	913	625	218
7	14	76	65	128	33
14	12	595	534	382	77
4	16	208	259	199	52
4	3	83	104	132	41
17	14	518	536	541	220
21	6	160	393	153	59
6	8	162	206	171	37
17	14	140	95	151	52
22	44	294	448	541	145
7	5	132	141	208	49
13	11	206	457	307	95
8	3	138	205	169	58
	4	97	202	132	30
27	30	618	862	635	145
5	9	559	627	376	95
2	5	263	407	321	103
13	12	355	416	264	79
22	11	353	404	305	69
7	4	128	194	196	38
1	4	60	74	41	8
		121	165	90	22
12	4	278	353	269	52
8	2	54	47	60	194
3	2	194	357	253	83
		2	2		
3	4	241	288	234	93
10		175	127	105	32
		35	26	33	9
		13	27	24	4
1	1	121	116	119	18

C-2-26续表

地区	增加值合计	执行企业会计制度单位财务指标				
		固定资产原价	营业收入	费用合计	营业利润	企业单位增加值
全　国	**1648238.7**	**6898.8**	**1654.0**	**1721.0**	**-48.7**	**507.1**
北　京	443771.9					
天　津	34292.3					
河　北	56011.2					
山　西	28682.1					
内蒙古	18173.0					
辽　宁	116422.4					
吉　林	14041.7					
黑龙江	20942.6					
上　海	17047.7					
江　苏	103109.9	2497.6	928.5	950.5	-15.7	177.9
浙　江	46978.7					
安　徽	30545.7	3076.0	192.0	294.3	-37.0	106.4
福　建	24741.4					
江　西	10236.4					
山　东	163546.2					
河　南	39061.3	1125.2	503.5	471.2	4.0	190.7
湖　北	84448.5					
湖　南	47991.0					
广　东	68534.7					
广　西	20998.4					
海　南	9323.2					
重　庆	20141.5					
四　川	30779.5					
贵　州	5633.3					
云　南	25119.7	200.0	30.0	5.0		32.1
西　藏						
陕　西	90073.0					
甘　肃	22298.2					
青　海	4631.9					
宁　夏	5161.3					
新　疆	35442.0					

单位：万元

执行行政事业单位会计制度财务指标					
固定资产原价	上年结转和结余	本年收入合计	本年支出合计	收支结余	行政事业单位增加值
571135.9	**160655.6**	**2173785.9**	**2201638.3**	**140767.1**	**1647731.6**
55668.6	89534.7	491413.0	537239.6	67957.4	443771.9
24053.9	14063.6	38288.4	46760.9	3204.0	34292.3
30951.9	8905.4	128659.1	126266.5	7157.0	56011.2
11720.6	1637.9	32712.2	32551.3	1280.9	28682.1
8142.6	3073.4	25914.0	27608.4	1639.9	18173.0
46109.8	1070.3	186630.5	185858.1	1430.9	116422.4
8442.6	540.1	35045.6	35211.7	709.4	14041.7
19460.0	2806.9	29544.2	28259.4	2381.7	20942.6
15920.1	1980.8	68978.0	69611.8	1185.3	17047.7
27560.5	1119.0	124097.3	125455.6	4462.6	102932.0
20520.9	968.6	55276.6	54578.8	3054.3	46978.7
16842.5	986.5	37844.8	36490.0	2269.5	30439.3
12447.8	212.8	40439.7	40186.4	326.7	24741.4
8006.2	376.9	13226.2	12913.3	300.3	10236.4
40974.5	10.4	204375.9	204375.9		163546.2
26430.9	1783.4	57657.7	56357.0	2281.7	38870.6
27427.6	-2090.6	101037.9	99096.9	-277.8	84448.5
21508.6	1508.0	68219.8	59428.5	-78.2	47991.0
27776.4	4901.5	90332.1	84860.4	7005.0	68534.7
11079.1	1688.0	24866.3	24111.1	1824.8	20998.4
3969.5	3221.8	12730.0	12921.0	1732.9	9323.2
5635.3	478.1	32609.7	32832.4	31.9	20141.5
20817.2	3006.4	48953.0	50050.9	2174.7	30779.5
3461.5	146.0	10324.7	10349.5	153.1	5633.3
28941.4	4187.5	33209.9	31292.4	3814.0	25087.6
		74.6	74.6		
18452.7	1086.7	105709.0	101066.9	10648.1	90073.0
11388.5	2256.4	23863.1	23898.0	2337.4	22298.2
1633.4		5484.6	5480.2		4631.9
1351.4	1597.9	6149.6	5468.7	2178.5	5161.3
14439.9	9597.2	40118.4	40982.1	9581.1	35442.0

C-2-27 军休管

地 区	单位数	年末职工人数		受教育程度情况	
			#女性	大学专科人数	大学本科及以上人数
全 国	**1960**	**19423**	**8334**	**7336**	**6141**
北 京	154	2464	1269	826	999
天 津	20	278	127	84	125
河 北	157	1488	642	386	265
山 西	72	582	249	203	178
内蒙古	22	245	81	128	53
辽 宁	74	1585	636	663	685
吉 林	39	538	211	297	170
黑龙江	60	401	143	197	149
上 海	23	378	182	142	163
江 苏	137	1147	506	381	363
浙 江	68	357	144	84	166
安 徽	53	381	129	142	100
福 建	59	404	157	117	107
江 西	20	163	57	59	18
山 东	164	1958	762	769	686
河 南	116	1012	430	383	239
湖 北	107	848	360	368	217
湖 南	111	816	330	318	217
广 东	84	838	413	297	286
广 西	38	251	103	84	49
海 南	12	146	58	57	20
重 庆	43	332	132	154	123
四 川	126	731	336	287	156
贵 州	16	105	54	44	31
云 南	56	562	239	174	152
西 藏					
陕 西	76	718	293	444	154
甘 肃	25	312	135	97	143
青 海	3	66	28	15	30
宁 夏	7	57	20	12	28
新 疆	18	260	108	124	69

理单位

单位:个、人

职业资格水平		年龄结构			
助理社会工作师人数	社会工作师人数	35岁及以下人数	36岁至45岁人数	46岁至55岁人数	56岁及以上人数
277	**267**	**6010**	**6789**	**5219**	**1405**
68	57	877	895	604	88
7	14	76	65	110	27
14	12	576	507	344	61
3	15	174	202	165	41
1	2	53	64	96	32
15	11	472	448	465	200
19	3	133	274	86	45
4	4	117	132	123	29
15	14	136	86	122	34
19	39	279	383	389	96
2	2	101	97	129	30
8	10	93	135	115	38
8	3	129	124	107	44
	3	40	74	42	7
19	28	546	751	537	124
5	7	354	386	217	55
2	3	204	317	250	77
12	12	292	304	166	54
22	10	266	311	215	46
4	2	78	71	82	20
1	4	55	58	28	5
		93	149	72	18
11	4	232	277	185	37
1	1	25	30	38	12
3	2	139	203	158	62
3	4	197	240	200	81
10		153	81	56	22
		23	16	19	8
		12	24	17	4
1	1	85	85	82	8

C-2-27续表

地　区	增加值合计	执行行政事业单位		
		固定资产原价	上年结余	收入合计
全　国	**1610076.9**	**442692.1**	**153623.1**	**2110077.0**
北　京	443002.8	53534.6	89534.7	488528.0
天　津	33919.9	23717.9	10333.6	37571.4
河　北	54559.5	26855.3	8425.4	126873.5
山　西	28054.0	11012.2	1637.9	31775.1
内蒙古	17445.4	6391.6	2559.4	24775.1
辽　宁	115385.9	41825.1	1070.3	183867.6
吉　林	13057.7	6671.8	540.1	32657.8
黑龙江	19571.5	13517.7	2608.4	27773.9
上　海	16292.0	13325.3	1828.2	67780.7
江　苏	100922.2	24125.7	1097.1	120904.9
浙　江	44313.2	7399.1	1236.8	49412.0
安　徽	28718.3	7297.8	901.1	36171.3
福　建	23267.1	5652.7	681.5	38456.0
江　西	9238.2	2647.7	14.7	11598.5
山　东	161798.1	36910.9		202109.1
河　南	35664.5	12535.0	1470.0	52523.8
湖　北	83152.1	25336.9	-2251.2	98822.8
湖　南	46658.6	17961.4	1507.6	65524.8
广　东	65303.1	16906.6	4402.1	85374.2
广　西	19213.5	5429.7	1440.5	21774.0
海　南	8945.8	3403.5	2722.6	12069.3
重　庆	19884.2	4398.8	478.1	31528.9
四　川	29389.3	16415.2	2989.1	46735.0
贵　州	4866.1	2697.0	34.3	8858.0
云　南	22930.7	20369.0	4026.2	30093.3
西　藏				
陕　西	89345.5	16921.1	1024.9	104580.9
甘　肃	21616.8	9260.1	2254.6	22834.5
青　海	4458.7	750.3		5034.5
宁　夏	5016.5	696.4	1597.9	5831.6
新　疆	34700.0	8725.7	9457.2	38236.5

单位：万元、户、人

会计制度财务指标			军队离退休干部休养所		
支出合计	收支结余	行政事业单位增加值	休养所可提供修养的户数	年末修养（含分散修养）人数	本年代发离退休金
2137538.2	**134068.8**	**1610076.9**	**160553**	**193115**	**1291249.3**
534508.9	67713.4	443002.8	33508	34566	105848.1
45004.9	513.0	33919.9	897	4622	
124515.4	6563.8	54559.5	5469	10973	96102.9
31534.8	1202.4	28054.0	2707	3324	22741.4
26103.5	1491.9	17445.4	2008	2282	17806.0
183095.2	1430.9	115385.9	17739	20511	93925.6
32740.9	709.2	13057.7	2321	2883	8526.7
26473.1	2397.2	19571.5	2701	2800	39282.0
68458.8	963.8	16292.0	3074	4774	78914.0
122897.4	3725.0	100922.2	9690	11861	50258.3
48472.3	2976.1	44313.2	2990	3597	32463.0
34478.4	2152.6	28718.3	2813	3331	23254.4
38443.7	108.8	23267.1	2467	3180	27079.2
11423.8	-44.4	9238.2	1689	1798	6389.9
202109.1		161798.1	19523	20534	170723.9
51288.0	2325.6	35664.5	5075	5782	39435.1
96815.8	-211.9	83152.1	6663	8043	54188.0
56739.1	-83.8	46658.6	4790	5029	43194.7
79711.4	6448.1	65303.1	5725	7724	47044.8
21141.2	1520.1	19213.5	1215	1842	16146.2
12389.5	1603.7	8945.8	475	1478	3537.0
31751.6	31.9	19884.2	2646	3594	26765.5
47849.0	2026.6	29389.3	10690	8179	56526.6
8995.7	95.0	4866.1	821	830	7861.2
28468.4	3723.0	22930.7	4727	5084	147567.4
99860.1	10664.9	89345.5	3987	9125	21876.7
22868.5	2333.9	21616.8	2087	2209	14952.1
5034.5		4458.7	220	439	4192.7
5252.7	2176.9	5016.5	274	114	4588.6
39112.5	9511.1	34700.0	1562	2607	30057.3

C-2-28 军

地 区	单位数	年末职工人数	#女性	受教育程度情况	
				大学专科人数	大学本科及以上人数
全 国	**327**	**6264**	**2502**	**1788**	**972**
北 京	1	176	13	6	23
天 津	1	24	3	2	7
河 北	9	100	28	30	22
山 西	6	136	53	44	17
内蒙古	5	115	30	51	27
辽 宁	10	230	77	95	49
吉 林	10	227	87	81	48
黑龙江	12	175	73	61	60
上 海	1	60	14	14	6
江 苏	16	281	129	113	48
浙 江	11	173	86	43	24
安 徽	38	684	381	120	19
福 建	12	166	99	27	15
江 西	13	298	119	97	18
山 东	19	302	117	121	77
河 南	24	645	242	175	140
湖 北	9	246	83	94	31
湖 南	12	298	150	96	37
广 东	14	293	137	98	73
广 西	12	305	136	83	67
海 南	1	37	16	5	4
重 庆	4	66	22	23	27
四 川	15	221	68	76	32
贵 州	9	250	34	25	16
云 南	26	325	169	65	36
西 藏	1	4		2	1
陕 西	10	138	60	47	8
甘 肃	8	127	30	32	12
青 海	4	37	10	12	8
宁 夏	1	11	3	8	3
新 疆	13	114	33	42	17

供站

单位：个、人

职业资格水平		年龄结构			
助理社会工作师人数	社会工作师人数	35岁及以下人数	36岁至45岁人数	46岁至55岁人数	56岁及以上人数
45	**32**	**1253**	**2261**	**1945**	**805**
		7	18	21	130
				18	6
		19	27	38	16
1	1	34	57	34	11
3	1	30	40	36	9
2	3	46	88	76	20
2	3	27	119	67	14
2	4	45	74	48	8
2		4	9	29	18
3	5	15	65	152	49
5	3	31	44	79	19
5	1	113	322	192	57
		9	81	62	14
	1	57	128	90	23
8	2	72	111	98	21
	2	205	241	159	40
	2	59	90	71	26
1		63	112	98	25
	1	87	93	90	23
3	2	50	123	114	18
		5	16	13	3
		28	16	18	4
1		46	76	84	15
7	1	29	17	22	182
		55	154	95	21
		2	2		
		44	48	34	12
		22	46	49	10
		12	10	14	1
		1	3	7	
		36	31	37	10

C-2-28续表

地区	增加值合计	执行企业会计制度单位财务指标					
		固定资产原价	营业收入	费用合计	营业利润	企业单位增加值	固定资产原价
全国	**38161.8**	**6898.8**	**1654.0**	**1721.0**	**-48.7**	**507.1**	**128443.8**
北京	769.1						2134.0
天津	372.4						336.0
河北	1451.7						4096.6
山西	628.1						708.4
内蒙古	727.6						1751.0
辽宁	1036.5						4284.7
吉林	984.0						1770.8
黑龙江	1371.1						5942.3
上海	755.7						2594.8
江苏	2187.7	2497.6	928.5	950.5	-15.7	177.9	3434.8
浙江	2665.5						13121.8
安徽	1827.4	3076.0	192.0	294.3	-37.0	106.4	9544.7
福建	1474.3						6795.1
江西	998.2						5358.5
山东	1748.1						4063.6
河南	3396.8	1125.2	503.5	471.2	4.0	190.7	13895.9
湖北	1296.4						2090.7
湖南	1332.4						3547.2
广东	3231.6						10869.8
广西	1784.9						5649.4
海南	377.4						566.0
重庆	257.3						1236.5
四川	1390.2						4402.0
贵州	767.2						764.5
云南	2189.0	200.0	30.0	5.0		32.1	8572.4
西藏							
陕西	727.5						1531.6
甘肃	681.4						2128.4
青海	173.2						883.1
宁夏	144.8						655.0
新疆	742.0						5714.2

单位：万元、个、人次

执行行政事业单位会计制度财务指标					床位数	接待人次数	
上年结转和结余	本年收入合计	本年支出合计	收支结余	行政事业单位增加值			接待军队人次数
7032.5	**63708.9**	**64100.1**	**6698.3**	**37654.7**	**39147**	**5011225**	**3573669**
	2885.0	2730.7	244.0	769.1	130	107600	107600
3730.0	717.0	1756.0	2691.0	372.4	50	50000	50000
480.0	1785.6	1751.1	593.2	1451.7	416	164547	164547
	937.1	1016.5	78.5	628.1	317	58692	12262
514.0	1138.9	1504.9	148.0	727.6	488	82232	82232
	2762.9	2762.9		1036.5	620	68285	30815
	2387.8	2470.8	0.2	984.0	957	117302	64185
198.5	1770.3	1786.3	-15.5	1371.1	1259	167116	31492
152.6	1197.3	1153.0	221.5	755.7	179	26411	11282
21.9	3192.4	2558.2	737.6	2009.8	1642	163703	99823
-268.2	5864.6	6106.5	78.2	2665.5	1490	226052	110746
85.4	1673.5	2011.6	116.9	1721.0	2496	308447	189256
-468.7	1983.7	1742.7	217.9	1474.3	3259	112185	98471
362.2	1627.7	1489.5	344.7	998.2	1259	179507	118475
10.4	2266.8	2266.8		1748.1	2235	355896	293931
313.4	5133.9	5069.0	-43.9	3206.1	3244	444011	272910
160.6	2215.1	2281.1	-65.9	1296.4	1989	79321	74142
0.4	2695.0	2689.4	5.6	1332.4	1413	236642	179220
499.4	4957.9	5149.0	556.9	3231.6	4381	356211	302823
247.5	3092.3	2969.9	304.7	1784.9	1588	182923	87920
499.2	660.7	531.5	129.2	377.4	214	37695	25000
	1080.8	1080.8		257.3	76	150650	150650
17.3	2218.0	2201.9	148.1	1390.2	3433	395684	370909
111.7	1466.7	1353.8	58.1	767.2	384	154730	142447
161.3	3116.6	2824.0	91.0	2156.9	2698	351809	149172
	74.6	74.6					
61.8	1128.1	1206.8	-16.8	727.5	591	137720	132519
1.8	1028.6	1029.5	3.5	681.4	1037	71898	71898
	450.1	445.7		173.2	156	111382	111382
	318.0	216.0	1.6	144.8		1890	
140.0	1881.9	1869.6	70.0	742.0	1146	110684	37560

C-2-29 不提供住宿的

地区	单位数	年末职工人数		受教育程度情况	
			#女性	大学专科人数	大学本科及以上人数
全国	**100478**	**1983043**	**693024**	**201994**	**92496**
中央级	29	1534	682	253	1181
北京	6230	60957	24951	9378	6953
天津	1099	26918	7902	2119	962
河北	2773	60833	20174	4836	1522
山西	2289	44868	11492	3272	1156
内蒙古	1630	19570	7633	3156	1364
辽宁	5023	128235	50358	12947	8910
吉林	1358	27577	8982	2735	1086
黑龙江	2744	33521	11455	6385	2315
上海	4278	123067	43153	3858	2205
江苏	12647	384939	133354	33191	14761
浙江	8151	294927	103679	20559	9397
安徽	2798	31372	11861	4393	1638
福建	2108	29162	10506	1830	786
江西	2269	36654	14414	2519	775
山东	11146	149145	49499	29990	12512
河南	2651	78851	25035	9364	4414
湖北	3994	52233	19236	6502	2665
湖南	3433	50058	16360	7060	1952
广东	5262	34715	12127	4734	2427
广西	1067	14703	6087	1332	686
海南	107	1519	581	175	85
重庆	3017	77367	26871	7385	3089
四川	3868	72833	23600	5128	2320
贵州	760	9132	3058	1411	759
云南	1246	58420	16207	2521	742
西藏	41	355	145	16	6
陕西	2947	28408	10968	5779	1730
甘肃	2463	12289	4796	2727	1374
青海	251	2682	1224	283	93
宁夏	549	9003	3687	833	271
新疆	2250	27196	12947	5323	2360

社会服务机构总表

单位：个、人

职业资格水平		年龄结构			
助理社会工作师人数	社会工作师人数	35岁及以下人数	36岁至45岁人数	46岁至55岁人数	56岁及以上人数
7500	**2993**	**711943**	**787730**	**389215**	**94155**
3	11	701	359	370	104
1261	268	17093	24000	15788	4076
115	48	9333	9733	6322	1530
144	90	26194	22866	10113	1660
35	29	18071	15190	9665	1942
93	21	5723	8262	4516	1069
252	90	42050	50225	28751	7209
131	22	8217	12916	5547	897
228	51	12253	14637	5724	907
486	295	40701	42374	29656	10336
1317	405	122660	150683	86867	24729
832	414	100450	123912	57011	13554
264	74	11174	14145	5311	742
121	63	9219	13527	5310	1106
115	45	17638	13631	4692	693
190	345	61352	56153	25537	6103
191	125	37054	30321	9823	1653
197	49	17848	22406	9937	2042
267	107	13039	25699	9597	1723
544	138	14832	12501	6065	1317
59	51	5188	6203	2698	614
	1	835	453	203	28
112	61	29254	29707	15076	3330
201	87	29759	30869	10220	1985
46	14	3290	3349	2057	436
30	14	26543	21211	9022	1644
		136	173	36	10
146	28	10408	10773	6023	1204
38	12	4343	5173	2092	681
10	3	781	1633	183	85
2	3	3017	4968	814	204
70	29	12787	9678	4189	542

C-2-29续表

地区	增加值合计	执行企业会计制度单位财务指标						执行行政	
		固定资产原价	营业收入	费用合计	营业利润	企业单位增加值		固定资产原价	上年结转和结余
全　国	**8481369.8**	**18568379.7**	**56042499.6**	**6476025.6**	**1651337.3**	**7387805.1**		**2054001.9**	**352878.3**
中央级	44110.9	33711.0	18914.2	10606.2	102.3	4956.2		123608.6	10185.2
北　京	299415.5	650530.5	790412.8	108743.8	2613.9	123900.1		207358.2	61484.5
天　津	127530.8	267569.4	908363.3	487969.8	23795.4	114061.5		27884.8	2154.5
河　北	178975.5	441051.0	1630158.8	176364.7	54683.7	158368.5		52750.6	18842.3
山　西	84584.9	370715.6	606919.4	27441.4	1774.9	73585.1		30907.7	1678.4
内蒙古	36718.1	90979.8	151811.9	63658.3	8307.8	26895.0		18646.7	1425.2
辽　宁	449340.1	843803.0	2915104.6	358101.8	75043.6	427179.7		44527.3	2634.7
吉　林	57347.8	122234.5	315116.7	37838.4	11442.7	48536.4		26346.9	9026.0
黑龙江	75246.6	145141.7	205508.8	55387.1	9004.2	54272.7		53675.0	23562.1
上　海	683069.5	851737.9	2231909.1	220065.8	108535.3	655927.2		139920.5	3984.9
江　苏	1391647.9	3617944.3	14581710.1	1700176.0	328564.1	1288319.3		234228.9	30321.1
浙　江	2595225.8	5726595.3	19033971.2	1820320.0	688740.5	2489172.9		131926.2	32392.2
安　徽	76907.9	136501.2	1006522.8	79293.0	12067.5	56358.8		60286.1	871.1
福　建	65816.6	143171.4	394038.3	52179.9	9120.2	55684.9		20672.0	2031.7
江　西	23916.8	98024.8	2933827.2	23981.7	2403.2	14692.6		37152.8	3944.7
山　东	617737.6	719084.6	748907.2	239779.8	102335.8	501858.6		92192.3	2881.4
河　南	171841.7	1457260.5	822219.7	231252.3	17550.4	137375.3		62832.4	5341.7
湖　北	147552.7	247489.1	459505.7	86650.7	20539.1	114242.5		78120.4	8051.8
湖　南	123967.5	399666.2	624884.4	76907.6	3765.0	80870.2		50844.8	2558.7
广　东	111576.5	148335.0	213804.0	26247.9	5632.9	42107.2		132471.6	10315.3
广　西	26480.1	68504.9	169039.4	11883.0	-3911.2	13782.9		98348.0	1329.4
海　南	6630.5	15669.5	49773.8	6039.2	64.5	5680.4		3157.0	768.7
重　庆	303281.6	464047.0	1451746.4	153642.6	34619.8	274536.5		46260.1	8555.3
四　川	417355.0	410623.6	1874503.3	113192.3	44321.7	367144.7		42509.4	61164.2
贵　州	20930.4	47466.4	37726.9	2919.6	2442.8	4342.4		29327.7	926.2
云　南	167340.4	559214.2	1122095.8	191803.5	44428.7	121895.2		44562.8	34156.9
西　藏	1348.0	3391.0	310.0	164.8	14.0	68.1		19244.3	839.1
陕　西	91446.0	155402.8	350158.5	61537.7	29759.2	70906.3		69282.5	5750.1
甘　肃	10867.3	30480.5	14380.6	4766.6	244.9	2627.3		14902.5	472.6
青　海	4071.8	4120.6	5745.0	1469.7	22.0	2410.1		5987.4	102.3
宁　夏	25643.6	145974.4	88706.3	11997.4	9363.8	21980.8		14087.6	1497.4
新　疆	54183.1	151938.0	284703.4	33643.0	3944.6	34065.9		39978.8	3628.6

单位：万元

事业单位会计制度财务指标				执行民间非营利组织单位会计制度财务指标				
本年收入合计	本年支出合计	收支结余	行政事业单位增加值	固定资产原价	上年结余	本年收入合计	本年费用合计	民间非营利组织单位增加值
2788985.0	**2678834.3**	**265418.4**	**976162.0**	**298433.3**	**1888.1**	**233323.2**	**210476.6**	**117402.7**
124084.9	107950.4	24950.7	39154.7					
408809.2	441489.7	36783.9	175515.4					
30868.9	28384.3	2012.0	11940.3	2200.0	100.0	2614.0	2533.5	1529.0
79059.4	74998.4	7090.5	20536.2	4009.8	-62.5	477.7	222.7	70.8
51344.4	50880.0	1688.4	10752.8	994.5	1.0	1600.5	1775.5	247.0
31207.8	31459.8	1018.0	9567.7	2239.0		744.0	742.0	255.4
48379.9	49242.8	2459.7	20936.0	2417.2		2316.5	2632.6	1224.4
35907.3	35148.1	222.6	8590.8	109.0		715.8	757.3	220.6
33243.1	33800.4	4818.2	20761.6	621.9		1224.9	447.4	212.3
155238.7	146317.5	2492.8	23024.2	2625.3	138.5	28446.2	17617.3	4118.1
189297.9	174047.1	5430.4	91476.0	51584.7	42.4	35399.1	32733.2	11852.6
185013.8	158712.5	50896.9	98181.2	15512.2		18221.4	18209.2	7871.7
49944.1	51115.4	1518.5	19598.7	7687.4	69.0	3033.8	2384.0	950.4
46548.3	45367.7	1803.6	9446.5	9482.9	11.0	4949.2	3200.4	685.2
34517.8	33405.2	2861.0	8670.4	1076.8		2140.8	2007.4	553.8
201429.6	201050.0	3246.2	40417.9	124772.8	62.0	100548.5	102129.3	75461.1
80293.9	76776.6	8124.5	33749.2	4764.5		628.3	1052.3	717.2
115845.6	114516.0	11647.1	32762.3	7041.3		2866.7	2657.7	547.9
105218.2	89386.8	16038.2	42393.4	1920.5		5642.6	5337.3	703.9
233844.8	226528.1	11039.7	68614.7	12853.7	-30.0	4753.1	3611.9	854.6
60965.5	16352.2	981.0	12697.2	1369.5		37.5	34.6	
14320.8	15271.3	186.8	950.1					
62284.2	54824.5	15677.7	28498.5	23167.6		3271.3	2516.1	246.6
132147.9	99817.2	24714.6	42782.9	6120.7	1488.0	7176.2	5443.1	7427.4
44582.2	119864.2	3756.9	16017.9	4005.6	49.7	1660.2	834.0	570.1
84650.0	63964.4	9133.0	45441.9	1868.0	3.0	432.5	5.3	3.3
3260.3	3800.9	319.5	1279.9					
41110.3	42535.4	5809.1	20526.3	1227.0		76.0	75.0	13.4
30176.1	26381.7	101.8	7891.8	2254.7		2005.5	637.6	348.2
9234.5	7828.8	5.2	1319.7	3262.4		401.7	391.5	342.0
10881.1	9749.7	1210.9	3444.1	1684.3	16.0	361.2	348.4	218.7
55274.5	47867.2	7379.0	19960.2	1560.0		1578.0	140.0	157.0

C-2-30 老龄

地区	单位数	年末职工人数	#女性	受教育程度情况	
				大学专科人数	大学本科及以上人数
全国	**2503**	**9552**	**4099**	**3581**	**2792**
北京	17	171	73	52	117
天津	18	66	32	24	38
河北	61	167	73	57	35
山西	116	530	208	211	57
内蒙古	33	108	55	49	49
辽宁	57	208	100	87	72
吉林	38	151	88	33	29
黑龙江	114	379	191	131	100
上海	19	142	74	37	82
江苏	81	260	111	77	93
浙江	83	282	136	87	85
安徽	97	227	75	71	96
福建	67	182	60	59	48
江西	111	399	155	176	48
山东	155	1020	316	406	393
河南	91	317	147	120	70
湖北	82	348	126	144	79
湖南	131	457	217	158	71
广东	115	296	120	116	97
广西	85	229	100	84	60
海南	3	14	8	6	7
重庆	35	124	46	51	42
四川	202	643	276	273	189
贵州	97	339	158	161	98
云南	109	400	157	162	145
西藏	1	1			
陕西	102	617	275	199	154
甘肃	101	472	193	101	72
青海	10	23	16	7	4
宁夏	25	102	45	53	38
新疆	247	878	468	389	324

事业情况

单位:个、人

职业资格水平		年龄结构			
助理社会工作师人数	社会工作师人数	35岁及以下人数	36岁至45岁人数	46岁至55岁人数	56岁及以上人数
57	**68**	**2332**	**3859**	**2804**	**557**
1	8	44	62	58	7
2	2	16	31	12	7
1	2	50	79	32	6
1	1	156	222	127	25
	3	26	50	26	6
4	1	75	64	53	16
2		43	70	34	4
8	2	89	146	111	33
	3	49	49	37	7
4	2	50	90	93	27
3	3	55	110	98	19
	1	42	100	67	18
		17	72	81	12
	7	116	165	102	16
2	11	256	392	299	73
5		152	117	48	
1	2	54	134	118	42
1	1	108	213	125	11
3	6	94	103	87	12
2	3	32	87	91	19
		4	7	3	
		13	42	56	13
2	6	145	267	190	41
2	1	46	135	142	16
1		59	160	143	38
		1			
		191	245	158	23
		106	194	147	25
		4	8	10	1
	1	23	43	32	4
12	2	216	402	224	36

C-2-30续表1

地区	增加值合计	执行	
		固定资产原价	上年结转和结余
全国	**52651.1**	**145641.7**	**7541.4**
北京	3007.6	760.8	3817.7
天津	1109.3	259.0	478.6
河北	332.2	278.8	
山西	962.0	787.9	61.5
内蒙古	603.7	497.6	-4.1
辽宁	1119.0	358.9	210.0
吉林	672.8	637.1	43.4
黑龙江	1285.7	3728.5	103.1
上海	2367.3	4816.4	49.3
江苏	2632.8	20269.3	15.1
浙江	2413.9	3070.9	376.5
安徽	631.4	565.4	47.7
福建	1046.7	5947.9	373.7
江西	795.1	5503.8	4.5
山东	5131.8	4219.9	27.0
河南	370.4	347.9	1.0
湖北	1345.1	1668.0	
湖南	1334.0	5857.6	2.6
广东	3840.2	1452.7	221.2
广西	3430.5	59969.9	4.6
海南	305.1	23.7	157.3
重庆	736.6	1265.0	22.5
四川	4807.2	4586.3	252.5
贵州	1178.4	1295.7	554.4
云南	2464.8	9862.0	304.3
西藏	0.1	3.0	
陕西	4141.6	2665.8	217.9
甘肃	1038.4	1877.0	44.8
青海	101.2	127.0	
宁夏	353.4	245.3	11.4
新疆	2615.3	2692.6	142.9

单位：万元

行政事业单位会计制度财务指标			
本年收入合计	本年支出合计	收支结余	行政事业单位增加值
123148.6	**125463.1**	**6247.5**	**52651.1**
12943.9	14141.5	3198.3	3007.6
2035.6	2180.3	334.2	1109.3
801.7	801.7	0.1	332.2
1727.6	1778.5	19.2	962.0
2148.6	1992.6	120.4	603.7
1809.1	2068.6	22.4	1119.0
893.7	872.4	54.0	672.8
3308.5	3402.9	119.9	1285.7
13835.6	12947.9	167.8	2367.3
4966.6	4965.7	-2.2	2632.8
7845.2	8062.2	248.7	2413.9
1377.8	1346.3	4.3	631.4
2769.7	2910.5	124.8	1046.7
1151.7	1146.4	17.7	795.1
7559.0	7586.0		5131.8
766.6	688.7		370.4
2596.1	2596.4		1345.1
2480.4	2374.9	1.3	1334.0
10143.6	9729.0	241.0	3840.2
1927.2	1975.6	5.7	3430.5
342.0	247.3	113.0	305.1
2685.2	2686.6	7.1	736.6
12185.9	12837.5	95.3	4807.2
2514.2	2394.7	80.5	1178.4
5345.5	5342.8	273.7	2464.8
			0.1
10696.9	11051.6	660.9	4141.6
1297.6	2189.7	68.2	1038.4
300.5	300.5		101.2
729.1	589.3	211.2	353.4
3963.5	4255.0	60.0	2615.3

C-2-30续表2

地区	老龄人口情况							
							老年维权	
	60岁以上老年人口数	65岁以上老年人口数	80岁以上老年人口数	100岁以上老年人口数	纯老年人家庭人口数	老龄系统接待来信来访次数	老年法律援助中心	涉老案件数
全　国	**173445936**	**117325640**	**25914432**	**54774**	**29625487**	**457854**	**19407**	**59373**
北　京	2502367	1776803	386915	479	450073	59499	17	282
天　津	1800676	1236740	287192	295	395478	2129	123	5823
河　北	8431399	6598784	1180891	1549	841880	4147	452	1043
山　西	3265896	2389285	423545	1603	727623	5240	437	1085
内蒙古	1844591	1460335	289736	288	501567	2683	106	145
辽　宁	5381396	3722789	894621	1491	1830264	23360	738	1899
吉　林	569043	420334	77295	718	188241	819	51	103
黑龙江	4299942	2719273	509159	1329	1191908	6315	701	2135
上　海	3496511	2369068	635156	1468	735104	33147	74	7893
江　苏	13283799	9227917	1955185	4917	3631962	30135	1165	4298
浙　江	7998848	6314731	1279699	1393	1975408	35427	377	2005
安　徽	9272872	5897713	1352497	2342	1513284	19109	586	1256
福　建	3912192	2812026	778366	1340	657794	11100	1048	1888
江　西	5747920	3714379	839124	1092	274903	3861	539	712
山　东	15698815	10934396	2240996	4962	4101594	9540	1958	2866
河　南	10066197	7169590	1936637	4472	1087277	9285	1025	1208
湖　北	6824579	4658116	919431	1590	844590	10124	552	1297
湖　南	8382345	5632318	1624208	2136	1249261	32276	1199	2689
广　东	10581984	7043984	1637223	5576	630782	37933	611	607
广　西	6358767	4361453	1068174	4146	595571	18054	479	1240
海　南	1032180	778236	205911	1583	71419	888	30	1436
重　庆	5600715	3802605	740900	1030	1547825	14545	552	2013
四　川	15644594	8837930	2221974	4277	1990421	26007	3154	3233
贵　州	4846978	2694523	519659	825	383532	5884	837	1013
云　南	5371031	3323150	753775	1334	725035	10882	755	6341
西　藏	126152	94585	27281	59	15343	11	8	2
陕　西	4369767	2833979	540413	534	521642	7773	455	963
甘　肃	3247645	2182921	269534	418	315648	7976	384	334
青　海	480545	374262	45426	99	27257	122	25	17
宁　夏	470376	300302	41880	71	72286	13528	104	1391
新　疆	2535814	1643113	231629	1358	530515	16055	865	2156

单位：个、次、件、张、人

老龄事业发展情况								
	老年活动设施		享受高龄补贴的老年人数	老年医疗护理机构				
维权协调组织数	老年活动站/中心/室数	老年人参与人数		老年医院数	床位数	老年临终关怀医院数	床位数	年底在院人数
83796	**413358**	**67450411**	**8830572**	**3454**	**117982**	**846**	**37639**	**16706**
3931	6587	859223	340435	19	3181	4	351	259
2292	2865	585410	23453	33	1766	1	30	28
2164	8897	1136006	105507	155	2928	26	411	90
2789	15912	1285346	193065	154	3538	76	5939	1086
378	1203	284202	201310	7	158			
3585	6921	1393470	62861	150	5994	7	752	256
334	1610	104996	7789	76	2042	3	111	69
1281	4870	587570	102883	254	3576	131	3281	1670
2601	5825	360894	54580	11	1895	1	120	120
6143	16685	3642108	1666065	264	18419	74	6597	3503
3998	35161	30650682	1215228	26	1939	5	531	503
3055	6224	1093920	136228	63	4414	12	817	481
2376	15493	1876987	162359	40	2487	5	448	229
4330	11152	1519007	153098	60	2889	16	352	131
7948	53233	3536248	939885	131	10218	52	1389	668
2270	40014	1217574	113178	321	5016	18	444	233
3372	8670	1603272	85757	132	5633	24	511	289
5160	17352	2091264	83285	165	9850	92	2648	1046
2146	12478	2194751	964608	120	7416	40	2679	1232
1429	7282	1395579	60391	26	2402	8	1218	1157
181	573	170080	24811					
2198	8172	1569568	151994	60	1604	59	2445	580
8692	39584	3366212	303715	698	11594	144	3684	1314
2354	3641	511065	83326	97	1133	12	148	121
3301	61291	2158609	826561	36	2714	17	1198	1071
5	61	31979	33068					
2431	5599	766470	423070	158	3285	11	921	200
1211	3454	506042	44965	34	766	3	334	168
154	555	83883	48074					
642	1028	161693	26823	155	538	2	40	
1045	10966	706301	192200	9	587	3	240	202

C-2-30续表3

地　区	老龄事业					
	老年人协会个数	参加人数	村、居老年人协会	参加人数	乡、街道老年人协会	参加人数
全　国	**1136631**	**45466338**	**334503**	**30973212**	**29222**	**6535225**
北　京	6192	439687	6159	422754	31	10928
天　津	3887	514234	3596	408311	213	62709
河　北	11905	918474	9944	353191	1007	181762
山　西	13158	750704	11801	581887	743	106129
内蒙古	1388	168107	999	35029	189	60296
辽　宁	10648	831948	7752	491653	1515	240467
吉　林	2011	115218	1414	63021	328	37259
黑龙江	6107	505370	4465	320360	1323	144552
上　海	1573	175488	1367	124093	178	41330
江　苏	18924	3577040	17261	2883555	1221	322569
浙　江	33367	6875603	32156	5589613	910	264221
安　徽	12053	1274127	10588	892573	952	191781
福　建	13903	2225801	12773	1922929	642	223879
江　西	13712	1827087	11468	1103431	1304	255215
山　东	67171	2272867	61083	1557800	2759	325108
河　南	23100	1575078	17367	1154517	1285	120120
湖　北	8206	1883413	6714	813347	791	383230
湖　南	771498	2648241	21952	1525497	2142	450210
广　东	15945	2653731	13235	2223083	1639	296698
广　西	10571	1793850	8780	1033886	930	417502
海　南	598	66138	472	38485	89	11470
重　庆	8011	2120001	6665	1130381	957	302616
四　川	20373	3856582	16083	2132189	3306	1274553
贵　州	15409	1605094	12822	873560	1274	157609
云　南	16529	2317638	10933	1631653	1108	214535
西　藏	17	1834				
陕　西	15165	1310616	13517	837431	1028	232206
甘　肃	8582	717654	7531	570694	540	94352
青　海	801	32869	737	16799	46	12573
宁　夏	1540	83393	1332	59873	170	14752
新　疆	4287	328451	3537	181617	602	84594

单位：个、人、张

发展情况

县、市老年人协会	参加人数	老年基金会	事业投入经费	其他老年社团组织	参加人数	老年学校	
						老年学校个数	#在校人数
5946	**2440757**	**2211**	**76626**	**36198**	**4325272**	**48116**	**6031645**
2	6005			5321	430820	3052	298899
9	3062	2	1111	1407	147463	461	211951
175	152060	4	29	231	54686	476	45382
231	41665	13	21	545	35345	1194	253372
74	29104			23	4421	67	9778
298	28159	315	116	1701	94951	593	118507
77	4576	1	1	77	23022	419	32863
88	20699	344	345	196	44532	444	20294
7	5973	11	927	48	418297	1350	530358
131	80449	27	5272	9546	770340	3948	565813
78	207183	173	3195	1348	94617	7688	757611
185	108424	1	5	636	148078	2311	208316
90	24352	398	7490	1467	285734	8341	627212
413	153101	14	95	1759	82401	1544	244387
519	243715	9	303	2118	96256	2705	319665
375	48335	9	23	277	26820	2769	172539
251	143484	6	21	749	146444	631	148266
928	171693	47	476	839	197616	962	151438
162	57678	709	7060	1264	89439	820	103140
121	71386	5	8182	953	213134	731	71740
34	14253			14	6968	7	1722
211	214170	15	1010	1028	126925	1468	230681
449	315081	10	281	1242	455266	2021	410241
331	55821	10	43	1130	44990	778	86012
386	96298	75	40429	1162	141079	1324	246225
16	1710						
103	71295	10	185	457	92402	349	54508
45	10521	2	1	81	27102	118	15630
7	2295					8	1670
31	6877			32	2776	44	3905
119	51333	1	8	547	23348	1493	89520

C-2-31 孤儿和

地区	孤儿情况			收养登记合计	中国公民收养登记
	孤儿数	集中供养孤儿	社会散居孤儿		
全国	**509695**	**77144**	**432551**	**31424**	**27579**
北京	2473	2114	359	387	302
天津	119	1	118	213	167
河北	9188	952	8236	551	510
山西	12208	1888	10320	401	248
内蒙古	6019	1574	4445	185	185
辽宁	5446	1114	4332	279	251
吉林	4338	298	4040	65	65
黑龙江	4383	509	3874	104	53
上海	2270	2162	108	736	514
江苏	17866	3357	14509	3635	3374
浙江	8016	3220	4796	4959	4849
安徽	29351	3722	25629	1251	1196
福建	6808	1967	4841	1316	1214
江西	30605	7808	22797	1494	702
山东	14966	2954	12012	2134	2053
河南	40428	3224	37204	748	371
湖北	34138	5880	28258	738	624
湖南	56873	7100	49773	1390	1242
广东	41624	8541	33083	3717	3387
广西	17826	1927	15899	2422	2216
海南	1975	133	1842	274	271
重庆	4889	479	4410	599	482
四川	27588	3902	23686	1106	1101
贵州	20566	1964	18602	493	396
云南	37178	1372	35806	1188	1063
西藏	5085	1115	3970	18	18
陕西	7561	1366	6195	249	181
甘肃	17742	2108	15634	122	80
青海	14425	192	14233	28	28
宁夏	3616		3616	56	39
新疆	24125	4201	19924	566	397

收养

单位:人、件

	香港居民	澳门居民	台湾居民	华　侨	外国人收养登记	协议解除收养关系登记	#中国公民
	221	**11**	**46**	**52**	**3845**	**567**	**360**
				2	85	3	3
				13	46	1	1
					41	1	
					153		
		1	1	1	28	5	4
						1	1
			1	1	51	26	26
	2		2	4	222	7	6
	1		1	1	261	268	66
	6		4	17	110	4	4
	1				55	4	4
	16		15	2	102	85	85
					792	37	37
			3	2	81	15	15
	1		3		377	1	1
				2	114	4	4
	6		3		148	10	10
	173	8	4	6	330	11	11
	3	2	3		206	5	3
	2		4		3		
	3				117	35	35
	4			1	5	38	38
	2		2		97	1	1
	1				125	2	2
					68		
					42		
					17		
					169	3	3

C-2-32 被收

地区	被收				
	合计	女性	残疾儿童	社会福利机构抚养的孤儿	被外国人收养
全国	**31329**	**23211**	**3086**	**1679**	**97**
北京	387	231	49		
天津	213	132	35	2	
河北	550	354	73	10	2
山西	401	215	64	26	
内蒙古	192	102	17		
辽宁	275	130	23	2	
吉林	65	32			
黑龙江	104	50	30	1	
上海	736	576	196	1	
江苏	3635	2637	837	267	
浙江	4960	4300	30	449	
安徽	1245	1003	43	146	55
福建	1316	1066	73	55	
江西	1494	1368	170	33	
山东	2134	1424	149	57	
河南	748	414	394	36	8
湖北	735	467	9	63	
湖南	1390	1024	322	40	
广东	3713	2384	80	140	9
广西	2271	2002	52	142	
海南	373	243	80	45	
重庆	599	428	94	22	
四川	1106	701	41	60	5
贵州	493	403	48	10	
云南	1203	885	82	4	
西藏	18	13			
陕西	249	169	55	10	1
甘肃	122	87	5	7	
青海	27	16		3	
宁夏	51	38		20	17
新疆	524	317	35	28	

养人情况

单位：人

养人					
社会福利机构抚养的弃婴	被外国人收养	社会弃婴	父母无力抚养的儿童	被外国人收养	其他
11993	**3114**	**14249**	**602**	**1**	**2806**
313	82	53	1		20
69	46	123	1		18
130	39	321	17		72
199	153	59	6		111
13		137	22		20
106	28	121	15		31
5		48	7		5
55	51	11	22		15
273	219	435	4		23
899	260	1672	24		773
2713	112	1633	15		150
249		745	43		62
424	89	711	9	1	117
1094	792	261	6		100
662	81	1263	9		143
498	369	131	27		56
281	113	220	42		129
575	146	487	27		261
1820	224	1556	13		184
598	66	1452	13		66
71	3	243	3		11
261	117	210	33		73
239		545	82		180
162	91	297	9		15
157		949	40		53
3		5	10		
31		168	18		22
47		52	11		5
		13	5		6
1		29	1		
45	33	299	67		85

C-2-33 社会福利

地　区	单位数	年末职工人数	#女　性	#残疾职工	#女残疾职工	残疾职工工资总额	残疾职工养老保险总额
全　国	**21507**	**1589472**	**510850**	**628457**	**197334**	**900860.1**	**234234.9**
北　京	670	32042	10752	12570	4135	21049.0	5293.1
天　津	318	23273	5606	9115	2392	11082.7	4312.9
河　北	1021	52664	15340	21568	6100	18798.0	8397.7
山　西	516	38689	8594	17855	5054	14775.7	4617.2
内蒙古	212	11723	3226	5936	2077	5556.3	1644.6
辽　宁	2154	109178	39190	51990	17093	67451.9	23659.2
吉　林	650	23725	6982	11236	3466	10812.0	121.0
黑龙江	647	21506	5853	10838	3256	10942.0	4687.0
上　海	1315	102083	31711	35238	11544	54237.6	28010.5
江　苏	3406	338581	114615	116293	42513	187039.2	56462.4
浙　江	2664	270292	92536	98814	33489	195271.5	53607.0
安　徽	371	18365	6173	7217	2226	9631.6	2304.5
福　建	347	21537	6812	8813	1609	10285.9	635.8
江　西	332	26950	9406	12761	3231	23654.0	396.4
山　东	1424	100075	29197	39991	11012	53747.7	14443.2
河　南	1102	68400	20383	31302	9123	31302.0	1174.5
湖　北	723	39302	13115	17205	6065	17207.4	1588.1
湖　南	616	35602	9999	18706	4691	23705.9	4545.4
广　东	149	13165	4232	4852	1440	6171.8	925.2
广　西	170	10311	3547	5582	1654	9948.6	544.8
海　南	13	1373	520	917	320	696.6	331.0
重　庆	758	67549	22617	26857	7249	43016.6	10262.5
四　川	800	59192	17627	25642	7642	33138.4	2140.4
贵　州	81	5216	1305	2083	815	2314.6	784.8
云　南	374	54411	14609	18691	3576	16153.5	1373.5
西　藏	4	234	90	124	45	170.4	60.0
陕　西	269	15257	5029	5339	1998	7934.8	634.1
甘　肃	102	4434	1448	1594	463	1568.0	
青　海	16	1808	844	621	205	1000.6	25.0
宁　夏	87	6411	1866	2839	783	3392.7	98.7
新　疆	196	16124	7626	5868	2068	8803.1	1154.4

企业总表

单位:个、人、万元

残疾职工补贴	纳税总额	增值税总额	营业税总额	所得税总额	应减免税金总额	实际减免税金总额	盈利总额
31749.5	**1723776.3**	**1255991.9**	**81608.6**	**245325.8**	**1061351.4**	**926103.2**	**1401137.9**
1701.2	26559.4	22173.5	1172.4	2402.0	29201.4	24296.3	8026.7
248.1	21988.5	18053.1	444.0	2087.8	22473.7	20064.1	23647.4
434.7	45902.7	30183.7	2211.8	10976.0	29386.2	22023.8	34006.7
632.7	35432.7	29989.5	5329.6	713.7	24145.4	17341.7	5349.4
214.6	19955.0	12281.8	3236.5	2385.4	15524.1	14950.8	4641.3
212.6	87759.9	76349.0	4275.6	14191.1	61501.7	55267.2	75535.1
24.0	1658.0	1552.0	106.0				
2225.9							
588.5	116162.3	86066.4	4444.9	49086.2	66527.5	69343.1	169119.5
4342.7	459412.3	364127.0	10635.4	59017.4	294576.3	235134.1	291872.7
1957.6	458767.3	362493.2	21307.1	63482.5	261154.9	237160.2	534476.5
224.1	19233.0	16558.7	1044.5	1408.8	10881.9	10070.3	7348.4
243.7	11865.4	5889.4	99.0	747.4	4735.6	5191.6	6828.1
58.4	48475.5	3680.3	496.9	1730.8	15039.0	15100.2	6384.8
5439.6	133686.5	81848.7	15050.6	24203.4	83891.3	72895.8	99237.5
109.5	20434.7	13623.6	721.0	1783.8	12073.2	9790.7	5171.7
394.7	28341.9	12078.9	882.9	1903.5	20268.4	17205.1	4915.5
1821.8	8345.3	1174.7	1422.2	124.1	6613.0	5630.0	939.2
342.3	26882.8	2284.6	22.6	14.6	1998.0	1392.3	3638.3
58.5	4376.5	3605.2	320.7	214.7	2127.8	1758.4	375.3
1.5	2898.2	2667.0	7.6	54.4	613.1	613.1	-128.4
9797.0	100545.9	75835.4	4561.0	7031.9	70302.5	59205.1	82747.6
139.2	3760.7	2723.8	523.1	91.6	5586.5	4580.0	4005.8
236.8	64.6	46.6	5.0	3.4	2472.0	2472.0	60.0
159.0	19553.4	17498.6	1051.3	673.8	7881.5	14180.4	12072.8
92.6	7396.3	6323.3	1413.9	896.7	3873.9	2952.8	16608.3
2.1	1180.2	1205.0	167.6	1.2	854.0	895.0	3012.0
5.5	5731.3	62.7	586.5		2131.4	2115.0	380.5
40.6	7406.0	5616.2	68.9	99.6	5517.1	4474.1	865.2

C-2-33续表1

地区	单位数	年末职工人数	受教育程度情况	
			大学专科人数	大学本科及以上人数
全国	**21507**	**1589472**	**93687**	**40161**
北京	670	32042	2158	865
天津	318	23273	1163	371
河北	1021	52664	2346	788
山西	516	38689	1438	328
内蒙古	212	11723	664	211
辽宁	2154	109178	8065	6003
吉林	650	23725	1311	585
黑龙江	647	21506	2257	268
上海	1315	102083	960	473
江苏	3406	338581	22106	10148
浙江	2664	270292	13570	5960
安徽	371	18365	985	193
福建	347	21537	432	246
江西	332	26950	802	222
山东	1424	100075	12946	4856
河南	1102	68400	6247	2981
湖北	723	39302	2063	1097
湖南	616	35602	2108	401
广东	149	13165	731	216
广西	170	10311	246	74
海南	13	1373	121	45
重庆	758	67549	4219	1643
四川	800	59192	2015	682
贵州	81	5216	309	51
云南	374	54411	1186	245
西藏	4	234	1	
陕西	269	15257	1760	686
甘肃	102	4434	118	38
青海	16	1808	10	1
宁夏	87	6411	350	23
新疆	196	16124	1000	461

单位：个、人

职业资格水平		年龄结构			
助理社会工作师人数	社会工作师人数	35岁及以下人数	36岁至45岁人数	46岁至55岁人数	56岁及以上人数
1606	**631**	**578216**	**628266**	**307509**	**75481**
48	22	8780	13805	7473	1984
57	18	8476	8221	5482	1094
53	43	22129	20111	8999	1425
10	8	15866	12725	8458	1640
2	1	2694	4456	3563	1010
130	22	34984	42685	24949	6560
70	9	7059	10790	5069	807
42	7	7967	9143	3740	656
87	73	37342	32652	23577	8512
277	91	110041	131902	74791	21847
128	90	91902	114379	51501	12510
28	11	6086	8388	3371	520
18	4	6553	10422	3811	751
4	2	13934	9517	3070	429
71	39	41908	36925	17714	3528
75	27	32538	26419	8177	1266
94	8	13480	16622	7503	1697
85	23	8189	19700	6375	1338
62	28	6236	4517	1961	451
7	1	3721	4730	1639	221
		782	391	174	26
43	50	25876	25633	13064	2976
74	19	24801	25104	7830	1457
24	3	1639	1884	1440	253
17	8	25355	19369	8242	1445
		47	142	35	10
83	17	6488	5692	2649	428
1	1	1507	2154	571	202
		592	1036	115	65
		2221	3521	497	172
16	6	9023	5231	1669	201

C-2-33续表2

地 区	增加值合计	执行企业会计制度单位财务指标				
		固定资产原价	营业收入	费用合计	营业利润	企业单位增加值
全 国	**7380158.3**	**18136910.6**	**55829366.8**	**6391913.0**	**1652193.5**	**7361598.7**
北 京	106837.2	340559.8	692352.3	73625.2	3452.8	106837.2
天 津	114199.5	266944.0	908353.1	487968.2	23795.4	114060.2
河 北	158740.3	440458.6	1629891.4	176212.0	54687.0	158203.0
山 西	74288.2	370653.6	606869.4	27381.4	1769.9	73534.9
内蒙古	26888.2	90302.3	151453.9	63424.1	8307.8	26888.2
辽 宁	427179.7	843587.7	2915101.6	358101.8	75043.6	427179.7
吉 林	48671.6	122234.5	315103.5	37828.1	11442.7	48520.2
黑龙江	53442.5	145018.0	205493.8	53666.0	9004.2	53441.5
上 海	655927.2	851736.9	2231909.1	220065.8	108535.3	655927.2
江 苏	1289750.8	3617621.5	14581355.1	1700066.1	328456.7	1288072.5
浙 江	2488904.3	5725008.3	19033672.2	1820031.1	688691.1	2488904.3
安 徽	56428.3	135799.7	1006279.4	79224.7	12067.5	56289.1
福 建	56601.9	143116.4	393664.7	51776.4	9104.9	55640.3
江 西	14659.9	92715.1	2933552.5	23764.0	2421.6	14648.0
山 东	501858.6	719084.6	748907.2	239779.8	102335.8	501858.6
河 南	138097.2	1456159.3	730070.1	198766.6	17910.7	137515.3
湖 北	114623.9	246017.1	458790.7	85965.2	20495.4	114009.4
湖 南	81253.2	399591.2	624834.4	76906.6	3765.0	80755.8
广 东	41412.3	103350.8	213172.5	24561.0	5632.9	41251.8
广 西	13936.7	68241.6	169039.4	11883.0	-3911.2	13782.9
海 南	5693.0	15669.5	49773.8	6039.2	64.5	5680.4
重 庆	274536.5	438649.3	1451735.4	153631.6	34619.8	274536.5
四 川	370868.8	410505.6	1874263.7	113103.9	44320.1	367077.2
贵 州	6912.5	47385.4	37673.2	2904.3	2402.8	3289.4
云 南	125783.0	559194.5	1122095.8	191803.5	44428.7	121895.2
西 藏	68.1	3391.0	310.0	164.8	14.0	68.1
陕 西	71148.4	155402.8	350158.5	61537.7	29759.2	70906.3
甘 肃	2746.1	30056.5	14373.6	4761.6	244.9	2627.3
青 海	2604.1	4120.6	5745.0	1469.7	22.0	2410.1
宁 夏	22111.2	145095.4	88706.3	11997.4	9363.8	21980.8
新 疆	34170.8	149239.0	284665.2	33502.2	3944.6	33807.5

单位：万元

执行行政事业单位会计制度财务指标					
固定资产原价	上年结转和结余	本年收入合计	本年支出合计	收支结余	行政事业单位增加值
44088.4	**124622.9**	**131577.4**	**51532.4**	**2288.6**	**18559.6**
55.4	168.3	296.3	180.3	257.3	139.3
7029.6	16070.8	1345.6	1456.6		537.3
3563.0		822.3	1022.3	4.0	753.3
326.0	7818.1	476.0	476.0		151.4
25.0	16059.2	33.0	33.0		1.0
6360.0	1568.1	2773.2	2375.8	0.9	1678.3
296.4	-10.2	222.4	226.8	-7.4	139.2
1504.3	71.3	1546.1	1468.2	0.7	961.6
298.0					11.9
1031.1	510.4	1249.4	1198.4		581.9
1658.9		2224.1	2079.1	145.0	614.5
1680.0		451.0	487.6	12.3	497.4
498.2	2836.8	749.8	179.1	18.5	160.5
115.0	19.0	43643.9	168.2	3.8	153.8
16.0		12.0	12.0		12.6
2217.6	47037.3	43398.5	25197.7	818.4	3791.6
2658.0	2.0	5991.3	4809.0	143.1	3623.1
9138.3	32249.8	22913.4	8540.0	705.8	3887.8
820.1		289.3	289.3	110.2	242.1
50.0	20.0	182.1	172.1		118.8
48.0		223.6	224.9		194.0
3234.5		192.8	3.0		130.4
1465.0	202.0	2541.3	933.0	76.0	363.3

C-2-34 在工商部门登记的

地　区	单位数	年末职工人数	#女　性	#残疾职工	#女残疾职工	残疾职工工资总额	残疾职工养老保险总额
全　国	**21398**	**1583990**	**509035**	**626444**	**196664**	**897250.7**	**234015.1**
北　京	669	31963	10728	12563	4133	20982.1	5277.5
天　津	317	23257	5600	9115	2392	11082.7	4312.9
河　北	1019	52618	15327	21567	6100	18797.0	8397.6
山　西	509	38353	8462	17749	5014	14641.8	4587.7
内蒙古	211	11682	3213	5911	2061	5495.1	1632.0
辽　宁	2129	107509	38647	51055	16800	66910.3	23632.2
吉　林	650	23725	6982	11236	3466	10812.0	121.0
黑龙江	644	21492	5849	10829	3256	10933.0	4682.5
上　海	1315	102083	31711	35238	11544	54237.6	28010.5
江　苏	3404	338397	114539	116260	42500	186997.5	56462.4
浙　江	2654	269668	92485	98639	33489	194918.5	53516.8
安　徽	368	18294	6149	7210	2225	9628.7	2304.5
福　建	343	21476	6793	8809	1609	10279.9	635.8
江　西	332	26950	9406	12761	3231	23654.0	396.4
山　东	1424	100075	29197	39991	11012	53747.7	14443.2
河　南	1102	68400	20383	31302	9123	31302.0	1174.5
湖　北	721	39133	13035	17204	6064	17205.3	1588.1
湖　南	612	35283	9858	18606	4635	23570.3	4523.9
广　东	140	12761	4072	4725	1405	5900.7	925.2
广　西	167	10252	3535	5576	1654	9940.6	544.8
海　南	13	1373	520	917	320	696.6	331.0
重　庆	758	67549	22617	26857	7249	43016.6	10262.5
四　川	798	59028	17563	25605	7630	33021.4	2140.4
贵　州	77	4929	1254	2053	801	2243.5	779.3
云　南	363	54160	14487	18568	3537	15959.7	1366.5
西　藏	4	234	90	124	45	170.4	60.0
陕　西	264	15031	4869	5264	1958	7808.3	634.1
甘　肃	101	4384	1440	1579	463	1562.0	
青　海	15	1797	839	621	205	1000.6	25.0
宁　夏	80	6044	1773	2644	677	1936.7	93.2
新　疆	195	16090	7612	5866	2066	8798.1	1153.6

社会福利企业

单位：个、人、万元

残疾职工补贴	纳税总额	增值税总额	营业税总额	所得税总额	应减免税金总额	实际减免税金总额	盈利总额
31616.6	**1722992.1**	**1255927.6**	**80987.9**	**245320.4**	**1058980.5**	**923751.4**	**1400861.6**
1649.2	26511.5	22168.8	1160.6	2402.0	29117.6	24212.5	8356.3
248.1	21988.5	18053.1	444.0	2087.8	22473.7	20064.1	23647.4
434.7	45902.7	30183.7	2211.8	10976.0	29386.2	22023.8	34006.7
601.6	35432.7	29989.5	5329.6	713.7	24145.4	17341.7	5476.4
210.7	19940.0	12271.8	3233.9	2383.6	15510.1	14936.8	4666.3
188.6	87730.9	76349.0	4275.6	14191.1	61472.7	55262.2	75535.1
24.0	1658.0	1552.0	106.0				
2223.2							
588.5	116162.3	86066.4	4444.9	49086.2	66527.5	69343.1	169119.5
4342.7	459408.4	364126.8	10631.9	59017.2	294576.3	235134.1	291871.8
1954.6	458767.3	362493.2	21307.1	63482.5	261154.9	237160.2	534476.5
224.1	19233.0	16558.7	1044.5	1408.8	10881.9	10070.3	7348.4
243.7	11865.4	5889.4	99.0	747.4	4735.6	5191.6	6828.1
58.4	48475.5	3680.3	496.9	1730.8	15039.0	15100.2	6384.8
5439.6	133686.5	81848.7	15050.6	24203.4	83891.3	72895.8	99237.5
109.5	20434.7	13623.6	721.0	1783.8	12073.2	9790.7	5171.7
394.7	28340.1	12078.9	881.3	1903.5	20268.4	17205.1	4915.5
1813.1	8345.1	1174.7	1422.0	124.1	6444.0	5461.0	599.2
342.3	26882.8	2284.6	22.6	14.6	1998.0	1392.3	3638.3
58.5	4376.5	3605.2	320.7	214.7	2127.8	1758.4	375.3
1.5	2898.2	2667.0	7.6	54.4	613.1	613.1	-128.4
9797.0	100545.9	75835.4	4561.0	7031.9	70302.5	59205.1	82747.6
139.2	3753.0	2720.6	518.6	91.6	5231.1	4224.6	4005.8
234.8	1.6	1.6			2452.0	2452.0	
159.0	19539.7	17497.4	1048.8	673.8	7742.8	14021.8	12072.8
92.6	7396.3	6323.3	1413.9	896.7	3873.9	2952.8	16608.3
2.1	1180.2	1205.0	167.6	1.2	854.0	895.0	3012.0
	5146.3	62.7	1.5		585.4	569.0	23.5
40.6	7389.0	5616.2	64.9	99.6	5502.1	4474.1	865.2

C-2-34续表1

地 区	单位数	年末职工人数	受教育程度情况	
			大学专科人数	大学本科及以上人数
全 国	**21398**	**1583990**	**92940**	**39490**
北 京	669	31963	2140	853
天 津	317	23257	1160	364
河 北	1019	52618	2336	786
山 西	509	38353	1401	307
内蒙古	211	11682	655	210
辽 宁	2129	107509	7769	5602
吉 林	650	23725	1311	585
黑龙江	644	21492	2252	268
上 海	1315	102083	960	473
江 苏	3404	338397	22057	10110
浙 江	2654	269668	13563	5958
安 徽	368	18294	979	191
福 建	343	21476	418	239
江 西	332	26950	802	222
山 东	1424	100075	12946	4856
河 南	1102	68400	6247	2981
湖 北	721	39133	2016	1073
湖 南	612	35283	2071	374
广 东	140	12761	683	175
广 西	167	10252	240	59
海 南	13	1373	121	45
重 庆	758	67549	4219	1643
四 川	798	59028	1972	657
贵 州	77	4929	270	22
云 南	363	54160	1132	233
西 藏	4	234	1	
陕 西	264	15031	1753	685
甘 肃	101	4384	118	38
青 海	15	1797	9	1
宁 夏	80	6044	346	23
新 疆	195	16090	993	457

单位:个、人

职业资格水平		年龄结构			
助理社会工作师人数	社会工作师人数	35岁及以下人数	36岁至45岁人数	46岁至55岁人数	56岁及以上人数
1559	**610**	**576321**	**626405**	**306032**	**75232**
48	22	8761	13790	7444	1968
57	18	8466	8219	5480	1092
53	43	22122	20095	8983	1418
10	6	15798	12589	8341	1625
2	1	2692	4444	3540	1006
130	22	33951	42400	24670	6488
70	9	7059	10790	5069	807
42	7	7966	9140	3730	656
87	73	37342	32652	23577	8512
276	90	110001	131844	74749	21803
128	90	91679	114103	51382	12504
25	7	6081	8357	3341	515
18	4	6546	10403	3783	744
4	2	13934	9517	3070	429
71	39	41908	36925	17714	3528
75	27	32538	26419	8177	1266
93	8	13447	16565	7445	1676
82	20	8140	19521	6300	1322
50	25	6167	4354	1826	414
7	1	3707	4713	1618	214
		782	391	174	26
43	50	25876	25633	13064	2976
68	15	24756	25059	7768	1445
4		1617	1840	1188	284
16	7	25283	19282	8153	1442
		47	142	35	10
83	17	6382	5631	2592	426
1	1	1475	2143	564	202
		592	1031	109	65
		2192	3198	482	172
16	6	9014	5215	1664	197

C-2-34续表2

地　区	增加值合计	执行企业会计制度单位财务指标				
		固定资产原价	营业收入	费用合计	营业利润	企业单位增加值
全　国	**7343337.4**	**18098938.6**	**55765362.5**	**6376296.1**	**1650687.2**	**7334294.0**
北　京	106547.9	338990.2	690487.5	72974.8	3976.8	106547.9
天　津	114060.2	266944.0	908353.1	487968.2	23795.4	114060.2
河　北	158681.6	440458.6	1629891.4	176212.0	54687.0	158233.8
山　西	73425.6	369593.6	606564.4	26861.4	1776.9	73354.6
内蒙古	26806.2	90097.3	151333.9	63280.1	8331.8	26806.2
辽　宁	408184.4	830397.7	2883718.6	355987.8	75023.6	408184.4
吉　林	48671.6	122234.5	315103.5	37828.1	11442.7	48520.2
黑龙江	53442.5	144918.0	205493.8	53666.0	9004.2	53441.5
上　海	655927.2	851736.9	2231909.1	220065.8	108535.3	655927.2
江　苏	1288072.5	3617621.5	14581355.1	1700066.1	328456.7	1288072.5
浙　江	2488872.5	5721509.4	19033578.4	1820028.6	688838.8	2488872.5
安　徽	56414.7	135309.7	1006188.4	79179.7	12123.5	56295.9
福　建	56047.5	143116.4	393664.7	51776.4	9104.9	55640.3
江　西	14659.9	92715.1	2933552.5	23764.0	2421.6	14648.0
山　东	501858.6	719084.6	748907.2	239779.8	102335.8	501858.6
河　南	138097.2	1456159.3	730070.1	198766.6	17910.7	137515.3
湖　北	114013.4	246017.1	458790.7	85965.2	20495.4	114009.4
湖　南	80153.5	398037.2	623052.0	76180.1	3476.4	79713.6
广　东	39303.1	101114.7	207599.3	22002.2	5093.4	39174.8
广　西	13765.9	67639.6	169001.4	11877.0	-3911.2	13765.7
海　南	5693.0	15669.5	49773.8	6039.2	64.5	5680.4
重　庆	274536.5	438649.3	1451735.4	153631.6	34619.8	274536.5
四　川	370189.5	410505.6	1874263.7	113103.9	44320.1	367077.2
贵　州	4319.6	47385.4	37171.2	2819.3	1372.2	3247.4
云　南	124181.1	557673.8	1121439.4	191173.5	44442.4	121781.7
西　藏	68.1	3391.0	310.0	164.8	14.0	68.1
陕　西	70572.0	153349.1	348265.8	61161.0	29724.2	70355.6
甘　肃	2746.1	30046.5	14373.6	4761.6	244.9	2627.3
青　海	2410.1	4120.6	5745.0	1469.7	22.0	2410.1
宁　夏	18190.2	135213.4	69004.3	4239.4	8998.8	18059.8
新　疆	33837.0	149239.0	284665.2	33502.2	3944.6	33807.5

单位：万元

执行行政事业单位会计制度财务指标					
固定资产原价	上年结转和结余	本年收入合计	本年支出合计	收支结余	行政事业单位增加值
24065.8	**123293.8**	**114774.8**	**36155.1**	**1560.2**	**9043.4**
6871.0	16070.8	1250.0	1361.0		447.8
			200.0	4.0	71.0
326.0	7818.1	476.0	476.0		151.4
25.0	16059.2	33.0	33.0		1.0
	439.2	287.0			
270.0		200.5	197.5		118.8
321.0	71.3	553.0	598.3	0.7	407.2
298.0					11.9
1031.1	510.4	1249.4	1198.4		581.9
		11.0	11.0		4.0
1530.0		399.5	436.1	12.3	439.9
193.2	2836.8	734.8	159.1	18.5	128.3
5.0	0.4	43490.5			0.2
16.0		12.0	12.0		12.6
3.0	47037.3	41242.2	23004.7	822.8	3112.3
1089.0	2.0	2004.4	1526.4	125.0	1072.2
7326.0	32226.3	20551.0	6393.2	466.7	2399.4
778.0		245.3	245.3	110.2	216.4
50.0	20.0	182.1	172.1		118.8
3234.5		192.8	3.0		130.4
699.0	202.0	1660.3	128.0		29.5

C-2-35 在编制部门登记的

地区	单位数	年末职工人数	#女性	#残疾职工	#女残疾职工	残疾职工工资总额	残疾职工养老保险总额
全国	**109**	**5482**	**1815**	**2013**	**670**	**3609.4**	**219.8**
北京	1	79	24	7	2	66.9	15.6
天津	1	16	6				
河北	2	46	13	1		1.0	0.1
山西	7	336	132	106	40	133.9	29.5
内蒙古	1	41	13	25	16	61.2	12.6
辽宁	25	1669	543	935	293	541.6	27.0
吉林							
黑龙江	3	14	4	9		9.0	4.5
上海							
江苏	2	184	76	33	13	41.7	
浙江	10	624	51	175		353.0	90.2
安徽	3	71	24	7	1	2.9	
福建	4	61	19	4		6.0	
江西							
山东							
河南							
湖北	2	169	80	1	1	2.1	
湖南	4	319	141	100	56	135.6	21.5
广东	9	404	160	127	35	271.1	
广西	3	59	12	6		8.0	
海南							
重庆							
四川	2	164	64	37	12	117.0	
贵州	4	287	51	30	14	71.1	5.5
云南	11	251	122	123	39	193.8	7.0
西藏							
陕西	5	226	160	75	40	126.5	
甘肃	1	50	8	15		6.0	
青海	1	11	5				
宁夏	7	367	93	195	106	1456.0	5.5
新疆	1	34	14	2	2	5.0	0.8

社会福利企业

单位:个、人、万元

残疾职工补贴	纳税总额	增值税总额	营业税总额	所得税总额	应减免税金总额	实际减免税金总额	盈利总额
132.9	**784.2**	**64.3**	**620.7**	**5.4**	**2370.9**	**2351.8**	**276.3**
52.0	47.9	4.7	11.8		83.8	83.8	-329.6
31.1							-127.0
3.9	15.0	10.0	2.6	1.8	14.0	14.0	-25.0
24.0	29.0				29.0	5.0	
2.7							
	3.9	0.2	3.5	0.2			0.9
3.0							
	1.8		1.6				
8.7	0.2		0.2		169.0	169.0	340.0
	7.7	3.2	4.5		355.4	355.4	
2.0	63.0	45.0	5.0	3.4	20.0	20.0	60.0
	13.7	1.2	2.5		138.7	158.6	
5.5	585.0		585.0		1546.0	1546.0	357.0
	17.0		4.0		15.0		

C-2-35续表1

地区	单位数	年末职工人数	受教育程度情况	
			大学专科人数	大学本科及以上人数
全国	**109**	**5482**	**747**	**671**
北京	1	79	18	12
天津	1	16	3	7
河北	2	46	10	2
山西	7	336	37	21
内蒙古	1	41	9	1
辽宁	25	1669	296	401
吉林				
黑龙江	3	14	5	
上海				
江苏	2	184	49	38
浙江	10	624	7	2
安徽	3	71	6	2
福建	4	61	14	7
江西				
山东				
河南				
湖北	2	169	47	24
湖南	4	319	37	27
广东	9	404	48	41
广西	3	59	6	15
海南				
重庆				
四川	2	164	43	25
贵州	4	287	39	29
云南	11	251	54	12
西藏				
陕西	5	226	7	1
甘肃	1	50		
青海	1	11	1	
宁夏	7	367	4	
新疆	1	34	7	4

单位:个、人

职业资格水平		年龄结构			
助理社会工作师人数	社会工作师人数	35岁及以下人数	36岁至45岁人数	46岁至55岁人数	56岁及以上人数
47	**21**	**1895**	**1861**	**1477**	**249**
		19	15	29	16
		10	2	2	2
		7	16	16	7
	2	68	136	117	15
		2	12	23	4
		1033	285	279	72
		1	3	10	
1	1	40	58	42	44
		223	276	119	6
3	4	5	31	30	5
		7	19	28	7
1		33	57	58	21
3	3	49	179	75	16
12	3	69	163	135	37
		14	17	21	7
6	4	45	45	62	12
20	3	22	44	252	-31
1	1	72	87	89	3
		106	61	57	2
		32	11	7	
			5	6	
		29	323	15	
		9	16	5	4

C-2-35续表2

地　区	增加值合计	执行企业会计制度单位财务指标				
		固定资产原价	营业收入	费用合计	营业利润	企业单位增加值
全　国	**36820.9**	**37972.0**	**64004.3**	**15616.9**	**1506.3**	**27304.7**
北　京	289.3	1569.6	1864.8	650.4	-524.0	289.3
天　津	139.3					
河　北	58.7					-30.8
山　西	862.6	1060.0	305.0	520.0	-7.0	180.3
内蒙古	82.0	205.0	120.0	144.0	-24.0	82.0
辽　宁	18995.3	13190.0	31383.0	2114.0	20.0	18995.3
吉　林						
黑龙江		100.0				
上　海						
江　苏	1678.3					
浙　江	31.8	3498.9	93.8	2.5	-147.7	31.8
安　徽	13.6	490.0	91.0	45.0	-56.0	-6.8
福　建	554.4					
江　西						
山　东						
河　南						
湖　北	610.5					
湖　南	1099.7	1554.0	1782.4	726.5	288.6	1042.2
广　东	2109.2	2236.1	5573.2	2558.8	539.5	2077.0
广　西	170.8	602.0	38.0	6.0		17.2
海　南						
重　庆						
四　川	679.3					
贵　州	2592.9		502.0	85.0	1030.6	42.0
云　南	1601.9	1520.7	656.4	630.0	-13.7	113.5
西　藏						
陕　西	576.4	2053.7	1892.7	376.7	35.0	550.7
甘　肃		10.0				
青　海	194.0					
宁　夏	3921.0	9882.0	19702.0	7758.0	365.0	3921.0
新　疆	333.8					

单位：万元

执行行政事业单位会计制度财务指标					
固定资产原价	上年结转和结余	本年收入合计	本年支出合计	收支结余	行政事业单位增加值
20022.6	**1329.1**	**16802.6**	**15377.3**	**728.4**	**9516.2**
55.4	168.3	296.3	180.3	257.3	139.3
158.6		95.6	95.6		89.5
3563.0		822.3	822.3		682.3
6360.0	1128.9	2486.2	2375.8	0.9	1678.3
26.4	-10.2	21.9	29.3	-7.4	20.4
1183.3		993.1	869.9		554.4
1658.9		2213.1	2068.1	145.0	610.5
150.0		51.5	51.5		57.5
305.0		15.0	20.0		32.2
110.0	18.6	153.4	168.2	3.8	153.6
2214.6		2156.3	2193.0	-4.4	679.3
1569.0		3986.9	3282.6	18.1	2550.9
1812.3	23.5	2362.4	2146.8	239.1	1488.4
42.1		44.0	44.0		25.7
48.0		223.6	224.9		194.0
766.0		881.0	805.0	76.0	333.8

C-2-36 福利

地 区	单位数	年末职工人数	#女 性	#残疾职工	#女残疾职工	残疾职工工资总额	残疾职工养老保险总额
全 国	**17225**	**1303412**	**424122**	**507315**	**162469**	**750316.0**	**208848.3**
北 京	644	30612	10090	12153	4015	20511.1	5198.0
天 津	316	23248	5600	9114	2391	11079.6	4312.9
河 北	685	36998	10648	15247	4303	13071.7	6116.2
山 西	295	26604	5723	11484	3743	10375.1	3652.2
内蒙古	135	6668	1819	3047	1214	3543.6	1066.3
辽 宁	2021	103166	37197	48578	15899	63299.8	22784.3
吉 林	441	16002	4996	8230	2467	7912.5	121.0
黑龙江	570	18417	4814	8990	2722	9094.0	3744.0
上 海	1306	101629	31580	35207	11541	54187.8	27990.1
江 苏	3333	335028	113041	114836	41884	185032.3	56383.9
浙 江	2267	239221	83667	86759	29704	169652.5	45995.0
安 徽	276	14525	4945	5739	1804	7612.1	1741.4
福 建	195	12011	3886	5570	632	6651.1	405.4
江 西	331	26880	9382	12747	3231	23637.2	396.1
山 东	1251	90169	26809	36262	9847	48709.1	13213.6
河 南	883	52658	15679	24391	6804	24391.0	980.3
湖 北	300	17248	5250	7983	2847	7984.3	743.4
湖 南	389	22155	6439	10407	2915	13025.9	3002.2
广 东	117	10167	3381	3753	1111	5236.1	824.2
广 西	89	6187	2017	2530	716	4632.9	196.9
海 南	4	214	103	90	31	26.5	34.0
重 庆	413	33572	10671	13417	3150	21759.4	5920.9
四 川	390	29358	9474	12285	3857	15010.5	1188.8
贵 州	16	881	244	375	79	358.5	52.7
云 南	125	16158	3586	6029	1349	5739.0	1137.0
西 藏	1	21	8	24	8	6.4	
陕 西	210	12576	4147	4362	1579	6067.7	517.1
甘 肃	66	3329	1220	1236	412	1186.0	
青 海	4	85	52	10		12.0	
宁 夏	25	4007	856	1624	473	2880.8	5.5
新 疆	127	13618	6798	4836	1741	7629.5	1124.9

工厂

单位:个、人、万元

残疾职工补贴	纳税总额				应减免税金总额	实际减免税金总额	盈利总额
		增值税总额	营业税总额	所得税总额			
19143.8	**1542277.7**	**1132268.0**	**68936.4**	**230132.5**	**934261.4**	**817935.1**	**1270587.8**
1590.8	25216.6	22006.1	417.8	2216.4	28115.4	23216.6	7611.4
248.1	21988.5	18053.1	444.0	2087.8	22473.7	20064.1	23647.4
360.0	34355.8	23301.9	2123.6	9767.2	21713.7	17771.2	32517.3
540.2	22552.2	20369.8	5316.4	682.5	14490.3	11457.5	3112.7
93.0	11607.0	9254.4	1467.9	919.0	10127.1	9663.8	3551.3
185.6	85569.9	74129.7	4220.6	14191.1	59501.7	53331.2	74426.1
24.0	1658.0	1552.0	106.0				
1757.7							
586.0	116135.3	86045.4	4442.9	49081.2	66503.5	69324.1	168792.8
4342.7	459205.2	363961.3	10624.0	59017.2	294392.9	234964.4	291921.6
1954.6	420599.9	325591.4	20254.9	59277.6	233624.9	211308.3	483860.0
177.4	15959.7	14019.1	37.3	1005.1	9198.8	8492.6	6055.7
123.1	9128.4	5881.4	14.0	747.2	4664.6	5135.6	5553.2
58.2	48469.7	3679.9	491.5	1730.8	15029.7	15090.9	6384.8
5180.9	124041.5	75035.6	14535.1	22557.9	76345.8	67495.3	92192.5
102.9	19549.0	12904.2	711.5	1775.6	11390.4	9557.9	4893.7
186.3	12493.7	2985.8	167.9	1115.2	7935.1	7109.5	2970.4
711.7	4585.0	1084.6	685.0	51.0	3743.0	2905.0	583.0
257.7	25752.8	2284.6	22.6	14.6	1025.5	1081.3	3621.3
50.3	1743.0	1329.0	0.8	198.3	1108.1	837.4	782.3
1.2	31.1	31.1	0.2	0.2	31.1	31.1	-16.9
276.0	53985.0	46130.1	238.8	2516.1	36066.3	28864.0	29413.2
57.8	650.0	180.0	115.0	14.0	600.0	289.8	525.0
38.8	49.6	46.6			20.0	20.0	60.0
123.4	16014.2	14562.9	1002.1	654.7	6501.3	11725.1	10601.5
76.6	3014.6	2792.8	861.6	511.8	3123.4	2210.3	16370.3
5.5	585.0		585.0		1546.0	1546.0	357.0
33.3	7337.0	5055.2	49.9		4989.1	4442.1	800.2

C-2-36续表1

地 区	单位数	年末职工人数	受教育程度情况	
			大学专科人数	大学本科及以上人数
全 国	**17225**	**1303412**	**77400**	**32700**
北 京	644	30612	2072	815
天 津	316	23248	1158	364
河 北	685	36998	1300	353
山 西	295	26604	1198	246
内蒙古	135	6668	341	130
辽 宁	2021	103166	6887	4847
吉 林	441	16002	813	251
黑龙江	570	18417	2181	262
上 海	1306	101629	941	465
江 苏	3333	335028	21898	10059
浙 江	2267	239221	12055	5410
安 徽	276	14525	836	156
福 建	195	12011	133	51
江 西	331	26880	791	211
山 东	1251	90169	11945	4497
河 南	883	52658	3609	1253
湖 北	300	17248	477	308
湖 南	389	22155	1257	289
广 东	117	10167	373	131
广 西	89	6187	93	37
海 南	4	214	1	
重 庆	413	33572	2268	961
四 川	390	29358	1333	408
贵 州	16	881	47	13
云 南	125	16158	610	118
西 藏	1	21		
陕 西	210	12576	1523	610
甘 肃	66	3329	73	28
青 海	4	85		
宁 夏	25	4007	303	15
新 疆	127	13618	884	412

单位:个、人

职业资格水平		年龄结构			
助理社会工作师人数	社会工作师人数	35岁及以下人数	36岁至45岁人数	46岁至55岁人数	56岁及以上人数
1160	**476**	**466999**	**514308**	**256207**	**65898**
46	17	8224	13399	7062	1927
57	18	8465	8211	5480	1092
20	2	15994	14046	6059	899
1		11333	8271	5965	1035
2	1	1301	2368	2091	908
124	16	32388	40798	23869	6111
39	4	4859	7661	3242	240
35	6	7039	7657	3090	631
87	73	37327	32463	23388	8451
274	78	108738	130606	74111	21573
107	79	82095	101568	44031	11527
14	3	4807	6846	2573	299
2		3807	5980	1734	490
3	2	13927	9507	3057	389
71	39	39073	32292	15564	3240
31	23	25553	19405	6780	920
38	4	7203	5900	3311	834
37	15	4305	13109	3844	897
38	22	4823	3562	1493	289
1		2109	3097	887	94
		24	60	107	23
27	43	10027	14274	7487	1784
15	12	11505	13587	3394	872
		274	341	235	31
		5867	6369	3438	484
			16	5	
74	12	5444	4777	1990	365
1	1	1118	1593	426	192
		10	40	12	23
		1354	2321	237	95
16	6	8006	4184	1245	183

C-2-36续表2

地区	增加值合计	执行企业会计制度单位财务指标				
		固定资产原价	营业收入	费用合计	营业利润	企业单位增加值
全国	**6429831.9**	**15425070.9**	**48237306.9**	**5465660.5**	**1431812.9**	**6427255.2**
北京	99392.9	303983.4	669182.7	68186.0	3148.2	99392.9
天津	114061.9	266858.0	908327.8	487952.3	23812.9	114061.9
河北	115474.5	317654.2	1161211.5	83216.3	43935.4	115226.7
山西	45691.6	225755.1	398447.6	17492.6	-855.7	45620.6
内蒙古	19250.0	67480.9	97390.9	48081.7	4767.4	19250.0
辽宁	384330.5	787736.3	2548145.3	333136.8	71253.7	384330.5
吉林	27988.9	90681.9	193981.8	29154.2	6814.1	27988.9
黑龙江	45472.5	128251.9	168523.5	42206.2	8081.9	45472.3
上海	653988.4	848034.9	2222125.3	215903.1	107831.4	653988.4
江苏	1276137.1	3595658.1	14475703.5	1686755.1	327191.9	1276137.1
浙江	2283491.8	5241260.0	16538345.8	1655962.1	617132.0	2283491.8
安徽	46476.9	100536.2	831100.4	36151.3	10708.9	46476.9
福建	43100.4	85486.8	236944.1	22254.5	6496.3	42781.6
江西	14653.9	92211.1	2933452.5	23589.0	2421.6	14642.0
山东	456576.0	607906.4	607378.2	208476.7	91228.4	456576.0
河南	118627.0	1405980.9	580411.3	173119.2	9904.6	118152.2
湖北	40615.8	63030.5	109329.4	47745.6	7189.5	40615.8
湖南	36453.8	85838.6	363595.9	36158.8	-191.1	36341.4
广东	33926.3	85396.3	171889.5	17825.9	5135.2	33898.1
广西	3236.3	33883.3	50502.9	4957.6	-2844.5	3236.1
海南	176.0	1191.7	317.9	89.9	-16.9	163.4
重庆	127279.1	252427.1	691932.6	76397.9	9844.8	127279.1
四川	300377.1	181883.1	1170469.8	46527.6	36571.6	300254.0
贵州	2742.3	4789.5	18368.1	1645.5	1272.3	2270.6
云南	33264.1	215152.7	529695.6	24614.6	1410.3	32920.6
西藏	12.1	178.0	26.0			12.1
陕西	58613.9	104811.2	229376.6	45913.6	27571.2	58371.8
甘肃	752.2	7719.3	4026.1	465.1	-38.1	752.2
青海		500.0				
宁夏	17518.2	87729.3	62000.2	7847.5	8415.6	17518.2
新疆	30061.6	135064.2	265104.1	23833.8	3620.0	30032.1

单位：万元

执行行政事业单位会计制度财务指标					
固定资产原价	上年结转和结余	本年收入合计	本年支出合计	收支结余	行政事业单位增加值
6570.5	**2077.5**	**4636.9**	**5171.3**	**93.8**	**2576.7**
1871.0	2074.5	1219.0	1361.0		247.8
			200.0	4.0	71.0
5.0		3.0	3.0		0.2
321.0		435.0	481.0		318.8
298.0					11.9
998.0		1069.6	1067.6		474.8
377.0		101.5	101.5		112.4
330.0		20.0	25.0		28.2
5.0					0.2
16.0		12.0	12.0		12.6
3.0	3.0	3.0	126.0		123.1
495.4		954.8	936.7	18.1	471.7
332.0		401.7	440.2	-38.5	343.5
820.1		289.3	289.3	110.2	242.1
699.0		128.0	128.0		29.5

C-2-37 假

地区	单位数	年末职工人数	#女性	#残疾职工	#女残疾职工	残疾职工工资总额	残疾职工养老保险总额
全国	**33**	**1927**	**779**	**208**	**42**	**482.6**	**50.5**
北京	1	79	24	7	2	66.9	15.6
天津	1	9		1	1	3.1	
河北	1	23	8	1		1.0	0.1
山西	1	75	27				
内蒙古	1	41	13	25	16	61.2	12.6
辽宁							
吉林	1	17	6				
黑龙江	2	28	8	8	2	8.0	4.0
上海	1	137	33	3		10.5	5.1
江苏	1	74	28	2		10.0	
浙江	1	70	21				
安徽	1	10	10	2	1	4.0	1.0
福建	1	85	35	3		10.8	
江西	1	70	24	14		16.8	0.3
山东	1	136	40	4		5.0	2.8
河南	7	283	191	70	1	70.0	
湖北	3	176	84	1	1	2.1	
湖南	1	102	36	3	1	8.0	2.0
广东	2	109	41	14	6	28.0	
广西							
海南							
重庆							
四川	1	115	51	28	4	112.0	
贵州	1	72	28	2		1.5	0.2
云南	1	76	32	6	1	29.9	
西藏							
陕西	1	106	25	12	4	28.8	6.0
甘肃							
青海							
宁夏							
新疆	1	34	14	2	2	5.0	0.8

肢厂

单位:个、人、万元

残疾职工补贴	纳税总额				应减免税金总额	实际减免税金总额	盈利总额
		增值税总额	营业税总额	所得税总额			
60.1	**797.0**	**493.7**	**39.1**	**204.0**	**1585.2**	**1570.2**	**1011.8**
52.0	47.9	4.7	11.8		83.8	83.8	-329.6
3.9	15.0	10.0	2.6	1.8	14.0	14.0	-25.0
2.0							
							242.5
	3.9	0.2	3.5	0.2			0.9
	8.0		3.0		166.0	166.0	
0.2	5.8	0.4	5.4		9.3	9.3	
1.2	676.0	474.0		202.0	676.0	676.0	807.0
	1.8		1.6				
	0.2		0.2		127.0	127.0	316.0
	7.7	3.2	4.5		355.4	355.4	
0.8							
	13.7	1.2	2.5		138.7	138.7	
	17.0		4.0		15.0		

C-2-37续表1

地区	单位数	年末职工人数	受教育程度情况	
			大学专科人数	大学本科及以上人数
全国	**33**	**1927**	**431**	**280**
北京	1	79	18	12
天津	1	9	2	
河北	1	23	3	2
山西	1	75	23	17
内蒙古	1	41	9	1
辽宁				
吉林	1	17		
黑龙江	2	28	10	
上海	1	137	13	7
江苏	1	74	38	13
浙江	1	70	12	17
安徽	1	10	2	
福建	1	85	22	9
江西	1	70	11	11
山东	1	136	28	22
河南	7	283	25	22
湖北	3	176	47	25
湖南	1	102	24	20
广东	2	109	23	40
广西				
海南				
重庆				
四川	1	115	38	23
贵州	1	72	16	14
云南	1	76	35	8
西藏				
陕西	1	106	25	13
甘肃				
青海				
宁夏				
新疆	1	34	7	4

单位:个、人

职业资格水平		年龄结构			
助理社会工作师人数	社会工作师人数	35岁及以下人数	36岁至45岁人数	46岁至55岁人数	56岁及以上人数
27	**19**	**445**	**650**	**616**	**216**
		19	15	29	16
		1	8		
		4	4	10	5
	2	17	38	19	1
		2	12	23	4
		2	15		
		14	5	8	1
		7	34	71	25
1	1	16	11	25	22
	1	19	12	27	12
	1	2	4	4	
		31	24	25	5
1		7	10	13	40
		12	34	73	17
3	4	111	165	7	
1		34	61	58	23
1	2	29	24	37	12
12	3	26	40	32	11
5	4	41	26	39	9
		5	28	36	3
1	1	31	9	33	3
2		6	55	42	3
		9	16	5	4

C-2-37续表2

地　区	增加值合计	执行企业会计制度单位财务指标				
		固定资产原价	营业收入	费用合计	营业利润	企业单位增加值
全　国	**13668.5**	**24661.6**	**17486.2**	**9336.7**	**129.1**	**8237.7**
北　京	289.3	1569.6	1864.8	650.4	-524.0	289.3
天　津	-1.7	86.0	25.3	15.9	-17.5	-1.7
河　北	3.1					
山　西	682.3					
内蒙古	82.0	205.0	120.0	144.0	-24.0	82.0
辽　宁						
吉　林	63.3					
黑龙江	104.3	188.3	164.3	39.5	9.5	104.3
上　海	859.2	2477.4	1726.1	946.0	242.5	859.2
江　苏	964.9					
浙　江	1895.2	6392.2	757.8	841.8		1895.2
安　徽	-3.7	474.0	979.0	394.0	-166.0	-3.7
福　建	355.1	1014.0	2070.0	304.5	141.0	355.1
江　西	6.0	504.0	100.0	175.0		6.0
山　东	1331.6	3241.1	2060.0	1284.8	-115.8	1331.6
河　南	442.9	4009.0	1962.0	1581.1	-185.0	442.9
湖　北	622.6	22.0	26.0	20.2		9.1
湖　南	912.3	1033.0	1587.0	490.7	316.0	912.3
广　东	1496.3	1489.0	2789.9	2069.8	587.4	1496.3
广　西						
海　南						
重　庆						
四　川	635.4					
贵　州	947.6					
云　南	1131.1					
西　藏						
陕　西	459.8	1957.0	1254.0	379.0	-135.0	459.8
甘　肃						
青　海						
宁　夏						
新　疆	333.8					

单位：万元

执行行政事业单位会计制度财务指标					
固定资产原价	上年结转和结余	本年收入合计	本年支出合计	收支结余	行政事业单位增加值
13745.5	**433.4**	**11217.0**	**10619.9**	**620.1**	**5430.8**
78.0					3.1
3563.0		822.3	822.3		682.3
24.0		126.0	126.0		63.3
3260.0	409.9	1548.2	1546.8	0.9	964.9
1658.9		2224.1	2079.1	145.0	613.5
2171.6		2124.7	2129.1	-4.4	635.4
1089.0		1530.0	1405.0	125.0	947.6
1135.0	23.5	1960.7	1706.6	277.6	1131.1
766.0		881.0	805.0	76.0	333.8

C-2-38 安置

地 区	单位数	年末职工人数	#女 性	#残疾职工	#女残疾职工	残疾职工工资总额	残疾职工养老保险总额
全 国	**30**	**977**	**240**	**107**	**38**	**119.8**	**14.7**
北 京							
天 津	1	16	6				
河 北	1	23	5				
山 西	1	3					
内蒙古							
辽 宁							
吉 林							
黑龙江							
上 海							
江 苏	1	110	48	31	13	31.7	
浙 江	3	90	42	9		31.0	14.2
安 徽	3	80	21	1		0.9	
福 建	4	61	19	4		6.0	
江 西							
山 东							
河 南	1	21	1				
湖 北							
湖 南	4	132	29	19	2	26.2	
广 东	3	67	11	16	6	2.9	
广 西	1	41	3				
海 南							
重 庆							
四 川	1	49	13	9	8	5.0	
贵 州	3	226	25	13	8	9.1	0.5
云 南							
西 藏							
陕 西	1	34	10	1		3.0	
甘 肃	1	13	2	4	1	4.0	
青 海	1	11	5				
宁 夏							
新 疆							

农场

单位:个、人、万元

残疾职工补贴	纳税总额			应减免税金总额	实际减免税金总额	盈利总额
		营业税总额	所得税总额			
5.0	**37.0**	**21.0**	**4.4**	**4.0**	**4.0**	**-30.0**
3.0	22.0	16.0	1.0	4.0	4.0	-30.0
2.0	15.0	5.0	3.4			

C-2-38续表1

地区	单位数	年末职工人数	受教育程度情况	
			大学专科人数	大学本科及以上人数
全国	**30**	**977**	**146**	**94**
北京				
天津	1	16	3	7
河北	1	23	7	
山西	1	3	1	
内蒙古				
辽宁				
吉林				
黑龙江				
上海				
江苏	1	110	11	25
浙江	3	90	18	6
安徽	3	80	6	2
福建	4	61	14	7
江西				
山东				
河南	1	21		
湖北				
湖南	4	132	31	4
广东	3	67	14	6
广西	1	41	6	15
海南				
重庆				
四川	1	49	5	2
贵州	3	226	29	20
云南				
西藏				
陕西	1	34		
甘肃	1	13		
青海	1	11	1	
宁夏				
新疆				

单位:个、人

职业资格水平		年龄结构			
助理社会工作师人数	社会工作师人数	35岁及以下人数	36岁至45岁人数	46岁至55岁人数	56岁及以上人数
24	**7**	**146**	**297**	**447**	**87**
		10	2	2	2
		3	12	6	2
		1		1	1
		24	47	17	22
		4	29	29	28
3	4	7	22	47	4
		7	19	28	7
			3	7	11
		41	45	15	31
		13	38	13	3
		9	9	16	7
1		4	19	23	3
20	3	19	15	226	-34
		2	27	5	
		2	5	6	
			5	6	

C-2-38续表2

地 区	增加值合计	执行企业会计制度单位财务指标				
		固定资产原价	营业收入	费用合计	营业利润	企业单位增加值
全 国	**5690.5**	**2888.3**	**1667.5**	**1179.9**	**519.2**	**1047.9**
北 京						
天 津	139.3					
河 北	55.6					-30.8
山 西		10.0				
内蒙古						
辽 宁						
吉 林						
黑龙江						
上 海						
江 苏	713.4					
浙 江	158.9	1106.9	512.8	536.5	-371.7	158.9
安 徽	36.5	459.1	121.4	99.7	-79.3	16.1
福 建	554.4					
江 西						
山 东						
河 南	96.1					
湖 北						
湖 南	299.8	60.4	34.1	1.6		20.6
广 东	834.8	945.8	427.0	314.0	13.1	738.9
广 西	153.6					
海 南						
重 庆						
四 川	43.9					
贵 州	2121.2		502.0	85.0	1030.6	42.0
云 南						
西 藏						
陕 西	102.1	306.1	70.2	143.1	-73.5	102.1
甘 肃	2.0					
青 海	194.0					
宁 夏						
新 疆						

单位：万元

执行行政事业单位会计制度财务指标					
固定资产原价	上年结转和结余	本年收入合计	本年支出合计	收支结余	行政事业单位增加值
7119.6	**895.7**	**6260.6**	**5306.1**	**284.5**	**4642.6**
55.4	168.3	296.3	180.3	257.3	139.3
80.6		95.6	95.6		86.4
3100.0	719.0	938.0	829.0		713.4
26.4	-10.2	21.9	29.3	-7.4	20.4
1183.3		993.1	869.9		554.4
33.1		94.8	94.8		96.1
1153.0		207.6	250.2	12.3	279.2
163.2		172.6	154.1	18.5	95.9
110.0	18.6	153.4	168.2	3.8	153.6
43.0		31.6	63.9		43.9
1073.6		3032.1	2345.9		2079.2
50.0					2.0
48.0		223.6	224.9		194.0

C-2-39 其他社会

地 区	单位数	年末职工人数	#女 性	#残疾职工	#女残疾职工	残疾职工工资总额	残疾职工养老保险总额
全 国	**4219**	**283156**	**85709**	**120827**	**34785**	**149941.7**	**25321.4**
北 京	25	1351	638	410	118	471.0	79.5
天 津							
河 北	334	15620	4679	6320	1797	5725.3	2281.4
山 西	219	12007	2844	6371	1311	4400.6	965.0
内蒙古	76	5014	1394	2864	847	1951.5	565.7
辽 宁	133	6012	1993	3412	1194	4152.1	874.9
吉 林	208	7706	1980	3006	999	2899.5	
黑龙江	75	3061	1031	1840	532	1840.0	939.0
上 海	8	317	98	28	3	39.3	15.3
江 苏	71	3369	1498	1424	616	1965.2	78.5
浙 江	393	30911	8806	12046	3785	25588.0	7597.8
安 徽	91	3750	1197	1475	421	2014.6	562.1
福 建	147	9380	2872	3236	977	3618.0	230.4
江 西							
山 东	172	9770	2348	3725	1165	5033.6	1226.8
河 南	211	15438	4512	6841	2318	6841.0	194.2
湖 北	420	21878	7781	9221	3217	9221.0	844.7
湖 南	222	13213	3495	8277	1773	10645.8	1541.2
广 东	27	2822	799	1069	317	904.8	101.0
广 西	80	4083	1527	3052	938	5315.7	347.9
海 南	9	1159	417	827	289	670.1	297.0
重 庆	345	33977	11946	13440	4099	21257.2	4341.6
四 川	408	29670	8089	13320	3773	18010.9	951.6
贵 州	61	4037	1008	1693	728	1945.5	731.4
云 南	248	38177	10991	12656	2226	10384.6	236.5
西 藏	3	213	82	100	37	164.0	60.0
陕 西	57	2541	847	964	415	1835.3	111.0
甘 肃	35	1092	226	354	50	378.0	
青 海	11	1712	787	611	205	988.6	25.0
宁 夏	62	2404	1010	1215	310	511.9	93.2
新 疆	68	2472	814	1030	325	1168.6	28.7

福利企业

单位:个、人、万元

残疾职工补贴	纳税总额				应减免税金总额	实际减免税金总额	盈利总额
		增值税总额	营业税总额	所得税总额			
12540.6	**180664.6**	**123230.2**	**12612.1**	**14984.9**	**125500.8**	**106593.9**	**129568.3**
58.4	1294.9	162.7	742.8	185.6	1002.2	995.9	744.9
74.7	11546.9	6881.8	88.2	1208.8	7672.5	4252.6	1489.4
92.5	12880.5	9619.7	13.2	31.2	9655.1	5884.2	2236.7
117.7	8333.0	3017.4	1766.0	1464.6	5383.0	5273.0	1115.0
27.0	2190.0	2219.3	55.0		2000.0	1936.0	1109.0
466.2							
2.5	27.0	21.0	2.0	5.0	24.0	19.0	84.2
	203.2	165.5	7.9		183.4	169.7	-49.8
	38145.4	36901.8	1036.2	4203.9	27526.0	25847.9	50646.5
46.7	3265.3	2539.6	1004.2	403.7	1517.1	1411.7	1292.7
120.6	2737.0	8.0	85.0	0.2	71.0	56.0	1274.9
257.5	8969.0	6339.1	515.5	1443.5	6869.5	4724.5	6238.0
6.6	885.7	719.4	9.5	8.2	682.8	232.8	278.0
208.4	15846.4	9093.1	713.4	788.3	12333.3	10095.6	1945.1
1110.1	3760.1	90.1	737.0	73.1	2743.0	2598.0	40.2
84.6	1130.0				972.5	311.0	17.0
8.2	2633.5	2276.2	319.9	16.4	1019.7	921.0	-407.0
0.3	2867.1	2635.9	7.4	54.2	582.0	582.0	-111.5
9521.0	46560.9	29705.3	4322.2	4515.8	34236.2	30341.1	53334.4
81.4	3103.0	2540.6	403.6	77.6	4631.1	3934.8	3480.8
195.2					2452.0	2452.0	
35.6	3525.5	2934.5	46.7	19.1	1241.5	2316.6	1471.3
16.0	4381.7	3530.5	552.3	384.9	750.5	742.5	238.0
2.1	1180.2	1205.0	167.6	1.2	854.0	895.0	3012.0
	5146.3	62.7	1.5		585.4	569.0	23.5
7.3	52.0	561.0	15.0	99.6	513.0	32.0	65.0

C-2-39续表1

地区	单位数	年末职工人数	受教育程度情况	
			大学专科人数	大学本科及以上人数
全国	**4219**	**283156**	**15710**	**7087**
北京	25	1351	68	38
天津				
河北	334	15620	1036	433
山西	219	12007	216	65
内蒙古	76	5014	314	80
辽宁	133	6012	1178	1156
吉林	208	7706	498	334
黑龙江	75	3061	66	6
上海	8	317	6	1
江苏	71	3369	159	51
浙江	393	30911	1485	527
安徽	91	3750	141	35
福建	147	9380	263	179
江西				
山东	172	9770	973	337
河南	211	15438	2613	1706
湖北	420	21878	1539	764
湖南	222	13213	796	88
广东	27	2822	321	39
广西	80	4083	147	22
海南	9	1159	120	45
重庆	345	33977	1951	682
四川	408	29670	639	249
贵州	61	4037	217	4
云南	248	38177	541	119
西藏	3	213	1	
陕西	57	2541	212	63
甘肃	35	1092	45	10
青海	11	1712	9	1
宁夏	62	2404	47	8
新疆	68	2472	109	45

单位：个、人

职业资格水平		年龄结构			
助理社会工作师人数	社会工作师人数	35岁及以下人数	36岁至45岁人数	46岁至55岁人数	56岁及以上人数
395	**129**	**110626**	**113011**	**50239**	**9280**
2	5	537	391	382	41
33	41	6128	6049	2924	519
9	6	4515	4416	2473	603
		1391	2076	1449	98
6	6	2596	1887	1080	449
31	5	2198	3114	1827	567
7	1	914	1481	642	24
		8	155	118	36
2	12	1263	1238	638	230
21	10	9784	12770	7414	943
11	3	1270	1516	747	217
16	4	2708	4399	2024	249
		2823	4599	2077	271
41		6874	6846	1383	335
55	4	6243	10661	4134	840
47	6	3814	6522	2479	398
12	3	1374	877	423	148
6	1	1603	1624	736	120
		758	331	67	3
16	7	15849	11359	5577	1192
53	3	13251	11472	4374	573
4		1341	1500	943	253
16	7	19457	12991	4771	958
		47	126	30	10
7	5	1036	833	612	60
		387	556	139	10
		582	991	97	42
		867	1200	260	77
		1008	1031	419	14

C-2-39续表2

地 区	增加值合计	执行企业会计制度单位财务指标				
		固定资产原价	营业收入	费用合计	营业利润	企业单位增加值
全 国	**930967.4**	**2684289.8**	**7572906.2**	**915735.9**	**219732.3**	**925057.9**
北 京	7155.0	35006.8	21304.8	4788.8	828.6	7155.0
天 津						
河 北	43207.1	122804.4	468679.9	92995.7	10751.6	43007.1
山 西	27914.3	144888.5	208421.8	9888.8	2625.6	27914.3
内蒙古	7556.2	22616.4	53943.0	15198.4	3564.4	7556.2
辽 宁	42849.2	55851.4	366956.3	24965.0	3789.9	42849.2
吉 林	20619.4	31552.6	121121.7	8673.9	4628.6	20531.3
黑龙江	7865.7	16577.8	36806.0	11420.3	912.8	7864.9
上 海	1079.6	1224.6	8057.7	3216.7	461.4	1079.6
江 苏	11935.4	21963.4	105651.6	13311.0	1264.8	11935.4
浙 江	203358.4	476249.2	2494055.8	162690.7	71930.8	203358.4
安 徽	9918.6	34330.4	174078.6	42579.7	1603.9	9799.8
福 建	12592.0	56615.6	154650.6	29217.4	2467.6	12503.6
江 西						
山 东	43951.0	107937.1	139469.0	30018.3	11223.2	43951.0
河 南	18931.2	46169.4	147696.8	24066.3	8191.1	18920.2
湖 北	73385.5	182964.6	349435.3	38199.4	13305.9	73384.5
湖 南	43587.3	312659.2	259617.4	40255.5	3640.1	43481.5
广 东	5154.9	15519.7	38066.1	4351.3	-102.8	5118.5
广 西	10546.8	34358.3	118536.5	6925.4	-1066.7	10546.8
海 南	5517.0	14477.8	49455.9	5949.3	81.4	5517.0
重 庆	147257.4	186222.2	759802.8	77233.7	24775.0	147257.4
四 川	69812.4	228622.5	703793.9	66576.3	7748.5	66823.2
贵 州	1101.4	42595.9	18803.1	1173.8	99.9	976.8
云 南	91387.8	344041.8	592400.2	167188.9	43018.4	88974.6
西 藏	56.0	3213.0	284.0	164.8	14.0	56.0
陕 西	11972.6	48328.5	119457.7	15102.0	2396.5	11972.6
甘 肃	1991.9	22337.2	10347.5	4296.5	283.0	1875.1
青 海	2410.1	3620.6	5745.0	1469.7	22.0	2410.1
宁 夏	4593.0	57366.1	26706.1	4149.9	948.2	4462.6
新 疆	3775.4	14174.8	19561.1	9668.4	324.6	3775.4

单位：万元

执行行政事业单位会计制度财务指标					
固定资产 原价	上年结转和 结余	本年收入 合计	本年支出 合计	收支结余	行政事业 单位增加值
16652.8	**121216.3**	**109462.9**	**30435.1**	**1290.2**	**5909.5**
5000.0	13996.3	31.0			200.0
302.0	7818.1	350.0	350.0		88.1
20.0	16059.2	30.0	30.0		0.8
	439.2	287.0			
270.0		200.5	197.5		118.8
	71.3	118.0	117.3	0.7	88.4
	510.4	85.0	36.0		11.0
					1.0
150.0		141.9	135.9		105.8
5.0	2836.8	557.2			36.4
	0.4	43490.5			
	47034.3	41239.2	22878.7	822.8	2989.2
	2.0	474.4	121.4		124.6
7671.3	32226.3	20551.0	6393.2	466.7	2413.2
	20.0	182.1	172.1		116.8
3234.5		192.8	3.0		130.4
	202.0	1532.3			

C-2-40 残疾人教育就业情况

地区	职业培训基地数（个）	本年度城镇职业培训人数（人次）	残疾人就业服务机构（个）	残疾人就业人数（万人）	未入学残疾儿童、少年（人）	省市县乡残联实有人员（人）
全国	**5254**	**298834**	**2678**	**2189.3**	**126464**	**109138**
北京	55	5271	15	12.2	651	982
天津	22	901	19	10.2	487	837
河北	506	14418	174	100.4	1837	5490
山西	190	6837	125	53.6	2519	5208
内蒙古	134	9793	79	39.0	3125	2994
辽宁	105	14228	118	70.3	3295	4000
吉林	176	11556	74	46.0	1868	2763
黑龙江	53	14196	129	36.8	993	3113
上海	32	13314	19	10.2	112	1103
江苏	458	20517	114	102.0	1535	4906
浙江	139	9109	57	50.1	948	3821
安徽	159	5734	77	124.5	8767	2481
福建	302	11802	93	47.7	3311	2396
江西	202	6358	85	70.3	12091	4031
山东	670	16239	137	163.2	4838	6113
河南	863	25932	147	197.9	9789	8574
湖北	74	13611	105	112.9	3086	4257
湖南	168	6349	129	117.0	7087	5137
广东	103	9960	135	87.6	5102	7286
广西	26	4493	118	67.9	8534	3253
海南	4	1770	21	8.2	855	569
重庆	13	4073	39	68.2	2031	1923
四川	106	25706	115	194.6	8390	7344
贵州	22	3810	59	95.8	8225	2703
云南	170	7711	117	107.0	6383	3464
西藏	1	142	2	5.5	1505	163
陕西	42	13422	120	79.9	8166	4819
甘肃	24	9255	93	61.6	4301	3801
青海	277	2771	37	5.6	903	1288
宁夏	29	3072	20	12.3	1105	996
新疆	127	6133	85	27.7	4186	2818
#兵团	2	351	19	1.5	257	286
黑龙江			2	1.6	182	219

指标解释：

职业培训基地：指承担着残疾人就业前培训，在职培训、下岗失业人员转岗转业培训、农村务工人员培训等项职能的实体。

本年度城镇职业培训：指本年度城镇残疾人中在各类职业培训机构（基地）接受培训（含统计时正在接受培训）的实际人次数。

残疾人就业服务机构：指截止到本年度12月31日，省（自治区、直辖市）、地（州、盟）、市（地市级市、县级市）、县（旗）、市辖区各级残联所建的残疾人就业服务机构。

残疾人就业人数：包括城镇就业残疾人和农村在业残疾人，其中城镇就业残疾人指截止到本年度12月31日城镇（非农业户口）残疾人集中就业、分散按比例就业（包括实施按比例就业前已在社会各单位就业的残疾人）、个体及其他形式就业的人数，农村在业残疾人指截止到本年度12月31日农村残疾人（农业户口）从事各种生产劳动，包括种植业、养殖业、家庭手工业及在各种类型企事业、服务业、商业及个体从业的实际人数。

未入学学龄残疾儿童少年：指截止到本年度12月31日，在省级人民政府依照《义务教育法》规定的入学年龄段内的，因各种原因未能入学的各类残疾儿童少年。

C-2-41 救助、低保

地 区	单位数	年末职工人数	#女性	受教育程度情况	
				大学专科人数	大学本科及以上人数
全 国	**708**	**4751**	**2252**	**1860**	**1605**
北 京	17	118	66	32	79
天 津					
河 北	3	20	8	7	2
山 西	73	478	261	218	131
内蒙古	22	219	102	86	121
辽 宁	10	105	76	62	24
吉 林	40	280	138	107	110
黑龙江	29	242	113	98	103
上 海	6	65	45	14	36
江 苏	4	14	6	7	5
浙 江	13	65	36	15	44
安 徽	14	47	18	21	17
福 建	13	45	21	17	5
江 西	53	339	172	102	65
山 东	10	54	20	18	26
河 南	27	172	88	59	26
湖 北	46	410	179	186	122
湖 南	85	658	284	260	136
广 东	2	18	7	2	13
广 西	47	220	105	79	84
海 南					
重 庆	26	156	93	58	92
四 川	35	164	84	72	42
贵 州	48	430	159	191	155
云 南	24	76	37	28	41
西 藏					
陕 西	20	131	58	45	34
甘 肃	17	127	40	32	53
青 海	1	2	1	2	
宁 夏	6	39	26	12	27
新 疆	17	57	9	30	12

服务机构

单位：个、人

职业资格水平		年龄结构			
助理社会工作师人数	社会工作师人数	35岁及以下人数	36岁至45岁人数	46岁至55岁人数	56岁及以上人数
67	**58**	**2237**	**2022**	**435**	**57**
5	5	53	44	17	4
		10	8	2	
14	5	217	204	53	4
	2	92	114	12	1
		34	61	9	1
4	4	131	131	15	3
5		100	118	22	2
6	3	43	16	5	1
		5	6	3	
2	9	36	20	5	4
2		17	25	4	1
		10	31	4	
9	6	141	157	32	9
1	2	29	18	7	
2	1	106	52	14	
2	3	169	191	41	9
5	8	317	271	66	4
1	1	6	8	3	1
	1	72	112	34	2
1		67	67	22	
1	6	91	56	13	4
3	1	251	162	15	2
		48	24	4	
2	1	73	41	13	4
		79	40	8	
		1		1	
1		8	25	6	
1		31	20	5	1

C-2-41续表

地 区	增加值合计	执行行政事业单位	
		固定资产原价	上年结转和结余
全 国	**18354.5**	**8658.2**	**3593.1**
北 京	980.4	201.8	33.3
天 津			
河 北	29.2	30.0	
山 西	724.8	736.6	50.4
内蒙古	775.9	95.6	
辽 宁	403.8	17.3	
吉 林	658.6	451.8	
黑龙江	350.7	460.3	
上 海	550.9	367.8	40.2
江 苏	89.3	27.0	
浙 江	1067.2	411.1	115.1
安 徽	169.8	53.2	2.0
福 建	90.4	37.3	
江 西	301.1	531.6	9.0
山 东	195.2	57.3	
河 南	296.8	581.2	
湖 北	1443.2	1158.4	10.6
湖 南	2257.9	1251.8	1165.0
广 东	90.7	942.9	97.8
广 西	3536.6	203.2	993.6
海 南			
重 庆	624.2	452.4	22.5
四 川	360.4	73.2	
贵 州	680.3	216.3	
云 南	81.8	21.7	1053.6
西 藏			
陕 西	324.4	119.7	
甘 肃	95.1	94.6	
青 海			
宁 夏	24.4	10.4	
新 疆	62.2	53.7	

单位：万元

会计制度财务指标			
本年收入合计	本年支出合计	收支结余	行政事业单位增加值
144430.3	**143300.3**	**3434.6**	**18354.5**
84105.1	83739.1	19.7	980.4
53.0	53.0		29.2
5281.4	5352.0	6.8	724.8
1168.5	1168.5		775.9
642.0	638.7	3.3	403.8
7255.8	7136.0	126.8	658.6
437.6	439.1		350.7
10073.5	8987.3	1038.4	550.9
112.8	112.8		89.3
2679.6	2651.6	150.2	1067.2
364.1	362.2	5.0	169.8
137.7	136.7		90.4
1021.0	1061.0		301.1
235.3	235.3		195.2
493.4	479.3	8.2	296.8
3276.9	3269.5	41.6	1443.2
14662.1	15783.1	34.4	2257.9
314.1	276.9	135.1	90.7
4017.6	4043.7	2.6	3536.6
1495.4	1493.8		624.2
1353.4	1352.6	15.0	360.4
839.6	852.6	8.8	680.3
3685.5	2900.3	1838.7	81.8
547.7	547.7		324.4
126.6	136.7		95.1
1.6	1.6		
24.0	24.0		24.4
25.0	65.2		62.2

C-2-42 城市居民最低生活

地 区	城市居民最低生活保障人数	按人员性质分类			老年人	成	
		#女 性	#残疾人	#三无人员		在职人员	灵活就业
全 国	**22768109**	**9201876**	**1841010**	**803482**	**3468632**	**615017**	**4297483**
北 京	117291	53744	21571	2425	13747	8327	14674
天 津	179533	83689	21893	1224	19411	6288	17968
河 北	880811	361969	53122	30125	132788	22695	207885
山 西	916892	388669	69672	21173	99209	42594	239116
内蒙古	848138	408291	74612		143261	10835	216212
辽 宁	1186088	501858	138403	23176	173328	16625	238838
吉 林	1156246	404089	92250	76755	194558	53104	117080
黑龙江	1555859	612591	169270	33143	187177	27918	267171
上 海	323624	124498	28280	714	4507	41398	5088
江 苏	409371	158758	42536	9014	75681	11920	68177
浙 江	87553	34750	16620	5762	22089	3687	12119
安 徽	842005	343581	69892	40029	214538	13919	143120
福 建	181207	60011	20381	8535	35489	4657	33111
江 西	981270	420661	161089	63304	186318	16892	230562
山 东	605956	227642	37326	21936	90059	40309	94290
河 南	1419362	528024	82627	70281	210210	31917	251240
湖 北	1371818	580171	101548	57743	228299	61468	298004
湖 南	1450700	565835	95697	58991	242008	22561	205388
广 东	400494	163602	41393	18463	73260	12319	67694
广 西	573108	205750	49197	45311	147316	16723	135833
海 南	171483	81365	15852	6386	28156	3386	44317
重 庆	568523	265228	58081	5862	78659	4035	131192
四 川	1893114	754055	107712	65930	285339	13334	446175
贵 州	543443	226876	33874	18720	88987	3741	91054
云 南	931054	352281	55391	31427	129929	36069	158491
西 藏	42881	19076	1860	8267	6029	4583	11195
陕 西	846354	330807	37543	15840	76929	16229	174072
甘 肃	881157	326485	45592	15937	83587	29414	148380
青 海	235048	113808	8569	3109	20604	5842	38895
宁 夏	207877	80781	16401	11586	46867	6057	41876
新 疆	959849	422931	72756	32314	130293	26171	148266

保障及其他社会救济

单位：人、户、万元、人次

年人		未成年人		城市居民最低生活保障家庭数	城市低保资金全年计划支出	城市“三无”救济人数	城市临时救济人次数
登记失业	未登记失业	在校生	其　他				
4724778	**4266902**	**3484897**	**1910400**	**11457184**	**5400730.4**	**192554**	**2901212**
31034	19587	20391	9531	63960	59433.2	592	175310
50387	36692	31608	17179	91190	73928.5	85	59004
182902	124361	138857	71323	447016	226603.8	631	26275
123015	154619	179305	79034	434400	240100.4	1739	5309
111318	172442	150567	43503	449971	303586.5	14135	65156
260000	202587	208170	86540	590292	314662.2	2142	1128250
332493	225766	101154	132091	611904	221213.0	996	128603
345312	386723	225931	115627	755605	274786.2	3456	63081
113348	75417	80648	3218	189877	137107.9		149220
91238	79898	53731	28726	202511	111613.2	980	137563
11500	15920	14366	7872	53788	30253.1	1397	45169
128465	150785	126978	64200	476800	229928.2	9610	51154
38677	36890	18516	13867	88082	33055.8	1184	8358
184557	125737	139940	97264	447279	242555.5	21840	11680
198749	85572	65126	31851	279347	160472.2		42769
378321	219624	196076	131974	697621	257799.3	96	15707
326655	230885	135194	91313	672048	345473.8	11034	116846
397663	236701	181523	164856	778651	284876.0	2623	174688
52074	78624	81728	34795	173619	78356.0	3338	35425
72000	83522	77964	39750	302103	120872.4	368	13844
20075	39576	24998	10975	72366	30963.9	1358	33007
99494	122592	104448	28103	314906	166579.6	9047	60275
275903	428124	265068	179171	1033800	441290.5	15165	132453
71543	148533	103125	36460	272682	142340.9	21900	32912
205724	170778	137105	92958	555872	150670.6	654	75411
6677	6798	5223	2376	19876	12576.5	15247	
215451	148213	150684	64776	380300	283251.9	2785	34644
211494	160513	170430	77339	371117	124476.4	1816	20485
26840	63220	52949	26698	103940	26473.6	114	5481
34278	32169	29946	16684	96802	29015.4	35077	3868
127591	204034	213148	110346	429459	246413.9	13145	49265

C-2-43 农村最低生活保障

单位：人、户、万元、人次

地区	农村居民最低生活保障人数	#女性	老年人	未成年人	#残疾人	农村居民最低生活保障家庭数	农村低保资金全年计划支出
全国	**53057309**	**17006150**	**19340145**	**6818988**	**4850736**	**26727556**	**5474716.9**
北京	70146	29681	26440	9123	19097	39735	24365.9
天津	97621	39260	24362	15937	17924	41815	20452.6
河北	2084281	569533	1139341	140731	181461	1436245	235672.1
山西	1368082	465430	713206	103913	181824	1022547	178813.9
内蒙古	1164531	468746	588087	64001	134564	838493	199768.9
辽宁	936317	306503	378002	85836	131344	528448	111210.6
吉林	978858	238289	390100	94102	74094	507658	73593.2
黑龙江	1213998	341033	432921	109534	112369	576554	119659.5
上海	67278	31068	24167	4148	12253	43147	12701.5
江苏	1417110	445614	461589	182042	158301	748089	258449.9
浙江	580968	194492	207221	70081	113115	352343	116364.1
安徽	2165937	713662	758874	231783	247796	1111578	226805.6
福建	727205	200709	200430	82477	85513	323718	64366.9
江西	1501378	614901	444075	290199	338155	616079	169456.4
山东	2393488	741701	1233949	179779	204439	1487626	271986.1
河南	3655998	1063061	1713626	362474	318754	2355864	299710.0
湖北	2300769	779263	855709	287991	286793	1248025	220740.7
湖南	2605653	653697	879274	340954	220689	1198268	206848.0
广东	1840544	632406	479469	320055	178819	784164	299905.2
广西	3251215	996589	1225824	521988	216394	1383291	261824.2
海南	244232	108159	72014	39093	23030	94407	25101.7
重庆	1013405	410900	355607	135867	107325	506093	141636.4
四川	4251001	1141425	1737689	464960	356790	2221734	382362.5
贵州	5308932	2022218	1700106	971433	330313	2255264	516734.0
云南	4033733	1197970	1259102	446689	294387	2167306	316860.6
西藏	230000	101123	67582	38151	8831	58742	18411.8
陕西	2206757	713760	679297	290617	147652	879244	320882.7
甘肃	3218126	1013275	709593	551284	187670	1011262	192094.3
青海	400712	126253	68066	64372	24704	136250	21651.9
宁夏	380045	107997	136966	34700	58567	230946	24867.9
新疆	1348989	537432	377457	284674	77769	522621	141417.8

C-2-44 医疗救助及其他农村救济

单位：人、人次

地 区	城市医疗救助情况		农村医疗救助情况		农村传统救济人数	农村临时救济人次数
	城市民政部门医疗救助人次数	民政部门资助参保医疗人数	农村民政部门救助人次数	民政部门资助参加合作医疗人数		
全 国	**6721549**	**15498059**	**14718336**	**48252969**	**687453**	**5968328**
北 京	34403	60542	50946	78449	624	196249
天 津	62337	57612	24212	228159	6	11266
河 北	101723	194502	271698	1848292	6829	65809
山 西	146397	567134	122989	726381	14450	54146
内蒙古	157526	373986	281386	695192	14828	204180
辽 宁	368401	476184	248013	645004	7738	616999
吉 林	302429	1596975	282623	1210016	1905	129085
黑龙江	404832	1355396	286875	1253482	14269	110287
上 海	67168	114258	20435			1965
江 苏	280868	429117	945032	1390858	64680	197247
浙 江	47533	51978	273464	812194	1145	168726
安 徽	161366	430276	462076	2545808	50519	125439
福 建	47216	114292	153078	819959	5457	28955
江 西	365362	983701	632236	1664037	29245	30155
山 东	56175	215981	141922	1942281		43455
河 南	120567	926096	549722	3737863	24012	81374
湖 北	163572	1388986	317323	2381807	21242	145190
湖 南	426670	813382	1143548	2330483	95227	563095
广 东	342146	330245	548759	1638170	6696	160597
广 西	76350	239185	336141	2238492	107369	842480
海 南	50932	174309	128872	305164	12176	354589
重 庆	436375	768340	927237	1524323	12195	148626
四 川	1125069	911143	2981856	4316802	107718	454021
贵 州	146465	375841	859133	4509552	17106	180077
云 南	177027	991192	656955	5107334	41201	685489
西 藏	1521	335	19291	6098	2517	
陕 西	110656	110952	448046	1096018	6451	94155
甘 肃	156156	162266	386221	825059	21343	53830
青 海	250946	221506	475900	428805		12525
宁 夏	215234	157687	408284	382688	230	186261
新 疆	318127	904660	334063	1564199	275	22056

C-2-45 农村五保

地 区	农村集中五保供养人数	#女 性	老年人	未成年人	#残疾人	农村集中五保供养户数	农村集中五保供养资金全年计划支出
全 国	**1845356**	**376610**	**1640831**	**70562**	**301349**	**1798609**	**620751.2**
北 京	2146	232	1518	25	1047	2079	1764.9
天 津	1656	211	1461	9	334	1656	1030.5
河 北	99811	12686	86833	3173	17888	98108	29689.6
山 西	28390	2365	23199	734	6193	28250	7873.1
内蒙古	27543	2300	24166	591	5103	26000	8774.2
辽 宁	38222	5807	32587	1426	8212	37450	14700.7
吉 林	35407	9895	31596	2070	12666	32249	8115.5
黑龙江	68256	12906	51666	2828	20593	65497	48629.6
上 海	1516	353	1400	4	271	1515	679.0
江 苏	135847	25120	126732	2374	17850	135061	54118.3
浙 江	40987	7139	38230	580	5927	40264	22383.5
安 徽	156906	24624	144394	4224	19661	155322	37874.8
福 建	5503	924	4881	296	908	5354	1143.2
江 西	119046	43641	100127	11826	16911	113728	33132.7
山 东	181026	47679	172821	3491	18151	177343	55100.2
河 南	205592	43501	187678	7188	27433	201253	101308.4
湖 北	134133	32433	120985	4317	24337	130587	28682.6
湖 南	97198	20883	85027	4962	15143	93860	30474.6
广 东	36200	10108	34326	1125	2827	35439	13264.8
广 西	19586	3892	17992	616	2430	19166	5144.0
海 南	1585	560	1497	61	83	1549	634.4
重 庆	48458	4995	41619	961	8281	48172	16253.9
四 川	234494	35102	204086	9256	41869	230717	69573.3
贵 州	18251	4707	15341	1738	2728	17312	4015.8
云 南	31420	7738	26691	1546	7238	30536	5466.0
西 藏	2517	1157	2475	40	380	2517	579.8
陕 西	41607	6872	36206	1371	10068	39026	13276.2
甘 肃	10362	1983	8295	994	2054	9639	1943.1
青 海	2716	1036	1874	527	516	2348	888.4
宁 夏	3582	779	3042	275	702	3139	653.6
新 疆	15393	4982	12086	1934	3545	13473	3582.5

供养情况

单位：人、户、万元、人次

农村分散五保供养人数	#女　性	老年人	未成年人	#残疾人	农村分散五保供养户数	农村分散五保供养全年计划计划支出
3664429	**779447**	**3085268**	**238906**	**645830**	**3503599**	**701293.0**
1989	186	1505	16	894	1907	1222.6
11638	1061	9259	141	3103	11638	5961.6
147318	19574	126710	5255	24657	142039	31365.9
140761	18649	100629	10160	40460	137552	22260.5
63406	6961	55076	2067	13108	59739	15670.7
105161	15716	87047	4199	23857	102350	21993.7
96018	24065	85367	5094	33003	85990	8725.5
76907	17150	55984	3375	24814	71220	40131.1
1825	294	1458	29	564	1813	666.3
73175	14862	66985	2223	9859	72862	22735.5
1342	223	1157	54	271	1300	415.8
301303	56914	276380	8284	36143	296752	43685.9
86479	14803	69382	6056	17811	81419	13656.9
109562	39213	88760	12445	18674	101159	21388.8
58765	16278	55389	1679	6577	56972	10232.4
272273	57446	243673	11239	35473	266438	69772.5
105334	26205	93925	4248	17408	102536	18786.6
425704	86129	360380	27636	67821	410609	62542.4
221373	61736	203422	14680	21871	215586	44930.0
300383	63433	256907	23153	40237	293793	45872.9
33843	13197	31202	1814	2398	32231	10777.3
108355	13980	88490	3404	20417	107513	32103.5
277464	45652	239508	14108	47136	274322	63788.4
120581	31752	85499	25936	19522	104230	20339.9
189982	45744	135280	21524	48320	179767	15834.1
12730	6151	12042	570	1473	12647	2953.9
84239	14642	67738	5659	19573	78439	27189.5
114040	25154	93393	8495	23803	100885	12565.1
20111	6437	14295	3148	4071	18160	1051.5
11737	3790	8367	1515	3173	9836	868.8
90631	32050	70059	10700	19339	71895	11803.4

C-2-46 救灾储备

地 区	单位数	年末职工人数		受教育程度情况	
			#女性	大学专科人数	大学本科及以上人数
全 国	**553**	**1677**	**515**	**502**	**460**
北 京	15	53	16	12	19
天 津	2	21	8	6	15
河 北	7	53	11	7	16
山 西	52	155	42	60	31
内蒙古	6	24	5	4	4
辽 宁	18	113	41	40	39
吉 林	4	25	7	2	5
黑龙江	6	27	6	9	10
上 海					
江 苏	5	14	5	5	7
浙 江	18	41	19	8	8
安 徽	12	31	8	11	8
福 建	21	32	13	5	3
江 西	8	22	8	5	
山 东	3	18	4	7	11
河 南	11	69	17	11	35
湖 北	43	121	43	56	30
湖 南	8	18	5	9	7
广 东	59	194	77	45	50
广 西	10	39	13	17	12
海 南	1	5		4	1
重 庆	32	48	11	10	18
四 川	55	171	55	68	37
贵 州	6	12	5	5	4
云 南	26	80	26	29	33
西 藏	4	8	2		
陕 西	11	29	9	9	10
甘 肃	22	70	22	10	2
青 海	60	92	19	11	14
宁 夏	8	27	8	11	8
新 疆	20	65	10	26	23

机构总表

单位:个、人

职业资格水平		年龄结构			
助理社会工作师人数	社会工作师人数	35岁及以下人数	36岁至45岁人数	46岁至55岁人数	56岁及以上人数
15	**12**	**558**	**671**	**356**	**92**
		16	21	11	5
		15	3	1	2
		17	14	17	5
	1	52	72	27	4
		5	10	9	
		36	41	26	10
		7	10	7	1
		8	10	8	1
1	1	6	3	3	2
		11	18	9	3
	1	10	9	11	1
	2	6	20	5	1
		8	3	9	2
		3	6	8	1
1		26	27	10	6
1		38	62	17	4
		7	8	3	
4	2	83	78	29	4
		11	15	11	2
			5		
1		12	17	7	12
4	1	56	63	51	1
		3	4	3	2
3	1	40	29	8	3
		6	2		
		12	15	2	
		9	28	21	12
		22	52	17	1
		12	6	6	3
	3	21	20	20	4

C-2-46续表

地　区	增加值合计	执行行政事业单位会计制度财务指标				
		固定资产原价	上年结转和结余	本年收入合计	本年支出合计	收支结余
全　国	**13011.6**	**60656.3**	**3819.2**	**45742.0**	**37088.0**	**12322.5**
北　京	793.4	1674.5	2024.4	10282.6	10928.0	1840.8
天　津	389.9	2147.6	101.0	449.6	495.6	79.0
河　北	138.0	291.9		3381.1	3375.8	4.0
山　西	842.4	966.7	324.4	2273.7	2087.4	465.0
内蒙古	157.3	1040.4	16.9	195.6	161.8	50.7
辽　宁	641.9	3323.3	192.6	2192.7	2006.8	378.7
吉　林	93.5	934.1		104.2	100.3	
黑龙江	391.6	575.4	59.4	684.3	462.3	281.0
上　海						
江　苏	71.0	431.8	28.0	62.4	90.4	
浙　江	77.7	842.1		78.2	75.7	2.0
安　徽	157.9	454.9	364.7	299.5	253.4	411.3
福　建	27.8	515.1	2.0	505.3	498.8	6.5
江　西	63.0	852.0		58.9	58.9	
山　东	160.1	798.9	14.8	286.7	296.6	-9.9
河　南	564.6	2563.8		1234.8	1006.8	220.0
湖　北	415.6	3013.5	-20.9	937.3	887.7	49.6
湖　南	36.5	56.0		37.0	53.0	
广　东	948.0	6063.5	207.1	3499.3	3215.4	281.5
广　西	214.0	3342.1		1473.8	1376.9	1.9
海　南	49.8	810.0		17.4	17.4	
重　庆	147.3	2225.9		1000.9	722.9	
四　川	6996.3	5799.8	1.0	12417.1	6137.2	6299.6
贵　州	70.4	1020.0		169.5	32.5	
云　南	409.5	5892.5	209.3	1390.5	363.5	1246.0
西　藏	194.6	4806.8			20.0	
陕　西	76.7	356.5		689.0	567.7	121.3
甘　肃	63.6	910.3	1.0	207.2	210.7	
青　海	217.9	2916.4	5.3	410.0	360.6	5.2
宁　夏	197.2	2824.0	100.1	106.2	106.7	79.3
新　疆	619.8	3206.5	188.1	1297.2	1117.2	509.0

单位：万元、平方米、顶

行政事业单位增加值	库房建筑面积	仓储面积	#空余仓储面积	仓储物资种类			
				单帐篷	#中央储备	棉帐篷	#中央储备
13011.6	**637325.8**	**553569.5**	**59668**	**511222**	**208464**	**163112**	**96629**
793.4	17459.0	49260.0	2180	32236	4106	10201	
389.9	10460.0	9420.0	60	10500	10500	1500	1500
138.0	23860.8	6474.0	1090	771		1020	106
842.4	29760.9	23167.7	3264	9771		9193	100
157.3	13449.5	12348.8	540	1130		350	
641.9	47254.0	34703.0	2140	18965	12729	13413	13302
93.5	1596.2	1256.2				300	100
391.6	2700.0	2080.0	85	163			
71.0	8220.0	7690.0		650			
77.7	6339.3	4280.0	1000	265		50	
157.9	10614.0	9840.0	1250	29176	25500	2172	700
27.8	20203.0	18453.0	610	25344	11968	200	
63.0	11067.0	9172.0	1500	2300		690	
160.1	5565.0	5500.0		7850	4860	2140	
564.6	16662.0	13158.0	750	53634	29480	13135	13000
415.6	44775.0	36802.0	10510	23368	17345	8762	8555
36.5	15130.0	11755.0	15	29068	28700		
948.0	39425.7	31824.2	7092	9838	12	8	
214.0	7112.0	5625.0	800	11348	11082	352	82
49.8	2500.0	2500.0		3940			
147.3	13542.0	11580.0	1090	7923	2376		
6996.3	105892.6	86681.0	18653	35633	6216	17522	5337
70.4	3355.0	2995.0	220	252		120	
409.5	50188.0	37320.5	3360	102341	15468	7557	5606
194.6	18819.9	16573.0	127	3935	900	9993	2942
76.7	48190.7	46945.0	1150	62727	17600	18360	16472
63.6	4917.7	4317.1	532	6723		3415	
217.9	27883.5	26271.0	400	484		21530	12000
197.2	7908.0	7758.0	200	10605		4310	1000
619.8	22475.0	17820.0	1050	10282	9622	16819	15827

C-2-47 在编制部门登记的

地 区	单位数	年末职工人数		受教育程度情况	
			#女性	大学专科人数	大学本科及以上人数
全 国	**172**	**941**	**317**	**311**	**368**
北 京	1	30	11	7	19
天 津	2	21	8	6	15
河 北	4	45	9	5	12
山 西	12	78	23	36	24
内蒙古	2	16	5	2	3
辽 宁	14	96	35	35	35
吉 林	1	6	3	1	5
黑龙江	4	23	4	6	9
上 海					
江 苏	4	12	3	5	7
浙 江	1	1	1	1	
安 徽	4	19	7	9	8
福 建	2	4	1		2
江 西	1	1	1		
山 东	3	18	4	7	11
河 南	6	59	15	11	34
湖 北	35	106	40	48	28
湖 南	1	3	1	1	2
广 东	26	141	64	34	48
广 西	4	28	9	13	10
海 南	1	5		4	1
重 庆	1	5	1	1	3
四 川	16	88	35	38	28
贵 州					
云 南	8	44	15	10	28
西 藏	1	2			
陕 西	5	15	4	4	8
甘 肃	1	1		1	
青 海	4	24	11	5	12
宁 夏	4	20	5	10	6
新 疆	4	30	2	11	10

救灾储备机构

单位:个、人

职业资格水平		年龄结构			
助理社会工作师人数	社会工作师人数	35岁及以下人数	36岁至45岁人数	46岁至55岁人数	56岁及以上人数
14	**10**	**345**	**326**	**224**	**46**
		9	11	7	3
		15	3	1	2
		14	11	16	4
	1	25	32	19	2
		5	6	5	
		29	33	25	9
		2	2	2	
		7	8	7	1
1	1	6	3	1	2
			1		
	1	7	4	7	1
		2	1	1	
				1	
		3	6	8	1
1		22	22	10	5
1		35	53	14	4
		1	1	1	
3	2	65	49	23	4
		8	10	8	2
			5		
1		2	3		
4	1	27	21	39	1
3	1	26	12	4	2
		1	1		
		9	4	2	
			1		
		6	8	9	1
		11	4	4	1
	3	8	11	10	1

C-2-47续表

地　区	增加值合计	执行行政事业单位会计制度财务指标				
		固定资产原价	上年结转和结余	本年收入合计	本年支出合计	收支结余
全　国	**11682.7**	**40594.6**	**3816.1**	**42418.4**	**34501.7**	**12316.0**
北　京	788.2	1645.0	2024.4	9027.9	9919.6	1840.8
天　津	389.9	2147.6	101.0	449.6	495.6	79.0
河　北	135.2	222.9		3370.8	3365.5	4.0
山　西	797.3	704.6	324.4	2141.2	1949.8	465.0
内蒙古	100.0	109.4	16.9	166.6	132.8	50.7
辽　宁	631.9	3123.3	192.6	2170.7	1984.8	378.7
吉　林	54.3	679.1		53.1	49.2	
黑龙江	387.0	555.4	59.4	677.8	455.8	281.0
上　海						
江　苏	68.6	421.8	28.0	60.4	88.4	
浙　江	3.6	90.0		5.0	3.0	2.0
安　徽	148.9	412.4	364.7	285.2	238.6	411.3
福　建				399.5	399.5	
江　西				2.1	2.1	
山　东	160.1	798.9	14.8	286.7	296.6	-9.9
河　南	542.4	2259.8		1219.9	991.9	220.0
湖　北	381.4	2523.5	-20.9	834.3	784.7	49.6
湖　南	15.3	8.0		3.0	23.0	
广　东	865.8	5006.0	207.1	3419.4	3139.8	281.5
广　西	191.3	2844.9		1370.8	1368.9	1.9
海　南	49.8	810.0		17.4	17.4	
重　庆	57.7	782.9		619.0	619.0	
四　川	6797.7	3115.8	1.0	12073.2	5773.7	6299.6
贵　州						
云　南	322.8	4089.7	209.3	1380.9	348.9	1246.0
西　藏	75.6	1832.5			20.0	
陕　西	37.5	215.5		627.9	506.6	121.3
甘　肃	15.7	393.0				
青　海	126.5	747.6	5.3	393.8	346.8	5.2
宁　夏	191.5	2740.0	100.1	102.2	102.7	79.3
新　疆	563.2	2315.0	188.0	1260.0	1077.0	509.0

单位：万元、平方米、顶

行政事业单位增加值	库房建筑面积	仓储面积	#空余仓储面积	仓储物资种类			
				单帐篷	#中央储备	棉帐篷	#中央储备
11682.7	**379441.2**	**325590.6**	**35163.2**	**426990**	**198687**	**131296**	**93367**
788.2	2600.0	2300.0					
389.9	10460.0	9420.0	60.0	10500	10500	1500	1500
135.2	7060.8	3934.0	390.0	425		914	
797.3	15617.9	10765.7	1660.0	8402		8093	100
100.0	1647.5	1488.8	300.0	830		150	
631.9	31454.0	29043.0	1600.0	18845	12729	13413	13302
54.3							
387.0	2580.0	1980.0		43			
68.6	8150.0	7630.0		650			
3.6	759.3	300.0					
148.9	9154.0	8400.0	1200.0	28131	25500	1672	700
	13206.0	13206.0		21373	10265		
	100.0	70.0					
160.1	5565.0	5500.0		7850	4860	2140	
542.4	13290.0	10652.0	50.0	52839	29480	13130	13000
381.4	31920.0	25132.0	5510.0	23108	17345	8662	8555
15.3	3500.0	2500.0		29000	28700		
865.8	23221.4	18741.4	5470.0	7010			
191.3	4980.0	4100.0	800.0	11204	11000	240	
49.8	2500.0	2500.0		3940			
57.7	2796.0	2796.0		2566	2306		
6797.7	64439.3	54687.2	14287.2	17457	3000	9908	4303
322.8	38959.5	31292.5	3060.0	97961	15398	7401	5606
75.6	5759.5	3873.0	127.0	3675	900	8743	2942
37.5	45900.0	45285.0	460.0	62127	17600	18360	16472
15.7							
126.5	12446.0	12204.0	189.0	44		19375	12000
191.5	6300.0	6200.0		9906		3566	1000
563.2	15075.0	11590.0		9104	9104	14029	13887

C-2-48 未登记的

地 区	单位数	年末职工人数		受教育程度情况	
			#女性	大学专科人数	大学本科及以上人数
全 国	**381**	**736**	**198**	**191**	**92**
北 京	14	23	5	5	
天 津					
河 北	3	8	2	2	4
山 西	40	77	19	24	7
内蒙古	4	8		2	1
辽 宁	4	17	6	5	4
吉 林	3	19	4	1	
黑龙江	2	4	2	3	1
上 海					
江 苏	1	2	2		
浙 江	17	40	18	7	8
安 徽	8	12	1	2	
福 建	19	28	12	5	1
江 西	7	21	7	5	
山 东					
河 南	5	10	2		1
湖 北	8	15	3	8	2
湖 南	7	15	4	8	5
广 东	33	53	13	11	2
广 西	6	11	4	4	2
海 南					
重 庆	31	43	10	9	15
四 川	39	83	20	30	9
贵 州	6	12	5	5	4
云 南	18	36	11	19	5
西 藏	3	6	2		
陕 西	6	14	5	5	2
甘 肃	21	69	22	9	2
青 海	56	68	8	6	2
宁 夏	4	7	3	1	2
新 疆	16	35	8	15	13

救灾储备机构

单位：个、人

职业资格水平		年龄结构			
助理社会工作师人数	社会工作师人数	35岁及以下人数	36岁至45岁人数	46岁至55岁人数	56岁及以上人数
1	**2**	**213**	**345**	**132**	**46**
		7	10	4	2
		3	3	1	1
		27	40	8	2
			4	4	
		7	8	1	1
		5	8	5	1
		1	2	1	
				2	
		11	17	9	3
		3	5	4	
	2	4	19	4	1
		8	3	8	2
		4	5		1
		3	9	3	
		6	7	2	
1		18	29	6	
		3	5	3	
		10	14	7	12
		29	42	12	
		3	4	3	2
		14	17	4	1
		5	1		
		3	11		
		9	27	21	12
		16	44	8	
		1	2	2	2
		13	9	10	3

C-2-48续表

地　区	增加值合计	执行行政事业单位会计制度财务指标				
		固定资产原价	上年结转和结余	本年收入合计	本年支出合计	收支结余
全　国	**1328.9**	**20061.7**	**3.1**	**3323.6**	**2586.3**	**6.5**
北　京	5.2	29.5		1254.7	1008.4	
天　津						
河　北	2.8	69.0		10.3	10.3	
山　西	45.1	262.1		132.5	137.6	
内蒙古	57.3	931.0		29.0	29.0	
辽　宁	10.0	200.0		22.0	22.0	
吉　林	39.2	255.0		51.1	51.1	
黑龙江	4.6	20.0		6.5	6.5	
上　海						
江　苏	2.4	10.0		2.0	2.0	
浙　江	74.1	752.1		73.2	72.7	
安　徽	9.0	42.5		14.3	14.8	
福　建	27.8	515.1	2.0	105.8	99.3	6.5
江　西	63.0	852.0		56.8	56.8	
山　东						
河　南	22.2	304.0		14.9	14.9	
湖　北	34.2	490.0		103.0	103.0	
湖　南	21.2	48.0		34.0	30.0	
广　东	82.2	1057.5		79.9	75.6	
广　西	22.7	497.2		103.0	8.0	
海　南						
重　庆	89.6	1443.0		381.9	103.9	
四　川	198.6	2684.0		343.9	363.5	
贵　州	70.4	1020.0		169.5	32.5	
云　南	86.7	1802.8		9.6	14.6	
西　藏	119.0	2974.3				
陕　西	39.2	141.0		61.1	61.1	
甘　肃	47.9	517.3	1.0	207.2	210.7	
青　海	91.4	2168.8		16.2	13.8	
宁　夏	5.7	84.0		4.0	4.0	
新　疆	56.6	891.5	0.1	37.2	40.2	

单位：万元、平方米、顶

行政事业单位增加值	库房建筑面积	仓储面积	#空余仓储面积	仓储物资种类			
				单帐篷	#中央储备	棉帐篷	#中央储备
1328.9	**257884.6**	**227978.9**	**24505.0**	**84232**	**9777**	**31816**	**3262**
5.2	14859.0	46960.0	2180.0	32236	4106	10201	
2.8	16800.0	2540.0	700.0	346		106	106
45.1	14143.0	12402.0	1604.0	1369		1100	
57.3	11802.0	10860.0	240.0	300		200	
10.0	15800.0	5660.0	540.0	120			
39.2	1596.2	1256.2				300	100
4.6	120.0	100.0	85.0	120			
2.4	70.0	60.0					
74.1	5580.0	3980.0	1000.0	265		50	
9.0	1460.0	1440.0	50.0	1045		500	
27.8	6997.0	5247.0	610.0	3971	1703	200	
63.0	10967.0	9102.0	1500.0	2300		690	
22.2	3372.0	2506.0	700.0	795		5	
34.2	12855.0	11670.0	5000.0	260		100	
21.2	11630.0	9255.0	15.0	68			
82.2	16204.3	13082.8	1622.0	2828	12	8	
22.7	2132.0	1525.0		144	82	112	82
89.6	10746.0	8784.0	1090.0	5357	70		
198.6	41453.3	31993.8	4366.0	18176	3216	7614	1034
70.4	3355.0	2995.0	220.0	252		120	
86.7	11228.5	6028.0	300.0	4380	70	156	
119.0	13060.4	12700.0		260		1250	
39.2	2290.7	1660.0	690.0	600			
47.9	4917.7	4317.1	532.0	6723		3415	
91.4	15437.5	14067.0	211.0	440		2155	
5.7	1608.0	1558.0	200.0	699		744	
56.6	7400.0	6230.0	1050.0	1178	518	2790	1940

C-2-49 民政部门

地区	直接接收捐赠情况				间接接收
	捐赠款数额	捐赠衣被合计	#棉衣被	捐赠其他物资价值	捐赠款数额
全　国	**966390.1**	**2918.5**	**1647.1**	**48450.9**	**37899.1**
中央级	7112.3				
北　京	66671.1	201.2	80.1	5775.7	1249.5
天　津	8110.1	1.7	0.5	36.7	279.5
河　北	3355.3	26.5	7.2	40.0	34.0
山　西	4001.9	2.6	1.7	0.9	11.8
内蒙古	2601.3	12.8	7.5	55.0	415.8
辽　宁	48561.3	558.8	532.8	389.4	115.6
吉　林	20323.6	3.4	1.3	377.5	169.6
黑龙江	2551.7	147.0	1.5		27.4
上　海	10620.7	10.9	0.9		
江　苏	140422.5	15.9	1.7	10918.3	3502.0
浙　江	117127.4	10.0	0.9	733.5	819.1
安　徽	5863.8	1.8	0.9	2.0	701.3
福　建	95367.1	126.7		11071.8	801.9
江　西	9114.8	268.0	161.0	12.1	185.0
山　东	73022.7	2.9	0.7	2252.8	
河　南	4581.3	135.9	117.5	15.6	31.5
湖　北	6670.4	5.0	2.4	1774.0	96.0
湖　南	20481.9	5.1	3.2	9567.2	1479.0
广　东	214417.6	180.0	11.6	1100.2	17941.3
广　西	726.5	5.7	2.1		
海　南	148.2	0.2		2.5	
重　庆	34104.3	3.4	1.0	362.5	999.0
四　川	28664.5	105.8	2.9	274.0	3707.5
贵　州	13769.1	5.6	3.3	77.7	2011.9
云　南	19747.7	980.7	688.1	1359.3	2789.8
西　藏	1536.2				7.1
陕　西	1351.1	59.9	0.7	22.5	20.0
甘　肃	977.6	15.5	1.7	190.3	90.0
青　海	37.2				
宁　夏	2058.0	3.8	3.8		413.5
新　疆	2290.9	21.7	10.1	2039.4	

接收的社会捐赠

单位：万元、万件、人次、个

捐赠情况			受益人次数	社会捐赠接收工作站、点数		
捐赠衣被合计	#棉衣被	捐赠其他物资价值			#社会捐赠接收工作站数	#慈善超市数
588.4	**410.2**	**2714.3**	**14596904**	**34106**	**16736**	**8802**
			3661366	1611	35	227
			104304	1357	109	87
0.5	0.5		49905	684	555	58
			91979	1399	571	147
			55941	458	8	145
7.5	1.2	87.1	1022622	2079	1381	423
			198672	618	476	125
			22610	1803	1426	329
			16136	321	234	87
		18.0	894172	3542	1075	2260
0.1	0.1	18.4	1046998	933	536	337
0.3	0.1	0.8	423277	332	236	93
			163221	863	356	486
0.4		3.0	334801	493	212	57
			976390	3816	1907	791
20.3	20.2	15.0	163773	725	439	41
0.1		2.0	533006	683	483	200
0.1	0.1	943.7	567516	1465	743	636
6.6		1255.0	1186228	1939	508	128
32.0		7.6	69684	1182	722	216
		130.0	12556	58	38	7
0.1		12.1	605172	1526	848	374
		84.8	228278	2829	1557	1181
3.3	2.2	39.6	864826	1003	690	102
		40.2	1029008	250	224	6
			100	81	80	1
3.0	3.0	42.0	68839	402	176	35
384.1	382.8		49435	325	290	36
		15.0	1389	43	36	
			25918	640	250	65
130.0			128782	646	535	122

C-2-50 福利

地 区	单位数	年末职工人数		受教育程度情况	
			#女性	大学专科人数	大学本科及以上人数
全 国	**974**	**8942**	**3634**	**3174**	**2655**
中央级	1	121	40	15	106
北 京	18	166	74	58	81
天 津	25	113	39	35	55
河 北	17	161	58	52	51
山 西	12	192	86	63	52
内蒙古	16	191	72	107	48
辽 宁	18	450	171	158	204
吉 林	60	347	142	85	98
黑龙江	24	208	90	64	79
上 海	18	110	42	21	36
江 苏	80	627	272	211	211
浙 江	72	381	173	143	91
安 徽	42	426	199	213	102
福 建	15	259	106	82	64
江 西	52	216	82	67	28
山 东	19	646	263	239	255
河 南	74	500	209	153	90
湖 北	53	492	211	205	97
湖 南	106	577	253	228	137
广 东	69	669	275	217	218
广 西	39	536	225	198	99
海 南	3	46	21	23	5
重 庆	1	126	35	50	56
四 川	12	101	37	60	25
贵 州	15	160	71	55	69
云 南	18	98	42	50	23
西 藏	1	34	14	12	5
陕 西	43	461	112	118	109
甘 肃	16	138	56	33	42
青 海	2	42	20	6	21
宁 夏	6	120	59	62	44
新 疆	27	228	85	91	54

彩票

单位:个、人

职业资格水平		年龄结构			
助理社会工作师人数	社会工作师人数	35岁及以下人数	36岁至45岁人数	46岁至55岁人数	56岁及以上人数
91	**93**	**4495**	**2887**	**1300**	**260**
		63	21	27	10
2	3	71	44	43	8
	1	46	35	30	2
1	4	75	57	24	5
1		92	57	37	6
		103	43	37	8
		281	108	52	9
4	1	135	156	54	2
2	2	95	82	30	1
	2	32	29	35	14
18	14	284	221	105	17
	3	195	120	48	18
5	2	254	119	48	5
		100	74	76	9
4	2	83	87	34	12
12	12	337	212	81	16
2	10	238	202	55	5
4	2	293	140	55	4
	2	311	205	52	9
17	7	345	230	76	18
12	19	304	165	60	7
		18	16	11	1
1		65	44	15	2
	1	47	35	16	3
	3	98	43	17	2
1		50	24	20	4
		24	9	1	
2	3	195	130	85	51
2		60	52	22	4
		23	14	4	1
		70	41	9	
1		108	72	41	7

C-2-50续表

地区	增加值合计	执行行政事业	
		固定资产原价	上年结转和结余
全国	**303596.6**	**471673.3**	**52555.8**
中央级	22826.6	39751.1	2348.8
北京	13904.2	28101.9	760.4
天津	2815.5	7941.8	81.0
河北	6865.6	14564.6	906.3
山西	1768.7	9758.6	172.6
内蒙古	3946.0	9656.9	1329.4
辽宁	5841.7	17062.8	1223.1
吉林	3947.6	16414.6	1091.2
黑龙江	5516.7	17072.8	4235.2
上海	1782.2	34527.5	-571.5
江苏	10930.0	39207.6	91.8
浙江	23686.2	18905.5	4204.3
安徽	3872.7	6909.6	364.5
福建	3881.4	2082.9	1239.2
江西	3302.8	9716.8	2286.8
山东	20685.9	39743.2	2603.3
河南	15581.8	8278.7	4352.9
湖北	12346.6	14254.3	202.3
湖南	22312.3	17911.2	-84.4
广东	29759.9	36394.3	1843.1
广西	2493.9	19687.9	-220.3
海南	361.8	289.8	508.8
重庆	18489.4	10685.4	8440.2
四川	18595.4	3832.0	12010.9
贵州	4813.9	11503.4	102.9
云南	36301.0	6539.6	79.4
西藏	536.1	732.4	839.1
陕西	4945.1	13157.8	119.0
甘肃	1216.0	5807.2	287.3
青海	473.3	1832.1	
宁夏	1889.5	3035.9	1053.5
新疆	7015.6	6313.1	654.7

单位：万元

单位会计制度财务指标			
本年收入合计	本年支出合计	收支结余	行政事业 单位增加值
1321245.0	**1186049.6**	**159672.6**	**303596.6**
85672.9	68739.6	19282.2	22826.6
70017.1	59909.4	10891.0	13904.2
18725.0	17650.1	1116.2	2815.5
51489.2	46618.9	5327.1	6865.6
28036.0	27531.6	172.7	1768.7
21085.7	21672.7	742.4	3946.0
24111.6	24272.8	1061.9	5841.7
21009.9	21005.5	26.1	3947.6
4873.8	4668.6	3811.2	5516.7
56878.8	54682.4	224.6	1782.2
42509.1	37679.8	1842.5	10930.0
50142.8	28572.1	22116.0	23686.2
29734.3	29350.5	987.9	3872.7
35214.9	33682.1	1207.0	3881.4
23871.0	23614.1	2072.6	3302.8
166506.4	166049.5	3060.2	20685.9
49262.9	48329.7	5112.8	15581.8
80073.9	69044.2	11053.5	12346.6
57125.9	40286.7	16133.6	22312.3
134958.3	131295.4	5376.1	29759.9
5045.0	4508.8	372.9	2493.9
13304.3	12981.8	56.9	361.8
44953.9	37945.4	15448.7	18489.4
47504.1	37348.2	17166.2	18595.4
22997.0	20703.7	2409.8	4813.9
48911.1	44254.5	4946.6	36301.0
3260.3	3779.9	319.5	536.1
14219.3	11584.0	2824.9	4945.1
20944.8	16312.8	77.0	1216.0
7633.4	6164.9		473.3
8654.2	7868.1	787.2	1889.5
32518.1	27941.8	3645.3	7015.6

C-2-51 优抚对象享受

地　区	抚恤、补助优抚对象总人数	#在院集中供养人数	定期抚恤人数合计	烈　属	城　市
全　国	**8525358**	**123445**	**422439**	**286449**	**51992**
北　京	40621	284	2171	862	482
天　津	43113	537	945	496	163
河　北	488696	6263	31294	22151	2694
山　西	147611	3231	11665	8388	619
内蒙古	65953	2153	3440	2180	936
辽　宁	185656	5050	8335	4108	1300
吉　林	115541	8469	11274	8554	2958
黑龙江	138679	4247	8613	6322	2459
上　海	37902	142	6249	4685	4053
江　苏	496510	6881	23178	15827	1406
浙　江	146710	1704	5382	2941	393
安　徽	395914	4196	14722	9021	2145
福　建	164512	1377	13243	10775	849
江　西	289264	10648	32598	29494	3613
山　东	1003087	14487	55146	39150	5578
河　南	740513	15402	26505	15025	2473
湖　北	518713	8144	38886	28336	3474
湖　南	752190	10202	30695	20769	5005
广　东	389978	3296	10958	7888	2915
广　西	248601	1478	5460	3695	473
海　南	25234	200	3485	3165	614
重　庆	271234	1719	6412	3390	602
四　川	787247	7453	31251	16609	2214
贵　州	223071	700	4931	2911	557
云　南	368905	890	8486	5022	957
西　藏	4650	22	2958	1800	524
陕　西	268245	2154	16688	9567	1296
甘　肃	109773	884	3578	1362	308
青　海	13864	98	1178	588	216
宁　夏	7989	317	596	251	93
新　疆	35382	817	2117	1117	623

定期抚恤、补助情况

单位：人

农　村	因公牺牲军人家属	城　市	农　村	病故军人家属	城　市	农　村
234457	**60534**	**14599**	**45935**	**75456**	**21913**	**53543**
380	149	62	87	1160	691	469
333	123	43	80	326	198	128
19457	3884	700	3184	5259	1050	4209
7769	1173	306	867	2104	552	1552
1244	584	291	293	676	326	350
2808	1885	619	1266	2342	815	1527
5596	1012	334	678	1708	688	1020
3863	1000	513	487	1291	640	651
632	153	119	34	1411	1214	197
14421	2504	599	1905	4847	1337	3510
2548	923	175	748	1518	367	1151
6876	2607	624	1983	3094	840	2254
9926	1257	164	1093	1211	328	883
25881	1456	427	1029	1648	472	1176
33572	8370	1683	6687	7626	1725	5901
12552	5593	1071	4522	5887	1433	4454
24862	5999	1175	4824	4551	1293	3258
15764	4357	1485	2872	5569	1862	3707
4973	1039	439	600	2031	809	1222
3222	612	124	488	1153	236	917
2551	155	75	80	165	71	94
2788	1254	312	942	1768	450	1318
14395	7110	1553	5557	7532	1946	5586
2354	751	181	570	1269	270	999
4065	1219	250	969	2245	559	1686
1276	584	106	478	574	89	485
8271	2974	575	2399	4147	864	3283
1054	886	171	715	1330	281	1049
372	212	53	159	378	100	278
158	121	40	81	224	157	67
494	588	330	258	412	250	162

C-2-51续表

地　区	定期补助人数合计	在乡红军老战士	在乡西路红军	红军失散人员
全　国	**7243706**	**911**	**190**	**29208**
北　京	27448	1		
天　津	34845			
河　北	390998	5		
山　西	106465	15		3
内蒙古	47103	8		3
辽　宁	144012			1
吉　林	76939	1	1	12
黑龙江	105485	15	1	22
上　海	24564			
江　苏	418381			2
浙　江	119449			132
安　徽	344728	3	1	3773
福　建	139335	2		747
江　西	231235	28	2	11264
山　东	816128	6		39
河　南	647032	22		1394
湖　北	443694	4	1	2998
湖　南	672224	4		4241
广　东	354639			469
广　西	232336			661
海　南	19515			65
重　庆	243464	3	2	1
四　川	696042	13	88	1066
贵　州	202331	2		28
云　南	341296			23
西　藏	645	1		
陕　西	227979	744		2138
甘　肃	95138	33	79	122
青　海	9242		2	
宁　夏	5412	1	5	3
新　疆	25602		8	1

单位：人

在乡复员军人		在乡退伍军人	60岁以上农村籍退伍军人	参战退役人员	参试退役人员	其　他
	#抗　日					
1587006	**81967**	**1321786**	**2373772**	**1529358**	**180599**	**220876**
5379	517	1444	16866	2904	670	184
4090	242	9350	9952	7288	357	3808
97239	17480	48805	169107	53233	21510	1099
38722	4806	26446	23561	8850	6322	2546
29447	746	12276	3267	1695	115	292
42343	754	14037	44409	7074	4446	31702
43867	912	12007	12931	5265	2580	275
63101	1658	12899	23542	5322	252	331
3190	45	568	18382	2363	61	
79473	9615	55306	207288	31577	3283	41452
29711	212	34688	29381	21686	2169	1682
62645	2711	158139	61609	42172	10204	6182
25719	51	10645	68114	33804	85	219
41252	118	53954	74254	44563	1974	3944
195130	22402	101525	419401	83205	16822	
110003	6134	92875	302573	106024	26843	7298
79441	6349	115468	157145	79619	6211	2807
143426	1024	166275	179705	169792	5956	2825
31057	504	32190	112270	150211	6027	22415
47300	189	5934	11943	94101	1913	70484
8088	1011	1333	1417	7991	117	504
39712	72	71724	47988	77266	5398	1370
157473	510	188330	191641	137315	15967	4149
59074	109	21323	32373	88141	389	1001
49352	146	26622	74125	185103	363	5708
298		230		116		
63372	1780	33724	35835	59080	29371	3715
20049	584	5991	40800	19220	5287	3557
3159	3	1205	2531	1174	1171	
3198	70	905	182	791	276	51
10696	1213	5568	1180	2413	4460	1276

C−2−52 伤残人员

地区	伤残人员合计	按伤残				
		一级	因战	因公	因病	二级
全国	**859213**	**3338**	**796**	**2314**	**228**	**1608**
北京	11002	43	1	38	4	34
天津	7323	29		28	1	15
河北	66404	245	38	189	18	63
山西	29481	78	25	49	4	38
内蒙古	15410	61	7	46	8	18
辽宁	33309	99	21	69	9	70
吉林	27328	113	36	75	2	3
黑龙江	24581	88	19	65	4	19
上海	7089	32	3	26	3	18
江苏	54951	218	68	140	10	133
浙江	21879	77	10	64	3	94
安徽	36464	145	36	106	3	61
福建	11934	41	2	38	1	20
江西	25431	174	32	62	80	200
山东	131813	349	120	218	11	208
河南	66976	306	64	218	24	120
湖北	36133	133	26	101	6	45
湖南	49271	238	66	165	7	99
广东	24381	101	23	71	7	34
广西	10805	39	16	23		20
海南	2234	8		7	1	4
重庆	21358	103	21	77	5	30
四川	59954	182	56	121	5	95
贵州	15809	102	41	61		21
云南	19123	117	29	81	7	65
西藏	1047	13		13		1
陕西	23578	80	13	66	1	30
甘肃	11057	58	7	49	2	17
青海	3444	24	10	14		5
宁夏	1981	4		4		7
新疆	7663	38	6	30	2	21

享受抚恤情况

单位：人

等级分类						
因战	因公	因病	三级	因战	因公	因病
266	**872**	**470**	**20801**	**7318**	**11065**	**2418**
3	23	8	206	47	122	37
2	10	3	136	38	80	18
9	32	22	1146	505	495	146
14	18	6	610	311	229	70
4	7	7	232	72	133	27
16	39	15	744	277	421	46
	3		1046	542	429	75
3	15	1	401	148	211	42
3	15		118	30	74	14
32	82	19	1744	852	761	131
3	41	50	461	58	250	153
25	29	7	930	329	525	76
4	12	4	174	22	124	28
11	17	172	680	141	257	282
6	178	24	4207	1661	2286	260
30	60	30	1367	478	622	267
8	29	8	829	234	478	117
25	66	8	1278	387	751	140
2	10	22	456	129	262	65
6	10	4	210	77	113	20
1	2	1	53	16	32	5
8	14	8	489	125	308	56
12	73	10	1209	321	762	126
12	8	1	292	109	163	20
10	21	34	812	171	510	131
	1		42	1	41	
13	15	2	453	139	288	26
1	14	2	228	52	146	30
1	4		66	21	42	3
	6	1	49	8	38	3
2	18	1	133	17	112	4

C-2-52续表1

地区	按伤残					
	四级	因战	因公	因病	五级	因战
全国	**8368**	**973**	**4445**	**2950**	**68044**	**28322**
北京	119	29	63	27	509	146
天津	58	12	38	8	570	127
河北	379	58	147	174	5167	2731
山西	209	60	65	84	2141	1170
内蒙古	78	12	47	19	962	374
辽宁	204	60	93	51	2287	978
吉林	97	5	46	46	3703	1951
黑龙江	69	6	40	23	1934	1106
上海	62	11	40	11	420	123
江苏	705	105	399	201	4600	2130
浙江	317	22	85	210	1330	265
安徽	183	37	121	25	2612	1030
福建	143	8	88	47	1236	154
江西	724	27	109	588	2166	633
山东	1579	78	1372	129	11937	6694
河南	1452	161	483	808	5457	1815
湖北	372	37	264	71	2857	825
湖南	295	53	187	55	4080	1416
广东	172	23	93	56	1542	466
广西	44	14	23	7	745	326
海南	18	4	11	3	156	63
重庆	220	42	128	50	1369	484
四川	384	55	257	72	4390	1433
贵州	46	5	34	7	922	400
云南	158	17	43	98	1215	549
西藏					88	1
陕西	82	10	25	47	1903	576
甘肃	53	6	26	21	714	157
青海	8	1	6	1	261	48
宁夏	20	6	13	1	116	26
新疆	118	9	99	10	655	125

单位：人

等级分类					
因公	因病	六级	因战	因公	因病
28493	**11229**	**199089**	**70381**	**93704**	**35004**
303	60	1910	498	1181	231
217	226	1552	414	839	299
1448	988	16013	7225	5605	3183
686	285	6200	3138	2255	807
513	75	4115	970	2743	402
1120	189	7126	2802	3659	665
1636	116	8112	4155	3584	373
660	168	4964	2732	1655	577
246	51	1221	334	651	236
1567	903	14152	5574	6181	2397
553	512	4349	672	1991	1686
1210	372	8932	2748	4363	1821
454	628	3588	462	1481	1645
927	606	5204	1833	2298	1073
4465	778	34403	15185	15381	3837
1925	1717	16788	5356	7849	3583
1573	459	7989	2049	4199	1741
2031	633	11204	3212	5808	2184
652	424	4764	1290	2473	1001
350	69	2062	743	950	369
78	15	472	206	202	64
705	180	4087	1130	2225	732
2090	867	13175	3226	6923	3026
443	79	2784	957	1396	431
507	159	3313	1111	1619	583
87		210		210	
822	505	5445	1383	2659	1403
464	93	2199	433	1336	430
205	8	602	155	404	43
69	21	489	108	336	45
487	43	1665	280	1248	137

C-2-52续表2

按伤残

地区	七级	因战	因公	八级	因战	因公	九级	因战
全国	**270642**	**98027**	**172615**	**260883**	**101179**	**159704**	**16710**	**1036**
北京	3698	1001	2697	3963	1049	2914	403	11
天津	2236	528	1708	2430	600	1830	213	6
河北	22022	11263	10759	20078	9917	10161	901	120
山西	10027	5084	4943	8888	4282	4606	476	51
内蒙古	4936	1340	3596	4293	1521	2772	405	34
辽宁	10653	4165	6488	11060	4979	6081	728	69
吉林	7504	4173	3331	6453	3638	2815	93	6
黑龙江	8438	5200	3238	8514	5679	2835	126	5
上海	2174	540	1634	2771	719	2052	222	7
江苏	15306	6020	9286	16779	6883	9896	952	79
浙江	5883	995	4888	8694	1316	7378	547	6
安徽	11126	3113	8013	10967	3458	7509	1027	23
福建	2980	672	2308	3350	818	2532	333	5
江西	6679	2115	4564	7973	2967	5006	259	16
山东	43296	20423	22873	33720	17216	16504	1612	38
河南	20326	6503	13823	17683	5791	11892	1772	107
湖北	11818	2862	8956	11270	3067	8203	636	14
湖南	14556	4180	10376	15522	5260	10262	1419	198
广东	7405	1914	5491	8904	2970	5934	807	54
广西	3419	1201	2218	3784	1573	2211	363	20
海南	692	316	376	702	291	411	104	7
重庆	7578	1884	5694	6839	2235	4604	419	24
四川	19783	4870	14913	18844	5708	13136	1169	52
贵州	5531	1822	3709	5683	2320	3363	297	9
云南	6160	2135	4025	6711	2777	3934	379	24
西藏	433		433	259		259	1	
陕西	7776	2115	5661	7461	2267	5194	256	19
甘肃	3797	596	3201	3656	755	2901	253	6
青海	1381	303	1078	973	323	650	87	3
宁夏	603	147	456	628	170	458	51	1
新疆	2426	547	1879	2031	630	1401	400	22

单位：人

等级分类				按人员种类分类				优抚对象享受医疗保障人数
	十级			革命伤残军人	伤残国家机关人员	伤残人民警察	伤残民兵民工	
因公		因战	因公					
15674	**9730**	**1454**	**8276**	**807689**	**30893**	**14334**	**6297**	**3547533**
392	117	8	109	10086	407	458	51	21823
207	84	3	81	6826	150	310	37	24995
781	390	59	331	63464	1552	708	680	198284
425	814	35	779	27901	1207	224	149	91130
371	310	2	308	12037	2414	748	211	39667
659	338	17	321	29953	1523	1385	448	79001
87	204	7	197	24751	1759	676	142	28018
121	28	4	24	23721	418	343	99	55130
215	51	7	44	6685	122	263	19	8053
873	362	28	334	53186	897	550	318	197578
541	127	4	123	20909	660	159	151	76923
1004	481	12	469	33423	2206	600	235	196848
328	69		69	11379	253	156	146	78013
243	1372	971	401	23716	999	457	259	53580
1574	502	12	490	128810	1697	769	537	525010
1665	1705	59	1646	63839	1971	817	349	286217
622	184	9	175	34675	953	398	107	342854
1221	580	68	512	45437	2582	1173	79	270439
753	196	31	165	23736	260	318	67	185916
343	119	14	105	9630	377	159	639	66758
97	25	2	23	2099	69	48	18	12528
395	224	16	208	20351	605	327	75	227625
1117	723	30	693	56336	2188	1057	373	164362
288	131	18	113	14708	712	322	67	195486
355	193	19	174	17209	847	519	548	51517
1				288	585	79	95	2154
237	92	9	83	22443	851	184	100	43112
247	82	2	80	10330	450	184	93	8277
84	37	1	36	2589	579	194	82	1440
50	14		14	1697	156	71	57	2679
378	176	7	169	5475	1444	678	66	12116

C-2-53 优待、烈士褒扬和

地　区	优　待				烈士
	优待优抚对象户数（户）	#优待军属户数	优待总金额（万元）	#固定优待军属总额	本年批准烈士人数（人）
全　国	**3330859**	**1050918**	**968174.7**	**555401.7**	**233**
北　京	26042	6939	20457.6	12412.9	8
天　津	6044	3229	5231.5	3218.1	
河　北	145240	55912	24062.1	13307.7	1
山　西	67540	27497	8484.5	5575.0	3
内蒙古	28288	13048	9202.7	4388.7	1
辽　宁	106943	37296	57182.4	29100.3	31
吉　林	40689	15225	6588.7	3088.1	7
黑龙江	63221	10896	13553.8	3074.4	6
上　海	22891	8761	23880.0	15046.5	
江　苏	229922	59064	76178.5	28766.5	8
浙　江	129557	48444	82012.3	49660.9	10
安　徽	157220	53028	42955.1	19826.8	3
福　建	99270	30258	27085.2	11966.4	
江　西	74199	34513	18653.1	11825.2	7
山　东	635518	97383	118654.7	43138.4	17
河　南	264873	68200	42790.8	18250.4	2
湖　北	194443	103793	22055.9	14096.7	1
湖　南	207632	61858	20455.3	6690.9	9
广　东	79297	46190	30782.6	20113.7	6
广　西	140561	40665	223702.0	194020.2	3
海　南	14232	5456	4177.9	1022.9	5
重　庆	211759	29998	14548.8	6445.0	3
四　川	165622	86285	26584.0	12806.9	66
贵　州	56642	26858	12678.4	11054.7	3
云　南	56346	24823	9060.7	4074.5	1
西　藏	1610	491	907.6	354.4	
陕　西	49729	25869	11326.6	5024.3	6
甘　肃	25270	15841	5319.2	3629.8	2
青　海	740	579	264.3	222.9	3
宁　夏	3567	1683	1661.6	469.0	2
新　疆	25952	10836	7676.8	2729.5	19

义务兵、士官安置

单位：户、万元、人、处

褒扬	安置退役士兵、复员干部(人)				
零散烈士纪念建筑物数(处)	总人数	退伍义务兵	#城　镇	转业、复员士官	复员干部
50699	**391418**	**325289**	**176554**	**65483**	**646**
146	3796	2990	2415	760	46
8	2759	2289	1468	470	
1017	19150	15666	8060	3467	17
1881	8278	7527	4090	750	1
150	6450	5954	4488	458	38
2075	15276	13384	9162	1765	127
684	7198	5729	5117	1461	8
90	9087	8544	5994	540	3
1	6011	5315	4811	687	9
1593	27930	22711	10560	5213	6
380	21675	20621	6584	1038	16
1705	17344	14144	8409	3197	3
1198	11344	10126	3407	1207	11
31073	8755	6810	5506	1846	99
418	21929	17204	17204	4702	23
294	45712	40454	18222	5247	11
1230	27287	18962	7999	8292	33
971	20555	17948	10694	2584	23
1201	17746	15230	6841	2494	22
700	9647	8321	2652	1318	8
563	59	13	13	45	1
212	9053	8089	7230	959	5
781	41016	30711	10896	10249	56
628	4189	3654	2832	533	2
58	12301	8575	2472	3723	3
45	683	627	532	56	
1164	4022	3496	2518	514	12
290	4580	3866	1509	699	15
32	1389	1262	1055	127	
23	1748	1626	1249	113	9
88	4449	3441	2565	969	39

C-2-54 离退休、

地 区	本年接收人员合计	军队离退休干部	#离 休	地方离退休干部	#离 休	军队退休士官
全 国	**14530**	**12355**	**140**	**141**	**8**	**1405**
北 京	3037	2972	5			59
天 津	707	508				16
河 北	1038	734	18	82		158
山 西	333	294	7			39
内蒙古	183	166				13
辽 宁	1820	1620	27			200
吉 林	417	315	5			85
黑龙江	74	60	10	4		4
上 海	371	371	1			
江 苏	611	561	2	3		35
浙 江	229	201				28
安 徽	181	135	1	12	6	26
福 建	305	188	10	3		107
江 西	68	45	1			22
山 东	1698	1393	4			295
河 南	406	319	1	1		84
湖 北	332	291	1	3		38
湖 南	127	100	1	1		18
广 东	411	211	1	1	1	8
广 西	67	51	4			5
海 南	14	14				
重 庆	158	139	1	2		17
四 川	475	417	22	2		53
贵 州	61	56				5
云 南	168	155		4		9
西 藏	39	13				
陕 西	532	452	13	11	1	8
甘 肃	319	285		12		19
青 海	64	64	3			
宁 夏	83	34	1			49
新 疆	202	191	1			5

退职人员

单位：人

军队无军籍职工	本年实有人数合计	军队离退休干部	#离休	地方离退休干部	#离休	军队退休士官	军队无军籍职工
629	**317069**	**194006**	**26334**	**37525**	**1622**	**5598**	**79940**
6	57989	35056	2243	8158	4	510	14265
183	7290	4520	558	1205	25	51	1514
64	17062	10388	1759	1965	123	732	3977
	6415	3497	643	819	54	222	1877
4	3947	2654	301	333	20	53	907
	29707	19591	2596	2246	239	563	7307
17	7192	4228	572	568	45	224	2172
6	4625	2824	471	28	3	76	1697
	7947	6201	648	137		3	1606
12	18947	11426	1592	3208	259	180	4133
	7291	3837	795	1895	24	45	1514
8	4780	2923	702	634	139	115	1108
7	8289	3627	566	3948	19	163	551
1	3852	1196	407	1712	48	44	900
10	24089	17932	4275	1079	45	935	4143
2	10230	6228	1086	1404	178	351	2247
	13166	7328	1294	2533	143	101	3204
8	9915	4711	559	2172	99	132	2900
191	13250	8367	863	587	14	43	4253
11	2766	1826	211	69	3	23	848
	1043	530	43			2	511
	5034	3478	207	202	6	98	1256
3	13865	8746	905	1176	26	367	3576
	2196	1259	215	348	12	16	573
	10195	6226	1030	328	11	61	3580
26	1147	138					1009
61	12147	8740	1073	388	52	152	2867
3	5176	2543	376	318	28	191	2124
	1425	602	76	12		7	804
	719	476	57	12		77	154
6	5373	2908	211	41	3	61	2363

C-2-55 烈士陵园及

地 区	单位数	年末职工人数		受教育程度	
			#女性	大学专科人数	大学本科及以上人数
全 国	**1227**	**9436**	**3816**	**2913**	**1537**
北 京	5	86	44	27	18
天 津	10	155	65	47	43
河 北	92	905	362	206	182
山 西	56	413	170	120	29
内蒙古	8	106	43	46	27
辽 宁	30	366	143	149	111
吉 林	29	269	103	115	63
黑龙江	20	149	61	66	51
上 海	11	267	99	119	53
江 苏	89	753	269	156	147
浙 江	30	155	72	32	56
安 徽	51	399	170	125	51
福 建	49	180	64	32	16
江 西	52	301	138	96	29
山 东	80	734	293	309	221
河 南	93	1301	614	402	116
湖 北	51	618	239	246	59
湖 南	35	366	168	77	29
广 东	64	307	101	80	51
广 西	20	217	89	56	25
海 南	5	18	3	1	1
重 庆	16	55	19	24	17
四 川	106	318	115	102	25
贵 州	37	111	32	44	10
云 南	67	160	28	47	13
西 藏	2	8	3	3	1
陕 西	37	344	182	98	38
甘 肃	53	247	83	50	27
青 海	7	19	7	7	6
宁 夏	9	25	5	11	3
新 疆	13	84	32	20	19

烈士纪念馆

单位：个、人

职业资格水平		年龄结构			
助理社会工作师人数	社会工作师人数	35岁及以下人数	36岁至45岁人数	46岁至55岁人数	56岁及以上人数
112	**117**	**2909**	**3723**	**2338**	**466**
3	2	34	21	21	10
1		47	52	50	6
8	11	281	336	252	36
3	7	105	170	107	31
1	1	23	44	37	2
1		160	113	78	15
15	3	73	139	52	5
2		31	62	48	8
	2	45	66	118	38
18	21	200	299	218	36
	5	43	63	39	10
5	6	91	172	127	9
3		30	72	60	18
2		72	130	91	8
1	10	279	278	157	20
11	32	544	494	239	24
8	4	168	277	116	57
1		117	164	80	5
3	3	86	118	88	15
8	2	51	68	49	49
		6	8	4	
		20	22	11	2
11	4	94	136	76	12
		24	54	28	5
1		37	79	38	6
		5	3		
1	2	141	143	46	14
4	1	67	90	71	19
		5	6	7	1
		4	14	6	1
1	1	26	30	24	4

C-2-55续表

地区	增加值合计	执行行政事业单位会计制度财务指标				
		固定资产原价	上年结转和结余	本年收入合计	本年支出合计	收支结余
全国	**64960.8**	**360346.0**	**14160.4**	**107868.0**	**109840.5**	**11377.7**
北京	1453.2	7640.3	84.7	4281.0	4250.4	30.6
天津	1953.2	11254.5	-0.3	1986.1	1999.1	
河北	5735.5	14717.1	1503.2	14032.3	13899.1	1683.1
山西	2350.1	8598.6	1013.0	5653.8	5522.4	976.3
内蒙古	753.3	1606.6	83.0	1602.8	1600.1	85.8
辽宁	1666.0	8138.8	530.8	3210.3	3268.7	472.2
吉林	1009.0	5690.5	0.3	2183.1	2190.5	-1.4
黑龙江	1091.6	5348.2	2824.6	1322.5	1324.2	405.0
上海	5502.0	65034.5	808.1	6073.1	5840.5	1038.5
江苏	6134.9	28463.7	88.2	9197.7	11162.1	189.5
浙江	1820.4	7499.7	3246.3	2699.8	5229.7	718.0
安徽	3040.9	23794.2	33.0	3482.9	3361.3	57.9
福建	1025.5	4676.8	213.9	1461.6	1558.2	358.9
江西	1360.6	11487.2	562.9	2009.3	1912.1	311.5
山东	5776.0	37444.6	57.1	12972.1	13029.2	
河南	3518.3	22840.1	103.4	5127.8	5104.2	108.6
湖北	2214.2	16158.3		5215.3	5227.3	
湖南	2623.0	8396.0	306.2	3260.6	3385.5	198.2
广东	6382.8	16955.0	760.2	7895.6	6535.8	2226.0
广西	483.4	8854.1	110.3	165.7	177.4	0.6
海南	87.3	1980.0		25.2	25.4	
重庆	224.8	3167.4		749.7	748.7	
四川	1113.5	6572.7	191.6	2035.7	1996.1	285.3
贵州	600.0	6855.1		476.6	477.6	
云南	484.2	5824.2		489.5	493.0	45.0
西藏	41.0	1000.0			1.0	
陕西	1922.5	13551.5	139.4	2840.2	3038.0	84.4
甘肃	3569.5	3881.4		4049.4	3945.2	
青海	35.1	646.6		285.6	285.6	
宁夏	51.6	291.8	243.0	192.6	159.6	35.0
新疆	1104.4	1976.5	1257.5	2890.1	2092.5	2068.7

单位：万元、平方米、个、人次

行政事业单位增加值	管理单位占地面积	#烈士纪念建筑物面积	烈士纪念建筑物数	#纪念馆（陈列馆）个数	藏品数	参观人次数
64960.8	**41484890.9**	**3930170.5**	**9900**	**1143**	**213010**	**57844773**
1453.2	64059.0	22895.0	10	5	956	291496
1953.2	419698.0	37758.4	33	12	1253	276286
5735.5	3170049.6	225842.0	1191	82	37543	4653023
2350.1	1398852.0	208655.8	116	50	2955	1398660
753.3	532923.8	27300.0	28	11	231	296000
1666.0	3557967.0	198510.0	47	20	9170	1910822
1009.0	3477647.0	113239.0	586	29	7261	1239256
1091.6	395052.1	100740.8	174	17	8437	2711476
5502.0	356426.0	29405.7	60	16	3092	1726918
6134.9	3262579.0	424347.8	550	98	18581	5595631
1820.4	895431.8	59558.4	316	35	6391	1365811
3040.9	4736600.8	334448.0	978	193	7097	4695800
1025.5	696016.6	76594.6	177	20	1746	842393
1360.6	653798.8	164322.0	173	22	4288	868407
5776.0	4074493.0	201518.0	385	124	21164	7660867
3518.3	2496361.7	220809.0	483	95	10784	3076924
2214.2	1486969.7	144067.0	429	59	16561	3202190
2623.0	983142.7	80167.0	82	18	3642	1068443
6382.8	1678423.4	238212.7	2189	12	2785	3623265
483.4	1811349.6	128123.1	59	10	1239	868168
87.3	660498.0	174153.0	467	19	2851	533253
224.8	192005.0	61532.0	44	14	2260	2980645
1113.5	820120.0	180708.3	364	68	6963	2065812
600.0	753368.6	77203.0	160	10	294	1166710
484.2	847696.1	122780.1	140	19	3812	680915
41.0	57100.0	14434.0	8	2	5702	11677
1922.5	497230.0	85492.0	416	36	6047	1802123
3569.5	530983.6	79915.0	175	28	7545	776796
35.1	80296.8	40340.0	25	6	10800	60600
51.6	212274.0	43690.6	10	5	956	59965
1104.4	685477.2	13408.2	25	8	604	334441

C-2-56 社区服务

地 区	单位数	年末职工人数		受教育程度情况	
			#女性	大学专科人数	大学本科及以上人数
全 国	**70547**	**336871**	**157961**	**90295**	**37068**
北 京	5411	27376	13418	6858	5236
天 津	699	3041	2058	734	328
河 北	1522	6465	4112	2091	364
山 西	1379	3771	1834	947	380
内蒙古	1315	6984	4059	2167	869
辽 宁	2619	16900	10206	4059	2047
吉 林	419	2082	1229	806	134
黑龙江	1824	9458	4416	3499	1442
上 海	2873	19671	10968	2561	1306
江 苏	8898	44087	17806	10430	3969
浙 江	5048	22806	10305	6490	2835
安 徽	2176	11729	5158	2934	1139
福 建	1514	6601	3287	1131	287
江 西	1446	6945	3845	1033	201
山 东	9404	46172	19202	15893	6635
河 南	1044	5091	2239	1443	373
湖 北	2887	9851	4825	3216	931
湖 南	2273	11201	4873	3924	1010
广 东	4742	19137	6888	3318	1504
广 西	638	2328	1673	475	227
海 南	68	5	2	2	3
重 庆	2124	9192	3994	2938	1189
四 川	2460	10912	4863	2067	1039
贵 州	399	2194	1042	444	261
云 南	572	2968	1222	944	173
西 藏	29	70	36		
陕 西	2411	10946	4996	3367	584
甘 肃	2109	6554	2873	2331	1094
青 海	150	666	306	229	31
宁 夏	398	2159	1651	312	108
新 疆	1696	9509	4575	3652	1369

机构总表

单位:个、人

职业资格水平		年龄结构			
助理社会工作师人数	社会工作师人数	35岁及以下人数	36岁至45岁人数	46岁至55岁人数	56岁及以上人数
5273	**1749**	**113214**	**138256**	**69515**	**15886**
1182	208	7783	9706	7911	1976
53	22	660	1316	669	396
76	27	3428	2146	718	173
	3	1380	1511	700	180
83	8	2713	3451	787	33
113	65	6106	6843	3393	558
26	5	494	1320	222	46
148	33	3649	4414	1234	161
381	170	2900	9333	5721	1717
996	255	11854	17963	11498	2772
671	257	7875	8883	5102	946
224	50	4644	5261	1643	181
97	53	2366	2728	1212	295
78	18	2674	2946	1135	190
94	268	18389	18180	7166	2437
43	42	2187	2017	682	205
82	14	3246	4532	1875	198
166	66	3529	4726	2645	301
448	79	7638	7158	3570	771
27	12	830	775	668	55
			5		
66	11	3171	3831	1865	325
71	43	4081	4638	1810	383
10	6	1041	822	260	71
6	2	892	1433	506	137
		53	17		
57	2	3094	4233	2948	671
28	8	2454	2500	1196	404
10	3	127	510	16	13
1	2	672	1269	209	9
36	17	3284	3789	2154	282

C-2-56续表1

地区	机构数	农村机构数	提供便民办事	提供活动场所
全国	**70547**	**11553**	**49000**	**27359**
北京	5411	1455	4660	2782
天津	699	117	513	308
河北	1522	60	1049	369
山西	1379	16	1030	219
内蒙古	1315	11	650	603
辽宁	2619	25	2216	758
吉林	419	52	173	193
黑龙江	1824	83	1276	437
上海	2873	241	2057	1733
江苏	8898	2988	6425	3543
浙江	5048	1590	4264	2403
安徽	2176	90	1699	435
福建	1514	40	778	483
江西	1446	51	786	636
山东	9404	3047	6477	4011
河南	1044	19	534	381
湖北	2887	94	1699	767
湖南	2273	110	1237	496
广东	4742	433	3495	2032
广西	638	5	181	184
海南	68		19	49
重庆	2124	184	1323	1370
四川	2460	412	2178	471
贵州	399	70	310	92
云南	572	49	428	128
西藏	29		12	17
陕西	2411	216	1280	879
甘肃	2109	85	991	522
青海	150		18	131
宁夏	398	5	190	117
新疆	1696	5	1052	810

单位:个、张

提供养老服务	提供便民信息	床位数合计	日间照料床位数	住宿收养床位数
12482	**21318**	**109694**	**91539**	**18155**
762	2848	4474	4116	358
192	252	2204	1881	323
291	167	1640	598	1042
87	159	805	796	9
44	151	1637	1526	111
234	622	1624	1536	88
45	104	2721	2586	135
57	165	715	643	72
35	1352	4380	1722	2658
3366	3211	27450	25266	2184
1312	2599	6355	5696	659
236	392	1703	1470	233
346	153	1154	937	217
181	275	1299	1294	5
3060	3611	24693	20941	3752
71	192	786	557	229
593	426	2378	2151	227
512	279	4634	3470	1164
41	1313	377	192	185
106	440	345	298	47
411	1058	2399	2084	315
16	457	3730	2253	1477
	10	545	373	172
39	102	1889	1774	115
64	188	1917	1320	597
162	503	5569	4157	1412
	1	457	457	
154	82	870	854	16
65	206	944	591	353

C-2-56续表2

地区	年末收养人数合计	日间照料人数	住宿收养人数	社区从业人员
全国	**35581**	**30120**	**5461**	**1089372**
北京	2338	2258	80	20658
天津	1632	1387	245	170441
河北	359	152	207	2114
山西	27	26	1	6151
内蒙古	298	270	28	41618
辽宁	316	302	14	278823
吉林	86	86		63
黑龙江				17831
上海	3263	1257	2006	66017
江苏	8951	8546	405	47097
浙江	1705	1373	332	64454
安徽	1239	1168	71	10982
福建	223	223		3941
江西	640	640		18544
山东	7152	6932	220	104885
河南	239	90	149	1068
湖北	209	133	76	29763
湖南	1643	1385	258	14306
广东	59	45	14	67983
广西	19	18	1	23359
海南				
重庆	1093	1018	75	38848
四川	292	212	80	11698
贵州	84	59	25	14089
云南	188	134	54	861
西藏				
陕西	631	411	220	6239
甘肃	2418	1547	871	4194
青海				279
宁夏	387	387		5409
新疆	90	61	29	17657

单位:人、个、平方米

社区志愿者服务组织数	其他社区服务机构	#农村其他社区服务机构	城镇便民、利民服务网点数	机构建筑面积
158525	**89805**	**7018**	**452868**	**19383175**
8012	3928	779	12354	1237530
3863	785	39	13021	191977
755	4651	272	2309	238351
1794	485		6610	190591
1756	679	32	15294	284087
2256	853		13680	561984
21	28	14	942	88949
1016	361	3	9368	483127
33440	635	2	14960	769934
22749	6978	811	79940	4278649
16840	13703	764	72641	2191799
875	1753	17	9018	509976
784	331	3	4622	259850
1433	1759		3594	272964
17064	12739	1254	52483	2265448
261	2060	82	2192	252877
5322	5141	88	7635	826861
2401	5453	42	23042	609182
718	15931	730	4869	736468
2064	622		2616	312496
				12070
27192	1689	113	9880	704580
1621	1332	15	31347	438611
3477	6194	1298	26587	143938
70	12		138	143360
				4473
698	236	18	3194	521516
1289	367	79	11353	409628
				29915
151	758	557	15275	79617
603	342	6	3904	332367

C-2-56续表3

地　区	增加值合计	执行企业会计制度单位财务指标					执行行政	
		固定资产原价	营业收入	费用合计	营业利润	企业单位增加值	固定资产原价	上年结转和结余
全　国	**472711.4**	**393755.7**	**192743.4**	**72402.9**	**-685.5**	**19865.1**	**590943.3**	**50811.0**
北　京	127872.8	309262.1	97333.5	34602.9	-847.1	16698.7	135024.4	23666.5
天　津	4638.0						5395.5	55.5
河　北	5919.8	587.4	267.4	152.7	-3.3	165.5	11345.5	41.6
山　西	883.9	62.0	50.0	60.0	5.0	50.2	3389.4	2.0
内蒙古	3164.6	621.5	358.0	234.2		6.8	5637.2	
辽　宁	7429.5	194.3	3.0				10021.7	
吉　林	1027.1		13.2	10.3		16.2	1219.0	
黑龙江	4467.6	121.7	15.0	1721.1		831.2	7332.8	0.3
上　海	10329.9	1.0					9704.2	717.8
江　苏	74407.2	284.0	34.0	33.9	0.4	35.7	131976.1	2050.9
浙　江	65647.2	1587.0	299.0	288.9	49.4	268.6	86049.0	21486.5
安　徽	11901.5	696.5	243.4	68.3		69.7	27501.0	45.2
福　建	1314.0	55.0	373.6	403.5	15.3	44.6	1358.3	
江　西	1485.1	4154.0	46.0	16.7		0.6	3771.9	3.0
山　东	81031.3						7791.1	
河　南	3079.4	55.0	91961.3	32176.5	9.5	39.8	5472.6	
湖　北	9840.5	1472.0	715.0	685.5	43.7	233.1	14698.7	20.0
湖　南	8816.9	75.0	50.0	1.0		114.4	6577.0	1305.6
广　东	16689.5	44983.2	631.5	1686.9		855.4	9642.4	632.3
广　西	265.8	185.3					3198.4	217.0
海　南	3.3						10.0	4.6
重　庆	7856.1	25397.7	11.0	11.0			26676.4	10.3
四　川	10254.8	118.0	239.6	88.4	1.6	67.5	3844.4	24.1
贵　州	1277.1	81.0	53.7	15.3	40.0	108.6	497.8	134.8
云　南	1007.4						5929.3	165.0
西　藏	508.1						12702.1	
陕　西	5959.0						34837.9	39.0
甘　肃	1130.7	424.0	7.0	5.0			1297.9	2.0
青　海	344.9						22.0	
宁　夏	746.7	639.0					3547.5	
新　疆	6325.4	2699.0	38.2	140.8		258.4	14471.8	187.0

单位：万元

事业单位会计制度财务指标				执行民间非营利组织单位会计制度财务指标				
本年收入合计	本年支出合计	收支结余	行政事业单位增加值	固定资产原价	上年结余	本年收入合计	本年费用合计	民间非营利组织单位增加值
548812.3	**573189.9**	**40116.0**	**335443.6**	**298433.3**	**1888.1**	**233323.2**	**210476.6**	**117402.7**
148549.8	189907.1	9848.0	111174.1					
3211.4	2992.0	-9.0	3109.0	2200.0	100.0	2614.0	2533.5	1529.0
6106.7	6720.8	43.5	5683.5	4009.8	-62.5	477.7	222.7	70.8
978.6	979.6		586.7	994.5	1.0	1600.5	1775.5	247.0
3871.0	3872.0		2902.4	2239.0		744.0	742.0	255.4
8430.9	8880.2	1.5	6205.1	2417.2		2316.5	2632.6	1224.4
1236.8	1270.5		790.3	109.0		715.8	757.3	220.6
3637.4	4636.4	70.3	3424.1	621.9		1224.9	447.4	212.3
23284.3	22634.9	1002.4	6211.8	2625.3	138.5	28446.2	17617.3	4118.1
101364.8	92202.7	662.9	62518.9	51584.7	42.4	35399.1	32733.2	11852.6
99773.2	92668.5	24326.4	57506.9	15512.2		18221.4	18209.2	7871.7
13558.8	15274.8	13.2	10881.4	7687.4	69.0	3033.8	2384.0	950.4
1409.0	1347.5	1.6	584.2	9482.9	11.0	4949.2	3200.4	685.2
2173.3	1906.8		930.7	1076.8		2140.8	2007.4	553.8
9710.3	9710.3		5570.2	124772.8	62.0	100548.5	102129.3	75461.1
5790.2	3844.8	2024.9	2322.4	4764.5		628.3	1052.3	717.2
14225.0	13623.0	179.5	9059.5	7041.3		2866.7	2657.7	547.9
16085.6	15632.8	0.3	7998.6	1920.5		5642.6	5337.3	703.9
48992.4	48618.4	1828.2	14979.5	12853.7	-30.0	4753.1	3611.9	854.6
732.8	519.8		265.8	1369.5		37.5	34.6	
50.0	50.0	2.9	3.3					
10374.3	10361.1	3.2	7609.5	23167.6		3271.3	2516.1	246.6
4389.4	4597.4	16.3	2759.9	6120.7	1488.0	7176.2	5443.1	7427.4
782.3	962.0	38.3	598.4	4005.6	49.7	1660.2	834.0	570.1
818.2	977.7	6.4	1004.1	1868.0	3.0	432.5	5.3	3.3
			508.1					
8506.6	8908.1	21.0	5945.6	1227.0		76.0	75.0	13.4
1625.5	1511.0	2.0	782.5	2254.7		2005.5	637.6	348.2
5.5	5.5		2.9	3262.4		401.7	391.5	342.0
637.6	632.6		528.0	1684.3	16.0	361.2	348.4	218.7
8500.6	7941.6	32.2	5910.0	1560.0		1578.0	140.0	157.0

C-2-57 在工商部门登记的

地 区	单位数	年末职工人数	#女性	受教育程度情况	
				大学专科人数	大学本科及以上人数
全 国	**159**	**1534**	**1059**	**369**	**127**
北 京					
天 津					
河 北	3	32	24	8	
山 西	4	34	13	23	3
内蒙古	15	346	255	110	18
辽 宁	4	40	40	15	5
吉 林	1	8	5	1	
黑龙江	7	25	14	11	
上 海	19	330	240	6	7
江 苏	2	13	8	5	
浙 江	5	16	16	7	2
安 徽	4	41	23	4	1
福 建	2	19	13	2	
江 西	1	3	1		
山 东					
河 南	11	33	15	19	
湖 北	22	183	120	50	16
湖 南	2	9	5	3	1
广 东	3	8		1	
广 西					
海 南					
重 庆					
四 川	5	16	11	12	
贵 州	4	21	10	1	4
云 南	1	78	32	26	1
西 藏					
陕 西					
甘 肃	37	236	180	53	45
青 海					
宁 夏	6	22	16		23
新 疆	1	21	18	12	1

社区服务机构

单位:个、人

职业资格水平		年龄结构			
助理社会工作师人数	社会工作师人数	35岁及以下人数	36岁至45岁人数	46岁至55岁人数	56岁及以上人数
15	**4**	**503**	**858**	**150**	**23**
		27	3	2	
		16	13	5	
		135	156	52	3
		12	20	8	
		2	5	1	
		6	16	2	1
		3	316	5	6
		5	5	3	
	2		13	3	
		16	18	7	
		6	11	2	
		3			
		25	8		
6	2	110	50	18	5
			5	4	
		3	5		
		8	4		4
		13	6	2	
3		6	72		
6		84	118	32	2
		20	1	1	
		3	13	3	2

C-2-57续表1

地区	机构数	农村机构数	提供便民办事	提供活动场所
全国	**159**	**8**	**89**	**42**
北京				
天津				
河北	3		3	
山西	4		4	
内蒙古	15			14
辽宁	4			
吉林	1		1	
黑龙江	7		4	
上海	19		19	1
江苏	2		2	1
浙江	5		5	5
安徽	4		3	1
福建	2		1	
江西	1		1	
山东				
河南	11	1	8	2
湖北	22	6	12	6
湖南	2		1	1
广东	3		2	1
广西				
海南				
重庆				
四川	5		3	
贵州	4	1	2	1
云南	1			
西藏				
陕西				
甘肃	37		11	9
青海				
宁夏	6		6	
新疆	1		1	

单位:个、张

		床位数合计		
提供养老服务	提供便民信息		日间照料床位数	住宿收养床位数
17	**41**	**892**	**770**	**122**
		1	1	
	1			
4		25	25	
		65	65	
	3			
	10			
1	1	20	15	5
	5			
1		66	6	60
	1			
1	9	84	84	
	2	10	10	
	1	29	24	5
1		52		52
9	8	540	540	

C-2-57续表2

地 区	年末收养人数合计	日间照料人数	住宿收养人数	社区从业人员
全 国	**456**	**403**	**53**	**4185**
北 京				
天 津				
河 北				3
山 西				
内蒙古				42
辽 宁				9
吉 林				10
黑龙江				
上 海				
江 苏				
浙 江				3008
安 徽				166
福 建				4
江 西				
山 东				
河 南				
湖 北	66	66		628
湖 南				6
广 东				
广 西				
海 南				
重 庆				
四 川	10	10		32
贵 州	21	17	4	225
云 南	49		49	
西 藏				
陕 西				
甘 肃	310	310		52
青 海				
宁 夏				
新 疆				

单位：人、个、平方米

社区志愿者服务组织数	其他社区服务机构	#农村其他社区服务机构	城镇便民、利民服务网点数	机构建筑面积
1095	**736**	**78**	**2558**	**56412**
	99			1070
	39		5	605
10			1562	2440
12				400
				101
	10		12	980
1	2			5015
				2600
43	88			1500
25				2020
				2573
				100
	5			6500
672	86		80	20010
	102		404	200
				402
4	49		58	720
328	254	76	357	2358
				1200
	2	2	10	4698
			70	620
				300

C-2-57续表3

地区	增加值合计	执行企业会计制度单位财务指标					执行行政
		固定资产原价	营业收入	费用合计	营业利润	企业单位增加值	固定资产原价
全　国	**711.9**	**2050.8**	**1032.7**	**608.9**	**85.7**	**418.1**	**282.8**
北　京							
天　津							
河　北	43.3		42.0	43.5	-3.3	-0.9	105.8
山　西	0.8	1.0					21.0
内蒙古	14.6	2.0	62.0	31.2		0.5	25.0
辽　宁	0.8						
吉　林	6.0					6.0	
黑龙江	8.5						10.0
上　海	150.8						
江　苏	35.7		34.0	33.9	0.4	35.7	
浙　江	20.6		38.1	9.2		20.6	
安　徽	73.4	470.0	239.4	68.3		68.7	
福　建	32.0	26.0	23.0	36.1	13.0	32.0	
江　西							
山　东							
河　南	23.7						113.0
湖　北	173.2	1092.0	501.0	347.0	34.0	144.1	3.0
湖　南	5.0						
广　东	4.5	3.0					
广　西							
海　南							
重　庆							
四　川	11.5		44.2	29.1	1.6	4.8	
贵　州	96.5	50.0	32.0	5.6	40.0	96.5	
云　南							
西　藏							
陕　西							
甘　肃		396.8	7.0	5.0			
青　海							
宁　夏	0.7						5.0
新　疆	10.0	10.0	10.0			10.0	

单位：万元

事业单位会计制度财务指标			执行民间非营利组织单位会计制度财务指标				
本年收入合计	本年支出合计	行政事业单位增加值	固定资产原价	上年结余	本年收入合计	本年费用合计	民间非营利组织单位增加值
252.6	**251.6**	**119.4**	**1166.2**	**0.3**	**9418.8**	**252.1**	**174.4**
122.0	122.0	44.2					
12.0	11.0	0.8					
16.0	16.0	14.1					
0.8	0.8	0.6			1.8	1.8	0.2
10.6	10.6	8.5					
					9310.1	192.6	150.8
			5.6		8.2	8.2	4.7
23.0	23.0						
					2.0	2.0	
20.2	20.2	23.7					
27.0	27.0	17.1	550.0		40.0	40.0	12.0
8.0	8.0	5.0					
7.5	7.5	4.5					
					7.5	7.5	6.7
			558.0	0.3			
					27.2		
3.0	3.0		52.6		22.0		
2.5	2.5	0.7					

C-2-58 在编制部门登记的

地 区	单位数	年末职工人数		受教育程度情况	
			#女性	大学专科人数	大学本科及以上人数
全 国	**2048**	**16225**	**8856**	**5475**	**3603**
北 京	197	3163	1762	677	898
天 津	4	32	20	5	20
河 北	11	109	44	26	3
山 西	26	148	78	61	35
内蒙古	1	35	28	35	
辽 宁	163	1036	663	602	114
吉 林	14	160	116	36	31
黑龙江	87	797	361	298	96
上 海	186	1452	853	474	385
江 苏	34	409	285	80	73
浙 江	22	146	72	53	38
安 徽	56	637	311	254	166
福 建	62	446	315	223	90
江 西	17	58	18	6	
山 东	158	1419	738	575	701
河 南	19	292	108	77	64
湖 北	99	673	351	136	36
湖 南	38	189	76	73	42
广 东	318	1949	1000	479	344
广 西	3	10	6	5	1
海 南	1	5	2	2	3
重 庆	16	166	92	78	48
四 川	64	278	91	70	24
贵 州	16	204	111	72	64
云 南	40	382	195	106	99
西 藏					
陕 西	20	216	87	91	34
甘 肃	123	345	166	196	35
青 海					
宁 夏	1	3	2	2	1
新 疆	252	1466	905	683	158

社区服务机构

单位:个、人

职业资格水平		年龄结构			
助理社会工作师人数	社会工作师人数	35岁及以下人数	36岁至45岁人数	46岁至55岁人数	56岁及以上人数
249	**120**	**6000**	**6133**	**3461**	**631**
50	31	881	1124	1009	149
		9	11	10	2
		48	46	15	
	1	65	68	13	2
		35			
17	17	546	198	224	68
17	3	35	102	20	3
6	2	192	438	162	5
4	10	586	518	294	54
17	10	76	122	163	48
3	1	62	51	23	10
4	2	266	277	86	8
55	10	281	102	61	2
		16	39	3	
6	5	621	558	166	74
3	2	152	114	22	4
	1	282	295	81	15
		77	64	41	7
23	11	751	766	318	114
		2	6	2	
			5		
2		68	76	19	3
1		70	174	34	
10	6	141	38	19	6
1	2	142	161	65	14
2		81	91	37	7
13	2	240	77	23	5
		1	1	1	
15	4	274	611	550	31

C-2-58续表1

地区	机构数	农村机构数	提供便民办事	提供活动场所
全国	**2048**	**130**	**1327**	**646**
北京	197	9	116	114
天津	4		4	
河北	11		5	1
山西	26		23	2
内蒙古	1		1	
辽宁	163		113	45
吉林	14		8	4
黑龙江	87	15	62	25
上海	186	9	58	5
江苏	34		29	24
浙江	22		16	14
安徽	56		45	3
福建	62		61	
江西	17		3	2
山东	158		129	36
河南	19	2	8	11
湖北	99		72	3
湖南	38	15	26	4
广东	318	18	254	113
广西	3		1	1
海南	1		1	
重庆	16	1	16	6
四川	64	2	28	5
贵州	16	10	15	12
云南	40	9	36	28
西藏				
陕西	20		11	5
甘肃	123	39	49	34
青海				
宁夏	1			1
新疆	252	1	137	148

单位:个、张

提供养老服务	提供便民信息	床位数合计	日间照料床位数	住宿收养床位数
181	**522**	**10190**	**7631**	**2559**
35	100	2735	2408	327
		16	16	
4	1	234	51	183
	1	200	200	
5	1	365	365	
3	2	674	670	4
1	3	10		10
	141	5	4	1
1	23	1821	1009	812
9	14	912	512	400
8	6	35	35	
	1			
3	9	44	44	
38	33	894	667	227
		14	14	
24	2	390	310	80
8	3	112	77	35
1	52	20	20	
	1			
2	12	169	169	
2	32	610	330	280
	1			
9	24	422	422	
3	1	230	80	150
21	26	180	170	10
4	33	98	58	40

C-2-58续表2

地区	年末收养人数合计	日间照料人数	住宿收养人数	社区从业人员
全国	**2538**	**1970**	**568**	**138394**
北京	932	852	80	9229
天津	16	16		
河北	203	23	180	30
山西				880
内蒙古				
辽宁	100	100		45070
吉林				
黑龙江				
上海				5798
江苏	171	171		211
浙江	91	12	79	367
安徽				488
福建				124
江西				58
山东	322	242	80	13875
河南				16
湖北	55	34	21	4508
湖南	16	8	8	103
广东				31268
广西				
海南				
重庆	148	148		17572
四川	164	164		158
贵州				994
云南				125
西藏				
陕西	190	70	120	107
甘肃	130	130		70
青海				
宁夏				
新疆				7343

单位：人、个、平方米

社区志愿者服务组织数	其他社区服务机构	#农村其他社区服务机构	城镇便民、利民服务网点数	机构建筑面积
13624	**3287**	**381**	**23994**	**1222351**
6867	97		5851	321882
	33		17	3217
	1418	272	93	7760
450	61		502	4120
				100
432	2		130	69980
				4660
	10		7	37709
488	2	2	2723	63293
190	2		3116	45604
184	15		1116	59640
22	160		1118	40057
41	18		306	8455
	14		5	2520
1798	5		3929	110353
	167		171	5212
918	470	10	1373	127110
30	188		116	21243
565	143		1043	87584
				4716
				100
182			477	12864
133	1	1	36	28282
1210	323	76	589	2770
				13819
14	1		32	22164
	55	20	568	33395
				160
100	102		676	83582

C−2−58续表3

地 区	增加值合计	执行企业会计制度单位财务指标				执行行政	
		固定资产原价	营业收入	费用合计	企业单位增加值	固定资产原价	上年结转和结余
全 国	**41777.7**	**1798.0**	**12.2**	**80.9**	**107.4**	**77712.4**	**4908.2**
北 京	16347.5					33013.6	3924.6
天 津	293.6					222.3	2.5
河 北	199.9					764.6	41.6
山 西	339.5					2237.0	
内蒙古	39.9					18.4	
辽 宁	471.6	20.0				3702.5	
吉 林	618.3		6.0	6.0	6.0	1153.0	
黑龙江	574.5	14.0	2.0		2.0	324.0	
上 海	3007.1					5813.0	502.7
江 苏	1687.0					770.3	60.7
浙 江	1534.1					3311.9	1.2
安 徽	3585.5					578.5	23.2
福 建	94.2	10.0				517.8	
江 西	1.1	2.0	3.0	3.1		27.0	
山 东	4407.3					6873.1	
河 南	1237.4					4235.7	
湖 北	1062.3					4744.9	
湖 南	308.2	10.0				1179.4	
广 东	2110.5	1162.0				1022.8	233.9
广 西	31.1					233.6	
海 南	3.3					10.0	4.6
重 庆	272.7					659.0	
四 川	264.9					330.3	22.9
贵 州	409.4					62.7	0.3
云 南	166.3					575.5	
西 藏							
陕 西	739.5					1655.4	
甘 肃	248.5					453.5	
青 海							
宁 夏	9.4					45.0	
新 疆	1543.2	580.0	1.2	71.8	99.4	3177.6	90.0

单位：万元

事业单位会计制度财务指标				执行民间非营利组织单位会计制度财务指标				
本年收入合计	本年支出合计	收支结余	行政事业单位增加值	固定资产原价	上年结余	本年收入合计	本年费用合计	民间非营利组织单位增加值
76583.7	**77424.4**	**4816.3**	**41179.9**	**4134.4**	**44.5**	**1639.5**	**1706.7**	**490.4**
30442.4	31723.6	1412.6	16347.5					
348.1	336.4	-9.0	293.6					
246.1	250.5	35.5	199.9					
276.0	276.0		339.5					
111.9	111.9		39.9					
1448.0	1461.7	1.5	471.6	650.0		60.0	60.0	
781.3	780.8		612.3					
1030.4	1087.3	68.3	572.5	12.0		12.5	0.6	
6815.5	6367.4	412.8	2844.1			356.8	383.1	163.0
2526.9	2382.0	217.6	1662.0	120.0		40.0	40.0	25.0
2586.9	2144.3	540.6	1534.1					
4283.5	5884.4	13.2	3585.5	129.0		16.0		
94.0	97.1		94.2					
53.2	53.0		1.1					
6542.3	6542.3		4407.3					
3725.0	1700.1	2024.9	1237.4	30.0		20.0	20.0	
1568.9	1568.9	0.8	1062.3	1638.0		781.0	781.0	
595.2	580.1		308.2			4.0		
9232.1	9200.2	91.6	2109.7	916.0		1.0	2.0	0.8
43.0	43.0		31.1	22.6				
50.0	50.0	2.9	3.3					
293.8	293.8		272.7	1.0		5.0		
416.3	451.5		264.9	1.0		46.6		
	218.1		107.8	614.8	44.5	282.6	420.0	301.6
187.6	187.6		166.3			14.0		
436.9	1107.4	3.0	739.5					
666.8	606.8		248.5					
7.6	7.6		9.4					
1774.0	1910.6		1443.8					

C－2－59 在民政部门登记的

地 区	单位数	年末职工人数	#女性	受教育程度情况	
				大学专科人数	大学本科及以上人数
全 国	**21853**	**107268**	**48918**	**29249**	**10360**
北 京					
天 津	426	1748	1111	581	212
河 北	944	3911	2560	1663	248
山 西	138	414	208	108	17
内蒙古	181	695	308	241	43
辽 宁	767	2686	1621	630	264
吉 林	222	947	541	186	71
黑龙江	1285	6519	2794	2213	984
上 海	706	8541	5418	343	114
江 苏	2425	12453	4714	3187	1111
浙 江	860	3957	2091	1627	813
安 徽	575	2511	934	458	187
福 建	219	1375	578	363	55
江 西	1295	6530	3650	898	190
山 东	3298	15697	4867	5122	2643
河 南	557	2554	1088	745	227
湖 北	1776	5559	3016	2027	545
湖 南	1455	7863	3044	3113	843
广 东	643	3400	1381	927	359
广 西	26	540	457	15	2
海 南	67				
重 庆	423	1809	626	249	69
四 川	829	3979	1484	445	168
贵 州	260	1667	793	247	175
云 南	176	970	460	298	16
西 藏	29	70	36		
陕 西	609	2149	622	482	44
甘 肃	506	1701	821	651	389
青 海	150	666	306	229	31
宁 夏	307	1568	1118	280	79
新 疆	699	4789	2271	1921	461

社区服务机构

单位：个、人

职业资格水平		年龄结构			
助理社会工作师人数	社会工作师人数	35岁及以下人数	36岁至45岁人数	46岁至55岁人数	56岁及以上人数
1035	**589**	**37446**	**46468**	**19573**	**3781**
29	16	339	943	352	114
75	27	2190	1189	386	146
		162	191	49	12
		326	297	70	2
53	8	1217	1030	420	19
9	2	169	640	117	21
113	21	2442	2997	948	132
59	56	890	4935	2185	531
149	77	4301	4937	2797	418
206	39	1544	1509	809	95
47	13	969	1146	384	12
3	25	554	614	178	29
34	14	2497	2738	1113	182
16	188	6819	6279	1891	708
16	32	1185	979	301	89
48	6	1820	2811	853	75
82	29	2658	2838	2102	265
34	3	1067	1190	947	196
		297	136	107	
26	2	345	914	464	86
6	11	1071	1973	752	183
		799	611	194	63
2		240	563	132	35
		53	17		
		505	754	640	250
8	3	703	743	170	85
10	3	127	510	16	13
1	2	613	751	195	9
9	12	1544	2233	1001	11

C-2-59续表1

地　区	机构数	农村机构数	提供便民办事	提供活动场所
全　国	**21853**	**3578**	**14650**	**8473**
北　京				
天　津	426	117	329	175
河　北	944	59	696	311
山　西	138		70	44
内蒙古	181		65	91
辽　宁	767	10	599	463
吉　林	222	47	133	80
黑龙江	1285	35	914	283
上　海	706	10	486	577
江　苏	2425	962	1812	1334
浙　江	860	55	689	192
安　徽	575	50	342	157
福　建	219	23	159	69
江　西	1295	50	695	554
山　东	3298	1662	2409	1558
河　南	557	6	271	184
湖　北	1776	44	1123	304
湖　南	1455	83	910	314
广　东	643	4	427	211
广　西	26	2	13	16
海　南	67		18	49
重　庆	423	55	242	279
四　川	829	70	734	118
贵　州	260	53	188	66
云　南	176	19	157	16
西　藏	29		12	17
陕　西	609	145	347	219
甘　肃	506	15	235	221
青　海	150		18	131
宁　夏	307	2	148	109
新　疆	699		409	331

单位:个、张

提供养老服务	提供便民信息	床位数合计	日间照料床位数	住宿收养床位数
2837	**5405**	**40287**	**31561**	**8726**
36	129	1840	1517	323
112	110	1310	451	859
4	28	107	101	6
3	43	588	518	70
57	343	808	734	74
31	32	1421	1290	131
41	124	601	569	32
26	383	1441	638	803
945	1091	6019	5500	519
154	338	553	499	54
56	111	1059	1059	
32	45	606	606	
171	219	1128	1123	5
343	1277	11077	8317	2760
42	110	341	341	
353	262	1299	1299	
249	153	2434	1700	734
	59			
10	13	69	67	2
16	145	315	275	40
9	83	1795	1102	693
	7	516	349	167
1	38	228	210	18
1	42	530	390	140
29	22	2493	1526	967
	1	457	457	
106	74	768	752	16
10	123	484	171	313

C-2-59续表2

地 区	年末收养人数合计	日间照料人数	住宿收养人数	社区从业人员
全 国	**12352**	**10154**	**2198**	**332824**
北 京				
天 津	1456	1211	245	168024
河 北	72	45	27	1247
山 西	4	4		434
内蒙古	8	6	2	1402
辽 宁	42	42		2715
吉 林	15	15		18
黑龙江				1501
上 海	900	380	520	3827
江 苏	3445	3226	219	15849
浙 江	201	151	50	10712
安 徽	995	995		1078
福 建	6	6		527
江 西	590	590		16673
山 东	1016	936	80	20356
河 南	48	48		675
湖 北				15506
湖 南	1078	1050	28	11696
广 东				33742
广 西	10	10		
海 南				
重 庆	180	165	15	2763
四 川	118	38	80	635
贵 州	63	42	21	8074
云 南	125	120	5	171
西 藏				
陕 西	295	195	100	728
甘 肃	1210	433	777	2889
青 海				279
宁 夏	385	385		5409
新 疆	90	61	29	5894

单位:人、个、平方米

社区志愿者服务组织数	其他社区服务机构	#农村其他社区服务机构	城镇便民、利民服务网点数	机构建筑面积
75555	**26299**	**3160**	**168839**	**5747209**
2346	646	39	8455	150456
239	2086		2037	142548
66	88		77	20728
7	27		65	36500
1021	448		9365	139931
			717	50283
585	77	3	5344	377529
27513	321		11023	174745
6258	2146	371	37715	764320
1387	3133	188	11704	423951
73	78		3188	128608
35	38		67	57714
1126	1711		3555	252404
6032	4583	1135	17046	992537
189	1585	35	1629	153906
2208	2664	76	4314	407058
1956	1991	21	13050	370709
114	1226	182	2046	125618
	14		4	3502
				11970
21973	770	65	1048	176229
299	160		754	152836
1635	1502	446	21440	51178
	3		81	52938
				4473
24	29	18	405	141753
	73	23	1042	149285
				29915
151	758	557	10406	62845
318	142	1	2262	140740

C-2-59续表3

地　区	增加值合计	执行企业会计制度单位财务指标					执行行政	
		固定资产原价	营业收入	费用合计	营业利润	企业单位增加值	固定资产原价	上年结转和结余
全　国	**98464.6**	**3745.6**	**799.0**	**2286.2**	**21.5**	**1282.7**	**90873.4**	**1849.9**
北　京								
天　津	3129.9						5161.2	53.0
河　北	5610.9	578.4	225.4	109.2		166.4	9404.3	
山　西	11.1	1.0					275.6	
内蒙古	271.0						990.5	
辽　宁	1687.3	124.1	3.0				2219.9	
吉　林	325.4		4.2	1.3		4.2	62.0	
黑龙江	2601.0	102.7	13.0	1719.0		829.2	1665.7	
上　海	5240.2						966.5	10.9
江　苏	9981.6	120.0					6901.8	2.0
浙　江	11521.7		5.0				177.4	34.9
安　徽	2981.1	170.0				1.0	9675.7	
福　建	352.0	1.0	5.6	7.4	2.3	12.6	336.5	
江　西	1327.5	510.0	43.0	13.6		0.6	3563.3	3.0
山　东	22838.6							
河　南	1472.4	20.0	101.3	71.5	9.5	39.8	867.8	
湖　北	5124.9	380.0	214.0	338.5	9.7	89.0	6857.9	20.0
湖　南	6143.0	65.0	50.0	1.0			3963.6	1304.4
广　东	2575.0	150.4	2.8			0.8	757.0	
广　西	16.8						169.6	210.0
海　南								
重　庆	814.0	400.0					2014.7	
四　川	6846.6	52.0	110.0			15.0	471.4	1.2
贵　州	688.5	31.0	21.7	9.7		12.1	435.1	134.5
云　南	240.5						646.0	
西　藏	508.1						12702.1	
陕　西	1378.6						10523.9	
甘　肃	742.8	7.0					622.3	2.0
青　海	344.9						22.0	
宁　夏	704.1	15.0					3151.5	
新　疆	3097.3	1018.0		15.0		112.0	6268.1	74.0

单位：万元

事业单位会计制度财务指标				执行民间非营利组织单位会计制度财务指标				
本年收入合计	本年支出合计	收支结余	行政事业单位增加值	固定资产原价	上年结余	本年收入合计	本年费用合计	民间非营利组织单位增加值
96962.6	**97906.4**	**1088.1**	**53084.5**	**128628.2**	**1626.8**	**84582.1**	**78692.4**	**44097.4**
2851.3	2643.6		2802.9	1007.6	100.0	589.0	553.4	327.0
5320.7	5931.4		5382.7	3964.8	-62.5	167.7	186.7	61.8
359.2	359.2		11.1	164.0		1.0		
414.9	414.9		259.5	152.0		14.0	14.0	11.5
1383.6	1398.6		686.7	40.0		1657.3	1756.9	1000.6
209.3	243.5		115.6	5.0		550.4	615.3	205.6
1673.1	2333.0		1608.5	512.5		686.7	364.4	163.3
6666.8	5909.7	500.6	1941.0	452.3	138.5	10666.5	8128.9	3299.2
9832.1	9811.4		4984.8	23766.8		12938.1	12370.9	4996.8
30082.0	30011.8	498.3	10326.5	1699.1		4162.5	4938.0	1195.2
3315.6	3315.0		2877.4	2171.8		544.0	371.9	102.7
372.6	328.0	1.6	130.1	893.0	11.0	655.1	600.5	209.3
1959.1	1689.2		796.1	917.8		2009.2	1876.5	530.8
				53766.5	50.0	33344.7	33230.7	22838.6
1346.4	1445.9		799.5	4139.6		279.6	772.1	633.1
7690.9	7675.5		4716.0	4751.5		1676.3	1467.3	319.9
12247.5	11879.2	0.3	5594.0	1676.5		4680.5	4347.3	549.0
870.1	3134.6	41.6	2574.2	6144.2	-30.0	10.8	43.5	
220.0	10.0		16.8	103.0		10.0	8.0	
716.9	705.9		644.0	9407.4		1909.4	1193.4	170.0
775.0	777.5		498.2	1815.9	1400.0	5095.2	4182.3	6333.4
710.6	683.2	38.3	460.9	2052.0	3.8	1255.6	327.0	215.5
195.9	311.2	6.4	237.2	1437.5		387.3	3.3	3.3
			508.1					
1387.4	1383.4		1374.2	1227.0		66.0	66.0	4.4
663.4	614.3	1.0	428.1	769.7		508.3	483.2	314.7
5.5	5.5		2.9	3262.4		401.7	391.5	342.0
608.8	603.8		485.4	867.3	16.0	314.2	348.4	218.7
5083.9	4287.1		2934.3	1461.0		1.0	51.0	51.0

C-2-60 未登记的

地 区	单位数	年末职工人数	#女性	受教育程度情况	
				大学专科人数	大学本科及以上人数
全 国	**46487**	**211844**	**99128**	**55202**	**22978**
北 京	5214	24213	11656	6181	4338
天 津	269	1261	927	148	96
河 北	564	2413	1484	394	113
山 西	1211	3175	1535	755	325
内蒙古	1118	5908	3468	1781	808
辽 宁	1685	13138	7882	2812	1664
吉 林	182	967	567	583	32
黑龙江	445	2117	1247	977	362
上 海	1962	9348	4457	1738	800
江 苏	6437	31212	12799	7158	2785
浙 江	4161	18687	8126	4803	1982
安 徽	1541	8540	3890	2218	785
福 建	1231	4761	2381	543	142
江 西	133	354	176	129	11
山 东	5948	29056	13597	10196	3291
河 南	457	2212	1028	602	82
湖 北	990	3436	1338	1003	334
湖 南	778	3140	1748	735	124
广 东	3778	13780	4507	1911	801
广 西	609	1778	1210	455	224
海 南					
重 庆	1685	7217	3276	2611	1072
四 川	1562	6639	3277	1540	847
贵 州	119	302	128	124	18
云 南	355	1538	535	514	57
西 藏					
陕 西	1782	8581	4287	2794	506
甘 肃	1443	4272	1706	1431	625
青 海					
宁 夏	84	566	515	30	5
新 疆	744	3233	1381	1036	749

社区服务机构

单位：个、人

职业资格水平		年龄结构			
助理社会工作师人数	社会工作师人数	35岁及以下人数	36岁至45岁人数	46岁至55岁人数	56岁及以上人数
3974	**1036**	**69265**	**84797**	**46331**	**11451**
1132	177	6902	8582	6902	1827
24	6	312	362	307	280
1		1163	908	315	27
	2	1137	1239	633	166
83	8	2217	2998	665	28
43	40	4331	5595	2741	471
		288	573	84	22
29	10	1009	963	122	23
318	104	1421	3564	3237	1126
830	168	7472	12899	8535	2306
462	215	6269	7310	4267	841
173	35	3393	3820	1166	161
39	18	1525	2001	971	264
44	4	158	169	19	8
72	75	10949	11343	5109	1655
24	8	825	916	359	112
28	5	1034	1376	923	103
84	37	794	1819	498	29
391	65	5817	5197	2305	461
27	12	531	633	559	55
38	9	2758	2841	1382	236
64	32	2932	2487	1024	196
		88	167	45	2
		504	637	309	88
55	2	2508	3388	2271	414
1	3	1427	1562	971	312
		38	516	12	
12	1	1463	932	600	238

C-2-60续表1

地 区	机构数	农村机构数	提供便民办事	提供活动场所
全 国	**46487**	**7837**	**32934**	**18198**
北 京	5214	1446	4544	2668
天 津	269		180	133
河 北	564	1	345	57
山 西	1211	16	933	173
内蒙古	1118	11	584	498
辽 宁	1685	15	1504	250
吉 林	182	5	31	109
黑龙江	445	33	296	129
上 海	1962	222	1494	1150
江 苏	6437	2026	4582	2184
浙 江	4161	1535	3554	2192
安 徽	1541	40	1309	274
福 建	1231	17	557	414
江 西	133	1	87	80
山 东	5948	1385	3939	2417
河 南	457	10	247	184
湖 北	990	44	492	454
湖 南	778	12	300	177
广 东	3778	411	2812	1707
广 西	609	3	167	167
海 南				
重 庆	1685	128	1065	1085
四 川	1562	340	1413	348
贵 州	119	6	105	13
云 南	355	21	235	84
西 藏				
陕 西	1782	71	922	655
甘 肃	1443	31	696	258
青 海				
宁 夏	84	3	36	7
新 疆	744	4	505	331

单位：个、张

提供养老服务	提供便民信息	床位数合计	日间照料床位数	住宿收养床位数
9447	**15350**	**58325**	**51577**	**6748**
727	2748	1739	1708	31
156	123	348	348	
175	56	96	96	
83	130	497	494	3
41	107	1049	1008	41
168	278	426	412	14
11	70	561	561	
15	35	104	74	30
9	818	2934	1080	1854
2419	2096	19590	18742	848
1149	2242	4890	4685	205
172	275	609	376	233
313	107	482	325	157
7	47	127	127	
2679	2301	12722	11957	765
29	81	431	202	229
215	153	605	458	147
255	123	2088	1693	395
40	1202	357	172	185
96	426	276	231	45
393	901	1915	1640	275
5	340	1315	811	504
	1			
28	40	1187	1142	45
60	145	1157	850	307
103	447	2356	1921	435
48	8	102	102	
51	50	362	362	

C-2-60续表2

地区	年末收养人数合计	日间照料人数	住宿收养人数	社区从业人员
全国	**20235**	**17593**	**2642**	**613969**
北京	1406	1406		11429
天津	160	160		2417
河北	84	84		834
山西	23	22	1	4837
内蒙古	290	264	26	40174
辽宁	174	160	14	231029
吉林	71	71		35
黑龙江				16330
上海	2363	877	1486	56392
江苏	5335	5149	186	31037
浙江	1413	1210	203	50367
安徽	244	173	71	9250
福建	217	217		3286
江西	50	50		1813
山东	5814	5754	60	70654
河南	191	42	149	377
湖北	88	33	55	9121
湖南	549	327	222	2501
广东	59	45	14	2973
广西	9	8	1	23359
海南				
重庆	765	705	60	18513
四川				10873
贵州				4796
云南	14	14		565
西藏				
陕西	146	146		5404
甘肃	768	674	94	1183
青海				
宁夏	2	2		
新疆				4420

单位：人、个、平方米

社区志愿者服务组织数	其他社区服务机构	#农村其他社区服务机构	城镇便民、利民服务网点数	机构建筑面积
68251	**59483**	**3399**	**257477**	**12357203**
1145	3831	779	6503	915648
1517	106		4549	38304
516	1048		179	86973
1278	297		6026	165138
1739	652	32	13667	245047
791	403		4185	351673
21	28	14	225	33905
431	264		4005	66909
5438	310		1214	526881
16301	4830	440	39109	3466125
15226	10467	576	59821	1706708
755	1515	17	4712	339291
708	275	3	4249	191108
307	34		34	17940
9234	8151	119	31508	1162558
72	303	47	392	87259
1524	1921	2	1868	272683
415	3172	21	9472	217030
39	14562	548	1780	522864
2064	608		2612	304278
5037	919	48	8355	515487
1185	1122	14	30499	256773
304	4115	700	4201	87632
70	9		57	75403
660	206		2757	357599
1289	237	34	9733	222250
			4799	15992
185	98	5	966	107745

C-2-60续表3

地　区	增加值合计	执行企业会计制度单位财务指标					执行行政	
		固定资产原价	营业收入	费用合计	营业利润	企业单位增加值	固定资产原价	上年结转和结余
全　国	**331757.2**	**386161.3**	**190899.5**	**69426.9**	**-792.7**	**18056.9**	**422074.7**	**44052.9**
北　京	111525.3	309262.1	97333.5	34602.9	-847.1	16698.7	102010.8	19741.9
天　津	1214.5						12.0	
河　北	65.7	9.0					1070.8	
山　西	532.5	60.0	50.0	60.0	5.0	50.2	855.8	2.0
内蒙古	2839.1	619.5	296.0	203.0		6.3	4603.3	
辽　宁	5269.8	50.2					4099.3	
吉　林	77.4		3.0	3.0			4.0	
黑龙江	1283.6	5.0		2.1			5333.1	0.3
上　海	1931.8	1.0					2924.7	204.2
江　苏	62702.9	164.0					124304.0	1988.2
浙　江	52570.8	1587.0	255.9	279.7	49.4	248.0	82559.7	21450.4
安　徽	5261.5	56.5	4.0				17246.8	22.0
福　建	835.8	18.0	345.0	360.0			504.0	
江　西	156.5	3642.0					181.6	
山　东	53785.4						918.0	
河　南	345.9	35.0	91860.0	32105.0			256.1	
湖　北	3480.1						3092.9	
湖　南	2360.7					114.4	1434.0	1.2
广　东	11999.5	43667.8	628.7	1686.9		854.6	7862.6	398.4
广　西	217.9	185.3					2795.2	7.0
海　南								
重　庆	6769.4	24997.7	11.0	11.0			24002.7	10.3
四　川	3131.8	66.0	85.4	59.3		47.7	3042.7	
贵　州	82.7							
云　南	600.6						4707.8	165.0
西　藏								
陕　西	3840.9						22658.6	39.0
甘　肃	139.4	20.2					222.1	
青　海								
宁　夏	32.5	624.0					346.0	
新　疆	1674.9	1091.0	27.0	54.0		37.0	5026.1	23.0

单位：万元

事业单位会计制度财务指标				执行民间非营利组织单位会计制度财务指标				
本年收入合计	本年支出合计	收支结余	行政事业单位增加值	固定资产原价	上年结余	本年收入合计	本年费用合计	民间非营利组织单位增加值
375013.4	**397607.5**	**34211.6**	**241059.8**	**164504.5**	**216.5**	**137682.8**	**129825.4**	**72640.5**
118107.4	158183.5	8435.4	94826.6					
12.0	12.0		12.5	1192.4		2025.0	1980.1	1202.0
417.9	416.9	8.0	56.7	45.0		310.0	36.0	9.0
331.4	333.4		235.3	830.5	1.0	1599.5	1775.5	247.0
3328.2	3329.2		2588.9	2087.0		730.0	728.0	243.9
5598.5	6019.1		5046.2	1727.2		597.4	813.9	223.6
246.2	246.2		62.4	104.0		165.4	142.0	15.0
923.3	1205.5	2.0	1234.6	97.4		525.7	82.4	49.0
9802.0	10357.8	89.0	1426.7	2173.0		8112.8	8912.7	505.1
89005.8	80009.3	445.3	55872.1	27697.9	42.4	22421.0	20322.3	6830.8
67104.3	60512.4	23287.5	45646.3	13813.1		14058.9	13271.2	6676.5
5959.7	6075.4		4418.5	5381.0	69.0	2465.6	2003.9	843.0
919.4	899.4		359.9	8589.9		4294.1	2599.9	475.9
161.0	164.6		133.5	159.0		129.6	128.9	23.0
3168.0	3168.0		1162.9	71006.3	12.0	67203.8	68898.6	52622.5
698.6	678.6		261.8	594.9		328.7	260.2	84.1
4938.2	4351.6	178.7	3264.1	101.8		369.4	369.4	216.0
3234.9	3165.5		2091.4	244.0		958.1	990.0	154.9
38882.7	36276.1	1695.0	10291.1	5793.5		4741.3	3566.4	853.8
469.8	466.8		217.9	1243.9		27.5	26.6	
9363.6	9361.4	3.2	6692.8	13759.2		1356.9	1322.7	76.6
3198.1	3368.4	16.3	1996.8	4303.8	88.0	2026.9	1253.3	1087.3
71.7	60.7		29.7	780.8	1.1	122.0	87.0	53.0
434.7	478.9		600.6	430.5	3.0	4.0	2.0	
6682.3	6417.3	18.0	3831.9			10.0	9.0	9.0
292.3	286.9	1.0	105.9	1432.4		1475.2	154.4	33.5
18.7	18.7		32.5	817.0		47.0		
1642.7	1743.9	32.2	1531.9	99.0		1577.0	89.0	106.0

C-2-61 社区服

地 区	单位数	年末职工人数		受教育程度情况	
			#女性	大学专科人数	大学本科及以上人数
全 国	**14391**	**95985**	**45576**	**27115**	**12751**
北 京	180	3109	1739	663	889
天 津	149	1092	746	332	163
河 北	284	1723	958	515	90
山 西	262	1332	679	350	87
内蒙古	812	4506	2725	1424	359
辽 宁	538	3635	2426	1126	661
吉 林	285	1685	904	742	121
黑龙江	502	4082	1804	1826	733
上 海	194	5483	2975	1294	846
江 苏	1601	11446	4771	3126	1389
浙 江	1187	8255	3658	2314	969
安 徽	603	4420	1887	1108	553
福 建	351	1593	772	186	58
江 西	367	2240	978	351	121
山 东	941	7399	3185	2817	2093
河 南	467	2624	1170	812	278
湖 北	559	2872	1409	770	217
湖 南	475	3237	1491	977	312
广 东	1552	7746	3282	1763	865
广 西	107	807	555	70	19
海 南	1	5	2	2	3
重 庆	300	1883	828	478	215
四 川	720	3284	1502	788	420
贵 州	196	1291	632	354	239
云 南	75	518	183	153	77
西 藏	28	62	30		
陕 西	490	2447	811	595	169
甘 肃	378	1521	672	532	270
青 海	112	611	298	196	31
宁 夏	72	764	594	111	33
新 疆	603	4313	1910	1340	471

务中心

单位:个、人

职业资格水平		年龄结构			
助理社会工作师人数	社会工作师人数	35岁及以下人数	36岁至45岁人数	46岁至55岁人数	56岁及以上人数
1312	**572**	**34520**	**39872**	**17919**	**3674**
50	32	867	1096	997	149
21	11	213	630	185	64
4		809	681	204	29
	2	606	521	176	29
83	8	1904	2017	554	31
33	9	1717	1248	609	61
26	5	396	1097	154	38
55	16	1480	1711	832	59
98	105	1728	2222	1083	450
264	126	3555	4263	2733	895
154	68	2999	3533	1495	228
163	25	1689	1961	704	66
20	3	545	709	264	75
21	7	859	936	425	20
11	9	3443	2886	877	193
27	36	1196	1083	304	41
39	9	1153	1152	515	52
19	8	1017	1510	601	109
112	34	2480	3009	1862	395
		377	273	150	7
			5		
5	4	467	900	465	51
25	20	1432	1294	446	112
10	6	505	510	207	69
3	2	151	262	96	9
		45	17		
23	1	680	827	657	283
17	7	578	567	262	114
10	3	111	474	13	13
1	1	200	498	62	4
18	15	1318	1980	987	28

C-2-61续表1

地　区	机构数	农村机构数	提供便民办事	提供活动场所
全　国	**14391**	**2155**	**10146**	**5408**
北　京	180	10	116	112
天　津	149	29	115	50
河　北	284	1	199	59
山　西	262	11	195	60
内蒙古	812	11	404	422
辽　宁	538	4	440	124
吉　林	285	38	135	106
黑龙江	502	55	362	111
上　海	194	11	174	75
江　苏	1601	825	1444	617
浙　江	1187	268	1076	438
安　徽	603	47	446	204
福　建	351	7	134	161
江　西	367	28	212	166
山　东	941	252	689	444
河　南	467	16	226	182
湖　北	559	59	419	127
湖　南	475	48	343	117
广　东	1552	117	1106	607
广　西	107	5	40	72
海　南	1		1	
重　庆	300	36	184	214
四　川	720	103	633	131
贵　州	196	16	131	70
云　南	75	14	45	34
西　藏	28		12	16
陕　西	490	119	299	125
甘　肃	378	22	184	130
青　海	112		18	93
宁　夏	72	1	45	24
新　疆	603	2	319	317

单位:个、张

提供养老服务	提供便民信息	床位数合计	日间照料床位数	住宿收养床位数
1208	**3133**	**43283**	**33684**	**9599**
36	82	2962	2635	327
25	34	1621	1337	284
24	35	1505	486	1019
18	83	724	724	
28	86	1341	1311	30
24	87	554	540	14
31	91	2611	2481	130
27	60	271	199	72
16	94	3352	1478	1874
230	448	7206	6275	931
161	436	2909	2304	605
91	235	1486	1328	158
72	18	269	177	92
24	40	608	603	5
161	323	4949	4220	729
26	106	536	307	229
48	85	855	745	110
38	58	1340	886	454
6	269	117	66	51
16	45	195	155	40
23	104	717	597	120
13	108	1510	878	632
	8	475	339	136
10	13	478	426	52
24	42	1108	753	355
20	57	2472	1645	827
	1	347	347	
4	4	81	81	
12	81	684	361	323

C-2-61续表2

地 区	年末收养人数合计	日间照料人数	住宿收养人数	社区从业人员
全 国	**13933**	**10060**	**3873**	**589811**
北 京	932	852	80	9506
天 津	1442	1197	245	167984
河 北	262	61	201	994
山 西	26	26		4825
内蒙古	179	177	2	37042
辽 宁	182	168	14	48707
吉 林	71	71		45
黑龙江				52
上 海	2541	1155	1386	53739
江 苏	1409	1362	47	8390
浙 江	863	581	282	49698
安 徽	1091	1091		2709
福 建	47	47		3255
江 西	325	325		11512
山 东	1021	861	160	28646
河 南	239	90	149	465
湖 北	121	100	21	27174
湖 南	308	222	86	9402
广 东	29	22	7	65433
广 西	6	6		48
海 南				
重 庆	442	386	56	21214
四 川	292	212	80	10272
贵 州	84	59	25	8976
云 南	49		49	235
西 藏				
陕 西	591	381	210	974
甘 肃	1309	565	744	3521
青 海				279
宁 夏				431
新 疆	72	43	29	14283

单位：人、个、平方米

社区志愿者服务组织数	其他社区服务机构		城镇便民、利民服务网点数	机构建筑面积
		#农村其他社区服务机构		
105688	**89805**	**7018**	**264678**	**6528418**
6899	3928	779	5849	316482
2832	785	39	9008	93536
557	4651	272	2167	75967
1588	485		4304	50529
1693	679	32	13994	199673
1210	853		10223	185422
21	28	14	898	68429
133	361	3	4875	157765
33039	635	2	14493	131606
2530	6978	811	17112	1076233
13255	13703	764	60852	977596
202	1753	17	3201	187973
742	331	3	2782	70766
859	1759		2142	115300
5863	12739	1254	16521	784570
215	2060	82	1991	172501
4396	5141	88	7229	336198
866	5453	42	8946	227000
694	15931	730	3090	325979
10	622		24	43580
				100
22794	1689	113	3605	167691
1486	1332	15	30889	173698
3126	6194	1298	17481	46548
	12		33	20798
				4373
141	236	18	868	179662
44	367	79	6843	141727
				23115
19	758	557	12839	15216
474	342	6	2419	158385

C−2−61续表3

地区	增加值合计	执行企业会计制度单位财务指标					执行行政	
		固定资产原价	营业收入	费用合计	营业利润	企业单位增加值	固定资产原价	上年结转和结余
全 国	**140834.4**	**21103.5**	**25813.6**	**17816.1**	**161.6**	**2759.4**	**231231.9**	**14761.1**
北 京	16183.9						32999.7	3921.6
天 津	1844.5						2976.5	16.5
河 北	1891.5	578.4	266.4	152.0	-3.3	165.3	5189.5	41.6
山 西	696.7	2.0	50.0	60.0	5.0	40.0	2953.8	1.0
内蒙古	1353.0	579.8	252.0	221.2		5.5	2988.7	
辽 宁	2481.0	114.2					7045.4	
吉 林	902.9		13.2	10.3		16.2	1207.0	
黑龙江	2690.1	32.5	15.0	1721.1		831.2	5986.2	
上 海	6696.7	1.0					7911.9	697.2
江 苏	15612.9	100.0	12.0	11.9	0.4	35.7	22460.0	380.7
浙 江	27974.4	1580.0	233.0	253.9	49.4	210.8	35903.6	7213.5
安 徽	7043.1	511.5	239.4	68.3		69.7	11660.7	45.2
福 建	297.6	39.0	108.6	123.5	15.3	44.6	527.8	
江 西	722.3	437.0	38.0	9.1			2883.9	3.0
山 东	17768.4						6873.1	
河 南	2439.0	20.0	22961.3	12626.5	9.5	39.8	4531.3	
湖 北	2883.7	1472.0	715.0	685.5	43.7	233.1	7694.8	
湖 南	3994.2	10.0		1.0			4065.0	1304.9
广 东	13871.8	11367.1	624.5	1683.9		729.4	6160.3	627.1
广 西	126.0	163.0					1466.5	217.0
海 南	3.3						10.0	4.6
重 庆	2788.8	2195.0	11.0	11.0			10378.0	10.3
四 川	2801.7	101.0	186.4	51.7	1.6	40.9	2793.5	24.1
贵 州	1209.9	61.0	53.2	15.3	40.0	108.4	482.8	134.8
云 南	338.9						970.0	
西 藏	494.1						12352.1	
陕 西	2353.8						17741.9	
甘 肃	463.0	73.0	7.0	5.0			539.7	2.0
青 海	344.9						22.0	
宁 夏	387.6	344.0					1207.5	
新 疆	4171.6	1322.0	27.6	104.9		188.7	11248.7	116.0

单位：万元

事业单位会计制度财务指标				执行民间非营利组织单位会计制度财务指标				
本年收入合计	本年支出合计	收支结余	行政事业单位增加值	固定资产原价	上年结余	本年收入合计	本年费用合计	民间非营利组织单位增加值
189357.6	**184746.8**	**17033.1**	**109795.0**	**114000.6**	**256.1**	**66881.1**	**55016.3**	**28280.0**
30445.5	31563.7	1406.6	16183.9					
1567.2	1472.8	-9.0	1502.4	751.7	100.0	594.1	559.6	342.1
2281.8	2284.7	43.5	1658.4	3842.8	-62.5	121.7	191.7	67.8
696.4	695.4		423.7	523.0		680.0	675.0	233.0
1934.3	1935.3		1269.8	2127.0		478.8	476.8	77.7
2706.2	2948.9	1.5	1398.0	792.0		2187.7	2314.8	1083.0
1183.8	1193.5		740.8	5.0		383.8	459.3	145.9
2412.8	2447.6	70.3	1723.3	103.0		340.0	302.4	135.6
19438.9	18851.8	1002.4	5967.4	653.6	40.6	14816.5	5603.5	729.3
20597.0	20028.0	239.1	11883.4	14529.9	-22.6	8737.6	8733.2	3693.8
32925.2	27856.1	10686.9	24075.7	12735.1		8908.8	8200.6	3687.9
7918.0	9449.7	13.2	6551.9	1921.5	69.0	990.1	901.7	421.5
572.7	531.2	1.6	186.2	200.6	11.0	796.6	770.5	66.8
1409.8	1227.7		630.5	402.4		665.7	598.6	91.8
6542.3	6542.3		4407.3	39447.7		14561.1	14633.1	13361.1
4629.4	2604.0	2024.9	1754.1	4418.0		428.3	920.3	645.1
4451.1	4435.7	0.8	2571.6	2300.0		1062.0	902.0	79.0
8753.3	8341.1		3800.8	515.5		1240.3	902.2	193.4
20801.6	22413.8	1455.8	12297.8	8356.9	-30.0	4575.5	3543.5	844.6
316.1	106.1		126.0	762.1		2.0		
50.0	50.0	2.9	3.3					
4082.3	4073.5	1.8	2735.5	7945.4		1227.2	946.2	53.3
2755.6	2804.4	16.3	1773.2	2453.5	88.0	2248.4	1673.2	987.6
780.3	960.0	38.3	595.8	2894.6	46.6	738.6	669.4	505.7
320.5	383.5		338.9	250.0		41.2		
			494.1					
2375.2	3073.5	3.0	2353.8	286.0		1.0		
618.9	584.9	1.0	196.1	746.6		478.2	406.4	266.9
5.5	5.5		2.9	3195.4		401.7	391.5	342.0
419.6	419.6		319.5	316.3	16.0	84.2	100.8	68.1
6366.3	5462.5	32.2	3825.9	1525.0		90.0	140.0	157.0

C-2-62 社区服

地 区	单位数	年末职工人数	#女性	受教育程度情况	
				大学专科人数	大学本科及以上人数
全 国	**56156**	**240886**	**112385**	**63180**	**24317**
北 京	5231	24267	11679	6195	4347
天 津	550	1949	1312	402	165
河 北	1238	4742	3154	1576	274
山 西	1117	2439	1155	597	293
内蒙古	503	2478	1334	743	510
辽 宁	2081	13265	7780	2933	1386
吉 林	134	397	325	64	13
黑龙江	1322	5376	2612	1673	709
上 海	2679	14188	7993	1267	460
江 苏	7297	32641	13035	7304	2580
浙 江	3861	14551	6647	4176	1866
安 徽	1573	7309	3271	1826	586
福 建	1163	5008	2515	945	229
江 西	1079	4705	2867	682	80
山 东	8463	38773	16017	13076	4542
河 南	577	2467	1069	631	95
湖 北	2328	6979	3416	2446	714
湖 南	1798	7964	3382	2947	698
广 东	3190	11391	3606	1555	639
广 西	531	1521	1118	405	208
海 南	67				
重 庆	1824	7309	3166	2460	974
四 川	1740	7628	3361	1279	619
贵 州	203	903	410	90	22
云 南	497	2450	1039	791	96
西 藏	1	8	6		
陕 西	1921	8499	4185	2772	415
甘 肃	1731	5033	2201	1799	824
青 海	38	55	8	33	
宁 夏	326	1395	1057	201	75
新 疆	1093	5196	2665	2312	898

务站

单位:个、人

职业资格水平		年龄结构			
助理社会工作师人数	社会工作师人数	35岁及以下人数	36岁至45岁人数	46岁至55岁人数	56岁及以上人数
3961	**1177**	**78694**	**98384**	**51596**	**12212**
1132	176	6916	8610	6914	1827
32	11	447	686	484	332
72	27	2619	1465	514	144
	1	774	990	524	151
		809	1434	233	2
80	56	4389	5595	2784	497
		98	223	68	8
93	17	2169	2703	402	102
283	65	1172	7111	4638	1267
732	129	8299	13700	8765	1877
517	189	4876	5350	3607	718
61	25	2955	3300	939	115
77	50	1821	2019	948	220
57	11	1815	2010	710	170
83	259	14946	15294	6289	2244
16	6	991	934	378	164
43	5	2093	3380	1360	146
147	58	2512	3216	2044	192
336	45	5158	4149	1708	376
27	12	453	502	518	48
61	7	2704	2931	1400	274
46	23	2649	3344	1364	271
		536	312	53	2
3		741	1171	410	128
		8			
34	1	2414	3406	2291	388
11	1	1876	1933	934	290
		16	36	3	
	1	472	771	147	5
18	2	1966	1809	1167	254

C-2-62续表1

地　区	机构数	农村机构数	提供便民办事	提供活动场所
全　国	**56156**	**9398**	**38854**	**21951**
北　京	5231	1445	4544	2670
天　津	550	88	398	258
河　北	1238	59	850	310
山　西	1117	5	835	159
内蒙古	503		246	181
辽　宁	2081	21	1776	634
吉　林	134	14	38	87
黑龙江	1322	28	914	326
上　海	2679	230	1883	1658
江　苏	7297	2163	4981	2926
浙　江	3861	1322	3188	1965
安　徽	1573	43	1253	231
福　建	1163	33	644	322
江　西	1079	23	574	470
山　东	8463	2795	5788	3567
河　南	577	3	308	199
湖　北	2328	35	1280	640
湖　南	1798	62	894	379
广　东	3190	316	2389	1425
广　西	531		141	112
海　南	67		18	49
重　庆	1824	148	1139	1156
四　川	1740	309	1545	340
贵　州	203	54	179	22
云　南	497	35	383	94
西　藏	1			1
陕　西	1921	97	981	754
甘　肃	1731	63	807	392
青　海	38			38
宁　夏	326	4	145	93
新　疆	1093	3	733	493

单位:个、张

提供养老服务	提供便民信息	床位数合计	日间照料床位数	住宿收养床位数
11274	**18185**	**66411**	**57855**	**8556**
726	2766	1512	1481	31
167	218	583	544	39
267	132	135	112	23
69	76	81	72	9
16	65	296	215	81
210	535	1070	996	74
14	13	110	105	5
30	105	444	444	
19	1258	1028	244	784
3136	2763	20244	18991	1253
1151	2163	3446	3392	54
145	157	217	142	75
274	135	885	760	125
157	235	691	691	
2899	3288	19744	16721	3023
45	86	250	250	
545	341	1523	1406	117
474	221	3294	2584	710
35	1044	260	126	134
90	395	150	143	7
388	954	1682	1487	195
3	349	2220	1375	845
	2	70	34	36
29	89	1411	1348	63
40	146	809	567	242
142	446	3097	2512	585
		110	110	
150	78	789	773	16
53	125	260	230	30

C-2-62续表2

地区	年末收养人数合计	日间照料人数	住宿收养人数
全国	**21648**	**20060**	**1588**
北京	1406	1406	
天津	190	190	
河北	97	91	6
山西	1		1
内蒙古	119	93	26
辽宁	134	134	
吉林	15	15	
黑龙江			
上海	722	102	620
江苏	7542	7184	358
浙江	842	792	50
安徽	148	77	71
福建	176	176	
江西	315	315	
山东	6131	6071	60
河南			
湖北	88	33	55
湖南	1335	1163	172
广东	30	23	7
广西	13	12	1
海南			
重庆	651	632	19
四川			
贵州			
云南	139	134	5
西藏			
陕西	40	30	10
甘肃	1109	982	127
青海			
宁夏	387	387	
新疆	18	18	

单位:人、个、平方米

社区从业人员	社区志愿者服务组织数	城镇便民、利民服务网点数	机构建筑面积
499561	**52837**	**188190**	**12854757**
11152	1113	6505	921048
2457	1031	4013	98441
1120	198	142	162384
1326	206	2306	140062
4576	63	1300	84414
230116	1046	3457	376562
18		44	20520
17779	883	4493	325362
12278	401	467	638328
38707	20219	62828	3202416
14756	3585	11789	1214203
8273	673	5817	322003
686	42	1840	189084
7032	574	1452	157664
76239	11201	35962	1480878
603	46	201	80376
2589	926	406	490663
4904	1535	14096	382182
2550	24	1779	410489
23311	2054	2592	268916
			11970
17634	4398	6275	536889
1426	135	458	264913
5113	351	9106	97390
626	70	105	122562
			100
5265	557	2326	341854
673	1245	4510	267901
			6800
4978	132	2436	64401
3374	129	1485	173982

C-2-62续表3

地　区	增加值合计	执行企业会计制度单位财务指标					执行行政	
		固定资产原价	营业收入	费用合计	营业利润	企业单位增加值	固定资产原价	上年结转和结余
全　国	**331877.0**	**372652.2**	**166929.8**	**54586.8**	**-847.1**	**17105.7**	**359711.4**	**36049.9**
北　京	111688.9	309262.1	97333.5	34602.9	-847.1	16698.7	102024.7	19744.9
天　津	2793.5						2419.0	39.0
河　北	4028.3	9.0	1.0	0.7		0.2	6156.0	
山　西	187.2	60.0				10.2	435.6	1.0
内蒙古	1811.6	41.7	106.0	13.0		1.3	2648.5	
辽　宁	4948.5	80.1	3.0				2976.3	
吉　林	124.2						12.0	
黑龙江	1777.5	89.2					1346.6	0.3
上　海	3633.2						1792.3	20.6
江　苏	58794.3	184.0	22.0	22.0			109516.1	1670.2
浙　江	37672.8	7.0	66.0	35.0		57.8	50145.4	14273.0
安　徽	4858.4	185.0	4.0				15840.3	
福　建	1016.4	16.0	265.0	280.0			830.5	
江　西	762.8	3717.0	8.0	7.6		0.6	888.0	
山　东	63262.9						918.0	
河　南	640.4	35.0	69000.0	19550.0			941.3	
湖　北	6956.8						7003.9	20.0
湖　南	4822.7	65.0	50.0			114.4	2512.0	0.7
广　东	2817.7	33616.1	7.0	3.0		126.0	3482.1	5.2
广　西	139.8	22.3					1731.9	
海　南								
重　庆	5067.3	23202.7					16298.4	
四　川	7453.1	17.0	53.2	36.7		26.6	1050.9	
贵　州	67.2	20.0	0.5			0.2	15.0	
云　南	668.5						4959.3	165.0
西　藏	14.0						350.0	
陕　西	3605.2						17096.0	39.0
甘　肃	667.7	351.0					758.2	
青　海								
宁　夏	359.1	295.0					2340.0	
新　疆	2153.8	1377.0	10.6	35.9		69.7	3223.1	71.0

单位：万元

事业单位会计制度财务指标				执行民间非营利组织单位会计制度财务指标				
本年收入合计	本年支出合计	收支结余	行政事业单位增加值	固定资产原价	上年结余	本年收入合计	本年费用合计	民间非营利组织单位增加值
359454.7	**388443.1**	**23082.9**	**225648.6**	**184432.7**	**1632.0**	**166442.1**	**155460.3**	**89122.7**
118104.3	158343.4	8441.4	94990.2					
1644.2	1519.2		1606.6	1448.3		2019.9	1973.9	1186.9
3824.9	4436.1		4025.1	167.0		356.0	31.0	3.0
282.2	284.2		163.0	471.5	1.0	920.5	1100.5	14.0
1936.7	1936.7		1632.6	112.0		265.2	265.2	177.7
5724.7	5931.3		4807.1	1625.2		128.8	317.8	141.4
53.0	77.0		49.5	104.0		332.0	298.0	74.7
1224.6	2188.8		1700.8	518.9		884.9	145.0	76.7
3845.4	3783.1		244.4	1971.7	97.9	13629.7	12013.8	3388.8
80767.8	72174.7	423.8	50635.5	37054.8	65.0	26661.5	24000.0	8158.8
66848.0	64812.4	13639.5	33431.2	2777.1		9312.6	10008.6	4183.8
5640.8	5825.1		4329.5	5765.9		2043.7	1482.3	528.9
836.3	816.3		398.0	9282.3		4152.6	2429.9	618.4
763.5	679.1		300.2	674.4		1475.1	1408.8	462.0
3168.0	3168.0		1162.9	85325.1	62.0	85987.4	87496.2	62100.0
1160.8	1240.8		568.3	346.5		200.0	132.0	72.1
9773.9	9187.3	178.7	6487.9	4741.3		1804.7	1755.7	468.9
7332.3	7291.7	0.3	4197.8	1405.0		4402.3	4435.1	510.5
28190.8	26204.6	372.4	2681.7	4496.8		177.6	68.4	10.0
416.7	413.7		139.8	607.4		35.5	34.6	
6292.0	6287.6	1.4	4874.0	15222.2		2044.1	1569.9	193.3
1633.8	1793.0		986.7	3667.2	1400.0	4927.8	3769.9	6439.8
2.0	2.0		2.6	1111.0	3.1	921.6	164.6	64.4
497.7	594.2	6.4	665.2	1618.0	3.0	391.3	5.3	3.3
			14.0					
6131.4	5834.6	18.0	3591.8	941.0		75.0	75.0	13.4
1006.6	926.1	1.0	586.4	1508.1		1527.3	231.2	81.3
				67.0				
218.0	213.0		208.5	1368.0		277.0	247.6	150.6
2134.3	2479.1		2084.1	35.0		1488.0		

C-2-63 自然灾害损失

地 区	人口受灾情况			
	受灾	死亡人口	失踪人口	紧急转移人口
合 计	**43290**	**1014**	**112**	**939.4**
北 京	25.7	8		0.9
天 津	3.6			
河 北	2181.9	14		1
山 西	1273.6	35	1	2.1
内蒙古	692	29		6.1
辽 宁	255.6			19.4
吉 林	201.5	2		1.1
黑龙江	660.6	1	1	13.3
上 海	44.1	5		31.4
江 苏	1907.5	22		8.9
浙 江	784.7	14		80.8
安 徽	2990.3	19		21
福 建	156.1	24		28.9
江 西	1659.3	34		45
山 东	3083.3	12		72.5
河 南	2468	28		8.1
湖 北	2843.3	65	17	47.3
湖 南	4308.7	74	15	65.9
广 东	479.2	31		18.5
广 西	1473.4	55	1	30.9
海 南	516.7	4		61.5
重 庆	1466.8	38	6	40.1
四 川	4652.4	115	50	170.4
贵 州	3479.2	83	16	50.2
云 南	2163.2	114	3	28.7
西 藏	57.3	49		5.2
陕 西	1372.7	86	2	71.2
甘 肃	1452.3	21		1.3
青 海	235.6	6		1.2
宁 夏	181.2	1		
新 疆	220.2	25		6.5

注：死亡人口中含因森林火灾死亡的45人。

情况总表

单位:万人次、人、千公顷、万间、亿元

农作物受灾情况			损失情况		
受灾	成灾	绝收	倒塌房屋	损坏房屋	直接经济损失
32470.5	**12441.3**	**2891.7**	**93.5**	**331.1**	**3096.4**
56.1	18.4	5.1		0.9	14.7
8.1	3.2	0.3			0.9
1383.3	528.1	55.3	0.3	2.2	69.2
1015	544.8	72.4	3.8	11.4	74.2
2036.6	908.7	307.6	1.6	7.1	103.1
450.2	173.1	50.2	0.6	2.7	36.6
616.4	221.7	33	0.1	0.8	41.4
1536.8	682.5	99.6	0.6	6.3	90.3
24.3	9.2	2.7			3.6
1032.1	332.7	37	0.4	2	90.5
431.1	159.3	43.7	1.2	2.7	163.9
1317.2	198.5	38.9	1.4	9.4	115.2
133.1	48.3	4.4	0.3	1.5	15.1
1075.3	426.7	68.5	2.2	9.1	135.7
2117.2	415.6	50.1	2.1	9.3	147.5
1477.6	380.2	27.4	4.6	6.3	62
2580	790.3	143.3	3.7	16.7	216.2
2374.8	955	290.8	5.7	18.7	266.9
501.7	118.3	33.6	0.9	3.5	57.3
1437.9	638.1	61.3	2.9	5.9	76.5
516.6	198	50.8	0.3	3.1	85.8
816	280.5	54	2.2	17.2	71.9
1528.2	720.7	183.8	21.6	75.5	360.4
2570.2	1363.7	552.2	1.3	8.5	249.2
1989.3	773.3	259.6	9	37.6	191.2
17.8	4	0.3	4.2	7.4	16
762.5	292.4	73.6	18.9	39.5	156.3
1266.6	711.7	155.7	0.7	6.3	79
285.5	42.3	14	0.2	1.3	21.5
434.7	154	49.7			16.4
678.3	348	72.8	2.7	18.2	67.9

C-2-64 旱灾

地区	人口受灾情况		
	受灾	紧急转移人口	饮水困难人口
全国	**20271**	**0.7**	**3145.1**
北京	0.2		
天津	1.3		
河北	1128		49.4
山西	705.3		65.4
内蒙古	392	0.2	63.6
辽宁	3.7		
吉林	35.5		
黑龙江	220.2		3.9
上海			
江苏	1135.7		12.8
浙江	68.8		23.3
安徽	2001.9		47.4
福建	5.6		
江西	755.4		58.3
山东	1812		33.2
河南	1340.3	0.1	68.4
湖北	1087.4	0.3	175
湖南	1939.4		499.5
广东	124.9		59.6
广西	390.3		10.8
海南	9.7		2.3
重庆	506.9		191.4
四川	1575.9	0.1	514.1
贵州	2193.2		663.5
云南	1090.2		296.8
西藏	3.4		
陕西	460.7		24.4
甘肃	948.1		211.3
青海	152.1		7.2
宁夏	160.1		63.1
新疆	22.8		0.4

损失情况

单位：万人次、千公顷、亿元

受灾情况			
受灾	成灾	绝收	直接经济损失
16304.2	**6598.6**	**1505.4**	**927.5**
2			
2.8	1.7		0.1
855.7	372.2	27.5	15.5
476.7	263.3	28.8	16.9
1131.2	483.6	129	45.4
6.7			0.1
252	139.6	11.5	6.3
703.4	291.4	30	22.7
481.6	241.4	20	50.7
4.1	1.9		0.7
687.3	20.9	3.3	49.6
55.6	22.6	1.7	2.6
518.4	139.9	25.3	25.1
1294.9	201.3	16.7	59
1020.4	211.3	12.9	24.9
1205.4	408.1	49	76.7
1190.7	470.2	177.5	112.4
112.7	6.1	2.6	2.5
406.6	200.9	20.9	8.1
33.3	8	0.7	0.3
387.6	152.3	23.1	26.5
552.8	300.2	58	65.8
1822.5	1181	487.2	160.7
1230.5	592.3	207.4	76.1
260	97.3	4.9	15.2
915.6	572.6	113.3	31
184.7	19.1	8.4	15.7
366.7	124	43.3	13.9
142.3	75.4	2.4	3

C-2-65 风雹灾害

地 区	人口受灾情况			
	受灾	死亡人口	紧急转移人口	受灾
合 计	**3895.8**	**290**	**21.1**	**3309.3**
北 京	10.3	2		14.4
天 津	1.2			1.5
河 北	438.1	9	0.1	260.5
山 西	236.2	13		192.8
内蒙古	98.6	9	0.2	346.4
辽 宁	28			41.6
吉 林	96	1	0.1	107.6
黑龙江	253.5		7.9	518.5
上 海	0.1	5		0.1
江 苏	281.8	21	0.8	204.5
浙 江	3.4	2		1.4
安 徽	224.2	12	0.3	88.6
福 建	4.3	1	0.2	1.5
江 西	19.8	12	0.2	9.2
山 东	172.7	2	0.1	107.3
河 南	187.3	18	0.7	146.2
湖 北	342.3	17	1.4	160.5
湖 南	59.7	6	1.4	21.1
广 东	7.6	25	0.5	5.7
广 西	14.3	12	0.2	5.3
海 南				
重 庆	76	15	1.4	17.2
四 川	256.3	20	2.3	95.2
贵 州	172.6	11	1.2	84.4
云 南	275.8	36	1.4	141.1
西 藏	8.3	23	0.1	9.7
陕 西	219.7	1	0.3	127.1
甘 肃	260.1	9	0.1	200.7
青 海	45.7	2		65.8
宁 夏	20.2	1		54.6
新 疆	81.7	5	0.2	278.8

损失情况

单位：万人次、人、千公顷、万间、亿元

农作物受灾情况		损失情况		
成灾	绝收	倒塌房屋	损坏房屋	直接经济损失
1347.9	**302.4**	**3.7**	**46.9**	**315.5**
5.5	1.5			2.5
59.7	18.3		0.6	25.8
129.3	20.5	0.1	3.1	26.5
183.6	44.8	0.1	0.4	14.4
16.1	0.9			1.9
37.5	2.5		0.3	20.9
297.1	57.3	0.2	1.5	41.5
				0.1
15.7		0.3	1.5	15.3
			0.1	0.6
22.5	5.2	0.1	0.7	6
0.4	0.2		0.7	1
1.6		0.1	0.4	1.5
18.3	2.1	0.1	0.9	9
75.3	4.5	0.3	0.5	7.4
38.9	11.8	0.3	6	13.3
10.7	1.7	0.2	2.2	3
3.5	0.1		1.1	7.1
1	0.2	0.1	1.2	0.9
4	2.1	0.2	1.8	1.9
27.8	2.9	0.7	13.4	14.5
35.6	21.5	0.1	2.8	7.5
48.9	8.7	0.3	3.6	14.6
2			0.1	0.6
29.4	3.3	0.3	2.4	25
55	22.7	0.1	1.1	20.9
9.3	3.1			2.3
24.9	5.3			2
194.3	61.2	0.1	0.5	27.5

C-2-66 台风灾害

地区	人口受灾情况			
	受灾	死亡人口	失踪人口	紧急转移人口
合计	**1812.8**	**26**	**1**	**271.5**
北京				
天津				
河北				
山西				
内蒙古				
辽宁	118			17.8
吉林				
黑龙江				
上海	34.6			31.4
江苏	127			7.7
浙江	97.8			46.5
安徽				
福建	127.5	16		27.9
江西				
山东	156.7			48.6
河南				
湖北				
湖南				
广东	261.2			13.1
广西	406	7	1	17
海南	484	3		61.5
重庆				
四川				
贵州				
云南				
西藏				
陕西				
甘肃				
青海				
宁夏				
新疆				

损失情况

单位:万人次、人、千公顷、万间、亿元

农作物受灾情况			损失情况		
受灾	成灾	绝收	倒塌房屋	损坏房屋	直接经济损失
1546.5	**364.4**	**94.1**	**2.5**	**9.7**	**237.1**
119.6	31.6	7.8	0.4	1.7	19.2
7.1	0.4				2.5
52.5	17.3	1			8.1
14.7	3.6	1.2		0.1	23.1
50.3	16.8	2	0.3	0.8	10.6
126.5	8	1.3		0.5	15.4
286.6	66	18.9	0.5	1.9	36.6
435	55.7	11.8	1	1.6	36.4
454.2	165	50.1	0.3	3.1	85.2

C-2-67 地震灾害损失情况

单位：万人次、人、万间、亿元

地 区	人口受灾情况			损失情况		
	受灾	死亡人口	紧急转移人口	倒塌房屋	损坏房屋	直接经济损失
合 计	**139.1**	**32**	**37.8**	**13.7**	**58.6**	**66.1**
北 京						
天 津						
河 北						
山 西						
内蒙古						
辽 宁						
吉 林						
黑龙江	2.2				1.8	0.5
上 海						
江 苏						
浙 江						
安 徽	3.7		0.8		2.2	2.9
福 建						0.2
江 西						
山 东						
河 南						
湖 北	2.4		0.3		0.6	0.2
湖 南						
广 东						
广 西						
海 南						
重 庆						
四 川	6.3		2.1	0.5	4.7	1.8
贵 州						
云 南	71.2	25	25.3	7.4	27.7	35
西 藏	13.9	7	4.3	4	5.9	13
陕 西						
甘 肃	7.1		0.1		1.4	0.4
青 海	1.9		0.6	0.1	1	0.7
宁 夏						
新 疆	30.4		4.3	1.7	13.3	11.4

C-2-68 低温冷冻和雪灾损失情况

单位:万人次、人、千公顷、万间、亿元

地区	人口受灾情况			农作物受灾情况			损失情况		
	受灾	死亡人口	紧急转移人口	受灾	成灾	绝收	倒塌房屋	损坏房屋	直接经济损失
合 计	**5033.5**	**20**	**57.2**	**4447.1**	**1290.9**	**211.1**	**4**	**21.5**	**289.9**
北 京									
天 津									
河 北	12.3			39.8	7.8	0.8			0.8
山 西	96.9			104.7	49.9	1.5			6.5
内蒙古	63.1			169.1	21.5	3.8			3.8
辽 宁	0.5			26.3	8				
吉 林	15.8			198.6	23.5	9.2			2.4
黑龙江	17.6			80.9	25.5	1.3		0.1	1.9
上 海									
江 苏	8.1			3.1					0.2
浙 江	158.7		0.8	127.4	22.1	2.8		0.1	17.3
安 徽	220.3		0.1	145.2	33.3		0.1	1.2	11.2
福 建	0.2			17.2	2.3				
江 西	209.2		1.1	100.3	50.6	1.5	0.1	0.7	7
山 东	6.1			20.8	0.7				3.3
河 南	2.5			23.7	1.6				
湖 北	372.2		0.9	323	90	18.7	0.2	0.6	9.2
湖 南	1290.8	1	16.8	660.3	247.9	55.6	1.4	7.6	77
广 东	1.5			53.6	29.7	8.7			0.8
广 西	345		1	430.4	206.7	15.4		1	16.8
海 南	0.3			29.1	9.3				0.3
重 庆	231.4		0.2	206.9	43.4	9.8		0.7	7.2
四 川	560.5		3	361.2	129.7	20.8	0.4	1.1	16.4
贵 州	772.2	1	31.5	552.2	99.9	28	0.5	2.8	47
云 南	494.2	3	1	510.1	99.1	26.5	0.9	3.5	48.3
西 藏	12.7	13		2.8	0.7	0.3			0.9
陕 西	6.9			5.5	0.1				0.1
甘 肃	82.2			48.3	25	4.1			2.1
青 海	9.2			7.3					0.3
宁 夏	0.5			4.7	3.3	0.8			0.3
新 疆	42.6	2	0.8	194.6	59.3	1.5	0.4	2.1	8.8

C-2-69 洪涝、滑坡和

地区	人口受灾情况			
	受灾	死亡人口	失踪人口	紧急转移人口
合 计	**12137.8**	**601**	**111**	**551.1**
北 京	15.2	5		0.9
天 津	1.1			
河 北	603.5	3		0.9
山 西	235.2	22	1	2.1
内蒙古	138.3	20		5.7
辽 宁	105.4			1.6
吉 林	54.2			1
黑龙江	167.1	1	1	5.4
上 海	9.4			
江 苏	354.9	1		0.4
浙 江	456	6		33.5
安 徽	540.2	5		19.8
福 建	18.5	4		0.8
江 西	674.9	19		43.7
山 东	935.8	10		23.8
河 南	937.9	10		7.3
湖 北	1039	48	17	44.4
湖 南	1018.8	62	15	47.7
广 东	84	6		4.9
广 西	317.8	35		12.7
海 南	22.7	1		
重 庆	652.5	22	6	38.5
四 川	2253.4	93	50	162.9
贵 州	341.2	64	16	17.5
云 南	231.8	40	3	1
西 藏	19	6		0.8
陕 西	685.4	84	2	70.9
甘 肃	154.8	12		1.1
青 海	26.7	4		0.6
宁 夏	0.4			
新 疆	42.7	18		1.2

泥石流灾害损失情况

单位:万人次、人、千公顷、万间、亿元

农作物受灾情况			损失情况		
受灾	成灾	绝收	倒塌房屋	损坏房屋	直接经济损失
6863.4	**2839.5**	**778.7**	**69.6**	**194.4**	**1260.3**
39.7	12.9	3.6		0.9	12.2
3.8	1.5	0.3			0.8
227.3	88.4	8.7	0.3	1.6	27.1
240.8	102.3	21.6	3.7	8.3	24.3
389.9	220	130	1.5	6.7	39.5
256	117.4	41.5	0.2	1	15.4
58.2	21.1	9.8	0.1	0.5	11.8
234	68.5	11	0.4	2.9	23.7
17.1	8.8	2.7			1
290.4	58.3	16	0.1	0.5	16.2
283.5	131.7	39.7	1.2	2.4	122.2
396.1	121.8	30.4	1.2	5.3	45.5
8.5	6.2	0.5			0.7
447.4	234.6	41.7	2	8	102.1
567.7	187.3	30	2	7.9	60.8
287.3	92	10	4.3	5.8	29.7
891.1	253.3	63.8	3.2	9.5	116.8
502.7	226.2	56	4.1	8.9	74.5
43.1	13	3.3	0.4	0.5	10.3
160.6	173.8	13	1.8	2.1	14.3
	15.7				
204.3	80.8	19	2	14.7	36.3
519	263	102.1	20	56.3	261.9
111.1	47.2	15.5	0.7	2.9	34
107.6	33	17	0.4	2.8	17.2
5.3	1.3		0.2	1.4	1.5
369.9	165.6	65.4	18.6	37.1	116
102	59.1	15.6	0.6	3.8	24.6
27.7	13.9	2.5	0.1	0.3	2.5
8.7	1.8	0.3			0.2
62.6	19	7.7	0.5	2.3	17.2

C-2-70 其他事业

地 区	单位数	年末职工人数		受教育程度情况	
			#女性	大学专科人数	大学本科及以上人数
全 国	**2459**	**22342**	**9897**	**5982**	**6218**
中央级	28	1413	642	238	1075
北 京	77	945	508	181	538
天 津	27	249	94	110	112
河 北	50	398	210	70	84
山 西	85	640	297	215	148
内蒙古	18	215	71	33	35
辽 宁	117	915	431	327	410
吉 林	118	698	293	276	62
黑龙江	80	1552	725	261	262
上 海	36	729	214	146	219
江 苏	84	603	270	199	181
浙 江	223	905	402	214	318
安 徽	35	148	60	33	32
福 建	82	326	143	72	117
江 西	215	1482	608	238	182
山 东	51	426	204	172	115
河 南	209	3001	1338	929	723
湖 北	109	1091	498	386	250
湖 南	179	1179	561	296	161
广 东	62	929	427	225	278
广 西	58	823	335	177	105
海 南	14	58	27	18	23
重 庆	25	117	56	35	32
四 川	198	1332	543	471	281
贵 州	77	670	286	202	111
云 南	56	227	86	75	69
西 藏					
陕 西	54	623	307	183	115
甘 肃	43	247	81	52	46
青 海	5	30	11	11	16
宁 夏	10	120	27	22	20
新 疆	34	251	142	115	98

单位情况

单位:个、人

职业资格水平		年龄结构			
助理社会工作师人数	社会工作师人数	35岁及以下人数	36岁至45岁人数	46岁至55岁人数	56岁及以上人数
279	**265**	**7982**	**8046**	**4958**	**1356**
3	11	638	338	343	94
20	20	312	297	254	82
2	5	73	75	78	23
5	3	204	115	69	10
6	4	203	229	156	52
7	6	67	94	45	9
4	2	374	310	191	40
10		275	300	94	29
21	7	314	662	531	45
12	42	290	229	163	47
3	21	220	199	156	28
28	47	333	319	209	44
	3	30	71	40	7
3	4	137	108	61	20
18	10	610	626	219	27
9	3	151	142	105	28
52	13	1263	993	598	147
5	16	400	448	212	31
9	7	461	412	251	55
6	12	344	289	251	45
3	13	167	251	146	259
	1	25	21	11	1
		30	51	36	
38	7	444	570	234	84
7		188	245	152	85
1	3	62	93	61	11
1	3	214	274	122	13
3	2	61	115	56	15
		7	7	13	3
		7	49	49	15
3		78	114	52	7

C-2-70续表

地 区	增加值合计	执行企业会计制度单位财务指标				
		固定资产原价	营业收入	费用合计	营业利润	企业单位增加值
全 国	**175925.5**	**37411.2**	**20389.4**	**11709.7**	**-170.7**	**6341.3**
中央级	21284.3	33711.0	18914.2	10606.2	102.3	4956.2
北 京	44566.7	708.6	727.0	515.7	8.2	364.2
天 津	2425.4	625.4	10.2	1.6		1.3
河 北	1214.9	5.0				
山 西	2764.8					
内蒙古	429.1					
辽 宁	5058.5	21.0				
吉 林	1267.6					
黑龙江	8700.2					
上 海	6610.0					
江 苏	7631.9	38.8	321.0	76.0	107.0	211.1
浙 江	11608.9					
安 徽	705.4					
福 建	1828.9					
江 西	1949.2	1047.5	228.7	201.0	-18.4	44.0
山 东	2898.7					
河 南	10333.2	1046.2	188.3	309.2	-369.8	-179.8
湖 北	5323.6					
湖 南	5333.7					
广 东	12453.1					
广 西	2119.2	68.0				
海 南	130.2					
重 庆	666.7					
四 川	4358.6					
贵 州	5397.8					944.4
云 南	808.7	19.7				
西 藏						
陕 西	2928.3					
甘 肃	1007.9					
青 海	295.3					
宁 夏	269.6	120.0				
新 疆	2269.6					

单位：万元

执行行政事业单位会计制度财务指标					
固定资产原价	上年结转和结余	本年收入合计	本年支出合计	收支结余	行政事业单位增加值
371994.7	**95774.5**	**366161.4**	**452370.5**	**29958.9**	**169584.2**
83857.5	7836.4	38412.0	39210.8	5668.5	16328.1
33954.5	31097.5	78629.7	78614.2	10955.5	44202.5
831.0	1270.4	4164.9	2886.9	234.3	2424.1
4493.1	320.4	1849.8	2072.5	32.7	1214.9
3106.9	54.5	6571.0	6606.2	44.4	2764.8
112.4		1135.6	992.1	18.7	429.1
5604.5	478.2	7983.3	8107.0	519.7	5058.5
673.8	73.0	2747.8	2096.9	17.1	1267.6
19132.0	280.3	18946.0	18833.9	130.8	8700.2
25470.1	2941.0	45093.4	41224.5	-978.9	6610.0
7493.4	26479.0	28311.3	25457.8	2736.8	7420.8
15147.9	2963.5	21795.0	21452.7	3335.6	11608.9
711.4	24.2	904.3	940.1	46.3	705.4
4549.4	131.6	3504.0	3765.7	104.1	1828.9
4991.5	1078.5	4232.6	3705.9	459.2	1905.2
2137.3	179.2	4159.8	4143.1	195.9	2898.7
21717.0	374.0	16368.8	16124.7	650.0	10513.0
25510.3	7839.8	7297.0	17788.8	177.9	5323.6
9115.2	-136.3	11115.6	11383.2	-341.9	5333.7
60522.6	3716.8	27291.7	26678.1	933.3	12453.1
2977.4	205.2	3959.5	3581.8	593.5	2119.2
27.5	98.0	569.9	1937.4	14.0	130.2
1787.6	59.8	1024.8	866.0	218.7	666.7
15583.4	1646.8	8863.8	10350.5	18.5	4358.6
5281.4	132.1	10811.7	89632.1	1076.4	4453.4
1355.2	95.5	1096.3	1092.6	70.8	808.7
3773.2	5234.8	3321.3	6549.0	1986.4	2928.3
984.1	117.5	1742.9	1903.5	-45.4	1007.9
395.3	97.0	374.3	485.2		295.3
898.2	89.4	344.6	366.4	98.2	269.6
9799.6	996.4	3538.7	3520.9	987.8	2269.6

C-3-1 成员组

地　区	单位数	年末职工人数	#女性	受教育程度情况	
				大学专科人数	大学本科及以上人数
全　国	**1141104**	**8766085**	**2229686**	**1350903**	**736594**
中央级	2063	28652	12004		21250
北　京	14303	137672	52605	35697	43642
天　津	9430	64776	30295	19331	18243
河　北	68041	390788	88217	55015	17527
山　西	40711	247789	67779	43656	15227
内蒙古	22004	136109	41325	28913	11323
辽　宁	34289	285983	76119	60131	28529
吉　林	19743	149715	31101	25017	6030
黑龙江	24726	221934	84930	42822	13340
上　海	15829	148763	39618	18885	13820
江　苏	58369	447993	127165	97052	55713
浙　江	62436	422576	138216	104996	46503
安　徽	35177	340716	62486	42571	19266
福　建	33627	315066	59332	30524	30844
江　西	31425	247219	74070	23014	7057
山　东	119273	645835	164448	159024	90908
河　南	71304	419232	109133	66409	36540
湖　北	53021	328704	105498	67170	19033
湖　南	64350	718648	108101	62076	25647
广　东	56041	548472	188920	91454	47920
广　西	29441	349246	61709	28538	16020
海　南	6244	38439	12284	6872	5827
重　庆	21113	152926	51124	28520	27545
四　川	83262	603843	142448	61942	56047
贵　州	26441	216929	39549	17658	6599
云　南	27622	340983	61009	23800	16788
西　藏	5793	32201	7995	1039	166
陕　西	44109	333825	73657	27979	11013
甘　肃	26980	228278	50087	40591	10203
青　海	7280	45987	11307	9667	4406
宁　夏	7037	45500	13664	8265	3737
新　疆	19620	131286	43491	22275	9881

织总表

单位:个、人

职业资格水平		年龄结构			
助理社会工作师人数	社会工作师人数	35岁及以下人数	36岁至45岁人数	46岁至55岁人数	56岁及以上人数
17419	**5247**	**2520924**	**3450252**	**2077207**	**717702**
		8243	4918	6639	8852
2456	1062	35608	45660	34523	21881
341	127	15731	23086	18818	7141
518	269	101015	165955	101546	22272
137	83	74684	90584	58130	24391
2	13	44772	55990	27225	8122
538	173	65106	103096	67781	50000
241	26	45749	64320	34082	5564
443	51	96214	81346	34191	10183
703	326	39775	46596	44947	17445
2119	392	114575	174291	118185	40942
1170	516	132198	175823	90928	23627
738	113	80149	141081	79839	39647
517	143	64588	108301	87462	54715
312	94	68512	119688	45817	13202
844	336	186919	273683	143131	42102
583	117	124974	173987	94512	25759
144	59	98045	133758	77361	19540
448	121	159749	285008	239096	34795
2912	860	261599	164683	89145	33045
391	73	78260	133681	99440	37865
14		12521	15382	7123	3413
242	41	49541	55575	32751	15059
756	105	205837	224545	118840	54621
124	11	53660	103914	45634	13721
255	20	99967	135117	73550	32349
		5851	10562	10405	5383
117	28	79150	122707	103869	28099
150	18	54398	123661	37692	12527
50	8	10139	19062	13721	3065
52	11	14038	21597	8465	1400
102	51	39357	52595	32359	6975

C-3-1续表

地区	增加值合计	执行企业会计制度单位财务指标					执行行政	
		固定资产原价	营业收入	费用合计	营业利润	企业单位增加值	固定资产原价	上年结转和结余
全　国	**10232313.8**	**2237738.6**	**607159.8**	**1039157.8**	**23889.4**	**810699.1**	**13356048.3**	**537371.0**
中央级	797606.3							
北　京	579031.8	1737614.7	497120.6	216059.4	19979.6	187953.1	84876.7	3873.5
天　津	89491.3						183734.0	3459.1
河　北	138844.5	6656.3	4648.3	192.8	144.0	144.0	553424.6	16737.8
山　西	189500.1	148.5				145.0	740012.5	4021.9
内蒙古	56648.6	4081.5	5573.0	1572.0	174.0	2049.0	94207.8	5638.7
辽　宁	500284.2	3564.6	0.2				188903.7	6551.7
吉　林	21951.4	2.1	49.2	49.1		359.1	13772.9	613.0
黑龙江	78087.1	3317.0	32992.0	32767.5	67.2	447.0	531731.0	5404.1
上　海	522514.2	94814.8	15347.4	10450.4	2732.0	7640.4	561141.3	48571.7
江　苏	1793156.7	9824.5	5917.6	51799.3	-5.9	440.2	1687670.8	155310.1
浙　江	980276.4	5250.0	2365.0			590.0	4110973.4	116296.4
安　徽	457768.0	111733.7	4934.4	2163.3	39.0	1738.8	353708.3	9594.8
福　建	142808.9	6001.3	436.0	404.0		4.0	77620.6	7620.7
江　西	183925.1	29490.8	1110.0	620.0		14.0	71148.3	360.0
山　东	888364.9						952322.9	2805.0
河　南	146175.0	7388.0	518.0	484.0		295.7	239856.2	3513.7
湖　北	298992.7	1302.0		281.0			314616.8	599.6
湖　南	199661.7	212.0					238421.8	9953.5
广　东	1297902.9	136935.1	3531.6	705990.4		605606.1	1162808.1	48606.3
广　西	76002.7	10297.2	645.0	852.5	12.0	443.8	157393.3	2071.5
海　南	15182.3	6.0					24842.2	1298.2
重　庆	181823.6	2735.0	870.0				126535.7	1936.5
四　川	195778.5	30228.9	27389.1	13780.5	552.6	871.3	169711.6	6230.3
贵　州	91291.1	1625.6	653.0	73.1	169.4	517.6	19960.8	547.0
云　南	144936.7	8163.9	2331.4	1250.9	25.5	551.6	238061.9	67097.8
西　藏	2109.8						26897.6	
陕　西	63592.2			0.2			151166.1	680.1
甘　肃	42996.7	1354.0	80.0	80.0		92.0	116608.2	1065.6
青　海	6588.7	13643.5	569.0			123.4	24782.2	468.0
宁　夏	12963.7	7995.1	7.0			18.8	27072.8	725.0
新　疆	39146.1	3352.5	72.0	287.4		654.2	112064.2	5719.4

单位：万元

事业单位会计制度财务指标				执行民间非营利组织单位会计制度财务指标				
本年收入合计	本年支出合计	收支结余	行政事业单位增加值	固定资产原价	上年结余	本年收入合计	本年费用合计	民间非营利组织单位增加值
6958764.2	**6310521.2**	**303193.9**	**2614128.1**	**21247368.2**	**5080288.5**	**19980459.0**	**13057737.7**	**6807486.6**
				557964.7		3016438.0	2371882.1	797606.3
75918.1	86056.8	-633.9	61350.4	690475.5	956444.8	1157020.3	946758.1	329728.3
158136.1	158253.3		48998.0	73650.4	14962.1	146995.3	105010.2	40493.3
150402.1	152755.0	9364.1	86768.5	310673.7	1527.0	636361.0	121037.9	51932.0
941796.0	569243.9	1108.0	65639.6	397595.2	17206.8	227600.9	241605.4	123715.5
42504.9	48137.5	12.8	28217.7	52873.7	859.2	58286.0	55488.4	26381.9
55564.4	63579.0	318.2	39982.0	324912.1	2483.9	801215.7	727009.5	460302.2
23017.9	23854.0	5.6	9109.9	776682.3	779.0	114591.2	99745.8	12482.4
41247.7	43952.2	12721.9	50229.8	2167233.0	1220.4	785550.4	41819.5	27410.3
354027.4	306094.6	14133.0	71817.1	130365.9	885565.5	2059275.9	794391.3	443056.7
710959.8	824416.7	20536.1	372049.4	1869347.9	834006.3	1647835.7	1175818.9	1420667.1
1250198.9	998646.5	144932.6	466443.9	1634980.4	578974.2	1395246.4	1266827.8	513242.5
158330.7	155763.6	1729.8	70048.7	3146053.5	10017.5	516528.9	1034094.1	385980.5
104938.2	110800.0	-472.2	20613.6	345284.7	44848.3	169521.5	172940.1	122191.3
54553.7	55548.8	-198.4	19452.2	209580.9	1026.0	242343.8	225243.8	164458.9
1106826.4	1109622.9		575698.2	529673.4	439.7	504194.2	502636.7	312666.7
143376.9	137941.4	1241.0	62295.4	297311.9	9540.3	504914.3	182532.2	83583.9
187275.8	186916.1	469.4	77549.8	382980.1	1996.8	481284.6	447074.0	221442.9
215828.0	218187.8	527.2	109820.1	255602.2	50330.3	245272.8	215653.4	89841.6
723591.2	628137.5	77272.4	131386.9	3041304.4	241969.1	1978386.4	1238562.1	560909.9
45344.7	44218.0	1234.4	36935.9	698580.2	98797.1	45142.1	43567.0	38623.0
17793.7	16481.2	107.0	7519.8	85236.8	768.3	12085.6	9922.3	7662.5
35985.4	37103.9	430.4	23308.4	440346.3	190104.3	319271.8	230276.6	158515.2
133997.6	155992.0	3228.5	68796.1	886346.5	638133.0	725996.1	374457.5	126111.1
6813.4	6610.5	133.1	3310.1	257356.7	2816.5	110143.9	88946.8	87463.4
52432.5	51060.4	12933.3	31799.3	823366.3	417242.5	570103.7	185564.5	112585.8
1075.8	1075.8		1075.9	1871.1	12292.4	2080.5	2085.9	1033.9
70785.8	63542.4		42326.8	399587.7	50515.0	36500.1	40169.4	21265.4
60753.4	21824.9	2012.6	12996.3	126704.4	12100.6	1392965.5	46845.5	29908.4
940.9	1235.9		1570.5	234681.4	240.1	28087.6	20989.8	4894.8
2765.1	3208.6		3339.2	46971.1	1040.0	16433.6	18951.4	9605.7
31581.7	30260.0	47.0	16768.7	51773.8	2041.5	32785.2	29829.7	21723.2

C-3-2 社会组

地区	单位数	年末职工人数		受教育程度情况		职业资
			#女性	大学专科人数	大学本科及以上人数	助理社会工作师人数
全国	**461971**	**5992765**	**1495862**	**1018379**	**636269**	**10689**
中央级	2063	28652	12004		21250	
北京	7589	106758	37023	26801	39121	1236
天津	4190	44365	19547	14880	17001	124
河北	15823	204062	56894	45571	16112	432
山西	10629	142563	42336	34266	12069	60
内蒙古	8812	85869	24762	22687	9756	1
辽宁	18792	213636	45302	34617	20308	212
吉林	8620	105642	17729	17996	4184	128
黑龙江	12995	168526	67628	31299	11232	200
上海	10385	121058	24362	13850	12018	419
江苏	36661	339391	95736	75819	48778	1253
浙江	29448	293653	103835	87371	42426	588
安徽	16888	265428	41147	33885	17778	472
福建	17001	247031	44584	27288	30191	371
江西	11367	172856	54510	19849	6766	211
山东	41130	325101	72649	97646	64144	578
河南	20091	207139	60346	36139	28560	393
湖北	23327	212812	72251	57129	17468	57
湖南	17111	551106	59788	45961	22129	257
广东	30684	431808	154869	78973	43981	2128
广西	13356	273361	45237	22581	15016	271
海南	3213	23608	8692	5594	5635	
重庆	10168	99707	35434	20099	25346	151
四川	30274	392854	94349	47268	51388	544
贵州	7153	129418	23001	12217	5855	98
云南	13518	274593	48596	19513	15495	192
西藏	337	5872	2195	557	149	
陕西	15151	226359	47507	25401	10444	104
甘肃	9983	162887	37898	36537	8725	121
青海	2698	27253	7629	6031	1339	31
宁夏	4288	33672	10161	7289	3583	1
新疆	8226	75725	27861	13265	8022	56

织总表

单位:个、人

格水平	年龄结构				建立党组织的社会组织	社会组织中中共党员人数
社会工作师人数	35岁及以下人数	36岁至45岁人数	46岁至55岁人数	56岁及以上人数		
3248	**1920853**	**2220583**	**1324846**	**526483**	**81389**	**611656**
	8243	4918	6639	8852	969	15940
734	30232	34243	24003	18280	1312	23199
71	11808	16290	11394	4873	2040	15128
183	65133	79298	47943	11688	5941	33435
38	51315	49806	27347	14095	1102	9571
8	29235	34839	16566	5229	1152	6238
91	47292	74343	47388	44613	2179	17179
19	35786	41713	23688	4455	1067	3746
31	84992	51570	23111	8853	2602	9733
166	35491	39028	33985	12554	5673	25814
246	89380	129182	86667	34162	4213	43921
236	103391	117059	57177	16026	3289	29546
60	66227	101627	61682	35892	3248	20477
78	50600	74551	70209	51671	3021	17254
85	51892	79135	31556	10273	1393	8578
267	111257	132098	62591	19155	10366	81658
48	78276	80714	37811	10338	5015	32032
21	74015	80062	44773	13962	4690	30273
77	125047	202601	197552	25906	3019	16378
543	238493	122926	48318	22071	1434	19723
47	67174	106368	68932	30887	1018	31447
	9404	8854	3067	2283	136	5716
28	36435	32840	18875	11557	795	15371
80	162741	128206	65045	36862	5447	31130
6	32756	67977	22331	6354	592	5144
13	81571	105543	58038	29441	1828	16454
	2534	2230	986	122	6	97
17	61841	76684	69276	18558	1825	12149
15	40023	90206	23020	9638	1546	8262
7	6208	10615	8355	2075	1240	4111
	11023	16170	5359	1120	1794	15354
33	21038	28887	21162	4638	1437	6598

C–3–2续表1

地 区	行政执法	行政处罚数	并处没收违法经营额/违法所得	并处罚款
全 国	**1917**	**1896**	**22**	**18**
中央级				
北 京	23	22		
天 津	21	21		
河 北	30	30		
山 西	147	147		
内蒙古	2	2		
辽 宁	174	174	8	
吉 林				
黑龙江				
上 海				
江 苏	42	42		
浙 江	60	54		
安 徽	20	20		
福 建				
江 西				
山 东	735	733	14	18
河 南				
湖 北	46	46		
湖 南				
广 东	129	122		
广 西				
海 南				
重 庆	91	91		
四 川	48	43		
贵 州	49	49		
云 南	46	46		
西 藏	57	57		
陕 西	13	13		
甘 肃				
青 海				
宁 夏	94	94		
新 疆	90	90		

单位：起

⑴ 警告	⑵ 限期（责令）停止活动	⑶ 撤销登记	取缔非法社会组织	#并处没收非法财产
87	**87**	**1722**	**21**	**6**
5		17	1	
		21		
4	4	22		
	1	146		
		2		
		174		
		42		
		54	6	
	3	17		
19	8	706	2	
8	2	36		
6	7	109	7	6
	8	83		
		43	5	
	4	45		
		46		
7	45	5		
	3	10		
38		56		
	2	88		

C-3-2续表2

地　区	增加值合计	执行企业会计制度单位财务指标					执行行政	
		固定资产原价	营业收入	费用合计	营业利润	企业单位增加值	固定资产原价	上年结转和结余
全　国	**6600058.8**	**216806.6**	**58003.5**	**73248.0**	**1177.8**	**8432.5**	**153241.5**	**114856.4**
中央级	797606.3							
北　京	329728.3							
天　津	40493.3							
河　北	48387.8	1792.0	4648.3	192.8	144.0	144.0	6882.5	2026.1
山　西	87259.3						3781.0	3267.8
内蒙古	29584.5	1683.0	5192.0	1156.0	174.0	1616.4	10285.9	5547.7
辽　宁	453405.8						1592.2	1174.0
吉　林	12938.3	0.1	49.2	49.1		359.1	193.9	613.0
黑龙江	23147.1	2049.0	990.0	616.0	67.2	351.7	1842.4	672.8
上　海	441593.9						0.2	12.3
江　苏	1402306.3	9824.5	5777.6	51659.3	-5.9	440.2	28613.9	52683.1
浙　江	490512.5						38.7	657.3
安　徽	381664.2	104878.7	4884.4	2148.3	39.0	1738.8	16634.5	6359.6
福　建	108993.6	755.8	51.0	19.0		4.0	8930.0	4693.3
江　西	157799.4	11613.0	1110.0	620.0			3723.0	635.8
山　东	312666.7							
河　南	70376.6	1255.0	488.0	454.0		295.7	3667.2	2195.9
湖　北	205726.6						300.0	
湖　南	94882.2						17620.3	9231.4
广　东	543438.2	24118.1	2807.5	297.5		1000.0	21092.8	11978.2
广　西	40301.6	9937.4	645.0	847.5	12.0	443.8	3061.5	253.0
海　南	7662.5							
重　庆	150614.5	2655.0	870.0				1839.0	1227.6
四　川	113233.1	30228.9	27389.1	13780.5	552.6	871.3	1472.0	2627.4
贵　州	63459.2	1625.6	653.0	73.1	169.4	517.6	2512.1	343.8
云　南	104388.0	8011.9	2331.4	1250.9	25.5	551.6	9484.5	3281.9
西　藏	1035.1						30.1	
陕　西	21267.9						63.0	
甘　肃	28938.7	1344.0	80.0	80.0		92.0	1483.2	1047.2
青　海	4964.4						1245.0	468.0
宁　夏	9002.4	4564.6	7.0			4.8	1592.0	720.0
新　疆	23105.3	470.0	30.0	4.0		1.5	5260.6	3139.2

单位：万元

事业单位会计制度财务指标				执行民间非营利组织单位会计制度财务指标				
本年收入合计	本年支出合计	收支结余	行政事业单位增加值	固定资产原价	上年结余	本年收入合计	本年费用合计	民间非营利组织单位增加值
6056.1	**100860.3**	**2709.2**	**58864.4**	**18479902.7**	**5014604.0**	**17450210.0**	**12251839.6**	**6532761.9**
				557964.7		3016438.0	2371882.1	797606.3
				690475.5	956444.8	1157020.3	946758.1	329728.3
				73650.4	14962.1	146995.3	105010.2	40493.3
	2225.1		1547.9	221948.9	1326.0	627562.9	97097.2	46695.9
-2.9	3077.8		1194.6	171612.2	5667.0	123082.8	107954.5	86064.7
50.3	5591.0	7.0	3772.2	32902.0	772.1	50962.1	48202.2	24195.9
2.0	1133.0		898.8	273043.5	187.2	740621.9	668228.2	452507.0
21.0	908.8		530.7	763178.8	779.0	111190.2	97647.0	12048.5
	685.0	20.5	625.1	2153290.2	1215.0	770110.4	35099.9	22170.3
1.1				127601.4	885565.5	2051158.6	787360.4	441593.9
1266.5	50822.9	290.5	28157.4	1308104.1	832464.5	1464621.3	1040785.6	1373708.7
2.8	450.7		34.9	1542206.7	577543.4	1342920.3	1229295.3	490477.6
	5295.7	67.9	4086.3	3020088.9	9947.5	439816.8	961892.2	375839.1
	4535.4	783.9	2150.4	212798.3	20193.2	107308.7	128644.5	106839.2
	635.8		159.4	193504.6	911.0	227473.4	214342.5	157640.0
				529673.4	439.7	504194.2	502636.7	312666.7
	2108.8		853.5	216684.2	9476.4	143006.5	135159.4	69227.4
			12.0	341584.9	1996.8	431499.5	397401.5	205714.6
	8639.4	74.0	7060.6	250814.9	50330.3	240451.6	211282.6	87821.6
3230.0	4151.7	45.0	1336.7	2609959.2	225059.5	1918799.2	1201815.1	541101.5
123.0	576.0	1225.5	1630.9	698161.7	98794.1	44968.5	42985.9	38226.9
				85236.8	768.3	12085.6	9922.3	7662.5
	1229.6		74.1	399968.5	189854.5	299429.1	210588.4	150540.4
84.0	1783.5	16.2	1027.4	819232.2	636600.3	700161.9	333308.7	111334.4
49.9	248.3		233.3	119684.9	1621.7	63062.9	45877.3	62708.3
210.2	3026.9	145.5	1256.1	477209.7	413519.5	546394.8	173323.5	102580.3
			1.2	1803.1	12292.4	2080.5	2085.9	1033.9
			2.5	399587.7	50515.0	36500.1	40169.4	21265.4
	643.1	6.6	489.2	82450.5	12080.6	58363.4	40321.7	28357.5
245.0	483.0		397.8	15195.6	240.1	24169.2	17477.0	4566.6
150.0	214.0		235.1	39945.4	995.0	15633.3	17834.1	8762.5
623.2	2394.8	26.6	1521.1	50339.8	2041.5	32126.7	29450.2	21582.7

C-3-3 社会

地 区	单位数	年末职工人数	#女性	受教育程度情况	
				大学专科人数	大学本科及以上人数
全 国	**254969**	**3630298**	**634299**	**442669**	**264658**
中央级	1834	26017	10936		20392
北 京	3314	30961	9189	7434	15566
天 津	2020	8768	2808	2608	3081
河 北	9660	109604	15652	12066	5194
山 西	6242	83955	22999	18061	4627
内蒙古	5841	60647	15767	15003	4753
辽 宁	8803	137720	17068	18652	9018
吉 林	5497	78295	9665	12165	2987
黑龙江	5728	128170	54162	18475	7905
上 海	3686	32939	5480	2653	2741
江 苏	19398	136482	31874	35402	14787
浙 江	15456	125904	31981	36560	15411
安 徽	10465	184556	14335	13595	8189
福 建	11734	183412	20872	16220	11139
江 西	7032	95440	22365	11828	3487
山 东	17341	136018	26780	35361	26376
河 南	10806	110019	33080	11839	6370
湖 北	10622	96367	28547	25720	8202
湖 南	10575	472568	28656	20935	9099
广 东	13661	109361	22079	16152	11284
广 西	8816	230931	24733	11756	10316
海 南	1863	8060	2529	1687	788
重 庆	5680	37883	6419	5620	5446
四 川	17054	261894	43291	16967	34825
贵 州	4851	104834	14153	6089	1841
云 南	9669	229416	28361	12872	6710
西 藏	311	5708	2143	459	121
陕 西	8736	158243	25606	11292	3528
甘 肃	7405	138879	32608	26900	4580
青 海	1925	23593	6590	5730	1272
宁 夏	3318	26653	6328	5143	896
新 疆	5626	57001	17243	7425	3727

团体

单位:个、人

职业资格水平		年龄结构			
助理社会工作师人数	社会工作师人数	35岁及以下人数	36岁至45岁人数	46岁至55岁人数	56岁及以上人数
3665	**1192**	**906128**	**1384392**	**939749**	**400029**
		7426	4438	5985	8168
276	120	4643	8126	9324	8868
58	7	2405	3061	2225	1077
320	30	32958	48560	20860	7226
3	13	20064	33158	19812	10921
1	2	17933	26518	12283	3913
77	34	21010	46522	31202	38986
57	5	26377	29706	19856	2356
141	12	69392	35630	17406	5742
233	95	7427	17415	4160	3937
639	118	28904	46367	39638	21573
335	102	29878	54247	32648	9131
92	22	34841	73618	47781	28316
212	32	23640	53593	58249	47930
18	64	26321	40795	20976	7348
164	122	41868	54437	28441	11272
135	24	35347	43226	25961	5485
		29991	32881	25133	8362
89	32	86321	175034	188728	22485
169	252	29492	36559	27680	15630
68	20	47717	91016	62635	29563
		2851	2745	1509	955
78	11	7173	12963	10591	7156
215	26	96577	84649	47773	32895
43	2	21206	59797	18735	5096
82	5	59013	89014	53374	28015
		2465	2162	965	116
47	6	33584	51151	59564	13944
54	11	32189	82339	16624	7727
22	2	5264	8952	7989	1388
1		8722	12838	4344	749
36	23	13129	22875	17298	3699

C-3-3续表1

地区	社会组织负责人	#女性	按活动区域分		
			中央级社团	省级社团	地级社团
全国	**594119**	**82008**	**1834**	**24963**	**66163**
中央级	21537		1834		
北京	21461	4342		1239	
天津	4126	959		862	
河北	13602	1554		826	2623
山西	8872	679		896	2008
内蒙古	12375	3004		678	1740
辽宁	11631	2149		671	3453
吉林	8040	994		630	1775
黑龙江	10063	1571		939	2136
上海	19213	3245		1151	
江苏	35854	4718		899	5093
浙江	33835	7416		961	3932
安徽	16296	2078		918	3284
福建	24114	3713		945	2671
江西	12712	2065		673	2053
山东	53509	10681		970	4815
河南	17318	3268		964	4095
湖北	51807	3977		847	3062
湖南	24788	3127		786	3286
广东	36433	3458		1069	5357
广西	12715	1729		713	1997
海南	2164	550		692	303
重庆	18125	3199		861	
四川	26922	3972		1029	3795
贵州	35512	1665		590	1021
云南	16132	2054		784	2113
西藏	407	87		184	79
陕西	13562	1469		828	1598
甘肃	11649	1782		595	1464
青海	2123	195		487	369
宁夏	5152	582		570	560
新疆	12070	1726		706	1481

单位：人、个

县级社团	建立党组织的社会组织	社会组织职工中中共党员人数	当年新增单位数	当年年检单位数	行业性社团
162009	**51228**	**384134**	**8274**	**121009**	**31067**
	933	15667	24	1736	618
2075	692	12752	52	2275	531
1158	1182	10182	44	1920	349
6211	4188	23839	314	4965	2197
3338	685	5609	209	3642	1036
3423	711	3960	242	3264	1606
4679	1503	12618	361	5706	1340
3092	935	3221	14	203	
2653	2062	7454	26	201	18
2535	2126	8658	117	3346	235
13406	2784	20035	545	10646	2936
10563	2250	16769	654	14571	1868
6263	2292	14807	1075	6026	745
8118	1649	12622	169	2616	326
4306	1028	5255	91	1946	280
11556	6264	44347	1587	14884	7965
5747	3124	22578	77	2194	120
6713	1778	12152	544	9937	453
6503	2188	12402	205	3722	483
7235	762	8233	349	5023	1002
6106	756	29125	116	2513	596
868	115	4585	145	743	180
4819	353	6164	313	3342	1331
12230	3384	20146	220	3392	699
3240	267	3438	166	1732	2105
6772	1005	10027	238	2378	593
48	6	97	10	182	196
6310	1389	9563	80	3118	274
5346	1311	7329	6	792	
1069	739	2577	53	786	101
2188	1495	13196	169	1147	263
3439	1272	4727	59	2061	621

C-3-3续表2

地　区	社会组织					
	科技与研究	生态环境	教育	卫生	社会服务	文化
全　国	**19126**	**6999**	**12491**	**10776**	**33987**	**22472**
中央级	258	17	106	55	97	178
北　京	430	56	120	124	329	236
天　津	228	24	124	89	291	199
河　北	754	157	335	422	1273	697
山　西	425	97	387	298	1007	599
内蒙古	523	163	363	239	1015	431
辽　宁	557	178	483	489	941	561
吉　林	215	130	237	190	1228	514
黑龙江	441	250	565	387	738	338
上　海	614	32	156	204	506	263
江　苏	1399	371	1109	834	2997	1867
浙　江	1227	346	930	615	1777	1437
安　徽	747	290	445	400	1359	968
福　建	917	228	571	413	1798	1032
江　西	647	270	507	427	1027	598
山　东	1544	400	549	578	2231	1620
河　南	846	400	648	449	1359	1216
湖　北	925	220	360	454	1591	918
湖　南	1012	392	545	457	1292	889
广　东	1376	221	597	391	2263	1523
广　西	525	121	434	218	778	394
海　南	278	18	57	62	76	282
重　庆	474	151	256	186	590	484
四　川	770	730	1053	960	2549	1485
贵　州	147	102	111	163	414	463
云　南	267	225	353	418	1283	1024
西　藏	35	11	11	26	91	41
陕　西	547	142	205	221	874	1010
甘　肃	225	982	213	347	893	566
青　海	67	48	156	176	308	149
宁　夏	176	121	308	269	251	158
新　疆	530	106	197	215	761	332

单位：个

按行业分类							
体育	法律	工商业服务	宗教	农业及农村发展	职业及从业组织	国际及涉外组织	其他
13534	**3148**	**24894**	**4650**	**52105**	**17648**	**519**	**32620**
101	18	245	10	42	23	45	639
195	42	380	46	660	178		518
106	44	317	27	97	118	69	287
461	121	1017	198	2043	548	8	1626
488	103	587	99	595	226	4	1327
313	49	557	48	1308	155	2	675
465	107	657	126	1575	499	35	2130
230	82	291	80	1134	350	18	798
195	104	458	77	1160	582	14	419
353	34	611	82	67	232	7	525
1406	267	2186	344	2926	1410	53	2229
1139	207	2290	319	1025	1838	19	2287
550	141	832	151	2806	817	20	939
632	111	992	274	1731	684	25	2326
481	132	625	147	1059	456		656
797	164	1736	222	5152	1233	34	1081
460	222	1190	257	1868	715	19	1157
553	125	1111	169	1743	717		1736
428	170	1116	201	1634	1111	37	1291
900	76	2337	240	586	887	33	2231
214	54	459	170	4144	298	7	1000
117	11	320	17	430	75	1	119
321	41	504	84	1629	359	4	597
987	206	1047	347	3730	1529	11	1650
266	43	404	102	1494	557	2	583
424	125	493	255	2550	671	25	1556
10	10	17	3	21	9		26
285	67	673	166	3731	363	4	448
184	88	340	151	2133	684	4	595
77	67	139	61	422	38	1	216
141	35	228	86	950	50		545
255	82	735	91	1660	236	18	408

C-3-3续表3

地　区	行政执法	行政处罚数	并处没收违法经营额/违法所得	并处罚款
全　国	**890**	**878**	**8**	**5**
中央级				
北　京	15	15		
天　津	11	11		
河　北	21	21		
山　西	52	52		
内蒙古				
辽　宁	116	116	8	
吉　林				
黑龙江				
上　海				
江　苏	15	15		
浙　江	28	22		
安　徽	15	15		
福　建				
江　西				
山　东	197	197		5
河　南				
湖　北	21	21		
湖　南				
广　东	30	29		
广　西				
海　南				
重　庆	42	42		
四　川	45	40		
贵　州	34	34		
云　南	38	38		
西　藏	52	52		
陕　西				
甘　肃				
青　海				
宁　夏	68	68		
新　疆	90	90		

单位：起

(1) 警告	(2) 限期（责令）停止活动	(3) 撤销登记	取缔非法社会组织
58	**60**	**760**	**12**
		15	
		11	
3		18	
		52	
		116	
		15	
		22	6
	3	12	
6	1	190	
8	2	11	
2	4	23	1
	6	36	
		40	5
		34	
		38	
7	42	3	
32		36	
	2	88	

C−3−3续表4

地 区	增加值合计	执行行政事业单位会计制度财务指标			
		固定资产原价	上年结转和结余	本年收入合计	本年支出合计
全 国	**1574877.4**	**81134.5**	**75307.3**	**5623.1**	**67456.2**
中央级	403367.0				
北 京	44901.6				
天 津	8135.0				
河 北	10599.9	4574.5	1608.5		1807.5
山 西	25328.6	2712.0	502.8	-2.9	312.8
内蒙古	9079.0	4398.3	3897.1	45.3	3937.4
辽 宁	40479.0	1592.2	1118.2	2.0	1077.2
吉 林	8042.1	192.0	529.0	21.0	548.8
黑龙江	5407.4	1230.6	408.4		411.3
上 海	98692.4	0.2	12.3	1.1	
江 苏	154876.9	20435.9	44895.2	1145.5	43140.3
浙 江	112223.7	38.7	657.3	2.8	450.7
安 徽	16840.6	2924.0	1534.0		1218.0
福 建	64521.5	8440.0	2533.5		3159.5
江 西	17172.1	3683.0	623.8		623.8
山 东	107255.9				
河 南	16213.0	1973.2	1399.4		1408.3
湖 北	45367.7	300.0			
湖 南	40780.7	2083.4	2068.6		2121.6
广 东	202774.0	4962.8	7018.2	3130.0	2298.7
广 西	16283.0	1426.5	10.0		10.0
海 南	3352.8				
重 庆	15937.4	1764.0	295.7		297.7
四 川	15892.2	147.0	816.0		815.8
贵 州	31700.8	2505.6	343.8	49.9	248.3
云 南	20412.3	6885.7	1796.9	210.2	1541.9
西 藏	58.4	30.1			
陕 西	7920.4	63.0			
甘 肃	18323.7	1439.2	563.2		557.6
青 海	3476.1	1245.0	468.0	245.0	483.0
宁 夏	4054.0	1332.0	696.0	150.0	190.0
新 疆	5348.8	4755.6	1511.4	623.2	796.0

单位：万元

收支结余	行政事业单位增加值	执行民间非营利组织单位会计制度财务指标				
		固定资产原价	上年结余	本年收入合计	本年费用合计	民间非营利组织单位增加值
311.3	**36025.7**	**5490297.1**	**1821758.4**	**4334119.0**	**3114902.6**	**1538851.7**
		510102.0		1143431.5	877888.8	403367.0
		91469.8	257070.6	178956.6	191443.8	44901.6
		13833.3	386.8	35731.1	19028.3	8135.0
	1409.8	36859.9	496.5	31586.8	28605.9	9190.1
	138.8	43550.2	2223.1	39734.4	35088.0	25189.8
5.0	2691.1	11029.1	238.3	16010.1	15289.7	6387.9
	874.8	65184.8	49.0	85515.5	75093.9	39604.2
	454.6	39163.8		13516.8	17215.5	7587.5
2.5	383.3	883340.3	746.4	8155.0	8903.3	5024.1
		10324.6	190813.5	362574.4	131944.9	98692.4
79.6	23284.1	402030.9	18773.1	309795.9	273342.5	131592.8
	34.9	152232.5	358583.6	347183.7	319886.9	112188.8
	575.6	1412027.7	2395.3	85271.7	27739.2	16265.0
	1325.1	16921.9	1298.3	39211.1	40569.3	63196.4
	149.8	48000.3	452.5	26615.5	27247.4	17022.3
		106688.0	206.5	165256.9	166197.8	107255.9
	526.5	32163.2	2131.3	29757.1	28713.9	15686.5
	12.0	59653.1	1996.8	121108.5	107968.5	45355.7
	677.3	44932.9	187.4	91873.4	80805.6	40103.4
45.0	691.5	509131.4	84539.6	460443.6	319206.8	202082.5
0.5	57.1	158837.7	54683.5	20992.9	18892.2	16225.9
		5871.1	60.3	5210.2	4268.6	3352.8
	70.6	41279.1	10490.7	67353.5	55982.7	15866.8
	483.3	502769.3	634487.6	145831.6	126073.3	15408.9
	228.8	18656.7	598.7	18260.5	13836.0	31472.0
145.5	426.8	154265.1	195601.5	407130.3	35345.3	19985.5
	1.2	1078.0	124.0	29.7	66.4	57.2
	2.5	38326.0	795.3	11744.6	12932.6	7917.9
6.6	421.1	51401.5	153.8	27489.4	25372.0	17902.6
	397.8	8169.9	12.0	21114.0	14672.1	3078.3
	203.7	8560.1	29.0	6657.1	7015.9	3850.3
26.6	444.2	12442.9	2133.4	10575.6	8265.5	4904.6

C-3-4 基金

地　区	单位数	年末职工人数		受教育程度情况	
			#女性	大学专科人数	大学本科及以上人数
全　国	**2614**	**14141**	**4437**	**2853**	**2761**
中央级	183	1628	545		
北　京	186	1586	720	274	1201
天　津	45	302	122	101	187
河　北	30	157	27	125	27
山　西	32	192	56	47	52
内蒙古	82	357	88	298	45
辽　宁	50	426	111	230	80
吉　林	36	103	23		
黑龙江	53	159	53		
上　海	127	519	256		
江　苏	376	846	178		
浙　江	222	653	263	313	
安　徽	40	145	22	14	16
福　建	127	863	102		
江　西	32	184	35	101	51
山　东	64	253	70	164	72
河　南	64	233	36	63	63
湖　北	52	360	96	128	162
湖　南	137	840	368	428	329
广　东	267	1916	680		
广　西	23	341	133	61	17
海　南	31	140	10	65	75
重　庆	33	158	19	10	55
四　川	81	559	198	190	
贵　州	26	63	11		
云　南	44	180	70	51	129
西　藏	11	36	11	26	8
陕　西	65	220	21	16	34
甘　肃	28	315	20	114	72
青　海	13	38	4	12	8
宁　夏	27	106	43	22	26
新　疆	27	263	46		52

会

单位:个、人

职业资格水平		年龄结构			
助理社会工作师人数	社会工作师人数	35岁及以下人数	36岁至45岁人数	46岁至55岁人数	56岁及以上人数
70	**91**	**5377**	**3472**	**3223**	**2069**
		453	304	437	434
	40	523	324	349	390
21	42	90	108	79	25
		13	45	91	8
		28	33	81	50
		130	92	55	80
25	6	100	82	202	42
		89	14		
		53	53	53	
		236	156	85	42
		398	165	183	100
		296	224	87	46
		8	29	30	78
7		93	223	265	282
		31	125	28	
		142	111		
			233		
		79	142	101	38
		187	256	309	88
		1875	20	20	1
		65	118	131	27
		112	17	5	6
			23	91	44
		154	162	162	81
			63		
11	3	40	60	50	30
		14	17	5	
		15	52	123	30
6		69	91	87	68
		8	24	6	
		22	30	39	15
		54	76	69	64

C-3-4续表1

地　区	社会组织负责人数	#女性	按性质分	
			公墓基金会	非公墓基金会
全　国	**6257**	**1388**	**1218**	**1370**
中央级	591	208	92	65
北　京	650	151	35	151
天　津	43		17	28
河　北	30		9	21
山　西	32	5	17	15
内蒙古	96	24	45	37
辽　宁	39	10	32	18
吉　林	56	12	21	15
黑龙江	53	15	29	24
上　海	501	136	54	73
江　苏	376	54	161	215
浙　江	222	31	122	100
安　徽	79	5	18	22
福　建	127	15	19	108
江　西	89	14	13	19
山　东	64	12	29	35
河　南	233	36	30	34
湖　北	258	81	16	36
湖　南	463	181	90	47
广　东	1259	260	102	165
广　西	341	22	13	10
海　南	124	7	14	17
重　庆	121		21	12
四　川	81	32	52	29
贵　州	63	13	25	1
云　南	44	6	34	10
西　藏	18	2	9	2
陕　西	60	35	27	38
甘　肃	42	6	24	4
青　海	21	5	9	4
宁　夏	36	4	21	6
新　疆	45	6	18	9

单位：人、个

境外基金代表机构	建立党组织的社会组织	社会组织职工中中共党员人数	当年登记单位数	当年年检单位数
26	**438**	**3714**	**155**	**1229**
26				138
	13	631		148
			2	44
	30	90		
	3	12	3	21
	10	60		38
				39
	7	21		
	9	54		
	40	120	10	
		658	66	376
	6	287	36	222
	34	106	1	1
	73	219		
	3	12	7	25
	31	195	4	52
	1	3		
	5	54	5	47
	86	369		
		411		
	22	70		
		115	3	11
	2	7	5	
				9
	8	40	6	32
				9
	10	30		
	14	42		
	30	94	7	15
	1	14		2

C-3-4续表2

地 区	社会组织					
	科技与研究	生态环境	教育	卫生	社会服务	文化
全 国	**79**	**62**	**805**	**121**	**753**	**184**
中央级	6	8	33	12	10	19
北 京	10	8	49	12	21	30
天 津	3		20	1	10	7
河 北	1		6	1		
山 西			13		15	2
内蒙古		2	20	46		
辽 宁			10	4	17	6
吉 林		2	16	1	12	1
黑龙江	2	4	9	2	26	2
上 海	7	5	38	8	47	12
江 苏	1	2	108	4	212	8
浙 江	7		105	5	75	9
安 徽	3	3	8		10	3
福 建	5	3	50	3	9	3
江 西			13			1
山 东	2	2	19	3	6	5
河 南			16			6
湖 北		3	27	1	12	4
湖 南	6		65		5	12
广 东	16	3	67	4	151	22
广 西					23	
海 南	1	2	13	1	4	3
重 庆			11	2	14	2
四 川	4		50	2	14	4
贵 州			1		23	
云 南		6	7	1	20	3
西 藏		1	3		1	3
陕 西	1		11	2	2	10
甘 肃	2	2	9		8	4
青 海			3		3	
宁 夏	2	6	4	6	2	3
新 疆			1		1	

单位：个

按行业分类

体育	法律	工商业服务	宗教	农业及农村发展	职业及从业组织	国际及涉外组织	其他
40	**40**	**27**	**19**	**48**	**10**	**27**	**399**
1	3			3		26	62
4	2		2	1			47
1	1		1				1
			2				20
			1				1
							14
1							12
	3	1					
3	1	1	1	1	1		
1		6			2		1
4	3		2	32			
1				5			15
	1	1			2		9
3	2	8	2	2	3		34
							18
	11			1			15
2							40
1	2			1			1
12		7					30
3			1				
	3	2	2				
	1		2				1
2	2			1	1		1
1							1
	1					1	5
	2						1
	1		1	1			36
		1					2
							7
	1		2		1		
							25

C-3-4续表3

地　区	行政执法	行政处罚数	(1) 警告	(2) 限期（责令）停止活动	(3) 撤销登记
全　国	**11**	**11**	**5**	**2**	**4**
中央级					
北　京	7	7	5		2
天　津					
河　北					
山　西					
内蒙古					
辽　宁					
吉　林					
黑龙江					
上　海					
江　苏					
浙　江					
安　徽					
福　建					
江　西					
山　东					
河　南					
湖　北					
湖　南					
广　东					
广　西					
海　南					
重　庆					
四　川					
贵　州					
云　南					
西　藏	4	4		2	2
陕　西					
甘　肃					
青　海					
宁　夏					
新　疆					

单位：起、万元

增加值合计	执行民间非营利组织单位会计制度财务指标				
	固定资产原价	上年结余	本年收入合计	本年费用合计	民间非营利组织单位增加值
637234.7	**153873.1**	**907648.3**	**2797548.8**	**1933264.4**	**637234.7**
383485.4	26823.4		1847526.5	1469546.3	383485.4
73749.3	3275.9	128737.3	151792.8	9756.1	73749.3
75.3	2570.0	8983.3		529.9	75.3
30.0			30.0	30.0	30.0
2275.0	780.0	1023.0	5133.0	230.0	2275.0
4765.0	300.0		9885.0	7282.0	4765.0
7498.0	1010.0		9800.0	9687.0	7498.0
42.0	328.7			1007.9	42.0
	53.0				
48024.7			34485.2	75071.6	48024.7
4906.0		653167.0	346227.0	10587.0	4906.0
51302.2	5229.5	50761.9	250878.1	200116.2	51302.2
94.0	790.0	180.0	1030.0	188.0	94.0
20437.0	27358.0		28900.0	25549.0	20437.0
8417.5	511.8		9115.1	6899.6	8417.5
373.0	364.2		2855.1	2767.3	373.0
10.0				200.0	10.0
610.0	492.0		21705.0	747.0	610.0
708.0	246.0		980.0	958.0	708.0
18587.0	8701.0		25561.0	78801.0	18587.0
51.8	86.7		51.8	51.8	51.8
130.0			130.0	130.0	130.0
6592.7	100.7	45.7	11386.3	6450.8	6592.7
3.8			172.3	3.8	3.8
524.0			10670.0	1115.0	524.0
1900.0	50000.0	45000.0	15000.0	18000.0	1900.0
781.7	579.8	11747.4	2050.8	1888.9	781.7
323.0	76.0	22.0	1237.0	928.0	323.0
200.0	100.4	7980.7	5679.3	699.3	200.0
13.3	14.0		206.0	25.9	13.3
1315.0	24000.0		5049.5	4005.0	1315.0
10.0	82.0		12.0	12.0	10.0

C-3-5 民办

地区	单位数	年末职工人数		受教育程度情况	
			#女性	大学专科人数	大学本科及以上人数
全国	**204388**	**2348326**	**857126**	**572857**	**368850**
中央级	46	1007	523		858
北京	4089	74211	27114	19093	22354
天津	2125	35295	16617	12171	13733
河北	6133	94301	41215	33380	10891
山西	4355	58416	19281	16158	7390
内蒙古	2889	24865	8907	7386	4958
辽宁	9939	75490	28123	15735	11210
吉林	3087	27244	8041	5831	1197
黑龙江	7214	40197	13413	12824	3327
上海	6572	87600	18626	11197	9277
江苏	16887	202063	63684	40417	33991
浙江	13770	167096	71591	50498	27015
安徽	6383	80727	26790	20276	9573
福建	5140	62756	23610	11068	19052
江西	4303	77232	32110	7920	3228
山东	23725	188830	45799	62121	37696
河南	9221	96887	27230	24237	22127
湖北	12653	116085	43608	31281	9104
湖南	6399	77698	30764	24598	12701
广东	16756	320531	132110	62821	32697
广西	4517	42089	20371	10764	4683
海南	1319	15408	6153	3842	4772
重庆	4455	61666	28996	14469	19845
四川	13139	130401	50860	30111	16563
贵州	2276	24521	8837	6128	4014
云南	3805	44997	20165	6590	8656
西藏	15	128	41	72	20
陕西	6350	67896	21880	14093	6882
甘肃	2550	23693	5270	9523	4073
青海	760	3622	1035	289	59
宁夏	943	6913	3790	2124	2661
新疆	2573	18461	10572	5840	4243

非企业

单位：个、人

职业资格水平		年龄结构			
助理社会工作师人数	社会工作师人数	35岁及以下人数	36岁至45岁人数	46岁至55岁人数	56岁及以上人数
6954	**1965**	**1009348**	**832719**	**381874**	**124385**
		364	176	217	250
960	574	25066	25793	14330	9022
45	22	9313	13121	9090	3771
112	153	32162	30693	26992	4454
57	25	31223	16615	7454	3124
	6	11172	8229	4228	1236
110	51	26182	27739	15984	5585
71	14	9320	11993	3832	2099
59	19	15547	15887	5652	3111
186	71	27828	21457	29740	8575
614	128	60078	82650	46846	12489
253	134	73217	62588	24442	6849
380	38	31378	27980	13871	7498
152	46	26867	20735	11695	3459
193	21	25540	38215	10552	2925
414	145	69247	77550	34150	7883
258	24	42929	37255	11850	4853
57	21	43945	47039	19539	5562
168	45	38539	27311	8515	3333
1959	291	207126	86347	20618	6440
203	27	19392	15234	6166	1297
		6441	6092	1553	1322
73	17	29262	19854	8193	4357
329	54	66010	43395	17110	3886
55	4	11550	8117	3596	1258
99	5	22518	16469	4614	1396
		55	51	16	6
57	11	28242	25481	9589	4584
61	4	7765	7776	6309	1843
9	5	936	1639	360	687
		2279	3302	976	356
20	10	7855	5936	3795	875

C-3-5续表1

地区	民间组织负责人	#女性	按性质分	
			法人	合伙
全国	**336297**	**110218**	**147202**	**7265**
中央级	320	105	44	1
北京	12144	5503	3936	17
天津	3546	1676	2029	9
河北	8101	1557	3195	353
山西	5320	1075	3831	72
内蒙古	3811	1341	1622	225
辽宁	10760	3856	7353	161
吉林	4033	1580	1600	37
黑龙江	8043	2530	3569	193
上海	14927	6547	6502	42
江苏	25219	7427	12740	741
浙江	21177	8754	10173	492
安徽	8625	2248	4090	437
福建	7499	2702	4149	208
江西	6886	2690	2529	151
山东	58287	16010	15723	823
河南	13139	3834	5712	271
湖北	21364	4563	10057	522
湖南	11217	3750	3801	431
广东	26447	11227	14902	151
广西	10786	1824	2671	223
海南	991	401	1056	49
重庆	10708	3884	3706	89
四川	17442	6559	9336	510
贵州	3039	986	1059	193
云南	4399	1653	2603	99
西藏	18	6	14	1
陕西	9010	3000	4114	256
甘肃	3529	1074	1560	234
青海	1003	129	572	27
宁夏	1491	733	513	198
新疆	3016	994	2441	49

单位：人、个

个体	建立党组织的社会组织	社会组织职工中中共党员人数	当年登记单位数	当年年检单位数
49921	**29723**	**223808**	**9526**	**106981**
1	36	273	4	37
136	607	9816	249	2794
87	858	4946	64	1558
2585	1723	9506	233	3442
452	414	3950	180	1940
1042	431	2218	107	1790
2425	676	4561	547	6189
1450	125	504	20	309
3452	531	2225	33	660
28	3507	17036	464	5317
3406	1429	23228	890	8698
3105	1033	12490	757	12785
1856	922	5564	501	3347
783	1299	4413	108	1365
1623	362	3311	50	932
7179	4071	37116	1583	20672
3238	1890	9451	113	2162
2074	2907	18067	933	11086
2167	745	3607	374	3378
1703	672	11079	848	5682
1623	240	2252	136	1381
214	21	1016	85	747
660	440	9200	257	2193
3293	2063	10984	527	4405
1024	325	1706	231	943
1103	815	6387	101	365
			2	11
1980	426	2556	51	1582
756	221	891	9	203
161	501	1534	3	124
232	269	2064	34	183
83	164	1857	32	701

C-3-5续表2

地　区	社会组织					
	科技与研究	生态环境	教育	卫生	社会服务	文化
全　国	**10956**	**846**	**104894**	**21573**	**31750**	**8827**
中央级	12		3		12	10
北　京	172	11	2376	275	743	145
天　津	42	2	979	125	290	79
河　北	457	27	2611	1726	545	166
山　西	621	18	2106	190	533	233
内蒙古	272	16	1268	186	579	111
辽　宁	268	10	5413	1403	1398	242
吉　林	157	7	1554	119	702	168
黑龙江	591	13	3705	218	1919	153
上　海	191	7	2955	127	2074	225
江　苏	435	19	6283	1707	4596	834
浙　江	845	312	8957	706	1306	623
安　徽	297	22	3174	1322	716	211
福　建	259	20	3404	207	429	267
江　西	65	2	2804	425	546	130
山　东	2418	39	7621	6043	3522	1247
河　南	781	152	4001	964	1429	612
湖　北	418	55	3726	550	2688	670
湖　南	244	13	4206	533	663	325
广　东	506	10	12217	320	1913	634
广　西	110	7	3559	145	230	106
海　南	59	9	776	170	156	59
重　庆	79		2523	78	1078	95
四　川	249	12	8597	1695	1494	287
贵　州	77	8	1542	203	207	91
云　南	80	5	2507	206	174	90
西　藏	1		7		4	1
陕　西	810	18	2904	1235	601	439
甘　肃	256	10	1053	298	461	233
青　海	14		423	25	42	78
宁　夏	79	21	237	170	139	107
新　疆	91	1	1403	202	561	156

单位：个

按行业分类							
体育	法律	工商业服务	宗教	农业及农村发展	职业及从业组织	国际及涉外组织	其他
7700	**618**	**2213**	**169**	**1904**	**2162**	**36**	**10740**
		9					
234	39	1	12	7	4		70
207	3	1	2		13		382
225	10	55	1	15	71		224
193	18	29	7	33	78		296
97	1	21	4	6	4		324
300	10	197	7	31	280	2	378
108	26	40		9	61		136
292	11	18	1	15	177		101
341	27	94	10	40	90	34	357
953	24	252	40	381	200		1163
480	16	50	1	65	74		335
148	5	58	6	45	63		316
192		118	25	7	45		167
184	2	21		13	7		104
1088	216	312	5	182	116		916
658	38	117	3	19	89		358
259	79	242		731	261		2974
114	8	88	9	52	38		106
433	5	125	4	10	94		485
176	1	47		5	17		114
33		13					44
220	2	35		83	96		166
204	20	101	2	87	112		279
67	8	14		9	29		21
138	3	16	8	25	41		512
	1						1
104	25	72	4	17	14		107
73	13	41	2	14	52		44
20		13			2		143
62	7	9	16	3	10		83
97		4			24		34

C-3-5续表3

地 区	行政执法	行政处罚数	并处没收违法经营额/违法所得	并处罚款
全 国	**1016**	**1007**	**14**	**13**
中央级				
北 京	1			
天 津	10	10		
河 北	9	9		
山 西	95	95		
内蒙古	2	2		
辽 宁	58	58		
吉 林				
黑龙江				
上 海				
江 苏	27	27		
浙 江	32	32		
安 徽	5	5		
福 建				
江 西				
山 东	538	536	14	13
河 南				
湖 北	25	25		
湖 南				
广 东	99	93		
广 西				
海 南				
重 庆	49	49		
四 川	3	3		
贵 州	15	15		
云 南	8	8		
西 藏	1	1		
陕 西	13	13		
甘 肃				
青 海				
宁 夏	26	26		
新 疆				

单位：起

⑴ 警告	⑵ 限期（责令）停止活动	⑶ 撤销登记	取缔非法社会组织	#并处没收非法财产
24	**25**	**958**	**9**	**6**
			1	
		10		
1	4	4		
	1	94		
		2		
		58		
		27		
		32		
		5		
13	7	516	2	
		25		
4	3	86	6	6
	2	47		
		3		
	4	11		
		8		
	1			
	3	10		
6		20		

C-2-5续表4

地区	增加值合计	执行企业会计制度单位财务指标					执行行政	
		固定资产原价	营业收入	费用合计	营业利润	企业单位增加值	固定资产原价	上年结转和结余
全　国	**4387946.7**	**216806.6**	**58003.5**	**73248.0**	**1177.8**	**8432.5**	**72107.0**	**39549.1**
中央级	10753.9							
北　京	211077.4							
天　津	32283.0							
河　北	37757.9	1792.0	4648.3	192.8	144.0	144.0	2308.0	417.6
山　西	59655.7						1069.0	2765.0
内蒙古	15740.5	1683.0	5192.0	1156.0	174.0	1616.4	5887.6	1650.6
辽　宁	405428.8							55.8
吉　林	4854.2	0.1	49.2	49.1		359.1	1.9	84.0
黑龙江	17739.7	2049.0	990.0	616.0	67.2	351.7	611.8	264.4
上　海	294876.8							
江　苏	1242523.4	9824.5	5777.6	51659.3	-5.9	440.2	8178.0	7787.9
浙　江	326986.6							
安　徽	364729.6	104878.7	4884.4	2148.3	39.0	1738.8	13710.5	4825.6
福　建	24035.1	755.8	51.0	19.0		4.0	490.0	2159.8
江　西	132209.8	11613.0	1110.0	620.0			40.0	12.0
山　东	205037.8							
河　南	54153.6	1255.0	488.0	454.0		295.7	1694.0	796.5
湖　北	159748.9							
湖　南	53393.5						15536.9	7162.8
广　东	322077.2	24118.1	2807.5	297.5		1000.0	16130.0	4960.0
广　西	23966.8	9937.4	645.0	847.5	12.0	443.8	1635.0	243.0
海　南	4179.7							
重　庆	128084.4	2655.0	870.0				75.0	931.9
四　川	97337.1	30228.9	27389.1	13780.5	552.6	871.3	1325.0	1811.4
贵　州	31234.4	1625.6	653.0	73.1	169.4	517.6	6.5	
云　南	82075.7	8011.9	2331.4	1250.9	25.5	551.6	2598.8	1485.0
西　藏	195.0							
陕　西	13024.5							
甘　肃	10415.0	1344.0	80.0	80.0		92.0	44.0	484.0
青　海	1475.0							
宁　夏	3633.4	4564.6	7.0			4.8	260.0	24.0
新　疆	17746.5	470.0	30.0	4.0		1.5	505.0	1627.8

单位：万元

事业单位会计制度财务指标				执行民间非营利组织单位会计制度财务指标				
本年收入合计	本年支出合计	收支结余	行政事业单位增加值	固定资产原价	上年结余	本年收入合计	本年费用合计	民间非营利组织单位增加值
433.0	**33404.1**	**2397.9**	**22838.7**	**12835732.5**	**2285197.3**	**10318542.2**	**7203672.6**	**4356675.5**
				21039.3		25480.0	24447.0	10753.9
				595729.8	570636.9	826270.9	745558.2	211077.4
				57247.1	5592.0	111264.2	85452.0	32283.0
	417.6		138.1	185089.0	829.5	595946.1	68461.3	37475.8
	2765.0		1055.8	127282.0	2420.9	78215.4	72636.5	58599.9
5.0	1653.6	2.0	1081.1	21572.9	533.8	25067.0	25630.5	13043.0
	55.8		24.0	206848.7	138.2	645306.4	583447.3	405404.8
	360.0		76.1	723686.3	779.0	97673.4	79423.6	4419.0
	273.7	18.0	241.8	1269896.9	468.6	761955.4	26196.6	17146.2
				117276.8	694752.0	1654099.0	580343.9	294876.8
121.0	7682.6	210.9	4873.3	906073.2	160524.4	808598.4	756856.1	1237209.9
				1384744.7	168197.9	744858.5	709292.2	326986.6
	4077.7	67.9	3510.7	1607271.2	7372.2	353515.1	933965.0	359480.1
	1375.9	783.9	825.3	168518.4	18894.9	39197.6	62526.2	23205.8
	12.0		9.6	144992.5	458.5	191742.8	180195.5	132200.2
				422621.2	233.2	336082.2	333671.6	205037.8
	700.5		327.0	184521.0	7345.1	113249.4	106245.5	53530.9
				281439.8		288686.0	288686.0	159748.9
	6517.8	74.0	6383.3	205636.0	50142.9	147598.2	129519.0	47010.2
100.0	1853.0		645.2	2092126.8	140519.9	1432794.6	803807.3	320432.0
123.0	566.0	1225.0	1573.8	539237.3	44110.6	23923.8	24041.9	21949.2
				79365.7	708.0	6745.4	5523.7	4179.7
	931.9		3.5	358588.7	179318.1	220689.3	148154.9	128080.9
84.0	967.7	16.2	544.1	316462.9	2112.7	554158.0	207231.6	95921.7
			4.5	101028.2	1023.0	34132.4	30926.3	30712.3
	1485.0		829.3	272944.6	172918.0	124264.5	119978.2	80694.8
				145.3	421.0		130.6	195.0
				361185.7	49697.7	23518.5	26308.8	13024.5
	85.5		68.1	30948.6	3946.1	25194.7	14250.4	10254.9
				7011.7	228.1	2849.2	2779.0	1475.0
	24.0		31.4	7385.3	966.0	3926.7	6813.2	3597.2
	1598.8		1076.9	37814.9	-91.9	21539.1	21172.7	16668.1

C-3-6 自治组

地 区	单位数	居民1000户以下	居民1000户－3000户	居民3000户以上	社区居委会（村委会）成员	中共党员
全 国	**679133**	**484440**	**159076**	**35617**	**2773320**	**1584826**
中央级						
北 京	6714	4314	1976	424	30914	16640
天 津	5240	3797	1268	175	20411	9866
河 北	52218	42241	8411	1566	186726	96686
山 西	30082	26035	3386	661	105226	52691
内蒙古	13192	8400	3744	1048	50240	28225
辽 宁	15497	6465	6904	2128	72347	46512
吉 林	11123	6470	3546	1107	44073	18189
黑龙江	11731	5854	4793	1084	53408	23408
上 海	5444	2072	3092	280	27705	14336
江 苏	21708	9864	9495	2349	108602	68878
浙 江	32988	25364	6953	671	128923	58232
安 徽	18289	7887	7863	2539	75288	50989
福 建	16626	11823	4316	487	68035	23898
江 西	20058	12089	6912	1057	74363	30244
山 东	78143	64540	11329	2274	320734	243972
河 南	51213	34443	14240	2530	212093	113715
湖 北	29694	20741	7407	1546	115892	74991
湖 南	47239	35819	9172	2248	167542	107914
广 东	25357	15321	8016	2020	116664	82197
广 西	16085	10725	4358	1002	75885	54085
海 南	3031	2431	444	156	14831	11553
重 庆	10945	6459	3677	809	53219	29900
四 川	52988	38289	11433	3266	210989	107035
贵 州	19288	16033	2502	753	87511	39375
云 南	14104	8818	4076	1210	66390	41699
西 藏	5456	5446	10		26329	19081
陕 西	28958	24502	3552	904	107466	51367
甘 肃	16997	13307	3094	596	65391	26663
青 海	4582	3999	302	281	18734	8479
宁 夏	2749	2018	612	119	11828	7298
新 疆	11394	8874	2193	327	55561	26708

织总表

单位:个、人

女性	社区居委会（村委会）主任	主任、书记"一肩挑"	中共党员	女性	受教育程度 大学专科人数
733824	**625838**	**239155**	**474913**	**96073**	**332524**
15582	6209	3626	5174	2042	8896
10748	5240	1956	3491	1368	4451
31323	51509	13040	32634	5080	9444
25443	27766	16096	21139	2088	9390
16563	12959	3421	8876	3095	6226
30817	13347	7291	10805	3202	25514
13372	10286	3042	6966	2874	7021
17302	9948	2635	6394	2762	11523
15256	4746	1064	3335	2280	5035
31429	19854	5582	16847	4489	21233
34381	29274	2360	15137	3082	17625
21339	16066	3776	12478	2362	8686
14748	12426	591	6068	1326	3236
19560	10152	1476	6410	1898	3165
91799	78143	59726	76561	7325	61378
48787	50073	23195	37323	10671	30270
33247	27599	17448	24372	4186	10041
48313	45375	22635	40801	7519	16115
34051	20812	13206	17779	2208	12481
16472	15109	5063	12445	1348	5957
3592	3028	2191	2675	122	1278
15690	9903	1000	7938	1838	8421
48099	48781	5919	33318	9110	14674
16548	19011	1946	10521	2281	5441
12413	14007	6823	10434	1533	4287
5800	5451	2862	4151	1269	482
26150	28425	1902	19971	3878	2578
12189	15065	1842	9587	2278	4054
3678	3838	607	2193	287	3636
3503	2533	1641	2032	462	976
15630	8903	5193	7058	1810	9010

C-3-6续表1

地　区	受教育程度	职业资格水平		年龄结构		
	大学本科及以上人数	助理社会工作师人数	社会工作师人数	35岁及以下人数	36岁至45岁人数	46岁至55岁人数
全　国	**100325**	**6730**	**1999**	**600071**	**1229669**	**752361**
中央级						
北　京	4521	1220	328	5376	11417	10520
天　津	1242	217	56	3923	6796	7424
河　北	1415	86	86	35882	86657	53603
山　西	3158	77	45	23369	40778	30783
内蒙古	1567	1	5	15537	21151	10659
辽　宁	8221	326	82	17814	28753	20393
吉　林	1846	113	7	9963	22607	10394
黑龙江	2108	243	20	11222	29776	11080
上　海	1802	284	160	4284	7568	10962
江　苏	6935	866	146	25195	45109	31518
浙　江	4077	582	280	28807	58764	33751
安　徽	1488	266	53	13922	39454	18157
福　建	653	146	65	13988	33750	17253
江　西	291	101	9	16620	40553	14261
山　东	26764	266	69	75662	141585	80540
河　南	7980	190	69	46698	93273	56701
湖　北	1565	87	38	24030	53696	32588
湖　南	3518	191	44	34702	82407	41544
广　东	3939	784	317	23106	41757	40827
广　西	1004	120	26	11086	27313	30508
海　南	192	14		3117	6528	4056
重　庆	2199	91	13	13106	22735	13876
四　川	4659	212	25	43096	96339	53795
贵　州	744	26	5	20904	35937	23303
云　南	1293	63	7	18396	29574	15512
西　藏	17			3317	8332	9419
陕　西	569	13	11	17309	46023	34593
甘　肃	1478	29	3	14375	33455	14672
青　海	3067	19	1	3931	8447	5366
宁　夏	154	51	11	3015	5427	3106
新　疆	1859	46	18	18319	23708	11197

单位：个、人

56岁及以上人数	居民(村民)小组	当年完成选举的居(村)委会数	当年完成选举的居(村)选民登记总数	本届登记选民数	参加投票人数	委托投票人数
191219	**6104094**	**357797**	**452822732**	**401880363**	**355726749**	**29188525**
3601	90574					
2268	109387					
10584	336469	1748	1826812	1807605	1318338	92454
10296	121514	22646	15572380	14426850	13386621	759828
2893	77169	258	261619	82783	243000	427
5387	206016	3573	9033714	6822623	4496617	115936
1109	84107	2466	3297346	2424002	1956021	24826
1330	161553	5635	9721015	8932740	7331262	92805
4891	198887					
6780	343105	3032	7309379	6794786	6173583	495037
7601	319171	28320	31146203	27444834	25992019	2164952
3755	274887	14821	33420258	29537329	26615954	1960971
3044	156522	1742	1899012	1451487	1069293	15
2929	171297	1764	2545817	2043459	2089196	57430
22947	519777	73136	65042918	55820463	49882357	3558881
15421	399575	46292	63031350	54761066	48909804	2227992
5578	239878	25586	30145706	26832468	22199887	4314084
8889	492375	30423	36932017	32292839	31491831	5190933
10974	272235	14487	30779619	28789069	24754374	1770389
6978	285756	12844	30978942	29505335	25702124	2451534
1130	28101	1033	1455551	1349587	1151571	39313
3502	91548	2083	5524839	5096990	4632164	564219
17759	402876	17794	22917444	20771954	17374141	1887608
7367	193331	11451	16667958	14745691	12893235	137846
2908	183313	2568	6493205	5711808	5379836	205019
5261	16676	5456	1693122	1689760	1495156	14381
9541	150441	19877	15059287	13878922	12445951	539577
2889	90124	4038	6481590	5715701	4494288	223965
990	15829	3287	2169339	1962708	1556631	281109
280	16214	679	403030	306361	168971	12232
2337	55387	758	1013260	881143	522524	4762

C−3−6续表2

地区	增加值合计	执行企业会计制度单位财务指标					执行行政	
		固定资产原价	营业收入	费用合计	营业利润	企业单位增加值	固定资产原价	上年结转和结余
全　国	**3632255.0**	**2020932.0**	**549156.3**	**965909.8**	**22711.6**	**802266.6**	**13202806.8**	**422514.6**
中央级								
北　京	249303.5	1737614.7	497120.6	216059.4	19979.6	187953.1	84876.7	3873.5
天　津	48998.0						183734.0	3459.1
河　北	90456.7	4864.3					546542.1	14711.7
山　西	102240.8	148.5				145.0	736231.5	754.1
内蒙古	27064.1	2398.5	381.0	416.0		432.6	83921.9	91.0
辽　宁	46878.4	3564.6	0.2				187311.5	5377.7
吉　林	9013.1	2.0					13579.0	
黑龙江	54940.0	1268.0	32002.0	32151.5		95.3	529888.6	4731.3
上　海	80920.3	94814.8	15347.4	10450.4	2732.0	7640.4	561141.1	48559.4
江　苏	390850.4		140.0	140.0			1659056.9	102627.0
浙　江	489763.9	5250.0	2365.0			590.0	4110934.7	115639.1
安　徽	76103.8	6855.0	50.0	15.0			337073.8	3235.2
福　建	33815.3	5245.5	385.0	385.0			68690.6	2927.4
江　西	26125.7	17877.8				14.0	67425.3	-275.8
山　东	575698.2						952322.9	2805.0
河　南	75798.4	6133.0	30.0	30.0			236189.0	1317.8
湖　北	93266.1	1302.0		281.0			314316.8	599.6
湖　南	104779.5	212.0					220801.5	722.1
广　东	754464.7	112817.0	724.1	705692.9		604606.1	1141715.3	36628.1
广　西	35701.1	359.8		5.0			154331.8	1818.5
海　南	7519.8	6.0					24842.2	1298.2
重　庆	31209.1	80.0					124696.7	708.9
四　川	82545.4						168239.6	3602.9
贵　州	27831.9						17448.7	203.2
云　南	40548.7	152.0					228577.4	63815.9
西　藏	1074.7						26867.5	
陕　西	42324.3			0.2			151103.1	680.1
甘　肃	14058.0	10.0					115125.0	18.4
青　海	1624.3	13643.5	569.0			123.4	23537.2	
宁　夏	3961.3	3430.5				14.0	25480.8	5.0
新　疆	16040.8	2882.5	42.0	283.4		652.7	106803.6	2580.2

单位：万元

事业单位会计制度财务指标				执行民间非营利组织单位会计制度财务指标				
本年收入合计	本年支出合计	收支结余	行政事业单位增加值	固定资产原价	上年结余	本年收入合计	本年费用合计	民间非营利组织单位增加值
6952708.1	**6209660.9**	**300484.7**	**2555263.7**	**2767465.5**	**65684.5**	**2530249.0**	**805898.1**	**274724.7**
75918.1	86056.8	-633.9	61350.4					
158136.1	158253.3		48998.0					
150402.1	150529.9	9364.1	85220.6	88724.8	201.0	8798.1	23940.7	5236.1
941798.9	566166.1	1108.0	64445.0	225983.0	11539.8	104518.1	133650.9	37650.8
42454.6	42546.5	5.8	24445.5	19971.7	87.1	7323.9	7286.2	2186.0
55562.4	62446.0	318.2	39083.2	51868.6	2296.7	60593.8	58781.3	7795.2
22996.9	22945.2	5.6	8579.2	13503.5		3401.0	2098.8	433.9
41247.7	43267.2	12701.4	49604.7	13942.8	5.4	15440.0	6719.6	5240.0
354026.3	306094.6	14133.0	71817.1	2764.5		8117.3	7030.9	1462.8
709693.3	773593.8	20245.6	343892.0	561243.8	1541.8	183214.4	135033.3	46958.4
1250196.1	998195.8	144932.6	466409.0	92773.7	1430.8	52326.1	37532.5	22764.9
158330.7	150467.9	1661.9	65962.4	125964.6	70.0	76712.1	72201.9	10141.4
104938.2	106264.6	-1256.1	18463.2	132486.4	24655.1	62212.8	44295.6	15352.1
54553.7	54913.0	-198.4	19292.8	16076.3	115.0	14870.4	10901.3	6818.9
1106826.4	1109622.9		575698.2					
143376.9	135832.6	1241.0	61441.9	80627.7	63.9	361907.8	47372.8	14356.5
187275.8	186916.1	469.4	77537.8	41395.2		49785.1	49672.5	15728.3
215828.0	209548.4	453.2	102759.5	4787.3		4821.2	4370.8	2020.0
720361.2	623985.8	77227.4	130050.2	431345.2	16909.6	59587.2	36747.0	19808.4
45221.7	43642.0	8.9	35305.0	418.5	3.0	173.6	581.1	396.1
17793.7	16481.2	107.0	7519.8					
35985.4	35874.3	430.4	23234.3	40377.8	249.8	19842.7	19688.2	7974.8
133913.6	154208.5	3212.3	67768.7	67114.3	1532.7	25834.2	41148.8	14776.7
6763.5	6362.2	133.1	3076.8	137671.8	1194.8	47081.0	43069.5	24755.1
52222.3	48033.5	12787.8	30543.2	346156.6	3723.0	23708.9	12241.0	10005.5
1075.8	1075.8		1074.7	68.0				
70785.8	63542.4		42324.3					
60753.4	21181.8	2006.0	12507.1	44253.9	20.0	1334602.1	6523.8	1550.9
695.9	752.9		1172.7	219485.8		3918.4	3512.8	328.2
2615.1	2994.6		3104.1	7025.7	45.0	800.3	1117.3	843.2
30958.5	27865.2	20.4	15247.6	1434.0		658.5	379.5	140.5

C-3-7 村民

地 区	单位数	居民1000户以下	居民1000户–3000户	居民3000户以上	社区居委会（村委会）成员
全 国	**589653**	**450353**	**117329**	**21971**	**2319406**
北 京	3941	3668	251	22	13402
天 津	3784	3547	223	14	10962
河 北	48969	41101	6638	1230	171196
山 西	28110	25442	2250	418	95926
内蒙古	10949	7784	2448	717	39445
辽 宁	11558	5863	4897	798	49018
吉 林	9172	5982	2427	763	35320
黑龙江	8992	5145	3395	452	40312
上 海	1702	1062	566	74	6905
江 苏	15625	7934	6330	1361	75879
浙 江	28812	23476	5075	261	108759
安 徽	14882	6821	6167	1894	58181
福 建	14435	10795	3357	283	56746
江 西	16937	10556	5560	821	62818
山 东	71625	60649	9260	1716	289021
河 南	47347	32696	12610	2041	193332
湖 北	25643	19363	5500	780	97136
湖 南	42539	33527	7359	1653	147193
广 东	19034	13146	5075	813	82752
广 西	14355	10230	3565	560	65816
海 南	2567	2191	296	80	12299
重 庆	8575	5722	2621	232	39322
四 川	46805	35295	9229	2281	183556
贵 州	17583	15096	1903	584	78285
云 南	12344	8189	3405	750	56765
西 藏	5259	5255	4		25001
陕 西	27100	23765	2761	574	98546
甘 肃	15736	12812	2481	443	59172
青 海	4170	3757	161	252	16846
宁 夏	2294	1888	383	23	9541
新 疆	8809	7596	1132	81	39954

委员会

单位:个、人

中共党员	女性	社区居委会（村委会）主任	主任、书记“一肩挑”	中共党员	女性
1338531	**509487**	**545100**	**203123**	**410126**	**61278**
8689	2752	3717	2246	3002	380
5424	3146	3784	875	2202	261
89526	23652	48279	11757	30320	3865
47805	20043	25959	14944	19554	1039
22019	8965	10806	2283	7166	1590
32875	13683	9761	4220	7409	548
14795	8781	8536	2201	5541	2001
18902	8348	7566	1693	4753	976
4918	2098	1435	411	1132	260
50475	17174	14547	3589	12420	2466
46540	24080	25679	1154	12509	1489
40797	13839	13113	2866	10153	1406
19213	9519	10806	348	5101	633
25713	14320	8336	1132	5397	1276
221687	82095	71625	55148	70119	5211
105445	41083	46276	21811	34763	9221
63571	24557	23908	15189	21171	2778
95239	39813	40834	20124	36750	6033
59345	17912	15614	9915	13300	580
47470	11943	13477	4480	11099	772
9741	2671	2566	1808	2247	36
21969	9102	7634	447	5987	956
92717	38478	43223	4873	29308	7410
35015	12365	17331	1665	9407	1545
35884	9273	12268	6162	9240	1156
18004	5472	5259	2800	3987	1230
47100	21976	26658	1495	18505	3227
24400	9543	13889	1492	8767	1749
7547	2689	3495	416	1888	112
6055	1904	2078	1271	1627	155
19651	8211	6641	4308	5302	917

C-3-7续表1

地区	受教育程度		职业资格水平	
	大学专科人数	大学本科及以上人数	助理社会工作师人数	社会工作师人数
全国	**211217**	**57543**	**1270**	**564**
北京	2455	635	14	69
天津	1324	245	3	17
河北	6001	508	19	65
山西	5960	2261		1
内蒙古	2600	357		3
辽宁	13674	3116	85	11
吉林	4579	1297	78	4
黑龙江	6830	1076	185	6
上海	1582	543	38	35
江苏	12253	3653	168	62
浙江	10707	1597	43	19
安徽	5130	815	25	19
福建	1554	173	9	31
江西	1450	102		
山东	52391	20768	40	9
河南	26179	7171	113	41
湖北	5325	657	17	15
湖南	11449	2249	92	24
广东	3214	586	100	91
广西	3010	155	18	5
海南	467	13		
重庆	4073	676	15	9
四川	10639	3452	142	13
贵州	3821	469	11	4
云南	2681	735	19	3
西藏	339	17		
陕西	1004	134	5	4
甘肃	2945	876	2	1
青海	2965	2788	17	1
宁夏	245	12		
新疆	4371	407	12	2

单位：人

年龄结构			
35岁及以下人数	36岁至45岁人数	46岁至55岁人数	56岁及以上人数
472455	**1035816**	**645372**	**165763**
1243	5814	4992	1353
1918	3634	4075	1335
30436	80411	50261	10088
20466	36243	29174	10043
11194	16553	9071	2627
8998	19127	16041	4852
7465	18397	8502	956
7166	22842	9146	1158
1555	2185	2381	784
16542	31336	22942	5059
22987	50065	29119	6588
9428	31057	14540	3156
11220	28486	14427	2613
13508	34532	12107	2671
67317	127546	73114	21044
40584	84630	53505	14613
19566	45514	27131	4925
28799	72985	37350	8059
13603	27956	32144	9049
8563	23294	27688	6271
2353	5417	3552	977
8575	17010	10993	2744
35842	83761	47707	16246
18423	32247	21004	6611
16032	25281	13143	2309
3138	7923	8990	4950
15375	42330	31936	8905
12702	30251	13522	2697
3355	7384	5183	924
2115	4295	2855	276
11987	17310	8777	1880

C-3-7续表2

地 区	当年完成选举的村委会数	当年完成选举的村选民登记数			
			本届登记选民数	参加投票人数	委托投票人数
全 国	**331007**	**387427082**	**347942238**	**314740486**	**26994219**
北 京					
天 津					
河 北	1638	1501010	1482163	1308836	91926
山 西	22160	14633962	13650446	12657626	748891
内蒙古	258	225619	46783	207900	407
辽 宁	423	708390	684431	642887	25928
吉 林	1628	1648272	1461149	1268675	20607
黑龙江	5228	7959880	7414029	6411359	87412
上 海					
江 苏	1999	4625782	4530190	4326287	248380
浙 江	26824	28471411	24941137	23711885	2101233
安 徽	13622	30937704	27238462	24606908	1877330
福 建	1462	1513010	1193813	920280	15
江 西	1537	2150656	1751348	1801592	51476
山 东	67425	53899066	48110030	42756951	3125829
河 南	45998	62767207	54592797	48741656	2227992
湖 北	25494	29809077	26526465	22042880	4250734
湖 南	29541	35793939	31317759	30550329	5156467
广 东	10973	20557346	19410400	18231326	1528034
广 西	11565	25938708	24700691	21841722	2169552
海 南	884	1038442	1007994	987805	31743
重 庆	1551	3038822	2672194	2402804	205743
四 川	15840	18169886	16579780	13966610	1704090
贵 州	10379	14197020	12901842	11682774	121510
云 南	2202	5008339	4789292	4511533	194110
西 藏	5259	1567742	1564405	1388745	12687
陕 西	19287	13737023	12748508	11725390	519863
甘 肃	3762	5040258	4289149	4164422	207778
青 海	3096	1879337	1775766	1444350	269360
宁 夏	595	285747	253405	167697	12117
新 疆	377	323427	307810	269257	3005

单位：个、人

经推举产生的村民代表数	#女性	当年召开村民会议次数	当年召开村民代表会议的次数	自然村	村委会小组数
15053612	**3473426**	**1300039**	**1583746**	**1929056**	**4763680**
22166	6660	1340	3266	5067	34774
				3784	43739
122689	1926	3198	10961	64190	296667
499772	82183	27801	49161	44857	107856
57640	13299	5617	11339	34851	56105
18691	1277	1130	790	41219	70632
294792	13650	502	485	15124	53734
812588	18876	19895	3134	18254	75642
				1849	25299
179229	37079	7140	20290	70010	220865
941059	294853	33700	70116	100479	250527
1198340	196546	9325	29832	133968	232768
119295	26540	3	7	64541	133392
105205	4925	158	393	96394	157463
1682853	530547	194866	388181	91924	438190
2075578	523229	52315	53610	154596	367229
1232192	425900	60517	71386	92686	198504
1242598	379755	29566	34168	121610	441566
412791	83570	622839	626404	145624	220341
432305	88607	19976	24810	167788	250464
27887	6045	11725	1169	16195	24830
65395	12874	12746	6506	6328	71697
571925	137234	42872	60878	90563	352918
1742002	452179	98323	59122	83820	172416
165992	33060	4788	2485	121640	165463
91214	9689	467	278	14693	15763
667433	41703	30416	37536	62801	138331
95448	20084	2614	8437	42094	83822
112096	26550	5046	5647	5258	14929
36761	4136	753	2643	7230	14197
27676	450	401	712	9619	33557

C-3-7续表3

地 区	增加值合计	执行企业会计制度单位财务指标					执行行政	
		固定资产原价	营业收入	费用合计	营业利润	企业单位增加值	固定资产原价	上年结转和结余
全 国	**2661645.0**	**1992969.7**	**529171.2**	**673673.2**	**22711.6**	**517256.9**	**10465441.9**	**349470.2**
北 京	187953.1	1737614.7	497120.6	216059.4	19979.6	187953.1		
天 津	39725.0						168077.8	3417.0
河 北	75814.4	4783.7					504527.3	6279.9
山 西	62334.2	121.5					716924.6	752.8
内蒙古	19086.7	884.5	322.0	357.0		260.6	66875.1	
辽 宁	27146.9	1654.0	0.2				164222.2	4963.4
吉 林	6620.2	2.0					10268.0	
黑龙江	31507.3	443.0	13002.0	13010.5		1.4	72520.4	4568.0
上 海	63682.9	94811.8	15347.4	10450.4	2732.0	7640.4	453960.6	39311.7
江 苏	288562.2		140.0	140.0			1197840.7	97443.1
浙 江	377731.0	5250.0	2365.0			590.0	3530733.2	93445.1
安 徽	57934.8	5976.0					237791.2	2627.7
福 建	28189.0	3097.5					58289.8	2687.5
江 西	20384.5	16285.1				3.0	54998.3	-322.3
山 东	499392.9						838183.6	2530.7
河 南	65808.2	5723.0	30.0	30.0			213308.6	1172.0
湖 北	74201.8	1302.0		281.0			233173.4	184.7
湖 南	80825.6	212.0					167053.1	900.6
广 东	425899.5	104366.8	292.0	433339.9		320698.4	960688.4	25051.2
广 西	29986.4	68.6		5.0			130602.2	1791.1
海 南	5321.1	6.0					21441.0	227.6
重 庆	18431.8	80.0					76594.0	212.8
四 川	64140.2						123478.8	2034.5
贵 州	24273.2						16924.7	201.7
云 南	29349.9	147.0					172850.6	59259.5
西 藏	596.2						14905.0	
陕 西	38664.3						134039.0	680.1
甘 肃	9993.8	10.0					48697.3	17.8
青 海	387.2	6968.0	552.0			110.0	1347.0	
宁 夏	3082.8	2868.0					15992.3	5.0
新 疆	6211.8	294.5					59133.7	27.0

单位：万元

事业单位会计制度财务指标				执行民间非营利组织单位会计制度财务指标				
本年收入合计	本年支出合计	收支结余	行政事业单位增加值	固定资产原价	上年结余	本年收入合计	本年费用合计	民间非营利组织单位增加值
5627796.0	**4952939.3**	**253265.0**	**13654.3**	**1666761.0**	**33212.7**	**2187269.4**	**534350.6**	**187267.7**
145275.5	146230.4							
138131.7	139234.6	2465.3	3.0	86297.6	199.0	8105.2	5292.7	607.6
935555.8	560629.9	1049.7	252.5	22104.0	31.0	5187.0	2369.4	860.4
31795.2	31911.6	5.8		16088.7		5752.1	5628.7	1649.2
35932.2	34240.2	317.2	17.3	40403.2	1695.0	56156.5	54483.9	5843.4
19803.0	19794.7	5.2		13473.5		2293.3	1061.6	139.6
29280.0	30340.0	12643.7		12126.0		14402.2	6088.6	4931.2
223281.4	191173.9	9958.2	424.3	2758.5		7368.3	6034.1	791.9
562853.5	627226.2	18430.3	10311.0	398206.6	-1255.7	133225.0	93499.8	34058.1
1066976.1	838723.2	120775.7	588.0	75918.8	1399.8	41719.9	28824.5	19269.4
123574.5	118406.3	1490.1	4.3	81382.1	60.0	69164.7	67186.9	7945.8
88517.0	90104.7	-1282.9	10.0	83493.1	9896.6	51425.6	36115.6	12316.0
44512.8	45192.5	-311.4	19.0	14976.6	98.0	13364.5	9760.5	6027.0
944833.7	947355.9		233.5					
127103.0	120163.7	909.9		74724.1	41.9	248542.6	43538.9	11832.4
144572.9	143901.3	407.5		34985.0		44694.2	44574.2	14464.2
159754.7	156990.7	353.1	16.0	2635.2		3911.8	3433.0	1625.4
466251.7	383220.5	73720.5	1334.0	397749.1	16126.3	56444.3	25128.7	13707.2
38077.3	36346.2	3.3		385.0	3.0	158.3	487.1	366.0
12639.0	11402.5	43.0						
21262.0	21200.9	342.4	141.2	32448.7	120.0	15432.5	15256.4	6352.6
110713.5	121918.9	2426.1	211.6	55292.2	1384.3	20882.6	33655.8	13345.2
6125.0	5869.5	129.0		97116.5	1096.4	40600.1	35409.1	21493.0
40242.0	38155.6	7445.3	31.6	61338.3	2267.1	9482.7	6320.9	7207.3
1075.8	1075.8			68.0				
65877.7	58623.3		57.0					
26704.3	17213.7	1922.0		42455.3	5.0	1334233.5	6157.0	1496.1
399.0	399.0			12489.4		3415.6	3078.1	223.3
2053.5	2216.8			6557.5	45.0	748.9	965.1	715.4
14622.2	13676.8	16.0		1288.0		558.0		

C-3-8 社区

地　区	单位数				社区居委会（村委会）成员
		居民1000户以下	居民1000户—3000户	居民3000户以上	
全　国	**89480**	**34087**	**41747**	**13646**	**453914**
北　京	2773	646	1725	402	17512
天　津	1456	250	1045	161	9449
河　北	3249	1140	1773	336	15530
山　西	1972	593	1136	243	9300
内蒙古	2243	616	1296	331	10795
辽　宁	3939	602	2007	1330	23329
吉　林	1951	488	1119	344	8753
黑龙江	2739	709	1398	632	13096
上　海	3742	1010	2526	206	20800
江　苏	6083	1930	3165	988	32723
浙　江	4176	1888	1878	410	20164
安　徽	3407	1066	1696	645	17107
福　建	2191	1028	959	204	11289
江　西	3121	1533	1352	236	11545
山　东	6518	3891	2069	558	31713
河　南	3866	1747	1630	489	18761
湖　北	4051	1378	1907	766	18756
湖　南	4700	2292	1813	595	20349
广　东	6323	2175	2941	1207	33912
广　西	1730	495	793	442	10069
海　南	464	240	148	76	2532
重　庆	2370	737	1056	577	13897
四　川	6183	2994	2204	985	27433
贵　州	1705	937	599	169	9226
云　南	1760	629	671	460	9625
西　藏	197	191	6		1328
陕　西	1858	737	791	330	8920
甘　肃	1261	495	613	153	6219
青　海	412	242	141	29	1888
宁　夏	455	130	229	96	2287
新　疆	2585	1278	1061	246	15607

居委会

单位:个、人

中共党员	女性	社区居委会（村委会）主任	主任、书记“一肩挑”	中共党员	女性
246295	**224337**	**80738**	**36032**	**64787**	**34795**
7951	12830	2492	1380	2172	1662
4442	7602	1456	1081	1289	1107
7160	7671	3230	1283	2314	1215
4886	5400	1807	1152	1585	1049
6206	7598	2153	1138	1710	1505
13637	17134	3586	3071	3396	2654
3394	4591	1750	841	1425	873
4506	8954	2382	942	1641	1786
9418	13158	3311	653	2203	2020
18403	14255	5307	1993	4427	2023
11692	10301	3595	1206	2628	1593
10192	7500	2953	910	2325	956
4685	5229	1620	243	967	693
4531	5240	1816	344	1013	622
22285	9704	6518	4578	6442	2114
8270	7704	3797	1384	2560	1450
11420	8690	3691	2259	3201	1408
12675	8500	4541	2511	4051	1486
22852	16139	5198	3291	4479	1628
6615	4529	1632	583	1346	576
1812	921	462	383	428	86
7931	6588	2269	553	1951	882
14318	9621	5558	1046	4010	1700
4360	4183	1680	281	1114	736
5815	3140	1739	661	1194	377
1077	328	192	62	164	39
4267	4174	1767	407	1466	651
2263	2646	1176	350	820	529
932	989	343	191	305	175
1243	1599	455	370	405	307
7057	7419	2262	885	1756	893

C-3-8续表1

地区	受教育程度		职业资格水平		年龄	
	大学专科人数	大学本科及以上人数	助理社会工作师人数	社会工作师人数	35岁及以下人数	36岁至45岁人数
全　国	**121307**	**42782**	**5460**	**1435**	**127616**	**193853**
北　京	6441	3886	1206	259	4133	5603
天　津	3127	997	214	39	2005	3162
河　北	3443	907	67	21	5446	6246
山　西	3430	897	77	44	2903	4535
内蒙古	3626	1210	1	2	4343	4598
辽　宁	11840	5105	241	71	8816	9626
吉　林	2442	549	35	3	2498	4210
黑龙江	4693	1032	58	14	4056	6934
上　海	3453	1259	246	125	2729	5383
江　苏	8980	3282	698	84	8653	13773
浙　江	6918	2480	539	261	5820	8699
安　徽	3556	673	241	34	4494	8397
福　建	1682	480	137	34	2768	5264
江　西	1715	189	101	9	3112	6021
山　东	8987	5996	226	60	8345	14039
河　南	4091	809	77	28	6114	8643
湖　北	4716	908	70	23	4464	8182
湖　南	4666	1269	99	20	5903	9422
广　东	9267	3353	684	226	9503	13801
广　西	2947	849	102	21	2523	4019
海　南	811	179	14		764	1111
重　庆	4348	1523	76	4	4531	5725
四　川	4035	1207	70	12	7254	12578
贵　州	1620	275	15	1	2481	3690
云　南	1606	558	44	4	2364	4293
西　藏	143				179	409
陕　西	1574	435	8	7	1934	3693
甘　肃	1109	602	27	2	1673	3204
青　海	671	279	2		576	1063
宁　夏	731	142	51	11	900	1132
新　疆	4639	1452	34	16	6332	6398

单位：个、人

结构		当年完成选举的居委会数	当年完成选举的居选民登记数				居委会小组数
46岁至55岁人数	56岁及以上人数			本届登记选民数	参加投票人数	委托投票人数	
106989	**25456**	**26790**	**65395650**	**53938125**	**40986263**	**2194306**	**1340414**
5528	2248						55800
3349	933						65648
3342	496	110	325802	325442	9502	528	39802
1609	253	486	938418	776404	728995	10937	13658
1588	266		36000	36000	35100	20	21064
4352	535	3150	8325324	6138192	3853730	90008	135384
1892	153	838	1649074	962853	687346	4219	30373
1934	172	407	1761135	1518711	919903	5393	85911
8581	4107						173588
8576	1721	1033	2683597	2264596	1847296	246657	122240
4632	1013	1496	2674792	2503697	2280134	63719	68644
3617	599	1199	2482554	2298867	2009046	83641	42119
2826	431	280	386002	257674	149013		23130
2154	258	227	395161	292111	287604	5954	13834
7426	1903	5711	11143852	7710433	7125406	433052	81587
3196	808	294	264143	168269	168148		32346
5457	653	92	336629	306003	157007	63350	41374
4194	830	882	1138078	975080	941502	34466	50809
8683	1925	3514	10222273	9378669	6523048	242355	51894
2820	707	1279	5040234	4804644	3860402	281982	35292
504	153	149	417109	341593	163766	7570	3271
2883	758	532	2486017	2424796	2229360	358476	19851
6088	1513	1954	4747558	4192174	3407531	183518	49958
2299	756	1072	2470938	1843849	1210461	16336	20915
2369	599	366	1484866	922516	868303	10909	17850
429	311	197	125380	125355	106411	1694	913
2657	636	590	1322264	1130414	720561	19714	12110
1150	192	276	1441332	1426552	329866	16187	6302
183	66	191	290002	186942	112281	11749	900
251	4	84	117283	52956	1274	115	2017
2420	457	381	689833	573333	253267	1757	21830

C-3-8续表2

地 区	增加值合计	执行企业会计制度单位财务指标					执行行政	
		固定资产原价	营业收入	费用合计	营业利润	企业单位增加值	固定资产原价	上年结转和结余
全 国	**970610.0**	**27962.3**	**19985.1**	**292236.6**		**285009.7**	**2737364.9**	**73044.4**
北 京	61350.4						84876.7	3873.5
天 津	9273.0						15656.2	42.1
河 北	14642.3	80.6					42014.8	8431.8
山 西	39906.6	27.0				145.0	19306.9	1.3
内蒙古	7977.4	1514.0	59.0	59.0		172.0	17046.8	91.0
辽 宁	19731.5	1910.6					23089.3	414.3
吉 林	2392.9						3311.0	
黑龙江	23432.7	825.0	19000.0	19141.0		93.9	457368.2	163.3
上 海	17237.4	3.0					107180.5	9247.7
江 苏	102288.2						461216.2	5183.9
浙 江	112032.9						580201.5	22194.0
安 徽	18169.0	879.0	50.0	15.0			99282.6	607.5
福 建	5626.3	2148.0	385.0	385.0			10400.8	239.9
江 西	5741.2	1592.7				11.0	12427.0	46.5
山 东	76305.3						114139.3	274.3
河 南	9990.2	410.0					22880.4	145.8
湖 北	19064.3						81143.4	414.9
湖 南	23953.9						53748.4	-178.5
广 东	328565.2	8450.2	432.1	272353.0		283907.7	181026.9	11576.9
广 西	5714.7	291.2					23729.6	27.4
海 南	2198.7						3401.2	1070.6
重 庆	12777.3						48102.7	496.1
四 川	18405.2						44760.8	1568.4
贵 州	3558.7						524.0	1.5
云 南	11198.8	5.0					55726.8	4556.4
西 藏	478.5						11962.5	
陕 西	3660.0			0.2			17064.1	
甘 肃	4064.2						66427.7	0.6
青 海	1237.1	6675.5	17.0			13.4	22190.2	
宁 夏	878.5	562.5				14.0	9488.5	
新 疆	9829.0	2588.0	42.0	283.4		652.7	47669.9	2553.2

单位：万元

事业单位会计制度财务指标				执行民间非营利组织单位会计制度财务指标				
本年收入合计	本年支出合计	收支结余	行政事业单位增加值	固定资产原价	上年结余	本年收入合计	本年费用合计	民间非营利组织单位增加值
1324912.1	**1256721.6**	**47219.7**	**598143.3**	**1100704.5**	**32471.8**	**342979.6**	**271547.5**	**87457.0**
75918.1	86056.8	-633.9	61350.4					
12860.6	12022.9		9273.0					
12270.4	11295.3	6898.8	10013.8	2427.2	2.0	692.9	18648.0	4628.5
6243.1	5536.2	58.3	2971.2	203879.0	11508.8	99331.1	131281.5	36790.4
10659.4	10634.9		7268.6	3883.0	87.1	1571.8	1657.5	536.8
19630.2	28205.8	1.0	17779.7	11465.4	601.7	4437.3	4297.4	1951.8
3193.9	3150.5	0.4	2098.6	30.0		1107.7	1037.2	294.3
11967.7	12927.2	57.7	23030.0	1816.8	5.4	1037.8	631.0	308.8
130744.9	114920.7	4174.8	16566.5	6.0		749.0	996.8	670.9
146839.8	146367.6	1815.3	89387.9	163037.2	2797.5	49989.4	41533.5	12900.3
183220.0	159472.6	24156.9	108537.4	16854.9	31.0	10606.2	8708.0	3495.5
34756.2	32061.6	171.8	15973.4	44582.5	10.0	7547.4	5015.0	2195.6
16421.2	16159.9	26.8	2590.2	48993.3	14758.5	10787.2	8180.0	3036.1
10040.9	9720.5	113.0	4938.3	1099.7	17.0	1505.9	1140.8	791.9
161992.7	162267.0		76305.3					
16273.9	15668.9	331.1	7466.1	5903.6	22.0	113365.2	3833.9	2524.1
42702.9	43014.8	61.9	17800.2	6410.2		5090.9	5098.3	1264.1
56073.3	52557.7	100.1	23559.3	2152.1		909.4	937.8	394.6
254109.5	240765.3	3506.9	38556.3	33596.1	783.3	3142.9	11618.3	6101.2
7144.4	7295.8	5.6	5684.6	33.5		15.3	94.0	30.1
5154.7	5078.7	64.0	2198.7					
14723.4	14673.4	88.0	11155.1	7929.1	129.8	4410.2	4431.8	1622.2
23200.1	32289.6	786.2	16973.7	11822.1	148.4	4951.6	7493.0	1431.5
638.5	492.7	4.1	296.6	40555.3	98.4	6480.9	7660.4	3262.1
11980.3	9877.9	5342.5	8400.6	284818.3	1455.9	14226.2	5920.1	2798.2
			478.5					
4908.1	4919.1		3660.0					
34049.1	3968.1	84.0	4009.4	1798.6	15.0	368.6	366.8	54.8
296.9	353.9		1118.8	206996.4		502.8	434.7	104.9
561.6	777.8		736.7	468.2		51.4	152.2	127.8
16336.3	14188.4	4.4	9035.8	146.0		100.5	379.5	140.5

C－3－9 其他社会

地　区	单位数	年末职工人数		受教育程度情况	
			#女性	大学专科人数	大学本科及以上人数
全　国	**6431**	**84458**	**27280**	**22521**	**8411**
北　京	68	1869	641	424	402
天　津	39	927	264	251	192
河　北	243	3853	1112	760	231
山　西	100	881	370	292	169
内蒙古	161	2027	602	570	230
辽　宁	278	4875	1649	1663	773
吉　林	142	2029	696	556	206
黑龙江	215	3442	1131	1133	426
上　海	94	3368	1345	509	245
江　苏	311	4663	1487	1132	508
浙　江	291	3756	931	914	429
安　徽	254	3331	1086	740	176
福　建	208	3072	763	380	132
江　西	190	2094	624	319	84
山　东	274	4203	1306	1521	653
河　南	276	6070	1945	1810	474
湖　北	244	3887	1466	1398	392
湖　南	323	3464	1190	1349	326
广　东	424	7620	2063	1404	637
广　西	130	1810	619	498	199
海　南	17	331	67	57	18
重　庆	145	2017	765	569	237
四　川	339	3712	1265	1033	320
贵　州	201	3072	1119	954	214
云　南	213	1191	378	418	138
西　藏	2	30	7	10	2
陕　西	167	2655	947	489	203
甘　肃	766	1985	624	637	124
青　海	23	159	36	36	10
宁　夏	93	337	121	75	58
新　疆	200	1728	661	620	203

服务总表

单位:个、人

职业资格水平		年龄结构			
助理社会工作师人数	社会工作师人数	35岁及以下人数	36岁至45岁人数	46岁至55岁人数	56岁及以上人数
558	**338**	**30197**	**32543**	**17028**	**4690**
21	8	558	545	587	179
2	6	250	225	275	177
39	28	1469	1497	717	170
3	5	321	355	163	42
7	2	687	718	552	70
32	17	1912	1698	995	270
23	6	649	843	441	96
14	8	961	1459	828	194
7	8	1152	994	869	353
32	24	1357	1859	1100	347
80	14	1064	1451	851	390
39	20	1141	1314	710	166
19	15	952	1387	587	146
24	19	673	1055	285	81
24	31	1523	1683	788	209
41	29	3029	2101	746	194
10	4	1411	1545	756	175
13	15	1461	1311	560	132
52	29	2890	2848	1518	364
16	12	572	708	421	109
1		87	119	107	18
1	1	622	828	440	127
13	19	1282	1587	675	168
6		1151	1315	524	82
11	6	451	511	184	45
		21	4	5	
7	5	881	983	609	182
7		880	657	340	108
		42	91	19	7
7	1	107	156	67	7
7	6	641	696	309	82

C-3-9续表

地 区	增加值合计	执行企业会计制度单位财务指标					执行行政	
		固定资产原价	营业收入	费用合计	营业利润	企业单位增加值	固定资产原价	上年结转和结余
全 国	**714635.5**	**702137.7**	**624258.2**	**239336.8**	**108298.0**	**222527.8**	**1588751.0**	**89962.3**
北 京	54895.6	22399.4	41490.6	14032.1	11790.8	17438.2	81821.2	5586.2
天 津	14750.3	5752.4	4219.4	2291.5	141.5	1073.2	27701.4	2300.6
河 北	18716.7	1994.2	1870.2	977.6	-458.3	-126.8	61681.0	309.1
山 西	6044.4	755.5	379.0	258.0	19.0	180.7	18616.3	830.0
内蒙古	12009.5	2550.1	1583.6	571.0	69.0	606.2	19333.1	1129.2
辽 宁	41457.6	27023.2	21266.9	11040.5	2559.5	10067.3	89674.1	7588.2
吉 林	9329.7	676.4	4499.5	7102.9	22.2	920.1	32056.3	103.4
黑龙江	4135.4	16094.8	2905.1	1713.2	107.0	1186.8	36489.2	0.6
上 海	109040.1	204101.4	305815.2	90404.8	71668.2	107237.2	2486.4	521.2
江 苏	79700.9	23322.5	22564.9	10291.7	5654.2	9534.3	158614.0	27209.4
浙 江	42336.9	72999.9	27572.8	7475.1	2409.8	6246.3	99281.3	7537.0
安 徽	22532.8	15368.7	13483.6	6274.9	766.9	4163.8	49671.5	1218.3
福 建	19676.6	34736.2	23138.2	9587.5	1398.3	7741.8	36434.4	1481.4
江 西	6285.7	6148.6	924.0	272.1	2.0	252.9	37027.3	200.3
山 东	29210.9	5481.3	3311.4	2260.6	201.4	1024.6	84682.1	272.4
河 南	15875.8	17287.0	8495.7	5823.3	357.5	2298.3	49987.5	575.7
湖 北	21191.5	1584.0	1425.6	1540.8	3.8	526.2	75409.6	105.5
湖 南	16095.6	22342.8	6776.7	3623.7	444.8	2484.4	70420.5	1588.7
广 东	93027.2	38918.8	29893.0	11565.8	2953.0	13894.0	329241.0	19191.9
广 西	12307.5	7471.3	11519.3	3158.0	1043.3	2220.7	34022.0	7171.0
海 南	2042.3	14885.7	4279.2	2360.5	194.0	1637.1	540.8	3.0
重 庆	12205.9	22247.1	7409.8	5105.6	44.9	1146.8	44075.6	1212.1
四 川	25481.3	48206.4	14605.3	8009.9	493.2	6366.1	53200.5	569.6
贵 州	16542.1	41592.0	32204.5	13850.4	2667.5	13888.4	10176.8	756.8
云 南	8130.3	10324.9	2449.1	1565.1	237.1	904.1	28807.9	1310.7
西 藏	211.0						1584.2	
陕 西	10573.5	14824.5	21570.1	14691.8	2086.9	5915.3	12133.2	162.7
甘 肃	5230.9	2223.0	3956.7	1006.8	1152.2	1713.8	12619.2	50.2
青 海	701.3	2376.5	1116.6	554.4		132.8	1990.1	
宁 夏	1035.3	4497.0	799.5	220.0	-12.0	59.0	2279.8	62.6
新 疆	7105.1	13952.1	2732.7	1707.2	280.3	1794.1	26692.7	914.5

单位：万元

事业单位会计制度财务指标				执行民间非营利组织单位会计制度财务指标				
本年收入合计	本年支出合计	收支结余	行政事业单位增加值	固定资产原价	上年结余	本年收入合计	本年费用合计	民间非营利组织单位增加值
1194899.6	**1111607.1**	**96927.6**	**487789.2**	**19171.3**	**1331.0**	**6107.7**	**8772.5**	**4318.5**
102629.5	92297.4	9082.4	37457.4					
40300.1	35765.3	2539.2	13639.9	17.1	9.9	62.0	61.3	37.2
36554.9	34596.4	1840.5	18843.5					
18317.7	17240.5	1438.1	5862.8		1.2	4.9	5.5	0.9
22255.7	22041.4	1065.0	11373.3	75.0		96.0	96.0	30.0
81763.1	78725.4	6503.0	31353.3	5.0		368.0	338.0	37.0
19381.1	18555.7	385.0	8409.6					
74518.3	68397.8	1.4	2947.3	211.0		210.1	6.6	1.3
5105.6	5461.1	478.0	1802.9					
124863.7	104586.0	30897.5	69558.9	3502.4		1899.1	1588.0	607.7
89302.4	82393.6	8493.8	35615.0	395.5	951.0	764.5	614.8	475.6
39497.4	36030.3	2094.8	18357.6	1039.5		258.3	145.0	11.4
29097.3	25723.2	3456.7	11917.3	832.0	8.9	651.9	183.8	17.5
17603.8	15237.2	561.2	6032.8	20.0		15.0	15.0	
62881.4	63138.7	103.5	28070.1	580.7		252.0	252.0	116.2
29128.3	26544.0	3153.1	13577.5	1052.0		389.2	239.2	
63639.0	63813.7	1416.3	20665.3					
37152.9	36288.9	394.9	13586.2			65.0	65.0	25.0
151123.6	143292.3	13634.0	79127.8	827.0		19.9	8.0	5.4
22310.1	19589.9	1330.7	10086.8	110.0				
1471.6	1140.1	3.1	405.2					
28068.4	26067.2	2378.3	11059.1					
41935.2	39032.3	2159.0	16444.9	2618.7		409.0	4628.9	2670.3
4275.1	4229.6	232.9	2546.7	4446.0		326.4	231.8	107.0
11636.9	11229.8	1859.4	7226.2					
419.0	419.0		211.0					
7691.9	7545.3	144.0	4658.2					
8700.7	8714.1		3505.8	309.6		74.9	15.1	11.3
801.7	749.7	52.0	547.5	233.0		24.0	24.0	21.0
4098.4	3279.0	553.5	883.6	1475.0	360.0	167.5	203.5	92.7
18374.8	19482.2	676.3	5260.0	1421.8		50.0	51.0	51.0

C-3-10 婚姻登记

地区	单位数	年末职工人数		受教育程度情况	
			#女性	大学专科人数	大学本科及以上人数
全国	**2328**	**9204**	**5853**	**3535**	**1948**
北京	15	126	89	30	94
天津	11	82	66	30	20
河北	55	454	330	145	44
山西	55	266	193	111	43
内蒙古	32	148	92	61	53
辽宁	90	643	463	279	255
吉林	59	370	245	111	76
黑龙江	68	298	205	116	76
上海	16	129	93	47	52
江苏	74	470	352	177	133
浙江	51	249	196	94	101
安徽	73	379	224	130	67
福建	43	118	81	43	17
江西	58	222	175	53	12
山东	106	837	530	381	264
河南	26	184	122	60	26
湖北	108	538	381	243	102
湖南	95	516	347	257	84
广东	114	547	344	197	123
广西	60	221	148	98	34
海南	2	4		2	2
重庆	31	148	103	71	60
四川	88	213	123	103	22
贵州	82	147	72	76	6
云南	54	142	101	53	19
西藏					
陕西	70	377	253	145	63
甘肃	703	1197	418	342	70
青海					
宁夏	57	72	40	35	18
新疆	32	107	67	45	12

服务机构总表

单位:个、人

职业资格水平		年龄结构			
助理社会工作师人数	社会工作师人数	35岁及以下人数	36岁至45岁人数	46岁至55岁人数	56岁及以上人数
92	**75**	**4709**	**3421**	**958**	**116**
5		77	34	13	2
		50	20	11	1
4	4	239	178	36	1
1	2	144	106	15	1
		56	67	25	
2	5	360	204	69	10
9	3	164	148	52	6
2		160	117	21	
3	6	67	49	10	3
10	4	272	148	44	6
15	3	136	91	20	2
7	4	160	161	55	3
1	2	53	58	6	1
3	1	82	115	18	7
7	16	365	362	103	7
4	13	143	35	4	2
4	1	250	232	54	2
1	1	298	170	48	
2	7	292	182	69	4
2	2	93	97	31	
		4			
	1	67	60	18	3
		104	86	20	3
		68	66	12	1
3		44	91	7	
1		210	126	41	
6		685	322	139	51
		27	40	5	
		39	56	12	

C-3-10续表

地 区	增加值合计	执行企业会计制度单位财务指标					执行行政	
		固定资产原价	营业收入	费用合计	营业利润	企业单位增加值	固定资产原价	上年结转和结余
全 国	**22339.5**	**681.3**	**760.6**	**504.2**	**79.4**	**372.0**	**20772.9**	**942.8**
北 京	762.9						435.7	27.0
天 津	283.4	70.8	329.1	310.4	57.7	197.6	20.0	14.0
河 北	639.0	16.0	36.0	12.5		30.8	493.9	2.8
山 西	203.9						149.3	6.5
内蒙古	442.6	5.0					120.7	
辽 宁	1957.2	94.1	22.5	4.6		6.8	1388.8	41.2
吉 林	641.0						186.3	1.0
黑龙江	199.1		0.1			1.0	210.6	0.6
上 海	1040.0						827.5	96.3
江 苏	1983.9	51.2	229.9	109.8	21.7	109.9	966.8	-25.0
浙 江	1410.2						1215.7	156.5
安 徽	539.7	10.4					782.9	14.0
福 建	217.4	15.0					335.7	27.4
江 西	125.5	17.0	14.0	14.0			574.4	3.0
山 东	3887.8						4049.5	
河 南	143.7						128.2	
湖 北	1106.3						1113.0	
湖 南	1069.8						1070.0	8.3
广 东	2395.8	291.0					1278.5	511.1
广 西	267.6	70.8	129.0	52.9		25.9	353.8	9.7
海 南	13.4						23.0	
重 庆	609.4						1145.0	32.5
四 川	351.1						388.1	
贵 州	98.4						203.4	
云 南	136.2						166.0	
西 藏								
陕 西	808.2						421.9	15.7
甘 肃	381.0	30.0					2595.6	0.2
青 海								
宁 夏	70.9						78.2	
新 疆	148.7	10.0					50.4	

单位：万元

事业单位会计制度财务指标				执行民间非营利组织单位会计制度财务指标				
本年收入合计	本年支出合计	收支结余	行政事业单位增加值	固定资产原价	上年结余	本年收入合计	本年费用合计	民间非营利组织单位增加值
72213.4	**65982.0**	**1074.9**	**21744.1**	**273.3**	**11.1**	**445.3**	**341.7**	**223.4**
783.6	926.5	11.3	762.9					
90.7	88.1	20.1	48.6	17.1	9.9	62.0	61.3	37.2
1033.3	1022.8		608.2					
427.0	379.0	0.5	203.0		1.2	4.9	5.5	0.9
565.9	564.7	3.5	427.6	10.0		16.0	16.0	15.0
2878.1	2974.7		1950.4					
862.1	862.9		641.0					
37634.0	32628.5	-0.6	196.8	8.0		7.1	6.6	1.3
3040.7	2782.3	167.2	1040.0					
4096.7	2877.4	6.1	1796.9	36.3		154.6	142.5	77.1
2359.4	2427.8	61.4	1365.2	50.0		25.0		45.0
905.5	900.7	5.0	528.3	51.5		38.3	36.0	11.4
447.0	445.0	5.6	217.4	11.0		6.8	6.8	
327.6	320.6	2.4	125.5			6.0	6.0	
5071.6	5071.6		3887.8					
218.4	231.4		143.7					
1888.2	1879.5		1106.3					
1799.9	1750.7	10.7	1069.8					
3548.7	3661.8	742.3	2395.8	11.0		8.6		
322.0	305.9		241.7					
32.5	31.5		13.4					
1305.7	1287.6	35.2	609.4					
589.2	562.2		349.6	28.0		5.5	5.5	1.5
109.4	107.6		74.4	9.0		30.0	32.0	24.0
154.5	182.3		136.2					
1077.9	1071.6	0.8	808.2					
400.1	396.9		379.7	24.6		67.0	10.0	1.3
66.3	66.3		62.2	15.0		13.5	13.5	8.7
177.4	174.1	3.4	148.7	1.8				

C-3-11 在编制部门登记的

地区	单位数	年末职工人数		受教育程度情况	
			#女性	大学专科人数	大学本科及以上人数
全国	**1132**	**6517**	**4432**	**2662**	**1684**
北京	15	126	89	30	94
天津					
河北	43	371	268	126	40
山西	35	189	133	106	38
内蒙古	28	136	83	55	50
辽宁	84	576	411	249	230
吉林	55	362	238	108	76
黑龙江	44	232	157	84	67
上海	16	129	93	47	52
江苏	54	302	223	98	102
浙江	46	225	175	88	94
安徽	53	295	175	99	63
福建	27	73	46	33	16
江西	42	164	128	45	9
山东	106	837	530	381	264
河南	21	153	100	50	26
湖北	80	497	361	233	95
湖南	88	487	325	238	81
广东	64	395	260	149	100
广西	46	185	119	80	29
海南	2	4		2	2
重庆	28	138	98	65	56
四川	34	133	87	79	19
贵州	9	33	20	17	4
云南	20	68	44	43	11
西藏					
陕西	64	340	227	127	60
甘肃	19	31	13	9	1
青海					
宁夏					
新疆	9	36	29	21	5

婚姻登记服务机构

单位:个、人

职业资格水平		年龄结构			
助理社会工作师人数	社会工作师人数	35岁及以下人数	36岁至45岁人数	46岁至55岁人数	56岁及以上人数
81	**70**	**3292**	**2489**	**680**	**56**
5		77	34	13	2
4	1	189	150	32	
1	2	111	65	12	1
		52	61	23	
2	5	317	184	66	9
9	3	162	144	50	6
2		124	89	19	
3	6	67	49	10	3
10	4	173	93	32	4
15	3	126	81	17	1
2	3	126	129	38	2
1	2	29	40	4	
3	1	63	80	14	7
7	16	365	362	103	7
4	13	117	31	3	2
4	1	237	211	47	2
1	1	281	160	46	
2	6	218	132	42	3
2	2	78	81	26	
		4			
	1	60	57	18	3
		63	52	16	2
		20	11	1	1
3		31	35	2	
1		184	117	39	
		6	22	2	1
		12	19	5	

C-3-11续表

地 区	增加值合计	执行企业会计制度单位财务指标					执行行政	
		固定资产原价	营业收入	费用合计	营业利润	企业单位增加值	固定资产原价	上年结转和结余
全 国	**20243.1**	**488.1**	**183.0**	**80.0**		**47.2**	**16517.4**	**853.2**
北 京	762.9						435.7	27.0
天 津								
河 北	582.5	7.0	20.0	5.0		18.0	422.8	2.8
山 西	176.2						121.1	6.5
内蒙古	425.2	5.0					111.7	
辽 宁	1829.2	93.3	15.0	3.1		2.3	1360.8	41.2
吉 林	631.8						186.3	1.0
黑龙江	186.7					1.0	187.6	0.6
上 海	1040.0						827.5	96.3
江 苏	1535.1		5.0	5.0			870.8	-25.0
浙 江	1320.3						1204.5	156.5
安 徽	475.3						668.6	12.0
福 建	188.0	10.0					250.1	1.0
江 西	113.3	17.0	14.0	14.0			445.4	3.0
山 东	3887.8						4049.5	
河 南	112.4						48.3	
湖 北	1073.0						1073.4	
湖 南	1052.3						1004.4	8.3
广 东	2321.4	290.0					939.0	470.6
广 西	254.0	65.8	129.0	52.9		25.9	305.2	3.2
海 南	13.4						23.0	
重 庆	505.0						1090.0	32.5
四 川	266.4						300.1	
贵 州	28.2						64.7	
云 南	99.1						93.0	
西 藏								
陕 西	773.7						399.1	15.7
甘 肃	36.4						17.4	
青 海								
宁 夏								
新 疆	126.8						17.4	

单位：万元

事业单位会计制度财务指标				执行民间非营利组织单位会计制度财务指标				
本年收入合计	本年支出合计	收支结余	行政事业单位增加值	固定资产原价	上年结余	本年收入合计	本年费用合计	民间非营利组织单位增加值
64336.7	**63108.8**	**1105.2**	**20179.6**	**18.0**		**35.1**	**34.5**	**16.3**
783.6	926.5	11.3	762.9					
954.9	939.8		564.5					
383.7	346.0	0.5	176.2					
541.7	541.7	3.5	410.2	10.0		16.0	16.0	15.0
2702.9	2794.0		1826.9					
849.9	850.7		631.8					
32588.4	32585.7	-0.6	185.7					
3040.7	2782.3	167.2	1040.0					
3484.9	2265.6	6.1	1535.1					
2304.0	2372.4	61.4	1320.3					
791.6	776.5	27.3	475.3					
398.2	395.8	5.6	188.0			2.0	2.0	
271.7	266.7	2.4	113.3			6.0	6.0	
5071.6	5071.6		3887.8					
171.7	184.7		112.4					
1741.7	1733.0		1073.0					
1720.8	1676.8	10.7	1052.3					
3296.1	3343.6	770.4	2321.4			0.6		
272.3	262.9		228.1					
32.5	31.5		13.4					
1135.7	1117.6	35.2	505.0					
441.4	461.4		266.4	3.0		0.5	0.5	
36.7	34.9		28.2					
107.6	126.9		99.1					
1024.8	1036.0	0.8	773.7					
45.3	45.3		35.1	5.0		10.0	10.0	1.3
142.3	138.9	3.4	126.8					

C-3-12 在民政部门登记的

地区	单位数	年末职工人数	#女性	受教育程度情况	
				大学专科人数	大学本科及以上人数
全国	**1070**	**2323**	**1175**	**734**	**227**
北京					
天津	11	82	66	30	20
河北	5	32	20	6	2
山西	18	68	54	3	4
内蒙古	2	5	4		3
辽宁	6	67	52	30	25
吉林	1	5	4		
黑龙江	23	62	48	28	9
上海					
江苏	14	125	90	56	27
浙江	2	13	11	4	5
安徽	15	70	40	26	4
福建	11	33	27	6	1
江西	15	54	44	6	1
山东					
河南	3	24	15	5	
湖北	28	41	20	10	7
湖南	7	29	22	19	3
广东	43	133	70	42	14
广西	6	16	13	4	1
海南					
重庆	3	10	5	6	4
四川	7	25	16	16	2
贵州	71	109	47	54	2
云南	33	71	56	10	5
西藏					
陕西					
甘肃	682	1160	401	329	69
青海					
宁夏	49	62	37	27	16
新疆	15	27	13	17	3

婚姻登记服务机构

单位:个、人

职业资格水平		年龄结构			
助理社会工作师人数	社会工作师人数	35岁及以下人数	36岁至45岁人数	46岁至55岁人数	56岁及以上人数
10	**2**	**1236**	**784**	**245**	**58**
		50	20	11	1
		22	7	2	1
		31	35	2	
		3	2		
		43	20	3	1
			3	2	
		32	28	2	
		80	34	9	2
		8	3	2	
4	1	31	25	13	1
		20	13		
		18	33	3	
		20	3	1	
		13	21	7	
		17	10	2	
	1	63	45	24	1
		5	9	2	
		7	3		
		10	12	2	1
		47	53	9	
		13	53	5	
6		676	298	136	50
		22	35	5	
		5	19	3	

C-3-12续表

地 区	增加值合计	执行企业会计制度单位财务指标					执行行政	
		固定资产原价	营业收入	费用合计	营业利润	企业单位增加值	固定资产原价	上年结转和结余
全　国	**1684.2**	**160.2**	**434.6**	**400.6**	**58.4**	**211.0**	**4060.5**	**79.6**
北　京								
天　津	283.4	70.8	329.1	310.4	57.7	197.6	20.0	14.0
河　北	20.9						59.0	
山　西	27.3						18.2	
内蒙古								
辽　宁	128.0	0.8	7.5	1.5		4.5	28.0	
吉　林								
黑龙江	12.3		0.1				21.0	
上　海								
江　苏	301.7	31.2	97.9	88.7	0.7	8.9	80.0	
浙　江	45.0							
安　徽	59.1	10.4					103.3	2.0
福　建	29.4	5.0					85.6	16.4
江　西	12.1						127.0	
山　东								
河　南	31.2						77.9	
湖　北	33.3						39.6	
湖　南	17.5						65.6	
广　东	67.9	1.0					336.6	40.5
广　西	8.5	1.0					17.1	6.5
海　南								
重　庆	104.4						55.0	
四　川	39.9						53.0	
贵　州	41.0						127.2	
云　南	35.1						73.0	
西　藏								
陕　西								
甘　肃	344.6	30.0					2578.2	0.2
青　海								
宁　夏	47.8						68.2	
新　疆	15.1	10.0					27.0	

单位：万元

事业单位会计制度财务指标				执行民间非营利组织单位会计制度财务指标				
本年收入合计	本年支出合计	收支结余	行政事业单位增加值	固定资产原价	上年结余	本年收入合计	本年费用合计	民间非营利组织单位增加值
7262.7	**2308.6**	**-30.3**	**1292.3**	**237.3**	**11.1**	**362.0**	**268.1**	**180.9**
90.7	88.1	20.1	48.6	17.1	9.9	62.0	61.3	37.2
22.0	22.0		20.9					
39.3	29.0		26.4		1.2	4.9	5.5	0.9
3.2	2.0							
175.2	180.7		123.5					
3.0	3.0							
5045.6	42.8		11.0	8.0		7.1	6.6	1.3
431.9	431.9		233.2	36.3		117.6	114.6	59.6
5.9	5.9			50.0		25.0		45.0
81.7	92.0	-22.3	47.7	51.5		38.3	36.0	11.4
40.2	40.6		29.4	9.0		4.8	4.8	
54.5	52.5		12.1					
35.7	35.7		31.2					
146.5	146.5		33.3					
79.1	73.9		17.5					
240.3	305.9	-28.1	67.9	11.0		8.0		
45.7	31.8		8.5					
170.0	170.0		104.4					
37.2	37.9		38.4	25.0		5.0	5.0	1.5
43.0	43.0		17.0	9.0		30.0	32.0	24.0
44.9	53.4		35.1					
353.4	350.2		344.6	18.6		57.0		
52.3	52.3		47.8			2.3	2.3	
21.4	17.5		15.1	1.8				

C-3-13 未登记的

地 区	单位数	年末职工人数	#女性	受教育程度情况	
				大学专科人数	大学本科及以上人数
全 国	**126**	**364**	**246**	**139**	**37**
北 京					
天 津					
河 北	7	51	42	13	2
山 西	2	9	6	2	1
内蒙古	2	7	5	6	
辽 宁					
吉 林	3	3	3	3	
黑龙江	1	4		4	
上 海					
江 苏	6	43	39	23	4
浙 江	3	11	10	2	2
安 徽	5	14	9	5	
福 建	5	12	8	4	
江 西	1	4	3	2	2
山 东					
河 南	2	7	7	5	
湖 北					
湖 南					
广 东	7	19	14	6	9
广 西	8	20	16	14	4
海 南					
重 庆					
四 川	47	55	20	8	1
贵 州	2	5	5	5	
云 南	1	3	1		3
西 藏					
陕 西	6	37	26	18	3
甘 肃	2	6	4	4	
青 海					
宁 夏	8	10	3	8	2
新 疆	8	44	25	7	4

婚姻登记服务机构

单位:个、人

职业资格水平		年龄结构			
助理社会工作师人数	社会工作师人数	35岁及以下人数	36岁至45岁人数	46岁至55岁人数	56岁及以上人数
1	**3**	**181**	**148**	**33**	**2**
	3	28	21	2	
		2	6	1	
		1	4	2	
		2	1		
		4			
		19	21	3	
		2	7	1	1
1		3	7	4	
		4	5	2	1
		1	2	1	
		6	1		
		11	5	3	
		10	7	3	
		31	22	2	
		1	2	2	
			3		
		26	9	2	
		3	2	1	
		5	5		
		22	18	4	

C-3-13续表

地　区	增加值合计	执行企业会计制度单位财务指标					执行行政	
		固定资产原价	营业收入	费用合计	营业利润	企业单位增加值	固定资产原价	上年结转和结余
全　国	**412.2**	**33.0**	**143.0**	**23.6**	**21.0**	**113.8**	**195.0**	**10.0**
北　京								
天　津								
河　北	35.6	9.0	16.0	7.5		12.8	12.1	
山　西	0.4						10.0	
内蒙古	17.4						9.0	
辽　宁								
吉　林	9.2							
黑龙江	0.1						2.0	
上　海								
江　苏	147.1	20.0	127.0	16.1	21.0	101.0	16.0	
浙　江	44.9						11.2	
安　徽	5.3						11.0	
福　建								10.0
江　西	0.1						2.0	
山　东								
河　南	0.1						2.0	
湖　北								
湖　南								
广　东	6.5						2.9	
广　西	5.1	4.0					31.5	
海　南								
重　庆								
四　川	44.8						35.0	
贵　州	29.2						11.5	
云　南	2.0							
西　藏								
陕　西	34.5						22.8	
甘　肃								
青　海								
宁　夏	23.1						10.0	
新　疆	6.8						6.0	

单位：万元

事业单位会计制度财务指标				执行民间非营利组织单位会计制度财务指标				
本年收入合计	本年支出合计	收支结余	行政事业单位增加值	固定资产原价	上年结余	本年收入合计	本年费用合计	民间非营利组织单位增加值
614.0	**564.6**		**272.2**	**18.0**		**48.2**	**39.1**	**26.2**
56.4	61.0		22.8					
4.0	4.0		0.4					
21.0	21.0		17.4					
9.2	9.2		9.2					
			0.1					
179.9	179.9		28.6			37.0	27.9	17.5
49.5	49.5		44.9					
32.2	32.2		5.3					
8.6	8.6			2.0				
1.4	1.4		0.1					
11.0	11.0		0.1					
12.3	12.3		6.5					
4.0	11.2		5.1					
110.6	62.9		44.8					
29.7	29.7		29.2					
2.0	2.0		2.0					
53.1	35.6		34.5					
1.4	1.4			1.0				
14.0	14.0		14.4	15.0		11.2	11.2	8.7
13.7	17.7		6.8					

C-3-14 结婚登

地区	登记结婚件数	登记结婚人数	按居住		
			内地居民登记结婚件数	内地居民登记结婚人数	涉外及华侨、港澳台居民登记结婚件数
全国	**13023610**	**26047220**	**12974832**	**25873328**	**48778**
北京	173238	346476	171978	343956	1260
天津	104147	208294	103703	207406	444
河北	777160	1554320	776674	1545805	486
山西	339607	679214	339474	656460	133
内蒙古	215260	430520	215093	426478	167
辽宁	372640	745280	370359	723670	2281
吉林	238177	476354	237048	474096	1129
黑龙江	332683	665366	330291	660582	2392
上海	148925	297850	146700	293400	2225
江苏	867546	1735092	865835	1731670	1711
浙江	440931	881862	437070	874138	3861
安徽	711387	1422774	710633	1421266	754
福建	382772	765544	372761	745522	10011
江西	373001	746002	371974	743948	1027
山东	969092	1938184	967880	1935760	1212
河南	1063068	2126136	1061969	2123938	1099
湖北	626912	1253824	625230	1248912	1682
湖南	658664	1317328	656349	1312698	2315
广东	863613	1727226	856362	1693841	7251
广西	493258	986516	491263	982526	1995
海南	115201	230402	114324	223704	877
重庆	304848	609696	303924	607848	924
四川	749825	1499650	749223	1498446	602
贵州	373423	746846	372923	745846	500
云南	390662	781324	388999	777998	1663
西藏	13647	27294	13634	27268	13
陕西	369318	738636	368963	737926	355
甘肃	169112	338224	169046	338092	66
青海	41682	83364	41649	83293	33
宁夏	61465	122930	61416	122830	49
新疆	282346	564692	282085	564005	261

记服务

单位：对、人

地分类

内地居民	#女　性	香港居民	澳门居民	台湾居民	华　侨	外国人
47392	**35489**	**4369**	**1482**	**11822**	**7179**	**25312**
1171	859	64	10	120	61	1094
440	337	10	4	41	22	371
486	387	19	5	70	21	371
131	84	7	10	16	1	101
166	103	2	5	17	5	139
2281	619	31	9	230	90	1921
1128	915	17	13	148	70	882
2390	1459	28	18	167	334	1847
2125	1651	128	15	332		1850
1695	1439	53	11	570	49	1044
2958	2015	75	6	372	3267	1044
635	605	44	10	364	7	448
9971	7875	742	113	2997	1536	4663
1027	779	83	12	450	28	454
1202	996	41	6	210	39	926
1065	916	102	56	465	41	469
1678	1500	194	45	694	39	714
2315	2135	250	63	1312	40	650
7243	5568	1748	886	922	1209	2494
1965	1667	193	101	730	87	914
863	741	239	19	473	30	130
924	798	105	32	340	23	424
602	539	53	8	265	16	260
500	457	67	13	249	20	151
1661	415	36	5	91	116	1417
13	5					13
355	305	20	6	121	13	195
66	55	1		24	7	34
32	23	5		11		18
49	40	3		11	2	33
255	202	9	1	10	6	241

C-3-14续表

地区	按婚姻状况分类			
	初婚人数	再婚人数	#女性	#恢复结婚件数
全国	**23098757**	**2948463**	**1465070**	**209781**
北京	288406	58070	27071	2003
天津	173320	34974	16332	5418
河北	1370018	184302	94444	10691
山西	633629	45585	23675	3330
内蒙古	359128	71392	36407	7166
辽宁	610054	135226	61692	22370
吉林	408576	67778	33556	6745
黑龙江	555952	109414	55096	13152
上海	239410	58440	29034	5362
江苏	1525323	209769	101356	10232
浙江	775973	105889	54258	8796
安徽	1263620	159154	77710	11352
福建	678642	86902	44658	1527
江西	703739	42263	21392	2481
山东	1725831	212353	107783	7945
河南	2028447	97689	47329	9484
湖北	1169771	84053	40146	8400
湖南	1169254	148074	75774	6341
广东	1593432	133794	56015	12067
广西	917774	68742	33948	2581
海南	214327	16075	6331	720
重庆	449840	159856	82576	12541
四川	1243260	256390	134537	9248
贵州	679348	67498	34236	4808
云南	719550	61774	31106	5008
西藏	26461	833	333	15
陕西	656231	82405	43592	665
甘肃	316838	21386	10622	1777
青海	74639	8725	4467	101
宁夏	108636	14294	5227	5052
新疆	419328	145364	74367	12403

单位:对、人

按年龄分类				
20～24岁	25～29岁	30～34岁	35～39岁	40岁及以上
9529741	**8702161**	**2776064**	**1615221**	**3424033**
54225	182184	58057	19162	32848
67169	75398	21952	11189	32586
846681	396860	100433	48825	161521
289258	226114	64108	37697	62037
159263	152898	53677	24748	39934
195753	272550	116087	67394	93496
167690	131372	55694	32851	88747
190382	185117	84658	59264	145945
46853	133441	50415	18466	48675
641112	517654	137734	95751	342841
223647	355844	105107	55166	142098
573295	397991	123675	91437	236376
253176	275236	71372	40534	125226
275553	222237	69068	40761	138383
881468	701348	156764	69905	128699
910892	683315	199281	110143	222505
440262	426221	132664	89735	164942
519489	454104	134541	70957	138237
517959	742780	250394	103480	112613
311590	382213	141273	58493	92947
65333	76916	38114	24005	26034
202158	184204	59597	59939	103798
511425	436267	155088	133709	263161
222262	206261	98575	75155	144593
258908	239442	102305	61925	118744
9615	11251	4843	1366	219
285492	287933	66719	37962	60530
124182	118985	33732	18183	43142
17472	23776	11640	5908	24568
48606	39022	14167	8949	12186
218571	163227	64330	42162	76402

C-3-15 离婚办

地 区	总 计	民政部门合计	内地居民登记离婚	涉外及华侨、港澳台居民登记离婚	#外国人
全 国	**2873963**	**2207346**	**2201585**	**5761**	**2270**
北 京	43521	32999	32850	149	108
天 津	32119	26190	26115	75	48
河 北	156295	109600	109554	46	33
山 西	47547	31260	31243	17	10
内蒙古	66734	44542	44527	15	11
辽 宁	139135	111152	110939	213	96
吉 林	101445	82705	82525	180	47
黑龙江	149496	116157	116019	138	75
上 海	47854	39233	38874	359	250
江 苏	166792	127411	127229	182	87
浙 江	115216	90442	90024	418	105
安 徽	119510	88847	88776	71	47
福 建	66836	48413	47132	1281	424
江 西	70148	54360	54292	68	20
山 东	181597	127850	127716	134	86
河 南	137993	118781	118703	78	29
湖 北	124562	98874	98679	195	58
湖 南	147961	118804	118600	204	52
广 东	141387	115813	114791	1022	409
广 西	77558	60285	60072	213	77
海 南	10902	7652	7540	112	14
重 庆	123548	105518	105390	128	39
四 川	231498	186864	186641	223	16
贵 州	72210	52016	51950	66	20
云 南	74291	55273	55212	61	41
西 藏	1998	1471	1468	3	3
陕 西	68207	50780	50730	50	25
甘 肃	30698	15648	15640	8	3
青 海	9376	4966	4963	3	1
宁 夏	13345	9513	9507	6	6
新 疆	104183	73927	73884	43	30

理服务

单位：件(对)

法院部门合计	判决离婚	调解离婚	离婚案件收案	判决不离	调解不离
666617	**168516**	**498101**	**1206476**	**144603**	**89934**
10522	2825	7697	20902	3235	443
5929	1867	4062	13213	2578	633
46695	4911	41784	93910	4492	9206
16287	4695	11592	31248	3005	4094
22192	5247	16945	39321	1711	2787
27983	7509	20474	52054	7102	1940
18740	5476	13264	32860	2741	1578
33339	3566	29773	46172	718	1215
8621	2321	6300	18877	4133	759
39381	7417	31964	80541	13311	7468
24774	7429	17345	50474	12474	2201
30663	9549	21114	55719	9360	2689
18423	8030	10393	34312	6248	1306
15788	5154	10634	29717	4406	1896
53747	12616	41131	104293	12476	13560
19212	4402	14810	35621	2506	2193
25688	7359	18329	44252	5831	2354
29157	9518	19639	51296	7529	5216
25574	8022	17552	45470	5785	3024
17273	5326	11947	28576	3641	2049
3250	1065	2185	4760	591	371
18030	6277	11753	34708	6079	1788
44634	11899	32735	78998	10687	6037
20194	4996	15198	31749	2353	1693
19018	5876	13142	31347	2935	2384
527	76	451	742	8	139
17427	4208	13219	31985	2922	3326
15050	3911	11139	26949	2902	2717
4410	1065	3345	7723	475	729
3832	1134	2698	7154	1018	429
30256	4769	25487	41529	1350	3710

C-3-16 殡葬服务

地区	单位数	年末职工人数	#女性	受教育程度情况	
				大学专科人数	大学本科及以上人数
全国	**4103**	**75254**	**21427**	**18986**	**6463**
北京	53	1743	552	394	308
天津	28	845	198	221	172
河北	188	3399	782	615	187
山西	45	615	177	181	126
内蒙古	129	1879	510	509	177
辽宁	188	4232	1186	1384	518
吉林	83	1659	451	445	130
黑龙江	147	3144	926	1017	350
上海	78	3239	1252	462	193
江苏	237	4193	1135	955	375
浙江	240	3507	735	820	328
安徽	181	2952	862	610	109
福建	165	2954	682	337	115
江西	132	1872	449	266	72
山东	168	3366	776	1140	389
河南	250	5886	1823	1750	448
湖北	136	3349	1085	1155	290
湖南	228	2948	843	1092	242
广东	310	7073	1719	1207	514
广西	70	1589	471	400	165
海南	15	327	67	55	16
重庆	114	1869	662	498	177
四川	251	3499	1142	930	298
贵州	119	2925	1047	878	208
云南	159	1049	277	365	119
西藏	2	30	7	10	2
陕西	97	2278	694	344	140
甘肃	63	788	206	295	54
青海	23	159	36	36	10
宁夏	36	265	81	40	40
新疆	168	1621	594	575	191

机构总表

单位:个、人

职业资格水平		年龄结构			
助理社会工作师人数	社会工作师人数	35岁及以下人数	36岁至45岁人数	46岁至55岁人数	56岁及以上人数
466	**263**	**25488**	**29122**	**16070**	**4574**
16	8	481	511	574	177
2	6	200	205	264	176
35	24	1230	1319	681	169
2	3	177	249	148	41
7	2	631	651	527	70
30	12	1552	1494	926	260
14	3	485	695	389	90
12	8	801	1342	807	194
4	2	1085	945	859	350
22	20	1085	1711	1056	341
65	11	928	1360	831	388
32	16	981	1153	655	163
18	13	899	1329	581	145
21	18	591	940	267	74
17	15	1158	1321	685	202
37	16	2886	2066	742	192
6	3	1161	1313	702	173
12	14	1163	1141	512	132
50	22	2598	2666	1449	360
14	10	479	611	390	109
1		83	119	107	18
1		555	768	422	124
13	19	1178	1501	655	165
6		1083	1249	512	81
8	6	407	420	177	45
		21	4	5	
6	5	671	857	568	182
1		195	335	201	57
		42	91	19	7
7	1	80	116	62	7
7	6	602	640	297	82

C-3-16续表1

地　区	火化炉数	全年处理遗体数	国际运尸数	外国人
全　国	**5209**	**4680826**	**393**	**149**
北　京	79	82282	126	112
天　津	65	59919		
河　北	358	283220		
山　西	54	20914	1	1
内蒙古	124	63514		
辽　宁	306	276804		
吉　林	123	120170		
黑龙江	244	170051		
上　海	91	117115	82	22
江　苏	477	474004	2	2
浙　江	317	303073		
安　徽	208	267805		
福　建	179	169241		
江　西	166	86959		
山　东	466	610564		
河　南	311	307115		
湖　北	289	227749		
湖　南	121	72932		
广　东	387	438351	178	8
广　西	84	65891		
海　南	4	2519	3	3
重　庆	106	68079	1	1
四　川	233	184280		
贵　州	86	61129		
云　南	127	48240		
西　藏	5	649		
陕　西	80	43675		
甘　肃	38	15977		
青　海	29	7310		
宁　夏	7	3533		
新　疆	45	27762		

单位:具、个、台

港澳台	侨民	穴位数	#本年销售穴位数	安葬数	#本年安葬数
172	**13**	**12060608**	**619586**	**7579142**	**599440**
14		589974	19668	429449	20255
		203642	6566	213599	9114
		229348	11238	93369	19418
		35765	2602	22553	2153
		229027	16432	174596	14930
		426577	18727	348574	23509
		45168	9948	32467	13593
		186959	17492	176401	21445
1		1540565	73776	1063571	52973
		1390175	113904	922063	67059
		1018222	32348	735502	32062
		265084	22493	231526	38007
		176309	14682	101359	13521
		91505	17684	71285	17539
		238948	9436	167449	17130
		221076	10398	150238	16062
		675111	20953	476774	39169
		370551	21498	141723	20318
157	13	1225042	27896	475351	31745
		512007	23496	43805	3529
		57542	1571	31745	1231
		363797	16112	248334	15551
		787910	42577	482946	42566
		275798	18072	131706	17925
		420018	6071	65716	7713
		251264	14396	230120	13875
		44924	4941	44814	6576
		5388	1334	1551	70
		19463	5708	10407	2933
		163449	17567	260149	17469

C-3-16续表2

地　区	增加值合计	执行企业会计制度单位财务指标					执行行政	
		固定资产原价	营业收入	费用合计	营业利润	企业单位增加值	固定资产原价	上年结转和结余
全　国	**692296.0**	**701456.4**	**623497.6**	**238832.6**	**108218.6**	**222155.8**	**1567978.1**	**89019.5**
北　京	54132.7	22399.4	41490.6	14032.1	11790.8	17438.2	81385.5	5559.2
天　津	14466.9	5681.6	3890.3	1981.1	83.8	875.6	27681.4	2286.6
河　北	18077.7	1978.2	1834.2	965.1	-458.3	-157.6	61187.1	306.3
山　西	5840.5	755.5	379.0	258.0	19.0	180.7	18467.0	823.5
内蒙古	11566.9	2545.1	1583.6	571.0	69.0	606.2	19212.4	1129.2
辽　宁	39500.4	26929.1	21244.4	11035.9	2559.5	10060.5	88285.3	7547.0
吉　林	8688.7	676.4	4499.5	7102.9	22.2	920.1	31870.0	102.4
黑龙江	3936.3	16094.8	2905.0	1713.2	107.0	1185.8	36278.6	
上　海	108000.1	204101.4	305815.2	90404.8	71668.2	107237.2	1658.9	424.9
江　苏	77717.0	23271.3	22335.0	10181.9	5632.5	9424.4	157647.2	27234.4
浙　江	40926.7	72999.9	27572.8	7475.1	2409.8	6246.3	98065.6	7380.5
安　徽	21993.1	15358.3	13483.6	6274.9	766.9	4163.8	48888.6	1204.3
福　建	19459.2	34721.2	23138.2	9587.5	1398.3	7741.8	36098.7	1454.0
江　西	6160.2	6131.6	910.0	258.1	2.0	252.9	36452.9	197.3
山　东	25323.1	5481.3	3311.4	2260.6	201.4	1024.6	80632.6	272.4
河　南	15732.1	17287.0	8495.7	5823.3	357.5	2298.3	49859.3	575.7
湖　北	20085.2	1584.0	1425.6	1540.8	3.8	526.2	74296.6	105.5
湖　南	15025.8	22342.8	6776.7	3623.7	444.8	2484.4	69350.5	1580.4
广　东	90631.4	38627.8	29893.0	11565.8	2953.0	13894.0	327962.5	18680.8
广　西	12039.9	7400.5	11390.3	3105.1	1043.3	2194.8	33668.2	7161.3
海　南	2028.9	14885.7	4279.2	2360.5	194.0	1637.1	517.8	3.0
重　庆	11596.5	22247.1	7409.8	5105.6	44.9	1146.8	42930.6	1179.6
四　川	25130.2	48206.4	14605.3	8009.9	493.2	6366.1	52812.4	569.6
贵　州	16443.7	41592.0	32204.5	13850.4	2667.5	13888.4	9973.4	756.8
云　南	7994.1	10324.9	2449.1	1565.1	237.1	904.1	28641.9	1310.7
西　藏	211.0						1584.2	
陕　西	9765.3	14824.5	21570.1	14691.8	2086.9	5915.3	11711.3	147.0
甘　肃	4849.9	2193.0	3956.7	1006.8	1152.2	1713.8	10023.6	50.0
青　海	701.3	2376.5	1116.6	554.4		132.8	1990.1	
宁　夏	964.4	4497.0	799.5	220.0	-12.0	59.0	2201.6	62.6
新　疆	6956.4	13942.1	2732.7	1707.2	280.3	1794.1	26642.3	914.5

单位：万元

事业单位会计制度财务指标				执行民间非营利组织单位会计制度财务指标				
本年收入合计	本年支出合计	收支结余	行政事业单位增加值	固定资产原价	上年结余	本年收入合计	本年费用合计	民间非营利组织单位增加值
1122686.2	**1045625.1**	**95852.7**	**466045.1**	**18898.0**	**1319.9**	**5662.4**	**8430.8**	**4095.1**
101845.9	91370.9	9071.1	36694.5					
40209.4	35677.2	2519.1	13591.3					
35521.6	33573.6	1840.5	18235.3					
17890.7	16861.5	1437.6	5659.8					
21689.8	21476.7	1061.5	10945.7	65.0		80.0	80.0	15.0
78885.0	75750.7	6503.0	29402.9	5.0		368.0	338.0	37.0
18519.0	17692.8	385.0	7768.6					
36884.3	35769.3	2.0	2750.5	203.0		203.0		
2064.9	2678.8	310.8	762.9					
120767.0	101708.6	30891.4	67762.0	3466.1		1744.5	1445.5	530.6
86943.0	79965.8	8432.4	34249.8	345.5	951.0	739.5	614.8	430.6
38591.9	35129.6	2089.8	17829.3	988.0		220.0	109.0	
28650.3	25278.2	3451.1	11699.9	821.0	8.9	645.1	177.0	17.5
17276.2	14916.6	558.8	5907.3	20.0		9.0	9.0	
57809.8	58067.1	103.5	24182.3	580.7		252.0	252.0	116.2
28909.9	26312.6	3153.1	13433.8	1052.0		389.2	239.2	
61750.8	61934.2	1416.3	19559.0					
35353.0	34538.2	384.2	12516.4			65.0	65.0	25.0
147574.9	139630.5	12891.7	76732.0	816.0		11.3	8.0	5.4
21988.1	19284.0	1330.7	9845.1	110.0				
1439.1	1108.6	3.1	391.8					
26762.7	24779.6	2343.1	10449.7					
41346.0	38470.1	2159.0	16095.3	2590.7		403.5	4623.4	2668.8
4165.7	4122.0	232.9	2472.3	4437.0		296.4	199.8	83.0
11482.4	11047.5	1859.4	7090.0					
419.0	419.0		211.0					
6614.0	6473.7	143.2	3850.0					
8300.6	8317.2		3126.1	285.0		7.9	5.1	10.0
801.7	749.7	52.0	547.5	233.0		24.0	24.0	21.0
4032.1	3212.7	553.5	821.4	1460.0	360.0	154.0	190.0	84.0
18197.4	19308.1	672.9	5111.3	1420.0		50.0	51.0	51.0

C-3-17 在工商部门登记的

地 区	单位数	年末职工人数	#女性	受教育程度情况	
				大学专科人数	大学本科及以上人数
全 国	**488**	**13142**	**4578**	**2437**	**744**
北 京	4	158	48	16	5
天 津	2	106	39	16	7
河 北	3	60	11	11	3
山 西	2	57	19	13	11
内蒙古	8	135	46	23	2
辽 宁	13	426	125	109	55
吉 林	2	31	24	3	3
黑龙江	4	53	8	10	
上 海	57	2682	1111	312	124
江 苏	31	455	157	74	15
浙 江	51	778	209	111	22
安 徽	13	240	59	38	1
福 建	26	1003	230	92	33
江 西	6	61	19	6	4
山 东	13	194	82	52	17
河 南	29	827	317	264	77
湖 北	8	103	18	14	8
湖 南	30	359	99	119	24
广 东	36	966	335	126	45
广 西	15	248	79	47	17
海 南	5	103	19	9	8
重 庆	7	127	61	24	8
四 川	35	949	364	260	115
贵 州	47	1729	655	516	82
云 南	5	115	30	18	8
西 藏					
陕 西	24	1002	336	104	38
甘 肃	2	18	8	6	
青 海	3	66	20	15	8
宁 夏	1	8	1	1	
新 疆	6	83	49	28	4

殡葬服务机构

单位:个、人

职业资格水平		年龄结构			
助理社会工作师人数	社会工作师人数	35岁及以下人数	36岁至45岁人数	46岁至55岁人数	56岁及以上人数
35	**20**	**4289**	**4902**	**2936**	**1015**
		50	50	42	16
		20	56	26	4
		39	10	5	6
		24	28	5	
		49	36	48	2
		164	142	98	22
		1	26	3	1
		27	21	5	
3	2	935	771	706	270
2	3	94	176	128	57
	1	126	242	250	160
5		98	98	36	8
1		286	404	232	81
		8	25	26	2
		91	69	25	9
	3	267	354	121	85
		8	65	30	
4	5	120	133	95	11
6		338	350	223	55
		69	146	28	5
1		17	43	42	1
		62	40	17	8
3	5	376	371	168	34
5		678	722	269	60
		59	42	8	6
4	1	204	413	276	109
		4	6	8	
		22	38	6	
		4	3	1	
1		49	22	9	3

C-3-17续表1

地　区	火化炉数	全年处理遗体数	国际运尸数	外国人
全　国	**271**	**239858**	**23**	**22**
北　京				
天　津				
河　北				
山　西				
内蒙古	7	2734		
辽　宁	23	15209		
吉　林	3	5996		
黑龙江	1	313		
上　海	38	46965	23	22
江　苏	21	22700		
浙　江	12	14194		
安　徽				
福　建	47	49170		
江　西	12	5068		
山　东	3	2507		
河　南	10	6872		
湖　北				
湖　南	14	3950		
广　东	2	2692		
广　西	2	405		
海　南				
重　庆	2	865		
四　川	27	25963		
贵　州	37	29849		
云　南	3	700		
西　藏				
陕　西				
甘　肃				
青　海	4	2488		
宁　夏				
新　疆	3	1218		

单位:具、个、台

港澳台	侨民	穴位数	#本年销售穴位数	安葬数	#本年安葬数
1		**4588800**	**198941**	**2871620**	**181375**
		58685	3264	33425	3445
		55900	1297	54680	1746
		8400	703	3008	678
		1498	261	320	193
		4936	947	3504	947
		96485	4053	76557	5431
		3818	932	4957	1635
		7682	851	4592	879
1		1539951	73403	1063198	52600
		188412	12123	169879	12258
		526592	16539	443047	18330
		74939	3727	50992	3778
		85596	6291	46322	5626
		3850	297	1020	273
		28132	1943	18565	2085
		93697	4790	60164	4056
		1811	762	1922	889
		166490	4043	24099	3344
		686729	14195	235899	15655
		37808	2467	23946	2342
		48669	1119	26372	958
		62702	660	14361	871
		420187	17320	236341	17869
		184713	13057	95317	12976
		16946	407	8490	309
		170835	11593	164153	11081
		10000	652	5213	531
		1200	100	50	
		325	325	103	103
		1812	820	1124	487

C-3-17续表2

地 区	增加值合计	执行企业会计制度单位财务指标					执行行政	
		固定资产原价	营业收入	费用合计	营业利润	企业单位增加值	固定资产原价	上年结转和结余
全 国	**176349.2**	**456729.5**	**479058.1**	**174443.4**	**92544.6**	**172063.5**	**17221.5**	**126.6**
北 京	9910.1	12694.6	15799.0	3974.5	7765.5	9910.1		
天 津	875.6	5681.6	3890.3	1981.1	83.8	875.6		
河 北	156.7	21.6	171.2	65.1	14.7	57.1	466.0	
山 西	180.7	695.0	379.0	258.0	19.0	180.7		
内蒙古	391.4	1278.0	775.6	145.0	34.0	167.2	973.0	
辽 宁	9016.1	20829.6	15032.5	7532.5	2253.1	8417.2	1512.0	
吉 林	795.1	25.4	4054.5	6746.8		795.1		
黑龙江	20.3	864.0	115.0	105.2		10.1	256.0	
上 海	91691.3	151826.2	271245.8	79733.8	65519.5	91686.2	142.3	-5.4
江 苏	6289.8	13517.9	15060.0	5959.4	3921.1	6123.5	610.2	
浙 江	6373.3	69764.1	27572.8	7475.1	2409.8	6246.3	106.1	
安 徽	3862.2	11902.2	10273.4	4644.2	776.3	3375.6	1850.0	
福 建	6771.9	26851.6	18462.7	7136.1	1175.3	6428.5	544.0	
江 西	77.6	1185.0	410.0	126.1		77.6		
山 东	1024.6	5481.3	3311.4	2260.6	201.4	1024.6		
河 南	1875.1	10363.9	5608.6	4592.8	191.8	1470.7	686.0	
湖 北	516.6	1044.0	988.6	992.8	-4.2	501.2	53.0	
湖 南	2400.2	13330.3	2623.4	1618.4	352.8	1106.8	5752.0	2.0
广 东	13534.4	31341.2	25833.9	9096.1	3329.6	13231.5	2111.7	
广 西	1353.0	4129.2	6072.1	1658.1	690.1	1353.0		
海 南	440.8	4680.7	1578.1	1204.0	200.0	440.8		
重 庆	233.7	5236.6	462.3	400.3	-78.1	222.9	170.0	
四 川	3658.2	27213.0	10717.8	5113.2	77.5	3637.9	119.0	
贵 州	9833.2	20733.9	21572.1	9057.2	2404.5	9804.0	280.0	
云 南	193.1	3181.5	418.0	251.9	151.0	193.1	1.0	
西 藏								
陕 西	3669.1	7773.7	14763.7	10722.4	882.0	3525.0	832.2	130.0
甘 肃	73.7	93.1	433.2	362.2	64.8	73.7		
青 海	44.3	631.0	216.0	216.0		39.1	130.0	
宁 夏	14.0	112.0	290.0	210.0	-12.0	14.0		
新 疆	1099.5	4247.3	927.1	804.5	121.3	1074.4	627.0	

单位：万元

事业单位会计制度财务指标				执行民间非营利组织单位会计制度财务指标				
本年收入合计	本年支出合计	收支结余	行政事业单位增加值	固定资产原价	上年结余	本年收入合计	本年费用合计	民间非营利组织单位增加值
9523.0	**8642.1**	**323.1**	**4258.3**	**1275.0**		**593.0**	**443.0**	**27.4**
830.0	615.0		99.6					
387.0	387.0		224.2	25.0		20.0	20.0	
528.2	528.2		576.9			234.0	234.0	22.0
256.0	256.0		10.2					
86.9	90.8	-5.4	5.1					
525.5	525.5		166.3					
480.0	398.0		127.0					
450.0	450.0		486.6					
798.3	722.1	65.2	343.4					
				20.0		1.0	1.0	
563.4	579.5	1.0	404.4	1002.0		331.0	181.0	
76.2	76.2		15.4					
2734.2	2327.9	229.8	1293.4					
460.8	405.1	20.5	297.5	118.0		7.0	7.0	5.4
				110.0				
25.0	22.0		10.8					
62.0	117.0		20.3					
291.7	280.0		29.2					
614.3	508.3	12.0	144.1					
3.0	3.0							
30.0	30.0		5.2					
320.5	320.5		25.1					

C-3-18 在编制部门登记的

地 区	单位数	年末职工人数		受教育程度情况	
			#女性	大学专科人数	大学本科及以上人数
全 国	**2941**	**55054**	**14601**	**15101**	**5291**
北 京	49	1585	504	378	303
天 津	26	739	159	205	165
河 北	170	3057	673	577	180
山 西	42	542	154	166	114
内蒙古	93	1509	385	419	162
辽 宁	149	3526	976	1223	441
吉 林	78	1597	418	440	127
黑龙江	135	3034	901	986	340
上 海	21	557	141	150	69
江 苏	157	3007	760	774	306
浙 江	149	2551	520	676	286
安 徽	132	2514	750	547	103
福 建	116	1690	391	227	80
江 西	114	1727	404	245	67
山 东	151	3142	677	1073	367
河 南	201	4742	1407	1450	365
湖 北	120	3159	1053	1120	276
湖 南	140	2010	534	875	191
广 东	178	5411	1217	1000	455
广 西	54	1316	383	333	146
海 南	8	177	42	40	8
重 庆	58	817	223	294	112
四 川	184	2388	691	641	169
贵 州	46	892	292	297	116
云 南	114	804	215	313	97
西 藏	2	30	7	10	2
陕 西	66	1241	348	235	102
甘 肃	35	426	138	109	47
青 海	5	24	4	9	1
宁 夏	21	99	22	35	39
新 疆	127	741	212	254	55

殡葬服务机构

单位：个、人

职业资格水平		年龄结构			
助理社会工作师人数	社会工作师人数	35岁及以下人数	36岁至45岁人数	46岁至55岁人数	56岁及以上人数
360	**218**	**18988**	**21319**	**11695**	**3052**
16	8	431	461	532	161
2	6	180	149	238	172
35	24	1057	1218	643	139
2	3	151	212	138	41
7	2	496	546	409	58
27	10	1282	1259	770	215
14	3	477	652	379	89
12	8	764	1293	785	192
1		150	174	153	80
16	15	853	1196	730	228
17	10	764	1066	564	157
24	12	838	971	569	136
17	13	518	796	318	58
21	18	571	870	221	65
17	15	1048	1244	658	192
37	13	2479	1572	584	107
6	3	1134	1226	630	169
5	7	851	767	304	88
43	11	2050	2036	1078	247
14	10	391	460	361	104
		53	63	46	15
		195	386	196	40
8	14	760	1045	457	126
1		303	393	181	15
8	6	309	313	146	36
		21	4	5	
2	4	459	430	281	71
1		134	147	128	17
		9	12	3	
1	1	25	44	23	7
6	2	235	314	165	27

C-3-18续表1

地　区	火化炉数	全年处理遗体数	国际运尸数	外国人
全　国	**4684**	**4277783**	**370**	**127**
北　京	79	82282	126	112
天　津	65	59919		
河　北	344	269069		
山　西	54	20914	1	1
内蒙古	110	59751		
辽　宁	271	255371		
吉　林	118	111131		
黑龙江	237	168289		
上　海	53	70150	59	
江　苏	414	402030	2	2
浙　江	305	288879		
安　徽	203	261182		
福　建	120	113195		
江　西	144	78989		
山　东	463	608057		
河　南	269	275620		
湖　北	286	226342		
湖　南	105	68150		
广　东	365	419565	178	8
广　西	78	62491		
海　南	4	2519	3	3
重　庆	88	56889	1	1
四　川	199	156716		
贵　州	32	24988		
云　南	112	44079		
西　藏	5	649		
陕　西	75	43628		
甘　肃	37	15921		
青　海	6	3301		
宁　夏	5	3080		
新　疆	38	24637		

单位:具、个、台

港澳台	侨民	穴位数	#本年销售穴位数	安葬数	#本年安葬数
171	**13**	**5696831**	**288121**	**3591416**	**331252**
14		531289	16404	396024	16810
		147742	5269	158919	7368
		181327	6795	63696	12377
		34014	2304	22196	1923
		120565	11832	89835	10622
		301540	13359	231103	15661
		38950	9006	27409	11950
		174038	15658	167369	19994
		614	373	373	373
		609972	31039	252628	30416
		407211	12919	228047	10714
		161155	15371	158196	30911
		69699	6549	43488	6376
		85565	15664	68395	15543
		187570	7397	142643	14649
		114016	4785	81042	11479
		670123	19356	473556	37396
		150414	10653	93695	11931
157	13	235288	8383	197748	9908
		474199	21029	19859	1187
		6983	363	5036	227
		66648	3312	54863	3261
		284023	20601	212046	20478
		27279	1859	20280	1948
		381188	4689	47904	6491
		72285	2623	64237	2506
		12550	2756	17634	2756
		51	51	51	51
		16327	4317	8206	1659
		134206	13405	244938	14287

C-3-18续表2

地区	增加值合计	执行企业会计制度单位财务指标					执行行政	
		固定资产原价	营业收入	费用合计	营业利润	企业单位增加值	固定资产原价	上年结转和结余
全国	**475106.4**	**180950.2**	**111703.6**	**47116.8**	**13348.0**	**41366.9**	**1456425.0**	**71024.3**
北京	44222.6	9704.8	25691.6	10057.6	4025.3	7528.1	81385.5	5559.2
天津	13591.3						27681.4	2286.6
河北	17627.7	685.6	281.0	247.0	-75.0	-52.5	58531.0	303.3
山西	5658.3	60.5					18429.3	823.5
内蒙古	9890.5	205.1	78.0	36.0			17195.4	1119.2
辽宁	29774.6	4853.7	4768.5	2910.4	270.4	1320.0	84654.8	7547.0
吉林	7862.1	103.0	260.0	243.1	22.2	125.0	31507.0	102.4
黑龙江	3830.6	15225.8	2790.0	1608.0	107.0	1175.7	35145.6	
上海	16308.8	52275.2	34569.4	10671.0	6148.7	15551.0	1516.6	430.3
江苏	47397.3	5495.6	835.7	422.4	569.7	1449.8	137281.9	11444.0
浙江	33715.3	3235.8					89961.0	7380.5
安徽	17240.2	1947.2	1863.9	1231.8	8.0	463.9	45602.2	1034.3
福建	12244.3	5768.0	3183.3	2038.7	223.0	1047.7	32355.7	1454.0
江西	5954.7	3659.0	320.0	82.0	2.0	121.3	35590.9	197.3
山东	24182.3						80632.6	272.4
河南	12870.7	6923.1	2757.1	1178.5	165.7	818.6	43735.2	565.7
湖北	19296.6	540.0	437.0	548.0	8.0	25.0	71551.6	105.5
湖南	11127.0	7545.5	3466.3	1949.3	45.0	1293.1	49782.3	388.0
广东	75689.4	3131.9	2838.1	1116.0	-52.1	293.2	315776.2	18376.2
广西	10581.7	1687.3	5251.0	1415.0	323.0	736.6	33668.2	7161.3
海南	1151.2	7402.0	2240.0	914.0	-6.0	759.4	517.8	3.0
重庆	7978.8						31777.4	919.6
四川	20172.6	18305.4	2103.5	1148.9	106.7	2031.4	49604.9	442.0
贵州	5788.7	18264.2	9100.0	4043.2	171.0	3539.5	8227.9	772.9
云南	7452.2	4971.4	2018.4	1299.9	86.1	706.6	23977.3	1290.0
西藏	211.0						1584.2	
陕西	6052.4	6600.8	6680.8	3868.0	1200.3	2370.8	10694.0	17.0
甘肃	3027.1	15.0					9914.6	52.0
青海	509.6						1192.1	
宁夏	727.4						2100.4	62.6
新疆	4778.5	2344.3	170.0	88.0	-1.0	62.8	24850.0	914.5

单位：万元

事业单位会计制度财务指标				执行民间非营利组织单位会计制度财务指标				
本年收入合计	本年支出合计	收支结余	行政事业单位增加值	固定资产原价	上年结余	本年收入合计	本年费用合计	民间非营利组织单位增加值
1047376.8	**990037.6**	**75521.5**	**431147.5**	**1186.0**	**8.9**	**658.6**	**4770.2**	**2592.0**
101845.9	91370.9	9071.1	36694.5					
40209.4	35677.2	2519.1	13591.3					
33203.1	31501.4	1833.2	17680.2					
17823.6	16794.4	1437.6	5658.3					
19350.3	19251.2	1007.5	9890.5					
77395.0	74229.7	6485.0	28454.6				4.0	
18499.0	17670.8	385.0	7737.1					
36371.3	35318.3		2654.9					
1978.0	2588.0	316.2	757.8					
87135.1	84644.7	12947.2	45947.5					
84888.5	78078.7	8282.0	33715.3					
36777.2	33607.3	1972.8	16776.3					
26320.2	23075.9	3335.3	11196.6	771.0	8.9	565.1	100.0	
17157.9	14810.7	558.8	5833.4			8.0	8.0	
57809.8	58067.1	103.5	24182.3					
26246.6	23901.6	2878.7	12052.1	50.0		58.2	58.2	
60871.6	61055.0	1416.3	19271.6					
28709.1	28494.8	124.6	9833.9					
142260.2	134544.6	12615.5	75396.2			2.3		
21988.1	19284.0	1330.7	9845.1					
1439.1	1108.6	3.1	391.8					
17977.1	16927.5	1267.6	7978.8					
40343.3	37494.1	2131.2	15549.2	5.0			4600.0	2592.0
3657.9	3610.3	232.9	2249.2					
11268.6	10842.6	1857.0	6745.6					
419.0	419.0		211.0					
5981.8	5947.5	131.2	3681.6					
7660.8	7680.1		3027.1					
735.4	683.4	52.0	509.6					
3922.1	3122.7	553.5	727.4					
17131.8	18235.5	672.9	4715.7	360.0		25.0		

C-3-19 在民政部门登记的

地区	单位数	年末职工人数	#女性	受教育程度情况	
				大学专科人数	大学本科及以上人数
全国	**610**	**6388**	**2023**	**1342**	**410**
北京					
天津					
河北	14	227	74	23	3
山西					
内蒙古	25	223	74	65	10
辽宁	26	280	85	52	22
吉林	2	30	9	2	
黑龙江	7	50	15	20	10
上海					
江苏	49	731	218	107	54
浙江	38	165	5	31	20
安徽	34	180	52	22	5
福建	18	232	54	5	2
江西	12	84	26	15	1
山东	4	30	17	15	5
河南	19	294	91	30	4
湖北	8	87	14	21	6
湖南	52	520	196	86	26
广东	92	595	122	69	13
广西	1	25	9	20	2
海南	2	47	6	6	
重庆	39	686	288	146	51
四川	27	141	77	25	13
贵州	26	304	100	65	10
云南	34	114	30	29	14
西藏					
陕西	5	28	8	3	
甘肃	20	312	54	177	6
青海	12	59	10	12	1
宁夏	13	154	58	4	1
新疆	31	790	331	292	131

殡葬服务机构

单位:个、人

职业资格水平		年龄结构			
助理社会工作师人数	社会工作师人数	35岁及以下人数	36岁至45岁人数	46岁至55岁人数	56岁及以上人数
70	**23**	**2015**	**2658**	**1263**	**452**
		103	85	20	19
		84	64	66	9
3	2	106	93	58	23
		7	17	6	
		10	21	17	2
4	2	138	339	198	56
48		37	50	13	65
3	4	39	82	45	14
		91	107	28	6
		12	45	20	7
		19	8	2	1
		124	134	36	
		19	22	42	4
3		166	224	102	28
1	11	198	236	107	54
		19	5	1	
		13	13	19	2
		228	265	144	49
2		42	68	26	5
		102	134	62	6
		28	62	21	3
		6	11	9	2
		48	170	54	40
		11	32	9	7
6		49	69	36	
	4	316	302	122	50

C-3-19续表1

地区	火化炉数	全年处理遗体数	国际运尸数	外国人
全国	**233**	**154562**		
北京				
天津				
河北	14	14151		
山西				
内蒙古	7	1029		
辽宁	12	6224		
吉林	2	3043		
黑龙江	6	1449		
上海				
江苏	42	49274		
浙江				
安徽	3	2828		
福建	9	5773		
江西	10	2902		
山东				
河南	29	24623		
湖北	3	1407		
湖南	2	832		
广东	16	12605		
广西	4	2995		
海南				
重庆	16	10325		
四川	7	1601		
贵州	17	6292		
云南	7	3350		
西藏				
陕西	2	16		
甘肃				
青海	19	1521		
宁夏	2	453		
新疆	4	1869		

单位:具、个、台

港澳台	侨民	穴位数	#本年销售穴位数	安葬数	#本年安葬数
		1585469	**122888**	**1008289**	**78268**
		27328	2739	15481	5120
		102141	3530	80645	3238
		28552	1315	40914	2417
		4639	861	4016	450
		591791	70742	499556	24385
		59219	2023	44527	2216
		28990	3395	22338	3318
		15172	1042	6428	672
		2090	1723	1870	1723
		23246	96	6241	396
		13363	823	9032	527
		3177	835	1296	884
		42555	6231	22031	4616
		259900	3587	28059	5076
		1890	89	337	46
		157606	8541	125685	8038
		82700	4560	33944	4123
		63806	3156	16109	3001
		20715	918	8798	746
		1144	180	1714	286
		21753	1526	21920	3282
		3450	568	1450	19
		2811	1066	1995	1068
		27431	3342	13903	2621

C-3-19续表2

地 区	增加值合计	执行企业会计制度单位财务指标					执行行政	
		固定资产原价	营业收入	费用合计	营业利润	企业单位增加值	固定资产原价	上年结转和结余
全 国	**37918.6**	**59709.1**	**31085.9**	**16533.4**	**2724.0**	**8860.1**	**73842.0**	**17276.2**
北 京								
天 津								
河 北	455.5	200.0					2190.1	3.0
山 西								
内蒙古	1276.0	1062.0	730.0	390.0	35.0	439.0	1018.0	5.0
辽 宁	709.7	1245.8	1443.4	593.0	36.0	323.3	2118.5	
吉 林	10.0	548.0	185.0	113.0				
黑龙江	39.2	5.0					656.0	
上 海								
江 苏	24029.9	4257.8	6439.3	3800.1	1141.7	1851.1	19755.1	15790.4
浙 江	445.6						7783.5	
安 徽	771.9	1498.9	1346.3	398.9	-17.4	324.3	1304.8	170.0
福 建	432.6	959.0	1492.2	412.7		265.6	3162.0	
江 西	127.9	1287.6	180.0	50.0		54.0	862.0	
山 东	116.2							
河 南	966.3		130.0	52.0		9.0	5188.1	10.0
湖 北	272.0						2692.0	
湖 南	1240.9	667.0	482.0	15.0	47.0	57.0	8746.2	1190.4
广 东	1326.4	4154.7	1178.0	1310.7	-324.5	369.3	8045.6	72.6
广 西	105.2	1584.0	67.2	32.0	30.2	105.2		
海 南	436.9	2803.0	461.1	242.5		436.9		
重 庆	1530.9	17010.5	6947.5	4705.3	123.0	923.9	2754.5	
四 川	1151.7	2688.0	1784.0	1747.8	309.0	696.8	1155.1	32.2
贵 州	821.8	2593.9	1532.4	750.0	92.0	544.9	1465.5	-16.1
云 南	251.3	1872.0	12.7	13.3		4.4	2763.6	20.7
西 藏								
陕 西	38.4	450.0	125.6	101.4	4.6	19.5	173.0	
甘 肃	1749.0	1390.9	3523.5	644.6	1087.4	1640.1	107.0	-2.0
青 海	147.4	1745.5	900.6	338.4		93.7	668.0	
宁 夏	211.0	4385.0	509.5	10.0		45.0	101.2	
新 疆	1075.1	7300.5	1615.6	812.7	160.0	656.9	1132.2	

单位：万元

事业单位会计制度财务指标				执行民间非营利组织单位会计制度财务指标				
本年收入合计	本年支出合计	收支结余	行政事业单位增加值	固定资产原价	上年结余	本年收入合计	本年费用合计	民间非营利组织单位增加值
55617.9	**37716.6**	**19083.3**	**27975.4**	**15041.0**	**360.0**	**3663.3**	**2800.8**	**1083.1**
1488.5	1457.2	7.3	455.5					
1912.5	1793.5	54.0	822.0	40.0		60.0	60.0	15.0
961.8	992.8	18.0	371.4	5.0		134.0	100.0	15.0
10.0	12.0		10.0					
153.0	153.0	2.0	39.2	203.0		203.0		
33106.4	16538.4	17944.2	21648.2	3466.1		1744.5	1445.5	530.6
1566.0	1480.6	150.4	395.6	1.5		16.0	225.0	50.0
1154.2	861.8	117.0	447.6	988.0		220.0	109.0	
1460.0	1460.0		149.5	50.0		80.0	77.0	17.5
118.3	105.9		73.9					
				580.7		252.0	252.0	116.2
2089.9	1821.5	273.4	957.3					
803.0	803.0		272.0					
3855.3	3661.1	29.8	1158.9			65.0	65.0	25.0
1703.9	1762.8	255.7	957.1	98.0		1.0		
2522.7	2191.1	214.9	607.0					
776.4	686.7	14.2	378.1	2584.7		403.5	23.4	76.8
216.1	231.7		193.9	4437.0		296.4	199.8	83.0
190.3	183.4	2.4	246.9					
12.0	12.0		18.9					
636.6	634.1		98.9	275.0		2.9	0.1	10.0
36.3	36.3		32.7	190.0		21.0	21.0	21.0
110.0	90.0		94.0	1062.0	360.0	139.0	172.0	72.0
734.7	747.7		367.2	1060.0		25.0	51.0	51.0

C-3-20 未登记的

地 区	单位数	年末职工人数	#女性	受教育程度情况	
				大学专科人数	大学本科及以上人数
全 国	**64**	**670**	**225**	**106**	**18**
北 京					
天 津					
河 北	1	55	24	4	1
山 西	1	16	4	2	1
内蒙古	3	12	5	2	3
辽 宁					
吉 林	1	1			
黑龙江	1	7	2	1	
上 海					
江 苏					
浙 江	2	13	1	2	
安 徽	2	18	1	3	
福 建	5	29	7	13	
江 西					
山 东					
河 南	1	23	8	6	2
湖 北					
湖 南	6	59	14	12	1
广 东	4	101	45	12	1
广 西					
海 南					
重 庆	10	239	90	34	6
四 川	5	21	10	4	1
贵 州					
云 南	6	16	2	5	
西 藏					
陕 西	2	7	2	2	
甘 肃	6	32	6	3	1
青 海	3	10	2		
宁 夏	1	4			
新 疆	4	7	2	1	1

殡葬服务机构

单位：个、人

职业资格水平		年龄结构			
助理社会工作师人数	社会工作师人数	35岁及以下人数	36岁至45岁人数	46岁至55岁人数	56岁及以上人数
1	**2**	**196**	**243**	**176**	**55**
		31	6	13	5
		2	9	5	
		2	5	4	1
				1	
			7		
		1	2	4	6
		6	2	5	5
		4	22	3	
		16	6	1	
	2	26	17	11	5
		12	44	41	4
1		70	77	65	27
			17	4	
		11	3	2	
		2	3	2	
		9	12	11	
			9	1	
		2		2	
		2	2	1	2

C-3-20续表1

地区	火化炉数	全年处理遗体数	国际运尸数	外国人
全国	**21**	**8623**		
北京				
天津				
河北				
山西				
内蒙古				
辽宁				
吉林				
黑龙江				
上海				
江苏				
浙江				
安徽	2	3795		
福建	3	1103		
江西				
山东				
河南	3			
湖北				
湖南				
广东	4	3489		
广西				
海南				
重庆				
四川				
贵州				
云南	5	111		
西藏				
陕西	3	31		
甘肃	1	56		
青海				
宁夏				
新疆		38		

单位:具、个、台

港澳台	侨民	穴位数	#本年销售穴位数	安葬数	#本年安葬数
		189508	**9636**	**107817**	**8545**
		12293	1001	11184	1243
		253	37	37	37
		1385	123	612	123
		2400	10	101	8
		600	122	424	122
		25200	867	19881	802
		5842	800	5121	847
		11092	571	1898	427
		43125	1731	13645	1106
		76841	3599	53425	3381
		1000	96	615	96
		1169	57	524	167
		7000		16	2
		621	7	47	7
		687	615		
				103	103
				184	74

C-3-20续表2

地　区	增加值合计	执行企业会计制度单位财务指标					执行行政	
		固定资产原价	营业收入	费用合计	营业利润	企业单位增加值	固定资产原价	上年结转和结余
全　国	**2921.8**	**4067.6**	**1650.0**	**739.0**	**-398.0**	**-134.7**	**20489.6**	**592.4**
北　京								
天　津								
河　北	-162.2	1071.0	1382.0	653.0	-398.0	-162.2		
山　西	1.5						37.7	
内蒙古	9.0						26.0	5.0
辽　宁								
吉　林	21.5						363.0	
黑龙江	46.2						221.0	
上　海								
江　苏								
浙　江	392.5						215.0	
安　徽	118.8	10.0					131.6	
福　建	10.4	1142.6					37.0	
江　西								
山　东								
河　南	20.0						250.0	
湖　北								
湖　南	257.7	800.0	205.0	41.0		27.5	5070.0	
广　东	81.2		43.0	43.0			2029.0	232.0
广　西								
海　南								
重　庆	1853.1						8228.7	260.0
四　川	147.7						1933.4	95.4
贵　州								
云　南	97.5	300.0					1900.0	
西　藏								
陕　西	5.4						12.1	
甘　肃	0.1	694.0					2.0	
青　海								
宁　夏	12.0							
新　疆	3.3	50.0	20.0	2.0			33.1	

单位：万元

事业单位会计制度财务指标				执行民间非营利组织单位会计制度财务指标				
本年收入合计	本年支出合计	收支结余	行政事业单位增加值	固定资产原价	上年结余	本年收入合计	本年费用合计	民间非营利组织单位增加值
10168.5	**9228.8**	**924.8**	**2663.9**	**1396.0**	**951.0**	**747.5**	**416.8**	**392.6**
67.1	67.1		1.5					
40.0	45.0		9.0					
10.0	10.0		21.5					
104.0	42.0		46.2					
8.5	8.5		11.9	344.0	951.0	723.5	389.8	380.6
210.5	210.5		118.8					
71.8	20.2	50.6	10.4					
10.0	10.0		20.0					
54.4	54.4		230.2					
3150.0	2918.0		81.2	600.0		1.0	1.0	
6237.9	5639.0	860.6	1853.1					
164.3	172.3	13.6	147.7	1.0				
23.5	21.5		97.5					
5.9	5.9		5.4					
0.2			0.1	10.0		5.0	5.0	
				43.0		3.0	3.0	
				398.0		15.0	18.0	12.0
10.4	4.4		3.3					

C-3-21 殡仪

地 区	单位数	年末职工人数	#女性	受教育程度情况	
				大学专科人数	大学本科及以上人数
全 国	**1745**	**44650**	**11563**	**11234**	**3542**
北 京	12	634	176	177	90
天 津	11	475	99	132	74
河 北	155	2862	611	531	137
山 西	24	418	115	115	88
内蒙古	61	1176	284	296	100
辽 宁	78	2900	826	864	280
吉 林	41	1193	312	335	101
黑龙江	100	2553	749	836	281
上 海	15	1006	227	218	107
江 苏	93	2725	626	625	237
浙 江	75	2140	430	549	179
安 徽	71	1976	575	405	65
福 建	63	1831	403	163	40
江 西	88	1428	334	171	46
山 东	125	2814	578	980	315
河 南	115	3594	1034	1006	206
湖 北	82	2641	889	896	239
湖 南	70	1344	371	520	128
广 东	92	3985	881	666	252
广 西	29	817	225	234	73
海 南	2	78	22	16	5
重 庆	36	891	268	250	102
四 川	82	1699	458	437	118
贵 州	34	996	375	212	65
云 南	63	593	129	186	63
西 藏	2	30	7	10	2
陕 西	39	953	267	152	75
甘 肃	20	316	101	86	31
青 海	15	73	15	34	9
宁 夏	7	59	23	7	11
新 疆	45	450	153	125	23

馆

单位：个、人

职业资格水平		年龄结构			
助理社会工作师人数	社会工作师人数	35岁及以下人数	36岁至45岁人数	46岁至55岁人数	56岁及以上人数
263	**130**	**15184**	**17352**	**9460**	**2654**
10	2	132	187	252	63
2	1	108	93	136	138
35	22	1020	1137	587	118
1	3	96	173	112	37
1		402	415	313	46
16	5	1040	1042	617	201
13	1	334	513	270	76
11	7	646	1083	655	169
3	2	352	247	262	145
12	8	772	1022	707	224
13	9	589	962	459	130
21	10	693	735	431	117
15	10	549	837	335	110
6	2	440	720	214	54
16	13	934	1119	586	175
17	4	1862	1202	452	78
6	2	920	1041	527	153
1	5	552	486	244	62
30	6	1454	1521	811	199
10	5	257	274	213	73
		24	27	19	8
		232	389	216	54
7	8	552	732	332	83
5		292	487	196	21
2	1	245	211	107	30
		21	4	5	
2	3	350	340	206	57
1		108	105	89	14
		29	34	10	
6		19	24	14	2
1	1	160	190	83	17

C-3-21续表1

地区	火化炉数	全年处理遗体数	国际运尸数	外国人
全国	**5209**	**4680826**	**393**	**149**
北京	79	82282	126	112
天津	65	59919		
河北	358	283220		
山西	54	20914	1	1
内蒙古	124	63514		
辽宁	306	276804		
吉林	123	120170		
黑龙江	244	170051		
上海	91	117115	82	22
江苏	477	474004	2	2
浙江	317	303073		
安徽	208	267805		
福建	179	169241		
江西	166	86959		
山东	466	610564		
河南	311	307115		
湖北	289	227749		
湖南	121	72932		
广东	387	438351	178	8
广西	84	65891		
海南	4	2519	3	3
重庆	106	68079	1	1
四川	233	184280		
贵州	86	61129		
云南	127	48240		
西藏	5	649		
陕西	80	43675		
甘肃	38	15977		
青海	29	7310		
宁夏	7	3533		
新疆	45	27762		

单位:具、个、台

港澳台	侨民	穴位数	#本年销售穴位数	安葬数	#本年安葬数
172	**13**	**1441269**	**101238**	**911837**	**167715**
14		7469	446	7293	442
		36696	1878	24216	1909
		53026	5590	39489	12404
		72589	8292	58856	6917
		12867	842	13986	2726
		15029	8108	16826	11762
		112238	3021	101864	10022
1		117	112	112	112
		91473	12174	70739	6625
		75509	4260	47786	3800
		23686	1105	38817	21719
		45215	4905	37757	4488
		82565	16462	63424	16036
		51412	923	49081	9530
		32740	1238	21279	7899
		71693	6981	69983	22878
		129224	5910	64257	7096
157	13	76508	2103	27805	2146
		1602	63	960	58
		54045	2283	46110	2238
		21259	2030	13886	2735
		10806	857	1556	940
		288179	2743	28167	4230
		52270	1813	46085	1782
		6169	2147	11127	1645
		51	51	51	51
		450	285	425	425
		16382	4616	9900	5100

C-3-21续表2

地区	增加值合计	执行企业会计制度单位财务指标					执行行政	
		固定资产原价	营业收入	费用合计	营业利润	企业单位增加值	固定资产原价	上年结转和结余
全国	**360999.2**	**242532.2**	**116602.7**	**53125.1**	**12900.3**	**49546.4**	**1155794.1**	**31949.1**
北京	11206.5						41945.6	-824.1
天津	8235.2						17773.1	730.0
河北	12858.2	685.6	281.0	247.0	-75.0	-52.5	52532.9	295.9
山西	4592.7	689.5	52.0	46.0	19.0	74.0	15197.6	757.8
内蒙古	8198.8	880.0	208.6	49.0	13.0	21.0	15730.4	922.3
辽宁	24338.2	12593.7	6003.4	3181.0	13.9	1429.9	69526.6	5424.0
吉林	7151.8	548.0	4269.5	6905.8	5.0	818.7	27409.9	102.4
黑龙江	2106.1	9934.4					29502.3	
上海	27688.2	81104.2	56885.6	17800.4	10085.2	27630.9	399.0	-8.4
江苏	36969.3	10179.1	3507.9	1043.7	435.6	1132.5	133367.4	4763.7
浙江	28661.2	4439.8	2584.9	1339.1	158.9	1310.8	79156.4	2737.7
安徽	12822.5	2253.3	1647.2	1162.0	8.0	500.9	31279.3	694.2
福建	11072.7	23361.4	13332.2	6686.7	624.5	5238.6	22521.4	1259.7
江西	5226.4	5766.6	890.0	253.1	2.0	252.9	22690.5	197.3
山东	21852.7	620.0	131.4	134.4		74.1	69212.6	148.4
河南	10497.9	5570.1	1055.1	390.6	76.2	457.1	44162.9	373.0
湖北	14815.8						57266.2	97.0
湖南	8201.3	5039.3	1793.3	879.6	3.9	692.8	36274.0	265.0
广东	54475.5	3373.3	1980.9	1104.4	-113.9	618.1	243373.3	10857.5
广西	6737.0	2779.3	122.2	169.0	-51.8	23.2	22881.3	723.0
海南	321.8	3701.0	1120.0	457.0	-3.0	153.4	339.0	
重庆	6638.0	8184.6	1506.4	1052.3	6.5	353.0	29391.9	590.5
四川	13187.3	24530.6	3765.0	1421.2	107.9	1855.1	33858.6	77.0
贵州	5157.1	20883.1	8496.3	4519.6	358.0	3824.8	5973.2	662.9
云南	5918.0	3900.0					22368.3	1047.7
西藏	211.0						1584.2	
陕西	4807.0	5747.7	6314.7	3649.5	1210.1	2171.2	8110.1	12.6
甘肃	2486.4	15.0					9054.4	42.0
青海	581.8	987.0	216.0	216.0		39.1	1765.0	
宁夏	429.2						818.0	
新疆	3341.7	4765.6	439.1	417.7	16.3	926.9	10328.7	

单位：万元

事业单位会计制度财务指标				执行民间非营利组织单位会计制度财务指标				
本年收入合计	本年支出合计	收支结余	行政事业单位增加值	固定资产原价	上年结余	本年收入合计	本年费用合计	民间非营利组织单位增加值
712414.9	**686622.8**	**36454.6**	**309447.3**	**5541.0**	**368.9**	**1584.8**	**2743.7**	**2005.5**
25880.3	27349.6	-1503.2	11206.5					
21928.9	20732.5	1267.7	8235.2					
26330.8	26429.4	150.8	12910.7					
12162.8	11086.1	1386.8	4518.7					
15645.3	15585.3	759.5	8177.8					
55831.5	54492.0	5160.0	22871.3			348.0	318.0	37.0
13666.9	13309.6	385.0	6333.1					
26183.0	26152.0	2.0	2106.1	3.0		3.0		
92.8	222.5	53.9	57.3					
68933.8	63688.3	6595.1	35836.8					
66966.4	62850.0	5047.4	27350.4					
24831.8	22910.6	1074.3	12321.6					
16249.6	15195.2	568.1	5834.1	771.0	8.9	565.1	100.0	
15493.5	13115.6	558.8	4973.5	20.0		1.0	1.0	
49150.7	49284.0	45.5	21778.6					
22262.8	19683.2	3139.1	10040.8	692.0		318.2	168.2	
40458.6	40642.0	73.2	14815.8					
22569.1	22210.0	257.0	7508.5					
102534.6	101060.3	6884.6	53857.4			2.3		
15547.4	13818.8	1175.7	6713.8	100.0				
904.1	391.7		168.4					
14873.3	14042.6	829.6	6285.0					
20436.9	19668.4	741.0	9492.7	35.0		6.6	1903.5	1839.5
2169.6	2307.6	8.7	1308.3	1540.0		110.6	37.0	24.0
10064.4	9657.5	1639.3	5918.0					
419.0	419.0		211.0					
4459.6	4508.4	41.7	2635.8					
5962.4	5978.7		2486.4	10.0		5.0	5.0	
743.5	691.5	52.0	521.7	190.0		21.0	21.0	21.0
1503.0	1129.0	61.0	345.2	1460.0	360.0	154.0	190.0	84.0
8158.5	8011.4		2414.8	720.0		50.0		

C-3-22 公

地 区	单位数	年末职工人数	#女性	受教育程度情况	
				大学专科人数	大学本科及以上人数
全 国	**1406**	**21961**	**7643**	**4971**	**1692**
北 京	34	1001	336	193	151
天 津	7	252	77	54	51
河 北	18	368	134	38	22
山 西	8	103	31	32	22
内蒙古	33	416	153	106	32
辽 宁	48	898	265	309	126
吉 林	11	138	47	34	13
黑龙江	35	452	134	129	53
上 海	53	2186	1009	220	74
江 苏	103	1165	420	221	86
浙 江	111	1028	240	147	58
安 徽	79	776	226	159	24
福 建	35	409	121	37	16
江 西	15	221	52	46	21
山 东	36	503	184	146	58
河 南	52	1152	445	394	114
湖 北	43	563	147	189	36
湖 南	105	1167	394	363	77
广 东	130	1815	590	256	93
广 西	18	360	127	67	38
海 南	8	171	29	21	8
重 庆	54	837	354	171	40
四 川	105	1386	546	344	150
贵 州	51	1660	614	527	111
云 南	53	295	98	99	23
西 藏					
陕 西	34	1108	357	123	38
甘 肃	31	397	84	193	11
青 海	7	82	19	1	1
宁 夏	15	149	45	11	5
新 疆	74	903	365	341	140

墓

单位:个、人

职业资格水平		年龄结构			
助理社会工作师人数	社会工作师人数	35岁及以下人数	36岁至45岁人数	46岁至55岁人数	56岁及以上人数
127	**71**	**7169**	**8338**	**4901**	**1553**
4	4	311	297	292	101
	1	66	82	78	26
	2	168	106	59	35
		50	34	19	
1		140	128	132	16
9	2	385	282	218	13
1	2	65	32	37	4
1	1	123	210	104	15
		724	682	580	200
3	9	244	516	297	108
48	1	188	291	305	244
11	4	247	330	168	31
1	1	109	189	99	12
8	15	83	109	21	8
1	2	206	182	90	25
4	9	401	484	168	99
	1	179	230	134	20
8	6	427	464	218	58
16		627	653	419	116
	1	106	196	51	7
1		39	65	64	3
1		283	297	189	68
4	5	512	560	248	66
		675	656	272	57
		108	136	41	10
4	2	225	453	318	112
		69	201	86	41
		11	55	9	7
		44	68	35	2
1	3	354	350	150	49

C-3-22续表1

地 区	增加值合计	执行企业会计制度单位财务指标				
		固定资产原价	营业收入	费用合计	营业利润	企业单位增加值
全 国	**268188.3**	**446281.7**	**503631.9**	**184019.5**	**94997.5**	**170072.7**
北 京	31912.3	22399.4	41490.6	14032.1	11790.8	17438.2
天 津	4509.4	5681.6	3890.3	1981.1	83.8	875.6
河 北	2428.5	1292.6	1553.2	718.1	-383.3	-105.1
山 西	876.8	66.0	327.0	212.0		106.7
内蒙古	2346.7	1270.0	1340.0	487.0	56.0	585.2
辽 宁	13826.3	14325.4	15241.0	7854.9	2545.6	8630.6
吉 林	527.0	128.4	230.0	197.1	17.2	101.4
黑龙江	1528.3	6160.4	2905.0	1713.2	107.0	1185.8
上 海	79672.3	122997.2	248929.6	72604.4	61583.0	79606.3
江 苏	34407.4	13092.2	18827.1	9138.2	5196.9	8291.9
浙 江	9113.5	68560.1	24987.9	6136.0	2250.9	4935.5
安 徽	7569.6	13105.0	11836.4	5112.9	758.9	3662.9
福 建	2234.0	10750.3	8715.0	2491.6	451.0	1909.9
江 西	701.4	357.0	20.0	5.0		
山 东	3224.5	4861.3	3180.0	2126.2	201.4	950.5
河 南	3657.7	11716.9	7440.6	5432.7	281.3	1841.2
湖 北	4861.3	1584.0	1425.6	1540.8	3.8	526.2
湖 南	5420.8	10799.5	4626.4	2228.1	440.9	1714.6
广 东	24161.2	35239.5	27610.1	10243.4	3074.9	13142.9
广 西	2206.8	4621.2	11268.1	2936.1	1095.1	2171.6
海 南	1031.0	7483.7	2039.2	1446.5	200.0	877.7
重 庆	3779.1	14062.5	5903.4	4053.3	38.4	793.8
四 川	9507.5	23633.9	10760.3	6588.7	385.3	3541.0
贵 州	10461.5	20688.9	23708.2	9330.8	2309.5	10061.6
云 南	1489.5	6424.9	2449.1	1565.1	237.1	904.1
西 藏						
陕 西	3966.0	8527.8	15105.4	11000.3	866.8	3632.1
甘 肃	2046.1	2178.0	3936.7	997.8	1152.2	1713.8
青 海	102.0	1389.5	900.6	338.4		93.7
宁 夏	299.8	4497.0	799.5	220.0	-12.0	59.0
新 疆	1647.1	8387.5	2185.6	1287.7	265.0	823.9

单位：万元

执行行政事业单位会计制度财务指标					
固定资产原价	上年结转和结余	本年收入合计	本年支出合计	收支结余	行政事业单位增加值
242929.5	**37509.6**	**291476.8**	**254788.9**	**39477.7**	**96027.5**
24798.4	2001.2	54606.5	51187.1	2048.4	14474.1
7360.4	1533.1	12057.4	11599.7	1160.8	3633.8
2936.4	3.0	6007.7	4124.4	1641.3	2533.6
2839.0	56.7	5009.6	5059.1	44.8	770.1
1193.9	200.9	4067.9	3947.2	209.6	1746.5
17328.2	2105.6	19859.7	18050.7	1342.0	5195.7
1760.9		2043.5	1521.5		425.6
5829.1		7241.1	6470.1		342.5
362.3	3.0	21.7	334.2	70.3	66.0
20654.6	18090.2	46813.7	30576.6	18938.3	25584.9
15941.2	4254.5	12617.2	10011.8	3126.2	3747.4
12101.7	493.6	11237.1	9737.3	973.5	3906.7
1281.9	83.6	2716.5	3048.3	126.5	306.6
12626.7		1029.1	1030.1		701.4
10601.3	124.0	8380.6	8504.6	58.0	2157.8
4375.3	146.5	4328.9	4335.7	4.1	1816.5
14261.4	8.5	20642.7	20642.7	1343.1	4335.1
24260.9	1315.4	10899.8	10447.4	124.2	3681.2
22374.7	5836.6	21274.5	16080.6	4678.2	11012.9
535.7	148.0	36.0	36.0		35.2
82.0		447.0	625.0		153.3
11698.1	589.1	9786.3	8812.7	1386.7	2985.3
14642.0	123.9	16928.7	14752.5	1280.5	5138.7
1122.8		750.7	614.6	153.2	340.9
4813.1	194.2	607.0	504.7	186.1	585.4
1398.8	130.0	1075.9	882.0	99.9	333.9
511.1	8.0	1824.9	1822.2		322.3
208.0		39.8	39.8		8.3
1108.2	60.0	2210.0	1768.0	482.0	240.8
3921.4		6915.3	8222.3		772.2

C-3-22续表2

地 区	执行民间非营利组织单位会计制度财务指标			
	固定资产原价	上年结余	本年收入合计	本年费用合计
全 国	**13327.0**	**951.0**	**4027.1**	**5636.6**
北 京				
天 津				
河 北				
山 西				
内蒙古	40.0		60.0	60.0
辽 宁				
吉 林				
黑龙江	200.0		200.0	
上 海				
江 苏	3466.1		1744.5	1445.5
浙 江	345.5	951.0	739.5	614.8
安 徽	988.0		220.0	109.0
福 建	50.0		80.0	77.0
江 西				
山 东	580.7		252.0	252.0
河 南	360.0		71.0	71.0
湖 北				
湖 南			65.0	65.0
广 东	816.0		8.0	7.0
广 西	10.0			
海 南				
重 庆				
四 川	2555.7		395.4	2718.4
贵 州	2897.0		185.8	162.8
云 南				
西 藏				
陕 西				
甘 肃	275.0		2.9	0.1
青 海	43.0		3.0	3.0
宁 夏				
新 疆	700.0			51.0

单位:万元、个

民间非营利组织单位增加值	穴位数	#本年销售穴位数	安葬数	#本年安葬数
2088.1	**10619339**	**518348**	**6667305**	**431725**
	582505	19222	422156	19813
	166946	4688	189383	7205
	176322	5648	53880	7014
	35765	2602	22553	2153
15.0	156438	8140	115740	8013
	413710	17885	334588	20783
	30139	1840	15641	1831
	74721	14471	74537	11423
	1540448	73664	1063459	52861
530.6	1298702	101730	851324	60434
430.6	942713	28088	687716	28262
	241398	21388	192709	16288
17.5	131094	9777	63602	9033
	8940	1222	7861	1503
116.2	187536	8513	118368	7600
	188336	9160	128959	8163
	603418	13972	406791	16291
25.0	241327	15588	77466	13222
5.4	1148534	25793	447546	29599
	510405	23433	42845	3471
	57542	1571	31745	1231
	309752	13829	202224	13313
827.8	766651	40547	469060	39831
59.0	264992	17215	130150	16985
	131839	3328	37549	3483
	198994	12583	184035	12093
10.0	38755	2794	33687	4931
	5337	1283	1500	19
	19013	5423	9982	2508
51.0	147067	12951	250249	12369

C-3-23 殡葬服务

地 区	单位数	年末职工人数	#女性	受教育程度情况	
				大学专科人数	大学本科及以上人数
全 国	**952**	**8643**	**2221**	**2781**	**1229**
北 京	7	108	40	24	67
天 津	10	118	22	35	47
河 北	15	169	37	46	28
山 西	13	94	31	34	16
内蒙古	35	287	73	107	45
辽 宁	62	434	95	211	112
吉 林	31	328	92	76	16
黑龙江	12	139	43	52	16
上 海	10	47	16	24	12
江 苏	41	303	89	109	52
浙 江	54	339	65	124	91
安 徽	31	200	61	46	20
福 建	67	714	158	137	59
江 西	29	223	63	49	5
山 东	7	49	14	14	16
河 南	83	1140	344	350	128
湖 北	11	145	49	70	15
湖 南	53	437	78	209	37
广 东	88	1273	248	285	169
广 西	23	412	119	99	54
海 南	5	78	16	18	3
重 庆	24	141	40	77	35
四 川	64	414	138	149	30
贵 州	34	269	58	139	32
云 南	43	161	50	80	33
西 藏					
陕 西	24	217	70	69	27
甘 肃	12	75	21	16	12
青 海	1	4	2	1	
宁 夏	14	57	13	22	24
新 疆	49	268	76	109	28

管理机构

单位:个、人

职业资格水平		年龄结构			
助理社会工作师人数	社会工作师人数	35岁及以下人数	36岁至45岁人数	46岁至55岁人数	56岁及以上人数
76	**62**	**3135**	**3432**	**1709**	**367**
2	2	38	27	30	13
	4	26	30	50	12
		42	76	35	16
1		31	42	17	4
5	2	89	108	82	8
5	5	127	170	91	46
		86	150	82	10
		32	49	48	10
1		9	16	17	5
7	3	69	173	52	9
4	1	151	107	67	14
	2	41	88	56	15
2	2	241	303	147	23
7	1	68	111	32	12
		18	20	9	2
16	3	623	380	122	15
		62	42	41	
3	3	184	191	50	12
4	16	517	492	219	45
4	4	116	141	126	29
		20	27	24	7
		40	82	17	2
2	6	114	209	75	16
1		116	106	44	3
6	5	54	73	29	5
		96	64	44	13
		18	29	26	2
		2	2		
1	1	17	24	13	3
5	2	88	100	64	16

C-3-23续表

地 区	增加值合计	执行企业会计制度单位财务指标					执行行政	
		固定资产原价	营业收入	费用合计	营业利润	企业单位增加值	固定资产原价	上年结转和结余
全 国	**63108.5**	**12642.5**	**3263.0**	**1688.0**	**320.8**	**2536.7**	**169254.5**	**19560.8**
北 京	11013.9						14641.5	4382.1
天 津	1722.3						2547.9	23.5
河 北	2791.0						5717.8	7.4
山 西	371.0						430.4	9.0
内蒙古	1021.4	395.1	35.0	35.0			2288.1	6.0
辽 宁	1335.9	10.0					1430.5	17.4
吉 林	1009.9						2699.2	
黑龙江	301.9						947.2	
上 海	639.6						897.6	430.3
江 苏	6340.3						3625.2	4380.5
浙 江	3152.0						2968.0	388.3
安 徽	1601.0						5507.6	16.5
福 建	6152.5	609.5	1091.0	409.2	322.8	593.3	12295.4	110.7
江 西	232.4	8.0					1135.7	
山 东	245.9						818.7	
河 南	1576.5						1321.1	56.2
湖 北	408.1						2769.0	
湖 南	1403.7	6504.0	357.0	516.0		77.0	8815.6	
广 东	11994.7	15.0	302.0	218.0	-8.0	133.0	62214.5	1986.7
广 西	3096.1						10251.2	6290.3
海 南	676.1	3701.0	1120.0	457.0	-3.0	606.0	96.8	3.0
重 庆	1179.4						1840.6	
四 川	2435.4	41.9	80.0			970.0	4311.8	368.7
贵 州	825.1	20.0				2.0	2877.4	93.9
云 南	586.6						1460.5	68.8
西 藏								
陕 西	992.3	549.0	150.0	42.0	10.0	112.0	2202.4	4.4
甘 肃	317.4		20.0	9.0			458.1	
青 海	17.5						17.1	
宁 夏	235.4						275.4	2.6
新 疆	1967.6	789.0	108.0	1.8	-1.0	43.3	12392.2	914.5

单位：万元

事业单位会计制度财务指标				执行民间非营利组织单位会计制度财务指标				
本年收入合计	本年支出合计	收支结余	行政事业单位增加值	固定资产原价	上年结余	本年收入合计	本年费用合计	民间非营利组织单位增加值
118794.5	**104213.4**	**19920.4**	**60570.3**	**30.0**		**50.5**	**50.5**	**1.5**
21359.1	12834.2	8525.9	11013.9					
6223.1	3345.0	90.6	1722.3					
3183.1	3019.8	48.4	2791.0					
718.3	716.3	6.0	371.0					
1976.6	1944.2	92.4	1021.4	25.0		20.0	20.0	
3193.8	3208.0	1.0	1335.9	5.0		20.0	20.0	
2808.6	2861.7		1009.9					
3460.2	3147.2		301.9					
1950.4	2122.1	186.6	639.6					
5019.5	7443.7	5358.0	6340.3					
7359.4	7104.0	258.8	3152.0					
2523.0	2481.7	42.0	1601.0					
9684.2	7034.7	2756.5	5559.2					
753.6	770.9		232.4			8.0	8.0	
278.5	278.5		245.9					
2318.2	2293.7	9.9	1576.5					
649.5	649.5		408.1					
1884.1	1880.8	3.0	1326.7					
23765.8	22489.6	1328.9	11861.7			1.0	1.0	
6404.7	5429.2	155.0	3096.1					
88.0	91.9	3.1	70.1					
2103.1	1924.3	126.8	1179.4					
3980.4	4049.2	137.5	1463.9			1.5	1.5	1.5
1245.4	1199.8	71.0	823.1					
811.0	885.3	34.0	586.6					
1078.5	1083.3	1.6	880.3					
513.3	516.3		317.4					
18.4	18.4		17.5					
319.1	315.7	10.5	235.4					
3123.6	3074.4	672.9	1924.3